中国高等教育学会高等教育学优秀博士学位论文丛书

U0782752

美国综合性大学教育学科的历史考察

——以哥伦比亚大学等4所大学为中心

孙 岩⊙著

本书由齐鲁师范学院青年博士支持计划出版基金资助

广东高等教育出版社

Guangdong Higher Education Press

·广州·

图书在版编目（CIP）数据

美国综合性大学教育学科的历史考察：以哥伦比亚大学等 4 所大学为中心/孙岩著. —广州：广东高等教育出版社，2022.10
（中国高等教育学会高等教育学优秀博士学位论文丛书）
ISBN 978 - 7 - 5361 - 6883 - 1

Ⅰ. ①美⋯ Ⅱ. ①孙⋯ Ⅲ. ①高等学校 - 教育学 - 学科建设 - 研究 - 美国 Ⅳ. ①G649. 712

中国版本图书馆 CIP 数据核字（2021）第 224538 号

MEIGUO ZONGHEXING DAXUE JIAOYU XUEKE DE LISHI KAOCHA：
YI GELUNBIYA DAXUE DENG 4 SUO DAXUE WEI ZHONGXIN

出版发行	广东高等教育出版社
	地址：广州市天河区林和西横路
	邮政编码：510500　电话：（020）87554153
	http://www.gdgjs.com.cn
印　　刷	广东海沣印刷有限公司
开　　本	787 毫米 ×1 092 毫米　1/16
印　　张	31.75
字　　数	610 千
版　　次	2022 年 10 月第 1 版
印　　次	2022 年 10 月第 1 次印刷
定　　价	82.00 元

序

19 世纪下半叶至 20 世纪上半叶美国大学的崛起，可谓世界高等教育史中令人瞩目的现象，美国大学数量庞大，类型多样，为各种学科的建设和发展提供了堪称最重要的基地和平台。这一时期的美国大学，特别是综合性大学，既涵盖文、史、哲、经、法、数、理、化、天文、地学、医学等传统学科，又创建了工学、商学、新闻学、管理学等新型学科。一般来说，大学教育学科始于 18 世纪的德国，如 1776—1787 年康德就曾在柯尼斯堡大学哲学院四次主讲教育学讲座；1779 年哈勒大学设置了独立的教育学讲座并聘特拉普（E. C. Trapp）为专职教授；1790 年，柯尼斯堡大学也聘沃尔德（S. G. Wald）为教育学讲座专职教授；1809 年，赫尔巴特受聘为柯尼斯堡大学教授，他在原有的教育学讲座的基础上开设教育学研究班"习明纳尔"（seminar）并设立实验学校开展教学实验活动。此后大学逐渐成为教育学研究和专业人才培养的中心之一。受德国大学教育学讲座的影响，也伴随着美国公立学校教育制度的建立和教师专业培训的发展，19 世纪 70—80 年代美国爱荷华大学和密歇根大学率先设立教育学讲座并创立教育系，90 年代哥伦比亚大学、哈佛大学、斯坦福大学、芝加哥大学等综合性大学也相继设立教育学讲座并创立教育系、师范系、师范学院。至 20 世纪 20 年代，大学教育学科的中心已从德国及欧洲转移到美国，特别是哥伦比亚大学师范学院（Teachers College）的教育学科在当时享誉世界。美国大学教育学科的建设和发展为世界各国大学教育学科提供了可资借鉴的经验教训。当前，我国为实现高等教育的跨越式发展，全面开展一流大学和一流学科的"双一流"建设，探讨和研究美国大学教育学科建设和发展的历史进程，并从中揭示其主要特征和基本规律，无疑既有重要的学术价值，又有突出的现实意义。

孙岩的专著《美国综合性大学教育学科的历史考察——以哥伦比亚大学等 4 所大学为中心》在这方面做了积极的尝试，并取得了可喜的成绩。孙岩先后在曲阜师范大学教育科学学院攻读本科和硕士学位，在教育学原理、教育社会学等方面奠定了较为扎实的专业基础；2010 年入浙江大学教育学院攻

读外国教育史方向的博士学位，遂提高了中外教育史、高等教育学和比较教育学等方面的学术素养。记得他入学后，我作为他的博士研究生导师，当时正在主持国家社会科学基金课题"中国近代教育学术史研究"，因深知中国近代教育学术受到美国教育学术的影响较大，故建议他以美国大学教育学科为主要研究课题及博士论文的选题方向。他经过慎重思考接受了我的建议，后又通过不懈的努力完成了博士论文的撰写，这一成果受到外审专家的一致好评，并于 2018 年入选"中国高等教育学会学术创新计划——高等教育学博士学位论文文库"。在本书即将付印之际，他嘱我写序，我对他取得的成绩感到由衷的喜悦，遂乐意写下自己的一些感想，并希望借此机会向读者推荐这一研究成果。

通览全书，首先给我留下的一个深刻印象是该书以哥伦比亚大学、哈佛大学、斯坦福大学和芝加哥大学这 4 所综合性大学为中心，勾勒出 19 世纪 70 年代至 20 世纪 60 年代美国大学教育学科产生、发展的历史轨迹，同时也描绘了一幅美国大学教育学科建设的全景图。总体而言，大学教育学科的建设包括学科制度建设（学科建制）、师资队伍建设、课程体系建设、教学设施建设等诸多层面，在此过程中设立实验学校、举办学术会议、创办教育学专业期刊等具体措施也对学科建设和人才培养发挥着重要作用。有鉴于此，本书一方面联系美国民族国家的建立、工业化的发展、移民数量的增长、经济危机和"二战"的爆发、"二战"后东西方冷战局面的形成等国内、国际重大事件及其历史背景，从纵向上系统梳理了百年间美国大学教育学科创立与改革、调整与重组的曲折历程；另一方面又围绕学科建设的诸多层面，从横向上深入考察了美国大学教育学科在其各个发展阶段的具体状况。尤显特色的是，本书介绍了曾在上述 4 所综合性大学任教或从事管理工作的著名学者，如桑代克、杜威、孟禄、克伯屈、克雷明在哥伦比亚大学，霍姆斯、科南特、布鲁姆在哈佛大学，克伯莱、推孟、斯平德勒在斯坦福大学，贾德、博比特、泰勒在芝加哥大学，重点描述了这些学者对各个大学教育学科建设所发挥的引领作用以及他们所做出的卓越贡献，从而以上述个案为中心阐述了学科制度与学者个人之间的良性互动关系及其影响。总之，本书纵横交错，点面结合，较为全面而清晰地展现了美国大学教育学科建设和发展的总体面貌。

发掘并梳理了大量第一手文献资料，使研究工作建立在翔实可靠的史料基础上，是本书留给我的另一个深刻印象，也构成了本书的一大特色。历史唯物主义认为，任何历史现象都必须放在特定的历史环境中进行具体的考察和分析，才能做出科学的解释和评价，所以历史研究离不开文献资料，而第一手文献资料则尤具史料价值。本书考察的时段较长，所涉及的大学教育学科也较多，为此作者通过各种方式和渠道收集和梳理了大量英文文献资料，其中有大学的档案材料，有大学校长或师范学院院长的年度工作报告，也有入学教育系或教育学院的招生简章，还有各入学创办的教育学术期刊等，其中大部分文献资料尚未被国内学界所利用。正是由于本书充分占有上述第一手文献资料，并参考了中美两国学界的相关研究成果，才能较为全面地展现出美国大学教育学科建设和发展的总体面貌，也才能搞清楚美国大学教育学科建设和发展过程中许多重要的细节问题。举例来说，由于 19 世纪 80 年代至 20 世纪初美国大学教育学科的学科内容和范围尚不明确，又因为这一时期进入大学教育学科学习的主要是年轻女性，其课程设置便十分庞杂，不仅包含教育哲学、教育史、心理学、教学法、学校组织与管理等课程，而且开设家政学、营养学、烹饪学、护理学、文秘学、工艺美术等方面的课程，这样一份课程表在今天已难以想象，但实属当时的现状，因为它比较符合当时女大学生毕业后就职的要求，也适应了这一时期美国社会的需要。

需要说明的是，通过梳理大量第一手文献资料来厘清美国大学教育学科建设和发展的历史脉络并呈现其真实面貌，并非本书唯一的目标，在此基础上揭示美国大学教育学科建设和发展的主要特征和基本规律，才是更重要的目标，本书在这方面也进行了可贵的探索。首先，本书把美国大学教育学科建设与发展的路径取向分为教育学术研究路径取向、教师教育专业建设路径取向、社会问题解决路径取向，并分析了上述三种路径取向的特点、意义及其相互关联。接着，本书对美国大学教育学科的学者开展了群体考察，指出这个群体主要在以下四个方面做出了贡献，即加强教育学基础理论的研究、致力于教育学分支学科的建构、引领教育学专题研究的发展、促进大学教育学科形成特定的学术传统和强势学科。继而，本书对哥伦比亚大学和芝加哥大学进行了比较分析，将其差异性归结为学科定位不同、办学举措不同、命运结局不同等三点。最后，本书综合论述了美国大学教育学科的不足主要体现在课程种类冗繁、学科建制多变、学科定位不明确三个方面。上述观点虽有待进一步深化与完善，但毕竟阐析了美国大学教育学科百年来的主要特征和整体趋势，其中不乏独到的见解和创意。

从总体上说，中国近代大学教育学科是伴随着"西学东渐"的历史背景，在借鉴世界发达国家大学教育学科的基础上形成的，在此过程中受美国大学教育学科的影响又相对大一些。但中国近代大学教育学科没有也不可能

照搬美国大学教育学科的模式，近代众多教育学人为中国大学教育学科的建设和发展进行了艰苦卓绝的探索并付出了巨大的努力，从而使中国大学教育学科形成了自身的特色。遗憾的是，迄今为止，系统而深入地研究中国近代大学教育学科的成果尚不多见。希望本书作者及年轻一代有志于此，努力讲好大学教育学科的"中国故事"和"中国话语"。

是为序。

肖　朗

2021 年春于浙江大学教育学院

（肖朗，中国教育学会教育史分会副理事长，浙江大学教育学院教授、博士生导师）

前　　言

　　美国综合性大学在教育学科的建制、教育学课程的设置、教育学理论的建构等方面引领 20 世纪美国大学教育学科的建设与发展，并对世界各国教育学科产生了重大而深远的影响。对此选题进行系统研究，具体梳理美国综合性大学教育学科创立、发展、调整与重组的历史进程及轨迹，在此基础上揭示其总体特征，不仅可展现美国综合性大学教育学科建设与发展的基本面貌，而且可为当代中国大学教育学科的建设与发展提供有益的借鉴。

　　本书除绪论外分为下述五章。

　　"第一章　美国综合性大学教育学科创立的背景及肇始（19 世纪 70—80 年代）"考察了美国公立学校和教师专业培训的发展促使综合性大学设立教育学讲座，以佩恩、霍尔等为代表的大学学者开设教育学及心理学课程，开展儿童研究和心理学探究，为美国大学教育学科的创立创造了条件。

　　"第二章　美国综合性大学教育学科的创立（19 世纪 90 年代至 20 世纪初）"重点考察了哥伦比亚大学等 4 所综合性大学广泛开设教育学课程，创办教育学期刊，进而形成教育系独立的系科建制并发展为师范学院、教育学院；以此为主要平台，罗伊斯、克伯莱、杜威等大学教育学者系统探究教育问题，促进教育学理论的建构，为美国大学教育学科的发展奠定了基础。

　　"第三章　美国综合性大学教育学科的发展（20 世纪初至 20 世纪 20 年代）"重点考察了哥伦比亚大学等 4 所综合性大学推进教育学院或教育研究生院的建设与发展，创设多元化的教育学课程体系，开展研究生教育，设立硕士和博士学位，以桑代克、杜威、孟禄、霍姆斯、推孟、贾德、博比特为代表的大学教育学者发展教育学学科知识并完善教育研究方法，建立起教育哲学、教育史、教育管理学、教育心理学、课程论等教育学分支学科，有力地促进了教育学科的成长，并使美国大学教育学科呈现出繁荣的景象。

　　"第四章　美国综合性大学教育学科的调整与重组（20 世纪 30 年代至 20 世纪 60 年代）"重点考察了哥伦比亚大学等 4 所综合性大学为了应对 20 世纪 30 年代美国经济大萧条、第二次世界大战以及战后东西方"冷战"的

局面，适时调整教育学科，重组教育学课程体系，创设教学文科硕士学位和教育博士专业学位，积极争取政府基金和社会资源，以克伯屈、拉格、克雷明、科南特、布鲁纳、斯平德勒、泰勒为代表的大学教育学者进一步推进教育哲学、教育史、教学论、课程论发展并创立教育人类学等教育学分支学科，同时开展公立中学和师范教育的调查研究，促进教育学理论知识体系的整合与重构，力求增强教育学科的学术价值和社会效用。

"第五章　美国综合性大学教育学科评析及探讨"在总结全文的基础上分析美国综合性大学教育学科建设与发展的路径取向，综合介绍美国综合性大学教育学科建设与发展的具体措施，进而开展美国综合性大学教育学科教育学者的群体考察，并以哥伦比亚大学和芝加哥大学为中心对美国综合性大学教育学科的不同特点进行比较，最后探讨美国综合性大学教育学科存在的主要不足之处。

美国综合性大学设立教育学系、教育学院或教育研究生院，培养多层次的教育专业人才，大学教育学者发挥其学术优势，建构系统的教育学理论知识体系，教育学因此被视为一门独立的大学学科。然而，美国综合性大学设置的教育学课程种类冗繁，其学科建制反复多变，特别是教育学科在美国综合性大学中因不完全符合科学主义的标准而被认为缺乏"科学性""学术性"，进而出现教育在社会生活和国家建设中备受关注和重视，而教育学科却处于综合性大学边缘位置的矛盾现象。

目　　录

绪　　论

第一节　选题缘由

19 世纪中期以降，教育成为众多学者持续关注的研究领域。人们普遍认为，教育应大量和有效地传授越来越多、不断发展并与认识发展水平相适应的知识和技能，这是造就未来人才的基础；同时，教育还应确定判断事物的标准，使人们不脱离个人和集体发展的方向。然而，教育是多层次且不断变化的，它是在与教育机构（如中小学和大学）、社区、家庭这些不同的环境的相互作用中进行的；各种不同的群体和政治力量都会对教育的特点产生影响，使教育充满价值的驱使，教育因此与每个人的生活密切相关。一切真正的社会生活都具有教育性，教育和社会生活的关系，如营养和个体生命发展的关系一样，是社会生活更新与进步不可或缺的因素，教育被认为是社会的职能。而教育学被认为是研究人类教育现象及其一般规律的科学，是从总结教育实践经验的过程中逐渐形成理论，经过长期积累而发展起来的。作为一门学科，教育学能够指导人们研究教育现象、探索教育规律，使之更好地掌握现代社会的生存技能，适应社会发展；同时，教育学也能够为教师专业培训和社会问题的解决提供必要的指导，因而有必要对教育学的学科发展进行探究。选择美国综合性大学进行研究的缘由主要可归纳为以下几方面。

一、近现代大学为教育学科发展提供了重要平台

教育学作为大学里开设的一门学科，最初是从哲学中分化出来的，德国是最早将教育学作为一门学科在大学里讲授的国家。18 世纪 60 年代，普鲁士各大学逐渐形成了一项不成文的规定：哲学院的教授轮流给那些有志于教职的大学生开设教育学讲座，每周两小时。1774 年 6 月 13 日，政府下令，要求各大学必须承担培养中小学师资的任务，哲学院教授开设教育学讲座必

须免费向大学生开放。① 1774 年，柯尼斯堡大学召开了大学评议会的特别会议，研讨并确立教育学讲座的开设制度。② 1776 年冬季学期，时任哲学院教授的康德在柯尼斯堡大学开设教育学讲座。③ 至 1782 年，为了适应学生将来谋求教职或担任家庭教师的需要，哲学院规定教育学讲座每周安排一个学时，不得间断。在柯尼斯堡大学的带动下，1779 年，哈勒大学设置独立的教育学讲座；1790 年柯尼斯堡大学聘任沃尔德（S. G. Wald）为教育学讲座专职教授。至此，实行了 15 年之久的轮流授课制宣告结束。哈勒大学设置独立的教育学讲座与柯尼斯堡大学教育学讲座的改制这两项变革，意味着教育学讲座像其他人文社会科学新兴学科的讲座一样，开始在西方大学取得了独立的地位，这在很大程度上也标志着教育学在西方学界开始被确认为一门独立的学科。

1809 年，柯尼斯堡大学招聘赫尔巴特继承康德的教育学讲座，他在柯尼斯堡大学教育学讲座发展的基础上，提出开设教育学研究班"习明纳尔"（seminar）并附设实验学校的计划，尝试将教育学建设成为一门科学。他认为，以前的教育学多是从直观的体验和经验的描述中去研究教育，其中很多结论都是局部的、零碎的，缺少科学依据的支撑。他主张以伦理学和心理学为基础，建立一种完善的科学的教育学理论体系，使教育学研究的"科学性"增强。④ 此后，人们对赫尔巴特教育学产生了强化和批判的研究取向，在与教育实践密切结合的过程中，研究者逐渐强化了赫尔巴特学派普遍主义、工业化背景和科学主义的学派性质；而对赫尔巴特教育学的批判与反思，则促使人们进一步探究教育学的民族性、文化性，还开辟了哲学思辨方法以外的教育研究方法，用系统观察、统计、测量以及实验等方法，试图建

---

① CUBBERLEY E P. The history of education ［M］. Boston：Houghton Mifflin Company，1920：552.

② 经研讨作出以下几点决定：（1）从当年起在哲学院开设名为"理论与实践的讲座"的教育学讲座；（2）该讲座由哲学院全体正教授轮流担任主讲教授，每位教授一次授课一个学期；（3）该讲座作为正式的公开讲座纳入哲学院的教学及课程体系之中，凡哲学院在籍学生均可选修，不再额外缴费。参见：肖朗. 康德与西方大学教育学讲座的开设 ［J］. 华东师范大学学报（教育科学版），2003（1）：74 – 81.

③ 1776—1787 年，康德在其执教的柯尼斯堡大学开设教育学讲座，四次主讲教育学，其讲稿后由弟子林克（F. T. Rikn）整理汇编为《康德论教育学》一书出版。参见：肖朗. 康德与西方大学教育学讲座的开设 ［J］. 华东师范大学学报（教育科学版），2003（1）：74 – 81.

④ 王坤庆 . 20 世纪西方教育学科的发展与反思 ［M］. 上海：上海教育出版社，2000：16.

立科学化的教育学理论体系,① 进而直接影响美国教育研究的科学化发展。
19 世纪中期后，美国效仿德国大学建立现代大学体制，注重学术自由和科学
探索，设立较为齐全的学科门类。受此影响，1873—1894 年，美国大学引入
德国大学的教育学讲座制度，很多大学建立了教育学讲座，如爱荷华大学②、
密歇根大学、印第安纳大学和哥伦比亚大学等 45 所大学都设置了教育学讲
座或教育学教授职位。③ 其中主要大学教育学讲座建立的概况如绪表 1 所示。

绪表 1　19 世纪末美国主要大学教育学讲座、教育学系设置简况表

大学名称	教育学讲座或系设立时间	备　注
爱荷华大学	1873 年	教学论讲座，首位讲座负责人为威廉·博伊德（William Boyed）
渥太华大学	1875 年	师范学校，首位讲授教育类课程的是艾格顿·瑞尔森（Egerton Ryerson）
密歇根大学	1879 年	教学科学和艺术讲座，首位讲座负责人为威廉·佩恩（William Harold Payne），主要开设教育史、教学法等课程
霍普金斯大学	1883 年	心理和教育学讲座，首位讲座负责人是斯坦利·霍尔（G. Stanley Hall），主要开设教育学、教育史、教学法等课程
密苏里大学	1883 年	师范学院，首位系主任为比布（Grace C. Bibb），主要开设与师范学校类似的课程来培训教师
印第安纳大学伯明顿分校	1886 年	教育学系，主要开设教师培训课程

---

① 叶澜. 二十世纪中国社会科学：教育学卷［M］. 上海：上海人民出版社，2005：19－20.

② 爱荷华州立大学（State University of Iowa）是成立于 1847 年的州立大学，1880 年后改称爱荷华大学（University of Iowa），现在的爱荷华州立大学（Iowa State University）是在赠地学院的基础上建立起来的。关于学校名称，本文在论述过程中，以 1880 年为界，之前称爱荷华州立大学，之后称爱荷华大学。

③ SHEN J P. The school of education：its mission，faculty and reward structure ［M］. New York：Peter Lang，1999：16.

（续上表）

大学名称	教育学讲座或系设立时间	备注
哥伦比亚大学	1887 年	哲学系下设教育系，1898 年纽约教师培训学院并入大学，组成哥伦比亚大学师范学院
加利福尼亚大学伯克利	1889 年	教学艺术讲座，首位讲座教授为埃尔默·埃尔斯沃斯·布朗（Elmer Ellsworth Brown）
哈佛大学	1890 年	师范系，哲学系下的亚系，哈努斯（Paul H. Hanus）任系主任
纽约大学	1890 年	教育学院，是美国第一所培养研究生层次教师的专业学院，与大学中的法学院、医学院具有同等地位
斯坦福大学	1891 年	教育系，独立建制的系科，首位教育系主任为厄尔·巴恩斯（Earl Barnes）
芝加哥大学	1892 年	教育学系，哲学系下的亚系，首位讲授教育学类课程的是巴克利（Julia E. Bulkley）
宾夕法尼亚大学	1894 年	教育学教授席位设置在哲学系下，首位教授是布伦博（Martin Grove Brumbaugh），开设教师培训课程

资料来源：主要内容依据美国综合性大学教育学院的网站资料整理，部分内容转引自：陈瑶. 奠基时代：美国教育学科构建的历史研究（1865—1919）［D］. 北京：北京师范大学，2012：119 - 120.

依托大学的教育学讲座，教育学教授们主要讲授赫尔巴特的教育学说，为教育学研究提供理论基础。这一时期，以哥伦比亚大学为代表的综合性大学以教师专业建设为发展契机，建立教育学系，开设教育学课程，进而成立教育学院开展教师专业培训项目，在培养师资及教育学专业人才的过程中，推进教育学科的发展。

二、美国综合性大学的教育学科居世界领先地位

美国教育学研究的实质性进展是在 19 世纪 20 年代公立学校运动出现以后，因为公立学校运动引发第一所公立师范学校于 1839 年在马萨诸塞州莱

克星顿建立,① 进而在 1860 年出现一大批公立师范学校。在师范学校里,教育学(pedagogy)被理解为"教学实践的艺术",或者是"教学的一套技艺",而不是"教学的理论"。② 在大学和文理学院,教师专业培训工作还未受到重视,学者们对教育学科和教育学术的探究处于萌芽阶段。至 19 世纪末,随着教育学讲座在大学的普遍建立,教育学才作为一门学科在大学确立其独立的地位。

围绕对赫尔巴特以哲学和伦理学为学科基础的传统教育学的反思,结合 20 世纪美国教育发展的现实需要,美国一批具有国际学术影响力的学者开始引领综合性人学的教育学研究,进而推动了教育学科的发展,如约翰·杜威(John Dewey)、查尔斯·哈伯德·贾德(Charles H. Judd)、爱德华·李·桑代克(Edward L. Thorndike)、威廉·赫德·克伯屈(William Heard Kilpatrick)、约翰·富兰克林·博比特(John Franklin Bobbitt)、乔治·康茨(George S. Counts)、劳伦斯·阿瑟·克雷明(Lawrence A. Cremin)、埃伦·康德利夫·拉格曼(Ellen Condliffe Lagemann)等。他们从不同的学科视角出发,构建教育学科发展的理论基础,拓展教育学的研究空间,并探索教育理论的科学性。以杜威为例,他倡导教育学科首先是一门社会科学的观点,并在实验学校设置相应的课程具体实施与验证。他认为教育是一门新兴学科,这一领域刚刚开始从"经验到科学"的转变,极力主张将教育研究和人们的社会实践相结合,试图通过教育变革来改变美国社会,进而探究教育与经验改造和社会变动之间的关系。20 世纪初期,许多教育学研究者认识到社会科学是教育研究的学科基础,但不少社会科学界人士尝试用自然科学的模式发展社会科学,而另外一些人士则认为这样做是"崇拜物质",主张在更为宽广的意义上理解科学,以便尽可能地包括新兴科学领域里存在的各种现象,这种争论拓宽了教育学的研究领域,心理学、管理学、统计学、人类学等学科的研究方法纷纷被引入教育研究中。

20 世纪 20 年代,自然科学的实验方法和统计与测量的手段被应用于教育学研究。桑代克认为,直接的实验的方法比在自然环境中用观察的方法来研究教育更为重要,他偏好于对教育有关的任何事物进行精确的数字测量,不满意于对行政系统或教学方法进行模糊的争论,要求对教育情境中的一个系统、方法或个人进行准确的测量,把教学定义为技术性和从属性的工作,

---

① WRIGHT F W. The evolution of the normal schools [J]. Elementary school journal, 1930, 30 (5): 368.

② SHEN J P. The school of education: its mission, faculty and reward structure [M]. New York: Peter Lang, 1999: 17.

通过准确的量化研究，试图建立起教育学的学科知识体系。与桑代克一样，贾德也坚持把实验室的量化研究方法用于研究教育问题，认为教育科学的发展要建立在可控性实验和准确测量的基础之上。而杜威则认为，教育科学的创立，不能仅仅通过借用自然科学中的实验和测量的技术，只有当心理现象有方法用空间、时间、运动和质量的单位来陈述时，才能这么办。然而，在20世纪30年代，量化研究和实证研究已经主导教育学研究的发展，人们认为教育学的理论就其整体而言必须运用明确无误的事实及数据来分析各种互相矛盾的观点，① 学校调查研究取代早期哲学和史学的研究方法占据教育研究的主导地位，而学校调查研究主要集中于探索学校的组织和管理。对此，克伯莱（Ellwood P. Cubberley）认为研究教育现象必须使用统计方法，因为这种方法可用于学校量化的调查，有助于教育研究的专业意识的增长，以此来改变教育学既无科学又无艺术的地位，从而推进教育学科的发展。

20世纪30年代，在儿童研究和社会学发展的基础上，美国教育学者持续关注课程改革。博比特和克伯屈都认为学校课程是否以传统的学科为基础并不重要，调查社会的现状而不是未来的理想是确定课程目标的最好方式，在社会环境中全身心、有目的的活动是学校教学的基本单元，教育应反映生活并与社会重建紧密相联，因而课程建设要以社会发展为核心，满足儿童的发展需要。人们开始关注儿童发展的研究，探究中学与大学的教育衔接问题，组建学校与大学关系委员会（Committee on the Relation of School and College）来进行教育评价，而教育评价的核心思想就是对学生成绩的测试应该与表述清楚的教学目标联系起来，进而开展了"八年研究"（Eight-Year Study）项目，力图探索学生的兴趣与社会需求有效联系在一起的方法，认为学生、学校和社区的各种需要决定学习内容，一批对评价、课程、指导和青少年研究的最新发展十分熟悉的顾问专家随时提供指导。进步教育协会（Progressive Education Association）接受人类学家玛格丽特·米德（Margaret Mead）的建议，研究学校的结构与功能、教师的实际作用以及学校内的各种重要关系，人类学、心理学、哲学、生物学、社会学、精神病学、性研究、儿童发展和文学等方面的资料成为该协会专门委员会开发教学材料的背景知识，从而激发研究者从多学科视角开展教育研究。"二战"结束后，教育研究开始集中于具体学科的学术研究，非教育专业背景的学者占据教育研究的主导位置，基础教育尤其是科学课程的教学研究在二十世纪五六十年代被置于首要地位。于是科学课程研究经费猛增，政府制定了对此有利的教育政策并付诸实施。哈佛大学校长科南特（James Bryant Conant）认为国家的科学

---

① RICE J M. Educational research [J]. The forum, 1902 (3)：117-130.

的未来将由基础教育政策所决定，自然科学家们必须对课程进行研究，为学校教师提供他们所开发的教材。

这一时期，以学术学科为基础开展教育研究也成为学者们关注的课题。劳伦斯·克雷明主张扩大教育史的研究视野，认为历史是通过有意识的、系统的、持续的、特定的过程来传输、激发与获得知识、态度、技能、情感，以及任何直接或间接、有意或无意的学习成果。人本主义管理学的学者认为管理过程的功能取决于管理者和被管理者活动的特点，主张教育管理的研究应该集中探讨管理者和被管理者如何看待他们之间的关系。认知心理学、人类学等学科的学者们也对教育研究发表自己的看法，促进学科知识与教育研究紧密结合，扩大教育学研究的领域。两次世界大战的发生促使人们反思教育能够为人类带来哪些改变，诸多学科和现代思潮被引入教育学研究领域，其研究成果日益丰富，教育学的分支学科也随之扩展。美国式的民主教育制度和诸多教育研究成果改变了人们对教育学实际效用的看法，逐渐构建起具有美国特色的教育学科发展路径。

然而，在美国创立和发展一门"教育学科"的价值和效用，自 19 世纪后期综合性大学开始设立教育系和教育学院时就受到质疑，学术界一直对教育学保持审慎的态度。虽然哥伦比亚大学哲学系在 1886 年开设教育学课程，并于 1892 年与纽约教师培训学院达成联合办学协议，促成哥伦比亚大学师范学院的建立，哈佛大学于 1891 年在哲学系开设教育类课程，并随之成立教育系，且于 1920 年设立教育研究生院参与教育研究，斯坦福大学和芝加哥大学自建校之初就设立教育系开展教育研究，但是质疑教育学独立学科地位和学术研究价值的声音一直存在。

哈佛大学哲学家罗伊斯（Josiah Royce）在 1891 年认为，能被教师和学生直接应用的、具有普遍指导意义的、正确有效的教育科学（science of pedagogy）是不存在的，[1] 应该从艺术和技艺的角度去研究教育，而不是赋予教育研究以科学意义。斯坦福大学教育系主任克伯莱的同僚拒绝承认"教育研究可以成为一门有效的人文或自然科学的学科"[2]。哈佛大学第一位教育学者哈努斯（Paul Hanus）被认为"是带着对他的学科过失与耻辱来剑桥

①　JOSIAH R. Is there a science of education ［J］. Educational Review, 1891（1）: 23-36.

②　沙沃森，汤. 教育的科学研究 ［M］. 曹晓南，程宝燕，刘莉萍，等译. 北京: 教育科学出版社，2007: 13.

的"①。这种反教育研究的思想对美国综合性大学教育学科的发展带来不利的影响。曾任哈佛大学校长的艾略特（Charles W. Eliot）看到，哈佛大学的教授们对于开设教育类课程既无兴趣，又无信心，这对美国大学教育学研究和教育学科发展的冲击是巨大的。在诸多因素的共同作用下，哈佛大学教育学院曾于1974—1983年停止招生。斯坦福大学于1954年取消教育学院单独聘用教师的权利，所有教师的聘用均由教育学院及有关系科共同决定，职位由某一系科（如英语、社会学、人类学、艺术等）和教育学院共同评定。芝加哥大学在2001年取消教育学院的建制，不再独立招收教育学专业的学生。所有这一切给美国教育学科发展带来不利的影响。

从20世纪美国教育研究发展的过程可以看出，不论是美国教育学者们为推进教育研究发展而进行的艰苦卓绝的学术探究和实践探索，还是对教育研究的学科独立性和实际效用的质疑与批判，都毋庸置疑地推进着美国综合性大学教育学科的进展，使人们对教育学科发展路径和特点的认识逐步深入。还可以看到，美国综合性大学的教育学科在现代大学理念、学科发展规律和社会因素的影响下，形成具有美国特色的发展路径，并居世界领先地位，对之进行研究，有助于人们更好地理解教育学科发展的规律等重要问题。

三、美国大学教育学科发展对中国大学教育学科建设具有重要借鉴意义

就中国而言，作为学科意义上的教育学的概念及其研究范式首先是从日本引进的，而师范教育的兴起急速推进中国教育学研究的发展，遂成为中国近现代教育研究发展和教育学科建立的起点。甲午战败后，唤起了国人奋起自强的意识，康有为、梁启超等人主张维新变法，提倡教育救国。20世纪初，伴随着清末学制的颁施，师范学堂开始大规模兴办，仿照日本师范学校设置教育（学）科，② 在文科大学的各个分科的科目中都列有教育学类课程。③ 由于师范学堂的兴办和大学教育类课程的开设，教育学教材的需求量大增，以赫尔巴特教育思想为指导的教育学教材遂经由日本传入中国，赫尔巴特及其学派的教育学理论与研究方法随之被导入中国，形成中国教育学研

---

① LAGEMAN E C. An elusive science：the troubling history of education research［M］. Chicago：The University of Chicago Press，2000：72.

② 朱有瓛. 中国近代学制史料：第一辑下册［M］. 上海：华东师范大学出版社，1986：980 – 983.

③ 舒新城. 近代中国教育史料：第二册［M］. 上海：中华书局，1928：30 – 37.

究的第一次高潮。五四新文化运动时期，中国开始向欧美国家学习，主要是吸收杜威、桑代克等人的教育思想，探究符合中国国情的教育学发展模式。杜威于 1919 年 4 月 30 日来华访问讲学，在中国长达两年又两个月之久，其足迹遍布十三个省市，[①] 再加上其弟子和追随者在中国不断地宣传与践行杜威教育思想，杜威的教育学说渗入时人所编撰的教育学教材，而桑代克等人的教育心理学分析框架则直接被采纳过来，形成中国教育学研究的第二次高潮。[②] 由此可以看出，赫尔巴特教育思想通过日本转而影响中国近现代教育学研究的发端，美国的教育学在批判和改造赫尔巴特教育学思想的基础上得到充实与发展，开拓了教育学研究的新空间，在二十世纪二十年代直接作用于中国的教育改革与实验，并对中国近代教育学科的发展产生了深远的影响。

1949 年前，中国教育学研究紧跟欧美等国的研究趋势，出现多种研究方向，既有将教育学作为一门独立的学科进行探究，也有将教育学与心理学、伦理学、社会学、生理学等结合在一起进行探究。有研究者认为，教育学科学化是一个必然趋势，首先是技术领导科学的发展；其次是技术和科学各自东西，两不相谋；最后是科学领导技术的进展。教育科学也循此轨迹进展。[③] 也有些学者较为清醒地认识到，从理论上来看教育实验所用的方法与自然科学所用者大致相同，但实际上教育实验比自然科学的实验更为困难，[④] 从而较为理性地分析了教育研究所面对的复杂情境，如人的差异性和成长环境的变动性等，客观地看待自然科学方法在教育学科发展中的作用。值得关注的是，有研究者从人类学的角度去研究教育，指出新的全体观的人类学是教育学的一个基础学科，[⑤] 这使我们发现这一时段教育学研究的方法和视角是较为丰富和多元的，从而启迪后人对教育学科进行深入探究。

1949 年后，中国的教育学科一度出现全盘学习苏联的现象，主要是凯洛夫教育学的传播与运用制约了中国教育学科向纵深发展。改革开放后，研究者就教育学的研究对象、研究内容、研究方法进行系统的探究，形成全方位、多视角的学科发展格局。进入 20 世纪 90 年代，随着师范教育改革的推进，在已有教育学研究和学科发展的基础上，中国的教育学研究进入多元化

---

① 黎洁华. 杜威在华活动年表：上、中、下 ［J］. 华东师范大学学报（教育科学版），1985：1 - 3.

② 郑金洲，瞿葆奎. 中国教育学百年 ［M］. 北京：教育科学出版社，2002：26.

③ 徐德春. 教育通论 ［M］. 上海：中华书局，1948：246.

④ 罗廷光. 教育科学纲要 ［M］. 上海：中华书局，1935：92.

⑤ 石联星. 教育学概论 ［M］. 重庆：中国文化服务社，1946：249 - 250.

时期。教育学研究者解放思想，在研究内容上吸收一切新的研究成果以及新的教育观念，在研究方法上思辨与实证、定性与定量互补为用的观念为大多数研究者所接受，并逐步落实到研究过程中，大量的研究成果以多种形式呈现，① 教育学科的发展前景宽阔。然而，有学者注意到，教育学由于吸收心理学、社会学、文化学、人类学等学科的研究成果，导致其成为别的"学科领地"，其独立学科地位反而更成问题，② 为探究此问题的解决策略，"元教育学"和教育学史的研究取向为人们所关注，并成为厘清教育学概念的进展，探究教育学学科地位的有力手段。

总体而言，中国的教育学研究与美国类似，主要是在大学里展开，尤其是对教育学的学理探究，师范大学和综合性大学的教育学者是教育学科发展的主要力量。直到 20 世纪，教育学的学科地位仍然是国际学界所关注的热点问题，有的外国学者认为"教育学"不是一门学科，即使是把教育视为一门学科的想法也会使人感到不安和难堪，"教育学"是一种次等学科（subdiscipline），所以在其他严谨的学术同僚眼中，根本不屑一顾。③ 在实际的社会生活中，似乎每个人都可以是教育家，每个人都能对教育做出评论，以至于有些人宣称教育本身并不是一种科学，说的恰当一些，教育乃是有一个共同的目的联系起来的一整套实际活动，④ 教育研究和教育实践的科学性被社会舆论所质疑。中国的许多教育学研究者似乎也不怎么关心、关注自己的"领地"及学科的独立地位问题，并自觉或不自觉地致力于教育学的分化及"引进"工作。他们不尊重教育学话语，甚至不相信教育学，只是将别的学科理论加上"教育"的名头或前缀，以别的学科逻辑为基准为教育学定位，寻找归宿与合法化依据，⑤ 致使教育学无法以确定的声音表明其学科地位。教育学者如何研究教育学，教育学的学科地位如何进一步明确，大学教育学系科如何开展教育研究，均成为当前中国及世界教育学科发展所面临的重大课题。

从历史上来看，美国的教育改革和教育思想的传播与中国教育学科的发展具有密切的关联性。尤其是中国在 20 世纪 30 年代左右所进行的教育实验

---

① 郑金洲，瞿葆奎. 中国教育学百年 [M]. 北京：教育科学出版社，2002：231.

② 陈桂生. 略论教育学同其子学科之间的关系问题 [J]. 高等师范教育研究，1995（4）：42 – 44.

③ 华勒斯坦. 学科·知识·权力 [M]. 北京：生活·读书·新知三联书店，1999：43.

④ 华东师范大学教育系，杭州大学教育系. 现代西方资产阶级教育思想流派论著选 [M]. 北京：人民教育出版社，1980：425.

⑤ 郝德永. 教育学面临的困境与思考 [J]. 高等教育研究，2002（7）：23 – 27.

和教育研究与美国的教育研究相呼应，这不仅形成中国教育学科发展的轨迹，而且客观上推进了美国教育思想的国际化。现阶段，教育学在中国面临着学科地位受质疑的困扰，正在努力探寻教育学科发展的新路径。因此，考察美国综合性大学教育学科的发展历程，可为中国教育学科改革和发展提供历史的借鉴。

第二节　文献综述

一、美国学界关于美国教育学科发展的研究

美国学界关于教育学科发展的研究文献主要可分为四类：第一类是美国教育史研究，第二类是美国高等教育史及大学史研究，第三类是美国师范学院、教育学院及教师教育的历史研究，第四类是美国教育学理论和方法的历史研究。

（一）美国教育史研究

美国学界在 20 世纪初期系统地开展对美国公立学校的学校管理、中小学师资培训、学校资金来源等方面的历史研究，并基本形成以美国公立学校史为核心的教育史研究取向。随着史学观念和教育观念的更新，20 世纪 50 年代中期后美国教育学者探究多种社会要素在教育发展进程中的作用及影响，借鉴社会科学的各种方法，形成多元化的美国教育史学研究特色。学者们客观描述了美国公立教育发展的史实，系统分析了推动学校教育发展的多种社会要素的特征及影响，为本文较为全面地掌握美国大学教育学科创立、发展的社会背景提供了翔实的参考资料。

克伯莱（Ellwood P. Cubberley）在《公立学校管理：美国教育 25 年》（*Public School Administration*：*Twenty-five Years of American Education*）中对美国公立学校管理中涉及的学校组织和管理、教师薪酬、教师培养、学校资金来源等方面展开论述，作者认为美国公立学校教师的培养方式由 19 世纪中期的师范学校为主发展至 20 世纪初期以大学教育学院为主，从而为公立学校提供了高质量的教师和教育管理人员，而且大学教育学者在心理测量、学校调查等领域的拓展性研究活动，提升了学校管理的科学化程度。这为笔者掌握 20 世纪初期美国大学教育学科发展对学校管理的影响提供了直接的文献资料，而且每章的文后附录了较为详细的参考文献，也为笔者围绕选题深

入发掘史料提供了明确的线索。^① 肯德尔（I. L. Kandel）在《美国教育 25 年：论文集》（*Twenty-five Years of American Education：Collected Essay*）中概述美国综合性大学如哈佛大学、哥伦比亚大学、芝加哥大学的教育研究发展趋势，提出教育的科学研究从哲学出发，借鉴心理学的研究方法，发展为大学的一门独立学科的观点。作者看到美国大学教育学院开设教学理论与实践基础、心理学、教育史、儿童研究、学校管理、教学的艺术等课程，参与教师培训，提高美国教师培养的规格和质量，为公共教育的发展做出贡献，推进了教育的专业发展。^② 这有助于笔者了解和把握 20 世纪 20 年代美国大学教育学科发展的总体状况。德克斯特（Edwin Grant Dexter）的《美国教育史》（*A History of Education in the United States*）在第 18 章对美国 20 世纪初期教师培训的概况进行专题介绍，概述美国教师培训的早期状况、师范学校时期的特点，重点介绍大学参与教师培训工作的状况。在他看来，19 世纪 90 年代美国综合性大学如爱荷华州立大学、密歇根大学、哥伦比亚大学、哈佛大学、芝加哥大学、哈佛大学等普遍设立教育学讲座，既是大学全面参与教师培训的重要标志性举措，也是大学教育学科设立的肇始。^③ 这为笔者厘清研究思路提供了必要的参考。斯文（Charles Franklin Thwing）的《内战以来的美国教育史》（*A History of Education in the United States Since the Civil War*）概述了 19 世纪初美国教育发展的概况，其中第 3 章介绍美国教育学发展理论基础，他认为生理学、心理学和社会学是教育学理论科学基础，提出教育理论、教师、教育环境、儿童自身努力四要素共同推进教育发展的观点；第 6 章介绍美国教师培训由师范学校为主转向大学参与教师培训的简单历程。在斯文看来，大学教育学院培养的教师具有独立思考问题的能力，可以更好地从事教学工作、合理解决教学问题。^④ 这有助于笔者了解 20 世纪初期美国大学教育学科发展的历史背景。拉泽尔松（Marvin Lazerson）的《20 世纪美国教育史》（*American Education in the Twentieth Century：A Documentary History*）以 34 份关于 20 世纪美国教育的文献和评论为基础，展示了美国教育的发展历程。作者以教育的机会平等和教育质量提升之间的冲突为线索来

---

① CUBBERLEY E P. Public school administration：twenty-five years of American education [M]. New York：Macmillan，1924：281 - 300，497 - 500.

② KANDEL I L. Twenty-five years of American education：collected essay [M]. New York：Books For Libraries Press，1924：29 - 54.

③ DEXTER E G. A history of education in the United States [M]. New York：Macmillan，1904：386 - 388.

④ THWING C F. A history of education in the United States since the civil war [M]. Boston：Houghton Mifflin Company，1910：46 - 70，97 - 110.

系统阐述美国教育发展的历程，将美国教育的发展划分为5个时期，主要包括教育的转型（1900—1929）、持续与变革（1930—1941）、民主社会中的卓越教育（1942—1963）、教育机会的扩展（1964—1980）、20世纪80年代的困境。① 这在一定程度上为笔者划分美国大学教育学科的发展阶段提供了可资参考的线索。此外，科恩（S. Cohen）5卷本《美国教育历史文献》（*Education in the United States*：*A Documentary History*）中的第5卷②、布雷姆纳（Robert H. Bremner）3卷本《美国儿童和青少年历史文献》（*Children and Youth in America*：*A Documentary History*）中的第3卷③、希莱斯海姆和梅林（James W. Hillesheim & George D. Merrill）的《美国教育史理论与实践读本》（*Theory and Practice in the History of American Education*：*A Book of Readings*）④ 也为笔者考察美国教育发展历程提供了必要的史料支撑。

克雷明（Lawrence A. Cremin）的《美国教育史——城市化时期的历程（1876—1980）》（*American Education*：*The Metropolitan Experience*，1876 – 1980）主要论述了19世纪70年代至20世纪80年代美国教育发展的动力和影响因素，重点考察了美国社会城市化过程中教育体制的转型和教育机构的发展，并阐述了在美国文化输出到世界其他地区的过程中，这些教育体制和教育机构所起的作用。作者将影响美国社会发展的教育思想看作某一社会背景下的推动力量，教育思想具有社会性，影响人们的教育观。因此该书为人们探寻美国教育研究的发展提供了较为开阔的视野和较为详实的史料。⑤ 韦布（L. Dean Webb）的《美国教育史：一场伟大的美国实验》（*The History of American Education*：*A Great American Experiment*）以教育通史的方式为人们展示美国教育发展的历程，认为城市化是美国教育发展的动力，中学教师需求的增长，师范学校对中学教师培训的参与（大学对此表示反对），以及人们日益认识到教师的专业化要求其学习相关的教育理论与实践，这些因素共同促使大学参与教育研究，进而引发一场用科学的方法来研究教育问题的社会

---

① LAZERSON M. American education in the twentieth century：a documentary history [M]. New York：Teachers College Press，1987.

② COHEN S. Education in the United States：a documentary history（vol. 5）［M］. New York：Random House，1974.

③ BREMNE R H. Children and youth in America：a documentary history（vol. 3）［M］. Cambridge：Harvard University Press，1971.

④ HILLESHEIM J W，MERRILL G D. Theory and practice in the history of American education：a book of readings［M］. Washington，D. C.：University Press of America，1980.

⑤ 克雷明. 美国教育史：城市化时期的历程（1876—1980）［M］. 朱旭东，王保星，译. 北京：北京师范大学出版社，2002：10.

运动，作者还提供了相关历史时期教育研究的原始资料和图片，使人们能投身于当时的历史情境中来解读和理解美国的教育研究和实践。① 里帕（S. Alexander Rippa）的《自由社会中的教育：美国历程》（*Education in A Free Society：An American History*）探究美国教育学发展的社会因素，指出 19 世纪末的美国致力于建立一种新的教育学，城市化进程的加速、移民数量和类型的增多、进步主义运动的兴起等构成美国教育学发展的主要社会背景；达尔文进化论思想、赫尔巴特教育学理论和福禄培尔儿童教育思想的广泛传播，使美国教育学研究具有社会实用性。该书进一步对影响杜威教育哲学形成和发展的各种要素进行分析，认为 1894 年杜威到芝加哥大学在美国教育史上是一件幸运的事情，其在芝加哥大学的教育学研究获得一大批教育界人士的共同支持，这为笔者探究芝加哥大学早期的教育学研究提供了重要启示。作者还对 20 世纪美国教师教育的发展方向、影响因素进行分析，有助于笔者客观地认识美国综合性大学教育学发展的境遇。②

（二）美国高等教育史及大学史研究

总体而言，20 世纪美国高等教育的发展历程集中展现了现代大学理念对美国传统学院和新建综合性大学的影响，大学组织机构的设置、学科课程的开设、人才培养模式的调整等呈现出实用性和学术性相结合的特点。美国学界探究美国高等教育及大学史的研究成果，主要侧重于考察和分析美国现代大学的办学宗旨、过程及特色，其中以哥伦比亚大学为代表的综合性大学的办学史实反映了美国传统学院面对社会变革及时调整办学策略以及现代大学积极应对社会需求准确定位办学方向的高等教育发展概况，这有助于笔者在美国现代大学发展的背景下较全面地把握教育学科在大学的发展境况，也为本文论述美国大学教育学科建制和发展的历史条件提供了文献支撑。

卢卡斯（C. J. Lucas）的《美国高等教育史》（*American Higher Education：A History*）第 3 章介绍了综合性大学参与教师培训的概况。③ 鲁道夫（F. Rudolph）的《美国大学和学院史》（*The American College and University：A History*）对美国建国初期至 20 世纪 60 年代的学院和大学发展

---

① 韦布. 美国教育史：一场伟大的美国实验［M］. 陈露茜，李朝阳，译. 合肥：安徽教育出版社，2010：225.

② 里帕. 自由社会中的教育：美国历程［M］. 於荣，译. 合肥：安徽教育出版社，2010：8.

③ LUCAS C J. American higher education：a history［M］. New York：St. Martin's Press，1994：233.

的历史进程进行概述，分析了现代大学建立的条件、产生的影响等重要问题。① 与此类似的文献还有布鲁巴克和鲁迪（J. S. Brubacher & W. Rudy）的《高等教育的转型：美国大学和学院史，1636—1976》（*Higher Education in Transition：A History of American College and Universities*，1636 - 1976）② 以及克拉克和尼夫（B. R. Clark and G. Neave）的《高等教育百科全书》（*The Encyclopedia of Higher Education*）③，这些文献为笔者了解美国高等教育的发展历程、探索美国现代大学创建和发展的历史背景提供了较为丰富的史料。赫钦斯（R. M. Hutchins）的《美国高等教育》（*The Higher Learning in America*）以高等教育面临的两个目标冲突，即纯粹对真理的追求和为人们毕生的事业做准备之间的选择为切入点，论述美国高等教育发展的背景、课程的设置、与普通教育的关系，认为大学的研究不是为收集资料而收集资料，而是为了推进理论的发展，研究者收集和运用经验性资料以帮助科学研究工作的开展，高等教育的目标是智慧，是为人们理性、自由的生活提供必要的指导，从而使人们能够更全面理解教育学在高等教育研究体系中的地位与作用。④ 科恩（A. M. Cohen）的《美国高等教育通史》（*The Shaping of American Higher Education*）以时间为线索，从高等教育发展的社会背景、院校设置、学生、教师、课程等方面探究美国著名大学，如哈佛大学、芝加哥大学的发展历程和特点，为本研究提供了相关的研究资料和背景知识。⑤ 此外，霍夫斯塔特和史密斯（R. Hofstadter & W. Smith）的《美国高等教育：文献档案史》（*American Higher Education：A Documentary History*）主要对美国具有影响力的综合性大学，如哥伦比亚大学、哈佛大学、芝加哥大学、斯坦福大学有关办学制度、课程改革、学科设置等文献进行汇编，为人们考察现代大学的建立和发展历程提供了翔实的资料。⑥

特别值得一提的是，罗宾（Julie A. Reuben）的《现代大学的形成》（*The Making of the Modern University*）从知识社会学的视角，探究现代大学在

---

① RUDOLPH F. The American college and university：a history ［M］. New York：Knopf, 1962：264 - 286.

② BRUBACHER J S, RUDY W. Higher education in transition：a history of American college and universities, 1636 - 1976 ［M］. 3rd ed. New York：Harper Collins, 1976.

③ CLARK B R, NEAVE G. The encyclopedia of higher education：vol. 4 ［M］. New York：Pergamon Press, 1992.

④ 赫钦斯. 美国高等教育 ［M］. 汪利兵，译. 杭州：浙江教育出版社，2001.

⑤ 科恩. 美国高等教育通史 ［M］. 李子江，译. 北京：北京大学出版社，2010.

⑥ HOFSTADTER R, SMITH W. American higher education：a documentary history (2 vols) ［M］. Chicago：The University of Chicago Press, 1961.

制度重构和思想进步上的重要作用。作者认为知识日益被等同于正式的科学探究的结果，道德则被宽泛地界定为帮助人们正确生活的规则，大学的科学探究并没有被限定于自然科学学科，还从广阔的知识和制度背景方面上探究道德与社会的问题。为考察 19 世纪后期以来道德在研究型大学中地位的上升变化，探索美国大学中变化的知识观念、学术标准、宗教与道德之地位三者间的相互关系，作者选取具有代表性的哈佛大学、耶鲁大学、哥伦比亚大学、约翰·霍普金斯大学、芝加哥大学、斯坦福大学、密歇根大学和加利福尼亚大学伯克利分校展开研究。该书不仅为笔者提供了史料的线索，还启发笔者从社会发展的视角考察大学教育学科发展的历程。① 维赛（L. R. Veysey）的《美国现代大学的崛起》（*The Emergence of the American University*）对 19 世纪末 20 世纪初美国大学的兴起进行考察，从影响高等教育发展的实用、研究、自由文化等观念的分析入手，指出 20 世纪初期美国大学在学术研究的引导下，获得更多的权力和威信，学术发展制度化的新阶段正在形成，大学在建设和发展中表现出对财富和公共需求的责任，这对笔者正确认识和理解教育研究在综合性大学的学术地位和学科价值具有重要的指导作用。弗莱克斯纳（A. Flexner）的《现代大学论——美英德大学研究》（*Universities：American，English，German*）对美国现代大学的办学理念、课程设置、培养目标等进行批判式的解读。作者分析到美国的教育学院不仅对美国人做出了真正有价值的贡献，而且对现代教育也做出了有价值的贡献，教育问题与心理学、哲学、经济学和管理学密切相关，但都不能完全纳入上述任何一门学科，教育完全有理由成为一门具有文化根源和崇高理想的大学专业，然而美国大学的教育学院在摒弃过时或脱离现实的教育内容的同时，又忽略了有生命力和切合实际的东西。他分析到教育学院课程的开设、研究方向的设定、研究机构的设置等都存在着过多关注技巧性和微不足道事实的问题，进而倡导教育学院应该关注教育学术的探究，教育研究的领域要明确，这对笔者从大学教育学院的层面探究美国教育研究的发展有一定的启示意义。②

另一方面，莫里斯（Samuel E. Morison）的《艾略特校长任职期间哈佛大学的发展，1869—1929》（*The Development of Harvard University Since the Inauguration of President Eliot*，1869 – 1929）对哈佛大学教育学院的发展史实

---

① 罗宾. 现代大学的形成 [M]. 尚九玉，译. 贵阳：贵州教育出版社，2006：6 – 16.

② 弗莱克斯纳. 现代大学论：美英德大学研究 [M]. 徐辉，陈晓菲，译. 杭州：浙江教育出版社，2001：12，80 – 111.

进行梳理，以 1919 年为界，概述 1891—1919 年和 1920—1929 年教育学院的办学史实，这不仅为本书写作提供了直接的文献资料，还为笔者厘清哈佛大学教育学科的发展阶段提供了可靠的依据。① 莫里斯的《哈佛大学三百年，1636—1936》（*Three Centuries of Harvard*，1636—1936）也对教育学院的发展概况做了介绍。作者较为系统地梳理了哈佛大学教育学院的办学史实，在此基础上较为客观地总结了综合性大学教育学科发展的特点，也为笔者的写作提供了可资参考的见解和观点。② 莫顿·凯勒（Morton Keller）和菲利斯·凯勒（Phyllis Keller）的《哈佛走向现代——美国大学的崛起》（*Making Harvard Modern，The Rise of America's University*）对 20 世纪 30 年代至 21 世纪初期的哈佛大学进行了较为全面的研究，以科南特、普西和博克的大学办学理念为切入点，专门就哈佛大学教育学院进行研究，分析影响教育学院发展的因素，进而探究教育研究在哈佛大学发展的历程，从而成为学界研究哈佛大学的教育学科发展的重要参考资料。③ 此外，马修斯（Brander Matthews）的《哥伦比亚大学校史，1754—1904》（*A History of Columbia University*，1754–1904）④、拉塞尔（William F. Russell）的《大学的崛起：哥伦比亚大学的早期》（*The Rise of University：The Later Days of Old Columbia College*）⑤、麦考伊（Robert A. McCaughey）的《站在哥伦比亚：纽约城哥伦比亚大学的历史，1754—2004》（*Stand Columbia：A History of Columbia University in the City of New York*，1754–2004）⑥、古德斯皮德（Thomas Wakefield Goodspeed）的《芝加哥大学校史》（*A History of the University of Chicago*）⑦、芝加哥大学委员会（*The University of Chicago Committee*）出版的《1921 年的芝加哥大

---

① MORISON S E. The development of Harvard University since the inauguration of President Eliot, 1869–1929 [M]. Cambridge：Harvard University Press，1930：520–532.

② MORISON S E. Three centuries of Harvard, 1636–1936 [M]. Cambridge：Harvard University Press，1937.

③ 凯勒 M，凯勒 F. 哈佛走向现代：美国大学的崛起 [M]. 史静寰，钟周，等译. 北京：清华大学出版社，2007.

④ MATTHEWS B. A history of Columbia University, 1754–1904 [M]. New York：Columbia University Press，1905.

⑤ RUSSELL W E. The rise of university：the later days of old Columbia College [M]. New York：Columbia University Press，1937.

⑥ MCCAUGHEY R A. Stand, Columbia：a history of Columbia University in the city of New York，1754–2004 [M]. New York：Columbia University Press，2003.

⑦ GOODSPEED T W. A history of the University of Chicago [M]. Chicago：The University of Chicago Press，1916.

学》（*The University of Chicago in* 1921）①、墨菲和布鲁克纳（William M. Murphy & D. J. Bruckner）的《芝加哥大学的理念》（*The Idea of University of Chicago*）②、麦克尼尔（William H. McNeill）的《哈钦斯的大学：芝加哥大学回忆录 1929—1950》（*Hutchins' University*：*A Memoir of the University of Chicago*，1929 – 1950）③、乔丹（David Starr Jordan）的《斯坦福大学创建的理念》（*The Foundation Ideals of Stanford University*）④、艾略特（Orrin Leslie Elliott）的《斯坦福大学的第一个 25 年，1891—1925》（*Stanford University-The First Twenty Five Years* 1891 – 1925）⑤、米切尔（John Pearce Mitchell）的《斯坦福大学，1916—1941》（*Stanford University*，1916 – 1941）⑥、洛温（Rebecca S. Lowen）的《创建冷战大学：斯坦福大学的转型》（*Creating the Cold War University*：*The Transformation of Stanford*）⑦ 等文献分别考察和描述不同时期各大学教育学院的发展状况，使人们能够较系统地了解美国大学教育学科创立、发展的历史条件，为笔者探究美国综合性大学教育学科的发展历程提供直接的文献线索和史料支撑。除上述所列文献资料，笔者还通过网络或其他途径，搜集到四所大学部分重要的办学章程、校长年度报告等资料，从而为较全面地探索美国大学教育学科的发展历程奠定了史料基础。

（三）美国师范学院、教育学院及教师教育的历史研究

美国学界对美国师范学院及教育学院建立和发展的社会背景、组织形式、课程设置、社会影响等方面开展了较为系统的研究，指出 20 世纪美国的教师教育机构应其教师教育质量不断提高以及中小学教师数量不断增加的社会要求进行了有序的调整和升级，其中师范学校逐步发展为师范学院，大

① The University of Chicago Committee. The University of Chicago in 1921 ［M］. Chicago：The University of Chicago Press，1921.

② 墨菲，布鲁克纳. 芝加哥大学的理念 ［M］. 彭阳辉，译. 上海：上海人民出版社，2007.

③ 麦克尼尔. 哈钦斯的大学：芝加哥大学回忆录（1929—1950）［M］. 肖明波，杨光松，译. 杭州：浙江大学出版社，2013.

④ JORDAN D S. The foundation ideals of Stanford University ［M］. Stanford：Stanford University Press，1915.

⑤ ELLIOTT O L. Stanford University-the first twenty five years 1891 – 1925 ［M］. Stanford：Stanford University Press，1937.

⑥ MITCHELL J R. Stanford University，1916 – 1941 ［M］. Stanford：Stanford University Press，1958.

⑦ 洛温. 创建冷战大学：斯坦福大学的转型 ［M］. 叶赋桂，罗燕，译. 北京：清华大学出版社，2007.

学教育系逐渐发展为教育学院或教育研究生院。学者们主要采用个案分析和比较研究的方法，选取 20 世纪美国具有代表性的师范学院及教育学院，在系统梳理其发展史实的基础上集中探讨了美国师范学院、教育学院与美国教师教育之间的紧密关联及其相互促进的关系，为本书较为全面地掌握美国综合性大学教育学科的组织机构的演进提供了翔实的参考资料，也有助于笔者深入理解美国的教师教育在大学教育学科建设中的重要价值和现实意义。

首先，美国学界较为全面而系统地追述了师范学院的历史，并把师范学院视为大学教育学科建立的重要基础之一。潘伯恩（Jessie M. Pangburn）的《美国师范学院的演进》（*The Evolution of the American Teachers College*）对 1890—1930 年美国师范学校向师范学院转型的过程开展了探究，他认为公立学校的发展需要、社会和经济的发展状况是师范学校向师范学院转型的主要原因。作者从教师培训课程的数量、课程内容的扩充和新的课程目标的设定三个方面开展了教师培训课程的研究，并对影响教师培训机构由师范学校转型至师范学院的社会要素展开研究，为笔者系统了解美国教师培训机构的演进提供了重要的参考意见。[1] 哈珀（Charles A. Harper）的《公立师范教育一百年》（*A Century of Public Teacher Education*）着重考察了 1839—1939 年美国师范学校发展的历程，较为系统地梳理了师范学校在全美范围内的发展状况，特别是作者探究师范学校在教师培训方面的重要作用、分析师范学校向师范学院转型的动因，为笔者了解美国综合性大学教育学院建立的历史背景提供了翔实的史料。[2] 康利（Susanne H. Conley）的博士论文《从师范学院到州立大学：马萨诸塞州公立高等教育从 1945 年至 1970 年的变化》（"From Teachers College to State College：Aspects of Change in Massachusetts Public Higher Education From 1945 to 1970"）[3] 和韦勒（L. David Weller）的博士论文《爱荷华州立大学本科生教师教育的历史，1869—1969》（"A History of Undergraduate Teacher Education at Iowa State University，1869–1969"）[4] 较为系统地梳理了美国州立大学教师教育创建、发展的历程，分析了州立大学教

① PANGBURN J M. The evolution of the American Teachers College ［M］. New York：Columbia University Press，1932.

② HARPER C A. A century of public teacher education ［M］. Washington，D. C.：National Education Association of the United States，1939.

③ CONLEY S H. From teachers college to state college：aspects of change in Massachusetts public higher education From 1945 to 1970 ［D］. Boston：University of Massachusetts Boston，2007.

④ WELLER L D. A history of undergraduate teacher education at Iowa State University，1869–1969 ［D］. Iowa：Iowa State University，1975.

师教育项目的内容，有助于笔者较为全面地把握美国综合性大学教育学科发展的特定背景。

其次，美国部分学者从教师专业化及教师教育的角度考察了美国教师专业发展的历史及其意义、影响。埃尔斯布里（Willard S. Elsbree）的《美国教师：民主社会中的专业化演进》（*The American Teacher：Evolution of a Professional in a Democracy*）主要考察了美国自殖民地时期至 1939 年这一历史时期公立学校教师培训的专业化进程，对不同时期的教师培训机构、教师资格的审核、教师教育课程的开设、教学方法的选用、教师的管理、教师的薪资、教师联合会等进行梳理。作者在第 3 章概述了 19 世纪末综合性大学参与教师培训的状况，对哥伦比亚大学师范学院、芝加哥大学教育学院在1894 年前后开设的教师教育课程做了介绍，为笔者梳理综合性大学开设教育类课程的史实提供直接的线索。[1] 克里弗德和古斯瑞（Geraldine Jonçich Clifford & James W. Guthrie）的《教师专业发展学校》（*ED School：A Brief for Professional Education*）选取美国 10 所著名大学[2]的教育学院为个案，以大学参与教育研究的发展历程为线索，分析综合性大学的教育学研究与中小学教育实践之间的互动过程，将教育学院的发展历程划分为形成期（1900—1940）和成熟期（1950—1980）两个阶段。该书主要围绕哥伦比亚大学师范学院、芝加哥大学教育学院、斯坦福大学教育学院的发展历程，较为系统地分析了不同时期大学教育学科发展的特点。作者认为综合性大学的教育学院与中小学教学实践之间的联系有待进一步加强，教育学院应该成为联系大学与中小学教学实践的纽带。该书不仅为笔者厘清研究思路、确定教育学院的发展阶段提供指导，还提供了关于美国综合性大学教育学院的大量文献。[3]博罗曼（Merle L. Borrowman）的《美国教师教育：文献史》（*Teacher Education in American：A Documentary History*）主要以美国教师教育中理论与实践的论争为线索，汇集了 19 世纪中期至 20 世纪中期的一些著名教育学者，如罗伊斯、杜威、桑代克、巴格莱（William C. Bagley）等在教育学科发展、教师教育问题方面的论述，内容主要包括教育学的学科性质、教育的

---

① ELSBREE W S. The American teacher：evolution of a professional in a democracy [M]. New York：American Book Co.，1939：383－390.

② 这 10 所大学包括：哥伦比亚大学（师范学院）、哈佛大学、俄亥俄州立大学、斯坦福大学、加利福尼亚大学（伯克利）、芝加哥大学、爱荷华大学、密歇根大学、明尼苏达州立大学和耶鲁大学。

③ CLIFFORD G J，GUTHRIE J W. Ed school：a brief for professional education [M]. Chicago：The University of Chicago Press，1988.

社会学和心理学特征、教育理论和实践的关系、师范学校的发展与师范学院的困境等问题，为笔者理解美国综合性大学教育学科的内涵提供了重要的启示，也为本文从教师教育角度考察大学教育学科的发展提供了翔实的史料。① 弗雷泽（James W. Fraser）的《美国教师培训的历史》（*Preparing America's Teachers：A History*）主要分专题梳理了美国 1750 年至当代中小学教师培训的史实。作者运用个案研究的方法，分析不同时期美国中小学教师培训机构的类型，对 1870—1930 年综合性大学设立教育学院、参与中小学教师培训工作的情况开展了研究，有助于笔者较为全面地认识大学教育学科发展与教师专业培训之间的关系。② 门罗（Walter. S. Monroe）的《教学理论和教师教育，1890—1950》（*Teaching-Learning Theory and Teacher Education 1890 – 1950*）③、赫伯斯特（Jurgen Herbst）的《令人黯然的教学：美国文化中的教师教育与专业化》（*And Sadly Teach：Teacher Education and Professionalization in American Culture*）④ 也为笔者从教师教育的角度理解大学教育学院的作用提供颇具价值的参考。

再次，另有不少美国学者从正面切入美国大学教育学院及教育学科，侧重考察了其组织结构、运动机制及其所面临的问题和困境。拉伯雷（David F. Labaree）的《教育专业学校的困境》（*The Trouble with ED School*）从历史的角度探究美国大学中教育学院学术地位不高的历史根源，并从社会学的视域出发把教育学院作为一种社会组织（social institution）来进行研究，社会组织、地位、角色、功能、社会分层、社会流动等构成了拉伯雷研究的概念体系，功能主义的社会分层理论和专业社会学的权力分析框架为其研究奠定了理论基础，围绕这一理论基础该书主要探讨了教师教育大学化的动力和结果、教育学院的结构特征以及教育学院教授的社会和学术地位等问题，从而为笔者正确认识美国综合性大学教育学院的作用与功能提供了有益的指导。⑤ 鲍威尔（A. G. Powell）的《20 世纪的大学教育学院》（"University Schools of

---

①　BORROWMAN M L. Teacher education in American：a documentary history ［M］. New York：Teachers College Press，1965.

②　FRASER J W. Preparing America's teachers：a history ［M］. New York：Teachers College Press，2006.

③　MONROE W S. Teaching-learning theory and teacher education 1890 – 1950 ［M］. champaign：University of Illinois Press，1952.

④　HERBST J. And sadly teach：teacher education and professionalization in American culture ［M］. Madison：University of Wisconsin Press，1991.

⑤　LABAREE D. The trouble with ED school ［M］. New Haven：Yale University Press，2004.

Education in the Twentieth Century")强调20世纪美国教育学院的建立促使学校工作从暂时的、不健全的、无声望的行动转变为受人尊敬的专业化职业。作者分析了20世纪美国大学教育学院与师范学校及其他教师教育机构的联系，探究了20世纪教育研究科学化运动对哥伦比亚大学师范学院发展的影响，指出教育科学化经历了与心理学、管理学相结合的过程。作者在文章中认为，教育学院运用心理学的实验方法和教师课堂观察与询问方式进行教育学研究，从而有力地推进了教育研究的专业化发展。该研究有助于笔者较全面地认识教育学院在美国教育学研究中发挥的重要作用。[①] 克里弗德（Geraldine Jonçich Clifford）的《形成时期的美国教育学院：以5所大学为例》（"The Formative Years of Schools of Education in America：A Five-Institution Analysis"）以芝加哥大学、哥伦比亚大学、哈佛大学、斯坦福大学、加利福尼亚大学伯克利分校5所大学为中心，比较系统地探讨了1900—1940年美国大学教育学院的发展历程与特点。在作者看来，教育学在大学经历了学科创立、快速成长、形成稳定核心三个阶段。在探讨教育学术研究与教育实践、教育学院与中小学之间关系的基础上，作者认为教育学具有社会科学的特点，大学的教育学者不仅要从事学术探究，还应关注教育实践和社会现实。该研究为笔者进一步厘清综合性大学教育学科的发展阶段，较为明确地把握教育学科发展的特点提供直接重要的启示。[②] 贾德（C. H. Judd）的《教育科学研究对教师培训机构的影响》（"The Influence of Scientific Studies in Education on Teacher-training Institutions"）认为19世纪末美国教师培训机构的发展使美国教育研究的领域得以拓宽，主要表现在教师培训课程的创立和变革，以及对中学教育实践进行有效的评价。他发现在19世纪末的美国，师范学校和大学教育学院的学生通过学习心理学、教育史和学校法律法规获得专业化的教师培训，在培训教师的过程中，教育研究的科学方法、心理学实验的研究成果以及在教育实践中观察教育现象的策略被运用到教学中。他还关注到教育学术研究也开始在师范学院里发展，哥伦比亚大学师范学院因此成为美国教育科学研究的中心。他对教师培训在推进美国20世纪初教育学研究发展中的重要作用进行多侧面的分析，使人们更深入地理解哥伦比亚

---

① POWELL A G. University schools of education in the twentieth century［J］. Peabody journal of education, 1976（1）：3 – 20.

② CLIFFORD G J. The formative years of schools of education in america：A five-institution analysis［J］. American journal of education, 1986（4）：427 – 446.

大学师范学院教育学研究的意义和价值。[①]

最后，克雷明的《哥伦比亚大学师范学院的历史》（*A History of Teachers College Columbia University*）从历史学的角度对哥伦比亚大学师范学院的创立和发展开展了较为系统的考察，认为哥伦比亚大学师范学院在美国历次教育改革中扮演着主要角色，其办学理念、课程设置、学生管理等对人们了解美国教育研究的历史具有重要作用。该书以时间为线索，依据翔实的史料，探究哥伦比亚大学师范学院各个历史时期的教育学研究，为学界全面理解其教育学研究的发展历程与特点提供了极有价值的参考。[②] 鲍威尔的《不确定的专业：哈佛大学与教育学权威的探寻》（*The Uncertain Profession：Harvard and the Search for Educational Authority*）主要对 1880—1980 年哈佛大学教育学科的发展历程进行梳理，从哈佛大学与中小学的联系、哈佛大学的师范系、专业认同的转变、教育科学的兴起、青年社会化的新职业、教育研究生院的成立、教育学者的成长、专业的培训和体制的弊端、社会科学的吸引、教育事业和精英的流失等 10 个方面入手，较为系统地描述了哈佛大学教育学科各个历史时期的发展状况，揭示了哈佛大学教育学科在学术探究与教师专业培训之间游移不定的发展轨迹，有助于学界较为全面地了解哈佛大学教育学科的发展历程及其特点。[③] 怀特（Woodie T. White）的《芝加哥大学的教育学研究（1892—1958）》（"The Study of Education at the University of Chicago，1892–1958"）以芝加哥大学教育学研究的发展历程为线索，较为全面地梳理了芝加哥大学教育学研究的若干重要史实。作者主要以教育学研究的开端、教育学院的建立、著名教育家贾德与教育专业化的进程、教育科学研究、拓展新的研究领域、大萧条与教育研究、教育理论与实践的联系、民主社会的教育研究为专题，较为系统地考察了芝加哥大学教育学研究发展的历程，为本文分析综合性大学教育学科发展的特点提供了教益，也为笔者较深入地了解杜威、贾德、泰勒等著名教育学者对芝加哥大学教育学科发展做出的贡献提供了直接的线索。[④] 奥利里（Timothy F. O'Leary）的《大学教育学院的目的、功能和组织探究》（*An Inquiry into the General Purposes，Functions*

---

① JUDD C H. The influence of scientific studies in education on teacher-training institutions［J］. Peabody journal of education，1925（6）：291–300.

② CREMIN L A. A history of Teachers College Columbia University［M］. New York：Columbia University Press，1954.

③ POWELL A G. The uncertain profession：Harvard and the search for educational authority［M］. Cambrideg：Harvard University Press，1980.

④ WHITE W T. The study of education at the University of Chicago［D］. Chicago：The University of Chicago，1977.

and Organization of Selected University Schools of Education）以哈佛大学教育研究生院、哥伦比亚大学师范学院、密歇根大学教育学院、爱荷华大学教育学院、斯坦福大学教育学院、加利福尼亚大学伯克利分校教育学院的办学史实为基础，以时间为线索，较为系统地叙述了 6 所教育学院创建与发展的过程。作者通过史料的梳理，较为全面地分析了综合性大学设立教育学院、开展教育研究的客观条件，认为儿童研究的兴起和教师教育质量的提高是大学设立教育学院的主要动因。该书为笔者梳理大学教育学院的办学史实提供翔实的资料。遗憾的是，作者并未在史料梳理的基础上明确提炼出每所大学教育学院的特色。①

此外，笔者还通过网络和其他途径，搜集到哥伦比亚大学师范学院、哈佛大学研究生院、芝加哥大学教育学院和斯坦福大学教育学院有关办学情况的电子文献，从而进一步丰富和充实了本书的写作资料。

（四）美国教育学理论和方法的历史研究

在探究教育学理论和方法方面，20 世纪美国综合性大学的教育学者是开展研究的主力军，他们或者发挥哲学和社会学的学术优势，较为系统地分析教育现象、探讨教育问题，进而构建大学教育学科的理论基础；或者借鉴心理学、统计学、管理学等学科的研究方法，发展大学教育学科的量化研究方法，增强教育学探究成果的客观性与科学性。在分析大学教育学科的社会效用和学术价值的基础上，美国综合性大学教育学者通过学理探究与社会问题探索相结合的方式，较为全面地阐述大学教育学科所具有的学术价值和现实意义，这为笔者深入理解美国综合性大学教育学科的历史地位及社会影响带来启示，也为本书提供了可资借鉴的文献资料。

杜威在《心理学和社会实践》（"Psychology and Social Practice"）一文中主张用哲学和社会科学的理论来研究心理学和教育学，把教育看成是培养新的社会能力，尤其是建立和保持一个民主社会所需要的技能、观点和知识的手段。他从社会发展的角度来诠释教育研究的内涵和意义，认为教育学术与教育实践不应仅在同一学院中融合，而且应与每个学校及其每个人相融合，试图确立教育研究科学化的第三种途径，即构建教育学院与家长联系的固定模式。② 杜威在《教育科学的源泉》（*The Sources of Science of Education*）中认为自然科学的进步为教育研究提供了必要的方法，可以帮助人们系统化地

---

① O'LEARY T F. An inquiry into the general purposes, functions and organization of selected university schools of education [M]. Washington, D.C.: The Catholic University of America Press, 1941.

② DEWEY J. Psychology and social practice [J]. Middle works, 1900 (1): 135.

思考问题、创新性地解决问题，但自然科学中的实验和测量的技术并不完全适用于教育研究，只有当教育涉及的心理现象有方法用空间、时间、运动和质量的单位来陈述时，才可以运用实验和测量的技术。在他看来，人们从其他成熟科学如自然科学中抽取出必要的方法来处理教育实践中的问题，形成了教育科学的资源；同时，教育又是培养人的社会活动，从事教育活动的人们的判断、计划、观察的态度和习惯，从而形成了教育科学的内容。这种观点有助于学界正确认识教育科学的来源。① 桑代克（E. L. Thorndike）在《教育成果的测量》（"The Measurement of Educational Products"）中认为，教育学和历史学、经济学、社会学及其他的人文社会学科一样，在 20 世纪初期被人们用量化的方法进行研究，主要是因为人的智力和性格的测量可以运用技术和实验室的手段来完成，这与物理学研究的方法相似。他通过对教学过程的描述和分析，用语言学习过程中学生对词汇的掌握速度和熟练度，用书法学习中学生书写技能的发展阶段来说明教育研究可以用量化的方法来开展。② 贾德在《教育研究与美国学校项目》（"Educational Research and the American School Program"）中强调美国大学的教育研究起源于欧洲，教育研究的方法具有社会科学的特征，在科学和实践理念成为社会主流文化的条件下，教育研究的方法也应该具有科学性和实践性。他认为，智力测验、心理实验和学校调查是大学开展中小学教育研究的主要方式，也是建立科学的教育研究方法的依据。上述观点有助于学界厘清美国综合性大学教育研究方法的发展脉络。③ 惠普尔（G. M. Whipple）的《教育的科学运动》（*The Scientific Movement in Education*）主要汇编了 1938 年美国教育研究学会（The National Society for the Study of Education）学者提交的关于教育研究中倡导的科学方法的论文，该论文集主要对学校调查、教育管理、教师教育、课程研究等领域运用科学方法开展教育研究的状况进行了考察和论述，为笔者较为全面地了解教育研究方法的丰富内容提供了有益的指导。④ 泰勒（Ralph W. Tyler）在《教育研究的特殊贡献》（"Specific Contributions of Research to Education"）中认为教育研究的具体情况十分复杂，学生接受新知识的能力、

---

① DEWEY J. The source of Science of Education［M］. New York：Horace Liveright Press，1929：26－27，32－33.

② THORNDIKE E L. The measurement of educational products［J］. The school review，1912（5）：289－299.

③ JUDD C H. Educational research and the American school program［J］. Bulletin of the American association of university professors，1923（8）：62－64.

④ WHIPPLE G M. The scientific movement in education［M］. Illinois：Public School Publishing Company，1938.

已有的背景知识、学习习惯以及教师在教学中的个性特征等都直接影响学生学习的数量和质量，每位教师和教育管理者都有自己处理所遇到的教育问题的方法，他们处理教育问题所依据的理论又有差异性。作者分析学生阅读时的眼动实验理论产生的过程和影响，进而说明教育研究对教育发展的贡献，指出来自于教育研究的教育测量和评价的理论在实际的应用中改变着教育实践，基础性的教育研究和其他专业领域的基础研究一样，不仅可以推进和检验教育理论，还可以解释教育如何发展、教育实践如何有效地开展，以便获取更多教育研究的有用素材。① 克里弗德（G. J. Clifford）的《教育学：它的历史和历史学》（"Education：Its History and Historiography"）对美国教育学研究的杂志进行了较为系统的考察，并对 20 世纪 60 年代以来教育学者和历史学者的教育论著加以评述，着重分析影响美国教育学研究发展的因素，如社会学、宗教学、经济组织和工作、社会统计学、社会控制论、民主和家庭伴侣等，并着力推荐了 20 世纪 70 年代在教育研究领域具有重要影响力的 6 种专著，为笔者全方位了解美国教育学研究提供了重要的线索。② 怀特（Woodie T. White）的《课堂的边缘化与芝加哥大学的教育学研究（1909—1929 年）》（"The Decline of the Classroom and the Chicago Study of Education，1909－1929"）主要以芝加哥大学教育学院 1909—1929 年的办学史实为背景，分析教育学研究的发展特征，认为社会科学、生物科学和自然科学的研究方法推动了教育心理学的发展，但也导致芝加哥大学的教育学研究逐渐与中小学课堂教学及其教师的实践相分离，教育学院致力于培养研究中小学教师心理、开展学校调查工作的专业人员，不再密切关注中小学课堂教学的发展状况。在作者看来，这一系列的举措凸显芝加哥大学教育学研究学术化的趋势，并为其在 20 世纪 20 年代争取到诸多的发展机遇，但也为其长远发展埋下隐患。该研究为学界认识芝加哥大学教育学科发展的趋势与特点提供了翔实的史料，有助于笔者厘清芝加哥大学教育学科的发展历程。③

引人注目的是，拉格曼（E. C. Lagemann）的《教育研究的多元化》（"The Plural Worlds of Educational Research"）通过比较杜威与桑代克的教育研究的取向，对杜威倡导的以社会心理学和社会实践为主要特征的教育探究

---

① TYLER R W. Specific contributions of research to education ［J］. Theory into practice，1962（2）：75－80.

② CLIFFORD G J. Education：its history and historiography ［J］. Review of research in education，1976（4）：210－267.

③ WHITE W T. The decline of the classroom and the Chicago study of education，1909－1929［J］. American journal of education，1982（2）：144－174.

方式的形成历程进行述评，重点介绍了杜威在芝加哥大学期间开展教育研究的缘由和主要举措。作者认为杜威通过阐发其社会实践性的教育理念、设立实验学校检验教育理念等活动，创立了一种具有社会实践意义的教育研究方法。这种方法不同于桑代克和贾德倡导的基于实验心理学的教育科学方法，更贴近人们的社会现实，展现出教育研究的多元化，受到现代社会的重视。该文不仅有助于学界较准确地把握美国教育学研究多元化的基本特征，还为笔者探究杜威在大学教育学科建设方面的具体成就提供了翔实的史料。拉格曼的《充满争议的领域：1890—1990 年间美国教育研究的历史》（"Contested Terrain: A History of Education Research in the United States, 1890–1990"）对美国 100 年的教育研究历史进行探究，指出教育研究的历史被认为是一个不断受到争议的过程，教育学术研究者、其他学术领域的学者、学校管理者和教师等不同群体对教育研究的观点存在着差异，这些群体及其个体的差异与合适的教育研究的行为相关联，已经成为规约和调整专业组织、政府机构、传播手段和其他研究机构开展行动的基础，而且也改变着人们对教育研究的看法，教育学术更多地与教育学知识探究和教育研究密切联系。她以时间为线索，围绕教育研究的专业化分析了教育研究群体的出现、两次世界大战之间的合作研究、二十世纪五六十年代的基础训练研究、1965 年后的教育评价和政策研究以及 1990 年后教育科学研究的资源，以翔实的史料为人们展示了 20 世纪美国教育研究的发展过程，使之能更好地掌握美国教育研究发展的阶段性特征。拉格曼的《一门捉摸不定的科学：困扰不断的教育研究的历史》（An Elusive Science: The Troubling History of Education Research）对美国教育研究的发展进行了详细的分析。她以教育研究的科学化、学术化为主线，以著名的教育学者的教育研究为重点，对 20 世纪美国教育研究的发展做了细致深入的考察，认为教育是一个受到其他许多学科和跨学科的影响的研究领域，尽管教育早已是大学教学与研究中规模最大的专业领域之一，但是近来在一些论述到大学及其研究的论著中，教育学术研究仍受到极大的忽略。她以翔实的史料为基础，着重探究美国教育研究的历程，说明教育学术的历史不是一个孤立的知识领域的历史，而是一个持续不断充满各种各样社会价值和思想观点的过程，这有助于学界全面理解美国教育研究的历史及其特点。

二、中国学界关于美国教育学科发展的研究

20 世纪 80 年代以来，伴随着改革开放的进程，中国教育学科发展进入多元化阶段，美国作为世界教育学研究的中心之一，其理论、政策和体制改革成为中国学者学习借鉴的主要内容，大量的英文资料随着中美两国文化和

教育交流的不断拓展被引入国内，许多知名高校间进行互派留学生、交换访学者等多侧面的学术交流，使得国内学界对美国教育学科的发展状况有一个较为清晰的把握，许多关于美国教育学科发展的著作和文章在国内引起学界的广泛关注。其间，中国学界尤其关注美国教师专业化发展的研究，美国的学术研究成果和研究方法直接影响中国20世纪末的教师教育改革。本书所收集的中文文献主要来自国内美国教育研究方面的著作和教育类核心期刊上发表的文章，主要可分为三类：第一类是教育史方面的著作，第二类是美国教师教育方面的著作和文章，第三类是美国大学教育学院发展的研究成果。

在教育史及高等教育史方面，滕大春的《美国教育史》对19世纪末至20世纪40年代美国教育的发展做了较为详细的介绍，作者尤其关注霍尔、桑代克、杜威、哈里斯、艾略特等教育学者的教育思想和教育实践，并对进步教育运动进行考察和分析，对美国教育科学的发展和教育专业的成长进行专门论述。他认为，美国对欧洲教育理论和实验多方引进和批判吸取，逐渐形成与美国政治、经济、文化相适应的教育学术探究模式，教育测量和教育统计的兴起是受美国务实哲学的直接影响，中小学课程和教学方法的实验和研究是由于生产发达而出现的新职业与日俱增，也是由于科学发达而呈现的新学科层出不穷；教育领导和管理的研究是由于教育工作者数量的激增所带来现实问题的增多，心理学研究在儿童研究运动中成为学校工作的主导学科。这些都推进美国教育事业的发达和教育学术的前进，进而有力地促成了教育专业的出现。在此基础上，美国许多大学或学院始而设置教育专业科目，继而成立了教育或师范学院，并建立教育系和教育研究组织，为大学教育学研究的展开奠定必要的基础。单中惠的《西方教育问题史》主要以探究现代大学理念的发展、美国高等教育发展的特点为切入点，对美国教师教育的发展历程进行简要的叙述，认为随着美国社会生活的变化和初等教育的发展，以及众多美国教育学者到欧洲国家学习，普鲁士的教师讲习所成为美国师范学校最早模仿的主要模式，"一战"后师范学校逐渐转型为综合性大学，以加强学术教育、培养"学者型教师"为目标的改革运动在全美范围内展开，促进了教育科学的发展与反思。他还对美国师范教育机构的两次转型进行阶段划分，认为向综合性大学教育学院的转型大致完成于二十世纪六七十年代。王英杰的《美国高等教育的发展与改革》主要从立法、学习德国、初创两年制学院、改革课程四个方面阐述美国现代高等教育制度建立的条件，较为系统地介绍了"一战"后美国高等教育发展的状况和主要研究型大学的发展经验，并对20世纪80年代至90年代美国高等教育改革及其对我国的启示进行了分析。作者认为，美国的高等教育与国民经济发展紧密相连，具有教学、科研、社会服务的功能；美国的大学不是仅仅为了实现个人自我完善或追求所谓学术完美的象牙塔，而是整个社会大系统中的子系统，通过服务社会既争取到了企业和社会的大力资助，从而增加了大学的办学经费，又促进了大学科研的发展和教育质量的提高。该书对于学界客观认识美国现代大学的发展历程、清晰界定现代大学的主要功能具有重要的参考价值。① 郭健的《哈佛大学发展史研究》以哈佛大学发展为一流大学为主线，将其历史分为五个时期——哈佛学院的创立时期、哈佛学院向哈佛大学的过渡时期、哈佛大学的奠基时期、哈佛大学跻身世界一流大学时期、哈佛大学牢固确立世界一流大学时期，围绕办学目标与定位、课程、教师、学生和专业学院的建立与发展介绍了哈佛大学成功的经验，其中关于教育学院的阐述为本文提供了必要的参考。② 徐来群的《哈佛大学史》以历史和问题研究的视角，系统考察了哈佛大学的发展历程、治理模式、筹资机制、课程的传统和变革、科学研究等。该书详述了哈佛大学为推进应用研究的发展，成立专业学院并逐步发展为研究生院，其研究工作也从专业领域扩展至跨学科的交叉领域的史实，从而为笔者认识和把握哈佛大学教育学科发展的动因带来启示。③

在教师教育方面，刘静的《20世纪美国教师教育思想的历史分析》对美国教师教育思想发展的历程进行了系统的探讨，认为20世纪美国教师教育思想主要以学术取向、专业取向和社会取向三个层面进行相关探索，师范学校的建立以及教育学讲座、教育系、教育学院在现代大学的建立是20世纪美国教师教育发展的前提和保障。该书以美国教师教育理论与实践的学术价值和社会效应的相互促进为线索，较为详细地分析了20世纪美国教师教育思想发展的动因及其影响，有助于人们从教师教育思想这一重要侧面来了解美国综合性大学的教育学研究。④ 周钧的《美国教师教育认可标准的变革与发展：全美教师教育认可委员会案例研究》着重探究20世纪40年代至90年代全美教师教育认证委员会对教师教育发展的影响，指出该委员会成立的原因之一是为保障教师教育在综合性大学中的地位，并从目标本位、课程本位、知识基础本位和绩效本位等层面分析美国教师教育认证标准的演变，有助于人们更好地从教师教育认证标准的创立、实施、转换、发展等方面去理

① 王英杰. 美国高等教育的发展与改革 ［M］. 北京：人民教育出版社，1993.
② 郭健. 哈佛大学发展史研究 ［M］. 石家庄：河北教育出版社，2000.
③ 徐来群. 哈佛大学史 ［M］. 上海：上海交通大学出版社，2012.
④ 刘静. 20世纪美国教师教育思想的历史分析 ［M］. 北京：北京师范大学出版社，2009.

解美国综合性大学教育研究的发展及其背景。① 洪明的《美国教师质量保障体系历史演进研究》以美国教师质量保障为切入点，着重探讨美国自建国以来各个历史时期教师质量保障体系的建立、实施与发展，并通过对大学教育学院时期教师质量的标准与认证进行具体考察，认为20世纪美国教师教育大学化的发展使得大学教育学院既要培养教师，又要仿照其他专业学院那样进行学术研究，包括教育学科的研究、实践问题的理论研究以及通过实验对理论加以检验等，在大学的学术规制下大学教师以学术研究为趣旨，奖惩、升迁和激励机制也围绕着这一目标而设计。该书较为深入地分析揭示了教师教育大学化和综合大学教育研究之间的关系，有助于人们正确认识综合性大学教育学研究的社会实践价值。②

美国的教师教育是其教育学发展的直接动力，国内许多学者都认识到这一点，并在此基础上对美国教师教育的发展开展了多侧面的学术探究。许建美从考察美国教师专业发展学校入手，认为专业发展学校是大学和中小学进行交流和沟通的桥梁，为理论和实践提供了对话的平台，从而强调专业发展学校通过推进教育学理论与实践结合对促进教育研究发展所起的重要作用。③ 高春香通过分析美国综合性大学教师教育的培养目标、课程设置、资格认证、聘任制度，使人们了解到美国教师教育存在着重学术、轻教育的倾向，影响了教育学发展的坚实基础。④ 李福春认为美国的教育学因培训教师而获得发展的生命力，在美国大学制度框架下教育学的学科化、专业化、学术性逐渐凸显，但同时面临着诸多的发展困境。他以较为翔实的文献资料为基础，以美国教师教育的发展为线索，着重探究影响大学教育学发展的社会因素及学术传统，有助于人们准确地认识和评价美国大学的教育研究。他在文章中既肯定了以杜威为代表的美国教育学家为推进教育研究所做的贡献，也客观地指出美国大学学术传统对教育研究的排斥在一定程度上阻碍着教育学的发展，尤其是芝加哥大学取消教育学院的建制对美国教育学发展的冲击是巨大的。⑤ 王萍对美国中小学教师教育的改革和发展的历程进行考察，将其分为殖民地时期、师范学校时期、师范学院时期、教师教育大学化时期和20

---

① 周钧. 美国教师教育认可标准的变革与发展：全美教师教育认可委员会案例研究［M］. 北京：北京师范大学出版社，2009.

② 洪明. 美国教师质量保障体系历史演进研究［M］. 北京：北京师范大学出版社，2010.

③ 许建美. 美国的教师专业发展学校［J］. 比较教育研究，2002（3）：58 –59.

④ 高春香. 美国综合性大学教师教育初探［J］. 南通大学学报（教育科学版），2008（1）：75 –78.

⑤ 李福春. 美国教育学发展考析［J］. 大学教育科学，2010（6）：81 –88.

世纪 80 年代以来 5 个不同时期。作者不仅从宏观的角度分析不同时期美国中小学教师教育变迁的路径以及发展的动因，而且从微观的角度具体论述各个历史时期美国的中小学教师的培养制度、教师教育质量保障制度、教师教育社会支持体系的发展状况及其各种因素的相互作用，对学界较为全面地了解美国中小学教师教育发展的历程具有重要的参考价值。① 王少勇对 1789 年美国建立第一所专门培养教师的师范学校以来 200 多年的教师教育课程发展历程展开研究。作者以美国教师教育课程的发展演变为主线，以美国教师教育课程在不同时期展现出的课程特点为依据，将美国教师教育课程的演变历程分为教师教育发轫期、师范学校时期、师范学院时期、教师教育大学化时期、教师教育多元化模式时期 5 个阶段，较为系统地梳理了各时期教师教育课程发展的史实，述评了主要教育家在教师教育课程建设上的重要贡献，为学界较为全面地了解美国教师教育课程的演变提供了翔实的史料，也为笔者探究综合性大学教育学科发展与教师教育课程之间的关系带来重要的启示。②

国内学者不仅对美国教师教育的发展进行多角度的探究，还对美国大学教育学院及教育研究生院的发展状况和特征进行探究，其研究成果比较丰富。周勇对芝加哥大学教育系 1894—2001 年跌宕起伏的发展历程进行概述，他指出芝加哥大学教育系倡导教育的学术研究在一定历史时期为其争取了较为丰厚的办学资源，但芝加哥大学以社会科学严苛的标准来衡量教育学的学术价值却使教育系逐渐远离了中小学课堂教学，致使教育系的办学资源随之逐年萎缩，从而出现教育系的工作既达不到大学的学术标准，又难以获得中小学教师教育项目支持的局面，并最终出现教育系被芝加哥大学取消建制的结果。该文有助于学界认识美国综合性大学教育学科发展的特点，也启发笔者从多角度来思考综合性大学教育学科的属性。③ 李伟从芝加哥大学教育学院的创立至停办的史实入手，认为芝加哥大学教育学院的停办原因主要在于经费不足和教育学学术标准的不确定。他阐述了与中小学教育实践密切结合是美国教育学研究的根基，脱离教育实践的学术研究，其生存空间会越来越狭窄。④ 周钧、朱旭东认为大学教育学院强调学术使教育学院教授的价值取向发生了变化，从以服务或实践为主的价值取向转为以研究为主的价值取向，因此教育学院的酬金制度也向研究领域发生了倾斜，这是现代大学制度

---

① 王萍. 美国中小学教师教育发展研究 [D]. 武汉：华中师范大学，2012.

② 王少勇. 美国教师教育课程史研究 [D]. 杭州：浙江大学，2013.

③ 周勇. 芝加哥大学教育系的悲剧命运 [J]. 读书，2010 (3)：80 – 89.

④ 李伟. 回归实践　回到理解：从芝加哥大学教育学院停办看美国教育研究范式的转换 [J]. 比较教育研究，2008 (7)：12 – 16，75.

制约教育学院发展的一个结果，教育学院无法回避这种制度环境。① 张济州、苏春景认为美国以大学教育学院为基地的教师教育大学化正在遭遇严重的信任危机，教育学院出现对社会需求反应迟钝、地位边缘化、学术性与专业性相冲突等问题，这是大学教育学院所面临的困境，美国教育界要求对大学教育学院教师教育项目进行严格的专业实践能力评估，重建教师教育课程体系，确保美国未来教师质量。② 黄丽娜通过分析美国综合性大学教育学院的历史和现状，着重考察了教育学院普通教师的培养目标与类型、课程设置及其特点，认为美国综合性大学教育学院的课程设置针对性强，强调学生的教学与相关实践，但未能对美国综合性大学教育学院在发展中存在的不足进行分析。③ 郄海霞对哈佛大学教育研究生院开展教师教育项目及教师教育课程进行介绍，探析该院实施教师教育的动因，认为社会需要推动教育研究生院的发展，研究生院有着明确的发展目标，多样化的学生来源和切合实际的课程设置是其发展的特色，综合性大学参与教师教育的社会服务理念、发展一流教育学科和培养一流教育科研人员的发展理念是其获得长足发展的深层次原因。④

中国学者在探究美国教育学或教育学科发展问题上也取得了一些成果。李福春对1832—1957年美国教育学发展的历程展开研究，将其分为美国教育学的孕育（1832—1890）、美国教育学的创生（1891—1929）、美国教育学的迈进（1930—1957）3个时期，在梳理各阶段美国教育学发展史实的基础上，从教育学组织建设和理论建设两个方面探究美国教育学科的建设。一方面，李福春认为19世纪至20世纪上半叶，教育学以学科的形式进入大学后，在美国大学制度的框架内，其建制逐渐趋于完善，教育学研究内容不断丰富，教育学研究方法得以更新。另一方面，李福春也关注到美国教育学的学科地位事实上并不稳固，其科学性不断受到质疑的状况。该文对笔者厘清美国教育学科发展的阶段、分析各阶段发展的主要特征具有重要的参考价值。⑤ 陈瑶运用社会学中关于学科及学科构建的相关理论，考察了美国内战后至"一战"结束美国教育学科发展的历程。作者从作为知识形态的教育学

① 周钧，朱旭东. 美国大学教育学院：教师教育大学化的亚制度问题研究 [J]. 外国教育研究，2006（6）：49–54.

② 张济州，苏春景. 美国大学教育学院：教师教育大学化实践困境及改革 [J]. 教育学报，2010，6（6）：110–114.

③ 黄丽娜. 美国综合大学中教育学院课程设置研究 [D]. 保定：河北大学，2006：5.

④ 郄海霞. 哈佛大学HGSE的教师教育项目、课程、理念及启示 [J]. 比较教育研究，2003（7）：79–85.

⑤ 李福春. 美国教育学演进史（1832—1957）[D]. 上海：华东师范大学，2011.

科、作为组织形态的教育学科、作为研究领域的教育学科三个维度较为系统地梳理美国教育学科构建的史实，认为教育学科的构建是在特定的历史条件下、在各种相关因素的共同影响下，从进入大学占有自身的领地，到以此为核心来不断调整与充实，并与各种社会因素互动的一种历史过程。该文主要阐述了美国大学教育学科在 20 世纪初期创立和初步发展的状况，有助于学界较为全面地了解教育学作为一门学科在美国大学得以建立、发展的历史背景，也为笔者探究综合性大学教育学科创立、发展的历程提供了弥足珍贵的参考资料。① 康绍芳以默顿学派②所构建的科学社会学作为理论基础，探究 19 世纪末至 20 世纪初期美国众多学者投身于教育问题研究的根本原因，分析美国教育学术秩序构建的社会过程。作者以学科知识及其学术秩序实际上是由少数学科精英生产和创造的，学科精英的集中涌现及其社会特质的形成与社会结构的变迁紧密相关为研究假设，采用集体传记法，对 20 世纪 20 年代美国教育学家的相关信息进行统计分析，绘制出 19 世纪末至 20 世纪初期美国教育学家社会结构的图谱，并分析其总体特质及其知名人物集中涌现的原因，从而展现美国教育界学术精英群体形成的社会过程。该文运用社会学的研究方法，较为系统地分析了美国教育学术界精英群体形成的过程，有助于学界深入探究美国教育学科创建和发展时期教育学术界精英群体对教育学术进步的贡献，也为笔者较为全面地认识和把握美国大学教育学科发展的动因带来启发。③

综上所述，中美两国学界就美国教育学研究的发展历程、影响因素、社会效用等方面开展了广泛的研讨，一致认为教育学研究具有社会性，大学教育学院是教育学研究的必要社会机构，其教育学研究不仅具有学理价值，推进教育学理论体系的发展，还具有实际效用，指导中小学教育实践的开展；而且，现有研究关注美国大学教育学科的发展境遇，从多方面探究其发展的动力，并拓展其研究空间。两国学者以现代大学理念为切入点，认为教育学研究有助于大学发展和推进其社会服务，研究和参与教育实践是现代大学的社会责任，也是发展和完善大学学术研究的必要途径；作为一门社会科学，

---

①　陈瑶. 奠基时代：美国教育学科构建的历史研究（1865—1919）［D］. 北京：北京师范大学，2012.

②　默顿学派的研究模式始于 20 世纪 30 年代。1938 年，罗伯特·默顿（Robert D. Merton）在其博士论文《17 世纪英格兰的科学、技术与社会》中运用集体传记法、计量史学等研究方法，分析社会文化，尤其是清教信仰对科学家这一职业群体的学术研究的重要影响，从而揭示科学家的社会世界，并形成了职业科学家精英群体的研究模式。

③　康绍芳. 社会转型时期美国教育学术界的精英群体（1890 年代—1920 年代）［D］. 北京：北京师范大学，2012.

教育学研究主要在大学的教育学院里展开，因而教育学院受高等教育发展模式的直接影响。两国学者还看到，大学教育学院是构建教育学理论的重要平台，也是教育学科发展的必要组织保障，大学教育学者通过教育学院参与教育实践，开展儿童研究，投身教师教育，并形成一种共识，即教育学术研究与教育实践密切结合。

应该说，现有研究成果主要集中于大学教育学院的发展历程、主要特征、影响因素等方面，较为全面地分析教育学院在教育学研究中的重要作用，既看到教育学院为教育学研究提供了有利条件，也看到教育学院因过于关注教育学研究的实际效用，在教育学学理研究的进展上未能提供更有效的支撑。所有这些为本研究的开展奠定了坚实的理论基础，提供了较为翔实的史料。中美两国学界的研究成果较为丰富，从不同的视角展开多方面的研究，其中探讨教师教育发展成果的尤多，但从正面集中而系统地探讨美国综合性大学教育学科发展的研究成果尚不多见。现阶段，结合美国综合性大学的历史进程来探究 19 至 20 世纪美国教育学科的发展逐渐受到中美两国学者的关注，如美国学者克雷明的《黄金时代：哥伦比亚大学师范学院的历史》、鲍威尔的《不确定的专业化：哈佛大学与教育学权威的探寻》和《20 世纪的大学教育学院》、克里弗德和古斯瑞的《教师专业发展学校》、克里弗德的《形成时期的美国教育学院：以 5 所大学为例》，中国学者李福春的论文《美国教育学演进史（1832—1957）》、陈瑶的《奠基时代：美国教育学科构建的历史研究（1865—1919）》、康绍芳的《社会转型时期美国教育学术界的精英群体（1890 年代—1920 年代)》等，这些成果或关注美国大学教育学院本身的历史，或限于美国大学教育学科发展的某一时段，或涉及大学学科建设的部分内容，尚未形成关于美国综合性大学教育学科较为系统的研究。本书拟以美国综合性大学教育学科的构建与发展为对象，以哥伦比亚大学、哈佛大学、斯坦福大学、芝加哥大学为中心，在前人研究的基础上，力图弥补上述不足。

第三节　概念界定

作为人类的一项社会活动，西方有文字记录的教育研究可追溯到苏格拉底时代，中国有文字记录的教育研究可追溯到孔子时代，然而将教育研究作为一门学科，以儿童的心理发展为基础进行系统探究的，则以德国赫尔巴特教育学为肇端。赫尔巴特认为，教育作为一种科学，是以伦理学（又名实践哲学）和心理学为基础的。他亲自参与教育实验，认真观察、研究儿童，创立"五段教学法"的教学模式，致力于建立教育学的学科体系，使教育学尽可能形成和使用自身的概念话语，力图使之摆脱对其他学科的依赖。在他的努力之下，教育学第一次建立在科学的基础之上，在大学学科体系中确立教育学的学科地位，使教育研究走向学术探究的途径和方法，并直接影响美国和中国 20 世纪的教育研究。本书主要从学科发展的视角出发，对近现代美国综合性大学教育学科的发展历程进行考察，因而有必要厘清学科、教育学科、大学教育学科等主要概念。

一、学科

从词源上来讲，"学科" 一词的确立历经漫长的历史过程，其在中文和英文中具有多重内涵。在中国古代，人们对"学科"主要有两种诠释：其一是指学问的科目门类。《新唐书·儒学传序》载："自杨绾郑馀废郑覃等以大儒辅佐，议优学科，先经谊，黜进士，后文辞，变弗能克也。"① 其二是指唐宋时期科举考试的学业科目。唐五代笔记小说集《北梦琐言》卷二中言："咸通中，进士皮日休进书两通，其一，请以《孟子》为学科。"② 进入现代社会，中文的"学科"主要包括两层含义，其一是指学术分类，即按照学问的性质而划分的门类，如自然科学中的物理学、化学，社会科学中的历史学、经济学、教育学等；其二是指教学科目，即知识或学习的一门分科，尤指在学校教育制度中，为了教学将之作为一个完整的部分进行安排。③

英文的"discipline"来源于希腊语"didasko"，译为"教"的意思；另一个来源是拉丁语的"(di) disco"，译为"学"的意思。后来，这个词又进一步发展为"diciplina"（知识和权力）和"disciple"（门徒），直到 13 世纪"discipline"伴随当时大学的发展出现在英文中，并逐渐为人所熟知。④ 在早期英文中，该词主要是指大学所建立的"高等部门"，如医学、法学、神学的知识。当前，"discipline"一词主要包含科目、训导、管教、自制、纪律、训练、惩罚等多种释义。概括地说，在国内外各类辞典或辞书中，"学科"一词其一是指学问的知识门类或科学分支，与学术研究或专业领域密切相关；其二是指为培养人才而设立的教学科目；其三是指学术组织，是

---

① 商务印书馆编辑部. 词源［Z］. 北京：商务印书馆，1998：431.

② 罗竹风. 汉语大词典：4［Z］. 北京：汉语大词典出版社，1991：238.

③ 词语"学科"的解释［EB/OL］.［2014－10－11］. http://www.zdic.net/c/6/108/284315.htm.

④ SIMPSON J, WEINER E. The Oxford English dictionary：vol. 3［Z］. London：Oxford University Press，1989：415.

人们在某一知识门类中接受教育或规训①的强力规范或"纪律"。② 由此可见，"学科"是一个内涵丰富的概念。首先，它是一个知识论的概念，一般来说，一门学科的合法性取决于其独特的研究对象、研究方法，并且形成逻辑严密的知识体系，这是学科确立与发展的起点，因而学科被视为知识的分类、组织、生产、传递与价值表现的形式。其次，学科与教学相连，它既是教学科目选定的依据，也是高等教育确立组织机构、建立课程体系、开展教学活动以培养社会人才的前提条件。在工业社会不断推进的条件下，知识的生产与人才的培养、教学的专门化相互促进，而这一相互促进的活动与社会分工高度耦合，并确立配置关系——人在分门别类地生产知识的同时，也分门别类地被知识所重构，从而被分等级、分类别地整合到社会秩序中去，因而学科被认为是一种规训工具，与社会等级相关联并规范社会秩序。③

综上所论，"学科"是一定历史条件下人类以特定的方式，探究某一领域客观现象，构建并传递规范化知识的一种组织形式，表现为以学术科目知识和规范为依据，以学校特别是大学为主要组织机构和平台，通过教学促进知识分化与社会分工的契合。

二、教育学科

"教育学科"是"学科"与"教育学"的下位概念，《辞海》对"教育学"是这样界定的：教育学是研究教育现象，揭示教育规律的科学。在英语中，"教育学"首先是用"pedagogy"一词来指代，19世纪末20世纪初，人们逐渐用"education"取代"pedagogy"，其原因主要有以下两方面：一方面

---

① "规训"主要来自福柯（Michel Foucault）1975年在《规训与惩罚》一书中提出的"学科规训制度"（discipline institution）概念。在该书中，福柯认为学校、监狱、兵营或医院都是历史存在的规训制度或设施，它们代表一种权力、一种技术，因此得以横跨贯穿于每一种制度或设施，并使其连接、延长，使其以一种新的方式汇聚和运行。从这个意义上理解，学科也是规训制度的一种。参见：SOURCE J G. Foucault among the sociologists：the "disciplins" and the history of the professions ［J］. History and theory, 1984 （2）：170 – 192.

② 有学者将学科概念的要义概括为五方面：学科是相对独立的学科体系；学科是达到专门化程度的知识体系；学科为一历史时空中以一定的范型构建起来的规范化的知识形式，学科既指知识分支的过程，也指知识分支的结果；学科延伸为由专门化知识群体结成的学界的或学术的组织；学科引申为规训和控制人和社会等研究对象的权力技术的组合。参见：万力维. 控制与分等：权力视角下的大学学科制度研究 ［D］. 南京：南京师范大学，2005：27.

③ 鲍嵘. 学科的制度及其反思 ［J］. 学位与研究生教育，2006 （7）：4 – 7.

是从词源上来讲，"pedagogy"在希腊语中是"教仆"的意思，如果说教仆这个词在古代不包含遭到蔑视的含义，那也不包含受到尊重的含义，即使是在现代用法中，这种现象也没有完全消除；另一方面，高等教育领域的"教育学"不仅仅是师范院校的一门教学科目，为确保教育学持久地立足于大学学术领域，获得平等的学科地位，有必要修改和扩充教育学的内容。为此，美国综合性大学把教育学界定为一门博雅学科或教育科学（liberal arts or the science of education），不限于培养任课教师，而是超越教育学（pedagogy）的学识领域。这意味着大学学者在教育的科学研究方面，远离哲学和课堂教学实践，以自然科学和社会学的实证主义标准为标杆，修改和扩充教育学的知识内容，建立一门教育科学以谋求教育学与大学其他学科的平等的学术地位。为凸显教育学的科学性与学术性特征，"education"一词取代"pedagogy"，并在大学中作为系科和教授职位的名称。

在中文语境中，"教育学"一词主要强调关于教育的知识内容和理论体系，而"教育学科"一词除包括教育的知识体系和研究活动外，还包括教育学的组织建构、人才培养等。在当代美国英语语境中，"the science of education"通常被简化为"education"，甚至两者相互通用，"education"不仅指称以实用主义为指导的教育学探索和以经验科学模式为依据确立的教育学知识体系，还指称教育实践。本书主要探究近现代美国综合性大学教育学科的发展历程，其中"教育学科（discipline of education）"的概念是美国英语语境下"教育科学""教育（学）""教育学科""教育研究领域"的统称。在笔者目力所及的范围内，有些文献资料可证明"教育学科"一词在19世纪末已成为公认的表述方式。①

三、大学教育学科

在美国，"教育学"被界定为教的科学（或艺术）、实践（或职业），是关于教授（或控制）与指导学生的原则和方法的系统化的学问或指令，用"education"这个术语来指称。② 在现代社会，"教育学"是大学尤其是综合

---

① 1882年，美国教育总监哈里斯（William T. Harris）在建议大学和（文理）学院设置教育学讲座的一份报告中提到"学科（discipline）"一词，用法与现在一致。哈里斯在文中谈到教育学时，呼吁："难道你们不认为教育的历史与哲学应该在学院中占据学科研究的一席之地？有充分理由在学院的后两年学习中每年开设几周教育的科学与历史的课程……"参见：陈瑶. 奠基时代：美国教育学科构建的历史研究［D］. 北京：北京师范大学，2012：28.

② 郑金洲. 教育的意蕴：庆祝瞿葆奎教授八十五寿诞暨从教六十周年［M］. 福州：福建教育出版社，2008：19.

性大学①（comprehensive university）所设立的众多学科之一，在美国教育部国家教育统计中心（NCES）2010 年颁布的第四版大学学科专业目录中，教育学（education）学科的代码为 13，位列 60 个学科的大类中。教育学作为一门大学的学科，大学教师能够以此为背景，研究与教育活动相关的一切主题，建构教育的知识体系，指导教育教学的实践活动，培养教育专业人才。

19 世纪中期至 20 世纪初期，教育学在美国逐渐发展为一门大学学科。虽然早在 1855 年，爱荷华州立大学就设立附属的师范教育系，开设教学的艺术和方法课程，为公立学校培训教师，但是其开设的教育学课程内容来源于师范学校，且师范教育系并不归属大学管理。② 直到 1873 年，爱荷华州立大学才设立全美第一个受大学直接管理的"教学论讲座"（chair of didactics），其目的在于"培养学生成为高级学校（advanced school）的教师"。③ 此后，密歇根大学（1879）、威斯康星大学（1881）、霍普金斯大学（1884）、密苏里大学（1884）、哥伦比亚大学（1886）、康奈尔大学（1886）、印第安纳大学（1886）、哈佛大学（1891）、芝加哥大学（1892）、斯坦福大学（1892）相继设立教育学讲座。这一时期，教育学讲座一般设立于哲学系，且主要关注教学艺术或教育管理的纯理论研究和教学，不直接开展教师培训，④ 但可以为教师培训提供理论指导，提高中小学教师的培养质量和规格。从教育学的理论建构和人才培养的角度来看，教育学讲座的设立标志着美国大学教育学科的初步建立。

本书拟从大学学科建构的视角来研究美国综合性大学教育学科发展的历程，将教育学视为一门在 19 世纪末 20 世纪初获得独立地位的大学学科，同时以哥伦比亚大学、哈佛大学、斯坦福大学、芝加哥大学这 4 所近现代美国最有影响的综合性大学教育学科为中心，围绕上述 4 所综合性大学教育学院、系的学科建设、课程设置、人才培养、学术研究等展开研究。

---

① 综合性大学是指学科比较齐全（文、理、工、商、法、医科皆有），办学规模宏大、科研实力强劲，以理论性见长的大学，且具有学士、硕士和博士学位的授予权。参见：教育大辞典编撰委员会. 教育大辞典：3 ［Z］. 上海：上海教育出版社，1991：11，61.

② LEE E A. The development of professional programs in education ［D］. New York：Columbia University，1925：14.

③ CREMIN L A. The heritage of American teacher education ［J］. Journal of teacher education，1953（4）：163 – 170.

④ COHEN S. Education in the United States：a documentary history（vol. 5）［M］. New York：Random House，1974：1 416.

第四节　研究思路

19 世纪末 20 世纪初，美国现代大学确立科研、教学、服务社会的三大主要功能，现代大学不仅从事学术探究、钻研高深学问，还将学术研究的成果应用于教学和社会服务中。在美国众多大学中，哥伦比亚大学、哈佛大学是美国传统学院中率先变革教育理念、推进课程改革，进而致力于社会问题解决的大学。罗宾的《现代大学的形成》、维赛的《美国现代大学的崛起》、马修斯的《哥伦比亚大学校史，1754—1904》、莫里斯的《哈佛大学三百年》和《艾略特校长任职期间哈佛大学的发展，1869—1929》等著作对此做了较系统的阐述。芝加哥大学和斯坦福大学是在 19 世纪末美国城市化进程不断推进的社会背景下，由社会资本资助建立的致力于解决社会现实问题的综合性大学，罗宾、维赛的著作重点介绍了两所现代大学的办学理念，古德斯皮德的《芝加哥大学校史》、墨菲和布鲁克纳的《芝加哥大学的理念》、乔丹的《斯坦福大学创建的理念》、艾略特的《斯坦福大学的第一个 25 年，1891—1925》具体展现了这两所大学的办学历程。通过上述分析可以看出，上述 4 所综合性大学分别代表着主动变革的传统学院和积极进取的新兴大学，它们堪称美国众多大学中展现现代大学理念及其特点的典型代表。

19 世纪末 20 世纪初，美国现代大学普遍设立教育学讲座或教育系，开设教育类课程，参与教师培训，这不仅提升了教师教育的质量和规格，也推进教育学发展为一门独立的大学学科。更重要的是，对于大学校长们来说，参与教师培训工作、为中小学培训教育专业人员，是大学发挥学术研究的优势来服务社会，从而彰显其大学功能的重要方式之一。在现代大学理念的影响下，1886 年哥伦比亚大学在哲学系开设教育类课程、设立教育学讲座，1890 年哈佛大学正式在哲学系开设教育类课程，1891 年刚创建的斯坦福大学就正式设立教育系，1892 年芝加哥大学的建校公报明确列出教育系的建制。因此，从时间上来说，这 4 所大学不仅是美国 19 世纪末 20 世纪初设立教育学讲座、创立教育学科的早期代表，而且从大学教育学科建构的视角来看，这 4 所大学在推进教育学科发展上取得的成就也具有典型性。笔者通过系统分析克里弗德和古斯瑞的《教师专业发展学校》、鲍威尔的《20 世纪的大学教育学院》、克里弗德的《形成时期的美国教育学院：以 5 所大学为例》、克雷明的《哥伦比亚大学师范学院的历史》、鲍威尔的《不确定的专业：哈佛大学与教育学权威的探寻》、怀特的《芝加哥大学的教育学研究（1892—1958）》等文献，发现这 4 所大学不仅设立教育学院系、开设教育类课程，而且汇聚了一大批教育学术界的精英，如杜威、贾德、桑代克、克伯

莱、克伯屈、科南特、布鲁纳、泰勒等，他们发挥学术研究优势，探讨教育问题、建构教育学科体系、开设教育类课程、完善教育研究方法。他们的研究成果不仅在某一时期直接影响美国的教育变革，而且成为教育学科在现代社会持续发展的强劲动力，并且这4所大学依据社会发展和学科建设的需要，创设并逐步完善教育学科的学位制度、教师教育项目，为美国教育界培养教育专业人才和优秀教师，至20世纪30年代4所大学培养的教育专业人才已占据美国教育界的领先位置。有鉴于此，本书选择哥伦比亚大学、哈佛大学、斯坦福大学、芝加哥大学为个案，按其开设教育类课程和设立教育学院系的时间顺序，依次梳理各大学教育学科的发展史实，探究这4所大学教育学科发展的历史进程。

19世纪中期后，美国社会进入城市化时期，社会生活中文化冲突与融合的现象并存，人们期望通过学校教育的变革来促进美国社会多种文化的交流与沟通。与此同时，美国社会生产方式的进步也需要学校教育培养多层次的专业人员。因此，建立在师范学校基础上的教师教育模式已不能满足社会对中小学教师质量和数量的需求。为适应社会的需求、展现现代大学的功能，19世纪末，美国众多综合性大学设立教育学讲座，参与中小学的教师教育活动。据此，本书将十九世纪七八十年代界定为美国大学教育学科的肇始，19世纪90年代至20世纪初界定为美国大学教育学科的创立期。从前人研究成果及其结论来看，克里弗德和古斯瑞的《教师专业发展学校》、克里弗德的《形成时期的美国教育学院：以5所大学为例》、克雷明的《哥伦比亚大学师范学院的历史》、鲍威尔的《不确定的专业：哈佛大学与教育学权威的探寻》、拉格曼的《一门捉摸不定的科学：困扰不断的教育研究的历史》和《充满争议的领域：1890—1990美国教育研究的历史》等文献也做出了类似的阶段划分。

20世纪初至1929年是美国社会持续进步的时期，综合性大学的规模和数量不断扩大，教育学作为大学的一门学科也获得了快速发展。在近30年的时间里，以哥伦比亚大学为代表的综合性大学涌现出大量的教育学家，教育学讲座或教育系从哲学系独立出来且具有完全自主的学位授予权，教育方向的学士学位、硕士学位、博士学位逐渐在各综合性大学的教育学院设立，至1929年这4所大学都设立了教育研究生院，致力于培养教育学的高层次专业研究人员。而本书所引用的教育学院历史研究的诸多文献较为系统地阐述了教育学科在这一时期的持续发展的状况。据此，本书将20世纪初至20世纪20年代界定为美国大学教育学科的发展期。

1929年，美国社会爆发经济危机，并在1932年持续引发一系列的社会问题，而且"二战"爆发后，美国于1941年参战，这也使美国社会的发展状况更趋复杂。受以上多种因素的影响，大学教育学院的招生数量逐年缩减，学院的财政赤字不断攀升。为走出困境，4 所综合性大学的教育学院根据社会发展的需要调整其开设的课程类型，增加社会实用性课程，设立多种层次的教师教育项目，并努力争取教育基金和联邦政府财政的支持。"二战"结束后，随着美国婴儿潮的来临，20 世纪 50 年代，美国中小学的学校规模不断扩大；而且受 1957 年苏联人造卫星上天的影响，美国进入教育变革的新时期。在此背景下，4 所综合性大学的教育学院有计划地增设社会科学课程、认知心理学课程，并与文理学院联合开设数学和科学类课程，以求提高教师教育的质量。通过设置与不同历史阶段相适应的课程、设立层次多样的教师教育项目，综合性大学教育学科在调整中不断趋向于成熟。克里弗德和古斯瑞的《教师专业发展学校》将教育学院的发展历程分为 1900—1940 年的形成期和 1941—1980 年的成熟期两个阶段，克雷明的《哥伦比亚大学师范学院的历史》以 1927 年为界将哥伦比亚大学师范学院发展历程分为前后两部分来介绍。此外，国内学者李福春将 1832—1957 年美国教育学发展的历程划分为美国教育学的孕育（1832—1890）、美国教育学的创生（1891—1929）、美国教育学的迈进（1930—1957）三个时期。鉴于美国大学教育学科发展的实际状况，也参考了前人的研究成果，本书将 20 世纪 30 至 60 年代界定为美国大学教育学科的调整与重组期。

美国综合性大学的教育学科发展和教育学研究不仅对 20 世纪美国的教育改革与实践起到积极的指导作用，而且还直接影响中国近现代教育学科和理论体系的建构与发展，其中哥伦比亚大学、哈佛大学、斯坦福大学、芝加哥大学等不仅是最早一批建立教育学院系开展教育学研究的著名高校，而且受实用主义和进步主义思想的影响，其学科建制、研究成果、教育学科发展路径、教育实践方式等都在不同的社会历史条件下形成各自的特色，加之这些综合性大学具有突出的学术地位，使其成为 20 世纪美国教育学科发展的领头羊。因此，本书选择上述 4 所大学作为研究的个案进行分析，以期管窥近现代美国综合性大学教育学科发展的总体历程及其主要特征。

第五节　研究方法

本研究拟主要采用文献法、个案法和比较法，对 20 世纪美国综合性大学教育学科的发展进行分析与评鉴，力求史论结合，在准确、可靠的史料基础上开展实事求是的研究工作，进而完成研究任务。

一、文献法

本研究以文献法为主，通过多种途径收集大量相关资料和前人的研究成果，其中既包括美国 19 世纪末至 20 世纪末著名教育学者的教育研究著作和论文，也包括哥伦比亚大学、哈佛大学、斯坦福大学、芝加哥大学的校史、校长年度报告及其师范学院、教育学院院史文献等。获取文献资料后，借助英语工具书对文献进行细致的阅读和归类，在此基础上对美国综合性大学教育学科发展的史实进行梳理，分析主要教育学者在不同历史时期的教育思想和教育研究实践，归纳其对教育学科发展的主要贡献。各发展阶段的资料为笔者探究美国综合性大学教育学科的发展历程、路径及其特点提供必要的文献基础，进而有助于把握其教育学科发展的阶段性特征。

二、个案法

本研究主要以哥伦比亚大学、哈佛大学、斯坦福大学、芝加哥大学为个案，考察其教育学科发展的历程和特点。如前所述，这 4 所大学堪称美国综合性大学中教育学研究的领头羊，在美国高等教育发展和教育学学术研究方面有着强劲且深远的影响力。对 4 所大学进行研究，有助于人们更直观地认识和理解 20 世纪美国综合性大学教育学科发展的特点。在研究进程中，以 4 所大学设立的教育学院系、开设的教育学课程为主要线索，依次梳理 4 所大学教育学科发展的史实；同时，选取 4 所大学中具有代表性的教育学研究者，对其著作和文章进行分析，梳理其教育学科发展举措，总结其教育学研究的主张，概括其教育学研究的特点，以此来反映美国综合性大学教育学科发展的特征。上述 4 所大学教育学科构成了 20 世纪美国综合性大学教育学科的重要组成部分，也是其缩影，对其展开深入研究，以求收到"解剖麻雀""窥一斑而见全豹"的效果。

三、比较法

本书主要采用同类比较法，即一方面比较美国 4 所综合性大学的教育学科在不同历史时期的发展状况，对美国大学的办学理念、教育学科发展规划的相似点和不同点进行比较，概述不同学术传统的综合性大学在推进教育学科发展上的相似与不同的举措，进而尝试分析 4 所大学教育学科发展的阶段性共同特征和差异表现；另一方面比较综合性大学教育学科在创立期、发展期、调整与重组期的发展特征，通过梳理 4 所大学教育学科的发展状况和主要教育学者在推进教育学科发展上的重要贡献，尝试从学科发展的视角分析不同时期教育学科主要特征的成因，探寻综合性大学教育学科发展的动力。

进一步而言，笔者是在中国的文化语境中探究近现代美国大学教育学科的发展历程，不可避免地会参照中国学界在美国大学教育学科研究方面的成果，来勾勒19世纪70年代至20世纪60年代美国综合性大学教育学科发展的历史框架，以期较全面地揭示美国大学教育学科在各个历史发展时期的主要特征。此外，笔者在写作过程中既要对前一阶段和后一阶段的情况进行比较，也要对同一时期的史实和背景进行多元观察和多点透视。因此，比较法是隐含在本书中的一种重要的研究方法。

第一章 美国综合性大学教育学科创立的背景及肇始（19世纪70—80年代）

美国是一个移民国家，自15世纪末哥伦布发现美洲大陆后，欧洲大量移民进入美洲，并在大西洋沿岸建立最初的13个殖民地，多种形式的文化伴随着移民的到来在美国社会扎根。为促进美国化的进程，殖民地当局要求辖区内居民共同出资办理初等学校、中等学校等类型的教育机构。在这些学校中，教师主要教给学生一些简单的读、写、算等知识，对教师的要求不高。"殖民地时期各级学校的教师，明显缺乏教师技巧的训练。"① 随着社会变革和工业化进程的不断推进，公立学校运动在美国广泛开展，人们对教育的质量和教师专业训练的要求越来越高，通过教师的工作，学校教育在缓和社会冲突、促进工业社会发展方面发挥重要作用。为提高教师的专业水平，自19世纪30年代后期始，师范学校成为培养教师的主要专业机构，其课程设置主要围绕中小学科目以及"教学的艺术"和"学校管理的科学"。至19世纪90年代，美国现代综合性大学逐渐建立教育学院（系），为高中教师和学校管理者提供高于师范学校水平的培训，在哲学、心理学、历史学、社会学等学术领域受到训练的学者以学科规训的方式来研究教育现象，推进了教育学科理论探索和研究方法的建构。从此以后，综合性大学以推进教师教育专业建设为契机，开始密切关注教师培训工作，大学逐渐成为推进教师教育专业发展的主要场所，并且将指导教师专业培训的教育学发展成为一门独立的学科。

第一节 美国公立学校与教师专业培训

受社会变革的影响，公立学校运动开始在美国推行并得到快速发展。19世纪中期以后，因工业化进程的推进和外来移民的大量涌入，美国社会面临着多重社会问题，其中专业人才培养和美国文化的创建是亟待解决的难题。公立学校因具备其他社会机构所没有的明显特征而成为培养专业人才、调节

---

① 布鲁柏克. 教育问题史［M］. 吴元训，等译. 合肥：安徽教育出版社，1991：480.

与缓和社会冲突的必要社会组织。①　其数量和规模因社会发展的需要不断增加。为满足公立学校在师资数量和质量方面的迫切需求，政府设立州立师范学校等教师专业培训机构开设教师培训的专业课程，为公立学校培养了大量的师资。

一、美国社会的变革与学校教育

南北战争以后，美国社会进入现代化阶段。西进运动和解放黑奴为美国社会经济发展带来前所未有的生机与活力，丰富的矿藏和大量劳动力成为工业革命得以顺利完成的必要保障。而且，这一时期，以欧洲人为主的海外移民大量涌入美国，这些移民带来先进的生产技术，使美国的工业化得到强劲的技术支撑。在此背景下，1790 年至 1890 年前后，美国的工业发展十分迅速。以钢铁产量为例，1860 年的产量不足 100 万吨，1900 年则升为 1 370 多万吨，在数量上远远赶超英国和法国。这一时期，美国的面粉业、纺织业、木材加工业、制鞋业等都快速发展起来。1890 年，美国的工业产品总值已超过英、德、法等国，由原料输出国变成工业产品输出国，至 1900 年，国内工业产值为农业产值的两倍。②　美国在 20 世纪初已基本完成工业化③。

在工业化的进程中，美国的领土和人口在不断地增长。1830—1860 年，美国的领土面积增加了 122.017 8 万平方千米，人口也从 1 300 万增加到

① 一般来说，公立学校主要有三个明显的特征：第一是在共同的学校教室里教育所有的儿童，这样可以使来自不同宗教、社会阶级、种族背景的儿童接受相同的教育，以减少社会团体之间的冲突；第二是把学校作为政府政策的实施工具，学校被视为解决社会问题的万全之策，政府的教育政策与解决、控制社会问题直接联系在一起；第三是建立了管理地方学校的州一级机构，以便于学校执行由政府制定的社会、政治、经济等政策。这三个特征反映了教育的社会调节功能，在多种文化共存的美国社会，公立学校已经成为调节与缓和社会冲突的必要方式。参见：斯普林. 美国学校：教育传统与变革 [M]. 史静寰，等译. 北京：人民教育出版社，2010：102 - 103.

② 滕大春. 美国教育史 [M]. 北京：人民教育出版社，1994：341.

③ 其主要标志是：（1）制造业在工业中占据明显优势。据统计，1889 年，美国各生产部门的新增产值为 78.7 亿美元，其中农业 27.7 亿美元，矿业 2.8 亿美元，建筑业 11 亿美元，制造业 37.3 亿美元。而 1859 年的数据为新增产值 25.7 亿美元，其中农业 15 亿美元，矿业 0.3 亿美元，建筑业 2.3 亿美元，制造业 6.2 亿美元。（2）工厂制造占据工业生产的主要份额。1890 年，工厂制造业产品在全部制造业产品中的比重上升到 80%以上。（3）非农业劳动力超过农业劳动力。1890 年，美国全部劳动力为 2 332 万，其中农业劳动力为 996 万，占 42.7%，制造业、矿业等非农劳动力为 1 017 万，占 43.6%。（4）工业在国民经济中所占的比重超过农业。1890 年，各生产部门的产值在国民经济中的比重分别为：农业 37%，制造业 48%，矿业 4%，建筑业 11%。参见：李剑鸣. 大转折的年代：美国进步主义研究 [M]. 天津：天津教育出版社，1992：11 - 15.

3 150万。值得关注的是，在增加的人口中有400万是移民，因为自1885年开始，一场来自东欧和南欧的大规模人口迁移给美国带来了数百万的新移民。

表1.1　18世纪90年代至19世纪90年代美国的面积和人口一览表

年份	土地面积/平方英里	人口/人
1790	864 746	3 929 214
1800	864 746	5 308 483
1810	1 681 824	7 239 881
1820	1 749 462	9 638 453
1830	1 749 462	12 865 020
1840	1 749 462	17 069 453
1850	2 940 042	23 191 876
1860	2 969 640	31 443 321
1870	2 969 640	39 818 449
1880	2 969 640	50 155 783
1890	2 969 640	62 947 714

资料来源：Bureau of the Census. Historical Statistical of the United States，Colonial Time to 1970［R］. Washington，DC：U. S. Government Printing Office，1975：8.

伴随着工业化进程和国土面积、人口的不断增加，美国社会的城市化进程也在加快。新移民在城市定居，很多乡村居民迁移到城市，现代化工厂的数量越来越多，为进入城市的人们提供种类繁多的就业机会。统计数据表明，1820年美国的23个州中仅有12座人口超过1万的城市，到1860年这类城市的数量已经增加至101个，其中人口超过10万的城市有8座。[①] 至1890年，在美国的6 300万总人口中，城市人口约占30%，人口的增加导致20世纪初美国在工业、交通等方面的变革，城市间充满活力的竞争在很大程度上促成全国铁路网的修建，这标志着美国实现了工业化、城市化的第一个阶段。

为向世界展示在工业发展上的领先优势，1876年，美国在费城举办盛大

① BINDER F M. The age of the common school：1830 – 1965［M］. New York：John Wiley & Sons，1974：16.

的 100 周年纪念世界博览会。这个博览会酝酿了 5 年，花费超过 1 100 万美元，由 58 个国家政府代表参加，1 000 万人参观。这次博览会用事实表明：在工业主导的世界性竞争中，美国在世界上堪称后起之秀，大有后来居上的态势。博览会用各种方式陈列了许许多多可以引以为豪的展品，从印第安纳小学生捐赠的植物标本到瑞典农村校舍的实际比例模型①，极大激发了美国人的自豪感和自信心。

美国社会的工业化和城市化给人们的生活带来巨大的改变，中心城市与周围郊区和远郊乡村的距离因机动车的发展而不断缩小，传统的地域概念如"城市""郊区""乡村"等逐渐消失，随着城郊混合体的不断发展，"大都市"概念逐渐被人们所接受。在大都市，人们的生活方式相互影响，各种文化和理念相互碰撞，美国文明的现代模式开始形成。1885 年，美国学者斯特朗（Josiah Strong）认为，此时的美国处于一个特殊的时代。在美国经济正以前所未有的高速发展的前提下，新建立的社会是应该恪守传统的清教徒的生活方式，还是应该对拜金主义、唯利主义、酗酒、反宗教等罪恶采取默许的态度？选择的结果将决定美国的未来，也将最终决定整个世界的未来。②诸多学者认识到，美国城市化过程中出现的问题是人们所面临的最大的挑战，而教育是解决这个难题有效的工具。在教育方面，美国所要面对的不仅是为工业社会培养专业化人才的问题，还要面对因外来移民的数量增加和地域差异所带来的文化融合问题。

在美国工业化和城市化过程中，大量的外来移民成为新一代的美国人。值得关注的是，1880 年前大多数移民来自西欧和北欧，特别是英国、爱尔兰、德国和斯堪的纳维亚半岛。除爱尔兰人外，其他移民都向内地迁移，定居在大西洋中部、中西部和西北部各州的富饶地区，他们中的很大一部分具有一定的文化知识、职业技能，有的则是熟练工人。然而，19 世纪 80 年代，来自南欧和东欧（主要是奥匈帝国、意大利和俄国）的移民数量开始上升，至 90 年代，移民美国的人数中新移民占一半以上，20 世纪前十年，新移民所占比重上升至 72%。③ 相对于早期的西北欧移民，这些新移民不仅数量巨

---

① 克雷明. 学校的变革 [M]. 单中惠，马晓斌，译. 济南：山东教育出版社，2009：21.

② STRONG J. Our country：its possible future and its present crisis [M]. New York：The Baker and Taylor Company，1885：175.

③ 张斌贤. 社会转型与教育变革：美国进步主义教育运动研究 [M]. 长沙：湖南教育出版社，1998：21.

大，而且文化背景比较复杂。① 当时一位移民这样描述他抵达纽约的往事：

> ……我的问题是使自己能与瓦斯卢伊人和罗马尼亚人，以及以前的同乡和同胞们相处。从更大意义上来说，它不是美国，而是少数民族集中居住的纽约东区。这完全出乎我的意料，完全改变了我的价值观，并使我晕头转向。②

由此可知，在19世纪末20世纪初的美国，新移民在语言和宗教意识上存在着巨大差异，而且大部分居住在刚刚兴建的大都市中，他们的到来给美国生活带来强烈的冲击。移民数量的快速增加和地域的差异性增多给中小学教学带来巨大的变革与挑战。教师们为使移民的孩子更快地适应美国生活，不仅要在正规的教室里为移民的孩子进行学习所需要的最基本的英语训练，而且还要照顾孩子们的生活问题，教师的职责被无形扩大。

美国移民局在1909年的调查结果表明：全国37个大城市在校学生的父母57.8%是在外国出生的，在马萨诸塞州的切尔西、明尼苏达州的杜鲁司，这个百分比高达74.1%，而纽约是71.5%，芝加哥是67.3%，波士顿是63.5%。这些孩子都不可避免地受到母语文化的影响，所以在学校教室里经常出现这样的情况：学生用六种不同的语言说话，其中没有一个人说英语。这是一个比较复杂的状况，因为对于教师、父母、同学乃至学校来说，每一种语言都蕴含着一种独特的文化。但是，令人担忧的是，当时的中小学在资金和师资力量上并不能促进各种文化的融合，也不能有效地为孩子提供一套系统的"美国化"培养方案。

一批美国的学者认识到，美国已经取得工业化的巨大成就，然而美国社会却因工业化的进展变得更加复杂。③ 为保持美国社会的稳定与协调发展，从而为每个美国人提供合适的生活条件，学校必须有意识地开展美国化的教

---

① "新移民"主要具有以下特点：（1）他们主要来自欧洲较为落后的国家；（2）移民美国前，大多为农民，移民的动机大多与生计有关；（3）在受教育程度、职业技能等方面，他们与早期移民相差很大；（4）"新移民"大多来自非英语国家。参见：阿瑟·林克，等. 1900年以来的美国史：上册［M］. 刘绪贻，等译. 北京：中国社会科学出版社，1981：13－14.

② 克雷明. 学校的变革［M］. 单中惠，马晓斌，译. 济南：山东教育出版社，2009：59.

③ 19世纪末20世纪初美国社会所面临的社会问题主要包括：贫富差距的进一步扩大，经济秩序的混乱，政治制度的危机，贫民境遇的日益恶化，道德水准的普遍下降。参见：张斌贤. 社会转型与教育变革：美国进步主义教育运动研究［M］. 长沙：湖南教育出版社，1998：25.

学内容，从而使移民服从美国的法律、规范和管理，并且逐步适应美国民族的理想精神与目标。为此，政府必须关注教育的发展与改革，而且要充分发挥学校教育在社会控制和道德训练方面的功能，以确保美国社会与文化制度的协调发展。因此，有组织、有计划的学校教育被认为是减少文化冲突、缓和阶级紧张、稳定社会制度，进而培养美国公民的有效手段，建立由州和地方政府管理的学校教育体制成为一种社会发展的必然趋势。而且，在工业化社会，学校更应该为社会变革服务，在现代城市生活越来越紧密包围男孩和女孩的情况下，他们过去在乡村生活时所接受的教育和培训已经无法适应新的生活，学校必须承担起美国青年迫切需要工业技能培训和社交训练的责任。学校教育必须从形式和内容上进行变革，人才的培养目标也要发生改变，这种变革应与整个社会的发展相呼应。面对社会与学校教育的变革，州政府应当在学校教育改革方面担负起必要的责任，公立学校运动呼之欲出，以贺拉斯·曼（Horace Mann）为代表的公众人物开始推行公立学校制度。

二、公立学校的兴起与发展

美国中学的建立与发展是美国式教育制度的独特表现形式之一，与美国的社会发展有着千丝万缕的联系。美国早期的教育理念与组织形式明显受到移民的观念影响，贺拉斯·曼曾经指出：在早期移民的心中"充满了两个神圣的观念——对上帝和对后代的义务。为了第一个义务，他们建立了教会；为了第二个义务，他们开办了学校。宗教和知识——这是同一个光荣的永恒的真理的两个特征"[①]。在北美，最早开办的学府是 1635 年的波士顿拉丁学校（Boston Latin School），它以拉丁语为核心内容设置古典教育课程，目的是培养教会人员和社会精英，不久就成为新建的哈佛学院的预备学校，波士顿拉丁学校的建立标志着北美中等教育的开端。之后，在北美各殖民点建立了以市镇名义批准的拉丁文法学校，它们大多依靠公共资金和私人捐赠维持，主要开设古典课程，除为升学服务外，还为教会和公共事业培养人才。在南方，1693 年建立了威廉—玛丽学院，其最初是一所文法学校，所以一般认为"这所学院既是美国南方高等教育之始，也是南方中等教育的开端"[②]。1751 年，费城文实中学的诞生开启了中等教育改革的先河。文实中学由于进行实科教育适应了新时期工商业发展和科学技术知识的需要，因而迅速成长壮大。19 世纪以后，公立学校运动对教师教育的刺激，加快了文实中学的推广。文实中学兼顾文科和实科教育，满足就业和升学的双重要求，在课程和

---

① 克伯雷. 外国教育史料 [M]. 华东师范大学等四校教育系，译. 武汉：华中师范大学出版社，1990：628.

② 杨孔炽，徐宜安. 美国公立中学发展研究 [M]. 武汉：湖北人民出版社，1996：8.

管理上灵活多样，既迎合中小资产阶级和上层贵族的心理，又适应了高等教育课程变化的需求，为以后公立中学的建立和发展提供了经验。随着公立学校运动的深入，普及国民教育的观念逐渐被人们接受，1821年在波士顿建立了第一所公立中学。公立中学是一种由公共机关设置、管理，以公费维持，并面向所有青少年的免费学校。在课程与管理上，公立中学借鉴文实中学的经验，强调英语是唯一学习的语言，旨在为青年就业提供更多实用的知识。1825年，伊利诺伊州首次制定教育法，明确指出公民的智力是社会的财富和国家的力量，认为国家有义务兴办公共教育，这成为美国发展公立学校的认识基础。1827年，马萨诸塞州制定法律，规定500户以上的社区必须对中等教育提供资金支持，1852年又制定了强制青年入学的法律。19世纪70年代以后，由于文实中学的衰落和内战后国民精神的增长，加之工商业发展对大量专业人才的急需，公立中学便以多种方式迅速成长起来。公立中学的发展虽然困难重重，但它标志着中等教育管理权由私人和教会转到了政府手中，标志着中等教育的民主化与世俗化，为所有青年的就业服务成为其显著特征。这一时期，贺拉斯·曼在公立学校运动上的贡献引人注目。

贺拉斯·曼，1796年出生于马萨诸塞州，曾在布朗大学求学，并于1823年开始从事律师职业。1827—1833年，他在马萨诸塞州立法机关工作，并创建了马萨诸塞州教育委员会。工作期间，他陷入了诸多的政治和社会事务中，对这些社会事务的解决使他形成学校变革的信念。1837年5月，他接受新成立的州教育委员会的邀请，作为秘书领导委员会的工作。[①] 1843年，他从德国考察教育回国后，积极建议州政府出资建立公共学校。为扩大其建议和理念的影响力，他创办《公共学校杂志》，在社会上广泛宣传公立学校。除此之外，他每年还向州议会提交一份报告，论述当前的教育实践和状况，并提出一些改进的建议。1848年，他在最后一次报告中阐明其公立学校的设想：

她（指公共学校——笔者注）知道穷和富、束缚和自由，或者那些在这个世界不完美的光亮下，通过各种途径正在寻找到达天国门槛的人之间没有区别。没有钱，没有价格，她敞开大门，为全州所有的儿童摆好它慷慨赠予的桌子。就像太阳，她不仅照射着善，也照射着恶，当然恶也可能变成善；也像雨，她的祝福不仅降落到公平上，也降落到不公平上，不公平可能背离它们，并且也不再为人所知。[②]

---

① 斯普林. 美国学校：教育传统与变革［M］. 史静寰，等译. 北京：人民教育出版社，2010：106–107.

② 韦布. 美国教育史：一场伟大的美国实验［M］. 陈露茜，等译. 合肥：安徽教育出版社，2010：143.

在贺拉斯·曼的积极努力下，马萨诸塞州成为全美公立学校运动的榜样，他也因此被称为"美国公立学校之父"。

19世纪中期后，义务教育开始在美国迅速发展，各州逐渐通过立法的形式来保障地方税收制度向教育倾斜，以强迫和免费的方式推进义务教育。1865年，美国的北部、中西部和西部各州都已建立起公共学校制度，全国已有50%以上的儿童在公立学校注册入学。1870年，实施义务教育法的州已增加到十几个，到1885年，有14个州和6个未成立州的地区颁布了义务教育法，1891年，全国48个州中有26个州实施了义务教育。① 在法律的作用下，公立学校的数量迅速增加。

美国内战后，中学教育越来越被看作是实现一个人的社会诉求和经济目标的必要手段，人们在接受公立小学教育的同时，对中等教育的需求也在大规模增长。据统计，1870年美国公立中学的数量有500所，1900年公立中学已达6 000所，免费的公立中学在19世纪末已经取代大多数文实中学；1900年，中学招生50多万人，其中6.2万名学生已经毕业，而且州政府通过立法机关征税并用于支持公立中学，1879—1880学年至1889—1890学年的10年间，公立学校的总支出从7 800万美元上升至1.41亿美元。②

表1.2　1890—1916年美国公立中学及教师、学生人数增长一览表

年份	公立中学/所	教师/人	学生/人	学生比例/%	
				公立中学	私立中学
1889—1890	2 526	9 120	202 968	68.13	31.87
1894—1895	4 712	14 122	350 099	74.74	25.16
1899—1900	6 005	20 372	519 251	82.41	17.56
1904—1905	7 576	28 461	679 702	86.38	13.62
1909—1910	10 213	41 667	915 061	88.63	11.37
1914—1915	11 674	62 519	1 328 984	89.55	10.45
1915—1916	12 003	68 277	1 456 061	90.37	9.63

资料来源：CUBBERLEY E P. Public education in the United States［M］. Boston：Houghton Mifflin Company，1919：407－408.

从表1.2中可以看出，1890—1916年，中学数量增加了近5倍，中学生

---

① CUBBERLEY E P. The history of education［M］. Boston：Houghton Mifflin Company，1920：817.

② CUBBERLEY E P. Public education in the United States［M］. Boston：Houghton Mifflin Company，1919：407－408.

人数增加了 7 倍多，中学教师人数也增加了 7.5 倍，公立中学学生比例远远超过私立中学的比例。为适应美国城市生活，实现每个来到美国的公民所追求的民主与自由的梦想，接受教育成为每个公民普遍追求的权利，公立学校的建立与变革成为一种必要的手段。在工业化社会发展的推动下，公立学校的数量快速增加，教师的数量也相应地增加。为确保公立学校在师资数量和质量方面的需求得到满足，州立师范学校开始在美国发展起来。

三、公立学校与教师专业培训的发展

公立学校的建立和发展推进美国的城市化，有效缓解了 19 世纪末美国的社会冲突；与此同时，公立学校的持续推进不仅增加了学校的数量，也促使各州政府把大量的资金投入到学校建设中，而教师的专业培训是公立学校建设与发展的关键。以塞缪尔·R. 霍尔（Samuel R. Hall）和贺拉斯·曼为代表的早期教育学者创立教师培训的专业机构，不仅补充公立学校教师的数量，还从教学的专业素养方面提升了教师的质量，为教师专业培训做出重要贡献。

1823 年，塞缪尔·霍尔在佛蒙特州康科德市（Concord）建立哥伦比亚学校（Colombia School），这被认为是美国第一个正规的私立教师培训机构。霍尔看到接受较好师资培训的教师是改善学校的中心环节，为更好地提高教师培训的质量，增强办学实力，他开办的学校与康科德文实学校（Concord Academy）合并，并得到地方学校基金的资助。为增强教师培训的专业性，1829 年霍尔编撰出版了第一本教师教育的专业教科书《教学讲稿》（*Lectures on Schoolkeeping*）。

塞缪尔·R. 霍尔的《教学讲稿》的章节纲要①

第 1 章　无视公共学校的重要性、特征及有用性；起源与影响

第 2 章　阻碍公共学校发挥作用的因素

第 3 章　教师必要的素养

第 4 章　教师职业的本质；教师的责任；对它进行理解和认识的重要性

第 5 章　获得学校的信任；得到它的手段；对学校有益时，教师应愿意向学校效力

第 6 章　学校的管理；先决条件；对待学生的态度；管理的一致性；稳定

第 7 章　学校的管理（接上文）；偏袒；关心学生未来和现在的福祉；

---

① Ellowood P. Cubberley. Readings in public education in the United States［M］. Boston：Houghton Mifflin Company，1934：324 - 325.

师生之间，以及生生之间的交流方式；惩罚；奖励

　　第 8 章　学校的综合管理；学习的方向

　　第 9 章　教学模式；例举；拼写

　　第 10 章　算术；地理；英语语法；写作；历史

　　第 11 章　作文；普通科目；无须专门学习；改善入学机会的重要性；学校精神的烙印

　　第 12 章　激发学生的兴趣；需要避免的事务

　　第 13 章　致女性教育家

　　霍尔明确提出了为公立学校培养教师的小学目的，但公立学校的师资需求量是巨大的，在当时的美国，能够自费到私立文实学校接受教育的人是有限的。因此，由政府出资来培训教师成为解决师资欠缺问题的关键，州立师范学校的建立是提高教师专业培训数量和质量的必要手段。

　　贺拉斯·曼作为公立学校的倡导者，非常重视教师的专业培训。为改进美国原有的师资培养模式，提高公立学校教师的数量和质量，1839 年，贺拉斯·曼在马萨诸塞州的列克星敦建立第一所师范学校。在开学典礼上，他宣称，没有师范学校，"那些免费学校就会失去他们本身的力量和恢复活动的能力，其结果，学校就会变成慈善机构，那么，公立学校就会在形式上和实际上逐渐消亡"[1]。在贺拉斯·曼的倡导下，公立学校不仅获得州政府的教育税收财政和立法支持，还通过建立州立师范学校来提高师资培训的质量，遂使公立学校的数量和入学人数大增。

　　在贺拉斯·曼的带动下，美国其他州也纷纷建立州立师范学校。1844 年，在大卫·P. 佩奇（David P. Page）的指导下，纽约州奥尔巴尼师范学校创办。康涅狄格州、罗得岛州、新泽西州、伊利诺伊州等相继在 1860 年前建立州立师范学校，至 1860 年，美国已建立起 12 所州立师范学校，1865 年州立师范学校增至 20 所。据美国教育协会（The National Education Association）的统计，1874 年有 67 所州立师范学校，1898 年州立师范学校的数量增加至 166 所，1900 年美国 45 个州已有近 350 所师范学校，学校的注册人数从 1870 年的 10 000 人上升到 1900 年的 70 000 人。[2] 这些公立师范学校和其他私立师资培训机构共同负责小学教师培训。

　　1839—1840 年，马萨诸塞州作为美国率先建立州立师范学校的地方政

---

① 韦布. 美国教育史：一场伟大的美国实验［M］. 陈露茜，等译. 合肥：安徽教育出版社，2010：166.

② RYAN K. Teacher education：the 74th yearbook of the national society for the study of education［M］. Chicago：The University of Chicago Press，1975：3.

府，其教育部门通过法律的形式规定了师范学校的课程，具体内容如下：

拼字法、阅读、作文、语法、修辞、逻辑、书写、绘画、算术、地理、统计、历史、代数、几何、簿记、航海、测量、自然历史、生理学、心智哲学（mental philosophy）①、音乐、自然哲学、天文学、马萨诸塞州和美国的宪法和历史、虔信和道德原则、教学科学和艺术。

从马萨诸塞州立师范学校的课程内容可以看出，师范学校以任教学科为基础来培训教师，通过开设心智哲学和教学科学与艺术两门专业课程来培训教师的教学技能。

然而，还应该注意到，1860 年前美国师范学校的课程都是一年制的，师范学校的课程设计比较简单，且学制短，具有教师"速成班"的性质。这一情况到 1890 年时仍没有太大的改进，而且师范学校的学术课程大部分是小学科目，在专业教育方面主要包括 13 周的教育史，27 周的教育科学（science of education），31 周的小学教学方法，20 周的精神科学。其中一周是指连续 5 天每人 45 分钟的时间，教学实践包括 50 次学校观察，每次 45 分钟，然后进行教学实习，平均达到 131 次。② 由此可见，师范学校的课程大部分是技术性的，与实际的教学活动相联系。在师范学校的环境中，"教育学"被理解为"教学实践的艺术"，或者"教学的一套技艺"，而不是"教学的理论"，教师是掌握教学技艺的技术人员，他们不需要接受文理教育，只需要掌握任教所需的学科知识，同时要节俭、勤勉、献身于工作、服从监督指导。③ 师范学校培养的教师可以从数量上满足公立学校发展的需求，但其专业水平并不能得到充足的保障；而且，师范学校的培养目标单一，其教师培训主要以课程的形式出现，其内容以学科专业课程和教学法为主，没有设置文理教育的内容，不能为中学培养师资。

这一时期，美国主要通过文理学院和公立高中培养中学教师，它们是对师范学校工作的重要补充。19 世纪上半叶，文理学院安排了教师培训计划，认为培养教师就是培养个体和公民，使他们具有仁慈的品性和出众的才能；

---

① 在古希腊，"哲学"意味着"爱智"，所有知识均包含在哲学之中，这在西方长期以来形成了一种思想和学术传统，伦理学、心理学等在近代是较迟从哲学中分离出来的学科，所以伦理学一度被称为"道德哲学"，心理学一度被称为"心智哲学"或"心灵哲学"。

② 刘静.20 世纪美国教师教育思想的历史分析［M］.北京：北京师范大学出版社，2009：40 - 41.

③ Shen Jianping. The school of education: its mission, faculty and reward structure［M］. New York: Peter Lang, 1999: 17.

在教师培训中古典教育（classical education）完全能够满足教师培养的要求，经过文理熏陶的大学毕业生能够胜任教学工作，教师教育的内容应出自古希腊、古罗马的著作。于是，文理学院主要通过传统文化的熏陶来培养学生的社会责任，并使他们在经典课程的学习中掌握学习的方法和教学的技巧，从而为将来的教学工作做准备。文理学院的教师教育课程一方面通过教科书开展通识教育，培养学生终身学习的智力习惯和技能，培养学生的仁慈和社会责任感；另一方面开设心智哲学和道德哲学、教育在社会中的作用、学习的本质、人类发展及教育方法等课程，来培养学生的教育技能。① 高中则是发展于 1821 年在波士顿建立的"英国古典学校"（English classical school），虽然成长缓慢，且形式多样，但在 19 世纪末，高中已经成为中等教育的典范机构，其注册人数自 1870 年以来稳步增长，至 1900 年，注册人数达到630 048 人，而且高中还经常向占学生绝大多数的女生提供教师训练课程②，其课程内容以文学、语法、初等数学为主，还涉及基本的小学科目教学法，这是对师范学校在小学师资培训工作方面的补充。但是，师范学校、文理学院、高中等教师培训机构仅关注教师教学技艺的学习，没有对教育形成系统的理论探究，其毕业生绝大多数以女教师为主，而女教师的职业诉求相对于从事学校管理工作的男教师来说，在城市化进程中的影响力较弱，并不能显示出教师工作应具有专业价值。因此，在公立学校深化改革的前提下，提高教师规格与质量、增强教师培训的专业性成为社会关注的重点。19 世纪末兴起的现代综合性大学为实现其介入中学教育、提升大学生源质量的目的，凭借其学术研究的优势，开始主动研究教育现象，探索教育理论，积极参与教师专业培训，推进中小学教师教育专业建设的发展，并将教育学发展成为一门大学学科。

第二节 美国现代大学与教师专业培训及教育研究

随着美国社会工业化和城市化进程的发展，欧洲文化和思维方式也在不断给美国教育带来新的冲击。大学这样一种新的学术组织方式被一批美国学者从西欧引入。留学欧洲的学者们从美国传统的福音式宗教虔诚中独立出来，通过接受欧洲科学和教育来对抗因工业化所带来的粗俗的社会风气。在

---

① 王少勇. 美国教师教育课程史研究 [D]. 杭州：浙江大学，2013：83.

② 拉格曼. 一门捉摸不定的科学：困扰不断的教育研究的历史 [M]. 花海燕，等译. 北京：教育科学出版社，2006：8.

社会财富快速积聚的 19 世纪，美国人逐渐认识到，对传统学院进行改革和建立现代大学既能够挽救古老的神学思想，又可以将其改变成符合新的世俗社会需要的机构。

一、美国传统学院的现代困境

19 世纪后期，具有 200 多年历史的美国传统学院正面临前所未有的困境。19 世纪 70 年代以后，虽然美国的人口增加了 23%，但是 20 所最古老的主要学院的入学人数只增加了 3.5%，造成这一局面的原因主要是传统学院的办学理念和课程设置与时代的发展现状不符。这一时期，传统学院依然提供古典课程，而且其入学资格对欧洲移民有限制。在城市化的发展给人们的生活带来诸多便利，职业的选择可能性也更为丰富的情况下，很多孩子更愿意选择与未来城市生活相接轨的商业课程，古典课程逐渐失去吸引力。另外，19 世纪 80 年代的美国，达尔文主义已经被人们所普遍认同和接受，自然科学知识在工业生产中迸发出强大的能量，切实改变着人们的生活和思维，陈旧的古典课程已经无法为生活做出应有的指导。随之而来的是，社会上对学院毕业生表现出苛刻的态度，工业家、商业家、银行家等现代职业的掌舵人明确提出不愿雇佣学院毕业生进入该行业的意愿。1889 年，安德鲁·卡内基（Andrew Carnegie）的下述评论具有代表性：

学院的学生们对遥远的过去发生的野蛮、微不足道的战争一知半解，或者就是试图掌握已经死去的语言，就商业事务而言，这种知识根本就不适应这个星球。未来的工业家庭应该热切地投身实践这所学校，以获得未来成功所需的知识……现存的学院教育对于在这一领域的成功是致命的阻碍。①

在社会不太富裕的阶层中，也广泛存在着对学院学生的质疑。人们普遍认为当时的高等教育与充满活力、具有可实践性的社会生活具有疏离感，进入学院学习不再是有效提高社会身份与地位的唯一途径，尤其是农村孩子，进入学院学习会面临尴尬的境遇。1863 年，马萨诸塞州的农村孩子斯坦利·霍尔被威廉斯学院录取，这一状况受到他乡下小伙伴的嘲笑，因为在当时的整个社会看来，接受学院教育的年轻人与社会发展不符。

可见，工业化、城市化的进程对教育提出深刻的要求，这些要求将额外的负担置于现行的教育机构上，既坚持教育机构要向学生灌输与社会生活有重要关联的道德准则和规范，又建议教育机构应向学生传授各种重要的专业

---

① 维赛. 美国现代大学的崛起［M］. 栾鸾，译. 北京：北京大学出版社，2011：12.

知识，① 教育目的因此被延伸与扩大。换言之，教育不仅要关注人们的精神和道德层面，还应赋予人们在现代社会生存和发展的职业技能。因为在工业社会，专业分工越来越细化，这就需要学校教育按照社会分工的要求来培养人才，在传统学院不能为社会发展培养合适人才的情况下，美国社会从自身国情出发，开始借鉴欧洲大学的理念和模式，展开建立现代大学以变革传统学院的工作。

二、美国现代大学的创建与变革

总的来说，19 世纪中期至 20 世纪前期美国现代大学的建立与改革主要是通过两种途径来开展的。第一种途径是新建立实用性的大学和农工学院。随着工业化进程的发展，美国人日益认识到，实用的、专业的教育有助于社会生产效率的提高和经济收入的增加。在传统学院无法提供相应课程的条件下，他们开始着手建立与社会发展需求相一致的高等教育机构。为确保这一途径的实施，美国国会在工业利益集团的支持下，于 1862 年通过了由林肯总统签署生效的第一部《莫里尔法案》（Morrill Act），也称为赠地法案。该法案要求联邦政府根据各州在国会议员的名额，每名议员拨予 3 万英亩公共土地，将这些获赠土地的收入，捐赠、补助或支持至少一所学院，这些学院必须开设农工业科目，而且要兼顾科学的和古典的科目，以促进高等教育发展。许多著名的学府如康奈尔大学、麻省理工学院等都受惠于该法案，各州都为该类型的院校发展投入巨额资金。克伯莱认为，联邦政府给予教育的多种补助中，似乎没有别的补助像拨地兴建农工学院，和以后拨款举办这类教育，获得更丰硕的成果了。后来，为确保赠地学院的发展，联邦政府于 1890 年颁布第二部《莫里尔法案》，促使高等教育的课程从古典课程向应用课程转变，同时也为现代大学提供了必需的、稳定的财政支持，州政府也积极参与大学的建立与发展。自美国内战结束至 20 世纪初这一段时间，有 200 多所新大学或学院建立，历史学家将这一时期称为"大学时代"。从表 1.3 中可以看出，自 19 世纪中期至 20 世纪前期，美国大学所授学位的数量和种类不断增加，高等教育为美国社会的技术、工业和商业的发展提供各类人才。这一时期，整个美国高等院校的数量和教职工、学生人数等增长速度非常快，大学的数量和规模不断增加，美国的高等教育进入快速稳定的发展时期。

---

① 克雷明. 美国教育史 3：城市化时期的历程（1876—1980）［M］. 朱旭东，等译. 北京：北京师范大学出版社，2012：9 - 12.

表 1.3　美国高等教育机构、教职工、学生人数和授予学位数一览表（1869—1920 年）

项目	1869—1870	1879—1880	1889—1890	1899—1900	1909—1910	1919—1920
机构总数	563	811	998	977	951	1 041
专业人员	5 553	1 1522	15 809	23 868	36 480	48 615
专业人员男性	4 887	7 328	12 704	19 151	29 132	35 807
专业人员女性	666	4 149	3 105	4 717	7 348	12 808
秋季注册总数	62 839	115 850	156 756	237 592	355 430	597 880
秋季注册男性	49 467	77 994	100 453	152 254	214 779	314 938
秋季注册女性	13 372	37 856	56 303	85 338	140 651	282 941
学士总数	9 371	12 896	15 539	27 410	37 199	48 622
学士男性	7 993	10 441	12 857	22 173	28 762	31 980
学士女性	1 378	2 485	2 682	5 237	8 437	16 642
硕士总数	—	879	1 015	1 583	2 113	4 279
硕士男性	—	868	821	1 280	1 555	2 985
硕士女性	—	11	194	303	558	1 294
博士总数	1	54	149	382	443	615
博士男性	1	51	147	359	399	522
博士女性	0	3	2	23	44	93

资料来源：National Center for Education Statistics, U. S. Department of Education. Digest of education statistics, 2002 ［R］. Washington, D. C.： U. S. Government Printing Office, 2003.

促使美国高等教育快速发展的第二种途径是创建学术型的现代综合性大学，这主要受德国大学学术自由理念的启发。发端于中世纪大学的现代学术理念由留学德国的教授们引入美国，它有两个主要的内涵：（1）学习自由，即学生在选修制下拥有选择学习科目的自由；（2）教研自由，即教授可以自由地研究和传授其研究成果而不受政府干涉。在美国人的思想中，学术自由得以扩展，大学研究不只是注重学科知识、学理探究，更需要与"真实世界"密切相连。① 受德国影响，19 世纪中叶后，美国把大学界定为"保障进行各种科学研究活动的场所"，真正意义上的大学必须具有学术自由与研究的理念。这种观点与美国学术思想紧密相连，成为美国大学的核心理念。②1876 年建立的约翰·霍普金斯大学可谓是学习德国的典范，其首任校长吉尔曼（Danial Coil Gilman）在正式就职之前，专程赴德国考察大学教育的发展和现状，将学术研究和研究生培养作为大学的发展核心。在就职演说中，吉尔曼阐述了以知识为核心的办学思想："最慷慨地促进一切有用知识的发展；鼓励研究；促进青年人的成长，促进那些依靠其能力而献身科学进步的学者们的成长。"③ 为践行其办学理念，霍普金斯大学设置多种授予学位的科系，扩大课程学习的范围，既突出自然科学的显要地位，也尊重古典学科和社会科学的社会价值。

霍普金斯大学以培养学术研究型人才为己任，诸多留学德国获得博士学位的知名学者受聘为该校教师。尽管学校设有本科生系，但是其目的是为研究生院准备优秀的人才。至 1901 年，该校的哲学研究院已扩展为 13 个系，其医学院更是世界闻名，培养的博士总数超过了哈佛大学和耶鲁大学培养的博士生数量之和。据詹姆斯·塞特尔（James Zettl）1926 年统计，每 1 000 名著名美国科学家中就有 243 人是霍普金斯大学的毕业生。1896 年，教师中有 3 名或 3 名以上是霍普金斯大学毕业生的美国高校超过了 60 所，其中哈佛大学 10 人，哥伦比亚大学 13 人，威斯康星大学 19 人。1926 年，霍普金斯大学建校 50 周年时，其 1 400 名毕业生中有 1 000 名在全美各院校中任教。对此，有学者认为，1876 年霍普金斯大学的建立是严格意义上的美国现代大学，它为学者在专业领域将教学与科研结合在一起创造条件，使高层次人才培养与社会需要相调和，其毕业的博士将现代大学的思想和科学研究精神广泛传播，促进传统学院的变革与发展，也为新建立的研究型大学树立标杆。④

对于霍普金斯大学的成就，哈佛大学校长艾略特（Charles W. Eliot）给予这样的评价："哈佛大学研究生院只有在霍普金斯大学迫使我们的教师努

---

① 维赛. 美国现代大学的崛起 [M]. 栾鸾，译. 北京：北京大学出版社，2011：404.

② 梅兹格. 美国大学时代的学术自由 [M]. 李子江，罗慧芳，译. 北京：北京大学出版社，2010：11，136.

③ 陈树清. 美国研究生教育发展的历程及其特点 [J]. 外国教育动态，1982（1）：10 – 16.

④ 王英杰，等. 美国教育 [M]. 长春：吉林教育出版社，2000：114 – 116.

力发展他们的研究生教育机构之后才得以发展。对哈佛如此，对于美国其他大学也是如此。"① 在他看来，传统的哈佛大学以培养"品格和虔诚"为中心，这已经不能吸引优秀人才，也不能获得社会的尊重，哈佛必须培养工业社会和城市、国家的领袖。艾略特在其就职演说中主张：

> 到底是语言、哲学、数学还是科学能提供最好的智力训练，普通教育应该主要是文化性的还是科学性的，这种无止境的争论今天对我们没有任何实际意义，这所大学不承认文学与科学之间存在真正的对抗，不同意那种狭窄的选择，即必须在数学或古典语言、科学或形而上学之间作选择，对这些科学我们都需要。②

在艾略特看来，在工业社会持续进步和人类知识不断专业化的条件下，哈佛大学必须要做出改革。他认为，面对美国传统学院关于文学、哲学、数学或科学能否培养最优秀的心灵，以及普通教育应以文科为主还是科学为主的问题争论，哈佛大学应坚持文学和科学之间并不存在真正抵触的观点。这些学问都是我们所应当钻研的，而且应研究到最高水平。③ 在借鉴欧洲大学的基础上，艾略特声称美国大学应植根于美国社会和政治土壤，应该创办具有美国特色的大学。他主张，哈佛大学在办学形式上要更灵活，注重以学术自由理念治校，在学术上奖励博学深思、独立创新，在大学管理上讲求知人善任、取人之长。

为实现他的理想，上任之初，艾略特就在哈佛大学着手选修制的改革，把新兴学科和社会急需的实用学科引入大学。艾略特坚信，选修制是保证新学科和新知识在哈佛落地生根的唯一可行方法，也是使学生能够自由学习的唯一可行途径。④ 在他的努力下，哈佛大学在19世纪末的美国成为开设选修课程的先导大学，选修制逐步改变了美国传统学院的办学风气。于是，古典课程不再居于垄断地位，与社会经济发展密切相关的学科进入大学领域；同时，选修制也使大学的教学方式更为灵活，大学的吸引力与日俱增。以学生的入学率来看，19世纪70年代，哈佛大学的入学率仅增长了3.7%，耶鲁大学是37.3%，普林斯顿大学是34%，但进入19世纪80年代，哈佛大学的

---

① MORISON S E. Three centuries of Harvard［M］. Cambridge：Harvard University Press，1936：325.

② MORISON S E. Three centuries of Harvard［M］. Cambridge：Harvard University Press，1936：326.

③ 滕大春. 美国教育史［M］. 北京：人民教育出版社，1994：517.

④ 王英杰，余凯，王晓阳，等. 美国教育［M］. 长春：吉林教育出版社，2000：127.

入学率增长到66.4%，90年代增长到88.8%。哈佛大学的办学模式和选修制课程理念为许多大学模仿和应用，1901年进行的一次调查显示，在97所有代表性的院校中，选修课占全部课程70%以上的有34所，占50%~70%的有12所，占50%以下的有51所。由此可见，选修制激发了传统学院的办学活力，顺应了时代发展对大学发展的要求，在一定程度上增强了传统学院的办学吸引力，有效解决了传统学院所面临的发展难题。

19世纪末期的美国，现代大学逐渐建立起来，"大学时代"取代了"学院时代"，在大学体制内，"连锁的条件、结构和程序牢固地扎下了根，并在其强有力的支持下，一个以科研为中心的学士后阶段在学术性的学科中找到他活动的源泉"。[①] 大学以院系模式下本科生的心智训练为基础，以追求知识进步、促进学科发展，进而提供社会服务为方向。

跟随时代发展的步伐，19世纪90年代后，美国以设立研究生院为主要标志的现代综合性大学纷纷建立，它们既提供本科生教育，也提供研究生教育，如1891年成立的斯坦福大学和1892年成立的芝加哥大学。一些传统大学，如哈佛大学和哥伦比亚大学，也以课程改革为契机，设立研究生院。一些州立大学，如威斯康星大学、密歇根大学等也开始确立研究生教育。1900年美国授予博士学位的大学已增至14所，共授予300种博士学位。[②]

三、现代大学参与教师专业培训及教育研究

20世纪初，美国大学取法德国，重视学术探究在大学发展中的重要作用，认为现代大学的主要任务在于发现、整理知识，进行高深学问的研究，促进知识的实际应用，以及为学生将来的职业做准备。大学既要开展基础性的科学探究，也要促使学术研究与社会职业相联系，积极推进学术研究的社会功用。在一个专门化和实用性的时代，大学为那些不能及时兑现实用价值的基础性研究提供庇护，并通过院系维系着研究的张力，大学设法完成了专业化与广泛性、实用性与基础研究的协调。[③] 在社会发展和大学发展理念的推进下，美国大学在学术研究方面，正逐步形成美国特色。19世纪末，大学的赞助人——商人和企业家已经开始认识到"纯物质生活的时代已经过去了，现在是要求精神生活和支持精神生活的时代了"，涉及人们社会生活的所有学科都值得大学学术研究的关注。

[①②] 克拉克. 探究的场所：现代大学的科研和研究生教育 [M]. 王承绪，译. 杭州：浙江教育出版社，2001：263.

[③] 希尔斯. 学术的秩序：当代大学论文集 [M]. 李家永，译. 北京：商务印书馆，2007：12.

　　受社会发展和公立学校运动的影响，教育问题逐渐受到重视，提高教师教育的质量和规格被认为是解决教育问题的有效方式。大学学者们将教育学视为指导教师专业培训的基础理论，遂从教育的历史和哲学方面开展教育研究，教育学成为大学学科发展的重要领域。1852 年，教育学研究被印第安纳大学列为高等教育的一部分，[①] 威廉·佩恩于 1879—1887 年在密歇根大学讲授教育学，这标志着教育学作为一门独立的学科在美国大学建立。

　　美国大学强调学术自由与责任的统一，享有学术自由必须履行相应的学术责任，这既保持学术研究的独立性，也不固守传统的象牙塔。大学不仅要承担相应的学术责任，还应积极履行对国家和社会的义务，以学术的发展促进国家与社会的繁荣。[②] 因此，大学的教育学研究不只是在学理探究上不断进步，还要将其研究的成果应用于社会问题的解决。研究学校教育问题是大学关注社会的必要方式，在这方面美国大学主要有两个取向，即如何为学校发展培养更优秀的教师和如何为美国公民提供公正公平的受教育机会。有鉴于此，一方面，美国大学注重研究现代思潮的各种脉络，培养更高学识层次的教师，培养高水平的专业人才，从而为教育、科学及人类提供最好的服务。另一方面，美国大学主张运用精确的定量测量的方法解决学校管理问题，这一方法有利于积累有关教学方法、课程设置、人员安排及设施管理方面的数据，客观化的数据使教育学教授们坚信专门的学校统计调查研究有助于推动"专业意识的增长"，同时又有助于"公众了解学校管理人员教育经费的状况"。而且，智力测验为人们了解族裔差异、心理发展、天才及精神病等教育因素的特殊性确立量化的标准，这可为人们有针对性地看待学生的发展，为所有学生获得公平的教育机会提供必要的依据。

　　此外，综合性大学的校长和地方政府的教育督学组建教育委员会，大学校长直接参与学校教育的改革。1890—1905 年，在综合性大学的主导下，展开一场对学校学制改革的讨论了。这场讨论起始于哈佛大学校长艾略特。1888 年，他在全美教育协会督学部（Department of Superintendence of the National Education Association）宣读了题为《学校课程设置可以浓缩吗》（"Can School Programs be Shortened and Enriched"）的论文。1892 年，担任十人委员会主席的艾略特又向全美教育协会提交了题为《浓缩文法学校课程》（"Shortening and Enriching the Grammar School Course"）的论文。这两篇

---

　　① BRUBACHER J S. A history of the problems of education ［M］. New York：McGraw-Hill Book Company, Inc. , 1947：489.

　　② 李子江. 美国大学的学术自由的特色 ［J］. 比较教育研究, 2005（6）：1-6.

论文开启了关于公共初等学校、中学和大学在美国教育系统中不同的目标和定位的讨论。这场讨论主要围绕以下内容展开：缩减原有的练习型科目；在小学的高年级中增加新的、更加先进的学习内容；通过对6年级、7年级和8年级进行分部教学，实现教师的专业化；缩短整体的教学时间，使得男孩子们可以尽早开始专业学习和工作。[①] 这样就促使许多学校在1890—1905年进行改革，而且为保证改革的进展，全美教育协会组建了三大委员会，见表1.4。

表1.4　1891—1895年全美教育协会各委员会及其报告一览表

组建时间	委员会名称	报告年份
1891	中等教育十人委员会	1893
1893	初等教育十五人委员会	1895
1895	大学入学要求委员会	1899

资料来源：克伯莱. 美国公共教育：关于美国教育史的研究和阐释 [M]. 陈露茜，译. 合肥：安徽教育出版社，2012：366.

上述委员会所提交的报告对学校教育改革做了较为全面的分析。1893年，十人委员会主席艾略特做了关于中学课程改革的报告，对中学的教学内容、课程以及师资训练等问题进行探讨，并在中学教育内容方面提出了四项建议[②]。1902年，芝加哥大学校长哈珀（William Rainey Harper）提议将初等学校浓缩到6年，并将中学延伸为6年。他的提议引起美国社会各界针对教

---

① 克伯莱. 美国公共教育：关于美国教育史的研究和阐释 [M]. 陈露茜，译. 合肥：安徽教育出版社，2012：365.

② 四项建议主要包括：（1）中学课程中的一切科目都应以同样分量教给全体学生；（2）学通少数几门课程，比肤浅地学习许多门课要好，为此应使各门课程相互联系，以形成一套组织严密的课程体系；（3）各门课程都具有同等价值，课程的价值在于智力训练；（4）中学课程可按照学生所使用的语言，划分为古典学科组、拉丁语和自然科学组、现代语言组。参见：康内尔. 二十世纪世界教育史 [M]. 张法琨，等译. 北京：人民教育出版社，1990：73–74.

育重组开展广泛的讨论，并最终形成改革的方案①，促成"六三三学制"的建立。根据报告所引发的讨论，中学形成了明确的改革方案，强调科学教育的重要性，以儿童的年龄阶段为标准来设置课程，而且大学所设置的课程在前两年与中学的联系更为密切，使得大学成为中学教育的后续机构，为学生提供相应的专业训练，从而使学生拥有更多的受教育机会。

19 世纪末，美国的现代大学已建立起来，并开始参与教师的专业培训，大学学者研究教育问题，密切关注学校教育的变革。大学的教授们在最初的时候仅仅是为教师，特别是高中的教师和学校管理者准备一些培训材料，后来他们开始研究、比较和描述各种学校和学校系统的运作。在一段时间内，各种各样的活动，特别是学校调查，也提供了研究数据并被视为"科学研究"，② 研究者结合自身的学术背景，探究与教育有关的问题，推进教育学科的发展。于是，综合性大学既可为中学教师提供相应的培训，以提高教师的学历水平，又能够在培训过程中使教师掌握教育学的理论知识，使其成为教育专家，从而有力地促使大学逐渐取代师范学校成为提升教师培养规格和质量的重要社会机构，教育学讲座与教育学系开始在大学建立。按受过不同学术领域训练的大学学者运用各自的学科理论和方法探究教育问题，尤其是在生理学和心理学不断发展的背景下，学者们开展儿童研究，探索人类心理发展的规律，进而建构对教师专业培训具有指导意义的理论知识，并借此促进教育学与心理学的结合，推进大学教育学科的发展。

第三节　大学教育学讲座与教育学系的建立

一般来说，一门学科若要在大学确立其独立的学科地位，首先要在大学设置相应的平台。自 19 世纪 50 年代始，美国大学效仿德国，在大学设置教育学讲座，这为教育学学科独立提供了保障。伴随着教育学讲座的设立，美

---

① 该方案主要包括：（1）重组学制中的前六年，将其用于传授文化知识和进行公民教育，让学生学会利用基本的学习工具；（2）将初等学校的最后两年和中学的第一年整合为一个新型的学校，即中间学校，或称为初级中学，在独立的教学楼中，分系部进行教学，提供多样化的课程，满足学生的不同需要；（3）正规的高中学制定为三年；（4）学院的前两年与高中联系密切，这一段时间的教育任务可作为高中教育的补充，既可作为高中教育的延伸，也可成立独立的机构，即两年制初级学院（Junior College）。参见：CUBBERLEY E P. Public education in the United States：a study and interpretation of American education history ［M］. New York：Houghton Mifflin Company，1947：461 – 462.

② 拉格曼. 一门捉摸不定的科学：困扰不断的教育研究的历史 ［M］. 花海燕，等译. 北京：教育科学出版社，2006：10.

国一些大学又设置教育学教授职位，为有志于将来从事教师职业的学生开设教育学课程。然而，教育学进入美国大学的时间相对于其他学科来讲要晚，这一方面是由于教育学学科自身发展的原因，另一方面也是由于美国大学对教师专业培训的重视程度不高，忽视了教育学在教师专业建设中的重要作用。在教育研究进入大学领域的发展过程中，教育学讲座与教育学系的建立既是大学关注教育研究的重要举措，也成为教育学科在大学获得独立地位的重要标志。

1632年建立的哈佛学院被认为是美国第一所大学，但直到19世纪初期美国大学才开始关注培养教师的工作，从而开设与教师培训有关的教育学课程。1827年，一所设在边远地区而人口稀少的阿姆斯特丹地方学院考虑开设教育科目，但这一计划并未付诸实施，仅仅成为美国大学开设教育学专业最早的设想。1832年，纽约大学为满足部分对教育感兴趣和今后愿意从事教师工作的学生需要，聘请教师向学生传授教育和哲学知识，遂成为美国大学开设的最早的教育学讲座。但在师范学校占据师资培训市场主流位置的情况下，这些大学开设教育学课程的时间都很短。随着西部拓展运动的推进，美国中西部新建了许多小学，诸多州立大学为谋求发展，始而参与小学教师培养，继而把培训小学教师的任务交给师范学校，并主要承担中学教师和教育管理者培训的任务，其中爱荷华州立大学和密歇根大学是19世纪70年代至90年代首批设立教育学讲座的大学。

一、爱荷华大学教育学讲座、教育系的设立及教育学课程的开设

（一）爱荷华州立大学教育学讲座及爱荷华大学教育学系的设立

1847年2月25日，爱荷华州立大学成立，其建校决议书明确规定该校直接服务于爱荷华州的教师专业培训。但直至1855年9月，在学校董事会主席沃根伯格（John Van Valkenburg）的指导下，师范教育系①才真正建立。当年师范教育系第一次招生通告明示其教学内容和目标：

第一，深入进行基础性研究；第二，对所有基础知识的分支学科进行研究和学习；第三，开设教学的艺术和方法课程，该课程主要包括教学的哲学和原则，主要涉及青少年的心理发展和天性、教学艺术发展的历史及过程、公立学校的实际应用知识等。②

---

① 此时的师范教育系并不直接受大学的领导，是大学的一个附属机构。

② LEE E A. The development of professional programs in education ［D］. New York：Columbia University，1925：14.

通告还规定，师范教育系招收年满 14 周岁的男生和 12 周岁的女生，且这些学生将来必须从事州公立学校的教学事务，每个县有两个免费生的名额。1860 年，师范教育系申明，申请本系学习的学生除满足大学入学规定外，还必须通过固定的考试，考试内容包括阅读、拼写、书法、基本语法、地理和算术等；① 学生在校期间接受 3 年的师范类课程学习，期满合格后颁发毕业证书和相应的从教资格证明。1858 年，师范教育系有 5 名学生毕业。1860 年，在教学理论和实践教授威尔斯（D. F. Wells）的领导下，师范教育系有 90 名学生毕业。1861 年 7 月 29 日，威尔斯在学院会议上提出扩大师范教育系的计划，该计划经过反复协商和修改，终被学院会议通过。师范教育系的招生规模扩大，1863 年有 166 名学生注册，其中包括 31 名男生和 135 名女生。② 1864 年，该系聘请毕业于纽约奥斯维哥学校的罗伊（Martha Roe）担任示范学校的指导老师，为学生了解小学教师的工作提供指导。

1867 年，菲罗（S. N. Fellow）接替威尔斯主持师范教育系工作，他认为大学应该更多地参与公立学校教师培训工作，担负起提高中学教师学术水平和教学技艺的职责。1870 年，师范教育系和爱荷华州立大学的关系发生转变。虽然名义上师范教育系是大学的专业培训机构，但大学教师为学生授课。③ 学生所接受的专业培训课程仅在最后一年的时间内开设，学生在大学期间接受科学和人文院系的教学，毕业生被授予教学论学士学位和文学学士学位。在此背景下，菲罗认为大学应该设立独立的教育学讲座，为此他向学校董事会明确提出设置教育学讲座的理由：

（教育学讲座）能够最大程度地帮助毕业生在教育系统中取得更好的位置，使之成为教师的教师。大学也会从毕业生在教育上的成功中受益，如专业的教育文献得到改善，真正的教育科学将会得到发展的机遇，各层级的教师专业培训的价值和需求得到最高教育行政部门的认可，促使教学更符合具有专门职业的称号，高等教育机构将与公立教育体系形成更紧密的联系，关

---

① O'LEARY T F. An inquiry into the general purposes, functions and organization of selected university schools of education [M]. Washington, D. C.: The Catholic University of America Press, 1941: 241 – 242.

② O'LEARY T F. An inquiry into the general purposes, functions and organization of selected university schools of education [M]. Washington, D. C.: The Catholic University of America Press, 1941: 243.

③ Catalogue of the State University of Iowa, 1869 – 1870: 48.

于教育的目的和手段的知识会得到增进和扩展。[①]

在他看来，美国所有的高等教育机构都应设置教育学讲座或教育系，由那些占据社会重要地位的人对教育的历史、原理、目的和手段进行充分的研究，并将研究的成果应用于教师专业培训工作中，使教师获得更多的教学艺术和哲学知识。[②] 于是，1873 年，爱荷华州立大学成立包括心理学、伦理学和教育学三部分在内的师范教育系，设立全国第一个受大学直接管理的教学论讲座，其目的在于培养学生成为高级学校的教师，开设的课程主要有教育史、国家教育制度、教育实践问题、学校经济和教育的原则等，毕业生被授予教育学学士学位。爱荷华州立大学教育学讲座的设立，为大学带来更多的发展机遇，学校的毕业生进入教学岗位，促进大学与高中的联系更为紧密。在 1873—1878 年的 5 年间，爱荷华州立大学设立的教学论讲座是全美大学中唯一正式的大学教育学讲座。1887 年，菲罗因教学事务与学校董事会发生不愉快，离开了爱荷华大学，帕特里克（George T. W. Patrick）接任教学论讲座教授职位。帕特里克将课程划分为三大部分，并将教学论讲座改称心理、道德科学与教学论讲座（Chairs of Mental and Moral Science and Didactics），进一步突出了该讲座所涉及的学科领域。

1889 年，帕特里克调任哲学系教授；1890 年，具有学校实践经验的库珀（Frank B. Cooper）被任命为讲座教授。库珀建议扩建教育学系，以体现教师专业培训的特色。大学理事会通过了库珀的提议，爱荷华大学教育学系建立。

（二）爱荷华州立大学及爱荷华大学教育学课程的开设

一般来说，现代大学首先具有两大功能：其一是研究，即发现和探索真理；其二是教学，即培养专业人才。对于大学来讲，首先是发现真理，然后是传授真理，这两个方面相互影响、相互促进。而课程的开设是教学活动开展的依据，也是学者开展科研活动的必要依托。因此，教育学讲座或教育学系的建立，必然伴随着教育学课程的开设。爱荷华州立大学及爱荷华大学根据教师专业培训需求和大学发展规划，开设教育学课程，其主要过程和内容如下所述。

1860 年，师范教育系根据学生的学习能力和当时学校的发展状况，主要

---

① FELLOW S N. Chairs of didactics in the States University of Iowa［J］. The educational weekly, 1877（14）：162.

② FELLOW S N. Chairs of didactics in colleges and universities［J］. The educational weekly, 1877（8）：88 – 89.

开设 2 ~ 3 年的师范类课程。课程以"通识英语教育"的高级学习为主，主要讲授教学的艺术和理论，以及学校教学实践方法；而且师范教育系的学生有权学习大学其他系科所开设的课程。① 另外，在毕业之前，学生必须去学校进行 2 ~ 4 周的教学见习，以实现其理论学习和教学实践相结合。② 1865年，爱荷华州立大学董事会通过师范教育系新的课程体系，该课程体系分三年开设，学生入学后的第一年学习基础课程，第二年和第三年学习师范教育类课程。后两年的课程内容如表 1.5 所示。

表 1.5　1865 年爱荷华州立大学师范教育系课程一览表

时间	大学三年级	大学四年级
秋季学期	高等数学、美国历史	修辞学、代数和几何、自然哲学
冬季学期	代数、教学的理论和实践、阅读和拼写	心智哲学、古代史、无机化学
春季学期	代数、植物学、生理学	道德哲学、英语文学或现代史、学校法律

资料来源：O'LEARY T F. An inquiry into the general purposes, functions and organization of selected university schools of education［M］. Washington, D. C.：The Catholic University of America Press，1941，244.

1870 年，菲罗担任师范教育系领导。在他看来，教学作为一门科学，应观察、分析和明确教育的原则；作为一门艺术，应关注教育原则的实际运用。综合起来，教学的科学应包含以下四方面内容：

（1）人的身体、智力和道德发展方面的知识，主要包括运行的模式、发展的顺序和成长的规律。

（2）教育教学中所运用的知识及其分支。

（3）教学方法或教学过程如何与人的发展相协调方面的知识。

（4）公立学校的组织与管理方面的知识。③

为使学生获得相应的知识，在他的主导下，1871 年爱荷华州立大学主要开设三门不同类型的课程：

（1）高级课程。该课程为文理学院将来从事教师工作的学生所准备，主

① Catalogue of the State University of Iowa，1861：15.

② State University of Iowa. Plan of Organization and Course of Studies Adopted［M］. Iowa City：University of Iowa Press，1860：24.

③ Catalogue of the State University of Iowa，1869 – 1870：49.

要是学校管理原则的应用和职责介绍等内容。

（2）中级课程。该课程主要面向大一预科生、大一新生和大二学生，主要包括公立学校课程的评论和训练。

（3）短期课程。该课程主要包括英语学习与教学方面的训练。①

1873 年，爱荷华州立大学教学论讲座设立，主要沿用前期所开设的课程。1880 年，爱荷华州立大学改称爱荷华大学，学校进一步重视教育学讲座的建设，对教育学课程进行调整，主要开设五部分的课程，包括教育史、国家教育制度、教育实践探讨、学校经济和教学原则。其中，学校经济课程分为三个环节：学校的组织、学校的管理和学校的监督。1881 年，爱荷华大学的教学论讲座课程分别被安排在三个学期开设，见表 1.6。

表 1.6　1881 年爱荷华大学教学论讲座课程一览表

课程开设时间	课程内容
秋季学期	学校管理，主要包括：学校的基础设施、人员的雇佣、管理以及对未分级学校的组织等
冬季学期	学校组织和监督，主要包括：分级学校的组织与监管原则、目标和方法，学生的学习、复习、考试、激励、成绩记录、成绩报告，等等
春季学期	教导的原则和方法，主要包括：教育的目的、儿童成长的规律、儿童的健康、儿童道德习惯的养成、指导原则和考试方法的运用、教师的工作动力激发和责任担当等

资料来源：Catalogue of the State University of Iowa，1880 – 1881：20 – 23.

1887 年，随着教学论讲座改称心理、道德和教学论讲座，教育学课程改称为教育（pedagogical）课程，并划分为教育制度和教育理论的历史，教育心理学和教育科学，学校组织、管理、监督、毕业、方法指导的实际问题等三组。1890 年，教学论讲座改建为教育学系（department of pedagogy），三组课程划分为教育学理论、教学和管理、学校监管、（学校教育）基本指导、教育史、学校制度研究、教育问题探讨和特别教育问题观察研究等七部分。

二、密歇根大学教育学讲座的设立及教育学课程的开设

（一）密歇根大学教育学讲座的设立

1879 年 6 月 25 日，密歇根大学评议委员会通过一项决议，该决议明确

---

① Catalogue of the State University of Iowa，1871：44 – 45.

标示：依照文学系、科学系和艺术系的推荐，教学科学和艺术讲座（Chairs of the Science and Art of Teaching）于本日成立。

这标志密歇根大学设立专门培训教师的永久性讲座获得大学评议委员会的认可，密歇根大学在教师专业培训方面将展开更为广泛深入的工作。事实上，早在1837年，密歇根州州长皮尔斯（John D. Pierce）就有在密歇根大学设立教师专业培训机构的计划，但未能获得密歇根大学董事会的同意，其设想也未付诸实施。1856年，时任密歇根大学校长的塔潘（Hery P. Tappan）看到教师教育对提高公立学校教学质量和大学生源质量方面具有重要作用。于是，他在1856—1857年间督促大学董事会担负起建立密歇根州学校教学标准的任务，以便更好地促进学校教育的发展。在塔潘的倡议和坚持下，1858—1859学年密歇根大学的课程一览表中首次出现古代语言专业方向的教师教育课程。据载，在大四的最后一个学期，古代语言专业将开设一个高级课程班，这门课主要面向将来有志于从事高中教师职业的学生。

然而，密歇根大学的这一举措并未让州政府的学校管理者满意，他们之中具有远见的人已经看到，大学以并设某一专业教学培训类课程的方式仍不足以培养教师，它还应该担负起培养学校组织、管理和监督等各方面人才的职责。1860年，密歇根州教育厅厅长格雷戈里（J. M. Gregory）认为，大学因缺乏相应的教师专业培训课程，导致密歇根州缺乏充足的师资力量。为督促密歇根大学积极参与教师专业培训，1861—1863年，格雷戈里在密歇根大学为大四的学生开设为期若干周的教育学课程，每周两次课，主要讲授教育哲学和学校管理，包括不同学科教学所运用的艺术与方法。

美国南北战争后，伴随着公立中学数量增加和入学人数的激增，教师需求量迅速增长。格雷戈里的继任者布里格斯（Daniel B. Briggs）继续加紧督促密歇根大学建立教育学讲座或教育系，以便为密歇根州培养数量充足、具有专业素养的教师。1873年，他在年度报告中明确表明，进入公立中学担任教职的大学毕业生必须接受教学的艺术和理论的专业培训，而此时密歇根大学校长安吉尔（James B. Angell）对中学和大学的衔接问题十分感兴趣。早在1871年，他就开始在密歇根大学实行中学认可制度，即凡是被大学认为办学条件优良的中学，其毕业生可以不经考试直接进入该大学，而且州政府也发布政策，准许地方政府设置公立中学，中学的数量因此而激增。安吉尔认为，有志于从事教育工作的学生必须了解中学的组织结构、行政编制和教学知识。他说，仅凭经验虽能熟练地训练教育工作者，但教育学专业知识的学习和传授更能有效地促进教育工作者的技能发展。[①] 1874年，安吉尔向校

---

① 滕大春. 美国教育史［M］. 北京：人民教育出版社，1994：636－637.

董事会提交的报告中申明了开设教育学课程的目的：

毫无疑问，为高年级的学生开设教育学课程将是非常有益的。他们中的许多人将在大学毕业后直接从事管理工作，有些人还将成为地区的学监。统筹安排学校工作、管理小学和文法学校、负责监督教学和学校工作，所有这些工作都要求他们在走上工作岗位之前就应了解教育学方面的知识。尽管仅仅具备经验就足以培养他们的这些能力了，但是熟悉这个领域对他们来说也十分有价值。①

宏吉尔认识到教育学讲座所做的工作，不能仅关注与教师培训直接相关的内容，不应只在实践层面具备价值。他认为，在纯粹的理论层面，科学研究和教学总能提升技术的应用能力和水平，因此，当前在大学中出现的教育学讲座应加快学科研究，用以促进教学技术水平的提高。② 1879年1月，安吉尔聘请佩恩担任密歇根大学教学科学与艺术讲座教授；1879年6月，在文学系、科学系和艺术系的联合支持下，建立教学科学和艺术讲座的决议通过学校评议会的审议，教育学讲座正式在密歇根大学建立。

佩恩为密歇根大学教育学讲座的发展做出长远的规划。他认为，相对于师范学校来讲，大学应为教师提供深入的学科知识和系统的心理学原则，以促进优秀教师的成长。③ 在佩恩看来，教育学作为大学中所开设的科目应属文理科目的性质，师范学校为不成熟的学生提供适当的技术培训，它与大学中所开设的"自由（博雅）学科"教育是根本不同的，因为师范学校的学生将成为能干的手艺者，而大学的毕业生将成为教育领导者。④ 他指出，哲学和心理学的基本原则是教育科学的理论基础，也是教师培训的专业基础，然而从事教师职业的学生还应接受自由教育，即传统的文理教育，这可使教师获得比他所教授的科目更多的知识和修养。

佩恩在1886年出版的《教育科学文选》（*Contributions to the Science of Education*）一书中详细论证了他对大学开设教育学讲座的看法：（1）大学被人们比较恰当地称为公共教学体系的智力支持，从历史上看，首先是最高学

---

① HINSDALE B A. History of the University of Michigan ［M］. Ann Arbor：University of Michigan Press，1906：83.

② COHEN S. Education in the United States：a document history（vol. 1 – 5）［M］. New York：Random House，1974：1 414 – 1 416.

③ PAYNE W H. The relation between the university and our high schools ［M］. Ann Arbor：Adrian Michigan，1871：26.

④ BORROWMAN M L. Teacher education in American：a document history ［M］. New York：Teacher College Press，1965：11 – 13.

习机构大学的设立，而后是中学，最后才是小学。例如在英国，牛津和剑桥大学在 12 世纪时建立，而那些著名的公学如伊顿（Eton）公学、温彻斯特（Winchester）公学则于 14—15 世纪创办，初等小学则在 19 世纪才成型。美国也基本是这一顺序，1636 年建立了哈佛大学，此后十多年才考虑建立其他层次的学校。虽然在美国西部一些州，这三种层次的学校几乎同时建立，但从逻辑上讲，大学依然是最重要的。初等、中等和高等教育一应俱全后，人们认为良好的初等教育是中等教育的保证，良好的中等教育是大学教育的保证，但最早的、最高级的、最重要的教育机构是大学，因为无论多好的教育史、教育理论和实践都必须在大学中被组织和传授。（2）大学是为国家提供大量受过高等教育的教师的唯一来源，因为一定级别的学校的教师只能由更高级别的学校来供给，一个教师要懂得比他需要教的东西更多的知识，所以中等教育、特别是高级中学的教师必须受过大学的训练，而且这些教师应当不只是学者，他们还应当知晓教育的艺术，必须了解教育理论、教育历史和教育艺术，他们的职业担当着重要的责任，他们的训练应当使其能够本着哲学的洞察力和公平心来处理教育的问题，这当然也需要大学生活中的学问、自由和宁静的氛围来滋养。（3）公立学校教育有权力要求避免错误、茫然和仅凭热情行事。目前教育的专业性还不强，教育中的不良习惯和错误代代相传。如果要发展一种具有历史延续性的教育进步的模式，就应当建立一些积累教育知识和观点的最好条件，这样的条件只有最高的学习机构才能够提供。（4）教育的艺术是教育专业的全部标志，它必须基于一定的法则基础之上，因而它的产生机制也是科学的。但它要求某种难以获得的独特的知识，因而教育艺术只有少数人拥有。对于大多数从业者来说，他们的知识还不足以应对教育中的问题，所以有必要得到权威的支持，也许教学只是一个可能性而不是实际的专业。但历史告诉我们，就像法学、医学和神学一样，与大学建立组织联系是它们成为专业的重要推进力量，只有获得大学的承认和支持，它们才有可能成为专业，它们的专业化特征才有可能延续下来。教学也必须获得大学的承认，这种承认的最简要的方式就是使教育成为大学的一种研究领域，至少如"昆虫学"和"林学"那样。（5）教育教授的职位的另一个目的是发展教育科学、调查和积累教育的原理，能给实践带来变化的新的原理。就目前的实践来看，教育主要还是一种经验艺术，依赖于范例和模仿，很多学校的工作忽视教育的原理甚至违背教育原理。也许有人会说，教育学说体系还没有形成，因此还不可能有教育科学，佩恩指出这不完全正确，就他所了解的教育科学的状态，已经有大量教师可以企及的科学真理，绝对不会比医生可以获得的医学科学更少。如果教师能够力所能及地学习和使用教育原理，就会减少教学中的经验主义，只有通过大学的教育学讲座，教学专业的工作才能够系统地继续下去。（6）教育学是为什么人开设的呢？佩恩认为是为专业教师开设的，但他在阅读了斯宾塞的著作后又产生了疑惑，因为斯宾塞说教育这一学科涉及所有其他学科，是每个人应达到的制高点，即教育的理论与实践相结合，[①] 所以教育的艺术作为人类文化的重要组成部分具有通识课程的功能，应该成为大学的一个重要研究领域。

（二）密歇根大学教育学课程的开设

1860 年后，在州政府的督促下，密歇根大学为有志于从事教职的学生开设教育哲学和学校经济两门课程。[②] 1879 年，密歇根大学正式设立教育学讲座，具有中学教学经验和师范学校工作经历的佩恩担任首席教授。佩恩认为，在教育学讲座的基础上，大学应该进一步设立教育系，从而为中学教师的培养提供必要的保障。密歇根大学 1879—1880 学年的大学目录中详细介绍了教育系的培养目标：

（1）大学毕业生能够胜任公立学校高级管理或服务职位；

（2）促进教育艺术的哲学研究；

（3）讲授教育史、教育的制度、教育的信条；

（4）确保教学的权利、特权和专业优势；

（5）促进州教育系统的不断完善，促成大学与中学的紧密联系。[③]

为完成教育系培养目标，1879 年，佩恩在密歇根大学分两个学期开设两大类课程，即第一类实用性课程，主要包括学校监督、评分等级、课程研究、考试、组织和管理的艺术、学校基础建设、学校保健和学校法律法规等课程；第二类历史的、哲学的和评论的课程，主要包括教育史、不同国家教育体制的比较与评论、教育科学概要、教学的科学、教育理论和方法的评论与研讨等课程。佩恩主张，第一学期开设教育学讲座旨在讲授公立学校组织、管理和监督的艺术（技艺），以及讨论学校管理工作的一般原则；第二学期主要从历史和哲学的角度去探讨教学与学校管理的原则。在佩恩的主导下，密歇根大学主要开设 7 门教育学课程，即教育史、比较教育、学校管理、教学实践（教学和管理的艺术）、教育理论和评论、学术研讨会等。

---

① William Harold Payne. Contribution to the science of education ［M］. New York：American Book Company，1886：265 – 271. 参见：陈瑶. 奠基时代：美国教育学科构建的历史研究（1865—1919）［D］. 北京：北京师范大学，2012：120 – 121.

② Burke Aaron Hinsdale. History of the University of Michigan ［M］. Ann Arbor：Ann Arbor Press，1906：82.

③ Catalogue of the University of Michigan，1879 – 1880：44.

1890 年，佩恩的继任者欣斯代尔（Burk Aaron Hinsdale）在此基础上对教育系的课程设置进行了调整，其具体范围和内容如下：

教学的科学和艺术

有志于从事学校教学工作的学生必须完成课程 1 的内容；从事高中学校管理工作的学生，必须学习与课程 1 相联系的课程 5；从事上述两类工作的学生必须学习课程 2。

第一学期

（1）实践性的：教学和管理的艺术；一般的课堂和教导方法；学校保健；学校法律；背诵和讲座。教材：孔佩雷（Gabriel Compayre）的《教育学的理论和实践》（*Lectures on Pedagogy Theoretical and Practical*）；3 学时；主讲人：欣斯代尔教授。

（3）教育史：古代和近代史。教材：孔佩雷的《教育学史》（*History of Pedagogy*)[1]；3 学时；主讲人：欣斯代尔教授。

（5）学校管理：掌握普通的学校管理；年级划分和课程安排的技巧；组织机构的管理与引导等。教材：佩恩的《学校监督》（*Chapters on School Supervision*）；3 学时；主讲人：欣斯代尔教授。

第二学期

（2）教育学理论和评论：教学和管理艺术原则；讲演或讲座。3 学时；主讲人：欣斯代尔教授。

（4）教育史：现代教育史。3 学时；主讲人：欣斯代尔教授。

（6）教育制度的比较研究：国内和国外教育制度；讲演或讲座。2 学时；主讲人：欣斯代尔教授。

（7）研讨会：教育哲学或教育史重点课题的研讨与探究。2 学时；主讲人：欣斯代尔教授。[2]

虽然欣斯代尔保留了佩恩对教育学课程的划分框架，但也可发现，他在教学内容及其选用方面掺入了他自己的经验，体现出他在哲学和历史学方面的研究特色。[3]

---

① 这本教材由佩恩翻译为英文，且于 1875 年与佩恩编著的教材《学校管理》一起出版，由此可以推断当时美国教育学文献资料相对较少，教育学科发展刚刚起步。

② University of Michigan. Catalogue of University of Michigan, 1890 – 1891 ［M］. Ann Arbor：Universtity of Michigan Press, 1891：58.

③ O'LEARY T F. An inquiry into the general purposes, functions and organization of selected university schools of education ［M］. Washington, D. C. ：The Catholic University of America Press, 1941：183.

　　综上所述，爱荷华州立大学、爱荷华大学和密歇根大学在州教育机构的督促下，通过时任校长的努力，率先在大学设立教育学讲座，成为美国大学教育学科创立的先驱。在两所学校的带动下，自19世纪70年代始，教育学讲座成为大学参与中学师资培训的必要组织机构，其数量进入快速增长时期。1884年，美国仅有6所大学设置教育学讲座，即爱荷华大学、密歇根大学、密苏里大学、内布拉斯加大学、威斯康星大学和约翰·霍普金斯大学；1893年设立教育学讲座或教育学院系的大学为83所，1894年为174所，1897年为220所，1899年为224所，1902年247所。

　　以爱荷华州立大学和密歇根大学为代表的美国大学以教育学讲座或教育系为主要平台开设一系列的教育学课程，这些课程主要面向教师培训，其内容以教学的技艺和教育发展的历史概况为主，还涉及学校管理和教育哲学的基础内容，为大学参与教师培训工作提供学科专业知识的支撑。但也应看到，这一时期的教育学课程从组织形式、内容建构和社会效应来看，主要是对师范学校课程体系的模仿，这可从19世纪末20世纪初美国主要师范学校课程状况中得到印证。1900年，宾夕法尼亚州督学组织本州所有师范学校的校长召开课程设置讨论会，决定将师范学校的课程由2年扩展至3年，即第一年讲授教授法学习，即学校管理；第二年讲授心理学和教学方法；第三年讲授教育史和小学科目教学法，并参加示范学校实习、写作教育主题论文。除此之外，还增加了理科、英语和美国文学学科的课程。有学者在充分调查的基础上对当时师范学校的教育学课程进行总结，认为其教育学课程主要包括13周教育史、27周教育科学、31周小学教学方法、20周培养道德品质的课程，此外教学实践还包括50小时的学校观察，每次45分钟，然后进行教学实习。有关统计数据显示，这一时期师范学校教育学课程的课时比例为教育史10%、心理学15%、教育科学21%、初等教育方法24%、教育实习及观察28%。从课程体系的构建到课时的比例划分，可以看出当时美国师范学校的教育学课程突出了对教师的教学"技艺"培养，参照爱荷华大学和密歇根大学早期教育学科发展的史实，不难发现这两所大学的教育学课程也具有这一特点，可谓对师范学校课程体系的模仿。

　　表1.7显示，除上文所论述的爱荷华州立大学和密歇根大学外，哥伦比亚大学、哈佛大学、斯坦福大学和芝加哥大学也是最早一批成立教育学院系来培养中学师资的大学。其中哈佛大学、斯坦福大学、芝加哥大学的教育学科均成立于19世纪90年代，而哥伦比亚大学教育系虽成立于1887年，但直到1898年师范学院成立，教育学科才蔚为大观。这些大学开风气之先，它们发现教师专业培训对中学教育质量提升的重要作用，而且认识到大学参与

教育研究有助于建立与高中的密切联系，以保证大学生源的质量。在它们的带动下，综合性大学纷纷设置教育学院（系），开设教育学课程，为教育学者的教学和科研提供必要的平台和条件，从而成为主导美国教育学科发展的重要学术组织。

三、佩恩和欣斯代尔的教育学观及其教学实践活动

（一）佩恩对教育学科的贡献

佩恩1836年5月出生于纽约的法明顿，并在纽约公立学校接受了早期教育。他13岁从公立学校毕业时已掌握基础的英语语法和数学知识，且养成自学的习惯，后来通过自己的勤勉和进取心掌握了更为系统的英语语法、数学和其他知识。1856年10月，佩恩与福特（Eva S. Fort）结婚，次年两人共同在纽约郊区的维克多乡村学校任教。1858年，佩恩来到密歇根担任三河城联合学校（the Union School at Three Rivers）的校长。在任职校长的6年间，他通过教学、学校管理和专题研究等方式成长为教育学者。1864年，他被聘为奈尔斯学校（the School at Niles）的校长，两年后被当时密歇根州影响力最大的伊斯兰帝高中（Ypsilanti Seminary School）聘为校长。此时，佩恩通过工作积累逐步形成自己的教学和教育管理的观点。1869年，他开始担任密歇根州艾德里安市的学校总监。在其带领下，该地区的学校十年间跻身于密歇根州一流中学的行列，并且与大学建立起良好的合作关系。1879年6月，佩恩被密歇根大学聘为教学科学和艺术讲座的首位教授，主要开设学校管理的实用性课程以及教育的、历史的、哲学的和评论的课程。这两类教育学课程的开设不仅是佩恩多年工作经验的总结，也使密歇根大学教育学讲座的建设处于当时美国大学的领先地位。1887年10月，佩恩离开密歇根大学赴任纳什维尔大学校长，并兼任皮博迪师范学院院长。

1869年，佩恩在总结其教育工作经验的基础上出版了《密歇根的教师》（*The Michigan Teacher*），后来又陆续出版《学校监管论》（*Chapters on School Supervision*，1875）、《教学的科学与艺术讲座课程大纲》（*Syllabus of A Course of Lectures on the Science And Art of Teaching*，1879）、《教育学纲要》（*Outlines of Educational Doctrine*，1882）、《教育学史》（*The History of Pedagogy*，1885）、《教育科学文选》（*Contribution to the Science of Education*，1886）、《心理学的要素》（*The Elements of Psychology*，1890）、《教师教育》（*The Education of Teacher*，1901）等著作。这些著作是佩恩对教育问题的思考总结，对其进行分析并梳理佩恩在密歇根大学期间的工作举措，可较为系统地总结佩恩对教育学科发展的贡献。

（1）开设系统的教育学课程并初建学科知识体系。

在参与学校管理工作和观察师范学校教师培训状况的基础上，佩恩认为，大学开设的教育学课程与师范学校的教育学课程应该是不同的，师范学校的课程关注的是方法和技艺，忽视系统的文理知识在教师培训中的重要作用，而大学的教育学课程既包括教育的学说和理论，也包括教学的方法，这样的课程设置使教育学对于一般学生来说具有博雅教育的性质，对于有志于从教的学生来说又具有专业训练的价值。这样的大学教育学课程设置可弥补师范学校课程的不足，凸显大学层面教师培训工作的专业性。因此，他在1879 年任密歇根大学教学科学与艺术讲座教授后，开了了两个学期的两大类教育学课程，即实用性课程以及历史的、哲学的和评论的课程。1881 年他又对课程进行改革，将每周两次的见习课调整为每周四次，增加学生见习的时间，并将其著作《学校监管论》作为实践性课程的教材。后来他又根据教育学科发展的需要不断调整课程的设置，1885—1886 学年密歇根大学共开设 6大类的教育学课程（见表 1.7）。

表 1.7　1885—1886 学年密歇根大学教育学课程一览表

课程类别	课程名称	教　材
1．实践课	教学和管理的艺术、课堂指导和实践的一般方法、学校卫生、学校法律、背诵和演讲	《教学讲演》（Lectures on Teaching）
2．理论和评论课	背诵和演讲	《教育学纲要》（Outlines of Educational Doctrine）
3．学校监管课	一般学校管理概述、成绩评定的艺术和课程安排的研究、学校组织的管理	《学校监管论》（Chapters on School Supervision）
4．研讨课	对教育史和教育哲学的选题进行专题研讨	—
5．教育史课	第一学期：古代史和近代史	《教育学史》（History of Pedagogy）
6．教育体制的比较研究课	演讲	—
7．教育史课	第二学期：现代史	《教育学史》（History of Pedagogy）

资料来源：PAYNE W H. Contributions to the Science of Education ［M］. New York：Harper & Brothers，1886：343 – 344.

在授课过程中，佩恩发现教育学的教材建设相对薄弱，他结合自身的工作经验，发挥理论研究的优势，将课程大纲充实为教育学专著出版，从而推进了大学教育学的课程内容建设，促进教育学理论体系的构建。例如 1879 年佩恩为开设历史、哲学和评论课程编写了《教学的科学与艺术讲座课程大纲》，并在上课的过程中不断对其修改和完善，在 1882 年以《教育学纲要》（内容可见表 1.8）为书名再次出版。在书中佩恩认为大学和师范学校在教师培训方面的分工不同，师范学校为学前和十年级以下的农村或城市学校培训教师，而高级中学和师范学校的教师应该由大学来培训，在大学构建具有博雅性质的教育学的知识体系是培养高层次教师和教育专业人员的前提。该书的内容设计较为全面地展现了佩恩在构建教育学知识体系上的想法。

表 1.8　佩恩《教育学纲要》内容一览表

章节	主要内容	章节	主要内容
1	教育的艺术起源	13	学校管理Ⅰ．组织
2	艺术与自然	14	学校管理Ⅱ．治理
3	科学与艺术的相互关系	15	学校管理Ⅲ．指导
4	教育科学的性质	16	背诵
5	作为理想的教育以及限制条件下的教育	17	新旧教育之间的对比
6	关于精神文化的一般性质	18	理论批判
7	极端的法则	19	方法学说
8	转变的原理	20	呈现理论
9	关于语言和词汇	21	一些对抗（关系）
10	关于组织和管理	22	动机、愿望、专注和获得
11	适宜的教学	23	关于与精细加工过程相关的记忆
12	关于教师职业的利弊	24	各研究领域（学科）的教育价值

从上述内容可知，佩恩综合了当时各种关于教育的理论与学说，融入了学界对教育的历史、哲学、心理学、学校管理、学科教学等多方面的研究成果，试图将教育学建设为综合的学科。除设置系统的教育学课程、构建教育学科知识体系外，佩恩还强调教育学的教授应与其他学术性学科的教授开展合作，大学应设置与教育学课程相符合的学位，具有学位授予权的学科能够

更好地开展与其他学科的合作，也能够吸引更多的人选修教育学专业，从而推动教育学科的发展。

（2）探究大学教育学的学科内涵。

佩恩认为，教育的主要功能是促进文化的代际传递，关于教育的理论三分之二来自于人类的文化史，三分之一来自于当前社会文化的新发现，而教学就是告知儿童关于历史上的人类文化及新发现的文化。一方面，他从教学的可能性和科学知识的实在性去分析教育学是不是一门科学，认为教学实践可以使人们有序地掌握科学知识，并在教学实践中形成教学的技艺，这是教育科学的表现方式，另一方面他认为教育以科学知识的传递、发现为核心，人们掌握科学知识的实在性需要遵循心理学的法则和知识的内在逻辑，从而确立教育的原则，这是教育科学的本质。

为进一步从逻辑上厘清大学教育学的学科内涵，佩恩从以下八个方面分析教育的来源：①人的身体、心智和伦理三个方面有序的成长是教育得以开展的条件，理性的教育法则建立在身体、心智和伦理的成长秩序中，教育的科学来自于生理学、心理学和伦理学。②所有教育活动的完成必须有一个交流的媒介。语言是教育活动的主要媒介，它不仅是知识交流的方式，也是思维逻辑性的体现，教育的科学建立在语言逻辑的基础上。③各学科的知识是人类成长的精神食粮，也是教育价值确立的依据，教育的科学与各学科知识紧密相连。④从一个孩子到一群孩子的教育需要人们建立学校组织和学校制度，教育的科学来自于历史学、社会学、政治学和立法学。⑤教育真理的有效性体现在通用的方法上，从教育原则中演绎出的多种教学方法是教育真理的具体表现，它与人们对教育结果的分析共同构成了教育科学。⑥前人的教育思想给当前的教育活动、教育机构的运作带来影响，这种影响是持续不断的、复杂的过程，且系统地构成了教育科学的一部分，其中比较权威的教育思想来自于德国、法国和意大利。⑦教育学应该被应用于教学的过程中，形成教学的技艺，这也是当前公立学校中普遍认同的教育科学。⑧当前在法国、德国、意大利等国的文献中，都将教育学认定为一门科学。佩恩从教育的条件、教育的内容、教学的方式、教育思想的来源等方面，较为系统地分析了教育学的学科内涵，认为大学的教育学是博雅教育和教学技艺培训相结合的一门学科，其科学性一方面来自于历史、语言、文学、数学等学科，另一方面来自于智力训练和学科知识传递的教学技艺。

（3）变革教师教育课程的思想。

佩恩对 19 世纪末美国师范学校的课程设置进行考察，认为师范学校过于关注教学技巧的训练，未提供系统的文理学科的教育，其培养的教师只具备任教学科的基本知识和教学行业的简单技巧，不具备广泛地和系统地审视

教学工作的专业能力，而成功的教学必须是教师拥有材料知识和明白如何传授知识，教学必须围绕学科知识和教学方法来开展。① 因此他指出文理教育是教师教育的基础，没有什么可以替代它，宽广的、自由的、精确的博雅教育是教学能力形成的珍贵的原始材料，而且教师在教学中使用的具体的方法由历史的知识、教育学理论和教学技艺来构成。

由此可见，佩恩非常重视文理学科知识在教师教育中的重要作用，他甚至认为教师需要成为学科知识专家，通过学习大学的文理学科形成独立的思辨能力、逻辑推理能力，这会使教师在教学中透过现象抓住教育的本质，从而选择合适的教学方法。在他看来，每门学科都具有独特的价值，这些价值不仅是良好教学的基础，还是学科教学的目的所在。② 因为教师是在理解学科价值、热爱学科内容的基础上掌握学科的系统知识，并在教学中以学科价值的实现为目的，在学科知识传授中发展教学技艺。对于佩恩来说，大学学科内容是教师教育课程的基础，教学技艺是教师教育课程的必备，两者共同构成教师教育课程。

（二）欣斯代尔的教育学研究和教学业绩

欣斯代尔 1837 年 3 月生于俄亥俄州西部的康涅狄格，他在社区学校接受了早期教育。1853 年，欣斯代尔从公立学校毕业后进入希兰姆学院（Hiram College）继续学习，大学毕业后成为希兰姆学院加尔菲德教授（General Garfield）的工作助手，并于 1860 年开始在希兰姆学院讲授数学。1862 年，欣斯代尔结婚后与妻子共同参与俄亥俄州克利夫兰地区社区学校的教学工作，开始关注学校教育问题。1870 年，欣斯代尔被推选为希兰姆学院的院长，并讲授历史学、文学、哲学等课程。在希兰姆学院，他不仅是一个成功的大学管理者，还专门就教育问题发表多篇论著，其中 1884 年的《学校与学习》（Schools and Studies）最具代表性。1882 年，欣斯代尔被选举为克利夫兰地区公立学校总监，他结合自己的工作经验对教育问题展开探讨，在《克利夫兰学校公告》（Cleveland School Bulletin）多次发表文章阐述其学校管理和教师教育的观点。1887 年，欣斯代尔被推选为密歇根大学教学科学和艺术讲座教授，讲授教育史等专业课程并出版多部教育专著，致力于推动密歇根大学教育学讲座的发展。

（1）出版教育专著以推进教育理论的研究。

在密歇根大学，欣斯代尔将学校管理经验、关于教育问题的思考和专业

---

① PAYNE W H. Normal training［J］. The Michigan teacher, 1868（9）：303.

② PAYNE W H. The education of teacher［M］. Ann Arbor：University of Michigan Press, 1901：46－47.

的历史研究兴趣结合起来，通过教育科学和艺术讲座以授课的方式给有志于从事教学工作的学生提供思想的启迪，并结合自己的工作经验和教育思考出版了多部关于教育教学的著作，主要有 1891 年的《美国的管理》（*The American Government*）、1893 年的《如何研究和讲授历史》（*How to Study and Teach History*）、1895 年的《耶稣作为一名教师》（*Jesus as A Teacher*）、1896 年的《语言教学的艺术》（*Teaching the Language Arts*）、1896 年的《教育学的研究》（*Studies in Education*）、1898 年的《贺拉斯·曼与美国公立学校的复兴》（*Horace Mann and the Common School Revival in the United States*）、1899 年的《教师培训》（*The Training of Teachers*）和 1901 年的《学习的艺术》（*The Art of Study*）。在这些著作中，欣斯代尔展现了他对教学和教育问题的看法。

在《如何研究和讲授历史》中，欣斯代尔不仅为读者介绍了历史课的讲授内容和如何讲授历史课，还向读者说明历史学的作用、明确历史学研究的领域，为教师有目的地选择历史课的授课内容、授课的方法提供必要的指导。在《语言教学的艺术》中，欣斯代尔将语法、阅读和写作视为一种艺术，在他看来，教师在教学过程中首先应明确语法、阅读和写作艺术的概念，然后掌握其具体运用方法，并根据学生的反应及时做出调整，最后依据人的心理的自然天性确立教学的若干过程，从而明确教学方法应用的主要原则。在具体的语法、阅读和写作艺术的教学过程中，欣斯代尔依据儿童心理的特点展开相应的论述，力求奠定教学艺术的心理学基础。[①] 在《教师的培训》中，欣斯代尔认为美国 19 世纪末的教师培训机构主要有师范学校、师范学院、师资培训班、教师组织、暑期学校、大学的专题讲座、大学的教育学讲座和教师教育学院，这些教师培训机构在师资培训方面只关注当前社会发展的需要，忽视对美国历史的学习，教师关于教学的艺术、学科知识内容和教学实践方式的掌握都来自于他们所接受的课堂教学，缺乏系统的学术训练。他从教师培训的发展史实入手，较为系统地分析了师范学校、大学教育学讲座、教师教育学院的教师培训课程的特点，提出大学在师资培训方面应开设学术课程并设立相应学位的观点。在《学习的艺术》中，欣斯代尔主要阐述了教育理论研究的问题，指出在实际的教学生活中许多人对如何组织考试具有丰富的经验，但对于学生和教师如何学习方面的认识并不深入。欣斯代尔认为教学和学习的艺术集中表现在学习方法上，严格的口语表达方式会让学生掌握和强化相关的知识，对于教师来说，通过连贯的教学方法可使学

---

① 　HINSDALE B A. Teaching the language arts［M］. New York：D. Appleton and Company，1896：19 – 20.

生更好地掌握口语表达，并通过口语的练习获得知识。他强调教师的教学与学生的学习共同组成学习活动，两者之间多种方式的积极互动使学习更有效率。①

（2）阐述教育学的学科内涵并推进教育学讲座的发展。

1888 年正式担任密歇根大学教学科学和艺术讲座教授的欣斯代尔发现教育学作为一门学科并未在大学获得应有的学术地位，甚至有人质疑教育学讲座设立的现实意义。对此欣斯代尔明确提出：现代大学具有两种主要功能，其一是研究真理，其二是传播真理，教育是传播真理的方式，有其发展的历史，而且教育学与其他社会科学一样包含人类文化发展和管理的历史，因此教育学是大学的一门学科。在他看来，教育的科学来源于教育的历史，还包含着处理学校事务的各种技艺和方法，作为一门综合性学科的教育学，其科学性来源于其他学科的理论支撑，如生理学、心理学、逻辑学、伦理学和社会学等。大学设立教育学讲座的主要目的就是研究教学的科学和艺术，探索教育的理论，为教学实践提供理论的指导，提高教师的教学艺术，使教育的理论研究能在大学里顺利开展，在此基础上为学生开设关于教学的多种课程，明确教学是一门博雅学科，为大学参与教师培训提供必要的理论指导，从而提高教育学的学科地位和社会影响力。

欣斯代尔在较系统阐述大学设立教育学讲座的意义和教育学的学科内涵的基础上，对密歇根大学的教育学课程进行了调整。1894—1895 学年欣斯代尔结合其工作经验和历史学、哲学学术背景，在原有的教育学课程体系中增加了具有其专业特色的教育学课程——教育思想史，该课程主要包括从希腊罗马时期至 20 世纪初期重要的教育思想变革的历程。1899—1900 学年他又增设了两门课程——儿童研究和教育的社会阶段，其中儿童研究课程主要包括儿童研究的历史概览、影响智力发展的因素探讨、儿童研究的方法、儿童期的生理和心理发展、儿童的专题研究等内容，教育的社会阶段课程主要包括学校对儿童社会性发展的影响、家庭对儿童的影响、教区对儿童的影响、州的发展对儿童的影响、教育与职业的关系探讨等内容。② 除此之外，1891年，欣斯代尔还积极促成密歇根大学向有志于从事教师职业的法学院、理学院和人文学院的毕业生授予教育的学士、硕士和博士学位，并在密歇根大学着力推行教师资格证制度，强调教育学课程的重要作用。在他的努力下，

① MAXWELL W H. Dr. Hinsdale's contributions to educational literature ［J］. Educational review, 1901 （2）：193 – 195.

② WHITNEY A S. History of the professional training of teachers at the University of Michigan, 1879 – 1929 ［M］. Ann Arbor：University of Michigan Press, 1931：65 – 68.

1899 年，密歇根大学成立教学科学和艺术系，从而为密歇根大学教育学科的发展奠定了坚实的基础。

第四节　早期学者的儿童研究与心理学研究及其影响

19 世纪中期以降，美国城市化的进程加快，工厂和制造业的发展给城市的居民带来大量的就业机会，工人阶级开始形成稳定的群体，并逐渐在儿童教育和工作、生活条件方面追求较高的水平，政府和社会试图通过各种努力来改善其居住、教育和卫生状况，儿童的医疗、教育遂成为其关注的重要问题。在 19 世纪 90 年代的美国，为确保公民素质的提升，各州建立公立学校系统，通过立法的形式强制儿童入学，义务教育得到普及，适龄儿童的入学率逐年提升。这一时期，生理学、实验心理学及相关的自然科学获得突破性进展，学界将研究重点从成人转向儿童。如何看待儿童的社会地位，怎样科学地促进儿童的发展，遂成为当时学者们开展儿童研究[①]所面临的首要课题，有关这方面的知识也成为教师在教学活动中所要掌握的专业知识。围绕这些课题，以霍尔和詹姆斯（William James）为代表的心理学家、教育学家以大学为基地展开理论和实践探究，并通过开设关于教师专业培训和儿童心理发展方面的课程，培养了一大批有志于研究儿童心理及教育问题的专业人才，从而深刻影响了美国综合性大学教育学科的发展。

一、霍尔的儿童研究及其影响

19 世纪 70 年代，随着裴斯泰洛齐的实物教学和福禄培尔的幼儿园模式引入美国，儿童逐渐成为教育研究关注的重点。霍尔于 1883 年发表《儿童心理的内容》，运用问卷调查法了解儿童心理的构成，次年他在全美教育协会（National Education Association，NEA）主张建构以儿童心理发展为依据的教育学理论，为此于 1891 年组织儿童研究的专门研讨会，成立儿童研究部，并在克拉克大学举办儿童研究暑期班。在霍尔的主导下，美国掀起了一场影响广泛的儿童研究运动。

（一）霍尔的儿童研究

1846 年，霍尔生于马萨诸塞州阿斯菲尔德（Ashfield）的一个农场，在家乡度过了青少年时期。他在虔诚和保守的清教徒氛围中成长，其父母从属

---

① 美国儿童研究的主要领域包括儿童的健康和身体发展，儿童的情感、态度和兴趣，儿童的智力发展。

于公理教会，霍尔因此而形成了对其童年影响很强烈的情结，而且产生了在更大的世界里要闪闪发光的强烈抱负。1862 年，霍尔去威利斯顿学校（Williston Seminary）求学，其目的是为完成为期一年的大学预备学习。1863年，霍尔进入离阿斯菲尔德仅 30 英里的威廉斯学院（Williams College）继续深造。在学院学习期间，他发现威廉斯学院的精神生活和社会生活比宗教的虔诚更吸引人。他加入了附属于学校的地理和生物展览馆的一个科学俱乐部——"自然历史学园"（Lyceum of Natural History），并表现出对自然科学的兴趣。霍尔后来说他的好奇"莫名其妙的较早地倾向于起源问题"，就像一个小孩"对婴儿的来源非常好奇"一样，他对于植物的种子和动物的胚胎尤其感兴趣。此时，进化论思想在威廉斯学院广泛传播，受达尔文物种起源理论的启发，霍尔写了一篇论文论述太阳系起源的星云假说。①

从威廉斯学院毕业后，霍尔进入纽约联合神学院（Union Theological Seminary）继续学习。此时他对哲学非常喜爱，尤其推崇进化论思想。为实现其学习哲学的理想，霍尔在 1869 年中断神学研究赴德国短期留学。在德国，霍尔学习哲学、生理学和人类学的理论知识，感受到从未有过的个人和社会自由。他看到神学的超自然思想将被实证哲学所超越，因此，回到美国后他决定放弃布道，转而讲授心理学。为更好地从事心理学职业，1876 年霍尔入哈佛大学从事研究生学习。当时心理学课程在美国的大多数学院里仍归属哲学，哈佛大学哲学系的威廉·詹姆斯开设哲学心理学课程。自 1875 年始，詹姆斯讲授"生理学和心理学"的关系，并在哈佛医学院创建一个示范实验室，霍尔进入该实验室学习后很快将生理心理学作为研究的重点。1878年，霍尔探讨"空间的肌肉知觉"（muscular perception of space）问题的博士论文发表，论证了"运动知觉源自机体的反应"的可能性，对"思维源于经验还是心灵"提出了新的研究方法，霍尔因这篇论文荣获全美第一个心理学博士学位。

由于种种原因，霍尔未能在博士毕业后获得理想的工作职位，遂于 1878年夏末第二次到德国留学。对于霍尔来说，自然科学的方法是他理解哲学的必要途径，当时的德国大学是研究这种哲学的重心。为更好地掌握从生理学探究心理学的方法，霍尔先在柏林大学学习生理学，后入莱比锡大学冯特的心理实验室学习心理学。1880 年，霍尔回到美国，找到一份写作的工作，同时在朋友们的引荐下，接受哈佛大学校长艾略特的邀请，开设心理学史和教育学两个系列的讲座，其中教育学的讲座受到空前的欢迎。艾略特非常看重

① ROSS D. G. Stanley Hall：the psychologist as prophet ［M］. Chicago：The University of Chicago Press，1972：3 – 16，358.

霍尔在教育学研究上的科学化思想，邀请他继续在哈佛大学讲授教育学，并计划创设由他任系主任的教育学系。[①] 然而，霍尔婉拒了艾略特的好意，执意要坚持自己的心理学研究规划，并于1882年在霍普金斯大学谋得一个心理学的职位。

1887年，霍尔离开霍普金斯大学，就任克拉克大学的校长。为使大学获得更多的发展资金，他逐渐将工作的重心从心理学转向儿童研究。同年，霍尔首创美国第一份心理学杂志《美国心理学杂志》（*American Journal of Psychology*），1891年又创办《教育学论坛》（*Pedagogical Seminary*），为研究儿童问题的学者提供理论发表和交流的平台。为更好地推进儿童研究工作的进展，1892年霍尔在克拉克大学举办了名为"克拉克高等教育学和心理学暑期学校"的培训班。据载：

> 68人参加了第一期训练班，其中包括6名师范学校校长、相同数量的城市学校管理者，一般来自东部的小城镇，还有几个大学的教育学教授，余者皆为师范学校的教师。全体克拉克大学教师参与教学，引导这些热望的学生从上午8：00到下午10：00集中学习大量关于新心理学和进步教育理念方面的课程，学生们对教师们的报告表现出极大的热情和支持。[②]

霍尔在培训班主要讲授儿童研究，而且鼓励暑期班的学生参与克拉克大学的儿童研究项目，其课题包括儿童的愤怒、哭泣、嬉笑、玩具、恐惧、自我感觉和宗教生活等。霍尔主张用问卷调查的方式来获取研究的数据。在克拉克大学儿童研究中使用的第一套调查问卷是关于愤怒方面的，这一调查问卷像后来的许多问卷一样，都是由霍尔和他的同事及学生共同设计的。到1903年为止，他们完成了96种调查问卷研究，而到了1915年迅速增长至194种。[③] 在克拉克大学，除调查法应用于儿童研究外，实验室研究方法和人类学研究方法也被借鉴，并在霍尔的领导下，为儿童心理学和教育心理学的创建与发展创造了条件，克拉克大学也因此成为当时美国的儿童研究中心。

通过上述方式，霍尔建立起较为系统的儿童研究组织，在美国全国形成强大的辐射力。1893年，他在芝加哥世界博览会主持了一个以"实验心理

---

① POWELL A G. The uncertain profession：Harvard and the search for educational authority［M］. Cambridge：Harvard University Press，1980：42-43.

② ROSS D. G. Stanley Hall：the psychologist as prophet［M］. Chicago：The University of Chicago Press，1972：281.

③ HALL G S. Child study at Clark University［J］. American journal of psychology，1903（14）：96-106.

学和教育"（Experimental Psychology and Education）为主题的会议。在这次会议上，霍尔发表了题为《作为教育的基础的新心理学》的文章。他在总结新心理学的价值时写道："所有这些工作最迫切的、最重要的应用领域就是在教育方面，这是关于人的天性的科学，是发展人的天性并使之最为成熟的艺术。"① 霍尔所主持的会议及其发言引起许多人的关注，他将儿童研究视为其事业发展的重要领地。为表明其对儿童研究和教育的重视，霍尔郑重宣称：

> 我们的计划是逐渐使心理学、哲学、伦理学和其他同类学科的科研围绕儿童研究这一中心。这不仅与几乎所有学科的日益明显的发展进化倾向相一致，而且将阻止教育学的哲学式探讨的不断滑坡，有史以来第一次把教育学建立在科学的基础上，形成教育未来发展的核心。②

（二）霍尔儿童研究对美国大学教育学科的影响

从霍尔的求学经历可以发现，达尔文的进化论对他影响很大，在美国他被认为是"心理学的达尔文"。霍尔将进化论的思想引入人类心理的研究过程，提出"复演论"的观点，认为个体的心理发展是一系列或多或少地具有复演种系进化的过程。在霍尔看来，个体的胎儿阶段复演了鱼类动物进化的过程，个体出生后的心理发展则复演了人类文明的进化过程，婴儿逐渐发育以至于最终能够直立行走的过程，复演着从四足动物到猿猴类，再到直立人类进化的长期历史过程。

霍尔认为，最初婴儿的四肢并不用来移动身体，只不过多少做些运动而已；后来婴儿开始匍匐爬行，使用的主要是臀部肌肉；再后来，腿和脚渐渐退化，专管身体的移动，拇指也渐渐减少活动，但增加了伸缩力和抵抗力，而手指变得更加发达灵活，更容易受意志的支配；最后，身体到了逐渐可以直立的状态。人类进化到直立行走的状态时，胸部的形状也在改变：以前身体前后厚度的尺寸大于左右宽度的尺寸，如今则变为左右的宽度超过了前后的厚度。肩胛骨已不像四足兽那样，而是渐渐向外扩大，差不多在同一平面上，人类的臂也因此可以自由地做侧面运动，猿的臂不能转动百度以上的角度，而人类的臂则可以转到一百八十度的角度。③ 在这一认识的基础上，霍

---

① HALL G S. The new psychology as a basis of education ［J］. Forum, 1894 (17): 710－720.

② HALL G S. Editorial ［J］. Pedagogical seminary, 1894 (3): 3－7.

③ HALL G S. Youth: its education, regimen, and hygiene ［M］. New York: D. Appleton and Company, 1917: 10－11.

尔将儿童身心的发展分为三个阶段——童年期、少年期和青春期，相当于现代教育中的学前时期、小学时期和中学时期，它们分别复演着人类进化过程中的猿人（the Ape）、野蛮人（the Savage）及早期文明人（the Early Civilized Man）三个阶段。可以说，这就将人的成长、心理的进化与教育的实施结合在一起，为人们从生物进化的视角看待教育、研究教育问题提供科学的指导，有助于科学的教育学理论基础的建立。

另外，霍尔认为教育是成长的一种形式。他追随卢梭和福禄培尔，主张教育必须适合儿童的本性，认为以儿童为中心的教育胜于强迫儿童适合学校、以学校为中心作为基础的教育。这有助于把教学工作的重心转移到学生那里，因为忽视学生的天性、需要和发展，教育就不可能有价值，更不用说效能了。[①] 在霍尔看来，儿童是学校的中心，利用研究儿童的成果进行教学可以提高教学效能，这种认识对美国教育发展的影响是巨大的。将儿童视为学校工作的中心，一方面，可以推动学校接受由于传统、习惯或愚蠢的冷漠的缘故而被长期排除在外的学术研究；另一方面，可为每一种有用的日常活动方式打开教育学研究的视角，这些研究活动可以满足个体成长的需要，也可以使教师参与儿童研究。教师了解和掌握儿童心理与身体进化的自然规律，就会在教学中遵循这种规律的指导，不会强行给儿童施加不符合进化规律的知识或经验；而且教师掌握和运用儿童研究的方法，可以增强教师职业的专业性，推进教学经验和"技艺"的传递。芝加哥学院的帕克（Francis Park）强调，即使教师不能"利用严格的心理学实验室课程"，[②] 教师也应该利用其他人的实验结果，也应该以个人的角度参加儿童研究。马萨诸塞州一名师范学校的校长博伊登（Albert Boyden）在列举师范学校教育旨在达到的四个目的时指出，其中之一就是"师范学校的学生必须被引向从事儿童研究的实践之路"。[③]

在霍尔的倡导下，儿童研究成为学校和教师培训的重要内容，也成为大学学术研究的方向。19 世纪 90 年代，一些以大学为基础的研究团体开始出现，除了克拉克大学之外，其中最著名的要数斯坦福大学的巴恩斯（E. Barnes），他主持了斯坦福大学的夏季培训课程以及加利福尼亚一些地方的

---

① 克雷明. 学校的变革 [M]. 单中惠，马晓斌，译. 济南：山东教育出版社，2009：93 - 94.

② PARKER F W. Syllabus of a course of lectures upon the philosophy of education [J]. The course of study, 1900（1）：21.

③ BOYDEN A. The problem which confront the normal school at the opening of the twentieth century [J]. Education, 1900（21）：4.

培训。巴恩斯从 1891 年开始与所培训的教师建立工作关系，利用教师们从课堂教学中搜集的数据。到 1896 年，他已经从 75 000 多名学生的调查问卷中收集到关于游戏、颜色选择、抱负理想、神的理念等主题的资料。他对这项工作的评价是"非常满意，但还只是刚刚开始"。①

霍尔在儿童研究运动上的成功基于他将进化学说引入儿童心理研究中，从而使心理学具有实证的基础，而且霍尔最看重的职业诉求在心理学方面，即由哲学心理学、生理学和进化生物学的概念、问题、研究方法等综合而成的科学心理学。1895 年，霍尔在《美国心理学杂志》上公布了把科学心理学带到美国哈佛大学、耶鲁大学、哥伦比亚大学等著名高校的主要学者，这些人都是与他在霍普金斯大学或克拉克大学有密切交往的人，而且霍尔多次在演讲中或其他场合宣称是他创建了美国第一所心理学实验室。对此，詹姆斯给霍尔写了一封长信，其中写道：

> 作为一个坐在椅子里冥思苦索的教授，我坦率地承认，我伟大的助手是一名实验室教师和调查者，但是，有些人却一点不考虑我试图强迫自己表示的善意以及我已做的实事。例如，他们中的一个正在用一些很天真的方法引导你去做实验调查，但你可能会记得，在那几年里，除了哈佛大学，你根本不能在别处搞实验调查。②

詹姆斯的这一段话主要是提醒霍尔在哈佛大学学习时就曾在詹姆斯的心理实验室工作过，而且 1875 年詹姆斯就在哈佛大学讲授"生理学和心理学"的关系，并建立了第一个示范实验室。詹姆斯为霍尔学习心理学、开展心理学实验工作提供了可贵的帮助，而且在美国心理学科学化的过程中，詹姆斯的影响重要而深远。

二、詹姆斯的心理学研究及其影响

威廉·詹姆斯是美国著名的心理学家、哲学家和教育学家，被誉为"美国心理学之父"，在美国心理学、教育学界占据重要地位。其主要代表作是 1890 年出版的《心理学原理》（*The Principles of Psychology*），这是一部划时代的著作，"是美国心理学史上的一个分水岭，它激起了美国研究人员的灵感，苏格兰人和冯特都没有能够做到这一点，而且，它确定了 1890—1913

① WOLF H D. Historical sketch of child study [J]. Northwestern journal of education, 1896 (7)：9-12.

② 克雷明. 学校的变革 [M]. 单中惠，马晓斌，译. 济南：山东教育出版社，2009：95.

年间及后来美国心理学的基调。"① 在心理学研究方面，詹姆斯从"阐明问题、提出思想和扫清道路"这三方面对心理学所关注的主题进行论证和研究，不仅为以后心理学发展奠定基础，还致力于将心理学应用于教师培训中。

（一）詹姆斯的心理学研究

1842 年 1 月 11 日，詹姆斯生于纽约市，他的家境十分富裕，其祖父是纽约为数不多的富翁，其父亨利·詹姆斯（Henry James）继承了丰厚的遗产，且参与伊利运河（Erie Canal）的开发运动。老詹姆斯无须为生计操劳，有充足的时间研究他感兴趣的宗教和哲学问题，有充足的资源和精力培养詹姆斯的学术兴趣；而且，他与当时美国思想界的重要人物交往密切，爱默生（Ralph Waldo Emerson）、梭罗（Henry David Thoreau）、本杰明·皮尔士（Benjamin Peirce）等都是詹姆斯家的常客。詹姆斯的父母非常尊重他们 5 个孩子的想法，为孩子提供宽松、激励的成长环境，主张用旅行和接触各类人物、地方、观念的方式来教育孩子。詹姆斯虽然在早年的求学过程中形成了对艺术的热爱，并表现出较高的天赋，但是他还是遵照父亲的意愿，放弃专业的艺术学习转向科学。1861 年，他进入哈佛大学的劳伦斯理学院学习。

在哈佛大学学习期间，他首先师从于艾略特学习化学，后又跟随杰弗里斯·怀曼（Jeffries Wyman）学习比较解剖学和生理学。此时，达尔文的《物种起源》刚出版两年，怀曼非常推崇进化论，并直接影响了詹姆斯对进化论思想的学习和理解，这成为他以后生理学、心理学和哲学观点形成的重要理论依据。在詹姆斯的推动下，进化论成为美国机能主义心理学的基本理论基础。

1866 年，詹姆斯因身体原因暂时中断在哈佛的学习，赴欧洲旅行。在詹姆斯的父亲看来，家庭成员生病最好的治疗方法就是去欧洲旅行，而不是去医院。詹姆斯在欧洲之旅中阅读了大量的书籍，聆听了许多著名学者的讲座，其中包括冯特讲授的心理学。在欧洲游学的经历使詹姆斯充分感受到心理学的学术价值，他给一位朋友写信说："也许心理学作为一门科学的时代就要来临了"。② 1866 年，詹姆斯从欧洲回到哈佛大学，在位于马萨诸塞的总医院实习，并于 1869 年从哈佛医学院毕业。然而，他并不想做一名医生，也不想做生物学、病理学和解剖学的教师。詹姆斯在 1868 年写给小奥利弗·詹姆斯的信中说："我将继续研究，或更准确地说，开始研究普通心理

① 黧黑. 心理学史 ［M］. 李维，译. 杭州：浙江教育出版社，1998：480.

② JAMES W. William James：writings 1902 – 1910 ［M］. Boone，IA：Library of America，1988：1 327.

学，希望自己能够进入一个具体方向。或许将来能够看到它的实用价值。我现在唯一能想到的是在西部的某个学院做一位道德哲学教授。"① 但是，詹姆斯的宗教背景使得他在当时无法获得道德哲学的教职，于是当哈佛大学在1872年提供给他生理学讲师职位时，詹姆斯欣然接受。

19世纪末期，心理学试图依据生理学和实验心理学的成果，从传统的经验哲学领域中分化出来，逐渐成为一门独立的学科。但是，在美国，大学心理学依然归属于哲学。詹姆斯对哲学的兴趣主要建立于他对心理学的热情的基础上，所以詹姆斯在哈佛大学生理学教师的岗位上，开设与生理学和心理学相联系的课程，逐渐地从生理学转向心理学。如前所述，1875年詹姆斯在哈佛大学开设"生理学与心理学的关系"这样一门研究生课程。相对于依据传统的"道德哲学"或"心灵哲学"建立起来的官能心理学课程来讲，詹姆斯的课程依据当时最新的生理心理学和实验心理学的研究成果，并建立了心理学实验室。霍尔也是在此时成为詹姆斯的学生，并在他的心理实验室学习。因此，后来在霍尔宣布他是最先建立心理实验时，詹姆斯提醒霍尔曾在哈佛大学求学的经历。1876年，詹姆斯开始在哈佛大学为本科生开设心理学的课程。1880年，他正式被聘为哈佛大学哲学系助理教授，当时心理学仍归属哲学。②

詹姆斯在哈佛大学的心理学研究引起社会的关注。1878年6月，亨利·霍尔特出版公司与他签订撰写心理学著作的合同。同年7月，詹姆斯与艾丽斯·吉本斯（Alice Howe Gibbens）结婚，吉本斯在他们新婚蜜月期间就协助詹姆斯开始《心理学原理》的写作，她带给詹姆斯稳定的生活和写作的动力。按照最初的计划，詹姆斯要在两年内完成书稿，然而，在一个新的学术领域进行开拓性的工作是很艰难的，詹姆斯在1890年才完成书稿的写作。詹姆斯游历欧洲，掌握多种语言，交际广泛且与很多世界著名哲学家、心理学家建立深厚友谊，因此，在写作过程中，他综合法文、德文和英文的文献，对前人研究成果的概括具有广泛性和独创性，再加上他典雅的文字表达能力，使《心理学原理》成为既具有学术性又通俗易懂的著作。詹姆斯与其以意识流小说而著名的弟弟亨利·詹姆斯（Henry James）③ 在文采上并驾齐驱，有一则轶事真实地反映了这一情况，据说有人到图书馆借詹姆斯写的

---

① O'DONNELL J M. The origins of behaviorism：American psychology（1870－1920）［M］. New York：New York University Press, 1985：97.

② BALDWIN B T. William James' contributions to education ［J］. Journal of educational psychology, 1911（2）：369－382.

③ 亨利·詹姆斯出生在纽约，与其父同名。

书，图书管理员经常会风趣地问："你是想借写小说的心理学家詹姆斯的书，还是想借写心理学的小说家詹姆斯的书？"①

（二）詹姆斯心理学研究对美国大学教育学科的影响

詹姆斯最初认为心理学是一门自然科学。在他看来，心理学家所研究的心灵是对象，存在于充满其他对象的世界之中，即使当他内省地分析他自己的心灵，并说出他在那里所发现的东西的时候，他也是在以一种客观的方式谈论它。② 詹姆斯将心理现象视为一种客观的存在，而不是灵魂的产物，他认为在心理学研究中应坚持客观的实证观点。但是，詹姆斯后来又认为心理学不仅具有自然科学的属性，还具有人文科学的特性，尤其是在心理学中使用科学方法时，有必要假定人类行为是受到决定的。但是，正如它是有用的一样，这一假设也有其限度。某些形而上学问题超出了科学的范围，在处理这些问题时，主观的方法更为有用。③ 詹姆斯认为，在研究人类的行为和思想时，科学的方法和人文的方法都应当得到运用。因此，他把心理学界定为既是一门艺术，又是一门科学，客观的实验室方法与自然科学相连接，而直接的主观的现象分析方法会导致与宗教、历史、哲学、文学和美学的对话。④

詹姆斯指出人与动物一样具有先天的本能，成为反射和学习的中介。本能可以分成三类：①感觉冲动，如怕冷而缩成一团；②知觉冲动，如见许多人跑自己也跟着跑；③观念冲动，如见天快要下雨而找地方躲藏。而人类比更为低级的动物有着更多的本能，因为在詹姆斯看来，无论人对环境的反应较之于低级动物的反应看起来好像多么不确定，可是这种不确定性也许并不是由于低级动物具有任何行动的原则，而人则缺乏这些原则；反之，人也具有低级动物所具有的一切冲动，此外还具有大量其他的冲动。⑤ 人的本能会受到习惯的制约，而习惯是经过重复活动形成的，它们使人节省神经和肌肉的能量，让人不必对所想所做或所经历的每一件事情都集中精力；一段时间

---

① 郭本禹. 心理学通史：第 4 卷［M］. 济南：山东教育出版社，2000：124.

② JAMES W. The principles of psychology（影印本，第 1 卷）［M］. 北京：中国社会科学出版社，1999：183.

③ 赫根汉. 心理学史导论［M］. 郭本禹，等译. 上海：华东师范大学出版社，2004：500.

④ TAYLOR E I. Psychology as a person-centered science：William James after 1890［D］. Boston：Boston University，1992：266.

⑤ JAMES W. The principles of psychology：影印本，第 1 卷［M］. 北京：中国社会科学出版社，1999：393.

后，这些习惯便决定了一个人社会的和个人的特性。① 在詹姆斯看来，习惯的培养和发展促进经验的产生，因此，经验是一个人在遇到外界刺激时做出应对的方式，这体现出个人的社会特征和个体特征，也是自我意识的表现方式。詹姆斯在《心理学原理》中分析并批判了元素主义和构造主义，将进化论的适应观引入心理学，认为意识不是以碎片或零散的形式出现，而是像河水一样流动的。因此，意识是一个不断发展的过程，而自我意识观念是所有意识的活动成分。在他看来，人类的意志为自主的行为提供了基础，而这些自主行为又是大脑记忆中非自主的随机反射的结果。这些随机反射根植于人的意识中，② 意识的机能就是使个体不断调整大脑的随机反射，从而调节行为以适应其所处的环境。

詹姆斯的心理学理论促进机能主义心理学的诞生与发展，他关于意识的功用、意识流等主张成为后来美国机能主义心理学的基本观点。詹姆斯认为，意识就是用来指导人们的行为以满足需要和解决问题的，这种观点促使后来的美国机能主义心理学者把意识和心理看作个体适应环境的有用工具，并将它运用到教育、工业、商业、临床等各个领域。在教育方面，詹姆斯不仅对后来杜威的影响巨大与深远，而且他在《心理学原理》出版后于1892年在哈佛大学为教师开设一系列"心理学与教学之间的关系"的讲座，其内容分期连载在《大西洋月刊》（*Atlantic Monthly*），后来詹姆斯将其整理为《与教师谈心理学以及与学生谈人生理想》（*Talk to Teachers on Psychology*：*And to Students on Some of Life's Ideals*）一书，并于1899年出版。这本书在教师中广受欢迎，是随后30年中美国教师培训的主要参考书。在这本书中，詹姆斯主张教学是一门艺术，科学和艺术既彼此独立又相互依存，而心理学是一门科学，科学本身不可能直接创造出艺术作品，但作为科学的心理学可以成为教师的帮手，可以为教师发挥独创性或天分提供背景知识，用他自己的话来说，"若我们掌握了心理学，我们就预先知道某些方法是错误的，因此我们就免得走错路。心理学也使我们对于所做的事更明了，我们所用的任何方法，一经我们知道它有理论和实际的根据，我们便有自信心。"③ 然而，詹姆斯对教师的工作抱有疑虑，认为教师比任何阶层的人都更缺乏自由思

① JAMES W. The principles of psychology：影印本，第1卷 ［M］. 北京：中国社会科学出版社，1999：224.

② JAMES W. The principles of psychology：影印本，第2卷 ［M］. 北京：中国社会科学出版社，1999：26.

③ AMES W. Talks to teachers on psychology：and to students on some of life's ideals ［M］. Cambridge：Harvard University Press，1983：23 – 26.

维，不具备创造性。在他看来，如果教师认为心理学是作用为一门关于心理法则的科学能帮助他们推理出课堂教学的具体规律和方法，那是一个极大的错误，因为心理学和教学分属于科学和艺术，科学本身从来不能直接产生艺术，只有用富有创造性的头脑才能应用科学创造艺术。①

从霍尔和詹姆斯的学术研究历程可以看出，19 世纪末 20 世纪初，美国心理学已从德国的实验心理学那里继承了它的躯体，从达尔文进化论那里获得了它的精神，在此基础上主张心理学所要研究的是心理的功能。霍尔和詹姆斯等大学学者看到心理学与人的教育和发展具有天然的亲和性，心理学理论与研究方法能够为教师培训和儿童研究提供必要的指导。于是，他们在大学开设心理学课程，为教师培训开设讲座，借此来发挥心理学的实际功用。此外，霍尔和詹姆斯的研究工作还深刻影响了以杜威为代表的一批教育学者，从而为大学教育学科的创建奠定心理学及科学方法论的基础。通过选修霍尔开设的心理学课程②，杜威开始关注心理学③，尝试用经验的和科学实验的方法来观察心理现象。而且杜威亲历了由霍尔在克拉克大学发起的全国范围内的儿童研究运动④，发表多篇文章⑤对该运动进行评价，肯定儿童研

---

① JAMES W. Talks to teachers on psychology：and to students on some of life's ideals ［M］. Cambridge：Harvard University Press，1983：23 - 26.

② 1883 年，霍尔在霍普金斯大学为研究生开设高级心理学课程，杜威选修了该课程，并在 1884 年又选修了霍尔开设的生理心理学、心理学和伦理学两门课程。

③ 《杜威传》中写道：G. 斯坦利·霍尔关于心理学论题（包括实验的和理论的）的海阔天空的讲座，使杜威得到了这样的信念，即心理学和哲学是一种密切的关系，但是，它是一种必须在实验心理学基础上建立起来的关系。实验推翻了原来与哲学关系比较陈旧的"理性"心理学，可能有助于造成新的心理学与哲学联合的趋势。参见：杜威. 杜威传［M］. 单中惠，编译. 合肥：安徽教育出版社，1987：30.

④ 1883 年霍尔发表《儿童心理的内容》一文后，美国儿童研究运动开始广泛开展。1891 年，霍尔创办儿童研究的学术平台——《教育学论坛》（Pedagogical Seminary）；1894 年，他担任美国全国教育学会儿童研究部主席。在霍尔的带领下，克拉克大学成为儿童研究的重要基地。受达尔文进化论的影响，霍尔是以发展、变化的观点看待儿童的行为，并把儿童智力的发展看作是一个动态的过程。他认为，每一次教育改革都是更仔细地亲自了解儿童和青年，以及更深入地观察他们的需要和生活的直接结果。参见：张斌贤. 社会转型与教育变革：美国进步主义教育运动研究［M］. 长沙：湖南教育出版社，1998：34 - 35.

⑤ 这些文章主要包括《应用到教育中的儿童研究的成果》《幼儿园和儿童研究》《对现代儿童研究的正确的和错误的批评》《儿童研究的解释面》《对文化纪元论的解释》等。参见：丁永为. 杜威关于民主与教育关系思想的演变［D］. 北京：北京师范大学，2009：50.

究对儿童智力自由和解放的价值，批判地吸收了儿童研究成果①。詹姆斯关于心理机能的研究促成杜威机能主义心理学思想的形成，② 还转变了其哲学思想。杜威在《从绝对主义到实验主义》一文中宣称，詹姆斯的思想"通过它的方法而越来越进入了我的全部思想之中，并成为改变旧的信念的一种酵素"③。

霍尔和詹姆斯虽然是美国最早一批对教育研究感兴趣的学者，并且有效地建立起教育研究与心理学之间的紧密联结，但是相对于后来的学者，他们更乐意从事心理学（确切地说是哲学）研究而非教育研究，即使在他们因美国教育研究受惠于其成果而得到社会赞誉的情况下④，两位学者依然以"纯科学的"心理学作为研究工作的重心。然而，在工业化社会持续发展、公立学校运动持续推进和美国现代大学不断发展的情况下，两位学者从心理学的视角出发，开展儿童研究，关注教师教育，启蒙了一大批教育学者，并试图在大学建立教师培训所需的教学心理指导课程，从而切实推进了教育学科在美国大学的创建。

---

① 儿童研究运动产生了三个极其重要的思想成果：（1）证明了儿童的个性差异；（2）确立了整个儿童（whole child）的概念，即儿童是一个复杂的、多层面的有机体，儿童身体和心灵的各个方面存在密不可分的联系；（3）儿童是不断发展的，并经历了若干阶段。参见：康内尔. 二十世纪世界教育史［M］. 张法琨，等译. 北京：人民教育出版社，1990：196 – 198.

② 杜威以詹姆斯的《心理学原理》为基础，撰写了一系列重要的论文，其中 1896 年的《心理学中的反射弧概念》（"The Reflex Arc Concept in Psychology"）被认为是机能主义心理学诞生的标志。这篇论文为美国狭义的机能主义心理学提供了基本概念和理论基础，因为它把心理看作有机体适应环境的有用工具，使心理学摆脱了构造主义的"纯科学"束缚，而与实际生活、教育改革联系起来。参见：方双虎. 整合与分化：詹姆斯与现代心理学［D］. 南京：南京师范大学，2007：94.

③ 杜威. 杜威传［M］. 单中惠，译. 合肥：安徽教育出版社，1987：68.

④ 1872 年，詹姆斯获哈佛大学生理学讲师职位，但他认为这只是在暂时不能获得哲学教授职位的情况下的权宜之计，哲学才是他现在和未来的真正职业。1880 年，霍尔在哈佛大学举办教育学讲座并促使艾略特邀请他担任教育系主任。但出于对哲学的热爱，霍尔谢绝艾略特的邀请，接受霍普金斯大学的哲学教授职位。即使在克拉克大学任职期间，若不是因财政问题困扰，霍尔也不会转而研究儿童问题。由此可以推论，在 20 世纪初期心理学还没有真正从哲学中独立出来的情况下，研究心理学的学者更倾向于从哲学的视角来评判自己研究工作的价值。教育研究虽然可为学者带来社会收益，但因未建立起独立的学科建制，且具有学术价值不高的历史传统，故早期美国学者不主动参与教育研究。

本 章 小 结

19 世纪 70—80 年代，美国综合性大学积极面对新的社会发展状况，为社会问题的解决提供建议与指导，为此它们试图通过参与教师专业培训工作来影响公立学校教育教学和课程的改革，进而促进社会的变革与进步。这一时期，以霍尔和詹姆斯为代表的大学学者开展儿童研究和心理学探究，为教师专业培训的发展提供必要的理论支撑。在此背景下，美国综合性大学纷纷设立教育学讲座，并进一步发展为大学教育学系，为教育学课程的开设和教育学科的发展提供了重要的平台和基地。

然而，这一时期美国大学的教育学讲座或教育系设立在哲学系下，且学界和教育界还未确立一整套通用的教育学课程体系。换言之，在美国，甚至是在当时的整个学界，都没有确立固定的教育学知识体系。但是，通过梳理爱荷华州立大学和密歇根大学的教育学科早期发展的史实，可以看到一部分由哲学系或其他院系开设的博雅性质的教育学课程成为大学的常设课程。在大学校长们看来，博雅性质的教育学课程的开设与讲授，促进了教育学的哲学和历史研究，促成教学技艺性教师培训模式的变革，从而推进了教师教育专业培训的发展。

从促进教育学科发展的角度来看，这一时期有学者已明确探讨教育学的学科性质，认为教育学不能从严密的逻辑学和伦理学的单一原则中推论出来，它是一门综合的科学，就像医学一样，源于其他科学的发展，如哲学、心理学、逻辑学、美学、伦理学、社会学等。因此，从学科发展来说，他们主张教育学科应确立独立的学科建制，而不是设立在哲学系下的一个亚系，教育类的课程设置应围绕教育学的学科特点展开，要体现其学术上的综合性与概括性。因此，为了更充分地发挥综合性大学在教师专业培训工作上的学术研究优势，在教育学讲座或教育系的基础上，要努力创造教育学科独立的条件，不断整合学校的办学资源，组建教育学院或教师教育学院，为教育学科的发展提供有利的条件。

第二章　美国综合性大学教育学科的创立
（19 世纪 90 年代至 20 世纪初）

　　19 世纪 90 年代至 20 世纪初，美国大学教育学科因工业化社会的进展和教师专业训练的需要而获得发展的动力，一批学者从哲学和心理学的视角展开教育研究，不断促进大学教育学科的创立。正如布鲁柏克所言："正是对培训中学教师的日益提高的要求，以及由科学和哲学对教育学科所给予的新尊严才得以在学术的围墙上打开了一个缺口，教育的专业学习慢慢但又是真正地在向学院和大学的学术堡垒前进。"① 在大学领域，学科建制是专业研究与学科教学的保障，教育学科的独立建制是 20 世纪初美国教育学发展面临的首要问题。在世界近代学术史上，一门学科的发展集中体现在以下两个方面：其一是学者发表相关的研究成果；其二是在高等学校中设立相关科系培养高层次专业人才，成立专业学会，出版专业期刊等，即所谓学科体制的建设工作。② 美国大学教育学科创立时期就比较集中地反映出上述两个方面的特征。一方面，受前期学者的影响，以杜威、桑代克等为代表的一批学者开始主动研究教育问题，其研究成果为中小学教育的发展提供了有益的指导，具有切实的社会效用，教育学作为一门新型学科也因此逐渐被学界和社会所接受；另一方面，受多重社会力量的推动，在学者们的共同努力下，从建立教育学讲座到独立的教育学院系建制，教育学逐渐从社会关注的研究领域发展成为一门独立的大学学科，跨入综合性大学的殿堂。

---

① 布鲁柏克. 教育问题史 ［M］. 吴元训，等译. 合肥：安徽教育出版社，1991：493.
② 阎明. 一门学科与一个时代：社会学在中国 ［M］. 北京：清华大学出版社，2004：4，7.

第一节　哥伦比亚大学教育学科的创立

一、师范学院成立经纬

1853 年，哥伦比亚学院①董事会收到一份建议书，其内容主要是：

建议学校为本科生建立讲授教育学课程的固定机构，而且作为一所大学，应该建立教育学机构。②

这份建议书在当时曾引起广泛的讨论，但并没有任何行动付诸实施。1858 年，该建议书被哥伦比亚学院董事会通过，且同意在文学院开设教育科学和艺术的课程。然而，由于当时学校缺乏讲授该课程的教授或教师，最后这项提议也无果而终。1864 年，巴纳德（F. A. P. Barnard）出任哥伦比亚学院院长，在就职演说中明确提出讲授教育的原则和艺术是学院办学的基本目标之一；而且他发现当时的教师对于如何教学掌握得并不多，其原因在于从事教学工作之前教师没有接受教师专业的系统培训。对此，他在 1881 年的年度报告中提出：

除了建立这一类型（指教育学——笔者注）的讲座，没有任何一所学院的有用性会在短时间内大量增长；或者建立一所教育学院，来专门培训教师。③

巴纳德认识到教师专业培训蕴含巨大的市场潜力，他建议董事会立即将建立教育学机构的计划付诸行动。为此，他指出：

我们现在应关注到，在过去的 25 年间，教学已经从一门手艺发展成为一门专业。教学专业的发展不可避免地影响大学的机构设置，而且会影响到每一位从事教学事业的教师。④

巴纳德院长持续不断地向校董会提出建立教育历史、理论和实践的院系的建议，他申明，"现阶段还没有一所大学将教育学视为一门科学，也没有

---

① 1896 年，哥伦比亚学院改称哥伦比亚大学。

② Columbia College. Annual report of the President of Columbia College［M］. New York：Columbia College Press，1882：52.

③ Annual report of the president of Columbia College，1881：43.

④ Annual report of the president of Columbia College，1882：53.

一所大学将其发展为真正的哲学"，① 因此，建立教育学院以发展教育学的想法具有时代超前性。这一时期，哲学系主任，即后来的哥伦比亚大学校长巴特勒（Nicholas Murray Butler）在其哲学系年度报告中对巴纳德的建议表示赞同，他写道：

> 这些由巴纳德校长发起的讨论（指建立教师专业培训机构的讨论——笔者注）为大学的发展开辟一片新的研究领域，经过讨论，逐渐确立设置教师学院的想法，在哥伦比亚大学建立完整的教师培训机构的计划开始付诸实施。②

1886 年，在巴纳德的支持下，巴特勒开始在哲学系开设教育学课程，但在哲学系下建立教育学机构仍被认为是不恰当的。③ 于是巴特勒开始探寻设立教育学机构、参与教师专业培训的其他方式，而与纽约教师培训学院的合作成为解决这一难题的必要途径。

19 世纪 80 年代，为培训新移民而设立的教育机构快速发展起来，这些教育机构不仅负责为新移民提供手工或家政培训，还开设教师培训课程，以满足协会发展的师资需求。其中纽约市最有影响力的培训机构是 1880 年成立的菜园协会（Kitchen Garden Association），它是一个慈善组织，主要为学龄期的女孩提供家政艺术和科学方面的培训。④ 由于为这些女孩子培训的志愿者们在上课时意识到接受一些教学方面的专业培训更有益于培训工作的发展，菜园协会开始提供教师培训类课程。随着工业化进程的推进，培训越来越专业化，教师培训课程也逐渐注重专业建设。1884 年，菜园协会改组为工业教育协会（the Industrial Education Association），其主要目标是在工人当中进行工业方面的培训，同时也出版辅导材料，以便为未来培养合格教师做准备。1886 年后，工业教育协会的招生人数越来越多，教师的需求量越来越大，工业教育协会试图提高教师教育的质量和数量，亟须大学学术资源的支持。而此时，巴特勒在哥伦比亚学院开设教育学课程的举动吸引了协会的关注，其协会成员一致认为巴特勒在教师专业培训方面具有浓厚的兴趣，这与协会的宗旨和利益相吻合。于是，他们在 1887 年 2 月邀请巴特勒担任协会的主席，并在巴特勒的主导下将协会改名为纽约教师培训学院（New York

---

① Annual report of the president of Columbia College, 1881: 39.

② Tenth annual report of president low, 1899: 212.

③ BUTLER N M. Across the busy year: recollections and reflections Ⅰ [M]. New York: Charles Scribner's Sons, 1939: 177 - 179.

④ BAKER F T. A history of Columbia University, 1754 - 1904 [M]. New York: Columbia University Press, 1904: 409 - 411.

College for the Training of Teacher）。①

　　事实上，纽约教师培训学院的建立与哥伦比亚学院院长巴纳德和哲学系主任巴特勒具有直接的关系。1887年2月7日，在哥伦比亚学院巴纳德院长的帮助下，巴特勒向哥伦比亚学院管理委员会提交了一份开设教学法课程的申请报告。然而，哥伦比亚学院管理委员会拒绝了他的计划，他们认为哥伦比亚学院对此感兴趣的学生非常少，根本无法证明其合理性。被管理委员会拒绝后，巴纳德和巴特勒认为现在更合适的方法就是在大学之外建立一所教师培训机构，以后再将它与大学合并。因此，当工业教育协会邀请巴特勒担任协会主席一职时，他欣然接受，并提出接受工业教育协会主席职位的条件，即协会必须在他的领导下致力于实现教师培训这一基本目标。② 工业教育协会也因此改称为纽约教师培训学院。

　　1887年至1891年的4年间，巴特勒任纽约教师培训学院院长。在他的领导下，学院的主要目标转变为发展纽约的教师以及其他方面的培训。在其年度报告中，巴特勒明确指出：1888年，纽约教师培训学院演变成为一股巨大的教育力量，已由一个纯粹的慈善的部门转变为一个专门为教育改革发展服务的机构。为了更好地促进学院的发展，1889年1月12日，纽约教师培训学院从纽约市政府申请到学校办学临时许可证书，其内容主要如下：

　　巴特勒、道奇（Arthur M. Dodge）等人联合申请在纽约市建立一所教师培训学院，这是一所真正的专业培训学院，不参与初等或中等教育，但招收中学毕业生。学院的目标是提供教育历史、哲学和科学方面的教导，讲授心理学、教学的科学和艺术，各科教学法和手工训练方法也在授课范围内。学院有权授予毕业生教育学学士学位，学院下设三个部门：教师培训学校、儿童示范学校和特殊课程培训部。③

　　在巴特勒的带领下，纽约教师培训学院在进行教师培训的同时大力倡导和推进工业教育方面的手工培训，并将之引进公立学校。为宣传教师培训及手工培训，该学院还出版了一些相关的刊物，如《教育传单》（Educational Leaflets）、《教育专论》（Educational Monographs）、《教育评论》（Educational Review）等，并开设一系列的讲座。

---

①　RUSSELL J E. Founding Teachers College［M］. New York：Columbia University Press，1937：6.

②　BUTLER N M. Across the busy year：recollections and reflections Ⅱ［M］. New York：Charles Scribner's Sons，1940：181.

③　FACKENTHAL F D. Columbia University and Teachers College：documents and correspondence［M］. New York：Columbia University Press，1915：3－7.

在教师培训和手工培训方面，纽约教师培训学院逐渐形成实用的特色，"成为教育研究和实用教育的象征"。① 在纽约教师培训学院发展势头正健时，1891年，巴特勒从院长的职位上引退，由曾担任哥伦比亚学院哲学部、伦理学和心理学部主任的赫维（Walter L. Hervey）任新院长。为更好地推进教师培训学院的发展，增强其在教师培训中的竞争力，在赫维的建议下，1892年1月27日，纽约教师培训学院管理委员会向哥伦比亚学院提出托管办学，进而合并组建研究生院的提议。② 哥伦比亚学院拒绝合并的建议，③却提出联盟的计划，并于当年5月2日正式签订联盟协约。哥伦比亚学院和纽约教师培训学院的联盟协约规定：

（1）纽约教师培训学院保留自己的办学章程，拥有独立的董事会和独立的财政权。

（2）纽约教师培训学院的工作与哥伦比亚学院关系密切，属于大学组织系统的一部分。

（3）纽约教师培训学院暂时没有学位授予权，其开设的文学学士、文学硕士和哲学博士的学位课程都必须接受哥伦比亚学院哲学教授的监督。作为独立机构，纽约教师培训学院自行管理所有非学位课程。

（4）哥伦比亚学院掌握学位授予权。

（5）哥伦比亚学院每年至少在纽约教师培训学院开设一门有关教育史或哲学、心理学、伦理学等课程。

（6）在哥伦比亚学院院长同意的情况下，如果哲学教授讨论任何涉及纽约教师培训学院的问题时，纽约教师培训学院院长和教授可在哥伦比亚学院哲学部设有席位和投票权。

（7）所有教师培训学院的女生，如符合进入哥伦比亚学院下属的巴纳德学院，可以在巴纳德学院注册成为哥伦比亚学院的学位应考生，符合条件的

---

① FACKENTHAL F D. Columbia University and Teachers College：documents and correspondence ［M］. New York：Columbia University Press，1915：206.

② 在这一提议中，教师培训学院将独立开展5年工作而无需哥伦比亚学院投入任何办学经费，同时把价值约50万美元的资产，包括土地、建筑和设备提供给哥伦比亚学院。

③ 其拒绝的理由主要包括：（1）接受这所学校意味着学院需要付出一部分精力来进行管理，而哥伦比亚学院正面临着向大学的转轨；（2）如果接受，就要在哥伦比亚学院推行男女同校的政策，这是不可行的。此外，学院的一些教授们也不同意进行这样的合并，认为这个建议太仓促，具体想法并不成熟。

男生也可享受同等待遇。①

　　两校联盟确立后，纽约教师培训学院在师资力量、图书资料和教学资源等方面得到哥伦比亚学院的大力支持，招生人数和教师培训质量同步提升；与此同时，哥伦比亚学院也获取更多的机会参与教师专业培训和公立学校的教育改革。

　　1892 年 12 月 14 日，纽约教师培训学院从纽约市政府获得了永久的办学许可证书，并更名为"纽约师范学院"（New York Teachers College）。两校的管理委员会认为师范学院和哥伦比亚学院应该进行更深层次的合作。于是，1893 年 1 月 23 日，纽约师范学院与哥伦比亚学院签订深度合作协议，在1892 年联盟协议的基础上，此协议再次强调作为一所独立的附属学院，师范学院的课程开设、学位授予等隶属哥伦比亚学院哲学院管辖。1894 年 11 月15 日，哥伦比亚学院院长塞斯·洛（Seth Low）在其演讲中对这份协议评价道：

　　我们可以清楚地看到，师范学院与哥伦比亚学院的合作是非常有利的。师范学院可以从大学哲学院的讲座中获益，而且其学生也有机会在学科领域继续深造。另外，哥伦比亚学院也从相互合作中获益匪浅，因为大学部的学生非常乐意去聆听师范学院开设的许多教育学课程，而所有学院的实验室和其他教学机构均可共享；通过这样的方式，哥伦比亚学院有更多的机会与公立学校的教师们交流，这正是我们参与教师专业培训所追求的实效。②

　　尽管两所学院并不在一个校园内（1894 年后师范学院搬迁至新校区），但两校之间的合作关系却非常融洽。为更好地与哥伦比亚学院保持一致的办学标准，赫维在 1894 年提高师范学院的入学标准，③ 建立教师培训课程中心——心理学和一般方法系，为所有学生提供教师培训课程。赫维这样做的目的是使师范学院能早日进入大学专业学院的行列。但是，这些做法也给师范学院带来一些不利的影响。例如，因入学标准提高，学生入学人数减少；再如，因搬迁新校区，学校需要投入大量建设资金，至 1897 年，师范学院

---

　　① FACKENTHAL F D. Columbia University and Teachers College：documents and correspondence ［M］. New York：Columbia University Press，1915：15－17.

　　② CREMIN L A，SHANNON D A，TOWNSEND M E. A history of Teachers College Columbia University ［M］. New York：Columbia University Press，1954：31.

　　③ 师范学院 1894 年的新生入学标准主要包括：被允许入学的学生仅限于学院毕业生、具有教学经验或经过培训的教师、在学院或技术学校经过至少两年培训的中学毕业生。参见：GREMIN L A，SHANNON D A，TOWNSEND M E. A history of Teachers College Columbia University ［M］. New York：Columbia University Press，1954：32.

的财政赤字已达 80 000 美元。

1897 年 10 月，受赫维的继任者惠勒（Benjamin Ide Wheeler）院长的邀请，留学德国的拉塞尔（James Earl Russell）担任心理学和教学一般方法系主任，同年 12 月拉塞尔被选为师范学院院长。面对师范学院的发展困境和财政危机，拉塞尔想通过变革与哥伦比亚大学（1896 年哥伦比亚学院改制为哥伦比亚大学）的合作关系来提升学院的办学规格，进而渡过学院发展的难关。于是，他给时任哥伦比亚大学校长的塞斯·洛写信，建议升格为"大学"的哥伦比亚大学应该设立一所真正的教育学专业学院，为此他将师范学院的办学计划做了详细汇报。在其报告中，拉塞尔强调教师专业培训机构应成为大学的一部分，同时又是一个"独立实体"。塞斯·洛认真考虑了拉塞尔的建议，遂于 1897 年 12 月 2 日给大学董事会主席格雷斯·H.道奇（Grace Hoadley Dodge）写了一封信，陈述了师范学院管理委员会的想法，并根据拉塞尔的建议概括地列出了新协议的提纲。在经过一些小的修改之后，这个新协议得到了哥伦比亚大学和纽约师范学院管理委员会的认可，成为"1898 年协议"（Agreement of 1898）。这份协议称：

哥伦比亚大学"接受纽约师范学院作为它的专业教师培训学院"，授予师范学院与法学院和医学院同等的地位。但是，哥伦比亚大学将完全掌控师范学院获得学位的课程以及学位授予权。拉塞尔被任命为院长，他和师范学院的另一位教授在哥伦比亚大学议事会拥有席位。与以前一样，师范学院仍是完全的经济独立、自主经营的办学实体。[①]

于是，纽约师范学院成为哥伦比亚大学专门的教师培养机构，而且根据协议的要求，师范学院确立了新的培养目标，入学标准也随之提升。为了招收更加优秀的学生，师范学院做出以下规定：

研究生需要在师范学院或规定的其他院校合格完成大学本科课程及学术培训课程。如仅仅完成毕业所需的学术课程并不能获得研究生头衔，他们还需要修学一些教育方面的本科课程，他们必须具有一定的教学经验和科研能力。本科生须事先在师范学校及职业技术学校修完 2 年课程，而且他们必须是中学毕业后才可修这些课程。师范学院的这些大学课程的申请者必须参加与哥伦比亚大学相同的入学考试。[②]

---

① FACKENTHAL F D. Columbia University and Teachers College：documents and correspondence［M］. New York：Columbia University Press，1915：39.

② FACKENTHAL F D. Columbia University and Teachers College：documents and correspondence［M］. New York：Columbia University Press，1915：56.

并入哥伦比亚大学后，尽管师范学院的入学标准有了提升，但入学人数逐年增加，远远超过预期的增长率。因此，师范学院在哥伦比亚大学的地位也随之得到提高。在这种情况下，大学与师范学院在 1900 年 4 月 6 日签署了一份新协议，以此取代"1898 年协议"。新协议规定：师范学院的院长将获得同大学管理委员会其他成员相同的地位，不仅对师范学院的事务有表决权，而且对大学其他事务也具有发言权；大学除了授予师范学院毕业证书以外，还应授予学位。此外，这个新协议还包括一个重要条款，那就是大学的哲学、教育学和心理学教授也同时是师范学院的成员。尽管新协议并未从根本上改变师范学院与哥伦比亚大学的关系，但却使两者的现存关系进一步得到巩固，并给师范学院的管理者提供了更大的操作空间。

1900 年 12 月 3 日，大学和师范学院双方又对这一协议进行了新的补充。具体规定：设立"教育学学士"学位，授予那些在师范学院完成 4 年的大学课程和专业培训的学生。此外，允许师范学院在大学管理委员会的监督下设置和管理这些课程。但是，文学硕士和哲学博士学位依然由哥伦比亚大学哲学院通过教育学系和哲学系来授予，正如拉塞尔所说，这也意味着师范学院依然未获得真正的大学专业学院待遇。师范学院为促进教育理论与教师专业培训实践紧密结合，实现其发展为大学专业学院的目标，在 1900 年前后还做了以下工作：（1）组建贺拉斯·曼学校；（2）新建教育实验学校，即后来的斯派尔学校（Speyer School）；（3）开设暑期培训班；（4）创建教育学专业期刊《师范学院学报》（*Teachers College Record*）；（5）发展社会推广服务和建立大学推广部。

在拉塞尔的带领下，师范学院的发展成就再次引起哥伦比亚大学董事会的关注。1902 年 3 月 3 日，哥伦比亚大学董事会通过一项决议，将哲学院下属的教育学系合并入师范学院，成立新的大学教育系。这也就意味着师范学院将真正成为大学的专业学院，哥伦比亚大学设立独立的教育学机构，不再隶属于哲学院的管辖。至此，师范学院正式成为哥伦比亚大学的学术机构，其课程设置、学术研究、管理制度等都发生转变与提升。以哥伦比亚大学师范学院为基地，哥伦比亚大学的教育学科开始进入快速发展期。

二、教育学课程的开设

1881 年，巴纳德在其年度报告中提出在哥伦比亚学院开设心理学、教育哲学和教学法课程的计划，但学校董事会未批准他的请求。1882 年，他看到 1881 年冬季学期哈佛大学开设教学的科学和艺术的讲座，于是再次提出在哥

伦比亚学院开设教育史、教育理论等课程的计划，但仍未通过董事会审议。①
1886 年，他支持时任哲学系主任的巴特勒开设了四次公开的教育学课程，这些课程主要涉及教育的历史、教育的原则和教育实践等内容。

1887 年，巴特勒受邀担任工业教育协会的主席，并主持该协会重建为纽约教师培训学院，主要开设教育的艺术、手工训练教育、科学教育、教育的历史和教育理论等课程。1889 年，纽约市政府颁布的临时许可证书中申明：

> 纽约教师培训学院是一所职业学院，而不是通常意义上的"师范学校"。学院要求中学毕业作为入学条件，修学年限为 2 年，主要开设的课程有心理学、教育学、教学法、观摩、美英法德学校的组织和管理、幼儿园的理论和实践、自然科学、历史以及在儿童示范学校的实习等；同时，还包括手工培训方面的所有课程，如工业艺术、机械制图以及木工工艺等。学院向男女学生开放，并欢迎有特长的学生来校就读。②

1892 年 2 月，为更好地与哥伦比亚学院在教师教育方面进行合作，纽约教师培训学院向哥伦比亚学院委员会提交一份特别报告，对学院的办学宗旨、课程开设等方面做了较为详细的说明，该报告建议在大学层面，教师培训学院将开设教育的历史和组织、伦理学、哲学、社会学、心理学等课程。1892 年 12 月，纽约教师培训学院获得永久性办学许可，改称纽约师范学院。办学许可证书规定，纽约师范学院主要开设教育的历史、教育哲学、教育科学、心理学、教学的艺术和科学、手工训练以及各学科教学方法等课程。

纽约师范学院与哥伦比亚学院联盟后，师范学院在各项工作方面努力向大学靠拢。1894 年，赫维院长对师范学院的课程做了调整：首先，提升课程标准，在提高新生入学标准的基础上，师范学院内部也提升了专业教育课程标准。赫维在其年度报告中阐明："以前为四年级学生开设的课程现在可以在三年级或者入门课程中找到，而为三年级的学生开设的课程也降为二年级开设的课程。"③ 其次，增加课程内容，包括从幼儿园培训到高级课程的所有内容，特殊学生可以根据需要选择任何课程，因而课程的范围得到了扩展。此外，学院还新创建学科课程教学部，如 1893 年创建了英语文学部、希腊拉丁语部和历史部，1896 年创建了地球科学部，1897 年创建了生物科学和数学部，以此来扩大学院课程的涵盖范围。

---

① ELLIOTT E C. The rise of a university Ⅰ ［M］. New York：Columbia University Press，1937：339.

② FACKENTHAL F D. Columbia University and Teachers College：documents and correspondence ［M］. New York：Columbia University Press，1915：4 – 5.

③ Report of the President of Teachers College，1895：6.

1897 年 12 月 20 日，为督促哥伦比亚大学校长塞斯·洛更积极地完成师范学院与大学建立新的办学协议，前任院长巴特勒亲自给塞斯·洛写信，主要介绍师范学院的办学特色和课程设置。巴特勒指出，1897 年的师范学院已经设立哲学系、心理学系和教育系三部分。在大学的协助下，其开设的教师专业培训课程主要有哲学、逻辑学、伦理学、心理学、人类学和教育学，而且根据学生的发展意愿和需要开设了母语、传统语言、现代欧洲语言、数学、历史和自然科学课程。为促进学生的教学能力发展，学院还开设教学心理学、学校组织和管理、教学观察与学校监管等课程。

1897 年 12 月，拉塞尔当选为师范学院院长。他留学德国，1894 年获哲学博士学位，师从冯特学习心理学，师从包尔生（Friedrich Paulsen）学习教育学，对师范学院的课程设置有着独特的建议。拉塞尔看到教育的发展与家庭、教堂、政府和其他社会机构紧密相关，与这些机构相比，学校要在促进教育发展方面显现出自身的优势与特点。在他看来，接受专业培训的教师是确保学校优势与特色的关键，而大学在教师专业培训方面应突出其他机构所不具备的学术性和专业性，文理学院的学术研究成就是确保师范学院教师专业培训质量与特色的关键，因为它可以加强师范学院课程的学术深度与广度，但作为教师培训的专业学院，其课程还应具备实用价值。

深厚的学术背景和广泛的教学实践经验促使拉塞尔逐渐确立多维度推进教育专业发展的理念。1900 年，在他的主导下，哥伦比亚大学师范学院在入学标准、课程设置和组织管理方面进行改革。在课程设置方面，师范学院主要开设三类不同水平的课程，即研究生水平、本科生水平和特殊专业水平的课程。其中，研究生水平的课程主要面向师范学校的教授、主管、中小学校长、中学教师，该课程主要授予两类学位：一类是专业能力方向的高等学位，另一类是学术能力方向的中等学位。本科生水平的课程主要由两类组成：一类是文理学院开设的通识课程，另一类是由学院开设的教育专业课程。其中由师范学院开设的两年期的教育专业课程主要包括教师和管理的艺术、绘画、家政艺术、家政科学。第三种类型的课程主要是为一些在专业发展领域展现出相应能力的学生开设本科生水平的课程，完成两年期全日制课程学习的学生可申请专门学位。①

至 1902 年，在拉塞尔的领导下，师范学院的课程逐渐划分为教育类和应用学科类。教育类涵盖了教育学各领域，包括教育心理学、教育哲学、比较教育、教育史、教育社会学以及教育经济学等；应用学科包括美术、家政

---

① RUSSELL J E. The function of the university in the training of teachers [J]. Columbia University quartely，1899 (1)：332.

学、工业美术、科学、健康与体育、音乐和护理学等。为推进教育学课程的开设及其内容的改进，1899 年拉塞尔聘请毕业于芝加哥大学，且受过史学和社会学专业系统训练的孟禄（Paul Monroe）博士任教育史副教授，主要讲授教育史课程；聘请毕业于哥伦比亚大学心理学系的桑代克（Edward Lee Thorndike）博士担任教育心理学系主任，讲授教育心理学课程。20 世纪初期，拉塞尔又陆续聘请了杜威、克伯屈、巴格莱等学者担任教育学课程的讲授工作。

三、《师范学院学报》：教育学专业期刊的创办

1900 年，在哥伦比亚大学师范学院院长拉塞尔的主导下，《师范学院学报》（Teacher College Record）创办，拉塞尔担任学报主编，贝克（Franklin T. Baker）、普雷蒂曼（Virgil Prettyman）、麦克默里（Frank M. McMurry）、理查德（Charles R. Richards）担任学报执行主编。在 1900 年的创刊号上，杂志社申明《师范学院学报》是由哥伦比亚大学师范学院主办的连续出版物，其主要目的是便于师范学院的教师和学生全面综合地观察与参与学校的实际运作，为师范学院的毕业生深入开展教育学专业研究提供必要条件，并使社会人士熟知师范学院的教学理论与实践。从某种程度上来说，师范学院是一个典型的专业学院，《师范学院学报》将致力于刊载教师专业培训中解决实践问题的文章。① 1900 年，拉塞尔主张期刊暂定为每年出版 5 期，分别于 1 月、3 月、5 月、9 月、11 月的月末印刷发行。其刊载的文章主要关注幼儿园、小学、中学或大学各专业学院的教育问题，文章的主题主要包括哥伦比亚大学师范学院的历史、组织和管理，学校管理的观察与实践，课程内容的选择与安排，学科课程的研究概要，不同年级教学指导的目标、方法及成果，大学课程的教学大纲，教育的哲学和历史研究，教育经济学，教学的理论与实践，学校教学方法的具体运用。② 《师范学院学报》1900 年刊载的文章题目如表 2.1 所示。

表 2.1　1900 年《师范学院学报》刊载文章一览表

作　者	文　章	发表时间
詹姆斯·拉塞尔（James Russell）	《大学教师培训的功能》（"The Function of the University in the Training of Teachers"）	1900 年第 1 卷第 1 期

① RUSSELL J E. Announcement［J］. Teachers College record, 1900（1）: iii.
② RUSSELL J E. Announcement［J］. Teachers College record, 1900（1）: iv.

（续上表）

作　者	文　章	发表时间
沃特·赫维 （Walter Hervey）	《师范学院自1897年以来的历史概貌》 （"Historical Sketch of Teachers College from its Foundation to 1897"）	1900年第1卷第1期
詹姆斯·拉塞尔 （James Russell）	《师范学院的组织和管理：作为哥伦比亚大学的组成部分》 （"The Organization and Administration of Teachers College：the Organization of Columbia University"）	1900年第1卷第1期
詹姆斯·拉塞尔 （James Russell）	《师范学院的组织和管理：师范学院的组织机构》 （"The Organization and Administration of Teachers College：Organization of Teachers College"）	1900年第1卷第1期
詹姆斯·拉塞尔 （James Russell）	《师范学院的组织和管理：专业标准》 （"The Organization and Administration of Teachers College：Professional Standards"）	1900年第1卷第1期
詹姆斯·拉塞尔 （James Russell）	《师范学院的组织和管理：课程学习》 （"The Organization and Administration of Teachers College：Courses of Study"）	1900年第1卷第1期
詹姆斯·拉塞尔 （James Russell）	《师范学院的组织和管理：教学指导系》 （"The Organization and Administration of Teachers College：Departments of Instruction"）	1900年第1卷第1期
詹姆斯·拉塞尔 （James Russell）	《师范学院的组织和管理：资源与设施》 （"The Organization and Administration of Teachers College：Resources and Equipment"）	1900年第1卷第1期
尼古拉斯·巴特勒 （Nicholas Butler）	《师范学院教育学课程大纲：教育学原理》 （"Syllabus for Teachers College Courses in Education：Principles of Education"）	1900年第1卷第2期

（续上表）

作　者	文　章	发表时间
保罗·孟禄 （Paul Monroe）	《师范学院教育学课程大纲：教育史》 （"Syllabus for Teachers College Courses in Education：History of Education"）	1900 年第 1 卷第 4 期
塞缪尔·达顿 （Samuel Dutton）	《师范学院教育学课程大纲：学校管理》 （"Syllabus for Teachers College Courses in Education：School Administration"）	1900 年第 1 卷第 4 期
詹姆斯·拉塞尔 （James Russell）	《师范学院教育学课程大纲：国家教育体制》 （"Syllabus for Teachers College Courses in Education：National Educational Systems"）	1900 年第 1 卷第 4 期

资料来源：依据 http://www.tcrecord.org/网站《师范学院学报》期刊 1900 年刊载的文章整理。

从表 2.1 中可以看出，1900 年《师范学院学报》在第 1 卷第 1 期刊载了 8 篇文章，其中 7 篇由院长拉塞尔撰写。拉塞尔作为师范学院的院长，通过在《师范学院学报》上发表文章向学界和社会阐述大学参与教师专业培训的重要作用，并借此来彰显师范学院的办学特点。他在《大学培训教师的功能》（"The Function of the University in the Training of Teachers"）一文中较为系统地论述了近代大学在教师培训方面的作用与贡献，认为随着美国现代公立学校的发展，社会对教师质量的要求不断提升，这促使现代大学在 19 世纪末 20 世纪初积极参与教师专业培训，培训教师因而成为大学的重要任务及功能之一。① 拉塞尔的其余 6 篇文章主要介绍了哥伦比亚大学师范学院的组织与管理情况，包括哥伦比亚大学的组织体系、师范学院的组织体系、专业标准、课程设置、教学部门、资源和设备。在 1900 年《师范学院学报》第 1 期，哥伦比亚大学师范学院赫维（Walter Hervey）教授发表了《师范学院自 1897 年以来的历史概貌》（"Historical Sketch of Teachers College from its Foundation to 1897"）一文，对师范学院的发展历程进行简要的梳理，使人们更为清晰地了解师范学院的组织结构、课程设置、教学管理等方面的历史

---

① RUSSELL J E. The function of the university in the training of teachers ［J］. Teachers College record，1900（1）：1 – 11.

变革。① 第 4 期主要介绍了师范学院教育学科的三个主要研究领域，即教育史、教育管理、国民教育体系。据此可以看出，《师范学院学报》在 1900 年刊载的文章以介绍师范学院的办学特点、展示教育学科的发展举措为主，为社会了解哥伦比亚大学师范学院的发展状况提供了诸多重要信息。

为重点介绍师范学院的学科特色与优势，《师范学院学报》在 1901 年第 3 期刊载以"儿童研究"为主题的专题文章，主要介绍了桑代克的儿童研究工作，较系统地展示其通过儿童研究构建教育心理学的工作成果。《师范学院学报》刊载的桑代克的文章有《儿童研究：师范学院的心理学课程导引》（"The Study of Children: Introductory Course in Psychology at Teachers College"）、《儿童研究：教师的心理学工作》（"The Study of Children: Work in Psychology at Teachers"）等，见表 2.2。

表 2.2　1901 年《师范学院学报》刊载"儿童研究"专题内容一览表

作　者	"儿童研究"内容概览	时间
桑代克 （Edward L. Thorndike）	（1）师范学院心理学课程导论；（2）教师的心理学工作；（3）遗传心理学课程；（4）教育学（儿童研究）大纲；（5）心理学（研究课程），（6）儿童研究工作与其他院系的关系	1901 年第 2 卷第 3 期
桑代克和威斯勒 （Clark & Wissler）	（1）儿童心理学对专门研究方法的贡献；（2）阅读和文学研究；（3）小学阶段儿童对阅读的兴趣；（4）审美情感；（5）手工作业；（6）手工作业的心理反应；（7）儿童的手工作业调整能力	1901 年第 2 卷第 3 期
布莱恩 （W. Bryan）	自主运动能力	1901 年第 2 卷第 3 期
汉考克 （John Hancock）	运动能力的初步研究	1901 年第 2 卷第 3 期
詹森 （John Johnson）	未发展社会中男孩与儿童权利研究	1901 年第 2 卷第 3 期

① HERVEY W. Historical sketch of Teachers College from its foundation to 1897 [J]. Teachers College record, 1900 (1): 12－35.

（续上表）

作　者	"儿童研究"内容概览	时间
高尔顿 （Francis Galton）	双胞胎的历史	1901 年第 2 卷 第 3 期

资料来源：依据 http://www. tcrecord. org/网站《师范学院学报》期刊 1900—1902 年刊载的文章整理。

　　表 2.2 反映出哥伦比亚大学教育学科发展的重点，介绍了在桑代克主导下，师范学院教育心理学学科建设的主要成就，展示了师范学院的办学特色。此外，1900—1905 年，《师范学院学报》还将教育学学术会议、特殊的教育事实以及新的教学方法通过专题研究或专刊的形式出版发行，进一步扩大了哥伦比亚大学师范学院在教育学科发展上的影响力。

第二节　哈佛大学教育学科的创立

一、从师范系到教育系

　　1889 年，新英格兰学院及预备学校联合会（New England Association of College and Preparatory Schools）召开大会，塞耶学院（Thayer Academy）院长西沃尔（J. B. Sewall）提出应该让哈佛大学培训教师。他说："虽然我们没把教师看作专业（profession），但教师应该成为一项专业。只有交给哈佛做，才可以提高教师的声誉。"[1] 波士顿教育局也认为，与私立大学尤其是哈佛大学展开合作能够提高师资与教育质量。他们积极响应西沃尔的提议，哈佛大学因此被推到"教师专业培训"的工作前沿。

　　然而，尽管哈佛大学校长艾略特对公立教育具有浓厚的兴趣，并参与中学教育改革，但基于传统学院对"教育"这一事业的惯性认识，即教育只是提高中学师资水平的工具，不具备高深学术的价值，艾略特在 1889 年的会议上拒绝了哈佛大学建立专业学院以培训教师的建议。有趣的是，"西沃尔及波士顿教育局局长西弗（Edwin P. Seaver）都是艾略特的朋友，艾略特很难回绝他们"，最终艾略特"答应给愿意到高中任教的人提供专业训练"[2]，

---

[1]　BUCK P. Social science at Harvard，1860 – 1920 ［M］. Cambridge：Harvard University Press，1965：225.

[2]　BUCK P. Social science at Harvard，1860 – 1920 ［M］. Cambridge：Harvard University Press，1965：227 –228.

并于1890年任命哲学系教授罗伊斯（Josiah Royce）牵头制定发展教育专业的计划。罗伊斯顺着艾略特的思路，在哲学系下开设一门"教学艺术"的课程，这是哈佛大学最早设立的"合法的"教育课程，也标志着"教育"作为一门课程开始进入哈佛大学。

艾略特为更好地处理哈佛大学与中学的关系，特意于1890年聘请在科罗拉多师范学校担任"教育学教授"，且具有教育实践理想的哈努斯（Paul H. Hanus）来哈佛大学开设教师培训课程。艾略特安排哈努斯承担五项事务，包括"讲授教学艺术、教育史，检查、指导作为哈佛生源学校的办学工作，负责哈佛入学暑期教师培训班的授课及服务工作，出席新英格兰及外地教师团体与协会举办的各种会议，担任哈佛文理学院'师范部'的代理人"。① 这些工作的开展，标志着哈佛大学开始重视教育专业和中学教育工作。1891年，艾略特联合董事会，任命哈努斯为哈佛大学"教学历史和教学艺术"课程的助理教授，这在一定程度上标志着教育学在哈佛大学开始获得独立地位。② 正如哈努斯的继任者霍姆斯（Henry W. Holmes）所言：

> 直到哈努斯教授在哈佛开展其工作，哈佛大学的学生才有机会了解教育机构发展的历史，理解学校的社会功能，正确认识和评价教学在个体成长和学习中的重要作用，进一步深入理解教育政策的意义与作用。③

然而，对于哈佛大学来讲，任命哈努斯任教育学助理教授一职，仅仅表明哈佛大学开始转变对大学功能的定位，认识到在民主社会不断发展的情况下，大学面对诸如宗教、社会、政治、经济和文化生活带来的冲突日益增加，而教育是应对这些冲突的必要手段。

即使已经认识到教育在社会发展过程中的重要作用，哈佛大学校长和董事会仍然不赞同设立独立的师范系来参与教师专业培训。也许是"师范"具有培养初等学校教师的历史渊源，哈佛大学认为与"师范"工作相联系的"教育"不具备高深学术的价值。对此，想参与中学教学改革的艾略特特意向其他院系的负责人申明：哈佛大学开设教师专业培训课程，主要为波士顿地区培养中学教师。在艾略特的坚持下，1890—1891学年师范系在哲学系下

---

① HANUS P H. Adventuring in education ［M］. Cambridge：Harvard University Press，1937：108.

② 早在1881年，霍尔应哈佛校长艾略特的邀请，在哈佛大学做了12场教育学学术报告，但这只表明哈佛大学关注到教育研究，并做了相关工作。哈佛大学当时并未开设常规的教育学课程。

③ MORISON S E. The development of Harvard University since the inauguration of president Eliot，1869 – 1929 ［M］. Cambridge：Harvard University Press，1930：519.

设立，哈努斯开始在哈佛大学开设中学教师培训课程，这些课程主要是为培养教师的实践能力。

在哈佛大学哲学系下面设立师范系是一个全新的尝试，校长和董事会对此很重视。尤其是艾略特，他特意在1891年3月25日给哈努斯写信，具体说明师范系的工作内容：

（1）举行教学艺术和历史的讲座或讲演。（2）建立和保持大学与中学之间密切良好的关系。（3）为教师举办暑期学校，邀请具有重要影响力的教师暑期来剑桥学院学习。（4）加入美国教师教育学会或组织，进而加入国际教师教育学会或组织。（5）促使新成立的师范系在文学院和理学院的指导下开展工作。①

1891年，以艾略特为代表的一批著名学者对教育学仍怀有疑虑，但在求知欲望的驱动下，他们也勉强允许开设教育学课程，参与教师培训，讲授教育学课程遂成为哈佛大学的一项办学活动。在一份寄给哈努斯的私人信件中，哲学系教授罗伊斯提醒哈努斯——他所开设的教育学课程在一开始时就受到哈佛大学同事的怀疑，并进一步"警告"哈努斯，哈佛大学的学术氛围一般认为心理学是所有教师培训课程的核心，他建议哈努斯应该在遇到其他反对意见之前，先把所要开设的课程做一番介绍，进而确立稳固的教育学课程体系。

在哈佛大学，师范系是哲学系下的亚系，这是美国大学借鉴德国大学在教育系设置方面的举措。哈努斯认为，哈佛大学将师范系设在哲学系下，仅有那些对教育感兴趣的哲学教授对他的工作开展有帮助，他更希望文学院和理学院的教授参与到教师培训工作中。他在1892年就萌生了将师范系改建为教育系，并从哲学系中独立出去的想法。为实现这一想法，他于1892—1893学年制定教育学课程体系，并使教育学课程获得与其他课程同样的价值——选修的学生可获得学分。而且哈努斯还争取到选修教育学课程授予文学硕士学位的权利。同时，为扩大教师专业培训的影响力，在哈努斯的倡导下，哈佛大学于1891年建立哈佛教师联合会，1892年建立学校考试委员会，1892—1893学年建立以文理学院为主导的暑期学校。

通过上述工作，哈努斯不仅获得哈佛校长艾略特的持续支持，还增加了学校所获得的资金捐赠，从而扩大了哈佛大学在中学教育领域的影响力。

---

① O'LEARY T F. An inquiry into the general purposes functions and organization of selected university schools of education [M]. Washington, D. C. : The Catholic University of America Press, 1941: 36.

1895 年，洛克（George H. Locke）成为哈努斯的助手，他帮助哈努斯完善教师培训方面的工作，并于 1898 年宣布"师范系"改称为"教学和教育系"。虽然此时教育系仍未从哲学系中独立出来，但这次改名标志着其在独立建制的道路上迈出了一大步。

1902—1903 年，哈努斯构建并确立系统的教育学课程，并在 1906 年将所开设的课程与完成的工作进行总结，提出教育系从哲学系独立出来的理由：

我认为，1906 年教育系已具备从哲学系独立出来的条件。在我看来，教育系的工作属于社会学研究领域，但是应该是一个真正独立的系科建制。当前教育系开设的课程主要有教育的历史、学校组织和管理研究、学校制度研究、外国学校体制、教育过程与成果的统计、学校财政管理、学校保健、学习计划的制定与问题解决、初等和中等学校教学内容研究、学校教学方法等，这些课程都不属于哲学门类。

而且，这些课程的学习方法与哲学课程学习方法大相径庭。从哲学与教育学的目的和价值上来说，它们享有重要的共同研究领域——教育哲学，另外一个与学习相关的领域是教育心理学。①

基于上述理由，在哈努斯的主导下，1906 年教育系从哲学系独立出来，成为与文理学院具有同等地位的独立学院。为此，哈努斯调整了教育学课程设置，主要开设两大类课程：一类是教育学研究和教育原理探讨，另一类是学校管理。通过努力，哈佛大学成为波士顿地区教师专业培训基地，吸引了大量中学教师和有志于从事教师职业的学生选修教育学课程，进而获得文学硕士学位。

二、教育学课程的开设

1890 年，在艾略特的授意下，哲学系教授罗伊斯认为教育学旨在传授学科知识，于是设计了 8 门教育学课程，其基本内容是中学教师应该掌握的学科知识，如历史教育课程即训练师范生研究历史教科书、制作历史年表、分析人物传记，然后探讨怎么把这些历史知识教给学生；罗伊斯认为还应研究教学法。于是，教育学及其专业最初便以一门课程的形式出现在哈佛大学。

1891 年，哈佛大学校长艾略特为确保教育学课程的开设，专门为时任教育学讲座助理教授的哈努斯列出课程开设的注意事项，并于次年选定所要开

---

① HANUS P H. Adventuring in education [M]. Cambridge：Harvard University Press，1937：144 – 145.

设的一系列主要课程。这些课程主要包括希腊语、拉丁语、数学、德语、法语、物理学、化学、英语、历史和地理的教学方法，还开设心理学的课程。这些课程由不同学院、不同专业的教师根据自己的研究特长来开设，哈努斯负责这些课程的协调与组织工作。①

詹姆斯对哈努斯的教育学课程设计提供了真诚的帮助，他试图从心理学的角度来建立和发展教师能够在教学中运用的教育心理学。为实现此目标，自 1891 年 3 月起，詹姆斯在哈佛大学共举办 12～15 次教育心理学讲座来阐明自己的观点。为更好地推进其讲座的进展，他特意给哈努斯写信，② 陈述心理学讲座对教学的重要作用，以期促进教育心理学课程在哲学系的建设与发展。虽然艾略特任命哈努斯为教学艺术讲座助理教授，但哈努斯是在哲学系的管理下开展工作，教育学与心理学课程的教学同属于哲学系的管辖范围。在哈努斯的协调与组织下，詹姆斯在 1891—1892 年开设了一系列教育心理学讲座。③

此外，1891—1892 年，哈努斯为来哈佛大学进修的教师和想从事教师职业的学生开设了较为系统的教育学课程，主要包括教学和教育理论的历史，教学的理论——教育原则评论与方法的心理基础，教学的艺术——一般教学实践、学校监督、学校管理和学校公共活动的组织等。④ 同时，詹姆斯开设了与教师谈心理学课程。1893 年，哈努斯又增设公立学校的组织与管理课程，还为学生专门开设为期半年的公立学校见习课程。1893—1894 年哈佛大学开设的教育学课程包括：①教育理论和实践的历史；②教育理论导读和教育原则讨论；③公立学校的组织和管理（公立学校的学术、监管、课程研究

---

① 哈努斯教育学助理教授的任期为 5 年，这是一个很重要的信息。哈佛校长艾略特之所以给哈努斯充足的任期，主要是他想将来在哈佛大学设立独立的教育系；设立教学艺术教授职位，也是为将来教育学课程的开设与扩展做准备，且有利于哈努斯开展教师培训课程的协调工作。然而，这些各学科教学方法的课程仅仅是在 1891—1892 学年开设，而且其中有些课程因没有学生选修而被取消，这些课程大多以讲座或课程练习的形式开设。关于教学法的课程，直至后来 1902 年教育系真正建立起来时，才正式列入教育系课程计划。

② 在信中，詹姆斯说："如果您（指哈努斯——笔者注）确定全力支持我所开设的讲座——我认为教育心理学主要涉及心理学中人的一般行为、联想、统觉、注意力等内容，那么应把教育心理学课程列入教学计划。"

③ 后来，这些讲座内容整理为《与教师谈心理学》（"Talks to Teachers on Psychology"）、《学生生活的理念》（"Students on Some of Life's Ideals"）。

④ 其他特殊的课程以讲座的形式开设。参见：HANUS P H. Adventuring in education [M]. Cambridge：Harvard University Press，1937：125.

和指导）；④教育学的研讨（教育目标、教育组织、教育机会和中学教育方法）。而且自 1893 年开始，教育学课程记入学生的选课学分，且选修这些课程的学生将被授予文学硕士学位。1894—1895 年，哈佛大学在原有课程的基础上增设第五门课程，即初等学校和中等学校教学的科学方法。1896—1897 年，第五门课程更新为初等和中等学校拉丁语、英语、德语、法语和历史的教学方法。1895—1906 年，教育学课程已逐渐被哈佛大学所接受，并对学校及学校体制课程进行细化，分为中等学校课程和初等学校课程两部分。

早在 1901 年，哈努斯决定推翻此前以"教学法"为基础的专业模式，改以教育史、教育哲学、教育心理学为基础，发展"通识性"的教育专业，培养具备"教育通识"的优秀高中教师和学校领导。遗憾的是，校长艾略特不支持哈努斯的计划，他仍不愿承认教育学是哈佛必须发展的一门学科与专业。哈努斯无奈启动"社会化"的专业重构计划，以寻求地方职业教育团体的支持。

自 1902 年始，哈努斯增设"教学科学方法"课程，主要为进入公立中学或地方学校实习的学生提供指导。1903 年，哈佛大学开设的教育学课程主要分教育史、教育理论和教育实践三类[①]。1906 年，哈努斯对设立在哲学系下的教育系所开设的课程进行概述，阐明教育系开设的课程主要包括教育史、学校组织和管理研究、国外学校体制、教育过程和教育结果的统计、学校财政管理、学校卫生学、研究项目规划、初等学校和中学的研究内容与范围、学校教学方法等，上述课程设置体系使教育学科具有成为独立院系建制的基本特点。在哈努斯的努力下，教育系终于从哲学系独立出来，并为日后发展成为教育研究生院奠定了基础。

三、罗伊斯的教育学观

罗伊斯于 1855 年 11 月生于加利福尼亚的草谷，1875 年获得加利福尼亚大学伯克利分校文学学士学位，1878 年获得霍普金斯大学哲学博士学位后回到加利福尼亚大学伯克利分校担任英国文学和逻辑学讲师，并于 1880 年在伯克利与凯瑟琳·海德（Katherine Head）结婚。1882 年，罗伊斯接受詹姆斯的邀请来到哈佛大学担任哲学系教授。在哲学系同事的眼中，罗伊斯似乎对所有领域的知识都可信手拈来，他熟知心理学、逻辑学、数学、生物学、

[①]　对于教育实践课程，哈努斯认为可分为三类：第一类从个人发展的角度讨论教育的社会功能，从而吸引更多的大学毕业生从事教师工作；第二类为从事中学教师职业的学生提供必要的职业培训，指导在职教师提升专业技能；第三类为大学毕业从事教师职业的大学生或具有教学经验的教师，提供学校管理或监督方面的指导与培训。

音乐和诗歌、英国文学、德语、法语、意大利语，甚至日常生活的常识，这为他认识和阐发教育学的学科特点奠定了广博的基础。罗伊斯不仅在哈佛大学讲授哲学课程，还在1890年10月开设教学艺术的师范课程，并且担任哲学系设立的教学的历史和艺术讲座的首任教授。他在讲授教育学课程时结合现代心理学、生理学、社会学的理论分析大学参与教师培训工作的特点，并于1891年发表题为《教育学是一门科学吗?》（"Is There a Science of Education?"）的论文阐述其教育学观。

作为具有深厚哲学素养和广博知识背景的学者，罗伊斯并没有简单地从方法上去论述教育学的科学性，他认识到学习任何一门相互独立的学科知识都与教学的原则直接相关，个人的洞察力和经验而不是推测和归纳促使教育或教学具有"科学性"，但这并不是说心理学或者哲学对于教师来说没有应用的价值，这两个领域的知识可为教学提供一般的原则指导并防止教学中出现严重的错误。罗伊斯认为教学活动要依据生命的发展规律来展开，如儿童对外界刺激的反应、自我意识的发展、各种情感的展现等，而且儿童的成长不只是个体生命体征的发展，更是其社会交往和生活技能的发展。因此科学的教育学应建立在探究具有生命成长规律特点的活动上，主要包括：（1）儿童期的各种活动（人们专门针对幼儿的生命冲动所设计）；（2）有意识的智力的发展，如感知、注意、记忆和儿童对生活的反应；（3）情感意志的发展。在罗伊斯看来，科学的教学规则建立在人们探索生命成长规律的活动中，但由于教学活动的开展与教学环境和儿童的成长状况紧密相关，从事教学活动的人要根据具体的教育情境选择适当的教学规则，从这种意义上来说教学的规则并不具备科学的普遍适用性。

罗伊斯进一步指出教学活动还受到社会伦理和儿童成长的社会目标的影响。在他看来，教师需要依据儿童的成长规律和社会对教育的要求，运用恰当的方法协调各方面的要素开展教学活动，现代心理学的知识为教师理解儿童成长的共同特点提供理论依据。然而教学的另外一个明显的特征是与个体的成长环境和教师的知识背景紧密相关，社会传统文化、个人的成长经验和教师的知识结构等都会直接影响教师对教学规则的理解和运用，也会影响教师对儿童培养目标的看法。从这种意义上来说，教学的"细节"似乎比"形式"更重要。以他之见，与人的社会生活相关的各种要素都需要在教学中被考虑到。据此，罗伊斯认为独立的科学的教育学并不存在，因为教师既要掌握所教学科的内容，还要掌握具有普遍意义的各领域的科学知识以适应各种可能出现的教学情境，这就导致教育学难以成为一个独立的体系，但教师的培训工作需要科学理论的支撑。他主张，首先教师是一个自然主义学者，充满对儿童的爱，能够科学地理解儿童和青少年的成长过程；其次教师是一个具有理性理想的人，了解其教学中涉及的伦理的和社会的要求并理解其真正的价值。据此，罗伊斯认为教学是一种技艺，教学活动在心理学、伦理学、社会学等学科理论的基础上开展，真正独立的教育科学并没有建立起来。

第三节 斯坦福大学教育学科的创立

一、斯坦福大学教育系的建立

斯坦福大学于建校之初就将教育学作为一门专门的学科（a special subject）在大学学术体制中建立起来。1891 年 10 月 1 日，斯坦福大学开始招生，其中教育系是 25 个招生院系中的一个。教育系在斯坦福大学占有重要地位，对此克莱门特（Evelyn Atkinson Clement）叙述道：

（斯坦福大学的）情况是，所有新建立的机构都是完全独立的，完全脱离了传统的限制，具有合法的独立发展权利，而且董事会能够独立制定其教育发展策略。因此，教育系的建立和为高中教师提供专业培训的工作在斯坦福获得顺利的发展。一所院系一旦建立起来，就不会受到其他院系、大学管理人员和学校董事会的控制。在此情况下，斯坦福大学教师专业培训项目得以自由发展。①

1891—1892 学年开始时，斯坦福大学共招生 559 人，其中教育系招收 3 名研究生、1 名本科生和 4 名专门培训的学生，这些学生都将教育学视为其学习与发展的专业。斯坦福大学的校长乔丹（David Starr Jordan）聘请印第安纳大学的历史学教授巴恩斯（Earl Barnes）任教育系主任。

在乔丹校长和巴恩斯主任的共同努力下，斯坦福大学教育系稳步快速地发展。1893—1894 学年，夏伦贝格尔（Instructor Shallenberger）开始担任巴恩斯的助手。而且，教育系招收的教育学专业学生人数逐年增加。如前所述，学校第一年招生时，只有 4 名学生选择教育学专业，其中 3 名研究生，1 名本科生；1892—1893 学年，教育系招收 12 名专门培训学生，其中包括 3 名研究生，6 名本科生；1893—1894 学年，教育系招收 20 名专门培训学生，其中包括 1 名研究生，16 名本科生。教育系招收的本科生和参与教师专门培训的学生逐年上升，虽然研究生招生数量没有增加，甚至还出现下降趋势，

---

① CLEMENT E A. The evolution of teacher training in California as phase of social change [D]. Berkeley：University of California，1936：134.

但研究生的培养质量和规格保持较高水准。为此，斯坦福大学教育系规定，研究生除修习教育专业课程外，至少要完成学校设定的每学年 6 学时的课外工作，即实践工作，以确保毕业研究生在不参加加利福尼亚州教育委员会组织的考试的情况下获取教师资格证。

1898 年，克伯莱（Elwood P. Cubberley）接替巴恩斯担任教育系主任，他为斯坦福大学教育系持续快速发展做出了显著贡献。1891 年，克伯莱毕业于印第安纳大学，大学毕业后至 1896 年，他被聘为印第安纳州文森尼斯大学（Vincennes University）的教授，并担任过该大学的校长。他还于 1896 年担任加利福尼亚州圣地亚哥市督学。这些工作经历使他对公立学校的问题十分感兴趣，特别关注高中教师的专业培训和管理，认为学校管理者应该接受充分的专业培训。1898 年，他担任斯坦福大学教育系主任一职后，立即着手充实教育系的师资力量。他邀请斯达巴克（Edwin D. Starbuck）任助理教授、帕森斯（Henry C. Parsons）任讲师，并明确设定教育系办学目标：

教育系的科学目标是研究人类生活的高级领域，如人的智力、审美、伦理行为和表情……最实际的目标是培养教师。研究人类的天性是教育系工作的基础，这与教师培训工作密切相关，共同构成教育系的整体工作目标……生活的艺术和教学的艺术的建立，共同依赖于确定的科学、实际可操作的生活智慧与洞察力。教育系的目标是为睿智的（教学）实践提供具体的科学训练。①

为实现这一目标，克伯莱在教育系开设基础课程和高级课程，并规定学生每学年必须选修不少于 12 学时的实践课程。经过两年的努力，至 1900 年时，在前期工作的基础上，克伯莱认为教育系的工作目标不仅是为加利福尼亚州培养能够从事教学工作的专业教师，还应该培养学校管理者和研究者。为此，他在学校 1899—1900 学年招生简章中重申教育系的办学目标：

教育系的工作目标是：通过开展教育理论和实践的培训，促进大学本科毕业生成长为睿智的教师；为接受通识教育的学生提供教育史和教育原则方面的课程；为教育学专业的学生，提供教育观察和实验的发展历史、教育问题研究的方法等课程，为加利福尼亚州的高等教育研究培养人才。②

为确保研究生的培养质量，并使之居于加利福尼亚州教师培训的主导地位，1902 年克伯莱在教育系设立教师信息处（Teachers' Bureau of Information），

① Seventh annual register of Stanford University, 1897 – 1898：73.

② Ninth annual register of Stanford University, 1899 – 1900：81.

以便于同那些毕业后转任教育董事、学校委员的男生建立固定联系，从而为教育系的长远发展筹备必要的社会资源。与此同时，克伯莱主动调整教育系的课程设置，以适应教师资格证制度的确立。1902 年，教育系宣布，自 1903 年始，斯坦福大学"教育学专业只招收大学毕业生和有教学经验的教师，学生毕业后从事教育管理工作或师范学校的工作"。

1903 年，加利福尼亚教师资格证制度更为严格与规范。加利福尼亚州城市教育委员会和县、镇教育委员会联合下发文件，规定高中教师必须具备大学学历，而且申请教师资格证者必须在大学教育系学习系统的教育学基本理论，同时要在教育系的监管与指导下参与教学实践。该州计划在 1906 年 7 月以后全州至少有三分之一的教育学实践课程是由斯坦福大学教育系指导，要求设施条件良好的专业培训学校针对中等教育师资培训展开教学实践。但是，这一时期斯坦福大学与加利福尼亚州立大学面临同样的困境，即没有建立自身固定的教学实践学校，只能将加利福尼亚州师范学校作为实践学校。

1903 年，加利福尼亚州教育委员会宣称，自 1906 年后师范学校应该承担起培训具有学院水平的男毕业生的教学实践职责，以便于毕业生能够获得高中教师资格证书。事实上，斯坦福大学教育系在建系之初就已开始做这项工作，学校为文理学院的学生开设教育学课程，以帮助他们获得高中教师的职位。在州教育委员会发布推进高中教师资格证制度建设的文件后，斯坦福大学教育系的发展具备了更强劲的动力与竞争力，教育系的招生范围不断扩大，不仅仅是"大学毕业生和教师"才有资格学习教育学专业，在读的大学生也可选择教育学专业。[①] 1903—1904 学年，斯坦福大学教育系共有 248 名学生注册，其中有 23 名学生是教育学专业。

这一时期斯坦福大学非常重视教师培训工作，在首次的校长年度报告中，乔丹对教育系的教师培训工作进行了如下总结：1904 年 5 月 1 日学校共有 1 753 名学生毕业，其中 532 名毕业生将从事教学专业方面的工作，其他学科专业的毕业生远未达到这么多人数。例如，与从事教学职业的毕业生数量相近的是从事律师职业的毕业生，但人数只有 149 人。至 1904 年，教育系已授予 82 人学位，其中 79 人被授予学士学位。教育系的招生规模逐渐扩大，承担着加利福尼亚州教师专业培训的重要职责。克伯莱作为教育系领导，更希望教育系为加利福尼亚州培养更多的男性学校管理者，而不局限于教师的专业培训。他的这一设想也是从实际状况出发的，因为至 1905 年，

---

① 这样一种举措，在很大程度上确保了教育系的生源质量，有助于教育系工作水平的提升，而且为将来有志于从事研究教育问题的大学生提供了发展的机遇，进而推进教育系在培养教育学专业工作者方面的工作。

虽然选修教育系开设的教育学课程的学生多达 272 人，但以教育学为专业方向的学生不足十分之一。

1905 年，克伯莱为实现培养更多男性学校管理人员、增强教育学专业吸引力的计划，为教育系发展设定下述三个目标：（1）开设深入阐释教育学的课程，主要就公立学校的功能、历史和管理等基本内容进行阐释，其目的是促进学生更深入地了解教育学领域的知识和理念，从而不仅使学生在教学中能够得以实践，更重要的是培养学生的教育学专业志向；（2）教育系帮助其他院系做好教师培训工作；（3）教育系为有志于从事教师教育、公立学校管理职业的学生，开设充足和有针对性的课程。

这一时期在克伯莱的领导下，斯坦福大学的教育系以教师专业培训和教育管理人员培训工作为基础，确立明确的学科发展目标，即为加利福尼亚州的教育事业发展提供较为系统的教育专业培训，从而逐渐发展成为美国西部地区具有广泛影响力的教育学机构，推进了教育学科的发展。

二、教育学课程的开设

1891 年 10 月 1 日，斯坦福大学教育系成立，它是当时斯坦福大学所设立的 25 所院系中的一所。因其开设的课程内容主要是教育史和教学艺术，故刚成立的教育系又被称为教育历史和艺术（History and Art of Education）系，仅有巴恩斯一人负责教育系所有的工作。在他的倡导下，1891—1892 学年教育系主要开设四门教育学课程：教育的理论和实践简史、美国教育史、美国州立及市立学校体制比较研究和儿童研究研讨。作为教育系唯一的教师，巴恩斯主讲这四门课程，其中三门是关于教育历史和教育基本理论的课程，第四门课是以研讨会的形式就儿童教育的特殊问题进行探讨，而且这门课只为有志于在专门的教育问题领域进行深入学习，进而获取更高级学位（研究生）的学生开设。同时，斯坦福大学招生简章明确标示，在不能证明已选修过心理学课程的情况下，教育系的学生必须学习心理学的课程，因为学生要面对儿童研究工作，学习心理学有助于他们掌握儿童研究的专业知识。

这一时期斯坦福大学开设的心理学课程主要涉及儿童的身体、智力和道德的发展，其研究工作主要是在幼儿园或是与教育系工作有联系的儿童教育机构来展开，运用统计的方式来考察和研究儿童的情绪、感觉等，并以此来处理搜集到的资料。教育系还开设学校的组织与管理课程，这门课由体能训练系（Department of Physical Training）的伍德教授讲授，主要内容包括学校保健、人体测量、体能训练三部分。

1892—1893 学年，斯坦福大学生理系为参加专业培训的教师开设一门

"普通生理学课程"；1893—1894 学年，英语系和伦理系联合开设教师专业培训的拉丁语（教学）课程、伦理学课程、英语（教学）课程；1894—1895 学年，教师夏伦贝格尔（Instructor Shallenberger）开设（教学）方法课程，主要包括初等学校教学法、中等学校教学法；1895—1896 学年历史系又开设了（历史教学）方法课程。

1898 年 7 月，克伯莱任教育系主任。为了推进斯坦福大学教师专业培训工作，他与斯达巴克（Edwin D. Starbuck）密切合作，将教育系的课程明确划分为基础课程和高级课程。其中，基础课程主要包括专业培训课程，旨在发展教师的教学技能；高级课程主要是面向有志于从事教育研究的学生开设的方法类课程，以期提高学生独创性地进行教育观察和研究的能力。克伯莱围绕其教育系发展规划，开设的基础课程主要有道德教育、哲学史、心理科学史、人类学研究导入；而且，他关注到心理学在教师专业培训中的基础性作用，联合心理系开设教育心理学课程，并继续与体能训练系联合开设有关课程。

在克伯莱看来，与建校之初相比，斯坦福大学的教育学高级研究者和研究生的数量有了快速发展，为此他主张为这些学生开设新的教育研讨会形式的课程，主要包括哲学史、心理学与宗教信仰、教育学与宗教信仰、学校制度的统计学研究、道德（发展）史，其主要目标是"强化与发展（学生）在学习或实际工作中的批判精神"。斯坦福大学教育系还规定，学生若想获得学校推荐以取得加利福尼亚州政府颁发的教师资格证，除了要学习上述课程外，还须参与最少 12 学时的教学实践工作。

经过克伯莱的努力，在其上任两年以后，即 1900 年，斯坦福大学教育系不仅培养了课堂教学的教师，还努力培养学校管理者。为促进人才培养目标的实现，教育系为学生开设了三类课程。第一类是为接受博雅教育的学生开设的课程，但对无意从事教师职业打算的学生开设关于教育管理工作方面的课程；第二类主要是为那些对教育感兴趣，且有志于从事教师职业的学生开设与教师职业证书认定紧密相关的实用课程；第三类主要是为教育学专业的学生开设的教学实践课程。其中为教育学专业学生开设的专业课程不少于 28 个学时，这些学生还要必修心理学课程，同时学校建议教育学专业学生应该掌握基础的法语或德语。这一系列课程的开设，为教育系的学生提供了较为系统的教育专业培训的学习资源，促使其成长为具有较强竞争力的教育专业人才。

1900—1901 学年，斯坦福大学教育系首次为大四学生和研究生开设研究生类课程，这表明斯坦福大学加强培养研究生层次的教育学类人才。其开设的课程主要有州和县公立学校监督、城市学校监督、教育统计、学校法律、

论文写作和不同方向的学术研讨会；其教师教育课程主要与其他院系共同开设，且只面向大四学生开设，主要是与拉丁语、英语、历史和生理系联合开设的教学法方面的课程。这些课程的设计与安排工作主要有赖于教育系的领导，它们均有助于学生获得教师资格证，并强化他们在该教学科目的专业水平。

总之，为适应加利福尼亚州教师资格证制度的推行，斯坦福大学教育系在克伯莱的领导下，开设面向教师专业培训的教育学课程，强化了教师教育课程的专业性，突出了教师培训工作的教育学科特点，从而有力推进了教育学课程的建设与发展。

三、结合现实开展教育史研究：克伯莱在斯坦福大学

1868 年 6 月 6 日，克伯莱生于印第安纳州的安蒂奥克市（Antioch）。1886—1891 年他在印第安纳大学学习，毕业后被聘为印第安纳州一所规模不大的浸礼会教会大学［文森尼斯大学（Vinceness University）］教授，并担任过该校的校长。1896 年 2 月至 1898 年 7 月，他担任加利福尼亚州圣地亚哥市督学。1898 年 7 月 3 日，他受聘为斯坦福大学教育系助理教授，并主持教育系工作。

克伯莱刚入斯坦福大学教育系时，10 年前就对他颇为欣赏的校长乔丹（David Starr Jordan）告诉他，若听从大学教授会议的决定，教育系早就不存在。因此，乔丹希望教育系和教育学科在克伯莱的带领下发展成为"受人尊敬"的院系与学科。据载，克伯莱到斯坦福大学任教后不久即确定了自己的工作重点：在教育系同事和公众眼中建立教育学科发展的信心，推行一份可接受的课堂教学计划，通过教育研究与写作扩大教育学科的影响。这体现了克伯莱在斯坦福大学推进教育学科建设与发展的初衷。然而，在当时的斯坦福大学，甚至整个美国高等教育学界，学者们对教育学科或教育研究感兴趣的很少，教育学科面临着既无系统的课程计划又无专门的教材建设的尴尬局面。对此，克伯莱迎难而上，充分发挥学术优势，以课程体系构建为切入点，在开展教育研究的基础上，逐步编撰推出教育学教材，充实教育学科的课程内容，进而推进教育学科的发展。

（一）开设教育学课程并编著教材

1898—1899 学年，克伯莱与斯达巴克（Edwin D. Starbuck）联合为教育系 43 名本科生开设了 12 门课程，其中克伯莱主要讲授教学的理论与实践、欧洲教育史、美国教育史、教育的组织与监督。然而，这一时期有一个不能回避的现实，即教育史的教材建设相当落后，克伯莱在讲授教育史课程时几

无教材可用，这也在一定程度上使其萌生编著教育史教材的想法。这一学年，克伯莱分两个学期为学生每周开设 3 个小时的"教学理论与实践"课程，但在 1901—1902 学年至 1903—1904 学年该课程改称为"教学理论与实践导论"，1905—1906 学年又改称为"美国公共教育"，并且授课时间缩短为一个学期每周两小时。该课程名称一直沿用至 1923 年的秋季学期，后又改称为"教育研究导论"。1925 年，克伯莱将该课程的讲义整理后，以《教育研究导论》（*Introduction to the Study of Education*）之名公开出版。

在开设教育学课程之初，克伯莱就着手制定课程大纲和阅读参考书目。在教育史课程方面，虽然已有两二份文本资料可供上课做参考，但他对这些教材并不满意，因为这些文本资料的内容主要涉及教育文化的发展历史，克伯莱曾任文森尼斯大学校长和圣地亚哥市督学，具有教育管理和督导的工作经验，认为教育史不仅仅是文化史。他在授课之前，不断搜集和整理有关学校管理方面的历史资料，以充实其所开设课程的参考资料。在讲授"教学理论与实践导论"这门课时，克伯莱将课程内容分解为教育的目的和意义、教学的方法、课堂教学的管理等，而且这些内容还包括教育哲学、教育社会学和教育心理学的知识。

此外，围绕"教学理论与实践导论"这门课，克伯莱还就教学实践问题展开探讨，其内容主要包括统觉原则在心理学中的应用、背诵的基本步骤、习惯的形成、詹姆斯的与教师谈心理学、道德教育、教育的社会学边界等。克伯莱还积极研读新出版的心理学书籍，思考心理学对教学的实践价值，在教学文化、教学管理、评价和课程等方面确立探讨的课题，主要包括教师的责任心、为何教师做无用功、教师质量提升与培训、反复阅读工作等。对这些课题的探讨，不仅深化了其所开设的课程内容，而且推进了斯坦福大学教师教育项目的发展。

（二）外出访学演讲，积极探寻学科发展机遇

克伯莱在任职斯坦福大学教育系的一年内，做了 77 场报告。在其任职的 5 年内，他所做的报告累计达 248 场①，其中在 50 个不同场合所做的报告都是以教育领域的问题作为演讲主题，主要包括美国学院的目标和理念、公共教育理念、希腊教育理念的发展、罗马教育理念的发展、早期基督教时期教育理念的发展、卢梭的时代与生活、裴斯泰洛齐的精神、从文艺复兴到 18 世纪。这些演讲主题及内容展示出克伯莱的教育史研究兴趣。与此同时，克

---

① 主要包括学校毕业典礼 7 次，建筑物落成致辞 1 次，县行政机构 165 次，城市行政机构 21 次，学院或大学 5 次，州教师教育机构或会议 25 次，等等。

伯莱还主动与学校教师围绕一些固定课题进行交流，这些课题主要包括学区的集中、解读州宪法修正与高中的关系、校长对教育机构的监督、英格兰的公立教育、教学作为一门专业等。通过这些课题的交流，克伯莱得以了解教育管理和学校教学发展的现状，从而更全面地思考教育学科的发展问题。

克伯莱被聘为斯坦福大学教育系助理教授后，对斯坦福大学教育学科的发展做出重大贡献，但随着对教育问题探究的深入，克伯莱越来越意识到继续深造获取博士学位或留学欧洲会更有利于他深入理解教育研究的价值，也会使教育学科在大学范围内获得更多人的尊重。1901 年 9 月，克伯莱到哥伦比亚大学师范学院攻读硕士学位。哥伦比亚大学师范学院院长拉塞尔对前来求学的克伯莱非常重视，并看重他在学校管理方面所做的研究。1901—1902学年，拉塞尔聘请克伯莱在哥伦比亚大学师范学院讲授两门学校管理的课程。在其前期研究和资料整理的基础上，克伯莱将教育史的授课大纲整理为课程教材，并在授课结束后撰写了名为《教育史演讲纲要》（*Syllabus of Lectures on the History of Education*）的专著。1902 年 9 月 18 日该书正式出版，这标志着克伯莱在教育史课程讲授方面已具有较详尽的课程计划和教材。

1902 年回到斯坦福大学后，克伯莱并未停止在学业和教育研究工作方面的进展，他试图回到哥伦比亚大学师范学院攻读博士学位。早在哥伦比亚大学师范学院攻读硕士学位期间，克伯莱就结识了许多同行，其中大多数与他一样出身于中产阶层，具有新教徒家庭背景，曾从事中小学教师或管理工作。他与这些志同道合的同事们热烈地讨论教育的问题，这促使具有教育管理工作经验的克伯莱很快对学校行政管理产生浓厚兴趣。当他于 1904 年 11 月 20 日从欧洲访学归来，重新回到哥伦比亚大学师范学院攻读博士学位时，其博士学位论文题目就选定为《学校经费与分配》（"School Funds and Their Apportionment"），这成为克伯莱从事公立学校经费和管理问题研究的开端。1905 年 5 月 19 日，该论文通过答辩；同年 6 月 14 日，克伯莱获得博士学位。在博士学位论文中，他认为几乎所有教育问题的背后都涉及是否具有充足的经费，而教育专业化是有效解决教育问题的关键。此时，克伯莱已认识到科学的教育研究应该运用实证和统计分析的方法来探索学校的组织和管理。在欧洲访学期间，克伯莱搜集了大量的历史资料，为他以后从事教育史研究打下坚实的基础。

（三）运用进步史观，开展教育史研究

虽然早在 1884 年美国就成立了历史学会，并就历史学科发展问题进行过广泛的探讨，但学界在史学研究方面聚焦于对过去事件的记述与整理，并未关注这些事件发生的原因。这种史学观也影响到教育史研究，这一时期的教育史著作或教材的大部分内容是关于欧洲教育思想或教育哲学的概述，某些年表以及有关教育制度、教育法律和教育行政方面的资料汇编。而且，这一时期教育史作为教育系的核心课程，与当时美国大多数史学研究一样，其主要内容存在着厚古薄今、重欧洲轻美国、重事件描述轻原因探究等问题，遂被教育界认为缺乏科学性和专业性。在教育科学化运动的背景下，有学者提醒，如果教育史要在教师教育计划中保持其应有的地位，它需要有更多的"专业内容"，就是要有那些与教师和学校管理人员密切相关的内容，而不仅仅是历史学家所关注的内容。[①] 而且，不容回避的事实是，在当时的美国很少有学校或教育系进行教育史学者的专业培训，开设教育史课程的教师们都不是历史学专业的学者，在实际的授课过程中，他们也缺少具有美国特色的系统的教科书。在这种条件下，教育史学科受到了严厉的批评和指责，学界普遍认为它是建立在陈腐的理论基础之上，与当前教育的实际问题毫不相干，在培养未来教师方面失去价值和作用。同时，部分有识之士指出教育史与社会的、政治的以及推动 19 世纪的工业力量，特别是与都市化、工业化和移民事务具有深刻联系，应帮助教师根据历史的演进洞察 20 世纪的诸问题。因此，依据社会进化理论展开教育史研究，开设教育史课程并编写教材，成为这 时期克伯莱在斯坦福大学推进教育学科发展的主要工作内容。

19 世纪末 20 世纪初，达尔文进化论对美国的思想界继续产生深刻影响，生物进化和遗传的概念引入史学研究领域，促使学界对历史的过程和发展特性逐渐形成新的观点。克伯莱在读大学时就接受了进化论的思想，20 世纪初他已开始从事教育史的教学与研究工作，并通过阅读大量的教育史学著作了解到史学研究的科学方法和解读历史文献的具体方法，其中 1900 年戴维森出版的《教育史》引起克伯莱的共鸣。在他看来，戴维森的贡献主要是阐发了进化教育史观，即把进化的观念运用到个体和人类社会，提出"教育是决定人的进化方向的要素"的观点，进而明确指出作为一种社会力量，教育在促进人类进化过程中具有重要作用。受戴维森的影响，克伯莱也认为美国教育所面临的问题不是偶然出现的，是长期历史进化的结果，美国的教育史在本质上是文明史的一个组成部分，而学校组织和管理只是进化的一个小部分，只是人类逐渐进化的文明类型的一种表现形式。克伯莱于 1902 年出版的《教育史演讲纲要》中就隐含了社会进化和科学主义的思想，该书是其教

---

① BURNHAM W H, SUZZALLO H. The history of education as professional subject [M]. New York：Columbia University Press，1908：53.

学经验的总结，将人类社会视为一个进化着的有机体，不断地适应其环境而向更高的阶段发展，而教育可以促进社会的进化；而且，从生物学上说，人具有发展的智能，能够运用智能推动人类历史的进步，将日渐增多的福利带给越来越多的人，而日趋普及的教育将加速这个过程。在此之后，他于1919年出版《美国公立教育》（*Public Education in the United States*）、1920年出版《教育史：西方文明发展和传播时期的教育实践与进步》（*The History of Education：Educational Practice and Progress Considered as A Phase of the Development and Spread of Western Civilization*）两部具有深远影响的教育史著作，其中《美国公立教育》生动地追溯了美国公立学校从幼年到当时的演进历程，注重考察公立学校制度、教学实践和教育管理，详细介绍其历史背景，重视社会因素对教育的影响。该书将现在的和即将出现的问题置于历史背景和脉络之中，举例说明从事教育服务的不同社会公共机构之间的联系，揭示了制约和促进美国教育发展的各种力量。通过上述著作，克伯莱建立起一套定义明确、脉络清晰的美国教育史叙事模式，清楚地描述和解释美国教育发展的历史概况，尤其适用于美国教育史课程的教学，因而该书在长达半个世纪的历史时期里，一直被作为美国教育史的标准教科书。

第四节　芝加哥大学教育学科的创立

一、芝加哥大学教育学系及教育学院的建立

1857年，在浸礼教会的支持下，芝加哥大学的建校计划即已初步拟定，但由于各种原因，直至1886年建校章程才通过审核。在美国浸礼教育会（American Baptist Education Society）的支持下，芝加哥大学建校委员会争取到洛克菲勒资金捐赠。以发展科学研究为目标的芝加哥大学遂于1892年建立，毕业于耶鲁大学的哈珀（William Rainey Harper）出任校长。在任职前，哈珀曾担任芝加哥地区教育委员会委员，他主张大学参与教师培训，以求提高教师的受教育水平，吸引更多的城市精英参与公立学校教育，从而促进大学的赞助者、大学理事等参与学校管理。为使芝加哥大学成为教育专业培训的中心，早在建校之初，哈珀就提出在大学建立教育学系的计划，1892年公布的官方建校公报便明确提出了建立教育学系的工作举措。

为配合教育系建设工作的展开，哈珀充分利用其芝加哥地区教育委员会

委员的优势，在芝加哥大学连续召开关于大学与中学关系的研讨会。① 他还聘请具有师范学校工作经验的巴克利（Julia E. Bulkley）担任教育学助理教授，讲授教育学课程，以吸引更多渴望接受大学层面教师专业培训的学生。1892—1893学年，设立在哲学系下的教育系共招收744名学生，其中三分之一是已经毕业的大学生，他们进入芝加哥大学是为获取教学的专业培训，以利于其从教职业的发展。在哈珀的主导下，芝加哥大学出版社建立，并于1893年创办专注于中等教育问题研究的教育学期刊《学校评论》（*The School Review*）。在哈珀看来，作为一所大学，应该关注社会生活的所有领域，教育学当然也不例外。为更好地促进芝加哥大学教育学科的发展，1892年哈珀派遣巴克利去欧洲访学两年，以实现其借鉴欧洲大学教育学发展经验的目的。1894年，哈珀又聘请在哲学界崭露头角且对教育具有浓厚兴趣的杜威来芝加哥大学任教，在哲学系开展学校教育研究工作，并主讲教育学。1895年，芝加哥大学正式成立教育学系，哈珀鼓励杜威在芝加哥大学开展教育研究，开设教育学课程。

担任哲学和教育学系教授的杜威认识到，教育学系的发展必须以经过大学设立的示范学校检验的专业理论为基础，因为未经实际验证的教育专业理论，难以赢得教育专业人员的尊重；② 示范学校是教育学系工作的实验室，这就像实验室与生物学、物理学和化学研究之间的关系一样。他给哈珀写信表达了建立实验学校的愿望，并争取到1 000美元的办学资金。1896年1月，杜威创办芝加哥大学教育学系的实验学校——芝加哥大学初等学校，即后来的"杜威学校"。1899年，实验学校遇到办学资金周转困难的问题，背负1 200美元的财政赤字勉力维持。为解决这一难题，杜威写信求助于哈珀，申请芝加哥大学校董会增加实验学校的财政拨款。然而，芝加哥大学校董会并不想把有限的财力投入到一所附属初等学校，杜威的申请未获批准。哈珀出于对教育的热忱，以个人名义向实验学校捐款100美元以缓解其资金窘

---

① 1894—1899年，共举办11次会议，会议主题包括"预科学校基础生物学的目的和范围"（1894）、"预科学校的历史"（1894）、"一些新教育的扩张：英国、法国和德国的教师培训"（1895）、"高中的未来"（1895）、"教育学主题的演讲"（1895）、"从经济学的视角看教育制度的真实目标"（1896）、"历史学在中等教育中的目的和诉求"（1896）、"20年教育发展风潮及其对公立中学的影响"（1897）、"青春期心理学"（1898）、"青春期科学的适应性"（1898）、"高等教育与商业成功的关系"（1899）。

② The University of Chicago Library. Guide to the University of Chicago Office of the President, Harper, Judson and Burton administrations records 1869 – 1925. Dewey to Harper. Box 40, Folder 4 [EB/OL]. [2014 – 7 – 27]. http://www. liB. uchicago. edu/ead/pdf/ofcpreshjb – 0040 – 004. pdf.

迫。实验学校紧张的财政状况引起企业家布莱恩（Anita McCormick Blaine）的关注，他开始筹划整体解决实验学校财政危机的资助计划。在此之前，布莱恩曾资助杜威出版《学校与社会》（*School and Society*）一书，他热衷于教育事业，对教师专业培训尤感兴趣，在芝加哥大学教育学系 1900 年后发展为教育学院的工作中起着关键作用，并积极促进芝加哥大学各类附属学校的合并工作。

1900 年前，教育学系都是设置在哲学系内。这一年，由布莱恩资助、帕克上校（Colonel Francis W. Park）任校长的芝加哥学院有并入芝加哥大学的计划。因为了解到教育学系和实验学校遇到办学资金短缺的难题，而大学的捐赠人洛克菲勒（J. D. Rockefeller）却不想在教育学系发展方面投入过多资金，哈珀遂提议将计划中由布莱恩捐资兴建的芝加哥学院（Chicago Institute）建在大学校园内，以实现其组建教育学院的工作计划。他的想法与帕克和捐赠人布莱恩不谋而合，布莱恩遂于 1901 年 3 月提议，新成立的教育学院将包括教育学系、一所初等学校和一所幼儿园，而杜威学校与芝加哥学院附属的初等学校合并，帕克担任合并后初等学校的校长，杜威任教育学系主任，负责中学部及教育学系的课程安排等工作。这样既可缓解杜威学校的财政赤字，又有助于杜威继续开展教育实验，从而推进教育学系的发展。[1]

然而，这一计划受到合并双方教职工的反对，其中杜威学校的教职工和学生家长的反对声最强。截至 1900 年，杜威带领教育学系的教师们已经有计划地开设约 35 门教育学课程，并将其教育理念在实验学校中践行和检验，同时准备将实验学校的工作扩展至中等教育阶段，于是实验学校的师生们正在为一个共同的教育理想而努力工作与学习。在学校的教师与学生家长看来，实验学校不同于帕克的师范学校，是教育理论的实验室，被学界和社会寄予厚望。与其他大学的教育学系建设理念不同，芝加哥大学教育学系在研究教育问题方面更注重实验的方法，以期能够激发学生的学习兴趣，推进教育理论的变革与更新。对于教育学系的领导杜威来说，经过 5 年努力工作，他已完全掌握教育学系的管理权力，能够在课程设置和人事调配方面做出应有的安排。这主要表现在 1899 年杜威说服哈珀从哈佛大学重新聘任洛克（George Locke）来教育学系任教，任命杜威指导的第一位教育研究方向的博

---

① The University of Chicago Library. Guide to the University of Chicago Office of the President, Harper, Judson and Burton administrations records 1869 – 1925. Box 29, Folder 11 [EB/OL]. [2014 – 7 – 28]. http://www. liB. uchicago. edu/ead/pdf/ofcpreshjb – 0029 – 011 – 01. pdf.

士扬（Ella Flagg Yoong）担任助理教授。1900 年冬季，杜威又说服哈珀校长解雇了巴克利，并建议哈珀将瑟伯（Charles H. Thurber）调到出版社工作。这一系列的举措，逐渐使得杜威在教育学系建立起以其哲学和教育理想为基础的教学科研团队，而且杜威注重联系社会学系的学者，从社会学的视角展开教育研究与实验，形成以他为中心的芝加哥学派。正因为上述原因，1900 年即使实验学校遇到财政难题，杜威与实验学校学生的家长也不愿将学校合并入芝加哥学院。

但是，哈珀校长更期望教育实验的成果能够应用于教师专业培训，他倾向于建立一所具有师范学校性质的附属学校。作为一所大学的校长，他看到帕克主导的芝加哥学院不仅具有师范学校的属性，与之合作还能够为芝加哥大学带来一座独立的教育学院大楼，这足以提升大学的综合办学实力，还能够实现其参与教师培训工作的设想。1901 年 3 月，哈珀通过学校董事会确立与芝加哥学院的合作计划，且为杜威安排了合适的职位，以保证实验学校的工作能够继续开展；杜威也因感到获得教育学系的全面管理权，欣然同意合并计划。当年 6 月 28 日，哈珀校长亲自参加教育学院大楼的奠基仪式，并于 1901 年 7 月 20 日与杜威及 21 名学院教师共同参加教育学院成立后的第一次会议。会上哈珀与教师们共同审议决议，并制定教育学院的招生标准。标准的具体内容包括：

1. 大学、学院和师范学校的毕业生。

2. 与芝加哥大学有合作关系的高中毕业生和其他学院（academies）毕业生。

3. 威斯康星州、密歇根州、明尼苏达州、爱荷华州、伊利诺伊州、内布拉斯加州、堪萨斯州、印第安纳州、俄亥俄州、加利福尼亚州州立大学认证列表内的高中毕业生。

4. 具有一年以上工作经验，且获得相应的学分、学位或毕业证书，持有教育委员会推荐书的教师。①

在布莱恩的资助下，芝加哥大学建立起以教育学系为主，包括大学 27 个院系、1 所实验中学和 1 所初等实验学校在内的独立的教育学院。该学院面向从事于教师职业的学生开设教学技艺类、幼儿园特殊工作、初等学校管

---

① Special Collections Research Center of the University of Chicago Library. Guide to the University of Chicago Office of the President, Harper, Judson and Burton administrations records 1869 – 1925[EB/OL]. [2014 – 07 – 27]. http://www. liB. uchicago. edu/ead/pdf/ofcpreshjb – 0029 – 011 – 02. pdf.

理及中学教师特殊工作三类课程，设置文理学学士学位、哲学学士学位和教育专业学士学位，在大学校园内拥有独立的教学楼，并创设独立的实验学校。教育学院的目标仍旧是培训教师，这些教师要全心关注教育进步，不仅能够进行课堂教学，而且能够帮助全面传播基础教育优秀成果。教育学院倡导"新教育"，致力于儿童身体上、心灵上、道德上的全面发展。在大学组织内部，或者直接在教育学院之下，或者通过该学院与本校诸学院合作，提供四种不同的学业方案。其中，前两年的课程旨在培养从事小学工作的教师，其学习结束将获得文凭；后两年本科教学，完成课程学习后将获得学士学位。教育学院的工作既与中学相联系，又与研究生学业相联系。

二、教育学课程的开设

1892 年，芝加哥大学建校之初即在哲学系下设置教育学系，但哈珀此时并未物色到其心目中理想的教育学首席教授人选。在课程开设方面，主要是由巴克利（Julia E. Bulkley）模仿师范学校的课程计划开设教育类课程。然而，哈珀期望通过建设教育学系将哲学系发展得更具影响力。1893 年秋，他聘请具有中学教学经验的莫林（L. C. Monin）博士为本科生讲授教育学课程——主要包括哲学、教育史、教育学理论，这成为芝加哥大学率先开设的教育学课程。1894 年，杜威受聘为哲学系主任，开始着手建设学科组织较为完备的教育学系。同年，具有师范学校工作经历的教育学教授巴克利再度赴德国和瑞士进修，以便能构建哈珀校长所期望的适用于大学层面的教育学课程，并变革发端于师范学校的教育学课程体系。于是，具备哲学、心理学学术背景的杜威遂成为哈珀实现其变革教育学课程、提升教育学学术地位理想的主要助手。

1895 年，教育学系正式组建和招生，其大学新生注册指南明确表明，教育学系的主要目的是培养学生科学地、灵活地处理教育问题的能力。在其随后发展的 5 年中，教育学系开设综合性的教育学课程。巴克利 1896 年回国后主要讲授德国教育学和教育史，瑟伯（Charles H. Thurber）讲授赫尔巴特教育学理论。这一时期，杜威也开始构建一系列反映其教育思想的课程体系。具体而言，1896 年杜威开始讲授教育学方法课程，这是建立于心理学和社会学理论基础上的一门教育学课程；1897 年他开始讲授教育哲学课程——这两门课程是芝加哥大学教育学系开设的最重要的教育学课程。另外，1896 年，安吉尔（James Angell）开设教育心理学课程，瑟伯开设关于中等教育的研讨课程。自 1897 年始，在瑟伯的主导下，芝加哥大学开设高中教师培训课程。

自 1896 年建立实验学校后，杜威不断总结和反思实验学校的工作，充分发挥其哲学和社会学研究的学术优势，开设具有哲学和社会学属性的教育学方法课程；此时，瑟伯被任命为教育学助教，他开设儿童研究课程和中等教育问题研究课程。1896—1897年，设置在哲学系下的教育学系开设教育学课程，内容涵盖了教育史、欧洲教育学者研究和教育制度研究三部分。其中，6门课程由文学院、艺术系和理学院的教师讲授，7门课程由教育学系以讲座的形式开设，3门课程由联系密切的其他院系开设，8门课程由研究所开设。这些种类丰富的教育学课程，不仅为全日制的大学生提供了丰富的学习资源，而且在1897年暑假期间吸引了大量的校外学生进入芝加哥大学校园进修和学习。1896—1897年，学生们在芝加哥大学能够有诸多机会聆听哈珀、杜威和其他院系教授对于教育问题的观点和评论。

哈珀认为，大学生从事中学教师职业必须从"认真学习教育学原则和教育方法的历史中获益"，开设具有哲学或心理学特性的教育学课程一直是其愿望，杜威加盟芝加哥大学有助于他实现这个愿望。在前期工作的基础上，1897年12月，杜威向哈珀校长提交一份教育学系组织工作计划，其中列出了芝加哥大学教育学系将要开设的教育学课程，主要包括教育物理学和教育生理学、教育社会学、教育心理学、普通教育学、教育历史学等五大部分。

设施完善的教育学系组织工作计划

一般来说，大学教育学系的工作应主要包括以下几个方面内容：

1. 为方便起见，就称为教育物理学和教育生理学，它们负责教育工作的全部设备，并根据物质条件和学生福利进行调整。

2. 教育社会学，涉及教育系统的组织和管理，既包括与其他社会条件和机构的关系，也包括自身外部的机制和工作方式。

3. 教育心理学，根据儿童的情况调整学校资源和课程的教学内容，它的问题是如何从个体学生的立场出发，在现有的学校制度和设备中获得结果最大化。

4. 我们已有了普通教育学的内容，涵盖了有关教育工作的性质、目的和目标，以及课程的知识组织和相关方法。

5. 教育历史学，研究不同时期和不同国家历代的教育系统，包括这方面的教育理论的发展。①

在杜威看来，从教育学系的角度而言，这五部分构成了它的主要工作。

---

① The University of Chicago Library. Guide to the University of Chicago Office of the President, Harper, Judson and Burton administrations records 1869－1925［EB/OL］.［2014－07－28］. http://www. liB. uchicago. edu/ead/pdf/ofcpreshjb－0040－003. pdf.

其中至少有四门课程，即教育学说的历史、理论上的教育心理学、儿童研究、学校组织的概要（包括学校的资源、管理、当代教育管理中的主要问题）主要面向大学生开设，它们都具有教育的普遍特征，对教育感兴趣的学生都可以选修，但不是任何学科的专业化学习。在实际工作中，杜威、巴克利、哲学助教米德（G. H. Mead）、实验心理学助教安吉尔、教育学教授瑟伯共同设计和完善教育学系课程。课程大纲规定瑟伯讲授教育史、教育学训导两门课，巴克利讲授普通教育学、裴斯泰洛齐和赫尔巴特、英国教育学发展、教育学一般原则、教育学和教育学研讨会等五门课，其他的心理学课程和教师教育课程由教育学系以外的教师讲授。1898 年 1 月 4 日，杜威向学校教育委员会提交教育学系开设课程的计划，其内容主要包括：

1. 文学教学的方法和观点，肖里教授授课。
2. 地理教学重点，索尔斯堡教授授课。
3. 社会学与教育研究的关系，文森特①教授授课。
4. 语言教学的原则，欧文先生授课。
5. 特殊教学情境的处理，佚名②授课。
6. 中学教学科学的方法和观点，康特尔教授授课。
7. 教师职责与管理，贾德森先生授课。
8. 教师上课前的准备，张伯伦教授授课。
9. 教育学理论，杜威先生授课。③

至 1900 年，芝加哥大学教育学系总计开设 35 门教育学课程，其中有些教育实验课程涵盖初等和中等教育。1890—1900 年，在中等教育方面，芝加哥教育学系开设的教育学课程主要包括洛克讲授的中等教育机构的组织方法和科目教学、中等教育的组织和管理课程，瑟伯开设的美国和欧洲中等教育比较研究课程。1901 年，教育学院正式成立，开设两个阶段的课程。其中前两年课程主要是为培训从事小学教师工作的学生开设，要求有 18 门专业课，即在构成两年学业的 6 个学期内每学期 3 门专业课。这些课程大多数是由教育学院专门开设和实施的。有 2 门专业课是选修课，并在学院内实施，通常在第二学年开设。除了 3 门正式专业课，也要求有体育以及某门或更多种艺术课，其中包括音乐、素描和绘画、泥塑、厨艺、手工等。除了艺术课，还

---

① 原始文件此处标示不明，且为潦草的手写字体，授课教师暂定为文森特。
② 原始文件此处标示不明，且为潦草的手写字体。
③ The University of Chicago Library. Guide to the University of Chicago Office of the President, Harper, Judson and Burton administrations records 1869 – 1925［EB/OL］.［2014 – 07 – 27］. http://www. liB. uchicago. edu/ead/pdf/ofcpreshjb – 0040 – 004. pdf.

安排时间用于实习学校内的见习或实习。（见表2.3）

表2.3　1901—1902年芝加哥大学教育学院两年学业课程一览表

项目	第一学年	第二学年
心理学与教育学	2门专业课	2门专业课
历史	1.5门专业课	1门专业课
自然	1门专业课	1.5门专业课
地理	1.5门专业课	1门专业课
数学	1门专业课	1门专业课
演讲与口头阅读	1门专业课	0.5门专业课
家庭经济学	0门专业课	1门专业课
学院选修课	1门专业课	1门专业课

资料来源：［美］杜威. 杜威全集·中期著作（1899—1924）：第2卷，1902—1903［M］. 张留华，译. 上海：华东师范大学出版社，2012：56-57.

除此以外，学院还安排了特殊课程，这些特殊课程主要是培训幼儿园教学、手工训练、美术、家政科学和艺术、体育、音乐、演讲和阅读等方面的特殊教师，同时也有地理、历史、自然等常规学习。对于已获学士学位的人，教育学院开设大量攻读硕士学位和博士学位的研究生课程。据载：

对于已经拥有学士学位的人，我们准备了大量可获得硕士学位和博士学位的研究生课程。这些学位在哲学系和教育学院推荐下由本校负责研究生课的部门授予。教育学院的所有资源对于选修研究生课的学生是开放的，因而存在不同寻常的机会把教育理论和历史方面的高级课程与各种不同阶段的实践应用结合起来。

攻读学位者如没有接受过现代心理学观点和方法训练，可在其研究生课之外补上本学科的本科生课。教育学院开设不同类别的专业课程，主要包括教育科学与哲学方面的课程，关于教学法理论和学校体制发展方面的教育史课程，关于学校组织和行政方面的课程。这些为获得高等学位开设的课程，旨在为人们提供学校校长、主管、师范类职业以及师范学校和学院内心理学、教育学教师的岗位培训。有关这些课程的更多资讯，可参阅有关哲学和

教育学的计划。①

1903 年 5 月，教育学院公布调整后的课程体系，规定教育学院主要安排三类课程：①艺术和技术课程；②为幼儿园和小学教师、训导教师（critic teacher）和小学各部门管理者等设置的一般课程；③为准备在中学教学的学生所设置的课程。上述课程主要从教育学的立场出发，有关初等教育和中等教育的问题均会受到关注与研讨，以实现发展教育理论、在实践中阐明教育原理的办学目标。在 1903 年的《芝加哥大学信息公报》（University of Chicago Bulletin of Information）上，教育学院明确公布其课程体系包括在初等教育、中等教育和师范学校中讲授的所有科目，还包括教育心理学和教育史，用来培养初等、中等和师范学校的教师和管理者，也用来培养幼儿园教师和其他教育工作专家。

在参考美国师范学校课程体系的基础上，芝加哥大学教育学院充分借鉴欧洲各国大学教育学科课程的内容与结构，结合美国社会发展的现实和教育发展的历史，开设了一系列具有教育专业特色的课程。以杜威为代表的一大批学者以课程建设与开发为基础，有计划地开展教育研究工作，以期丰富教育学理论体系并推进教育学科的发展。

三、《学校评论》：中等教育专业期刊的创办

哈珀认为，作为一所大学的重要组成部分，大学应为学术研究提供必要的交流平台，从而为传播和创新知识发挥巨大作用。而且他也期望大学能够通过出版期刊来持续关注中学教育问题、探讨大学与中学的关系，将大学在教育学科方面的工作及其成果展现出来。在哈珀的主导下，1892 年芝加哥大学创建时即成立芝加哥大学出版社，并于 1893 年支持《学校评论》杂志在芝加哥大学的创刊工作，聘请瑟伯（Charles Thurber）担任杂志的主编，主要致力于介绍美国中等教育的发展状况和教育教学研究的新进展，关注以德国、法国为代表的欧洲高等教育变革的状况，反馈学界对大学与中学关系探究的新成果，并以专题书评的方式向读者介绍教育学的专著。

1900 年瑟伯辞职后，洛克（George H. Locke）接任《学校评论》主编，这对于时任教育学系主任的杜威来说是一个好消息，他期望《学校评论》能够更多地介绍芝加哥大学教育学系在教育学科发展上的成就，因为洛克是由杜威引荐入芝加哥大学教育学系，且在其支持下于 1896—1899 年赴哈佛大

---

① 杜威. 杜威全集·中期著作（1899—1924）：第 2 卷，1902—1903［M］. 张留华，译. 上海：华东师范大学出版社，2012：56 - 58.

学进修，况且洛克与杜威的私人关系非常密切。[①]　在瑟伯担任杂志主编时，《学校评论》秉承独立办刊、面向中等教育的原则，实际上与教育学系的联系并不密切，教育学系的教师在期刊上发表的论文数量也非常有限，杜威也仅在 1896 年第 1 期发表《教育学方法对高中的影响》（"The Influence of the High School upon Educational Methods"）一文。在杜威看来，《学校评论》杂志应该与教育学系建立良好的关系，成为教育学系研究成果的展示平台。洛克认同杜威的观点，并于 1901 年 12 月邀请杜威担任杂志的执行主编，因为他主张《学校评论》杂志在探讨中学教育问题时应接受大学教育学者的指导，大学与高中的关系也应成为杂志关注的重点问题。

1901—1904 年，杜威与洛克共同管理《学校评论》杂志。虽然杜威计划以杂志为平台来展示其研究成果，但芝加哥大学出版社和校长哈珀依然对《学校评论》杂志具有实际的监管权，杂志的文章内容与主题依然以中等教育问题的探讨为主。杂志的编委们认为，《学校评论》应该保持对美国中等教育的持续关注，不能成为一种教育哲学的传声筒；对大学或学院与高中的关系及其影响方面，《学校评论》应发挥其督促和批判的作用，而不是成为任何一所大学的附属部分。[②]　在这种情况下，即使杜威想把《学校评论》杂志发展为教育学科研究成果的展示平台，也因各方力量的干扰而未能如愿。1904 年，杜威赴哥伦比亚大学哲学系任职，洛克也辞去了《学校评论》杂志主编职务。

据统计，1893—1904 年《学校评论》杂志发表各类文章计 1 454 篇，其中与教育学科密切相关的文章有 524 篇，可将这些文章划分为中学教学研究、中学课堂、中学生、中学课程、中学教师、中等学校、大学与中学关系、教育与社会、教育史、教育心理研究、大学教育学科等 11 个主题[③]（见表 2.4）。

---

①② 　WECHSLER H S. The primary journal for secondary education（1893 – 1938）: part I of a history of School Review［J］. American journal of education, 1979（1）: 83 – 106.

③ 　文章主题的划分依据参考：（1）1893—1905 年《学校评论》出版文章的主要内容和期刊栏目设置；（2）WECHSLER H S. The primary journal for secondary education（1893 – 1938）: part I of a history of School Review［J］. American journal of education, 1979（1）: 83 – 106.

表2.4 1893—1904 年《学校评论》刊载文章主题入选顺序一览表

优先程度	主题内容
5	中学教学研究、中学课堂、中学生、中学课程
4	中学教师、中等学校
3	大学与中学关系
2	教育与社会、教育史、教育心理研究
1	大学教育学科

资料来源：http://www.jstor.org/journal/schoolrevie.

《学校评论》在 10 余年间每年出版 10 期，其栏目主要包括文章、书评、编者述评、新书推介，主要关注中等教育的问题及其研究成果（见表2.5）。

表2.5 1893—1904 年《学校评论》刊载文章的主题、主要内容及数量一览表

主题	主要内容	数量/篇
中学教学研究	教学理论研究；教学技术研究；教学方法研究；教学组织研究	61
中学课堂	课堂上教师的授课时间及效果；课堂上的纪律	35
中学生	学生的评价；学生的语言、能力的发展研究；学生组织；学生成绩的影响因素研究	42
中学课程	课程的内容研究；分科课程的设置；课程的改革研究	121
中学教师	教师培训研究；教师素质研究；教师专业发展研究	23
大学与中学关系	大学的角色定位；大学对中学的指导；高中与大学的衔接	80
教育心理研究	教育的心理理论研究；学生心理发展研究	10
教育史	教育史的研究	56
中等学校	学校建筑设计、环境改造、学生的宿舍等研究；学校学制、学校的性质和改革研究；学校的管理	75

（续上表）

主题	主要内容	数量/篇
教育与社会	教育的本质与功能研究；教育与社区；教育与家庭	5
大学教育学科	教育学的学科价值与构成	2
其他		14
总计		524

资料来源：http://www.jstor.org/journal/schoolreview.

从文章的主题和数量可以看出，这一时期《学校评论》主要集中于探讨中学课程、大学与中学的关系、中等学校的发展、中学教学研究，而在教育与社会、大学教育学科主题方面发表的文章数量尤其少，这也充分体现了《学校评论》关注中等教育、探索中学与大学关系的办刊主旨。

这一时期《学校评论》刊载的文章作者主要有大学教育学者、中学校长、中学教师、州教育委员会的工作人员。他们的文章主要围绕中等教育的问题展开探讨，如哈佛大学校长艾略特的《十人委员会的工作》（"The Work of the Committee of Ten"）、哈佛大学教育学系主任哈努斯的《大学对中学的审查和哈佛大学学校考试委员会》（"University Inspection of Secondary Schools and the Schools Examination Board of Harvard University"）和《中等教育考试的近期趋势》（"A Recent Tendency in Secondary Education Examined"）、哥伦比亚大学校长塞思·洛（Seth Low）的《高中是地方公立教育的理想方案》（"The Place of the High School in an Ideal Scheme of Public Education"）、哥伦比亚大学师范学院院长拉塞尔的《德国高等教育中的德语》（"German in the Higher Schools of Germany"）和《德国中学的数学》（"Mathematics in the Secondary Schools of Germany"）、杜威的《教育学方法对高中的影响》（"The Influence of the High School upon Educational Methods"）、桑代克的《中学的心理学》（"Psychology in Secondary Schools"）等，这些文章不仅展现了大学学者关注中学教育问题、推进教育学科发展的学术探索成就，也促使《学校评论》逐渐发展为学界探究教育问题的重要的教育学文献来源。

四、尝试将教育学构建成大学综合性学科：杜威在芝加哥大学①

　　1859 年 10 月 20 日，杜威出生在佛蒙特州伯灵顿市。1875 年秋，15 岁的杜威进入佛蒙特大学学习。在大学期间，杜威主要学习了地质学（这使他接触到了进化论）、生物学、生理学和哲学等课程，其中后两年开设的进化论和道德哲学对杜威产生极大的吸引力，他不仅获得优异的课程成绩，还在课余阅读了大量哲学、社会学方面的书籍，并积极关注当时一些重要期刊上关于生物进化问题的争论。1879 年大学毕业后，杜威在宾夕法尼亚州石油城的一所高中教学。1881 年，他回到佛蒙特州，在一所小型学院任教。

　　自 1882 年始，杜威在霍普金斯大学哲学系莫里斯（G. S. Morris）教授的指导下攻读博士学位。莫里斯除在霍普金斯大学讲授康德和黑格尔哲学外，还在密歇根大学哲学系任职。1884 年，他推荐杜威到密歇根大学任哲学讲师。② 这一时期，莫里斯和杜威在密歇根大学开设了一系列哲学和心理学的课程，如经验心理学（empirical psychology）、心理学专题研究（special topics in psychology）、心理学和哲学（psychology and philosophy；with special reference to the history of philosophy in Great Britain）、客观智力的科学（science of objective intelligence）、自然、人和绝对的哲学基础（foundations of the philosophy of nature, of man, and of the absolute）等。③ 1885 年，杜威在美国哲学学会上发表题为《心智进化及其与心理学的关系》（"Mental Evolution and its Relations to Psychology"）的学术报告，并在 1886 年升任哲学系副教授。在莫里斯的鼓励和支持下，他逐渐在哲学界崭露头角。1887 年，杜威在授课讲义的基础上出版《心理学》一书，强调哲学对一切对象本质的探究依赖于经验对它们的解释，而心理学则是对这种经验进行科学和系统阐释的学问。这表明杜威结合心理学及生理学的最新研究成果，开始将人类心理和自我意识的发展置于哲学的广阔视野和背景中进行研究，从而为其日后深入探究教育问题奠定了哲学和心理学的基础。

　　执教于密歇根大学期间，杜威结识了"教学科学和艺术"讲座的主讲人佩恩和欣斯代尔，他们一致认为心理学对教学和教育学具有重要的作用，且三人都积极参与成立于 1886 年的密歇根校长俱乐部（The Schoolmasters' Club）所组织的活动。1886 年 5 月，杜威出席俱乐部首次会议，作了题为

---

　　① 本小节的内容曾发表在肖朗、孙岩《杜威与美国大学教育学科的建设和发展：从芝加哥大学到哥伦比亚大学》（《高等教育研究》2016 年第 6 期）一文中。

　　②③ WILLIAM B A. Thought and action：John Dewey at the University of Michigan［M］. Ann Arbor：University of Michigan Press，1998：6 – 7.

《从大学的立场看高中心理学》（"Psychology in High Schools from the Standpoint of the College"）的讲演，认为心理学是联结高中生知识学习与自我意识的必要纽带，他们通过学习心理学能够知道自我存在以及学习知识的价值，进而强调不仅美国的高中要开设心理学课程，大学文理学院也应开设心理学课程。[①] 1887—1888 年，杜威担任俱乐部副主席，全面部署俱乐部的教育调查和研究工作，至少参与了八次由俱乐部组织和发起的高中学校教育调查，并将其所见撰写成建议性报告。此外，他还在教育系讲授包含卢梭和斯宾塞的教育思想的哲学史课程。上述经历，在很大程度上促成了 1899 年《学校与社会》 书的出版，并促使杜威的研究兴趣逐渐从哲学和心理学转向教育学。

1886 年，杜威与艾丽斯（H. Alice）结婚，此后他热衷于探讨公众关心的社会问题，试图将其哲学专长应用于对社会进步有价值的研究。他认为，哲学家也是一个社会的人，需要通过表达来发展他的思想，并将其思想介绍给他人，进而影响他人和社会，而教育和学校教学恰好是联结哲学、心理学与社会行为的纽带。[②] 而且，杜威对教育的兴趣不仅仅出于理论研究的需要和对知识进步的渴望，还出于他对自己孩子的教育问题的重视和思考。1894 年秋，杜威在给艾丽斯的信中写道："有时，我想直接放弃讲授哲学，转而通过讲授教育学达到哲学的目的。"因为他担心当时盛行的教育方式不仅会对别的学生造成毒害，而且会危害他的孩子。因此，当芝加哥大学校长哈珀邀请其出任哲学系主任并承诺他在该系开展学校教育研究时，杜威欣然应邀。

在芝加哥大学，杜威尝试将教育学构建成大学综合性学科。然而，在 1900 年之前，芝加哥大学同美国其他综合性大学一样，将教育学系设立在哲学系之下。因此，即使杜威受命兼任教育学系与哲学系主任，在教育学科发展上具有话语权，但为了实现其职业诉求与教育理想，杜威也不得不通过多种举措，向哈珀校长和学校董事会证明芝加哥大学应设立独立的教育学系，进而成立教育学院，才会更有利于教育学科的发展。具体来说，杜威的教育学科构建举措包括以下四个方面。

（一）探究教育学科的特性，推进学科建设

早在密歇根大学时，杜威就已对美国公立学校教育产生强烈的兴趣，那

---

① WILLIAM B A. Thought and action: John Dewey at the University of Michigan [M]. Ann Arbor: University of Michigan Press, 1998: 20 – 21.

② SAVAGE W. The evolution of John Dewey's philosophy of experimentalism as developed at University of Michigan [D]. Ann Arbor: University of Michigan, 1950: 64 – 65.

时他主要从哲学和心理学的视角看待和考察公立学校的教育问题。芝加哥大学提供的岗位使他有机会全面开展教育学方面的教学和研究活动，并为他将哲学、心理学与教育学紧密结合在一起提供了必要条件。[①] 对杜威而言，探究现代大学体制下教育学科的特性和功能是他到芝加哥大学工作的首要任务。

杜威认为，教育学是一门大学学科，美国大学应承担教育的科学研究和实验工作，因为一方面在社会变革和知识累积的条件下，公立学校的课程与教学进行着不间断的重建，大学是创造社会科学、自然科学知识和新的研究方法的重要基地，能为教学内容和课程的整合提供必要的指导；另一方面，大学系统的正常运作与社会学、历史学、心理学、卫生学、医药学等学科知识和研究领域密切相关，所以大学应发挥其学术优势，将教学方法与学科内容联系在一起，协调处理一门学科与另一门学科的关系，以便系统研究不同学科之间的关联，为公立学校的发展提供指导。当时美国学界已认识到，教育学不能从严密的逻辑学和伦理学的单一原则中推论出来，它是一门综合性学科，就像医学源于其他学科的发展一样，教育学源于哲学、心理学、逻辑学、美学、伦理学、社会学等学科的发展。在阐述教育学的特性以及大学承担教育学研究职责的基础上，杜威指出，教育科学就其本质而言，它是实验的科学，而不是演绎的科学。[②]

为了深入探究教育学的学科特性，1896年初，杜威向哈珀提议大学应组织教育学系的有关力量，以先进的方法开展教学，进而创设实验学校，这是验证教育学的科学性、为教育从业人员带来自信心的必要保证；[③] 而且，在杜威看来，实验学校有助于实现"展示、测验、证明和批判（教育学）理论的现状与原理，以及增加（教育）专门领域的事实与原则"的学科发展目标。[④] 除创设实验学校外，杜威还积极推动教育学系发展成为教育学院。1897年初，他向哈珀提交教育学系的组织计划和工作分配报告，提出教育系至少要由教育物理学和教育生理学、教育社会学、教育心理学、普通教育

① DEWEY J, HOLMES H W. John Dewey: The man and his philosophy ［M］. Cambridge: Cambridge University Press, 1930: 101.

② DEWEY J. Pedagogy as a university discipline ［J］. University record, 1896（1）: 353 – 363.

③ The University of Chicago Library. Guide to the University of Chicago Office of the President, Harper, Judson and Burton Administrations Records 1869 – 1925, Box40, Folder3, Dewey, John, 1893 – 1912［EB/OL］.［2014 – 07 – 28］. http://www. liB. uchicago. edu/ead/pdf/ofcpreshjb – 0040 – 003. pdf.

④ DEWEY J. The university school ［J］. University Record, 1896（1）: 417 – 419.

学、教育历史学等五个分支学科构成，这些既是教育学的主要分支学科，也是其开展研究的主要领域。该报告表明杜威计划将教育学发展成为大学的综合性学科。为此，1900 年他接受布莱恩的资助，促成教育学系从哲学系中独立出来，并于 1901 年 7 月成立包括教育学系、一所初等学校和一所幼儿园在内的教育学院。这为杜威尝试把教育学建构成大学的综合性学科提供了必要的平台。

（二）建立教育学课程体系，开发编著教材

为了推进大学教育学科的建设和发展，1894 年后，杜威在芝加哥大学哲学系增设了与教育相关的哲学、心理学类课程。据统计，截至 1899 年，芝加哥大学共开设了与教育相关的 35 门哲学类课程、12 门心理学类课程，逐渐形成了杜威所主张的特色鲜明的教育学课程群。如 1896 年，莫尔（A. Moore）和安吉尔（J. Angell）开设教育心理学课程，杜威首次开设教育学方法课程，同年秋季又开始讲授教育哲学课程；[1] 1898 年，哈默（A. Hammer）在实验学校开设家政学与艺术课程。[2] 在杜威看来，教育学的理论和方法建立在心理学的基础上，教育问题的解决有赖于关于儿童智力发展的研究，而伦理学则为教育价值和理想的确立提供价值观念及原则，因而教育课程和教育学理论研究应在哲学的指导下开展，并与生物学、生理学、神经学和包括伦理学在内的社会科学的课程和理论结合在一起。

1901 年教育学院成立后，杜威进一步努力完善课程体系。他认为教育学是科学与社会进步之间的重要联结纽带，并成为科学和教育实践的重要媒介，理论家的思想投射到不同类型的中间人（教育家）身上，从而形成实践者（教师）的专业意识，因此，教师应该认识到人的发展与科学相联结，教师的工作体现了学科和专业的独立与尊严。关于大学的教育学科，杜威想确立一种通识性的、整合性的专业发展理念，促使科学（包括心理学）与伦理学（包括哲学）的理论假设在教育的实践中紧密联结起来。基于这种理念，他主张教育学课程至少应包括教育学说的历史、教育心理学、儿童研究、学校组织的概要（包括学校的资源、管理及当代教育管理中的主要问题）。这四门课程都具有教育的一般特征，对教育感兴趣的学生都可选修，而并非学科性的专业化学习。同时，他还聘请专业学院的教师开设与学科教学相关的课程，其中钱伯林（T. Chamberlin）开设地理学课程，迈克耳孙

---

① The annual register of the University of Chicago, 1896 – 1897: 54.

② The annual register of the University of Chicago, 1897 – 1898: 177.

（A. A. Michelson）① 开设物理学课程，洛布（J. Loeb）开设生理学课程，怀特曼（C. Whiteman）开设动物学课程。② 在杜威的主导下，芝加哥大学逐渐形成以历史学、心理学和人类学为核心的教育学课程体系。

1903 年 5 月，杜威调整教育学院的课程体系，主要面向具有工作经验的人开设教学艺术和技术方面的课程，其中包括培养两年制教育学士的 3 门教育学和哲学课程，3 门历史、英语、口语阅读课程，2 门艺术课程，1 门数学课程，3 门科学课程。这些课程既展现了芝加哥大学教育学院多层次的办学理念，也折射出杜威的大学教育学科建设规划和理想。

除建立教育学课程体系外，杜威还将讲座的讲稿和授课的讲义改编成教材，充实教育学科的知识体系。1894 年秋，他在库克师范学校（Cook County Normal School）开设的讲座"心理学专题探究"（special topics in psychology）的讲稿经整理后出版，成为杜威至芝加哥大学后首次就教育问题发表的著作。1895 年 9 月至 1898 年 11 月，杜威开设了 3 门教育学课程：1895 年秋首次开设教育伦理学，讲义编撰为教材《教育伦理学：六次讲座内容纲要》；1896 年首次开设心理学课程，讲义编撰为教材《教育心理学：十二次讲座内容纲要》；1896 年首次讲授教育哲学课程，讲义编撰为《教育学研究通报：教育哲学》。据记载，"这些讲课稿是逐字翻译的，并且以油印的形式打印出来，接着就会送到选修这门课的学生手中"。事实上，杜威在这一时期所讲授的所有课程，包括教育学和其他学科的课程，大多由一名速记员一字不落地记录下来，并以完整的或压缩的形式予以保存。完整保存的讲义有 1898 年春的《政治伦理学》和 1898 年冬的《心理伦理学》；压缩后保存的讲义有 1896—1898 年秋的《伦理学逻辑》、1897 年的《黑格尔精神哲学》和 1898 年的《教育哲学》。芝加哥大学出版社以教材或专著的形式将上述讲义出版，不仅为后人开设同类课程提供了可资借鉴的宝贵材料，也集中反映了杜威对大学教育学科建设的思考和尝试，而日后杜威本人所撰写的许多著作也是在这些讲义的基础上经过反思、修改和补充才完成的。

（三）创设实验学校，开展儿童研究

1894 年来到芝加哥时，杜威就已清楚将要创设何种类型的实验学校。他联合对教育改革具有浓厚兴趣的哈珀校长向芝加哥大学的管理层游说，强调大学教育系最基本的构成条件应是创设一所"理论工作与实践要求相结合的

---

① 迈克耳孙（A. A. Michelson, 1852—1931），美国科学家、物理学家，1907 年获诺贝尔物理学奖。

② WIRTH A. John Dewey as educator：his design for work in education，1894 – 1904 [M]. New York：John Wiley, 1964：34.

学校"。经多方筹措，1896年初坐落在芝加哥大学附近第57大街389号的实验学校成立。学校最初仅有16名学生和2名教师，经过杜威与全体教工的努力，1903年在校注册生已达140人，教职工23名，还包括10名研究生。其中大部分学生来自教育界和中产阶层的家庭，许多人是杜威同事的孩子。实验学校主要从两方面促进教育学系的工作进展，即一方面教育儿童，另一方面培养大学里学习教育学的学生。实验学校旨在检验和开发教育方法，其理论假说主要来自于杜威的机能心理学和民主教育观。[①]

杜威认为儿童并不是任由教师用文明来书写的被动的白板，入学时的儿童已经非常活跃，所以教育旨在对儿童的活动加以控制和引导。以他之见，儿童具有四种基本的"天然的冲动"，即"交流、构建、探究以及更好地表达的冲动"，教师的任务在于引导这些"天然的冲动"，把儿童所具有的素质利用好，促进其健康成长。他强调，儿童的经验与其所学的各种课程内容之间不存在实质性的隔阂，因为课程的主体内容是人类经验的体现，也是儿童不成熟经验所指向的目标，若两者对立，就意味着婴儿期与成年期的对立，也意味着同一教育过程中的活动倾向与最终结果的对立。这不符合教育的本质。他主张教师在教学中应将课程的主体内容重新融入经验之中，因为课程的主体内容是一种形式上的知识整体，已从原来引发问题的环境中抽离出来。教育问题既是心理学的，也是逻辑学的；既是个人的，也是社会的；既是方法的，也是内容的；既是儿童的，也是课程的。有鉴于此，他希望通过实验学校建立一种新的教育理论体系，它将解决教育思想中存在着的"二元论"的分裂和对立，促使职业与文化、兴趣与学科、活动与教材、儿童与社会之间旧的分裂和对立关系能够在一个新的教育框架内得以协调发展。

为了实现这一理想，杜威倡导教师将课程"心理化"，即构筑一种环境使儿童当前的活动遭遇困难局面的挑战，为此儿童必须充分利用科学、历史和艺术方面的知识和技能。在实验学校，儿童们亲身体验多数由他们自己所造成的困难局面，促使其能够将自己的潜在能力转化为与之相对应的社会能力，使其认识到自己在社会生活中有可能取得的成就，以此来激发儿童对团体利益的关注。这不仅有助于社会秩序的建立与进步，也有助于把理论付诸行动，从而使儿童在学校中所养成的习惯与社会进步所必需的伦理习惯相结合。在杜威看来，这样的课程设计可以促成学校的教学与社会生活的互动，教育也因此更具有现实性、开放性和生动性。

---

① DEWEY J. A pedagogical experiment [J]. Kindergarten magazine, 1896 (6): 739-741.

（四）关注社会现实，初探民主教育的内涵

1894 年，杜威发现芝加哥大学在名义上隶属浸礼会教派，但面对铁路工人的罢工，哈珀"唯恐伤害资本家的感情，只重视大学外部资金层面的问题，而对生活中的真正进步置若罔闻"。① 由此他认为"芝加哥大学是一个资本主义机构，属于上等阶层"，在推进真正的社会进步方面力有未逮。他主张在民主社会中"个人拥有生活的权利，纯粹抽象的能力或权力并不存在"，社会成员不会绝对平均地分配资源，但也不会有人"被剥夺自己所必需，或是为造福社会所必需的东西"。② 他从哲学研究的视角分析社会现象的成因，探讨学校变革与社会发展的关系，这不仅有助于促使其哲学价值观念的实现，也促成其民主教育思想的萌发。

为了确保每个成员都具有参与社会生活、为社会服务的权利，杜威强调民主社会中的所有成员都享有接受教育的权利，教育能使他们在共同体的生活中充分发挥最大的作用。为探究民主社会的教育，1899 年，杜威参与库克师范学校的教育改革，并在芝加哥教育理事会为进步主义教育的创始人帕克辩护，同时他还参与中小学的教育改革活动。这些活动使杜威看到学校教育的弱点，即"在伦理层面，虽然学校的目的是培养未来社会秩序中的成员，但其手段中却明显缺乏社会精神"③，而且大多数学校要求学生阅读同样的书、背诵同样的课文，几乎没有机会让每个孩子为共同利益从事独立的创造活动，也无法让孩子参与他人的创造活动。由此他认为学校未能把儿童的兴趣与课程的内容有机结合起来，因而在培养儿童的性格方面学校不能适应民主社会的需求。

针对上述问题，杜威指出学校要为美国社会的民主化进程服务，其目标不是使个人"适应"社会机构，而是深化和拓展每一个人社会交往以及合作式生存的范围，从而使学校的成员在未来建立有意义、有成果的社会关系。在学校接受教育的儿童若要成为民主共同体的有效成员，必须接受科学、艺术、历史的教育，还要掌握调查研究的基本方法，以及与他人沟通交流的基本手段，同时要拥有"健康的体魄、灵巧的眼和手、勤劳和坚韧的习惯。最重要的是，要有乐于助人的习惯"，为此学校应培养儿童"掌控自我、管理

① 威斯布鲁克. 杜威与美国民主 [M]. 王红欣，译. 北京：北京大学出版社，2010：94 – 95.

② DEWEY J. Lectures on psychology and political ethics：1898 [M]. New York：Hafner Press，1976：441 – 444.

③ DEWEY J. The school and society：being three lectures [M]. Chicago：The University of Chicago Press，1899：10.

自我的能力，使其适应正在发生的（交流协作方式的）变化，且能影响与引导这些变化"。①

　　总之，杜威在芝加哥大学时期主要从哲学和心理学的视角探究教育问题、关注社会现实，提出教育学是大学综合性科学、实验科学的观点，并生发探究民主教育的理想。他建立大学教育学课程体系，创设教育学院及实验学校，借以创造验证和发展教育理论的客观场所和条件。然而，杜威的大学教育学科发展设想和举措与哈珀有诸多相悖之处，1904 年春又因杜威夫人是否连任实验学校校长一事而激化，杜威遂从芝加哥大学辞职，并于 1905 年 2 月转任哥伦比亚大学哲学系教授。

本 章 小 结

　　19 世纪 90 年代至 20 世纪初，以哥伦比亚大学、哈佛大学、斯坦福大学和芝加哥大学为代表的美国综合性大学先后开设教育学课程，为有志于从事教师职业的学生提供专业指导。在大学校长和教育学者的努力下，上述 4 所大学创立教育学系，开设有别于师范学校体系的教育学课程，致力于公立学校的教师专业培训和教育研究人员的培养工作，成为美国教育学科发展的领头羊。在 4 所大学的带领下，教育学科逐渐从综合性大学的哲学系分列出来，确定独立的系科建制，进而建立教育学院。

　　在这一时期，从学科组织结构上看，综合性大学里教育学系或教育学院的创建，标志着教育学科确立了发展平台；具有教育专业特色的学士学位和硕士学位的设立，以及允许具有教育学科知识背景的学生申请哲学博士学位，表明教育学科形成了系统的人才培养制度。这不仅可以提高教师培训的质量和规格，还可以充分发挥综合性大学的学术研究优势，开设一系列具有学术价值和内涵的教育学课程。1904 年，德克斯特（Edwin Grant Dexter）在考察美国教育学院发展简史的基础上，概括出当时教育学院课程开设的状况。在他看来，教育学院在本科教学的前两年为学生安排充足的通识类课程，在本科教学的后两年主要设置教育学课程，培养学生的教学技艺和从教

──────────

　　①　威斯布鲁克. 杜威与美国民主 [M]. 王红欣，译. 北京：北京大学出版社，2010：98 – 99.

素养。教育学院开设了四大类别的教育学课程①，主要包括哲学类课程、历史学类课程、课程的组织和管理课程、特殊方法课程。除此之外，教育学院还开设学校卫生学、教育心理学和儿童研究等课程，这些课程主要由心理学教授讲授。

1908 年，哥伦比亚大学师范学院的亨利·苏扎罗（Henry Suzzallo）在美国大学教师教育学会年报发表了一份关于教育学课程的调查报告，其调查的 31 所大学②共开设 23 门教育类课程，其中较为常设的课程有教育史、中等教育、教育原理、教育心理学、教育哲学、教育理论、一般方法、儿童研究、学校行政管理、学校管理等。其中选修人数最多的是教育史，教育原理和教育心理学紧随其后，这三门课程是当时的重要课程。与历史学、哲学和心理学等学科相互借鉴而开设的教育学课程不仅是教育学科独立的重要表征，而且是培养教育学者、推进教育学科进一步发展的必要保障，同时也为教育学科的建构与发展奠定了坚实的基础。

值得关注的是，在哥伦比亚大学、哈佛大学、斯坦福大学、芝加哥大学等 4 所大学的教育学系或教育学院，出现了以杜威、桑代克、克伯来为代表的一批教育学者。他们以教育学系或教育学院为平台，以教育学课程建设为己任，充分发挥其学术研究的优势，积极关注公立学校的教育变革，致力于教育问题的探究，促进教育学理论体系的构建与发展；与此同时，他们为教育学科的独立发展积极奔走与筹划，切实推进教育学科在综合性大学的创立和建设工作。所有这一切表明，这一时期美国已初步产生和形成以综合性大学教育学科为中心和平台的教育学者群体，这个群体的队伍伴随着美国大学教育学科的发展而不断壮大。

---

① 第一类哲学类课程主要包括教育哲学、教育原理、普通教育学、教育理论、教育目标、教育学基础和教育美学；第二类历史学课程主要包括教育通史、国别教育史，如希腊教育史、罗马教育史、德国教育史、英国教育史、美国学校的发展制度、国家教育体系的比较研究、教育经典研究；第三类课程组织和管理课程通常与中学的实际教学工作相联系，具有广泛的应用性；第四类特殊方法课程主要包括对中学课程有直接影响的课程，大学的文理学院教师对这些课程的兴趣不高，他们只是兼任这些课程的讲授工作。

② 这 31 所大学包括密歇根大学、芝加哥大学、哥伦比亚大学师范学院、斯坦福大学等。

第三章 美国综合性大学教育学科的发展
（20 世纪初至 20 世纪 20 年代）

20 世纪初，随着工业化的不断发展，美国社会持续发生深刻的变化，移民数量持续增长。在 20 世纪最初的 20 年内，到达美国的移民年平均数从此前的 45 万人发展到 90 万人，急剧增加的新移民推进了美国城市化的进程。1900—1910 年，美国城市人口增加了 39%，至 1920 年美国首次出现 2 500 个城镇，其人口总数（5 430 万人）超过农村人口总数（5 180 万人）。同时，美国的铁路和交通运输业拓展了农业和制造业的新市场，而电话网络和航运业的发展将美国的经济延伸至世界各地。1920 年，美国成为世界上最大的制造业国家。但是，伴随着经济的发展出现了许多社会问题，如政治腐败、童工泛滥、移民文化差异等。一些有识之士和学界领袖寄希望于通过在教育界展开进步主义运动，推进学校的变革尤其是公立学校的教育变革来有效解决这些社会问题。因此，学校的规模和教师的规格与数量需求不断增加，教育支出在 1900—1930 年大约增长了 10 倍。

在此背景下，大学和学院建立教育学系或教育学院，纷纷设立教育管理、中小学教学和教育心理学方向的研究生学位，为公立学校培养高质量的教师。师范学院和师范学校也采取进步主义的观点，尝试科学地培训专家，并向所有来学习的学生传授必要的学识。许多师范学院成为州立学院，具有学士学位授予权，其中有些学校还能授予硕士和博士学位。面对教育学科在多层次学术机构受到关注与重视的新情况，以哥伦比亚大学为代表的综合性大学，在谋求教育学科独立建制的基础上，持续发挥综合性大学的学术研究优势，为教育学科的成长提供丰富的理论滋养，增强教育学科的学术竞争力和教育教学实践的影响力，进而占据教师教育专业建设和课堂教学实践的主导地位，引领美国综合性大学教育学科的全面建设与发展。

第一节　哥伦比亚大学教育学科的发展

一、哥伦比亚大学师范学院的建制

1902 年 3 月，哥伦比亚大学师范学院成立了 5 个教育学专业系科——教育史和教育哲学系、教育管理系、教育心理学系、基础教育系和中等教育系，从而成为大学的专业学院。学院所开设的教育学课程也因独立系科的建立进行相应的调整，学生的入学标准和培养水平也随之不断提高。为进一步推进学院办学实力的发展，哥伦比亚大学师范学院设立本科生常务委员会和研究生常务委员会，主要负责本科生、研究生的管理工作和课程安排、更新与调整的具体事务。① 这一时期，哥伦比亚大学师范学院的研究生主要来自于文理学院和师范学校的毕业生。这两类学生具有不同的特点，即师范学校的毕业生具备较好的教学专业训练和实践经验，但缺乏系统的学术性知识学习；而文理学院的毕业生的优点在于掌握了较系统的文理学科的知识，但又缺乏教学实践和教育管理的经验与能力。为促进两类学生在学业上的进步，哥伦比亚大学师范学院每个系科精心设置了系统的课程，本科毕业生学位的授予方式也发生了改变。学院规定，学生完成本科阶段的课程学习可获学士学位，此前设立的中等学位证和高等学位证改为硕士和博士学位证，学制分别为一年和两年。这充分展现出哥伦比亚大学师范学院灵活的办学模式与特点，切实增强了学院的办学实力与吸引力。

随着哥伦比亚大学师范学院工作职责与招生数量的扩展，毕业生安置处，即就业委员会（Appointment Committee）的工作量不断增加，其规模不断扩大，重要性日益凸显。1903 年，据 235 所学校任命委员会的数据显示，1902—1903 学年美国的教师需求量为 787 人，至 1903—1904 学年需求量增至 1 009 人，出现了教师"供不应求"的现象。需求数量大的教师职业主要包括学校主管、特殊专业教师、中学教师、小学教师，而大学或学院教师、师范学校教师、幼儿教师、监管部门管理人员等职业的人员需求量较小。② 在这种状况下，哥伦比亚大学师范学院必须面对社会需求，在教师培训工作上提出新要求，如果学院本身缺乏充足的生源，那么它就应该从别的大学挑选优良生源来培养，促进学生成长为合格的教师。

哥伦比亚大学师范学院建立后的短时间内，其研究生教育事业便出现欣

---

① Columbia University. Annual reports of the president and treasurer, 1902：195 – 197.

② Columbia University. Annual reports of the president and treasurer, 1903：163 – 164.

欣向荣的发展趋势。据统计，1904—1905学年学院共有832名全日制学生注册，其中有48人申请哲学博士学位，而这48人中有29人是教育学专业的学生；136人申请文学硕士学位，其中有79人是教育学专业的学生；313人申请科学教育学士学位；142人申请文学学士学位，其中有103人来自哥伦比亚大学巴纳德学院[①]（Barnard College）。该学年，哥伦比亚大学师范学院与幼儿园委员会达成合作工作计划，在纽约城市幼儿园联合会和福禄培尔儿童联合会的支持下，开设培训幼儿园主管的专业课程，并且专门针对这门课程设立学位，以此来突出专业课程的高标准和高目标。

1905—1906学年，哥伦比亚大学师范学院为综合利用教学设施发展其特有的专业领域，致力于将学院建设为"教师培训的专业学校和研究与学习教育领域问题的大学院系"。巴纳德学院和哥伦比亚大学师范学院联合设立两年制的专业课程，在巴纳德学院三年学习期间表现良好的学生，可直接进入师范学院继续深造，他们完成相关课程的学习即可获得毕业证书和文学学士学位。

为突出哥伦比亚大学师范学院在培养实用人才方面的优势，1905年，院长拉塞尔在年度报告中进一步强调家政艺术和科学项目的重要性：

我们的工作就是培养教师，而家政学教师的工作就是培养女孩如何选菜、备餐、上菜以及如何持家有道。

在培养过程中，理论和实践二者缺一不可。经济是我们工作首先要考虑的因素……我们的主要任务就是指导美国的家庭主妇如何用2美元来安排一天的生活……对大多数普通家庭来说，幸福生活很大程度上取决于对家庭收入的合理分配，而不是收入能力……持家也是一门艺术，因此我们将家政作为一门课程，并给予学生相关方面的指导，教她们如何持家。[②]

为进一步推进家政艺术专业的发展，哥伦比亚大学师范学院于1906年将其收到的400 000美元捐赠，用于建设家政经济学院（Department of Domestic Economy）的教学办公大楼。随着主体建筑的完工，家政艺术学院（School of Household Arts）正式成立。拉塞尔在年度报告中将学院的办学目的概括如下：

在家政艺术和科学的专业领域，培养初等学校至学院或大学层面的不同层次的教师，如公立学校的主管、师范学校的教师、幼儿教师培训机构的教

---

① 巴纳德学院是哥伦比亚学院院长巴纳德于1889年创立的专门招收女生的私立本科学院，1900年并入哥伦比亚大学，成为具有学士学位授予权的专业学院。

② Columbia University. Annual reports of the president and treasurer, 1905：151–152.

师和主管、商业学校的教师、与家政艺术和科学教学相关的社会机构的工作人员……不想从事教师职业的学生，学院为其开设家政机构管理工作的专门课程，使其成为家政机构管理者，如大学宿舍、酒店、普通医院及精神疗养院管理人员，还有营养师、饮食研究员、医师助理、家庭装修师、社会工作人员以及商业管理人员等。①

1909 年，随着学院事业的不断拓展，家政艺术学院进行重组。重组后的家政艺术学院主要由 10 个系组成，即家政艺术教育系（由此前的家政科学系和家政艺术系组建）、营养学系、家庭和生理化学系、食品和烹饪系、纺织和缝纫系、家庭艺术和美术系、家政管理系、医院经济系、生理卫生和保健系、房屋结构和卫生系。家政艺术学院为社会培训各层次的教师、学校管理者、大学助教、培训学校的主管或教师、社会工作者等，学院毕业生还可以担任社会机构的管理者、宾馆主管、学生宿舍主管等职位。该学院的学生有资格申请理学学士学位、文学硕士学位和哲学博士学位。

哥伦比亚大学师范学院为强化其实践类人才培养方面的优势，于 1910 年成立工业艺术学院（School of Industrial Arts），该学院取代了之前的手工培训系（Department of Manual Training），成为培训工业人才的重要机构。建立该学院的目的是"将传统的手工培训课程和规范，转换为向学生全面展示工业生产的实践过程和商业贸易的相关工作程序"②。此外，实践艺术学院所管辖的护理与健康系（Department of Nursing and Health）也于此年成立，其主要目标是：

培养研究生层面的护理人员：（1）能胜任医院的管理工作和护士的培训工作。（2）能为城市和乡村家庭提供必要的健康咨询和指导等公共服务，如培训家庭卫生咨询师、营养师，以避免婴儿感染疾病；为公立学校提供医药指导服务；帮助教师和家长照顾学龄期儿童；培训幼儿教育与监督员、奶站监督员、婴幼儿护理与喂养咨询师；为其他涉及公共卫生和健康领域的教师和工作人员提供培训。③

两年后，工业艺术学院并入家政艺术学院，成立实践艺术学院（School of Practical Arts）。因此，1911—1912 学年，哥伦比亚大学师范学院分设两所专业学院：教育学院和实践艺术学院。其中，教育学院具有教育学理学学士学位和若干教育方向毕业证的授予权，实践艺术学院负责实践艺术领域的理

① Columbia University. Annual reports of the president and treasurer, 1909：107 - 108.

② Columbia University. Annual reports of the president and treasurer, 1910：119.

③ Columbia University. Annual reports of the president and treasurer, 1910：122 - 123.

学学士学位授予工作。拉塞尔在其 1912 年的年度报告中对两所学院的办学目的阐述如下：

教育学院负责教育学方向理学学士学位的授予工作，并负责其他教育学专业若干类毕业证书的授予工作。实践艺术学院为完成高中学业的男女生开设四年制的课程，该课程的设计标准与传统文理学院保持一致，主要包括文理学院的通识课程，并为学生提供技术培训，促进学生掌握职业领域的实用技能和必要的理论知识。这些职业领域包括工业艺术、家政艺术、营养学、机关工作、公共健康、美术、艺术学、音乐和体育训练等。实践艺术学院与教育学院合作，在上述领域为学生提供必要的教师培训课程，使学生获得从教技能。①

至 1913 年，哥伦比亚大学师范学院的教学设施已不能满足申请入学学生的要求，申请入学的人数远远超过了学院既有设施的承载能力。为此，学院与大学管理委员会达成一致协议：提高学院的入学标准和毕业条件，并进一步阐明了学院的办学理念：

师范学院提高入学标准这项措施，主要是为满足学生接受专业培训的需要，以便他们将来占据教育领域的领导岗位。因此，学院在入学条件方面，强调学生必须具备熟练的教学经验和所选择专业学科的学术知识……一些教育领域的工作岗位需要娴熟的教学和教育管理经验，另一些工作岗位则需要丰富的学术训练。师范学院的目标是通过提高入学标准和毕业要求，满足学生发展需要，为美国教育事业作贡献。②

哥伦比亚大学师范学院基础教育和幼儿园教育方向的学位申请者必须完成师范学校专业训练的课程，或者完成专业学校及学院的课程，且须具备两年的成功教学经验。此外，任何申请师范学院学位的学生都必须首先达到其所在院系（文理学院）的毕业标准，或者修满学士学位的必修课程，并获得相关机构的认证。

这一时期，学院开办的暑期学校也获得稳步发展。1913 年暑假期间，120 名学校管理人员、339 名中小学校长、138 名学校主管在暑期学校注册，注册总人数超过常规学期的注册人数。

随着社会的发展，教师和教育工作者的需求量越来越大。据就业委员会的统计，1903—1904 学年社会对教师及其他学校职员的需求量是 1 009 人，

---

① Columbia University. Annual reports of the president and treasurer, 1912：120.

② Columbia University. Annual reports of the president and treasurer, 1913：121 – 122.

而 1913—1914 学年的需求人数高达 2 672 人。其中中学教师的需求数量最大，为 682 人；其余类型教师的需求人数分布在以下岗位：家政科学 340 人，师范学校 294 人，学院 260 人，小学 252 人，营养和健康 209 人。在这一学年，社会提供 2 672 个工作岗位，909 名毕业生通过就业委员会顺利就业。

1910 年后，哥伦比亚大学师范学院学生人数剧增。1913—1914 学年，哥伦比亚大学师范学院共有 1 803 名学生正式注册入学，其中有 355 名学生在实践艺术学院注册，1 468 名学生在教育学院注册；此外，还有数百名学生选修了师范学院的课程，再加上贺拉斯·曼学校（Horace Mann School）和斯派尔学校的学生，学院总人数已达到 5 413 人。此前，哥伦比亚大学师范学院的学生必须修满其申请学位的全部课程后方可毕业，但自 1913—1914 学年始，学院的毕业生不仅要满足学术性学位的授予要求，还必须接受专门领域的训练。对此，院长拉塞尔强调：

哥伦比亚大学师范学院为其下设的教育学院提供必要的办学资源，不仅是让教育学院开展教育研究工作，更是为学生提供专业的教师培训。在哥伦比亚大学师范学院，毕业证书只代表学生是否完成了学习工作量，而学位证则要求学生还必须具备出色的专业技能，以及在专业技能培训过程中表现出来的个性特征与个人修养。①

至 1915 年，哥伦比亚大学师范学院的各项事业发展顺利，招生人数逐年上升，毕业生的学业标准不断提高。学院与哥伦比亚大学董事会在 1900 年签订的办学协议已不能完全适应学院的发展现状，因此，1915 年 3 月 5 日双方签订新的办学协议，宣称：

师范学院与哥伦比亚大学在教育事业上建立完全的合作关系……但是，合作并非是合并，师范学院具有完全自主的办学权并承担相应的责任和义务。新的办学合作协议明确规定，师范学院依然保留教育学院和实践艺术学院的建制，两所学院与哥伦比亚大学其他专业学院享有同样的权利和义务。

师范学院享有独立的办学权，且拥有独立的董事会，哥伦比亚大学校长对师范学院的院长具有提名权，经由哥伦比亚大学董事会审议通过，且由师范学院任命学院行政人员，他们与大学其他专业学院的工作人员享有相同的权利与义务，均属大学的重要组成部分……由教育学院和实践艺术学院所授的学位，等同于大学所授学位，在两所学院注册的学生也是哥伦比亚大学的

---

① Columbia University. Annual reports of the president and treasurer, 1914：133.

一分子。[①]

根据新的合作办学协议，师范学院的指导委员会由新成立的执行委员会取代。执行委员会的成员主要由师范学院院长、教育学院院长、实践艺术学院院长组成，其主要职责是审查新生的入学资格、组织入学考试和面向学生的宣传工作、任命和聘用学院教职工、制定学院的发展规划和政策、设置学院课程与学位等。[②] 这项新协议的签订与推行，标志着哥伦比亚大学师范学院获得了更多的办学自主权，能够自主决定学院教职工聘任、机构设置、学位和课程调整、人员调配等工作，从而能为教育学科的发展提供更有利的条件。

1915 年 7 月 1 日，师范学院与哥伦比亚大学对合作办学协议进行相应的修订和补充，修订后的协议对两所机构的合作办学具有实际的法律效力。协议再一次重申哥伦比亚大学师范学院与哥伦比亚大学其他学院具有同等的地位，教育学院和实践艺术学院是大学委员会的代表，师范学院在专业领域而非学术领域具有博士学位授予权。[③] 由大学董事会任命的教授[④]负责博士学位课程的开设，这些教授同时也是哥伦比亚大学师范学院的教授，负责讲授学院所辖专业领域的博士学位课程。教育学院和实践艺术学院在财政上保持独立，并独自负责其工作；学生有权选择两所机构开设的课程，并支付选课所需的费用，哥伦比亚大学师范学院独立管理其开设课程所收的学费。

1916 年，哥伦比亚大学为推进教育学研究的发展，在哲学系下设立具有文学硕士学位授予权的教育研究系（Department of Educational Research），该系的学生有资格申请教育学方向的哲学博士学位，申请学位的学生除完成一篇论文外，还必须在教育史、教育哲学、教育心理学和教育管理学等四门课程中至少选修三门课程。1915—1916 学年，哥伦比亚大学师范学院为进一步改善学院管理工作，设立教育学院主任和实践艺术学院主任两个职位，从而赋予两所分院相对自主的办学权，有效推进了学院事业的快速发展。另一项具有革新意义的举措是恢复了学院以前所设立的三级学位制度，即学士、硕士和博士学位。1916 年，学院共授予 55 位学业成绩优异的学生相应的学

---

① Columbia University. Annual reports of the president and treasurer, 1915：44 – 45.

② Columbia University. Annual reports of the president and treasurer, 1915：310 – 313, 364 – 368.

③ Columbia University. Annual reports of the president and treasurer, 1915：364 – 368.

④ 由哥伦比亚大学董事会任命的教授主要有拉塞尔、麦克迈瑞、孟禄、桑代克、萨克斯、杜威、斯瑞尔，其中前六位学者已经具备哲学系教授席位。

位。[①] 1915—1916学年，哥伦比亚大学师范学院改变了研究生学位的授予方式，即哥伦比亚大学哲学系将教育学方向的硕士学位授予和管理权让渡给哥伦比亚大学师范学院的教育学院，[②] 这体现了哥伦比亚大学在研究生学位授予权方面实施分散化的政策。

值得关注的是，哥伦比亚大学的博士学位授予工作并未受此政策的影响。与硕士学位授予相比，博士学位的授予工作更为严谨和规范。哥伦比亚大学在哲学院下设教育研究系，主要负责教育方向哲学博士学位的培养、授予等工作，投票选举成立的教育研究系和师范学院指导委员会共同制定哲学博士学位申请者的入学要求，明确规定：学位申请者必须参加教育学综合基础知识的笔试，教育学综合基础知识主要由四部分构成，即教育史、教育哲学、教育心理学、教育管理学，学位申请者必须通过四门学科中至少三门课程的考试，而且必须在其选定的研究领域内取得优异的实践活动成绩。[③]

1917年，美国国会通过了由议员史密斯（H. Smith）和休斯（D. M. Hughes）联合提出的议案，史称《史密斯—休斯法案》（Smith-Hughes Act）[④]，该法案的通过标志着联邦政府将发展职业教育置于国家教育发展的战略部署中。受该法案的影响，哥伦比亚大学师范学院进一步强调从理论和实践相结合的角度，推进职业教育和职业指导的调查，其他教育领域的调查也相继展开。据统计，1916年参与哥伦比亚大学师范学院外设的初等学校教学实践的学生有45人，参与中学教学实践的学生有54人，参与学校调查的学生有84人，参与乡村调查的学生有14人，参与职业教育调查的学生有5人。[⑤]

据此可以看出，哥伦比亚大学师范学院以开展教育调查为契机，引导学生关注教育现实、研究学校教育问题，从而提高学生将教育理论应用于教育实践的能力。这一举措也促进了教育学院与实践艺术学院的工作联合，推进

---

① Columbia University. Annual reports of the president and treasurer, 1916：132.

② Columbia University. Annual reports of the president and treasurer, 1916：92 – 94.

③ Columbia University. Annual reports of the president and treasurer, 1916：134.

④ 该法案的主要内容包括：①由联邦政府拨款补助各州大力发展大学程度以下的职业教育，开办职业学校。②联邦政府应与州合作，提供职业教育的师资培训，同时对职业教育师资培训机构提供资助。③在公立学校中设立职业科，设置选修的职业课程，把传统的专为升学服务的中学改为兼具升学和就业职能的综合中学。该法案对美国普通教育和职业教育的发展产生了重要影响，使普通教育开始由单一的升学目标转向升学和就业的双重目标，加强了普通教育与社会的联系，也为美国职业教育的发展提供了有利的条件。

⑤ Columbia University. Annual reports of the president and treasurer, 1916：159.

实践艺术学院在教育理论应用方面的发展。

1916—1917学年，实践艺术学院的毕业生达174人，几乎占了师范学院毕业总人数850名的五分之一，而五年前师范学院381名毕业生中只有15名学生毕业于实践艺术学院。学院教学项目的专业特色越来越显著，这从学院的招生人数即可看出，即1916—1917学年学院的大三、大四学生数及研究生数为745人，这一数字远远超过了前两年的352名入学新生数；也可从学院开设的专业培训中看出，即这一时期学院为营养学、细菌研究学、公共卫生学、化学和其他实践科学，包括通用家政艺术和实践科学提供充分的专业培训机会。

"一战"后期，哥伦比亚大学师范学院为社会提供各种便利设施和相关服务。例如，学院通过直接或者间接的社会服务方式，开设不同类型的战时急救课程。其中教育学院开设的课程主要涵盖以下几个方面：战时社会工作、战时地方服务的组织、战时经济组织和问题、战时军营和集中营社会服务组织、社会福利和工作效率的提高、战时社会衣食及能源问题的解决等。教育学院为大约800名学生开设了50门类似的课程。事实上，这一时期大多数在教育学院注册的学生选择了实践艺术学院的课程。

此外，教育学院的教职工们还为国家做出了积极的贡献。例如，桑代克作为美国心理协会研究委员，担任军医处办公室心理学分部顾问，设计和实施多项心理测试；拉塞尔院长担任纽约州军事委员会的职业培训督导；怀特（Andrew D. White）教授受雇于美国华盛顿农业部的国民经济部门；斯奈登（David Snedden）和米尔斯（Walter Mears）教授则为军事训练的福利到处奔走。[①]

"一战"结束后，哥伦比亚大学师范学院在校长巴特勒的指导下，进行各项工作的重新调整，并且在1919年1月份的《师范学院学报》（*Teachers College Record*）上刊发《战后的教育学》（"Education after the War"）一文，从而促进师范学院在课程标准、毕业要求等方面工作的修订与调整。在各方的共同努力下，1920—1925年哥伦比亚大学师范学院一些重要领域的教育事业发展成果显著。1920年，教育学院组织了一些新的教育项目并增设新的毕业证书授予权。[②]教育项目主要包括师范学校的乡村教育主管、普通科学、乡村社区工人、商业教育教师。1921年，教育学院开始颁发成人移民教师毕业证书和职业教育主管毕业证书。由于申请高级学位的学生人数越来越多，教育学院新成立由11位成员组成的高级学位委员会，审核高级学位授予的

---

① Columbia University. Annual reports of the president and treasurer，1917：160 – 161.

② Columbia University. Annual reports of the president and treasurer，1920：164.

相关问题。申请博士学位的全日制学生必须在校学习两年半，其中的两年时间用来学习教育学的专业知识。对博士生的考核，在原来笔试的基础上增加口语考试的内容。[①]

1921—1922 学年，教育学院新设了一批毕业证书，主要包括心理和教育测量测试者、幼儿园小班教师、体育与卫生保健教育指导、家政艺术指导、基础学校实习教师（小学一年级至初中三年级）、初等学校主管、幼儿园小班主管、公共卫校教师和主管等。[②] 同时，学院又通过了另一项决议，允许留学生取得研究生学位，前提是留学生必须选修暑期与寒假课程，并在师范学院导师指导下完成规定的学习任务。这项决议不仅革新了近现代语言教师培训模式，而且对哥伦比亚大学教育学科日后的发展也产生了深远影响。

这一学年，哥伦比亚大学师范学院开展家庭艺术和健康方面的学校研究项目，并认为该项目的推进有助于学生在将来的学校工作中表现得更优秀。因这些工作的开展，师范学院在两年后直接提高了学院的入学标准和毕业要求。1923 年 7 月，院长拉塞尔在其年度报告中阐述了理学学士学位的最低标准：

自 1923 年 7 月 1 日起，学生必须达到以下标准才能被录取：毕业于社会认证的高中，修满高中学分，并在社会认证的大学或学院学习满一年。自 1924 年 7 月 1 日始，高中毕业且继续学习满两年的学生才有资格申请理学学士学位。[③]

该举措的影响较为深远，标志着学院不再开设通识类课程，而只对大三和大四的学生进行专业技能培训，并且在实践艺术学院和教育学院限制本科生课程的开设。

由大学理事会授权，教育研究院（Institute of Educational Research）于 1921 年成立。作为一个独立的学术机构，它既不负责学生的指导工作，也不受学术传统的限制。该院主要由三部分构成，且每个分部都设有独立的主任和事务助手，主要包括：（1）教育心理学部，桑代克担任分部主任；（2）学校实验部，卡德维尔（Otis W. Caldwell）担任分部主任；（3）区域研究部，斯瑞尔（George D. Strayer）担任分部主任。对此，院长拉塞尔认为：

教育研究院由管理董事会领导，董事会由教育学院和实践艺术学院的主任、师范学院的院长组成。董事会选定具体的研究问题，任命最合适的人选

---

① Columbia University. Annual reports of the president and treasurer, 1921：173 - 174.

② Columbia University. Annual reports of the president and treasurer, 1922：190.

③ Columbia University. Annual reports of the president and treasurer, 1923：158.

来研究这些问题。董事会的任命基于特定的目标，一旦任务完成，任命将自动解除。换言之，教育研究院自身选定课题研究方向，确定研究人员，独立开展研究工作并支付研究人员的薪酬。[1]

在他看来，教育研究院是哥伦比亚大学师范学院一种新的办学模式，因为教育研究院的学生都是具有经验的教师、学校管理者和教育主管，教育研究院能够为他们提供教育调查的必要条件和指导，从而促进其研究水平的提高。

1926 年，美国路德教会教育董事会通过一项决议，决定对其麾下的高等院校进行一次全面调研。哥伦比亚大学师范学院下属的教育学院主任指导调研工作的开展，调研工作为高等教育管理专业学生的研究和学习提供了绝佳机会。纽约社会工作学校也参与了这次决议，目的是为宗教教育专业的学生研究社会性事务提供更多机会。一般来说，通过学习社会工作学校设定的课程，学生可获得相应的学分，这些学分在研究生学位申请时也有效。与此同时，教育学院又新增了法语及体育主管学位、社区娱乐活动主任学位。这一年，哥伦比亚大学师范学院共授予了 58 个博士学位，856 个专业学位。

这一时期，哥伦比亚大学师范学院设立课程研究处（Bureau of Curriculum Research），其主要任务是收集和进一步诠释当前有关各种课程的调查研究和理论讨论的成果，目的是为课程研究及课程设置提供相关参考材料。例如，1927—1928 学年课程研究处收到了 3 686 份从幼儿园至高中不同年级的课程研究和课程设计公告，对这些课程的评价和研究为美国课程发展趋势提供重要的参考与指导。自 1924 年师范学院设立家庭经济教育研究办公室，至 1928 年该办公室被取消，在此期间，该办公室主要负责两方面的工作：其一是推动家庭经济教育研究；其二是对家庭经济教育的课程材料进行多方面调查。

同时，哥伦比亚大学师范学院继续推进扩展课程的工作，校外课程系（Department of Extramural Course）继续为不同地区组织和开设一系列的扩展课程。例如，1927—1928 学年在哥伦比亚特区、康涅狄格市、纽约市、北卡罗来纳州、马萨诸塞州、宾夕法尼亚州、南卡罗来纳州和新泽西州等地区的 22 个中心开设 36 个班级，学生注册人数达 2 189 人，其中 78.5% 的学生（主要是女教师）通过选修这些课程获得了大学的学分。[2]

20 世纪 20 年代，随着各项事业的不断进展，哥伦比亚大学师范学院在

---

① Columbia University. Annual reports of the president and treasurer, 1921：164 – 165.

② Teachers College Columbia University. Teachers College report of the dean，1928：51.

此期间又发生了三项重要变化。1929 年，师范学院与美国犹太神学院（Jewish Theological Seminary of American）达成合作协议，规定神学院的优秀学生可以通过哥伦比亚大学师范学院的学术平台，强化学生在宗教学方面的训练，进而获得哥伦比亚大学宗教教育方向的理学学士学位。为提高组织能力，师范学院实施了两个不同的教学指导实验项目：其一是通过灵活选择课堂教学材料和及时总结教学实践活动，来培训实习教师；其二是在高等心理学的实验课程方面，允许教授和学生共同合作，完全自由地确定一年期的授课内容。这两个计划都为学生提供了从多种多样的课程中选出最适合、最有利于个人发展的课程的机会。①

二、教育学课程的建设

1902 年 3 月，哥伦比亚大学师范学院设立了五个独立的教育学专业系科：教育史和教育哲学系、教育管理系、教育心理学系、基础教育系和中等教育系。随着办学实力的不断增长，研究生教育于此时成为学院教育学科发展的主要方向，其课程设置也因独立系科的建立和工作重心的转移进行调整。这一时期，学院的研究生主要来自师范学校和文理学院的毕业生，为促进两类学生在研究生学业上的进步，哥伦比亚大学师范学院在每个系科精心设置了系统的课程群，至少每个系科都由一门导入课程与整个专业的课程群组相联系，学生在学习学院设立的课程群组之前，必须先完成某一门导入课程的学习。

具体来说，哥伦比亚大学师范学院的研究生课程可分为两类，一类是研讨课，另一类是实践课。实践课通常选择特定的领域开展调查研究，其目的一方面在于促进学生将之前在基础课中学到的一般的、常识性的知识付诸实践；另一方面通过讲课、阅读、讨论以及指导性研究等活动使学生进一步理解、深化所学知识。实践课的基础源自基础课，同样地，研讨课的基础则是源于实践课。② 哥伦比亚大学师范学院明确规定，申请研究生学位的学生能否顺利入学并顺利获得学位的关键在于是否完成了师范学院的本科课程或者其他学院同类课程。

随着师范学院成为哥伦比亚大学独立的办学实体，1905 年，学院对其所授的教育学方向的理学学士学位课程进行重新修订，明确规定申请理学学士学位的学生必须学习教育学类的全部课程，并在 1916 年进一步强调完成包括哥伦比亚大学的两年制学院课程或巴纳德学院两年期的课程学习，学生才

① Teachers College Columbia Universtity. Teachers College report of the dean, 1930:29.
② Columbia University. Annual reports of the president and treasurer, 1902：197.

有资格进入师范学院接受教育学专业学习。① 而学院的实践课程和技术课程由工业艺术学院和家政艺术学院来开设。②

为满足社会发展的需求，哥伦比亚大学师范学院不断在新的实践领域拓展其课程设置。1901 年，体育教育系建立，取代学院原来设立的体育文化系，伍德博士（Thomas D. Wood）任体育教育系主任，学院开设体育和保健类课程；1903 年，生物学教授毕格罗（Maurice A. Bigelow）开设自然和农业研究课程，同年宗教教育系开设圣经研究常规课程；1904 年，瓦特（Hermann T. Vulte）教授开设家政化学导论课程；1906 年，谢尔曼（Henry Clapp Sherman）教授开设食品和营养化学课程。

哥伦比亚大学师范学院还开设种类繁多的培训课程。早在 1897 年，学院的前身纽约教师培训学院就设置了项目丰富的培训课程，主要包括绘画、制图、家庭艺术、家政科学、声乐、体育文化、家政经济等。拉塞尔任院长后，对这些种类繁多的课程进行整合，组建了家政科学系、家政艺术系、手工训练系、艺术教育系、声乐训练系和体育教育系。为更好地为哥伦比亚大学师范学院的教师培训提供实践工作方面的科学指导课程，在拉塞尔的努力运作下，1909 年建立道奇大厦（Grace Dodge Hall），为美术应用、家政艺术和家政科学课程的开设提供必要的场所。这一年，受多重因素的共同作用，成立于 1906 年的家政艺术学院进行重组。家政艺术学院开设的课程主要涵盖十大领域：家政艺术教育、营养学、家用化学和生理化学、美食与烹饪、纺织与刺绣、家庭艺术与美术学、家庭管理学、住院经济学、生理卫生学、房屋构造与卫生学。同年，学院共开设 81 门常规课程，另为那些非本院学生设立了 23 门专门课程③，这些课程主要是由家政艺术学院与大学其他院系联合开设，课程内容主要包括社会学、化学、经济学、生理学和建筑学。

自 1898 年拉塞尔担任哥伦比亚大学师范学院院长开始，学院在他的主导下，不仅开设了心理学、教育学和家政经济学课程来培养专业教师，而且还在社会力量的资助下，为培养护理教育方向的专业教师开设了医院经济学课程，该课程由家政科学系的纳汀（Mary Adelaide Nutting）担任主讲教师。④ 1905 年后，该课程的授课时间由一年增至两年，纳汀担任家政管理系主任。1907—1910 年，从欧洲访学归来的纳汀着手对课程进行改革。在培训

---

①② Teachers College Columbia Universtity. Teachers College report of the dean, 1911：8 - 12.

③ Columbia University. Annual reports of the president and treasurer, 1909：107 - 108.

④ GOODSELL W. Mary adelaide nutting［J］. Teachers College record, 1926（27）：382 - 393.

专业学校管理者和医院管理者的课程建设方面，她充分利用大学的学术资源来丰富课程的内涵，增加了社会和慈善工作的内容，在其授课纲要的基础上建立专门面向培养学校教师的护理专业培训课程。在她的努力和拉塞尔院长的支持下，1909年成立新的家政艺术学院。为更好地推进哥伦比亚大学师范学院在护理教育师资培训方面的工作，1910年学院董事会成员詹金斯女士（Helen Hartley Jenkins）为家政管理系捐赠20万美元，组建新的护理与健康系。在纳汀的主导下，护理与健康系依据社会发展需要开设了不同类别的课程①。

"一战"期间，哥伦比亚大学师范学院的两所专业学院——教育学院和实践艺术学院都开设了一系列短期课程，其目的不仅是为了满足前方战事的需要，更是为了满足国内社会发展的需求。其内容主要包括汽车构造、医院和野外摄影、军事目标伪装、战地医院的物理治疗和职业培训、基本的饮食规划、食物保存、家庭护理、红十字急救、童子军侦察、社区组织、战争或紧急状况下的事务管理、婴儿和儿童照顾等。战争期间的一些紧急课程被扩展为常设课程。其中比较重要的课程有1916年开设的妇女和女童顾问课程，后来其发展为学院专门学位课程；同时为乡村学校主管开设了若干专门课程，并创建统计实验室，以发展标准化测试。② 在此期间，为培训教育管理专家、城市学校主管、中学校长与教师、女性工作顾问，师范学院对其所开设的课程进行调整。③ 此外，学院还开设了培训社会工作者和宗教人员的相关课程。

随着"一战"的结束，美国社会发生重大变化，哥伦比亚大学师范学院的课程设置也面临重新修订的任务。学院院长拉塞尔和大学校长巴特勒（Nicholas Murray Butler）分别于1918年2月和1919年1月发表对学院变革的指导意见。拉塞尔认为，学院应该对一些问题进行深刻思考。如学校是什么？学校需要教给学生什么？由谁来控制学校？美国社会在战后会用多长时间来恢复建设与发展？在他看来，战后新的社会秩序需要一种新的哲学理念来指导学院课程的设置，教育学课程的最终目的是培养民主化的社会公民。④

---

① 其中主要包括：1917—1918学年，与长老会医院（Presbyterian Hospital）联合开设五年期的护理学课程，与亨利街上门服务护士协会（Henry Street Visiting Nurse Association）合作开设8个月的公共健康护理课程，与纽约医院社会服务部门合作两年开设8个月的医院社会服务课程，以及"一战"期间开设的各种急救类课程。

② Teachers College Columbia Universtity. Teachers College report of the dean, 1916：12-15.

③ Columbia University. Annual reports of the president and treasurer, 1916：132.

④ RUSSELL J E. Education for democracy［J］. Teachers College record, 1918（19）：219-228.

巴特勒赞同拉塞尔培养民主化公民的目标，进而提出培养世界公民的理想。他认为应该开设三门学科课程以推进公民教育的进展，这三门课程包括：（1）伦理学，旨在讲述行为和社会服务的准则；（2）经济学，旨在讲述职业发展的原则；（3）政治学，旨在讲述双方和解与共处的原则。[①] 在他们的倡导下，哥伦比亚大学师范学院在1919—1920学年设立公民教育项目，并于1923年设立公民教育国际机构。

1919—1920年，实践艺术学院为解决实验室及其他教学设施使用过于饱和的问题，努力拓展学院的实践工作领域。为此，哥伦比亚大学师范学院与社会慈善组织合作，在晨边营养中心（Morningside Nutrition Center）开设教师培训课程班。课程内容以家庭生活实践指导为主。此外，还通过培训社会工作指导教师和公共卫生护士的方式来扩展实践教学领域。[②] 为使学院管理进一步专业化，同时也为满足学位授予的要求，教育学院决定对专业培训增加两年的实践训练。1924年，哥伦比亚大学师范学院与纽约市音乐学院签订合作协议，两所机构联合开展音乐教师和音乐教师主管的专业培训，哥伦比亚大学师范学院为纽约市音乐学院的工作人员开设音乐教育课程。这一时期，哥伦比亚大学师范学院取消了六年制本科层次的护士培训项目，设置五年制研究生水平的护理学专业培训项目，开设护理教育课程。[③] 1926年，哥伦比亚大学师范学院取消四年制本科生课程设置。从这一年开始，除了某些必修的技术课程外，学院的所有课程都按照研究生的水准重新组建。随着小学体制的不断发展与完善，哥伦比亚大学师范学院充分发掘在研究生培养方面的优势，如实践艺术学院在8个技术教育领域将注意力集中到专业领域内高层次教育领导者的培训工作上。

1927年7月，由校长巴特勒提议，经哥伦比亚大学董事会讨论同意，老院长詹姆斯·拉塞尔的儿子威廉·拉塞尔（William Fletcher Russell）继任哥伦比亚大学师范学院院长。威廉·拉塞尔留学欧洲，在教育学领域具有丰富的工作经历。在他的领导下，哥伦比亚大学师范学院自20世纪20年代末开始逐步推进学院的改革。1927年，教育学院要求申请硕士学位的学生必须在哥伦比亚大学师范学院修满18个学分，而之前的要求为16个学分；而且，申请硕士学位的学生必须参加由学院统一组织的考试，其目的是测试每个人的学术能力和学习情况，以便学院根据其能力和潜质给予相应的学习指导。

---

① BUTLER N M. Education after the war [J]. Teachers College record, 1919 (20): 1 – 15.

② Columbia University. Annual reports of the president and treasurer, 1920: 171.

③ Columbia University. Annual reports of the president and treasurer, 1924: 195.

学院还为有特殊需要的学生群体开设了短假期课程项目，为大量的学生提供了非常规学习的机会。这些课程主要在假期或暑假期间开设。[①] 1927—1928学年，实践艺术学院取消了原先的四年制课程设置，为不同方向的优秀学生集中设立一系列新的家政艺术学课程。具体来讲，1928—1929学年家政艺术学院开设的教师教育课程主要包括：

（1）家庭饮食课程；（2）家庭针织和服饰课程；（3）家庭设计装修与管理课程；（4）家庭经济、社交与审美课程；（5）家庭保健课程；（6）家政艺术教育课程；（7）社区和社会机构问题方面的家政艺术课程；（8）家政艺术的热门问题课程。[②]

上述课程的开设，标志着哥伦比亚大学师范学院具有丰富的办学层次，并依据社会的需要调整课程设置，同时也关注教师教育课程的建设与完善，通过增加学分、提高入学标准和毕业要求的方式，不断提高教师培养的规格和质量，进而推进其教育学科的扎实发展。

三、教学实验学校的革新和创建

20世纪20年代，哥伦比亚大学师范学院革新了两所旧的教学实验学校，又创建了一所新的教学实验学校。贺拉斯·曼学校是为哥伦比亚大学师范学院提供教学实践机会的第一所学校。该校于1887年刚成立时只有4名学生。学校1888年从学前班到小学共招收64名学生，1890年又增加了高中部。由此，学校的招生人数大幅增长，各年级的学生数从1890年的253人增至1900—1901学年的639人。1894年，学校搬迁至新建的师范学院主楼的二楼，共享师范学院的图书馆、实验室等资源。至1900年时，贺拉斯·曼学校已有900名在校生，并且经常有大量的师范学院学生和来访者到此听课，导致学院主楼的二楼人满为患。为解决这个问题，1901年，以梅西（Cornelia Macy）女士为首的慈善人士联合向哥伦比亚大学师范学院捐赠一所新建筑，作为贺拉斯·曼学校的办学场所。至1903年，贺拉斯·曼学校的办学规模达到历史最高水平，其注册学生数达1 003人。1913年，贺拉斯·曼学校推行男女生分别开设课程的制度，并于1914年秋建立新的贺拉斯·曼男校，所有六年级以上的男生都搬迁至新校，旧的贺拉斯·曼学校遂成为一所女子学校。

---

① Columbia University. Annual reports of the president and treasurer, 1928：20.

② Teachers College Columbia Universtity. Teachers College report of the dean, 1928：27.

贺拉斯·曼学校因上述改革重新设置女子课程，重点突出美术、家政艺术和形体训练等方面的课程，其主要目标并非是为女生进入大学做准备。相比较而言，新建立的贺拉斯·曼男校则是设计了堪称全新的课程体系。与"主校企图让男生和女生、优等生和差等生、准备考大学的学生和准备从商、从事艺术或居家过日子的学生接受同样教育"的办学目标不同，贺拉斯·曼男校只有一个主要目标：带领那些在智力和人格上适合上大学的男孩们做好充分的准备。① 师范学院的教育心理学部曾把这里作为进行心理测试的实验室，并从课程与教学角度来进行实习。然而，该校对师范学院某些教师所提出的理论与建议常常持反对意见，贺拉斯·曼男校甚至在 1927 年出版了一本书，描述了其教育哲学。在该书中，它坚决拥护"要素主义"教育，反对"进步主义"教育，强烈反对将幼儿园的教育方法延伸到小学高年级甚至中学；它认为新教育在理论上不够完善，实践上也不可行，其教育哲学比较狭隘，经不起推敲。1927—1928 年，贺拉斯·曼男校的注册人数达 380 人，其中 76 人获得毕业证书，绝大部分的男生毕业后在当年 9 月份申请进入高等教育机构继续深造，充分说明该校作为进入大学或学院的预备学校的身份已获社会认可。②

贺拉斯·曼女校的校长皮尔特（Henry C. Pearson）于 1928 年再次强调学校的宗旨是展现优秀的教学方法，纽约市附近的小型培训学校每年都会定期来学校参观学习，贺拉斯·曼女校为之展示近百种大学层面的各年级公开课。1927—1928 学年，贺拉斯·曼女校的注册人数达 884 人，其中幼儿园方向招生 85 人，小学方向招生 475 人，中学方向招生 324 人。③ 学校还开展了多种多样的教育实验项目，如 1929 年开设"七年级融合项目"（Seventh Year Fused Program）。通过该项目，传统的七年级课程被以"人类的故事"为专题的一学年课程体系取代，而常规课程仅限于开设数学、法语和英语。新校长雷诺兹（Rollo G. Reynolds）对该项目的实验结果做了如下评价：

标准成就测试显示，在最后一年学习期间，学校的这些女孩子在基础技能方面获得显著进步，且形成了良好的学习习惯，具备独立的观察力和探究

---

① PRETTYMAN V. Ideals of the Horace Mann School for boys [J]. Teachers College record, 1915 (16)：11.

② Teachers College Columbia Universtity. Teachers College report of the dean, 1928：64.

③ Teachers College Columbia Universtity. Teachers College report of the dean, 1928：61 –63.

能力。①

对哥伦比亚大学师范学院教育学科发展具有重要影响的另一所教学实验学校是建立于 1901 年的斯派尔学校。该校由一个学前班和一所小学组成。哥伦比亚大学师范学院董事会成员斯派尔（James Speyer）捐资 10 万美元为学校建立新的教学大楼，楼内设有教室、体育馆、图书馆、屋顶花园和教职工宿舍。学校开办的主要目的是为师范学院的学生提供实习场所和开展必要的教学实验，成为一个真正意义上的实验中心。② 它不仅用于检验公立学校的理论，而且也努力把社会上最好的经验用于教育。斯派尔学校的开办目的不是为学生进入大学学习做准备，而是为学生从事日常职业服务。因为当时的美国和其他国家一样，也需要大量有智慧的劳动工人与有技能的家庭佣人，哥伦比亚大学师范学院为此而在这些方面开展有利于美国学校的实验，而斯派尔学校也在思考在当时的公立学校条件下美国中小学教育应该如何发展。③

随着社会的发展，美国公立学校也开始对如何根据家庭背景和智力状况引导学生从事最为适当的职业产生兴趣。斯派尔学校成为诸多公立学校学习的榜样，成为一所示范学校，逐渐不再具备教学实验学校的特征。加之斯派尔学校主要针对幼儿园和小学阶段的教学开展实验，其实验结果不具备普遍适用性，因此，1915 年哥伦比亚大学师范学院认为斯派尔学校应该更加关注中等教育以及对特殊儿童的教育问题。后来，哥伦比亚大学师范学院就中等教育层次的实习问题同纽约公立学校体系进行了合作，纽约公立第四十三学校成为师范学院的附属学校，负责初中男生的教育。具体而言，附属学校负责为斯派尔学校选派常规科目的教师，哥伦比亚大学师范学院为斯派尔学校提供音乐、美术及工业教育这种特殊科目的教师，中等教育系的托马斯·布瑞格斯教授（Thomas Briggs）被任命为该校教育顾问。在这种模式下，除了为社区女生开设的烹饪课外，其他具有斯派尔特色的社会服务课程都被取消。④ 但这种模式仅持续了 4 年。随着 1917 年林肯学校的开设，哥伦比亚大学师范学院与斯派尔学校终止合作。

对哥伦比亚大学师范学院教育学科发展具有深远影响的第三所实验学

---

① Teachers College Columbia Universtity. Teachers College report of the dean, 1930:70.

② BURKS J D. History of the Speyer School ［J］. Teachers College record, 1902 (3): 9 - 10.

③ Columbia University. President's annual report, 1901: 48 - 49.

④ Teachers College Columbia Universtity. Teachers College report of the dean, 1915: 12.

校——林肯学校（Lincoln School）在这一时期建立并发展起来。该校的建立应归功于美国教育家亚伯拉罕·弗莱克斯纳（Abraham Flexner）。弗莱克斯纳曾担任纽约市教育委员会委员，是通识教育委员会（General Education Board）的执行秘书。1909 年前他发表过一篇关于美国医学教育的重要报告，引起教育界内外人士的广泛关注。1915 年，他撰写的题为《一所现代学校》（"A Modern School"）的论文曾引起通识教育委员会的兴趣。这篇论文于 1916 年 4 月在一家全国性杂志上发表后，又引起了全美知识分子的关注。1916 年 1 月，通识教育委员会决定选择一所学校来建立弗莱克斯纳所憧憬的学校。弗莱克斯纳设想的学校以自然科学、社会科学、数学和现代语言为文化课教育的基础，以实验和非传统的方式开展教学。他强调："现代学校应当通过完成现实的教学任务去激发学生的思维能力，只有这样，才能有效地培训学生，实现激发学生思维的教育目标。"[1] 同年 5 月，通识教育委员会宣布与哥伦比亚大学师范学院合作建立一所现代学校，"作为专门研究小学和中学课程的实验基地，废弃陈旧教材，改进教材形式，以适应现代生活的需求"。[2]

1917 年 9 月 24 日，位于纽约市公园大街 66—67 号的哥伦比亚大学师范学院下属的林肯学校正式成立。林肯学校采取"六·三·三学制"。由于市中心城区地方狭小，该校于 1922 年春季将其教学楼区迁至第 123 号大街和莫宁赛特大街交会处的街区。该校的主要办学目的是推进教学理论、课程和教学方法的实验，使其适应现代学校的发展模式，努力促进学校成为全国教育事业的发酵素，以便传播新的教学模式。[3] 它的课程主要强调现代语言、科学、社会和工业艺术的内容。林肯学校成立几年后，由于教师开始编写及出版教科书、练习册、课本，并且撰写出大量有影响的教育论文，再加上教师的课堂教学效果非常好，很快在教育界得到广泛认可。1929 年，林肯学校增加了部分实践类课程内容，同时在中学七年级开设中国文化与西方文化关系的课程，取代了之前诸如英语、艺术、社会学之类的传统学科，与之类似的整合性课程也列入学校的授课计划。至 1928—1929 学年，林肯学校有 569 名学生注册，其中小学生 273 名，高中生 296 名。学校高度重视课外活动，成立了家长教师联谊会、家长课堂、家长娱乐俱乐部等组织，且开展音乐、

---

①②　CREMIN L A, SHANNON D A, TVWNSEND M E. A history of Teachers College Columbia University ［M］. New York：Columbia University Press，1954：110.

③　Columbia University. Annual reports of the president and treasurer，1917：153.

摄影、工艺、跳舞、艺术、游泳、体育等方面的学习或创意活动。①

由此可见，上述三所教学实验学校为哥伦比亚大学师范学院开展系统的、有计划的教育实验提供了必要的组织保障，促使教育理论研究与教学实践相结合，使教育理论得到验证、教育变革得以推行，全面推进教育学科的发展与成长。

1902—1925 年，哥伦比亚大学师范学院最显著的变化就是研究生教育的发展方向更加明确。师范学院取消非研究生层次的课程班，主要着力于发展研究生教育，一方面吸引了相当多的优秀学生；但另一方面，这一举措也减少了学校的学费收入，因为学院的收费基于课程数量，而本科生的课程比研究生的课程多，故本科生的课程收费也高，而且由于学院为学生提供了更多的便利及个人培训，致使学校办学经费支出增加，许多具有教学经验的教师前来进修与学习，其目的是利用学院的教学资源提升专业水平，进而成为教育各领域的领导。这种状况使得学院在为学生准备充足的教学资源上遇到困难，对此，拉塞尔院长指出：

我们的难题……不仅要按照有经验的教师和研究生的要求，为其在教育教学技艺、设施和资源方面提供有效的服务，还要促进他们发展必要的教学方法和专业能力的成长。按照学生的现实需要给予他们教学资源和技术上的培训并不是一个重要的任务。当前，许多人都在调查今天我们为学生所开展的基础性的培训，会使学生在将来从事什么样的职业。但是10 年20 年后，当他们都成了各自领域的佼佼者时，如何能知道他们在那个时候要干什么。当然，那又是另外一回事了，这也是我们最应该关心，最应该努力解决的。②

师范学院的各项事业在整个20 世纪20 年代获得显著的发展，其中最具代表性的是学院招生人数相比十年前有大幅度的增长。1923—1924 学年，教育学院（School of Education）共有2 730 名学生注册，实践艺术学院的常规注册生为2 043 人；而1913—1914 学年，两所学院的招生人数分别为1 468人和335 人。而且，在1923—1924 学年，教育服务处（Bureau of Educational Service）安排研究生进入学院和大学就业的人数达到历史最高，而前些年教育服务处还主要是安排毕业生进入层次较低的学校，尤其是在20 世纪早期，师范学院的毕业生大多数去初等学校任教。随着教师资格证制度的建设与发展，学院毕业生的就业层次不断提高，大多数学生开始进入高中任教。进入

---

① Teachers College Columbia Universtity. Teachers College report of the dean, 1929：70 – 72.

② Columbia University. Annual reports of the president and treasurer, 1925：193 – 194.

20世纪20年代后，学院的学生主要在高中、师范学校、学院和大学层面就业，在初等学校就业的学生数量大幅减少。1924—1926年的统计数据表明，师范学院毕业生（本科生和研究生）人数的35%在高等学校就业，32%在中等学校就业，仅有15%在初等学校就业，13%从商，5%任学校监管。这些数据充分表明，20世纪20年代哥伦比亚大学师范学院根据社会现实的变化，不断调整学科组织结构，充实办学力量，设置多层次的教育学学位，建立多种类型的实验学校，从而培养出大量的教育学专业人才，为美国大学教育学科的发展和中小学教师水平的提高做出显著贡献，逐步发展成为具有广泛影响力的教育学院。

四、《师范学院学报》与教育学科的发展

自1900年《师范学院学报》创刊，学报就以专题的形式来组编文章，其第1卷第1期在系统介绍师范学院概况后，就在第1卷第2期、第3期、第5期和1901年第2卷第1期、第2期以专题的形式刊载哥伦比亚大学师范学院附属学校——贺拉斯·曼学校的办学情况，其具体内容如表3.1所示。

表3.1 1900—1901年《师范学院学报》刊载的部分文章一览表

作　者	文　章	发表时间
伊丽莎白·卡斯、弗朗西斯·罗伊德	《贺拉斯·曼学校的自然课程·导论：自然学习的目标》	1900年第1卷第2期
伊丽莎白·卡斯	《贺拉斯·曼学校的自然课程·课程学习：课程总论》	1900年第1卷第2期
伊丽莎白·卡斯	《贺拉斯·曼学校的自然课程·课程学习：课程大纲》	1900年第1卷第2期
伊丽莎白·卡斯	《贺拉斯·曼学校的自然课程·课程学习：课程资源和案例》	1900年第1卷第2期
伊丽莎白·卡斯	《贺拉斯·曼学校的自然课程·课程学习：教师参考文献》	1900年第1卷第2期
富兰克林·贝克	《贺拉斯·曼学校的英语课程：教师用书名单》	1900年第1卷第2期
伊丽莎白·卡斯	《贺拉斯·曼学校的自然课程·课程学习：每学期科目安排》	1900年第1卷第3期

（续上表）

作　者	文　章	发表时间
富兰克林·贝克	《贺拉斯·曼学校的英语课程：导论》	1900 年第 1 卷第 3 期
富兰克林·贝克	《贺拉斯·曼学校的英语课程：小学课程大纲》	1900 年第 1 卷第 3 期
富兰克林·贝克	《贺拉斯·曼学校的英语课程：按科目顺序布置的语言作业》	1900 年第 1 卷第 3 期
富兰克林·贝克	《贺拉斯·曼学校的英语课程：高中课程大纲》	1900 年第 1 卷第 3 期
查尔斯·理查德	《贺拉斯·曼学校的手工作业：学校手工作业的功能》	1900 年第 1 卷第 5 期
查尔斯·理查德	《贺拉斯·曼学校的手工作业：小学的课程学习》	1900 年第 1 卷第 5 期
查尔斯·理查德	《贺拉斯·曼学校的手工作业：高中课程学习》	1900 年第 1 卷第 5 期
阿尔弗雷德·丘吉尔	《贺拉斯·曼学校的手工作业：美术及其学习目标和价值》	1900 年第 1 卷第 5 期
阿尔弗雷德·丘吉尔	《学校手工作业的功能：美术训练方法》	1900 年第 1 卷第 5 期
玛丽·伍尔曼	《贺拉斯·曼学校的手工作业：贺拉斯·曼学校的家政艺术》	1900 年第 1 卷第 5 期
海伦·金妮	《贺拉斯·曼学校的手工作业：贺拉斯·曼学校的家政科学》	1900 年第 1 卷第 5 期
查尔斯·理查德	《贺拉斯·曼学校的手工作业：关于手工训练方法的若干思考》	1900 年第 1 卷第 5 期
弗朗西斯·罗伊德、莫里斯·比格洛	《贺拉斯·曼学校的生物学：课程前言及评论》	1901 年第 2 卷第 1 期
莫里斯·比格洛	《贺拉斯·曼学校的生物学：动物学课程》	1901 年第 2 卷第 1 期

（续上表）

作　　者	文　　章	发表时间
弗朗西斯·罗伊德、莫里斯·比格洛	《贺拉斯·曼学校的生物学：植物学课程》	1901 年第 2 卷第 1 期
詹姆斯·拉塞尔	《贺拉斯·曼学校的地理学：编者按》	1901 年第 2 卷第 2 期
理查德·道奇、克拉拉·克奇	《贺拉斯·曼学校的地理学：基础课程》	1901 年第 2 卷第 1 期
理查德·道奇、克拉拉·克奇	《贺拉斯·曼学校的地理学：自然地理》	1901 年第 2 卷第 1 期

资料来源：依据 http://www.tcrecord.org 网站《师范学院学报》期刊 1900—1901 年刊载的文章整理。

1900—1901 年，《师范学院学报》以贺拉斯·曼学校为专题，主要刊载贺拉斯·曼学校的课程研究、英语课程、手工作业、生物学课程、地理学课程、学校特色概述、化学和物理课程，其具体内容如表 3.2 所示。

表 3.2　1900—1901 年《师范学院学报》刊载"贺拉斯·曼学校"专题内容一览表

专题题目	内容概述	时间
课程研究	（1）课程性质研究的目标；（2）课程总论；（3）课程大纲；（4）课程资源和案例；（5）教师的参考文献	1900 年第 1 卷第 2 期
	每学期安排的课程	1900 年第 1 卷第 3 期
英语课程	教师的图书列表	1900 年第 1 卷第 2 期
	（1）英语课程导论；（2）小学课程大纲；（3）按学科主题安排语言学习的顺序；（4）中学课程大纲	1900 年第 1 卷第 3 期

（续上表）

专题题目	内容概述	时间
手工作业	（1）学校手工作业的功能；（2）小学手工作业课程研究；（3）中学手工作业课程研究；（4）美术：艺术研究的目标和价值；（5）美术：艺术训练的方法；（6）贺拉斯·曼学校的家政艺术；（7）贺拉斯·曼学校的家政科学；（8）关于手工训练方法的若干思考	1900 年第 1 卷第 5 期
生物学课程	（1）课程综论；（2）动物学课程；（3）植物学课程	1900 年第 1 卷第 1 期
地理学课程	（1）基础课程；（2）自然地理的中级课程	1900 年第 1 卷第 1 期
学校特色概述	（1）贺拉斯·曼学校的项目；（2）师范学院董事会主席特拉斯科（Spencer Trask）的致辞；（3）哥伦比亚大学校长巴特勒（Nicholas Murray Butler）的致辞	1900 年第 3 卷第 1 期
化学和物理课程	（1）课程导论；（2）化学课程教学大纲；（3）物理课程教学大纲；（4）化学和物理课程探索	1901 年第 3 卷第 2 期

资料来源：依据 http://www.tcrecord.org 网站《师范学院学报》期刊 1900—1901 年刊载的文章整理。

从表 3.1 和表 3.2 可以看出，《师范学院学报》对贺拉斯·曼学校的办学情况及课程设置进行系统的介绍，突出展现贺拉斯·曼学校在课程设置上注重教学与实践相结合的特色。1900—1901 年《师范学院学报》除系统地介绍贺拉斯·曼学校外，还在 1902 年第 3 卷第 3 期、第 5 期和 1903 年第 4 卷第 1 期以师范学院另一所附属学校——斯派尔学校为专题，系统介绍了该校的办学情况，其内容主要包括斯派尔学校的目标、环境、管理理念、幼儿园和小学课程的管理理念、课程及其与师范学院的关系、建筑、幼儿园和小学低年级课程大纲、幼儿园和小学五年级之前的课程、本科生实践课程、研究生实践课程 10 个部分，为学界了解师范学院附属学校的办学情况提供较为翔实的材料，并从一个重要的侧面反映出哥伦比亚大学教育学科发展的特点。

1900—1902 年《师范学院学报》刊载的文章主题主要围绕中小学课程、

中小学教师课堂教学、中小学教师培训来展开论述，文章的作者以师范学院的教师为主，这在一定程度上表明20世纪初期《师范学院学报》的来稿渠道并不广泛。综观1903—1929年的《师范学院学报》，在1903—1905年每年出版1卷10期，1906—1923年每年出版1卷7期，1924—1929年每年出版2卷10期。这些文章以专题的形式展开教育问题的探讨，集中展示学界在某一教育问题上的系统探究，为教育学科的发展提供必要的方法指导和理论启迪。以专题为线索对期刊刊载文章的内容进行分类，可大致了解这一时期《师范学院学报》与教育学科发展的密切关联。

表3-3 1903—1929年《师范学院学报》刊载的专题内容一览表

时间	专题内容	时间	专题内容
1903	小学数学；现代语言教学新方法；幼儿园的哲学和心理学；教师培训理论与实践的关联	1917	儿童在阅读初期的主动性；阅读成就的测量；战争期间的学校；公立学校的军事训练
1904	小学音乐教学；小学课程（贺拉斯·曼学校分析）；小学实验工作；英语和教育课程大纲；幼儿园教育	1918	设计教学法；公民效率和基础研究；民主教育方案中的责任和纪律；教育成果测量的一般方法、性质和目的
1905	教育心理学；教育卫生学；城市学校的开支；赫尔巴特和福禄培尔的教育理论；公立教育的财政状况；中学教育问题探索	1919	战争以后的教育；战争与和平之间的艺术服务；职业家政教育；阅读教学的原则
1906	小学课程（贺拉斯·曼学校分析）；中学课程Ⅰ（语言、历史和数学）；中学课程Ⅱ（艺术和科学）；小学课程（贺拉斯·曼男校分析）	1920	教育问题中实践艺术的新地位；贺拉斯·曼学校中的初等教育研究；教育测量的成果；设计教学法：一个教学实验；非英语家庭中儿童的阅读
1907	小学课程（阅读、文学和历史）；幼儿园教育的进展	1921	烹饪教学中的若干新探索；设计教学法的危机、困境及其超越；幼儿园新的发展资源

（续上表）

时间	专题内容	时间	专题内容
1908	英语教学研究；艺术教学的理论与实践培训；博物馆教育；小学儿童的入学适应问题；中学校长与教师培训的关系；幼儿园与小学建立固定联系对儿童发展的影响	1922	公立学校中现代语言教学的社会学问题；学校工作中的智力测验与个体进步
1909	算术教学；中等教育研究；家政学教学的设备；幼儿园问题；性别和经济原因造成的社会损失	1923	家政学教师培训课程；教育学的基础科学：社会学；课程发展的类型与原则；学校课程的社会学研究导论
1910	自然科学教学；儿童书写；护理教育；教育管理研究；体育教育；公立学校护士的教育价值	1924	选择超级或天才儿童的方法；教育测量的意义、运用及发展
1911	小学实践研究；基础算术教学；普鲁士高等女子教育；工业教育；拼写教学；作为社会和教育中心的乡村学校	1925	社区及其教育的新趋势；乡村公共卫生护士的实地培训；新的教育研究：智力低下的测量
1912	德国的数学教学；小学的健康指导；青年人英语作文的质量测定标准；工业培训的分类计划；中学农业课教师专业培训	1926	教育研究的新趋势：学生分组教学；学校课程和美国生活的设计
1913	教育调查和学校指导；贺拉斯·曼学校的课程；作为一门学科的社交英语；绘画成就测量；城市学校管理问题探究；美国乡村学校监管的地位	1927	课程设计者的方向；教育研究技术的课程；从心理学的视角审视健康教育的资源
1914	幼儿园理论和实践的实验研究；中学和师范学校的地理学；露天学校；阅读能力的测量：初步量表和测量；教师书写样本的质量评估；组织学校调查的计划	1928	新的教育研究：乐于学习和学习乏味的儿童；新的教育研究：学生就学出勤作为学校进步的要素；美国教育哲学；美国最杰出的课程设计行动

（续上表）

时间	专题内容	时间	专题内容
1915	贺拉斯·曼男校的成就；作为社会成员的儿童	1929	新的教育研究：个人在高中化学实验室工作中的可测量结果；教育学院是什么
1916	美国公民教育；教育和政治理论；青春期生理和心理特点		

资料来源：依据 http://www.tcrecord.org 网站《师范学院学报》期刊 1903—1929 年刊载的文章整理。

从表3.3可以看出，1903—1929年《师范学院学报》刊载文章的专题内容十分丰富，主要包括幼儿园课程与教学、小学课程与教学、中学课程与教学、中小学教师培训、中小学教育教学研究方法、教育心理学研究、教育社会学研究、课程研究、战争与教育的关系等9个领域。这集中展现了《师范学院学报》一贯坚持的办刊宗旨，即致力于初等和中等教育实践问题探究，为教师专业培训提供指导。《师范学院学报》在每个专题的具体阐述上主要突出了教育学某些分支学科的建设与研究方法的推进，主要包括教育心理学、心理测量、学校调查、儿童研究、家政学、艺术学、教育哲学、教育史、学校管理学等，其中有些学科可谓是当时哥伦比亚大学的重点学科，因为它们在科学研究、人才培养等方面的成就足以代表这一时期美国综合性大学教育学科的最高水平。

五、努力创立教育心理学科：桑代克在哥伦比亚大学

桑代克1874年8月31日生于美国马萨诸塞州，他有出色的学习天赋，高中阶段的成绩一直处在前一、二名。1891年，桑代克进入康涅狄格州米德尔顿的卫斯理大学，主修英国文学。在大学三年级时，因学业的要求，他选修了一门心理学课程，并阅读了詹姆斯的《心理学原理》，这激发了他学习心理学的兴趣。1895年，桑代克毕业后选择去哈佛大学继续研究生学业，计划学习英语、哲学和心理学。1896年，他在哈佛获得另一个文学学士学位，1897年获硕士学位。在哈佛大学学习期间，桑代克开始对动物如何学习的课题感兴趣，并在詹姆斯的指导下将动物实验的研究成果应用于人的研究。这一时期，詹姆斯虽不再搞实验心理学，但他同意桑代克的选题，并为桑代克开展动物实验提供必要的场地。然而，此时哈佛大学的心理学是在哲学系下设立的一个专业，且不具备进行心理实验的必要条件。为更顺利地完成博士研究生学业，桑代克于1898年转入哥伦比亚大学心理学系，因为当时哥伦

比亚大学堪称美国实验心理学研究最好的学校。

从哈佛大学转入哥伦比亚大学，一方面是因为哥伦比亚大学能够为桑代克通过观察小鸡的行为变化与学习能力的变化从事智力研究提供必要的实验条件；另一方面是因为哥伦比亚大学聘请他为大学评议员，并为他的博士研究生学业提供奖学金。1898 年，桑代克带着两只受过最好训练的小鸡到了纽约，继续开展其动物实验，以便完成博士研究生学业。在哥伦比亚大学，他跟随人类学家波亚士（Franz Boas）学习统计学，并在其导师卡特尔（James McKeen Cattell）的指导下，把动物研究技术应用于儿童及年轻人。之后，他越来越多地将人作为测试的对象，并把大量时间花在人类学习、教育心理测验等领域。

此时，桑代克在卡特尔的影响下，深刻认识到实验心理学在美国社会具有巨大的发展前景，而教育和学校教学为心理学家提供了一个不断应用和研究的场所。他认为，哥伦比亚大学师范学院为心理学的实验研究提供必要的条件，有助于作为心理学研究者的他"享受征服教育学新世界"的乐趣。1899 年，桑代克成为哥伦比亚大学师范学院的一位心理学讲师，讲授儿童研究和遗传心理学。此后，直至 1941 年从哥伦比亚大学师范学院退休，桑代克一直从事教育心理学的研究和教学工作，为哥伦比亚大学教育学科的发展做出了突出的贡献。

（一）讲授教育心理学课程，编著有关教材

桑代克能够从哈佛大学转学至哥伦比亚大学，并顺利获得博士学位，且在哥伦比亚大学师范学院留任心理学讲师，是因为受到了詹姆斯和卡特尔的热情指导，后又受到两者联名推荐。当哥伦比亚大学师范学院的院长拉塞尔看到他在老鼠和猴子身上所做的观察研究时，认为桑代克的研究成果应该在人的研究方面得以应用。[①]

1902 年 3 月，哥伦比亚大学师范学院与哥伦比亚大学董事会签订新的联合办学协议，师范学院正式成为大学的专业学院，桑代克极力建议院长拉塞尔借此机会对学院的组织结构进行调整和重建。按照教育学科的发展趋势，哥伦比亚大学师范学院创立教育心理学系。当时美国仅有两所大学[②]正式设立称为教育心理学的研究机构，却没有一所大学设有独立的教育心理学系。教育心理学系这一新颖的组织机构的确立，为桑代克给哥伦比亚大学心理学

① RUSSELL J E. Founding Teachers College［M］. New York：Columbia University Press，1937：53.
② 哈佛大学以詹姆斯为代表的心理学家开展教育研究，克拉克大学以霍尔为代表的学者开展儿童研究。

系期望熟悉教育心理学研究领域的学生授课提供了必要条件，也促使他将教育心理学的研究作为一门基础科学，为教育实践工作者提供指导，并为建构教育学科理论体系奠定基础。教育心理学系成立后，系里所开设的课程成为哥伦比亚大学师范学院所有博士生的必修课。

然而，作为一门新建的学科，教育心理学课程在授课时并没有固定的教材可供学生使用。为解决这一问题，桑代克开始着手编写教材。1901 年，《儿童研究笔记》（*Notes on Child-Study*）出版；1903 年，第 1 卷《教育心理学》（*Educational Psychology*）出版；1904 年，《心智与社会测量理论导论》（*Introduction to the Theory of Mental and Social Measurements*）出版；1906 年，《教学原理》（*The Principles of Teaching*）出版。这些著作，不仅是教育心理学科建立与发展的标志，而且成为美国大学教育心理学授课的重要教材。1899 年，哥伦比亚大学师范学院注册的学生数近 1 400 人，至 1913 年桑代克出版三卷本的《教育心理学》时，哥伦比亚大学师范学院的学生注册人数已超过 3 000 人。这些学生一方面在校期间使用桑代克的著作作为教材，另一方面毕业后在其工作中也将桑代表编著的教材作为教学用书；而且，桑代克著作的影响并未局限于哥伦比亚大学师范学院的学生，因为通过这些书，桑代克向学界宣传他的教育学研究主张，强调心理测量和统计分析方法在教育研究中的应用价值。

（二）借鉴实验心理学，发展教育科学研究方法

桑代克具有良好的行为心理学与统计学学术背景，他在前期求学经历中发现心理学在教育和教学中具有广阔的应用市场。在桑代克看来，世界万物都以某种数量形式存在，要彻底地认知这些事物，必须了解它们的量和质，而心理学在教育上的应用，主要体现在学习过程中。他将学习定义为刺激与反应的联结，认为每个人的心智发展、性格形成和技能的掌握都必须建立在人的自然天性——刺激与反应的基础上。在自然天性的基础上，人掌握了学习的法则，可以更好地完成学习任务，推进教育成果的发展。

在心理学方面的新发现，促使桑代克努力在教育研究中开展控制性实验和精确的定量测定，即对个体心理特性和这些心理特性因刺激而出现的反应进行定量的测定。桑代克认为，对公立学校教学的观察与调查并不能真正确立教育学的科学基础，科学应该是建立于定量的数据和数据分析的基础上，因而要使教育学真正受益于定量研究，学界必须通过艰苦的努力来设计测试测量的单位，并使其标准化，从而确定一个人为的但方便的测量零点并最终

找到测量的误差。① 在其1904年编著的教材《心智与社会测量导论》中，他强调在心理学和教育学领域中，应该正确应用统计方法，以便理解其基本原理，懂得定量研究人类行为的迫切需要以及内在困难。在桑代克的努力下，统计学成为教育研究的新方法。在桑代克看来，教育科学在发展过程中就像其他科学一样，有赖于对教育机构的影响作直接观察和实验，并有赖于定量研究和统计方法。由于所要研究的题材是各类事实，因此，统计学总是有助于研究的。当今，认真研究教育理论的人的主要责任，是要养成归纳研究的习惯和掌握统计逻辑。当人们对种种自然的事实进行观察和实验的时候，就掌握了它们；当人们测定它们的时候，就是使它们为人类服务。

（三）开展教育实验，构筑教育学的科学基础

严格地讲，直到19世纪末20世纪初，教育学才开始作为一门学科在欧美大学获得独立的学科地位。但因其发端于教学的技艺，且与哲学密切相关，致使许多传统大学的教授们不承认教育学具有科学性，拒绝承认教育学是一门独立的学科。这一观点对哥伦比亚大学师范学院的发展极为不利。虽然在哥伦比亚大学校长塞思·洛（Seth Low）的主导下，1901年，师范学院与哥伦比亚大学董事会达成联合办学协议，但哥伦比亚大学师范学院院长拉塞尔批评道，师范学院并没有被视为与其他学院具有同等地位的专业学院，只被当作大学哲学系及其教育学系的附属机构，由哲学系和教育学系负责监督师范学院的学位课程。② 为改变师范学院的状况，拉塞尔积极倡导教育的科学化发展，鼓励和支持桑代克开展教育实验，建立教育科学的专业化知识。这一时期，教育实验被视为教育科学化的必要手段，从事教育实验是教育学者探索教育学科专业知识的必要途径。1901年，桑代克和伍德沃斯（Robert Sessions Woodworth）开展迁移实验，选取4~9名大学生，对其与知觉和感觉运动辨别相关联的智力机能进行每组两次测验的多循环组测验。其研究结果表明，任何单纯智力机能方面的改进，都很少给任何其他机能带来同样的改进，不论它们是如何类似，因为每一种智力机能所起的作用都视每一种特定事实材料的性质而定；对于保持练习和不再练习两种情况来说，只有当其中有同样的因素是与发生影响的和已受影响的机能有关的时候，才能对它们作通盘的考虑。桑代克等人开展的实验及其获得的结论，对教育界产生了深刻的影响，促使学界不断深入探究教育的科学基础。1922—1923年，

① THORNIKE E L. The quantitative study of education [J]. Forum, 1905 (1)：446-456.

② RUSSELL J E. Standards of scholarship and the professional spirit in Teachers College [J]. Columbia University quarterly, 1907 (9)：277-284.

桑代克又开展各种高中学科的训练价值的教育实验。他选取 8 564 名高中生，对其开展每 12 个月一次的智力测验，旨在测验智力的进步与学生学习学科的相关性。其研究结果表明，迁移相对智力天赋来说，其重要性较小；簿记、数学和自然科学是最成功的科学。在实验的基础上，桑代克提出了学习迁移说，并不断对其进行改进，成为教师教学的必要指导，为建立教育学的科学基础做出了贡献。

（四）开展兴趣测验，强调兴趣在教学中的作用

兴趣测验属人格测验和个性倾向性测验之一，与学生成就测验、智力测验、能力测验密切关联。① 桑代克认为，教育的结果是人类的本性和人生活于其中的世界两方面的改变，对于这些改变虽很难做精确的测量，但可以做概略的观察。关于学校教育的结果，他认为，"不论何种或若干分量的学校教育，其在知识、能力、技能、兴趣及理想上的结果究竟有若干，至今很难确实知道"，"均难得到精确的答复"。② 要得到能精确估量教育的任何结果，必须应用"标准测验"和"量表"，前者是应用严格规定的规则的试验，所用材料、所限时间、所有影响环境、当场说明、结果评定等均能重复验证；后者指任何人可与之比较的固定标准。就测量的内容而言，有知识的、能力的、运动技能的、行为的测量，也有兴趣、情感、态度、理想等方面的测量。针对常有人断定后者的"微妙的反应性向不能测量"，桑代克指出，"这一方面的测量不及其他方面的进步，固无可讳言，但谓兴趣、欣赏、情绪性向等不能测量，亦殊属不然。今日成就的高妙便是与前言相背驰的充分证据"③。质言之，既然兴趣是一种学习所得和教学结果，就一定可以测量；虽然方法手段尚简陋并费时费力，但仍可做出概略的数量计算。

以桑代克之见，兴趣是教育基本原理应当研究的一个重要问题，尤其是课程教材教法必须认真考量的因素。他认为"学科与活动的抉择"除了要比较学校与其他教育力量的关系，主要学习和附带学习的关系，过去、现在和未来的知识价值以及迁移的价值之外，还必须"估定兴趣的影响和价值"，即"兴趣的标准"。这个标准系根据下列两种事实：（1）对于作业的兴趣愈

---

① 朱德全. 现代教育理论［M］. 重庆：西南师范大学出版社，1999：187.

② 桑代克，盖兹. 教育之基本原理［M］. 宋桂煌，译. 上海：商务印书馆，1934：253，255.

③ 桑代克，盖兹. 教育之基本原理［M］. 宋桂煌，译. 上海：商务印书馆，1934：264.

大，则所得的快乐亦愈大；（2）热忱愈大，则学习所得的结果亦愈丰富。[①]桑代克强调："儿童在未试验之前对于某一学科的好恶的意见，不能据以断定其对于该学科的真正意见。"因为事实上，学生在未一一试验之前，是不能自己断定哪一种材料和学科为其所爱。与其依据儿童猜测，"不如依据关于儿童在各种材料、活动或学科上所表现的兴趣之精密的科学研究的结果为可靠。是以我们应用这种兴趣标准，必须先能真正知道各种材料的兴趣价值，然后据以指导儿童，如此，儿童对于他最有兴趣的活动自能乐于参加了"[②]。他指出，对于兴趣的测量或确定兴趣的标准虽然很重要，但却是一种最难操作的应用，它之所以难以应用到一个学科或活动甚至某一特殊练习，"即因其大部分须视乎教这学科的方法如何或领导这活动的方法如何"[③]。

桑代克进一步认为，兴趣的形成既依赖于作业恰当地适应儿童，又取决于教师的教学艺术和方法，还与学习内容和对象的功用、实用有关。"实际上一种学科或活动如能满足另一个标准，即能证实有益于生活中家庭、社会、娱乐等方面的事件或对于自然界或他人的适应；能供给有用的心智资源或公认为合宜的行为；并且能适应儿童的能量而很合于教学原理，实际上便一定是有兴趣的。"[④] 而且，桑代克还指出了不利于学生兴趣的若干情形和做法，希望教师加以避免：（1）不是使学生感到困难而气馁，便是使学生因容易而轻忽；（2）学生所学出来背诵之外，无可应用；（3）所用教法不能显示或确定其效用；（4）教师不当地阻碍学生身心的发展，不能对学生取得的成绩予以有效的奖励；（5）其他方面的教法不当。[⑤]

桑代克在哥伦比亚大学师范学院主张从事教育的量化研究，运用统计学方法探究教育现象，对教育资料进行定量分析，开展教育领域内具有广泛意义的教育实验，发明和利用经过改进的测定中小学基础学科成绩的方法，推进教育学科日益朝着以经验为依据的客观研究方向发展，从而赋予教育学科更多的科学价值与内涵。

① ③ 桑代克，盖兹. 教育之基本原理 [M]. 宋桂煌，译. 上海：商务印书馆，1934：163 - 164.

② 桑代克，盖兹. 教育之基本原理 [M]. 宋桂煌，译. 上海：商务印书馆，1934：166 - 167.

④ 薛小丽. 西方近现代兴趣教学思想研究：兼论当代教学论的重建 [D]. 重庆：西南大学，2008：83 - 84.

⑤ 单中惠. 西方教育思想史 [M]. 太原：山西人民出版社，1996：588 - 589.

六、构建以教育哲学为核心的教育学理论体系：杜威在哥伦比亚大学①

1904 年 4 月，虽然杜威辞去芝加哥大学的职务，但他当时并没有工作机会。然而，杜威确信机会马上就将来临。尽管在芝加哥大学的晚期，作为管理者杜威经历了一些挫折，但他曾经仔细考虑过是否做全职的行政管理人员，甚至曾撰写过一些关于管道工程、取暖问题和组织管理方面的文章。但是，实验学校的失败又使他犹豫不决。不过，如果杜威曾有机会做管理工作，他也许会顺势而行。幸运的是，哥伦比亚大学哲学系为杜威提供了一个颇具吸引力的职位，因而这位思想家的事业终于得以继续。

杜威能够有机会在哥伦比亚大学工作，这得益于卡特尔和哥伦比亚大学校长巴特勒的运作。巴特勒校长本人曾在哲学系任教。从芝加哥大学辞职后不久，杜威就写信给自己就读于研究生院时期的朋友卡特尔，询问他关于就职于哥伦比亚大学的可能性。卡特尔意识到，杜威将会大大提高哥伦比亚大学的声誉，于是将此事汇报给巴特勒，巴特勒也立刻认识到杜威将给大学带来的声誉价值。关于杜威的任用方案迅速得到学校管理方的认可，校方从不知名的捐赠者那里成功筹到资金，得以增设了一个哲学教授的职位。杜威接任后，哥伦比亚大学学校董事会成员均欢欣鼓舞，认为这一行动"意义超乎寻常"。他们宣称："目前在世的接触哲学的研究者、教育家不过二三人，而杜威便是其中之一"，杜威将使哥伦比亚大学哲学系成为"世界上最富成果，最优秀的大学"。② 进入哥伦比亚大学哲学系任职的杜威，除在哲学系授课外，还在哥伦比亚大学师范学院讲授教育哲学课程，继续从哲学的视角关注教育问题与学校变革，推进教育学科的内涵建设。

（一）分析学科构成要素，明确教育学的理论基础

1886 年，哥伦比亚大学校长巴纳德支持巴特勒在哲学系开设教师培训的教育类课程，设立教育系。1892 年 5 月，哥伦比亚大学与纽约教师培训学院联合办学。1900 年 4 月，新的办学协议签署，哥伦比亚大学师范学院成立，它与哲学系下设的教育系联合培养硕士研究生。1905 年，到哥伦比亚大学哲学系任教的杜威也在师范学院讲授教育哲学和伦理学课程。正是在这一时期，杜威形成了一种坚定的信念和观点，认为在哲学与教育之间存在着紧密

---

① 本小节的内容曾发表在肖朗、孙岩《杜威与美国大学教育学科的建设和发展——从芝加哥大学到哥伦比亚大学》（《高等教育研究》2016 年第 6 期）一文中。

② DYKHUIZEN G. The life and mind of John Dewey [M]. Carbondale and Edwardsville：Southern Illinois University Press，1973：116 –117.

而重要的关联，学校既是解决教育问题的必要场所，也是将哲学转化为"活生生的现实"的重要场所，因为学校里年轻人的思想还有待形成，需要在一种均衡和连贯的哲学的指导下形成理智的和情感的倾向，进而塑造自身的经验。① 日后他将自己的信念和观点明确地表述为"如果我们愿意把教育看作塑造人们对于自然和人类的基本理智的和情感的倾向的过程，哲学甚至可以解释为教育的一般理论"。"教育乃是使哲学上的分歧具体化并受到检验的实验室"。② 本着这一信念和观点，杜威从实用主义哲学的视角出发，分析了大学教育学科的构成要素，并明确了教育学发展的理论基础。

杜威分析道，在1907年的美国，教育学作为一门大学学科，仅有一代人多一点的时间，人们关于教育学科建设和发展问题的探讨还不够全面，有的大学校长甚至相信"任何一个有理智的人，都能在几小时之内学会理论上能够学会的所有关于教育的东西"，且教育理论主要是关于某一学科教学方法的总结，这些方法主要是用来指导和规训孩子们。③ 对此，杜威强调，作为大学学科的教育学，一方面，必须对历史问题进行探讨，从而形成教育史，包括社会机制和思想的历史、战争艺术和工业技术进步的历史、智力的历史，但现代大学并不是完全为了重复过去的知识而存在，还要担负推进知识领域发展的职责；另一方面，教育哲学为教育问题的明确表达、正确观察和思考教育系统中的经验提供必要的思维工具，并且它最终关注的是人的问题，旨在研究对人具有意义的主题，以求个人价值与社会价值的统一。在他看来，任何教育系统都需要来自专业的指导，接受科学、哲学和历史的教训，从而获得智力的认可，而不是盲从官僚机构的权威。④ 因此，杜威明确主张在大学里教育的科学研究应体现大学的学术使命和社会自觉，教育学科构成的要素和基础是教育史、教育哲学，其最终目的在于推进民主社会的发展。

然而，20世纪早期，为争取教育学取得独立的大学学科地位，美国学界主要运用数学或自然科学的论证方法研究教育问题、考察学校状况，努力建立教育科学。针对这种状况，杜威认为教育科学的创立不能仅仅借用自然科

① DEWEY J. Philosophy of education［M］//DEWEY J. The middle works of John Dewey：vol. 7（1899 - 1924）. Carbondale，Illinois：Southern Illinois University Press，1979：298，306 - 307.

② 杜威. 民主主义与教育［M］. 王承绪，译. 北京：人民教育出版社，2001：347 - 348.

③④ DEWEY J. Education as a university study［J］. Columbia University quartely，1907（9）：284 - 290.

学实验和测量的技术，只有当教育所涉及的心理或智力发展的现象有必要用空间、时间、运动和质量的单位来表述时，人们才应运用它们。他断定教育科学最终的现实性存在于那些从事教育活动的人们的心中，因为正是从事教育活动的人们的观察、判断、分析的态度和习惯促成教育活动中科学结果的呈现，这是教育者必须利用的资源，它们能使教育工作的开展更加明智。他强调，教育科学是推进教育学科的核心要素，从其他学科如心理学、社会学、自然科学中抽取出来的资料，集中在教育和教学上时，就形成了教育科学的基本内容；与此相应，哲学引导科学从特殊过渡到一般，决定着教育科学的本质，因而教育哲学可谓人学教育学科的根基。

（二）开展教育哲学探究，阐明民主教育的本质

早在 19 世纪 80 年代中期，杜威就认识到"现实是一个相互联系的系统"，而哲学正是关于这个"系统"的科学，它是由全部科学组成的有机的、系统的整体，是所有其他科学的基础。[①] 进入 20 世纪，他进一步认识到相互联系的社会现实具有教育性，而教育哲学就是要在非正规的和正规的、偶然的和有意识的教育形式之间保持恰当的平衡，促使儿童所获得的知识和专门的智力技能影响其社会倾向的形成，增进生活经验的意义。他认为，虽然哲学不可能成为一门专门科学，也不可能成为广义的科学本身，但哲学又发挥着重大的作用，因为它是一种基于道德想象的强有力的文化批评形式，接受多种专门科学所提供的知识的规范，所以，作为知识，哲学完全依附于各门专门科学，而在方法上哲学又能对各门专门科学进行指导，进而形成科学思维；在教育领域的哲学探究，意味着由"肯定已知的事物向被推论接受的另一事物"的飞跃，这可以培养一系列认知性的美德，其根本任务在于促进人的发展。基于这样的认识，杜威在哥伦比亚大学时期结合芝加哥大学时期所开展的教学、科研和管理工作，把主要精力倾注在理论研究方面，试图创立以教育哲学为核心的教育学理论体系，并在此基础上阐明民主教育的本质。

在杜威看来，教育哲学在实施教育的过程中有助于促进儿童科学思维的形成，从而推动民主社会的建设。具体而言，儿童的知识和智力技能的增长源自其对生活环境的理解和沟通，成长中的儿童面对不同的生活环境，在科学思维的作用下，他们对环境的理解和沟通不断加深，经验逐渐丰富，培养儿童学会科学地思考，不仅对于未来的科学家，而且对于民主社会的所有成员都具有重要的意义和作用。因为儿童是教育的出发点，社会是教育的终结

[①]　DEWEY J. Psychology as philosophy method [J]. Mind, 1886 (11)：153 – 173.

点，儿童与社会之间形成了教育历程，而教育哲学在引导儿童掌握思考方式时，其目的并非强迫儿童采取"一种违反自然倾向的行动方式"，而是要以科学思维的方式对儿童具有的自然倾向进行安排。为达到此目的，最好的办法是在教育之初就把儿童引导到社会生活的模式中，即民主社会所特有的"协作生活模式"，这是一个以全面参与活动、相互交流经验为特点的共同体，社会同情心和审慎的道德理性将在这个共同体中形成，从而培养儿童的民主意识和习性，使他们都具有促进社会变化的理性，既对社会关系和社会控制感兴趣，又能够保持社会协作制度的稳定。

杜威指出，从社会的角度来看，通过教育培养儿童的科学思维并为他们提供思考社会问题的方法的工作如果能够成功，其结果就"不是对现有制度进行浅层次的调整，而是对现有制度的基础、目的展开的一场激烈变革，即一场革命"①。他解释说，民主在本质上是一种合作性的承诺，依赖于说服、说服的能力和通过理性而被说服，而且民主社会的建立伴随着科学态度的传播——因为科学既为人们提供了有效的思维方法，也为在社会团体中实现民主的生活方式提供了范例。有鉴于此，杜威强调学校应建立小型的科学共同体，它既是制造知识的实验室，也是合作探究的场所，以确保儿童参与正在进行的实验、交流和自我批评，借以促进其科学思维的发展，进而实现教育以儿童的生长为起点、以民主社会建设为归宿的总体目标。

（三）提出现代教育理念，探讨职业教育的功能

20世纪初，杜威敏锐地观察到美国教育主要盛行两种人才培养理念：其一是悠闲阶层接受的"博雅教育"，旨在培养英国传统意义上的"绅士"；其二是针对广大民众设计的"普通教育"，旨在培养现存社会秩序的维护者，而且大多数学校仍流行着刻板的教学方法，学生必须花费绝大部分的时间和精力来记忆并积累大量互不相关的信息，致使学校教育出来的美国公民尚未具备独立思考和判断的能力，而只能听任大众媒体的摆布，深受宣传舆论的蛊惑。② 他认为这不是民主社会的教育理念，因为它培养的人依赖或顺从学校教师和教科书所呈现的传统观念和固有知识，却不具备批判精神和创新意识。

针对当时美国学校教育的弊端，杜威从智力发展的视角出发提出了现代

---

① DEWEY J. Education from a social perspective［J］. L' Annee pedagogique，1913（3）：32 – 48.

② DEWEY J. Need for orientation［M］//DEWEY J. The later works of John Dewey：vol. 11（1935 – 1937）. Carbondale，Illinois：Southern Illinois University Press，1989：163 – 165.

教育的理念。他指出儿童面对复杂的个人需求和社会环境，其心理机能必须重新调适，儿童的智力正是伴随着他在自然和社会中的生活而发展起来的。①因而教育肇始于儿童做某一件感兴趣的、有意义的事情，在做的过程中儿童通过分析、推理而发现自己的问题，随后积极致力于寻找和选择解答问题的材料，并经过慎思这些材料的内在关联而形成问题的答案，对此学校教师的职责不是过多地强调将现成的材料传授给儿童，而是引导儿童理解其发现的问题，促进儿童自发地解决问题并借此形成独立思考、自主发展的能力。在杜威看来，学校教育应促进儿童身体和心智的成长，促进其经验的改组或改造，在共同协作中培养儿童独立思考的能力，而职业教育则为儿童共同协作提供了最佳途径，因为在学校开设职业课程可为学生提供职业指导，让他们分享成人社会的技能及其价值、意义，从而使学生实现自我价值并为社会服务做好准备。因此，他主张民主社会中从事职业教育的教师必须围绕着"作业"（occupation）开展教学。儿童在手工训练中所从事的活动如栽培、修剪、折叠以及编织等均属作业，因为正是这些与人的衣食住相关的作业重构了人类的经验，它们遂构成探索人类社会发展的必要途径，也是推动学校教育进程的重要方式。

　　另一方面，杜威又结合民主教育的本质进一步阐发了职业教育的功能。他分析说传统社会将手与脑的教育硬性分开，上层阶级的子女专门从事抽象知识的学习，对生产活动少有接触；而下层阶级的子女偏重于学习实用技艺，对精致文化缺乏体认。一所学校若能包容不同阶级的子女并同时提供博雅教育与手工训练，就意味着把手与脑的发展整合起来，不仅可促进学生智力的成长和发展，而且有助于不同阶级之间的了解和沟通，从而实现真正的公平和自由。在哥伦比亚大学时期，杜威撰写出版了他一生中最重要的教育哲学著作《民主主义与教育》，竭力批评美国多数劳工受制于少数雇主的不公正状态，倡导人人皆应为社会提供有益的服务，也都应享受有价值的休闲娱乐。他认为在现代社会中要求得生存的能力，就必须使自我经验与他人经验充分交流，绝不可使弱势群体被迫提供服务以换取温饱，因而职业教育不能片面进行机械化训练，而必须全面包含科学知识和社会价值的传授，于是博雅科目不再是无关日常生活需求的文化装饰品，因为它们可以充实学习者的心智，提升其精神境界，并使他们洞察其劳作的意义。在杜威的心目中，学校具有建设民主社会的巨大潜力，而这种潜力的发挥则有赖于手脑结合的

---

① DEWEY J. The bearings of pragmatism upon education ［M］//DEWEY J. The middle works of John Dewey：vol. 4（1907 – 1909）. Carbondale，Illinois：Southern Illinois University Press，1979：180 – 185.

教育所释放出来的实用能量与效力，这有助于实现个人价值与社会价值的统一。

综上所述，在芝加哥大学时期，杜威既从事理论研究也开展实践探索，尝试把教育学建构成大学综合性学科，并致力于完善大学教育学科的组织和制度建设。然而19世纪后期至20世纪早期，"分科治学"的理念在美国大学占据主导地位，教育学独立的学科地位遭到质疑。因受大环境的制约，杜威的理想未能达到预期目标。在哥伦比亚大学时期，杜威不再担任行政职务而专注于教育学理论研究，他在借鉴芝加哥大学实践经验的基础上论述了教育学科的构成要素，阐明了民主教育的本质及职业教育的功能等重要理论问题，从而构建起以教育哲学为核心的教育学理论体系，并深化了大学教育学科建设和发展的内涵。遗憾的是，在从事理论探索和总结的过程中，杜威未能重返教育实践一线，加之杜威的教育理论本身也存在着过于理想化、不切合实际等缺点，他的教育思想和理念未能深入到美国学校教学中去，但他构建的教育学理论体系在20世纪上半叶美国教育改革的过程中仍发挥了重要的作用。而且杜威主动走出国门，赴日本、中国、苏联等国讲学，宣传其教育哲学观点，传播民主教育思想，对世界教育改革和发展产生了广泛而深远的影响。

七、从构建教育史学科到开创比较教育学科：孟禄在哥伦比亚大学

孟禄（Paul Monroe）1869年生于美国印第安纳州麦迪逊市（Madison）北郊的一个基督教新教家庭。1892年，孟禄从印第安纳大学弗兰克林学院毕业，并获得理学学士学位。毕业后几年，他在一个中学任校长，并从那时开始思考美国教育的各种问题。1894年，孟禄进入芝加哥大学主修社会学，并逐渐将研究兴趣转向历史学。1897年，他获芝加哥大学哲学博士学位，其博士论文涉及关于美国劳工权益保障问题。应该说，孟禄早年受到的科学方法训练及其对于社会现实的关注，都在很大程度上影响着他后来的教育史及教育学研究。

1897年，孟禄受哥伦比亚大学师范学院院长拉塞尔之邀，至哥伦比亚大学师范学院担任历史学讲师。次年他将研究兴趣转向教育，并由此开始40多年的教育史研究生涯。据拉塞尔回忆，起初孟禄还"怀疑是否有像教育史这样的学科"，"而当他开始发掘这个宝藏后，他要求用百科全书来描绘

它"。① 至哥伦比亚大学师范学院任教后，孟禄以大学教育史学科为发展平台，不断扩充教育史学的资料与教材，为美国培养了大批教育史和教育学专业人才，有力推进了哥伦比亚大学教育学科的发展。

（一）编撰教育史著作及教材

孟禄在芝加哥大学攻读博士学位时虽受过史学和社会学训练，但当时教育学研究的文献和素材奇缺，无法解决师资培训的需求，拉塞尔希望孟禄开展教育史研究来解决这一难题。1899年，孟禄受聘担任教育史专业副教授。为进一步推进教育史学科的建设与发展，1901年，孟禄赴德国②海德堡大学进修。从此，他对教育史研究的灵感便通过一本本的著作不断地涌现出来。同年，孟禄出版了第一部教育史资料集《希腊和罗马时期的教育史资料》（*Source Book in the History of Education for the Greek and Roman Period*）；1904年，他又出版了《托马斯·普莱特与16世纪的教育复兴》（*Tomas Platter and the Educational Renaissance of the 16th Century*），上述著作成为孟禄的早期教育史著作。1905年，孟禄出版了其影响经久不衰的名著《教育史教科书》（*A Text-Book in the History of Education*），并于1907年推出了该书的简化本《简明教育史教程》（*Brief Course in History of Education*），这两本著作成为美国师范学院和大学本科教育学专业的教育史教材，并在20世纪的很长一段时间受到广大师生的普遍欢迎。总的来说，这几部著作基本上是19世纪欧洲教育史学研究模式的美国翻版，也是20世纪初美国教育史学科影响力最广泛的教科书。

（二）力求开展客观的教育史学研究

留学德国的孟禄继承和发扬兰克学派的研究特点与风格③，在其早期教育史研究中秉承客观主义的史学观，对史料和史实进行客观公正的描述，以

---

① CREMIN L A. The wonderful world of Ellwood Patterson Cubberley：an essay on the historiography of American education ［M］. New York：Bureau of Publications，Teachers College，Columbia University，1965：55－56.

② 学界一般认为西方的教育史研究始于18世纪的欧洲，而德国是西方教育史研究的发源地。德国学者劳默尔（Karl Von Raumer）编撰的《近代教育史》（1847）被认为是西方教育史学科体系初步形成的标志，19世纪末德国仍被视为教育史研究的重镇。

③ 德国史学家兰克（Lenpold von Rank，1795—1886）认为"史学家要站在完全客观中立的立场上，记叙真实的历史进程"，并在其著作《拉丁和条顿民族史》的序言中写道："历史指定本书的任务是：'评判过去，教导现在，以利于未来。'可是本书并不敢期待完成这样崇高的任务。它的目的仅仅是说明事情的真实情况而已。"在他的倡导下，形成了客观主义的史料观和研究方法，直接影响了教育史学的研究。参见：古奇.19世纪历史学与历史学家［M］. 耿淡如，译. 北京：商务印书馆，1989：178.

展现不同历史时期教育史实的变化。在其早期著作《希腊和罗马时期的教育史资料》一书中，孟禄秉承客观主义史学研究传统，尽可能中立地描述古希腊和古罗马不同时期的教育状况，并且在每个章节的最后都附上相关的原始史料，以求研究的客观公正，充分展现了"史料即史学"的客观主义史学观和治史原则。在该书的序言中，孟禄写道："这本书主要是介绍那个时代的教育状况，学生根据所提供的资料可以自己解读历史。"① 在《托马斯·普莱特与16世纪的教育复兴》一书中，孟禄明确阐述其重视第一手史料的客观主义史学观，他指出："那种真挚的生活被作者描绘得如此天真，却提供了那个时代细微变化的绝佳范例。与当时社会著名领导人的重要讲话以及现代学者的著作相比，这个身份卑微的苦行者对教育理想、学校生活和教育工作的评价，使我们学到的更多。"② 孟禄在教育史研究过程中除了重视文献资料的客观性，还重视具有实物形态史料的重要价值。在《希腊和罗马时期的教育史资料》一书中，他强调："还有很多史料，如碑文、彩绘、壁画和其它艺术作品，其价值不在文献资料之下。它们完全可以作为历史学家研究中相应的证据。"④

在客观主义史学观的指导下，孟禄非常重视官方提供的档案资料，例如在《希腊和罗马时期的教育史资料》一书的每个章节的最后部分，孟禄详细罗列了他所参考过的文献，这些几乎都属于上述的史料范围。同时，孟禄在其教育史著作中反复使用兰克学派所倡导的"内证法"和"外证法"，鉴别文献资料的真伪，以保持研究的客观性。③ 在《希腊和罗马时期的教育史资料》一书中，孟禄对普鲁塔克的著作《莱库古时代的生活》中的内容先是采用"内证法"分析普鲁塔克自身的情况，并以此来确定其著作中描述事实的可信度。他写道："与其说普鲁塔克是一个历史学家，倒不如说他是一个道德家；而且，比起那些需要精确性的事实问题来说，他更加强调生活中的

---

① ④　MONROE P. Source book in the history of education for the Greek and Roman period [M]. New York：Macmillan, 1915：6.

② 　MONROE P. Tomas Platter and the educational renaissance of the 16th century [M]. New York：Appleton, 1904：17 – 18.

③ 　在史料的运用与批判方面，兰克主张采用"内证法"和"外证法"相结合的方式对文献资料的真伪进行鉴别。所谓"内证法"即通过将不同人所著内容相同的史料进行对比分析，并结合对作者的身世、性格、心理等各个方面的考察来确定该史料的可信度；所谓"外证法"则是通过史料的表述形式是否合乎其生成年代的规范来确定该史料的真伪。

道德问题。因此，他作为一个历史学家的价值完全依赖于其所使用的史料。"① 接着，孟禄又采用"外证法"对比了不同时代学者关于斯巴达早期教育机构的特点，以便确认普鲁塔克著作内容的准确性。他写道："来自古代权威学者的证据表明，他们关于教育机构特点的认识是一致的。从当时教育机构的其它介绍来看，上述特点也是基本可以认同的。虽然当时很多学者没有提到莱库古是促使斯巴达社会制度变革的始作俑者，但修昔底德和希罗多德却提出，此次变革是发生在公元前 9 世纪，而这也是包括普鲁塔克在内的其他学者认为莱库古所处的时代。"

（三）拓展教育学科的研究领域及社会价值

19 世纪末至 20 世纪初，转型期的美国出现了一系列社会问题，社会矛盾与各种观念相互冲突，社会各领域发起一系列旨在"改革与重建"的"进步运动"；与此同时，发端于欧洲的"新史学"② 与传统史学在美国展开论辩，促成了美国"新史学"流派，即"进步史学"③ 的出现。以孟禄为代表的一批教育学者，受"进化论"思想的影响，又借鉴"新史学"的方法研究教育问题，试图创立以美国为中心的进步教育史观，拓展教育学研究的领域。在早期的著作中，孟禄已初步展现其进步教育史观。例如在《希腊和罗马时期的教育史料》中，孟禄将古希腊教育按时间和特征划分为"旧"教育和"新"教育，将古罗马教育分为早期、中期和晚期，并且在记叙每个时期的教育状况时都专门论述其与前一个时期的继承关系，表现出明确的历史连续观；此外，还着重讨论和分析不同时期教育的"变化"，而所谓的"变化"其实就是"进步"的代名词，这实际上也反映出孟禄的进步教育史

---

① MONROE P. Source book in the history of education for the Greek and Roman period [M]. New York：Macmillan, 1915：5 – 6.

② 1891 年，德国莱比锡大学的历史学教授卡尔·兰普雷希特（Karl Lamprecht）出版《德意志史》第 1 卷，质疑西方传统史学的两项基本原则：（1）以国家为历史研究的中心；（2）集中关注人物和事件的历史。他主张历史学应研究包括文化、社会等多方面的史实，因此，必须借鉴其他社会科学，尤其是社会心理学的理论与方法，综合研究民族的"文化史"。历史学家不应仅从政治的和国家法律的视角考察历史，还应从经济的、社会的和文化的等多个视角进行考察。这是针对兰克史学流派以研读档案资料为主要研究方法而提出"文化历史"的概念，由此引发了一场有关历史学研究方法论的大辩论，形成了欧洲"新史学"的观点。

③ 进步史学是以特纳（Frederick Jackson Turner）的"边疆理论"、帕林顿（Vernon Louis Parrington）的"文化史理论"和比尔德（Charles Austin Beard）的"经济史理论"为代表的，其目的是展现美国社会发展中各方面矛盾冲突的史学思想流派。参见：党宁. 孟禄教育史学思想研究 [D]. 南京：南京师范大学，2008：14 – 18.

观。在分析古希腊教育衰退的因素时，孟禄更加强调历史变化的连续性和继承性，他总结说："从另一个方面看，古典社会当中无疑存在道德腐化的种子，而且它们自'智者派'时代之前就始终伴随我们左右。"① 1904 年，《托马斯·普莱特与 16 世纪的教育复兴》出版，他开篇就抛出下述观点，即"在中世纪向近代过渡时期，学生代表着旧的生活方式，教师代表着新的生活方式，而他们之间的对立揭示出今后几个世纪中教育发展的特点"②。1911—1913 年，孟禄主持编写了五卷本的《教育大百科全书》（*Cyclopedia Education*），该书是世界上第一部用英语撰写的教育百科全书，注重教育实际问题的研究和解决，体现出孟禄与以往完全不同的教育史学观和方法论。孟禄以"教育史"研究的方式，试图从根本上为解决美国社会教育实践中的各种实际问题提供指导，在全书体例的编排方面体现了他将教育融入社会的系统化观点，展现出美国"进步运动"和"进步史学"对其教育史学观的影响。1914 年，孟禄主编的《中等教育的原则》（*Principles of Secondary Education*）出版，该书专门针对美国中等教育问题，广泛论述了中等教育的意义和范围、发展历程、管理制度、课程设置和教育改革等内容，并联合杜威、克伯莱等教育学家对当时正处在发展关键期的美国中等教育提出了很多指导性意见。

经过 20 多年的学术积淀，1940 年，孟禄的《美国公立学校制度的创立》（*Founding of the American Public School System*）一书出版。在其著作中，孟禄将美国教育的历史描述成公立学校与其他各种非公立学校之间相互斗争的历程，而且是公立学校不断战胜非公立学校并最终确立支配地位的过程。该书的引言阐述其写作目的不在于如何使年青一代形成完善的观念系统，而仅仅是关注美国教育制度的来源和发展历程，以及与其他社会部门的互动关系。③ 且该书将三分之二的笔墨用在论述独立战争之后到南北战争期间的教育公立化、民主化和免费化进程的史实方面，对各个阶段教育发展的问题做出专门的评论。这部著作不仅是孟禄教育史学观成熟的代表作，也体现了其教育史学研究方法的显著特色。

---

① MONROE P. Source book in the history of education for the Greek and Roman period [M]. New York：Macmillan，1915：66.

② MONROE P. Tomas Platter and the educational renaissance of the 16th century [M]. New York：Appleton，1904：2.

③ MONROE P. Founding of the American public school system [M]. New York：Macmillan，1940：2–6.

（四）培养大批教育史学者

19 世纪后期，教育学才开始作为一门独立的学科在大学里确立，教育学领域的博士研究生也是在这一时期开始培养。1899 年，美国学界共授予学位申请者 224 个博士学位，其中 5 个在教育领域。① 同年，哥伦比亚大学教授巴特勒（Nicholas Murray Butler）和奥斯古德（Herbert L. Osgood）联合指导的教育史博士论文《教育立法与管理》（"Educational Legislation and Administration"）通过答辩，这被认为是哥伦比亚大学校史上第一篇教育史博士论文。② 1902 年，孟禄指导的第一位博士研究生毕业，此后的 20 年，孟禄成为哥伦比亚大学师范学院在教育史领域指导博士研究生最多的导师。据不完全统计，1903—1922 年，孟禄作为主导师指导了 23 篇教育史方向的博士论文。③ 作为博士研究生导师，孟禄不仅关心其学生的学业水平，鼓励他们在教育领域，特别是教育史研究方面努力进取④，还关注他们的就职状况，为学生推荐工作⑤，并与学生继续在教育研究领域合作，培养了一大批具有广泛影响力的教育学者。

孟禄所培养的学生获得博士学位后大部分在各大高校谋得教职，或者在教育管理部门（如大学、中小学学区等）担任要职，一些优秀的博士毕业生如克伯屈、康德尔（Isaac L. Kandel）留在哥伦比亚大学师范学院任教，不仅成为孟禄的工作伙伴，而且开辟了新的教育研究领域。克伯屈虽以"教育史助理教授"的名义留任哥伦比亚大学师范学院，但他后来逐渐转向教育理论和实践问题研究，成为 20 世纪上半叶声望仅次于杜威的进步主义教育理

---

① NEWCOMB S. Doctorates conferred by American universities [J]. Science, new series, 1899 (10)：129 – 133.

② NEWCOMB S. Doctorates conferred by American universities [J]. Science, new series, 1900 (12)：321 – 325.

③ 沈文钦. 教育史学科在美国的早期制度化历程：以孟禄和哥伦比亚大学师范学院为中心的考察 [J]. 教育学术月刊，2013 (10)：40 – 46.

④ 这可以从孟禄指导的博士生的"致谢"中看出，如诺贝尔（Stuart Grayson Noble）在博士论文"致谢"中说："本研究始于哥伦比亚大学师范学院保罗·孟禄教授 1915 年夏天开设的美国教育史课程。我要特别感谢孟禄教授在本研究的设计和开展过程中所提供的明智的、富有教益的指导。"奈特（Edgar Wallace Knight）在毕业三年后出版的一本著作的"谢词"中说："我之前的老师保罗·孟禄教授的学术指导，始终鼓励我从事历史研究和教育研究。"参见：沈文钦. 教育史学科在美国的早期制度化历程：以孟禄和哥伦比亚大学师范学院为中心的考察 [J]. 教育学术月刊，2013 (10)：40 – 46.

⑤ 当孟禄的学生康德尔（Isaac L. Kandel）求职遇到困难时，他引荐康德尔在哥伦比亚大学师范学院讲授教育史，后来康德尔开拓了比较教育研究的新领域。

论家。康德尔留任哥伦比亚大学师范学院之初讲授教育史，后来长期致力于比较教育研究领域，成为美国比较教育研究的鼻祖和泰斗之一。[①] 希尔斯（Jesse Sears）长期在斯坦福大学教育学院任教，后来主要研究教育管理和行政。另外一些学生如古德塞尔（Willystine Goodsell）、斯威夫特（Fletcher Harper Swift）、格莱夫斯（Frank P. Graves）、奈特（Edgar W. Knight）、席保德（Robert F. Seybolt）、伍迪（Thomas Woody）、诺贝尔（Stuart Grayson Noble）等在获得教职后仍继续在教育史领域从事研究，成为 20 世纪中期美国教育史研究的中坚力量。

（五）开创比较教育学科

1915 年，孟禄担任哥伦比亚大学师范学院下设教育学院院长，到 1923 年卸任，历时八年。在此期间，孟禄一方面为哥伦比亚大学教育学者的学术研究和职业发展创设必要的条件，许多知名教育学者如杜威、桑代克、康德尔、克伯屈等都在师范学院的学术平台上推动着教育学科的发展；另一方面，他为许多其他国家的留学生赴哥伦比亚大学师范学院深造创造了机会，使他们能够聆听名师授课。孟禄的学生苏扎罗（Henry Suzzallo）在其纪念恩师的文章中评价道："同事们提起孟禄，首先可能会想到的是一个善于合作的工作伙伴；而他又是一位具有非凡品质并受人爱戴的领导者，大家总是喜欢由他出面来提供所需的服务。"[②] 总而言之，通过孟禄在任期内的巨大努力，哥伦比亚大学师范学院的教育学科获得了长足的发展。

1923 年，在孟禄的积极倡议下，哥伦比亚大学师范学院成立国际教育研究所，并由他担任所长的职务至 1938 年。在此期间，孟禄将主要精力投入比较教育研究，试图将美国先进的教育理念和方法推广到世界每一个角落，以帮助那些落后的国家改善教育状况。为实现其职业理想与诉求，孟禄频繁出访中国、菲律宾、波多黎各、伊拉克、土耳其、日本、韩国和印度等国，并主持各种教育调查和学术交流活动，先后主持出版了《中国：一个演变中的国家》（China：A Nation in Evolution）、《菲律宾教育体系调查》（A Survey of the Educational System of the Philippine Islands）、《比较教育文集》（Essays in Comparative Education）等重要著作，客观上促进了这些国家教育水平的提高。此外，孟禄还曾担任土耳其美国女子学院院长、土耳其伊斯坦布尔罗伯特学院院长、世界教育协会主席和中华教育文化基金会副董事长；担任过叙

---

① NULL J W. Peerless educator：the life and work of Isaac Leon Kandel ［M］. New York：Peter Lang, 2007：101.

② KANDEL I L. Twenty-five years of American education：collected essay ［M］. New York：Books For Libraries Press, 1924：15.

利亚、保加利亚等国国际学院的理事；曾获得中国、日本、波兰和伊朗等国政府的表彰，并获得了哥伦比亚大学、弗兰克林学院、燕京大学、爱尔兰都柏林大学和巴西利亚大学等国内外 5 所大学的名誉学位，声名远播海内外。①

第二节　哈佛大学教育学科的发展

一、从教育系到教育研究生院

1906 年，在哈努斯的努力下，哈佛大学教育系从哲学系当中独立出来，成为一个与文理学院其他系科具有同等地位的大学系科，并逐渐成为当时波士顿地区公立学校管理与运作的指导机构。为更好地为波士顿地区的公立学校提供指导并培训师资，哈佛大学在常规工作的基础上，于 1906—1907 学年推进教育系课程扩展计划，在每周六的下午专门为有志于从事教师工作的学生开设 19 门培训课程。对于教育系这一具有创新性的工作拓展项目，校长艾略特评价道：

这是剑桥（哈佛大学所在地——笔者注）为公立学校及其教师提供的又一项服务……就像暑期课程班一样，该项目的实施说明大学积极鼓励和建议年轻教师不断学习，在若干年内通过系统的专业培训，强化专业能力，学有所成者还可有机会申请大学的学位。②

参与该项目的学生修满全部课程，且通过其选修学科的考试，将由教育系或专业学院颁发学业证书和从教资格推荐书。该项目在波士顿地区受到广泛欢迎，波士顿学校教育委员会特意为在校教师设置一年的学术休假，鼓励他们参与该项目，以提高教师的专业素养。该项目主要分为两大类：一类是面向本科生和研究生的教育学课程，另一类主要是面向研究生的教育学课程。这两大类课程主要由哈努斯教授和助理教授诺顿（Arthur Norton）开设。

1907—1908 学年初，霍姆斯（Henry W. Holmes）开始在教育系担任讲师。霍姆斯之所以能够来哈佛大学任职，最主要的原因是他乐于探究并广泛传播福禄培尔教育理论，这引起哈佛大学的关注，因为他的这番事业对教育理论和实践的发展具有重要贡献。1907 年 10 月，马萨诸塞州布罗克顿学校

---

① OHLES J F. Biographical dictionary of American educators：vol. 1 [M]. London：Greenwood Press，1978：168 - 170.

② Harvard University. Reports of the president and the treasurer of Harvard College，1906 - 1907：26.

督导委员会向哈佛大学提出一项申请，请求哈佛大学在冬季为布罗克顿地区的公立学校教师开设培训课程，通过哈佛大学学业要求和最终考试的人将会获得学分。这一时期，公立学校对教师的要求越来越高，艾略特校长在1907—1908学年的年度报告对这一趋势做了如下描述：

> 布罗克顿地区提高教师专业水平的要求反映了美国公立学校教师对大学工作的认可，更大的可能性是他们对大学学位具有强烈的渴望。这种情况的出现，主要受学校管理委员会和地方督学的推动，以及教师们追求更高学识和教学专业能力愿望的驱动。接受大学开设的课程，是教师提高自身能力，获取晋升资格，并继续从事教师职业的先决条件。①

除此之外，波士顿地区公立学校的教师们通过教育委员会提出一项申请，要求哈佛大学设立一个七年内完成的教师培训项目，在项目完成的最后一年，接受培训的教师必须在大学全日制上课，以满足大学所授文学学士学位的要求。于是，1909—1910学年哈佛大学成立大学课程推广委员会，其成员主要包括哈佛大学、波士顿大学、马萨诸塞科技学院、塔夫斯学院、波士顿学院、威尔斯利学院、西蒙斯学院和美术馆。为加快委员会各项工作的进程，哈佛大学设立管理委员会，主要承担暑期公立学校培训课程和相应的课程推广工作，由罗普斯（James Hardy Ropes）担任委员会主任，并制定相应的工作计划。为推进该项目的顺利发展，哈佛大学等学校批准参与该项计划的大学院系设立相应的专门学位，这与课程推广委员会工作计划的第二个目标相呼应，即大学应该"设立一个合适的学位，以满足那些因各种原因而未能完成大学学业的人所抱有的求知愿望"。②

课程推广委员会的工作计划备受推崇，因为在过去想要获得学士学位必须符合两方面的基本要求：其一是全日制在校学习，其二是通过大学的入学考试。这两项要求成为一部分具有申请学士学位愿望的学生难以克服与跨越的障碍。而且，相对于其他大学来说，哈佛大学在入学申请和课程选修方面具体要求更为严格，这就导致许多想在哈佛大学申请学士学位的学生难以实现其求学的愿望。为解决这一难题以满足学生的学习愿望，哈佛大学、威尔斯利学院、塔夫斯学院和拉德克利夫学院开设文学副学士学位（degree of associate in arts）。该学位主要面向那些系统选修哈佛大学开设的课程、有志

---

① Official Register of Harvard University. Reports of the president and treasurer of Harvard College，1907－1908：95－96.

② Official Register of Harvard University. Reports of the president and treasurer of Harvard College，1909－1910：21.

于申请学士学位的学生，但是这些学生因各种原因，未能通过严格的大学入学考试或不能以全日制的形式在校学习。这一新学位的设立主要吸引了郊区学校教师的兴趣，至于其意义，洛厄尔（A. Lawrence Lowell）校长在其年度报告中明确指出：

在一些大城市里，任何一种职业上的提升都需要接受系统的大学教育并取得相应学位，而且获取这样的学位（指学士学位——笔者注）是进入高中执教的基本要求。现在，哈佛大学设立的文学副学士学位不仅为学校研究生教育的发展提供生源支持，而且得到波士顿学校董事会的支持，这既满足了我们研究生学院的发展要求，也得到地方教育委员会的认可，为那些有志于获得学士学位的教师提供便利。[①]

关于副学士学位的设立，洛厄尔校长进一步解释道：申请副学士学位的学生在完成必修课程的基础上，通过学校考查且具备必要的内在素质，将会被授予文学副学士学位。这一举措的推行，吸引了更多的在职教师申请哈佛大学的学分课程，扩大了教育学院的办学影响力，也为波士顿地区公立学校师资力量的提升创造了条件。

此外，这一时期学校管理和教育研究的领域不断扩大，哈佛大学教育系为更好地参与学校教学实践，同时也受到心理学和统计学方法不断应用于解决学校问题的激励，逐渐关注并应用学校调查方法，开展实际的学校调查活动。事实上，哈佛大学教育系通过学校调查的方式，可以更多地了解当前学校运作的真实情况，与众多的公立学校建立良好的合作关系。哈努斯直接领导了哈佛大学第一次的城市学校调查活动，并受到教育观察专家团的支持。1911—1912 学年，哈佛大学开展了较为系统的纽约城市学校调查活动。这是一次范围广泛且充满各种挑战的调查，它在诸多方面开创了学校调查活动的先例，并取得丰硕的成果。

1913 年，教育系试图设立一所男女同校的示范学校，以便"能够具体地展现教育教学经验的鲜明特征和审慎思维的建设性"[②]。然而，教育系在这一时期所收到的捐款不断减少，其扩建为研究生院的工作计划因资金短缺难以开展，建立示范学校的计划也因此未能付诸实施。不过，此前对教育系工作持不同意见甚至有抵抗态度的文理学院教师，逐渐对教育系产生兴趣。特

---

① Official Register of Harvard University. Reports of the president and treasurer of Harvard College，1909 - 1910：21.

② HANUS P H. Adventuring in education ［M］. Cambridge：Harvard University Press，1937：219.

别是 1912 年经济系的举动尤为明显，该系邀请教育系对其收支状况和工作人员的工作状况进行调查，并将调查结果向本系全体教职工和学校校长进行汇报。这一举动具有重要的意义，意味着在同一所大学内，一个重要院系自愿接受教育系所主导的教育调查，并将调查结果公之于众，教育系的重要性遂不言自明。

1915—1916 学年，教育系向哈佛大学董事会申请 200 万美元的捐赠资金，用来建设教育研究生院。这一举动是哈努斯早在 1903 年就倡导的一个教育学科发展项目的延伸。哈努斯早就意识到，教育系非常有必要发展为独立的教育研究生院，以获取与大学其他专业学院同等的学术地位。1903 年，哈努斯向艾略特校长提出设立教育学院的建议，经过一段时间的商讨与洽谈，由于哈佛大学的捐赠委员会和董事会反对在大学里设立类似的教育学专业学院，哈努斯的建议并未被采纳。然而，时隔数年，哈努斯的建议再次被提到议事日程。在教育系事业不断发展、开设课程数量不断增加、在大学里学术影响不断增强的条件下，设立教育研究专业学院的计划再次受到关注。对此，校长洛厄尔认为：

> 在公立学校任教和对公立教育进行监督与管理已发展为具有重要影响力的职业，从事该职业不存在性别偏见，每个人都有机会通过接受教学技能的专业训练获得从教资格。具有从教意愿的人们应该并必须接受大学层面的专业教育，而且他们中的很多人都十分乐意进入大学学习。①

在其年度报告中，洛厄尔进一步强调，至 1918 年教育系已经从一个规模较小的系发展为功能较为完善的专业学院，但因办学资金的短缺阻碍了教育系的进一步发展。在洛厄尔的宣传和支持下，1919 年春哈努斯获得通识教育委员会主任弗莱克斯纳（Abraham Flexner）的友情声援，与通识教育委员会主席巴特里克（Wallace Buttrick）就教育研究生院建设资金短缺的问题进行沟通。在各方人员的共同努力下，通识教育委员会通过一项决议，决定为教育系建设成教育研究生院提供资金援助。为将哈佛大学教育研究生院建设为一所影响更为广泛的教育学科发展机构，通识教育委员会经过投票决议，从委员会已有的 200 万美元捐赠款中划拨出 50 万美元用于教育研究生院的建设，同时哈佛大学也必须划拨同样数量的资金用于教育系的扩建工作。而教育研究生院建设所需的另外 100 万美元的资金，最终也由教育系通过捐款的方式筹备完毕，教育研究生院的组建工作于 1919 年春开始运作。

---

① Official Register of Harvard University. Reports of the president and treasurer of Harvard College，1918 – 1919：19.

教育系接受通识教育委员会的捐款，其办学资金短缺的问题得以解决，同时教育系又面临着其他工作压力，即捐赠人要求教育系授予参加暑期班学习的中学教师学员硕士学位。然而，不容回避的是，中学教师在学业水平和专业能力方面与全日制在校学习的学生具有很大的差距。这些中学教师虽在暑假期间选修了大学所开设的系统课程，但他们中的很多人并未达到文学硕士学位的申请要求。教育系为保持文学硕士学位的学术水平，非常不情愿在此问题上做出让步。为了教育系的长远发展，1919 年 4 月最终通过投票表决的方式，教育系同意"在保证学业质量的前提下，仅选修暑期课程的学生有资格被授予文学硕士学位"。[1]

在各项条件逐渐具备的情况下，1920 年 4 月 12 日教育研究生院成立，并选举成立学院委员会，霍姆斯（Henry W. Holmes）被选定为学院院长，主持教育研究生院的全面工作。1920 年 9 月教育研究生院开始招生，共有 118 名学生在秋季注册，其中绝大部分是全日制学生。1921 年学生的注册人数增至 155 名，1922 年增至 244 人，其中有一大部分学生是非全日制学生、在校教师和学校管理者，他们仅在空闲时间选修一两门课程，而且还要在同一时间内完成他们的专业研究工作。值得关注的是，1920 年教育研究生院推荐 14 人申请文学硕士学位，推荐 3 人申请哲学博士学位，1921 年推荐 64 人申请新设立的教育硕士学位。1920—1921 学年，哈努斯从教育系退休，霍姆斯接过学院建设与发展的"接力棒"，带领教育研究生院的教职工，不断拓展学院的办学领域，充实办学力量，使哈佛大学教育研究生院逐渐发展成为具有较大影响力的教育学院。

1921 年，在迪尔伯恩（W. F. Dearborn）教授的主持下，教育心理临床部成立。该部门主要通过智力测验和其他类型的个体发展测验来开展儿童研究工作，其发展资金主要来自于联邦基金（Commonwealth Fund），教育心理学实验室与心理学实验室也参与了该研究项目。在此基础上，教育研究生院开展了围绕儿童成长的研究。具体来说，迪尔伯恩教授开展了一项对同组儿童在学校所学全部课程的测试研究项目，在研究过程中他使用了当时所有可利用的心智发展、生理实验和教育学的标准化测试方法。此外，受马萨诸塞州成年盲人联合会的委托，教育研究生院为盲人开设相关的教育学扩展课程，同时教育研究生院与体育系联合组建一门新的课程，为教师从事体育教学和体育教学指导提供专业培训。

自 1921 年始，教育研究生院的招生不再对学生性别进行限制，女生与

---

[1] Official Register of Harvard University. Reports of the president and treasurer of Harvard College，1907 – 1919：63.

男生具有同样的入学资格。教育研究生院是哈佛大学第一所正式接受女生的学院，在某种程度上开启了哈佛大学发展的新空间。为彰显教育研究生院工作领域的拓展，弗纳尔德（W. E. Fernald）在暑期学校作了名为《儿童心理的诊断》的学术报告，托马斯（C. S. Thomas）在《大西洋月刊》（*The Atlantic Monthly*）上发表《英语教学方法》的文章。

经过数十年的发展，在哈佛大学教育学开始被认为是一门学术性学科，教育研究生院新设立的教育硕士和教育博士学位是其学术地位提升的显著标志。虽然哈佛大学规定选修教育学专业的学生仍然有可能被授予传统的、学术声望更高的哲学博士学位，但在 1920 年教育研究生院仅有两位学生申请到哲学博士学位。尽管哲学博士学位要求申请者必须对教育学进行高深的学术研究，但作为专业学院的博士生，选修教育学专业的学生必须要兼顾普通教育学理论的学习探讨和教育教学实践能力的训练。因此教育研究生院的毕业生申请哲学博士学位，表明其培养的学生既接受了系统理论的学术训练，又具备了较强的教育教学实践能力，兼顾了学术性和专业实践性。

这一时期，教育研究生院的工作涉及公立学校教育专业培训的多个方面，工作团队发展为若干专业化的小组，它不仅包括学校的教师、职工，还与教育行政管理部门联系密切，其成效不仅体现在公立学校教学理论的培训方面，还体现于教育实践能力的提升方面。为此，霍姆斯专门强调：

> 教育研究生院必须确立其所授的学位成为教学专业预备的特征——广博的心智训练和教学领域扎实的实践技能。教育研究生院的学生应该成长为教育学研究者，对教育学具有明确的认识，他们应该具备明确而具体的教学职业诉求，以至于将来在职业生涯中确立领导地位。①

教育研究生院期望不同专业的小组可以迅速发展，同时也期盼新的专业学位能得到社会和学校董事会的满意认可。为实现这一目标，学院特意按照学生的职业意愿进行分组，以确保每个专业小组的学生都能按照自己的兴趣展开学习，并将教育研究生院开设的教育学课程整合为一门综合性课程，其最终目的是促进学生掌握教育学的基本理论知识，同时也是为了与学生所选定专业领域相适应。

为更好地实现这一目标，教育研究生院在为学生设置广阔的职业前景的同时，也在具体的专业领域进行指导，如教育管理、学科教学、教育心理学

---

① O'LEARY T F. An inquiry into the general purposes, functions and organization of selected university schools of education [M]. Washington, D. C. : The Catholic University of America Press, 1941: 53.

和教育统计等。1921 年，校长洛厄尔对教育研究生院的培养目标进行概括性评价：

> 教育研究生院这个机构做出的最大贡献就是用科学的方法，对教育的实际现象进行调查。为获取确定的结论，教育教学工作需要运用一些实验的理论与方法，然而，任何人也没有权力仅仅为了得到所谓的结论，在儿童身上实验尚未被证明对儿童发展最为有利的方法。我们科学地获取相关知识的方法主要依赖于科学的实际观察与调查。[①]

新成立的教育研究生院也存在一些无法回避的问题，尤其是在自身的调整方面。对此，霍姆斯认为：

> 我们的要求，我们的给予，甚至于我们所运用的方法，都必须考虑学生的实际需要与发展前景，这是从学院的发展现状得出的结论……他们（指学生——笔者注）的经济状况所能负担的培训课，必须与他们已经确定的专业领域相符合……我们发现，大部分的学生分阶段完成培训课，几乎没有人能在从事教师职业之前接受一整年系统的专业培训……而且，在暑假期间，公立学校的教职工一般是免费听课，这使得我们的暑期学校项目成为整个学院事业发展中的必须重视的环节。[②]

为避免教育研究生院仅仅致力于培训教育实践人员，学院必须根据其所开设的教育培养项目的运作情况，及时调整工作的目标和方向。从教育实践上来说，教育研究生院必须与本地区或政府的公立学校系统保持密切的联系，否则，其探究或实践工作会面临脱离教学实际的危险。因此，教育研究生院将服务公立学校教学实践视为其工作的基本目标之一。对此，霍姆斯在1922 年时明确强调：

> 确保我们生存下去的最好方式就是为美国教育服务，我们的教学必须吸引那些从事学校管理的人，否则很难见效。[③]

然而，教育研究生院将服务学校教育教学视为其工作的基本目标，会在一定程度上过度耗费教职工和学生在教育研究上的热情，这是不容否定的事实。霍姆斯分析道，对于一所大学的专业学院来讲，教育研究生院必须将学术探究与社会实践妥善地作出区分，且要公正对待专业培训的问题。一般来

　　① Official Register of Harvard University. Reports of the president and treasurer of Harvard College, 1920 – 1921: 15 – 16.

　　②③ Official Register of Harvard University. Reports of the president and treasurer of Harvard College, 1921 – 1922: 135 – 137.

说，向学生传授科学的教育研究的观点、促进学生掌握教育研究的目的与方法，对教育研究生来说同样重要。学院非常有必要就教育学科领域的学术研究本质与进展状况向学生进行系统介绍，以激发其参与教育研究的兴趣。因此，教育研究生院将研究的机会和资源同教师专业培训项目结合在一起，并将这项工作视为学院最重要的职责。而且，作为一所专业学院，参与教育研究并未损害教育研究生院在教师专业培训方面的工作成效，因为学院大部分的毕业研究生将会成为教育领域的实践者而非学者。① 除了培训教师和学校管理者，教育研究生院也有着其他的办学目标和工作职能。对此，校长洛厄尔在1921—1922学年的年度报告中做了概述：

> 教育研究生院为获取教育成果的大量准确资料，必须通过系统的观察，研究观察公立学校所获的大量信息，并且要充分利用大学已有的文献资料。②

在校长和大学的管理层看来，尽管教育研究者具备丰富的理论素养和大量的个人经验，但可获得的系统的教育研究数据依然十分有限，现代科学的统计学方法尚未精确地应用于教育研究领域。对此校长洛厄尔明确指出：有限的教育经验与无限的教育理论之间的冲突一直在持续，而且至今尚未发现解决这种冲突的有效途径。③ 不容回避的是，这一时期学界对于教育实践经验与教育理论的融合仍处于探索的阶段。

1923年春，教育研究生院采纳并推行了一个新的研究生教育培养计划。此前学院所执行的培养计划强调对申请研究生学位的学生进行初步的审查，而新的培养计划则明确取消了该项制度，其第一步是召开学位申请人参与的研讨会。该会议的主要任务是在学位申请人完成全部研究项目之前，将自己的研究计划交由研究生委员会审核与讨论。申请人的研究计划通过委员会的审核之后还需要通过该研究领域的硕士生或博士生考试，考试内容主要是其所列研究计划的专业内容。除此之外，学位申请人还必须完成一篇学术论文并公开阐述。这个新的培养计划对研究生的基础研究知识要求更广博，同时也促进更有效的专业发展项目的确立。

对此，霍姆斯院长再次重申，教育研究生院实施这一项新的研究生培养计划的主要愿望和目的，是为那些缺乏教学经验的学生提供可能的指导，这

---

① Official Register of Harvard University. Reports of the president and treasurer of Harvard College，1921－1922：136－137.

②③ Official Register of Harvard University. Reports of the president and treasurer of Harvard College，1921－1922，1923：23.

将有助于该项目最终为公立学校的教师培训服务。① 针对这些研究生所开设的培训内容主要涉及教育的一些常见问题，以及处理这些常见问题的一些准则与方法，甚至是一些教育突发情况的处置。然而，在实施这项新的培养计划的过程中，出现了意料之外的情况，即许多在校教师以非全日制学习的方式争相选修该项目，在人数上大大超过在校学生。这种发展趋势使霍姆斯不得不承认"毋庸置疑，教育研究生院的设立，其实是为在职教师和学校管理者的进修和专业培训服务"。② 他认为，正如学院建立的初衷所显示的，为教育领域有从教经验的教师开展培训服务是教育研究生院的根本性功能，因而学院开设的推广课程和暑期学校担负着为许多申请学士学位的教师提供必要机会的职责。

教育研究生院采纳了霍姆斯院长前期的建议，在 1926 年 3 月 31 日制定出新的教育硕士学位与教育博士学位的培养计划。这项新的培养计划不仅仅是培养学生的教学技艺，更强调为学生提供一整套完备的职业发展规划，具有多目的性。首先，为期两年的教育硕士学习，会使学生付出更多的时间和财力完成学业，从而避免学生为便捷而快速地获得硕士学位而投机取巧的现象。事实上，这种培养方式可以吸引更多有志于教育事业的优秀教师来哈佛大学进修，而且将教学和教育管理视为终身追求事业的教师更乐意在大学接受更为系统的专业训练。其次，学院所开设的拓展性课程能进一步激发学位申请者的工作热情，他们将会担负起教学和教育管理的重要职责。新的培养计划规定，教育硕士学位申请者需满足以下条件：

1. 申请者必须具备较高的教学必备技能和从教个性特征，以利于将来成功从事教师职业。换言之，申请者必须具备从事教育教学实践的各项潜质。

2. 申请者必须在个人所选择的研究领域达到硕士学位申请的必要条件。

3. 申请者必须展示其成为教育研究者的能力，或者是成为教学技艺专家和学校管理专家的能力。

4. 申请者必须在教学或教育管理工作方面掌握丰富的基础知识，并能理解和运用与工作相关的一些基本原则和方法。③

此外，1927 年教育研究生院还将下面三类"实际情况"加入硕士学位

---

①② Official Register of Harvard University. Reports of the president and treasurer of Harvard College，1923 – 1924：159 – 160.

③ Official Register of Harvard University. Reports of the president and treasurer of Harvard College，1927 – 1928：161.

申请的标准中，其内容主要包括：

1. 申请者在其工作领域内的研究成就符合见习期的各项要求；
2. 申请者已经修满 16 门非全日制教育学课程；
3. 已获得考试委员会颁发的统考成绩。①

通过以上文件所列的项目可以看出，该计划所实施的教学专业素养培养项目主要有两个目的：其一是为学生提供必要的教育学背景知识，其二是促进学生教育教学技艺能力的提升。而且，这一时期，在教育硕士和教育博士之间，哈佛大学教育研究生院明确规定了不同的申请条件，突出了教育博士学位的专业特征。例如，以往教育博士学位的申请条件不限于申请者必须参与教师专业培训，未参加过教学专业培训的教育学者也具有申请教育博士学位的资格，但新的培养计划明确规定教育博士学位是专门为具有教学实践经验的学生所设立的，正因如此，申请教育博士学位而未具备从教经验的学生，必须在教育研究生院接受为期半年的教育专业培训，以便获取申请教育博士学位的资格。

1928—1929 学年，教育研究生院确立一项针对实习期学生的教师合作培训计划，该计划是学院与大学附近的公立学校共同制定的。毫无疑问，由于这一计划刚刚起步，导致学院的学生注册数跌至 400 人。尽管学生总数呈下降趋势，但学院的全日制学生注册人数已经超过了原来的两倍。这是令人欣慰的转变，充分说明学院推行的新的培养计划吸引了更多的全日制学生。因为在这一时期，学院更渴望接收那些"在专业上接受过更好教育培训的工作者，更加系统的培训可以增强他们的工作能力，提升其工作中升职的机遇"②。此外，1928—1929 学年，学院设立多项措施以推进新的研究生培养计划，这些举措主要强调赋予学生更多的学习自由。在课程选修方面，学生的旁听权不断扩大，哈佛大学的全日制学生在其为期一年的学习时间内，只要是能够获得相应的学分，即可按照自己的意愿自由选择和旁听任何一门大学开设的课程。这一举措并非意味着降低哈佛大学教育研究生院教育硕士的培养规格和质量，而是注重在学业进展方面赋予学生更多的自主选择权。学院所颁发的教育硕士学位不再仅仅强调学生的书面成绩记录，更重视的是发展学生处理教育问题的能力。正如霍姆斯在 1929 年所指出的，教育研究生

---

① Official Register of Harvard University. Reports of the president and treasurer of Harvard College，1928 – 1929：151.

② Official Register of Harvard University. Reports of the president and treasurer of Harvard College，1928 – 1929：149.

院正在向提高办学质量的方向快速发展。

二、教育学课程的建设

1906—1907学年，教育系从哲学系独立出来，开始扩展其课程计划。在原有课程的基础上，教育系每周六下午面向校内外有志于从事教师职业的学生开设19门的培训课程，这些课程主要包括教育学、美术、德语、美国史、拉丁语、数学、音乐、伦理学、体育教育、物理学、建筑学、法语、公共演讲和俄国文学。

教育系推行的服务拓展项目在教育学方面主要开设两大类课程。一类面向本科生和研究生，另一类只面向研究生。助教诺顿（Arthur Norton）为第一类学生开设的教育学课程主要有教育理论和实践的历史、教育学的独特性、现代教育历史的评价与批判。哈努斯教授主要开设两门课程：一门是教育研究导论和教育学原则讨论；另一门是作为市政事务分支的学校管理，该课程主要就马萨诸塞州的学校状况展开讨论。教育系此时面向研究生开设的第二类课程主要包括哈努斯和诺顿共同讲授的公立学校或学园的组织和管理、帕克（P. C. Packer）开设的中等学校教师教学方法和教学设备应用。此外，哈努斯和诺顿还就教育学理论和教育史问题开展专题研讨，以促进研究生对教育问题的关注，引导研究生对教育现象产生探究的兴趣。

1907年10月，马萨诸塞州布罗克顿学校督导委员会向哈佛大学提出一项申请，请求哈佛大学在冬季为布罗克顿学校的教师开设培训课程，并且申请哈佛大学设立一个七年内完成的教师培训项目。这些项目的设立与运行促使大学与公立学校及其公立学校教师的联系更加紧密，相互之间的影响更深入。哈佛大学的诸多院系开始认真对待与公立学校的关系，并主动开设一系列的拓展课程。这些课程不仅在大学内部面向全体学生开设，还在大学附近的学术报告厅以学术讲座的形式来开设。其中最具影响力的课程是由哈斯金斯教授和科普兰德教授在洛厄尔研究所开设的欧洲通史和英国文学与写作课程。这些项目的成功运作和课程的顺利开设，直接推进大学委员会在1909年批准增设四门类似课程。

值得关注的是，自1906—1907学年至1916—1917学年，教育系所开设的教育学课程发生了巨大变化。教育系所开设的研究生与本科生的课程在数量上明显增加，专门为研究生开设的课程在这一时期由原来的两门课增至九门课。其中，哈努斯教授开设了一门州立和市立学校体系的组织与管理课程；英格里斯（Alexander James Inglis）教授开设了中等教育的原则、教学方法、中等教育的重组等三门课程，霍姆斯教授开设一门基础教育课程，约翰

逊（G. E. Johnson）教授与约瑟夫·李（Joseph Lee）合作开设了教育中的游戏①、学校体系中的娱乐与游戏两门课程，布鲁尔博士（J. M. Brewer）开设了职业指导的原则和职业指导的问题两门课程②。然而，原来由哈努斯为主导、教育系联合心理系开设的教育心理学课程在 1910 年时被取消，因为该课程主要由行为心理学教授耶斯基（Robert M. Yerkes）在心理系开设，而耶斯基对心理学在教育研究领域的应用不感兴趣，他在 1910 年拒绝继续在教育系开设教育心理学课程。因此，1909—1910 学年，教育心理学课程不再是教育系哲学博士学位的四门基本课程之一。

1909 年，洛厄尔接任哈佛大学校长职位。他对教育研究非常感兴趣，认为统计学是教育科学研究的最好方法。在他的倡议下，教育系于 1911 年开设教育统计学课程，并在 1911—1912 学年邀请哥伦比亚大学师范学院的桑代克来教育系讲学，还试图聘请桑代克来教育系开设教育心理学课程。由于双方在薪酬事宜上未能达成协议，洛厄尔未能将桑代克从哥伦比亚大学师范学院聘请至哈佛大学教育系，但他从芝加哥大学聘请桑代克的学生迪尔伯恩（Walter Fenno Dearborn）到哈佛大学专门开设教育科学研究课程和教育心理学课程，弥补了教育系课程建设的不足。在教育系的一系列工作中，洛厄尔非常注重教育的科学研究问题，他甚至对霍姆斯和哈努斯说："教育史课程并不具备科学性，之所以现在开设这门课程，是因为现阶段在教育学课程方面我们还没有足够的科学知识。"③

虽然艾略特校长在哈佛大学教育系建立之初，就期望教育系能在教育学术研究方面有所建树，但是随着社会的发展，为更好地获取办学资金，教育系主要致力于开设能够获取办学资金的培训项目，未能在教育学术研究方面成为美国大学的先锋，其主要的办学优势在于教师专业培训和社会职业指导。哈佛大学教育系经过数十年的发展，至 20 世纪初期已经不仅是一个教师培训机构，还是致力于为年轻人提供必要的社会职业指导的教育机构，教育系在 1913—1914 学年开设农业教育、工业教育和宗教教育等职业教育类课程。

---

① 约瑟夫·李在开设这门课程的基础上，于 1913 年出版专著《教育中的游戏》（Play in Education）。

② 布鲁尔在开设这两门课程的基础上，参与美国职业署（Vocation Bureau）工作，并于 1918 年出版专著《职业指导运动的问题与可能性》（The Vocational Guidance Movement，Its Problems and Possibilities），1919 年出版《美国职业指导协会公告》（Bulletin of the National Vocational Guidance Association）。

③ POWELL A G. The uncertain profession：Harvard and the search for educational authority ［M］. Cambridge：Harvard University Press，1980：97 - 99.

1907—1917 年，在哈佛大学开设的研究生课程方面，研讨性课程数量的增加更为明显。1907 年，在研究生培养方面，哈佛大学刚开始仅开设两门研讨性的课程，不久之后课程数量增至十门，本科生与研究生联合培养的课程数量也由原来的四门增至六门。霍姆斯教授为学生开设现代教育的问题与原则、当前教育发展状况两门课程，摩尔（Ernest C. Moore）教授开设教育史、教育哲学与教育理论的基本问题、教育研究方法三门课程，迪尔伯恩（Walter F. Dearborn）教授开设教育心理学课程，约翰逊（G. E. Johnson）教授开设儿童发展课程。在十年间，哈佛大学教育系在研究生方向所开设的课程数量不断增加，课程内容不断丰富，其课程体系越来越具有教育学科的专业特色。

随着教育学研究生类课程数量的不断增长，哈佛大学教育学科向研究生层面不断迈进。从 20 世纪 20 年代开始，随着教育学课程的内容和探讨领域的不断扩展，教育学科逐渐在大学学科体系中获得应有的地位与尊重。设立教育研究生院培养高水平的教育学科人才，为教师培训提供高规格和高质量的专业训练，成为美国综合性大学发展教育学科的主要趋势。对于哈佛大学来说，将教育系发展为教育研究生院是推进教育学科发展的必要举措。

1920 年，教育研究生院建立，霍姆斯任学院院长。为推进学院各项事业的发展，霍姆斯首先将教育学课程安排在每天上午开设，这一课程安排方式与文理学院的排课方式保持一致。学院为申请教育硕士学位的学生开设了为期一年的研究生课程，该课程体系主要包括教育学、教育哲学、教育心理学、社会政策（包括社会学、经济学和道德哲学）、统计与测量、儿童研究等六门核心课程，此外还开设了合作教学研究课程和教育研究讲座。1922—1923 学年，教育研究生院对上课时间表做了调整，其主要目的是为新开设的课程提供便利条件，特别是为心理缺陷儿童的临床研究创造机会。这一时期，新开设的课程主要包括教育学指导、商业教育、音乐教育和数学教育，这些课程的开设吸引了大量在校教师前来注册进修。许多教师受惠于教育学院在傍晚时分开设的课程，更多的教师通过这种非全日制的学习方式申请到大学的学位。事实上，1922—1923 学年约有 276 名非全日制学生注册，而在上一学年其注册学生数已达 160 人。学院院长霍姆斯对学生人数的增长很满意，他认为：

我们正在帮助那些在诸多教育领域具有良好发展前景的教育实践者，帮助他们成为该领域某项工作的专家，满足他们成为教育领导者的需求，或者帮助他们获得管理职位的晋升资格，并承担管理职责或参与教师培训工作。当然，这是教育学院在教育领域的职责和根本，即为公立学校的有序运作提

供服务应该是学院所有工作中的首要职责。①

这一时期，教育研究生院的大部分学生是来自公立学校的教师，因而学院的主要工作是为这些教师提供专业培训。② 然而，需要强调的是，教育研究生院所开设的课程并不是简单地介绍学校教学和管理的技术。这些课程能够推进教师形成创造性地解决教育问题的能力，促使他们具备专业的从教素养。

在教学技术和专业发展价值方面，教育研究生院有一个明确的希望，那就是在大学领域扩展教学这一职业的影响力，以吸引更多的没有从教经验的研究生选择全日制培训项目。但在哈佛大学，仅有6%的全日制研究生在教育学院注册。尽管如此，霍姆斯认为，如果能证明学院毕业生，即受过学院专业培训的学生在教学与学校管理工作方面比那些仅靠业余时间学习大学课程、接受专业培训的学生表现得更好，那么不只是这一年的学习时间，就连学习所需的花费也会被大家认为是值得的；而且，具有相同资历的教师将会成为社会的一种需求。

事实上，哈佛大学已经为教育研究生院的这项新的重点项目做了必要准备，明确规定以学生有无教学经验为标准，对学院所开设的课程进行具体明确的划分。这样一种安排，主要是考虑到本科生并未连贯地学习教育学课程和接受系统的教学专业训练；同时，出于中学课程内容不断增加与扩展的现实，在校教师也必须不断学习新知识。这样一种局面，导致缺乏教学经验的学生与具有教育经验的教师分别参与不同的课程学习。大四的学生在修完四年本科课程后，若没有修满一年的研究生课程，就不能从教育研究生院获得从教资格推荐书。与此同时，至1924年，霍姆斯逐渐形成一种复杂的教育研究生学习理念：

在传统和信念上，我们投入到教师培训和一般性教育问题研究的工作力度被限制，至少我们并未全身心关注教育的问题。现在，学校的负责人、普通高中的校长、普通的教育管理者、教育研究工作者、大学或师范学校的教育学教师是我们学院学生的主要成员，我们必须关注由他们所带来的各种教

---

① Official Register of Harvard University. Reports of the president and treasurer of Harvard College，1922－1923［M］．Cambridge：Harvard University Press，1924：158.

② 在此需要强调的是，哈佛大学与波士顿大学开展合作项目，其中哈佛大学教育研究生院为教师开设扩展课程，虽然这些课程在哈佛大学或波士顿大学校内没有开设的必要，但对公立学校的教师来讲，他们急需学习大学开设的大量课程。参见：Official Register of Harvard University. Reports of the president and treasurer of Harvard College，1921－1922［M］．Cambridge：Harvard University Press，1923：138.

育现实问题。①

教育研究生院针对学校工作所设置的扩展性课程完全具有自我建构与发展的可能。英格里斯教授在 1924 年 4 月去世前，已经建立起一系列中学化学、地理、拉丁语、英语和历史等学科扩展课程的测验方法。该项工作是学院为学校在课程拓展方面提供必要服务的表现。至 1924 年，教育研究生院在教育的 11 个领域共开设了 54 门课程，主要包括教育哲学、教育心理学（包括学校健康教育）、教育史、教育管理学、初等教育、中等教育、教育统计与教育测量、职业教育（包括商业教育）、职业指导、体育教育学、游戏与休闲、初等与中等学校的学科教学等。② 通过这些教育课程的系统设置，教育研究生院的声誉越来越高。1923—1924 学年学院就收到来自于社会各界的 505 份毕业生需求意向。

1924—1925 学年，学院在课程设置方面呈现出新的趋势。受高等教育为职业发展与社会进步服务理念的影响，教育研究生院在教育基本理论领域开设系统的社会和伦理道德基础课程，为职业教育、健康教育和宗教教育提供必要的理论基础与指导。但是，随着教育情境的不断变化和社会需求的不断增加，理论与实践之间的联系越来越复杂，这就要求教育研究生院制订新的培养计划，为公立学校的发展服务。因此，霍姆斯院长指出教育研究生院应不断对理论与实践的关系和公立学校的发展趋势提高重视程度，他认为：

我们当前面临的主要问题是，学院在对学校工作的指导方面并未从发展的最终目标和基本要求出发来考虑。有一些证据表明，我们的课程安排出现部分重合——如果我们所给予的指导是在各个分散领域内开展的，那么每个领域的课程有所重复是必需的……我们在各个特殊领域的指导教师应该具备广博的知识和基础的专业训练。我们已经意识到，对于本科生来说，若未接受为期一年系统的教育教学基础知识与能力的培训，他们将很难适应教育教学领域的工作。③

1925 年，为期一年的教育硕士学位课程的学习已经不能使学生在其专业领域胜任绝大部分的教师工作。霍姆斯进一步提出，教育研究生院应该建立

---

①　Official Register of Harvard University. Reports of the president and treasurer of Harvard College, 1923 – 1924 [M]. Cambridge：Harvard University Press, 1925：163.

②　LEE E A. The development of professional programs in education [D]. New York：Columbia University, 1925：71 – 72.

③　Official Register of Harvard University. Reports of the president and treasurer of Harvard College, 1924 – 1925：153.

两年制的教育硕士学位培养计划，以弥补一年制培养计划的缺陷。事实上，这一时期教育研究生院与其他专业学院也在此问题上达成共识，即申请硕士学位的学生必须具备文学学士或理学学士学位。

1926年3月31日，教育研究生院制订出新的教育硕士学位与教育博士学位的培养计划。新修订的计划较之以前更明确地规定研究生的学业期限必须是两年，其中第一年是基础学科理论的学习，第二年主要通过开设专门的研究性课程为将来从事教职做准备；在学院申请教育博士学位的学生必须具有较高的教育研究水平，而且必须在处理教育问题方面表现出建设性和独创性的能力。

这项新的培养计划不仅仅是培养教学的技艺，更强调为学生提供一整套完备的职业发展规划。相较之前的一年制培养计划，该计划注重学生对基础性课程的系统学习，这在一定程度上提高了教育研究生院毕业生的学业质量。为了均衡那些已修习过教育学专业知识学生的发展需求和学习进度，学院允许他们选修文理学院的课程，以代替初级阶段的教育专业知识学习。这一修订计划主要是为培养教育学者而制订的，同时也加强了教育研究生院培养目标的广度与深度。这一时期该计划推行的主要影响就是，相对于其他综合性大学教育学院来说，哈佛大学教育研究生院教育硕士的培养质量显著提高。

按照新计划的要求，学生应该掌握系统的教育学知识，为此学院从16门非全日制课程中精选出6门课程作为学生的必修课，这些课程涵盖了教育教学和教育专业领域的大部分问题，心理学和社会学两大学科为课程的主导；而且，在1926年的新计划中，处理教育实践问题的更多方法和原则被整合到课程体系中。通过选修这些课程，学生将会熟练掌握课堂教学或学校管理的技艺。相对于博士学位课程，开设教育硕士学位课程的主要目的是让学生在专业领域内掌握必要的技能。

尽管哈佛大学教育研究生院在高级学位申请方面设立了新的严格要求，但在1927—1928学年，学院的注册人数并不像人们所预测的那样出现大幅度的下降。事实上，这一学年共有439名学生在学院注册，相对于上一学年学生注册人数达新高时的529人略有下降。总体上看，申请教育博士学位的生源质量比往年都高，且新实施的学位申请标准已被学生广泛接受。教育研究生院招生委员会推行新的招生政策，且该项新政获得其他学院的大力支持。受惠于这项政策，任何一所大学的毕业研究生或研究机构中具有较高学术水平的学生，都可以申请进入哈佛大学教育研究生院学习。通过投票选举的方式，学院对其所设课程进行大幅度的调整，不再设置固定不变的课程体系，而是根据学生的兴趣爱好和研究方向确定学院所要开设的课程，学生在课程选择方面具有完全的自由。

三、率先引介蒙台梭利教学法并推进教育学科发展：霍姆斯在哈佛大学

霍姆斯 1880 年 10 月生于波士顿，1903 年获哈佛大学文学学士学位，1904 年获哈佛大学文学硕士学位后担任布鲁克林市爱德华贡献学校（Brookline's Edward Devotion School）的校长，1906 年又进入波士顿高中担任英语部主任。1907 年霍姆斯回到哈佛大学教育系担任讲师，1910 年担任教育系助理教授，自此从介绍和推广蒙台梭利的幼儿教育思想入手致力于教育和教学问题的研究。1912 年霍姆斯担任教育系主任并于 1917 年被评为教育学教授。作为哈佛大学的毕业生，他与时任校长洛厄尔建立友善的工作关系，为教育系发展为教育研究生院争取到诸多资源。在霍姆斯的努力下，哈佛大学教育研究生院于 1920 年 4 月成立，并设立教育硕士和教育博士学位。1933 年科南特开始担任哈佛大学校长，霍姆斯在其督促下于 1936 年春设立教学文科硕士项目。该项目不仅使教育研究生院与文理研究生院共同培养具备优秀教学能力的中学教师，而且成为其他大学教育学院纷纷效仿的师资培训方式。1940 年，霍姆斯不再担任教育研究生院院长，但仍在该院任教。1947 年，他以荣休教授的身份退休。[1]

（一）引介蒙台梭利教学法促进幼儿教育学的发展

1911 年 2 月，蒙台梭利欣然接受霍姆斯关于把《运用于"儿童之家"的幼儿教育的科学教育方法》即后来的《蒙台梭利方法》（The Montessori Method）从意大利文译成英文的建议。鉴于该著作的意大利版没有序言的情况，霍姆斯在 1912 年首次出版的《蒙台梭利方法》一书中亲自撰写序言，向美国学界系统介绍蒙台梭利教学法。在霍姆斯看来，蒙台梭利的工作是杰出的、崭新的和重要的，因为蒙台梭利以女性的同情和直觉、广泛的社会观察和科学训练及其对教育问题长期深入细致的研究为基础，针对幼儿教育问题总结了丰富多样的个人经验，把原来用于智力缺陷儿童的教育方法和教具用于正常儿童，强调必须分别进行正规的感觉训练、运动训练和智力训练，引导学前儿童迅速而容易地掌握阅读、书写、计算的基本技能，建构起与福禄培尔幼儿园教育理论并驾齐驱的学前教育理论。

霍姆斯认为蒙台梭利与福禄培尔的儿童教育理论都捍卫儿童积极活动的

---

① HGSE Deans. Henry Wyman Holmes，1880 – 1960 [EB/OL]. [2016 – 08 – 25]. http://www.gse.harvard.edu/about/history/deans/holmes.

权利，让儿童通过各种形式的研究和创造性的努力去探索他们周围的环境，发展其内在的潜力，教师的任务首先是培育、帮助、爱护、鼓励、指导和启发诱导儿童，而不是干预、命令或限制他们的活动。为贯彻这一教育原则，两位教育理论家都主张对儿童进行感觉训练。其中，蒙台梭利为儿童的感觉训练设计系统的教具并制订一套全面、科学的计划，通过分别反复练习的方式训练儿童的各种感觉，通过培养儿童对比、区分、处理典型物品的能力来一点一点地促进智力的发展；而福禄培尔虽为儿童设计一系列用途广泛的启发创造力的教学用品，但并未直接运用于感觉辨别能力的训练，在幼儿园的具体活动中儿童的感觉训练附属于建设性和想象性的活动。在霍姆斯看来，蒙台梭利的儿童教育理论的实践方式更加具体化、灵活化，能更好地促进儿童智力的发展。通过与福禄培尔儿童教育理论的比较，霍姆斯较为系统地向美国学界介绍了蒙台梭利教学法的思想体系，为美国幼儿教育学的发展提供必要的理论支撑；而且，他以哈佛大学教育系主任的身份来为《蒙台梭利方法》的英文本作序，提升了英译本的知名度，也引起了教育界的广泛关注。另一方面，霍姆斯充分发挥其对福禄培尔幼儿教育思想研究的优势，在序言中较系统地比较了福禄培尔与蒙台梭利儿童教育思想的异同，不仅为读者了解蒙台梭利教学法提供指导，也在一定程度上介绍了福禄培尔的教育思想，展现了他在幼儿教育学研究上宽广的学术基础。

（二）设立教育专业学位增强教育学科影响力

1912 年，霍姆斯开始主持教育系工作，他对教育领域问题的关注开始从幼儿园转向社会哲学。通过阅读杜威和福禄培尔的著作，霍姆斯认识到，学校教育的最终目的是促使年轻人具有扮演具体社会角色的能力，即具备从事具体的社会职业、担负社会责任的能力。在他看来，哈佛大学教育系的主要工作是为中小学培训从事教学工作的教师，为有志于从事教师职业的学生提供教学的职业培训和博雅教育。为提高教育系的办学质量、吸引更多的学生来教育系学习，霍姆斯尝试着在教育系授予的文学学士学位的基础上增设文学硕士学位，并在暑期学校为本科毕业生和在职教师开设教育专业课程，对选修课程且考试合格的学生授予硕士学位。在他的努力下，1915—1916 学年哈佛大学教育系的招生人数增加了 3 倍，1913—1917 年授予 62 人硕士学位，1912—1920 年授予 20 人博士学位，哈佛大学教育系获得长足发展。

1920 年 9 月，教育研究生院开始招生。作为学院院长的霍姆斯为凸显教育研究生院与文理学院不一样的办学特色，在教育研究生院设立新的教育专业学位：教育硕士学位和教育博士学位，而且自 1920 年始教育研究生院的招生不再限制学生的性别，女生也可申请哈佛大学的学位。霍姆斯之所以这样做，一方面是为了增强教育研究生院的办学吸引力，增加学院的生源和办学资金；另一方面是想通过设置两个专业学位在哈佛大学开设与课堂教学密切相关的课程，由教育研究生院来独立培养具有教学经验的中小学教师，从而增强教育研究生院在教师教育方面的影响力。在他的努力下，1920—1923年，教育研究生院每学年都有340名学生注册，而且1923年学院的办学资金盈余达7.5万美元。但是，1929年爆发的美国经济危机对社会造成严重冲击，教育研究生院也在1930年遇到了事业发展的瓶颈，此后几年招生人数逐年下降，办学资金不断萎缩。这一状况受到1933年任职哈佛大学校长的科南特的关注。科南特认为，教育研究生院联合文理学院培养具有学术素养的教师比培养具有博士学位的教育研究者更重要。霍姆斯与科南特就教育研究生院的发展状况进行多次交流，并于1936年在科南特的协调下与文理学院合作设立教学文科硕士学位。该学位在教育硕士学位的基础上设立，教育研究生院与文理学院联合开设系统的课程，致力于培养具有宽厚的文理学科学术素养和扎实的教学经验的中小学教师。教学文科硕士学位不仅拓宽了教育研究生院新的发展空间，也引领了当时美国中小学教师教育模式的变革，增强了哈佛大学教育学科的影响力。

第三节　斯坦福大学教育学科的发展

一、教育学院的创建与发展

1906年后，加利福尼亚州实行高中教师资格证书制度。这一政策的推行与实施，促使斯坦福大学教育系的工作与州教育委员会的关系更加密切。同年8月1日，州政府教育委员会颁布教师申请教师资格证书的条件，主要内容如下：

1. 申请高中教师从教资格的人员必须获得大学学士学位，或者至少有8年的高中或学院专业训练，或者在大学或大学附属机构顺利完成至少一年的研究生学习；申请者必须有一年半时间的学术课程学习，还要具有在教育系附属学校或专业训练学校的系统学习经历，掌握教育委员会所列出的教育学课程。

2. 若没有接受过上述教育学课程的专业训练，申请者需提交其毕业于加利福尼亚州师范学校或其他师范学校的官方正规证明或毕业证书，申请者还需具备学校从教经验或者在初等学校和中学连续工作20个月，并出示由加利福尼亚师范学校或与该校联合办学的文法学校开具的实践教学证明，或者是由加利福尼亚大学教育系、斯坦福大学初级学院（Leland Stanford Junior

University）开具的教学技能训练合格证明。①

　　州政府的文件在教师资格证申请方面不仅强调教师从业人员要具备学士学位或具有教学经验，而且突出了教育学课程在申请工作中的重要作用。在这项政策的推动下，斯坦福大学教育系的工作标准进一步提升，以便为加利福尼亚州培养更多优秀的师资力量。这一时期，申请教育专业学位以获得教师职位或教育管理职位的研究生数量不断增加。事实上，至1907年，斯坦福大学教育系毕业生遍布全国，且占据了教育领域的重要位置。教育系被认为是完善教育组织与活动的必要保障，而且教育系培养高规格、高质量的高中教师，承担着师资培养的重任。教育学在社会生活中的作用越来越重要，接受教育专业培训的男毕业生对社会产生深远的积极影响。对此，克伯莱在1908年年度报告中做了总结性的介绍：

　　现阶段，斯坦福大学正处于独特的发展时期，教育系要充分把握这次发展机遇。我们应当将教育教学培训工作放在首位，提供更为丰富的教学事务指导。我们教育系应成为当西西比河西岸专业培训教育管理和顾问人员的领头羊，以利于教育系吸引更多的东部地区学生前来学习，培养更多优秀的毕业生。②

　　每年都有一批斯坦福大学教育系的毕业生去东部地区承担教育类工作，成为影响教育发展的重要力量。1910—1911学年，斯坦福大学教育学专业的学生共招收57人，其中20人接受研究生层次的教育。这是斯坦福大学教育系建立以来招生人数最多的一次，表明教育系和教育培训工作逐渐受到社会的重视。这一时期，教育系主要授予毕业生教育学学士学位和硕士学位。1912—1913年明确规定，获得教育学学士学位须修满教育系的30个单元课程，这些课程主要依据教学实践和学生个人兴趣来设定，其课程内容以各种教育工作领域的导论为主。申请教育学硕士学位还需要再选修20个单元的专门研究课程，并以课程论文的方式补充课程学习内容。在研究生学习的第一年，教育系主要开设使学生熟悉教育研究各分支领域的普通知识，并且使学生在学习的过程中确定感兴趣的研究方向。在研究生学习的第二年，学生主要掌握和熟悉五个不同的教育学领域的理论知识和实践，包括教育（基本）理论、教育史、教育心理学、教育管理和教育保健。斯坦福大学鼓励教育系学生继续攻读博士学位，建议学生从上述五个研究领域中选定一个作为

---

　　① Leland Stanford Junior University. Fifteeth annual register，1905 - 1906：73 - 74.

　　② CUBBERLEY E P. Report of the department of education，fourth annual report of the president，in fifth annual report of the president，1907 - 1908：43.

主研究方向，而且这一时期教育系在圣何塞（San Jose）① 附近的公立学校设立实践教学基地，促进教育系学生理论和实践相结合能力的发展。

1914—1915 学年，图形艺术系（Graphic Art Department）并入教育系，遂使教育系和艺术系工作紧密联系，以便于更好地为公立学校培养艺术类教师。1914 年，教育系设立巴克尔博士心理学和教育学奖学金，用于研究一些反应迟钝和发育障碍的儿童。奖学金的投入增加了教育系的资金来源。同年，教育系的办学资金增加至每年大约 1 000 美元。同年 8 月，斯坦福大学在巴克尔基金（Buckel Foundation）的资助下，开始在设备完善的实验室里，对 450 名儿童开展心理学的观察和研究工作，其研究成果切实推进正常儿童和超常儿童心理学及其教育的发展。

1916 年，加利福尼亚州教育委员会为提升高中教师的质量，特别强调大学应该在公立高中教师培训和教师资格证制度建设方面担负起重要职责。教育委员会颁布一项决议，主要强调大学教育系应该确立较完备的教师培养标准和计划，而且要切实指导和监督教师培养计划的实施与成效。该决议于 1917 年 1 月正式生效，加利福尼亚州各大学的教育系随之建立更为严格的高中教师教育项目。斯坦福大学为切实贯彻该决议，更好地在教师教育中占据有利位置，于同年 4 月 27 日在大学董事会的支持下，建立教育学院。教育学院建立的官方公告内容如下：

Ⅰ．教育学院的组织建构

1．教育学院接受大学校长的领导，是大学的重要组成部分。

2．教育学院下设教育系。

3．教育系指导大学其他开设教师教育课程的院系或机构。

4．教育系指导部分申请开设中学教师培训课程，但尚未获得批准的非教育专业机构。

5．大学校长任命教育学院院长，教育学院院长应当能够担负中学教师培训工作的职责。

所有以上成员皆是教育学院的组成部分，教育系的常务主任担任教育学院的院长或执行主席。

Ⅱ．教育学院的课程内容

1．经大学校长批准，教育系主导开设教育学院的所有课程。教育系依然保留其组织机构建制和行政权力，以利于教育学院的组织和运作，而且教育系可以独立招收教育学专业的学生。

---

① 加利福尼亚州的西部城市。

2. 教育学院开设的课程或研究项目必须有助于学生将来在初等学校、高中和师范学校任教。

3. 经大学校长批准开设的课程，与其他大学所开设的教师教育课程具有合作性或相似性，不能独立开设。

4. 教育教学培训方面的课程应根据社会变化及时调整和更新。

Ⅲ. 教育学院的权利和义务

1. 制定教育学院的工作规范和运作规则，确立工作重点，建立教育专业委员会。

2. 确定院系在教师培训工作方面的主修课程和辅修课程。

3. 在州教育委员会的授权下核准教师资格证的主修和辅修项目。

4. 在大学校长和学术委员会的支持下，与其他教育机构，如社区、教师资格证颁发机构、大学学位授予机构等，开展课程学习的合作。

5. 将从教资格推荐书换发为高中教师资格证，依据加利福尼亚州或其他州的法律和教育委员会的规定，颁发其他学院的从教资格推荐书

6. 大学校长、院长及系主任对教育学院的课程开设都具有修改和案例调整的权力。

……

Ⅳ. 教育学院管理委员会

教育学院在大学管理委员会的许可下，具有自由组建其独立委员会的权力。

Ⅴ. 教育学院的组成单位

学生从大三学年开始选修教育学院开设的课程（在此之前必须完成90学时的必修课程），这些课程主要由以下几个教学单位来完成，而且学生也由这些单位来管理。

1. 本科生。申请文学学士的本科生应该接受教育学院下属的如下系科的教学管理：

（1）教育系。教育系是教育学院的独立教学单位，其招收的学生都以教育学作为专业研究方向。教育系还招收教育学专业研究生，师范学校的毕业生、有教学经验的教师或至少具有大三学业水平的学生，才有资格被录取。

（2）图形艺术系。图形艺术系也是教育学院的独立教学机构，该机构为教育学院有志于从事艺术教育的学生开设本科生课程，这些学生以艺术系学生为主，也接受大学其他院系有志于从事该方向学习的学生。

（3）专门科目。学生若想在以下几门专门科目从事教学工作，必须接受教育学院的专业培训，专门科目主要包括：

①手工艺术；

②体能训练；

③如第Ⅲ项第 4 条所列，与其他机构合作开设的课程；

④大学校长所规定的其他可能增加的课程。

本科生若想从事教师工作，不能仅接受上述课程的学习，还须完成由大学各院系所开设的本科生必修课程，而且还必须修习各院系所设定的教师培训课程，这些规定在学校教育委员会所颁布的条例中明示。各院系统计并组织学生填写教师资格申请表，该表由教育学院最后进行审批。

2. 研究生。研究生如第Ⅴ项第 1 条对本科生所作的规定一样，须重新在教育学院注册，以获取教育学专业学生的身份。研究生主要分为以下几类：

（1）获取由教育学院颁发的从教资格推荐书，但不申请高级（硕士、博士）学位。这一类的学生主要包括教育学院毕业的本科生、其他与教育学院有合作的院系毕业生。

（2）申请从教资格推荐书，并申请获取高级（硕士、博士）学位的研究生，主要有以下几类：

①就其所学学科开展实地教学或教育调查的学生，须在教育学院正式注册，且修习完其专业方向的教师培训课程（未开设教师培训课程院系的学生须修习教育学院开设的课程），通过该学科教授的考核，获取教育学院的学位申请资格。

②对与教育学院合作院系的专业方向感兴趣的学生，且有志于从事该专业方向的教学工作，并期望获得从教资格推荐书，既可在教育学院注册，也可在各院系注册。修习完研究生课程后，将获取各院系的学位申请资格。

③从事教育学专业学习的学生，在教育系正式注册，将获得教育系或教育学院的学位申请资格。

（3）申请教育研究生专业学位的学生须在教育学院正式注册，修习教育学院规定的课程，将获取教育学院的学位申请资格。

Ⅵ. 学位

在大学学术委员会的监督下，教育学院有权授予修习完本科课程和研究生课程的学生以下学位：

1. 文学学士学位，被授予学位的学生必须符合第Ⅴ项第 1 条的规定。

2. 文学硕士学位，被授予学位的学生必须符合教育委员会和教育学院从教资格推荐书的规定，并须提交审核通过的教育学论文或其任教（主修）学科的教学论文。

3. 教育研究生学位。

4. 哲学博士学位。①

综观斯坦福大学董事会通过的这一份公告可以看出，在 1917 年，斯坦福大学明确规定教育学院是大学组织机构的一部分，大学校长任命学院院长，且院长直接负责教育学院的各项工作，这就赋予教育学院相对独立的办学自主权。文件还规定，学院主要由教育系、图形艺术系和专门科目三部分构成，各分部以教师资格证书的标准作为教师培训课程设立的依据。学院共设立文学学士学位、文学硕士学位、教育研究生学位和哲学博士学位等四类学位，其灵活的学位设置方式吸引更多的学生前来学习，进而有助于其办学规模的扩大。

这一时期，斯坦福大学教育学院也开展了其他与教育发展相关的研究工作。1916—1917 学年，推孟（L. M. Terman）开展心理测验的调查研究工作。他在加利福尼亚州慈善和纠正委员会的支持下，对圣昆廷州立监狱的囚犯进行直接的心理测验，在州教育委员会的支持下，主持圣马特奥县的学校心理测验。而且，推孟受聘于联邦政府，加入新兵心理测验委员会（Committee on the Psychological Examination of Recruits），研制并使用两套群体智力量表②对新兵进行测验；同时，他还在学校开展心理学观察测验，为学校管理提供必要的建议。他围绕使用比纳量表和依据量表得出的测验结果来诊断智力低下的儿童，写了大量的文章。③ 克伯莱也写了大量的关于学校和税收的文章，其著作被广泛传阅；其他教授也为扩大教育学院的学术影响力积极贡献。

1917—1918 学年，斯坦福大学已建立四学期制度，教育系的工作因这一制度的推行获得更好的安排方式，暑期学校的工作也受到重视。其中日常教学事务主要安排在春秋冬三个学期，这样的安排主要是为了全体教职员工在夏季学期有更多的精力投入暑期学校的工作。自 1918 年始，教育学院公开发行公告（announcement），主要介绍学院的工作安排和机构设置。1918 年，教育学院公告介绍了学院的构成和工作职责，其内容主要如下：

专业的教育学院主要由以下几部分组成，且以教学为职业的或对教学感

① Leland Stanford Junior University. Annual report of the president of Stanford University for the twenty-sixth academic year，1917：16 - 20.

② 用于测量识字新兵的《陆军甲表》（"Army Alpha"）和不识字新兵的《陆军乙表》（"Army Beta"）。参见：SAMUELSON F. World War I intelligence testing and the development of psychology ［J］. The history of the behavioral sciences，1997（13）：274 - 282.

③ Leland Stanford Junior University. Annual report of the president of Stanford University for the twenty-sixth academic year ［M］. Stanford：Stanford University Press，1917：52.

兴趣的学生必须完成以下学业内容：

1. 图形艺术系隶属于教育学院，新组织建立的教育学院已发展为专业的教育研究生培养机构……

2. 学生主修或辅修的教师培训类课程、教学项目等由大学的各院系开设……

3. 手工艺术、体能训练和教师培训的课程由教育学院来组织实施，教育学院还提供其他专门学科的教师培训课程。

4. 斯坦福大学校长和学术委员会安排大学各学院的合作课程，并负责与校外机构联合培训教师事宜。

5. 教育领域其他类型的课程随着社会的发展不断调整与增加。①

从这份公告中可以看出，教育学院的组织结构得到了充实，且教育学院的办学方向主要集中在研究生培养层面，在大学校长和学术委员会的协调下，教育学院与大学其他院系联合开设教师培训课程，办学实力和影响力进一步增强。

至 1917 年，斯坦福大学教育学院已确立较为严格的招生和从教资格认证标准，设立教学主修或辅修形式的教师培养项目。只有师范学校或其他教师培训机构的毕业生、具有教学经验且在大学后两年中系统学习教育类课程的大学毕业生，经过严格的资格审查，才有机会被录取为教育学院的研究生。同年 4 月，斯坦福大学教育学院成立以后，教育系将授予学生从教资格证书以获取教师资格证作为工作的重心，设立资格证书和学位授予委员会。委员会授予四种类型的推荐书：基础教育、中等教育、高中和特殊学校教师从业资格推荐书。该委员会还负责推荐学生申请教育系颁发的文学学士、硕士学位和哲学博士学位。

在教育学院教职工的努力下，1919—1920 学年，教育学院注册的学生总数达 185 人。1920 年夏季学期，大约六分之一的斯坦福大学的正式注册生选修教育系开设的课程，此时选修教育学课程的学生总数达到教育学院建立以来的最高峰。1920 年，普科特（William M. Proctor）教授与联邦政府职业培训机构合作，在斯坦福大学为 100 名退伍士兵开设职业培训课程。同年，克伯莱出版了《教育史》（A History of Education）和《教育史阅读手册》（Readings in the History of Education）两部教育史著作；推孟教授通过修订比奈－西蒙量表（Binet-Simon Scale）而完善了其心理测验量表，并对高中学

---

① LEE E A. The development of professional programs of education ［D］. New York：Columbia University，1925：76.

生开展心理测验，扩大了斯坦福大学在心理测验和学校管理方面的影响力。斯坦福大学教育学院的学生注册人数逐年增加，学院教授的教育著作或教育研究项目备受学界推崇，东部地区许多有志于从事教师职业或教育研究的学生慕名而来，进一步扩大和增强了斯坦福大学教育学院的影响力。

然而，对这一时期加利福尼亚州毕业生派遣办公室的调查显示，虽然斯坦福大学教育学院招生规模扩大，包括来自东部地区接受教师专业培训的学生数量逐年上涨，但是加利福尼亚州的师资依然短缺。出现这一局面的原因一方面是由于大学教育学院不具有授予学生教师资格证的权限，另一方面也是由于加利福尼亚州不能为教师提供高于东部地区的薪酬待遇，导致大多数毕业生选择赴东部地区就业。派遣办公室的数据显示，1920—1921学年，加利福尼亚州共有1 003名教师工作职位的招聘计划，其中有35个是学校行政管理职位，但仅有198个职位有学生应聘；1922—1923学年有1 413个教师招聘计划，其中52个是学校管理职位，仅有很少的职位招聘到毕业生。由于教师薪酬不高，斯坦福大学培养的教师和教育学专业人才选择离开加利福尼亚州。但是，斯坦福大学教育学院的教授们并没有因此而降低其工作标准，他们继续为教育学院的发展积极努力。

1922—1925年，教育学院的多名教职工都在教育研究领域取得了重大成就。克伯莱和希尔斯（Jesse Sears）教授带领一批研究生，对加利福尼亚州的学校经费开展研究工作。该研究工作不仅获得教育财政调查委员会的支持，还获得联邦基金、洛克菲勒基金、卡耐基基金和米尔班克基金会的资助。这一时期，凯利（Truman Kelley）教授出版了专著《统计方法》（*Statistical Method*），还与推孟、鲁赫（Giles Murrel Ruch）联合出版《斯坦福成就测验》（*Stanford Achievement Tests*）一书。1924年，凯利对斯坦福心理成就测验量表进行修订，设定教师心理的测验量表，经过专业培训的心理学家依据此量表能够测验出教师从教能力的水平，因而该量表的确立在一定程度上可为教师教育质量的提高提供必要的指导。

斯坦福大学教育学院在教师专业培训和教育研究方面也取得显著成就，更多的学生慕名而来。1925年，学院共有3 996名学生注册，其中教育学院的注册学生达382人，成为斯坦福大学年度招生人数最多的学院。教育学院发展的良好状况受到斯坦福大学董事会的关注。为使斯坦福大学在教师专业培训和学校管理者培训中占据更有利的位置，同时也为更好地推进教育学研究生工作的开展，1927年，董事会讨论后，决议对教育学院的组织机构和发展计划进行修订。斯坦福大学董事会通过的教育学院修订计划的内容主要如下：

斯坦福大学董事会通过的教育学院修订计划

Ⅰ．组织机构

依据决议，斯坦福大学培训教师和学校管理者、推进教育学研究生工作发展的教育学院，组建为斯坦福大学的专业学院。

斯坦福大学教育学院的下设系科和开设课程主要包括：

1．图形艺术系，其开设的课程主要由现有的教育系来安排。

2．教育系，除一部分专门的教学实践课程外，主要开设教育学类的所有课程。

3．教育心理学系，主要开设教育心理学和与之相关的所有课程，这些课程主要由教育系和心理系联合安排开设。

4．教学培训系，主要开设所有专门的教学实践课程，其目的是通过教学实践训练提升学生的教学技艺。

5．由大学校长和学术委员会授权，与校外教育机构在合作的过程中开设教师培训方面的所有课程。

6．其他由大学校长或学校董事会在教育领域所要设定的机构和课程。

Ⅱ．系科

教育学院下设的每一个系科都进行自主管理，其自主权主要包括工作的安排、部门经费的分配和学生的具体事务处理。

教育学院下设的每一个系科设立系主任，主要负责该系科的工作。

各系科均具有申请发展为大学独立学院的资格。

在符合大学管理条例规定的条件下，各系科均具备组建或任命学科委员会的资格。

教育学院在大学校长的领导下工作，原教育学院院长担任常务院长职务。

Ⅲ．咨询代表

任何大学的院系和组成机构，若想对教师培训的主修或选修课程有修改的建议，均须选派一名代表，且其建议书应由教育学院院长签字。建议书应对课程的目的和意义进行详细论证，由咨询代表将建议书在教育学院公告上刊登，学院院长和教学秘书随即妥善处理该事务。

Ⅳ．权力和职责

教育学院应具有如下权力和职责：

1．制定教育学院管理和运行的规章制度，并建立与之相应的管理委员会。

2．设立与所有专业学科相对应的系统的教师培训课程体系，并与大学其他院系开展合作。

3．经州教育委员会的许可设立教学许可证必修和选修课程。

4．在大学校长和学术委员会的支持下，与其他院系或机构合作，开设与其他大学或社会机构在教师资格培训、学位申请等方面相关的课程。

5．授予符合加利福尼亚州或其他州法律、州教育委员会条例规定，且修满教育学院设置课程的毕业生从教资格推荐书，以帮助他们获取教师资格证书。

6．推荐大学校长、教育学院院长修订或更新教育学院课程体系，以更好地推进教育学院的工作。

Ⅴ．注册的学生

教育学院主要接受大三学生（须修满90学时的课程）的注册，这些学生主要包括：

1．教育学院所有系科和图形艺术系注册的所有学生。

2．由教育学院或心理系颁发学位的教育心理学系的注册学生。

3．具有提高教学技能和质量要求的学生。除非在校长的支持下，对提高学生教学技能和质量的课程皆不可作修改，这些课程主要包括：

①手工艺术课程；

②体能训练课程；

③与其他机构开设的合作类课程；

④在大学校长的支持下增加的课程。

4．本科生。除上述所列的学生外，还包括大学所有院系想从事各学科教学工作的学生。这些学生须获得教育学院和学校管理委员会的核准，并须在教育学院重新注册，在毕业时将由教育学院秘书签发从教资格推荐书。

5．研究生。研究生必须在教育学院重新注册，并主要分为两大类：

（1）申请从教资格推荐书，但不申请获得硕士或博士学位的学生。这些学生主要是在教育学院注册，或是在与教育学院合作的其他院系注册。

（2）申请从教资格推荐书，同时也申请获得硕士或博士学位的学生，这些学生主要包括：

①从事其主修或选修学科教学现象的调查，或开展教育学研究工作的学生，他们必须在教育学院注册，并由教育学院的合作院系颁发学位证。

②从事教育学院合作院系的主修或选修学科的研究，同时又想获得从教资格推荐书的学生，他们必须在各院系正式注册，并由该院系颁发学位证。

Ⅴ．学位

教育学院仅负责学生学位申请的推荐工作，斯坦福大学授予符合大学学业标准的学生相应的学位。①

从这份公告中可以看出，教育学院在原有系科的基础上，增设教育心理学系和教学培训系，而且学院下设的这四个系科（图形艺术系、教育系、教育心理学系、教学培训系）都具有自主管理权，由各系主任全面负责工作，鼓励系科开设具有特色的课程，并具备进一步发展为独立学院的资格。这不仅说明教育学院办学规模扩大和实力增强，还反映出斯坦福大学教育学院灵活的办学风格与合作办学的发展趋势。另外，文件还规定，在这一时期图形艺术系主要是为中学培养艺术和绘画教师，克拉克（Arthur Bridgman Clark）任系主任，普科特（William M. Proctor）任教学培训系主任，推孟任教育心理学系执行主任，克伯莱兼任教育系主任；大学校长直接负责教育学院工作，克伯莱担任教育学院的常务院长。

这一时期，斯坦福大学教育学院所颁发的从教资格推荐书、学业认证书以及从教资格证书主要分为 10 种类型：①小学证书；②初等学校证书；③高中证书；④初级学院证书；⑤特殊专业证书；⑥学校行政管理证书；⑦学校督导证书；⑧学校咨询证书；⑨教育学研究证书；⑩预备证书。其中预备证书主要是依据特殊需要和某个专业方向发展需要，仅授予军官学校毕业或具有从教经验者。总体上说，这些资格证书的申请要求非常专业化，且依据社会的发展需求及时做出调整。以 1927—1928 学年所公布的学生注册年鉴为例，其中小学的资格证书申请要求是最少的，具体内容包括以下 3 方面。

1. 具有斯坦福大学的学士学位证书；
2. 满足州教育委员会所列的教师资格申请要求和条件；
3. 通过美国宪法课程考试，该课程主要由加利福尼亚州根据需要从宪法中选编出 3 个单元，作为强制考试内容。

获得基础学校教师资格证书者可在初等学校的八个年级中任教。

与小学教师资格证书的申请需求不同，学校行政管理证书的申请要求非常广泛且复杂，其具体内容主要包括：

被授予学校行政管理证书者，须持有加利福尼亚州教师资格证书，或持有加利福尼亚州初等或中等生活文凭（California Life Diploma）者，须具有不少于 17 个月的成功从教经验，且修满下文所列教育学院 22.5 学分的教育学课程。

----

① Leland Stanford Junior University. Annual report of the president of Stanford University for the thirty-sixth academic year ［M］. Stanford：Stanford University Press，1927：13 – 17.

学校行政管理证书的持有者被授予具有从事公共学校管理工作和学校监管工作的资格或权利，其工作职务主要包括学校主管、校长、一般管理者，或者是一些非特殊专业的学科如英语、数学、社会科学等学科的指导者或督导。从事全职行政管理工作的学监、副学监、助理学监、5位教师以上的学校校长（或具校长职权的管理者）必须持有学校行政管理证书。学校行政管理证书的等级依据1925年1月1日州教育委员会颁布的标准制定①。

为进一步提高斯坦福大学教育学院在师资培养和教育研究方面的质量与规格，1927年，斯坦福大学董事会除通过教育学院重组计划外，还批准教育系设置教育博士学位，该学位主要为申请从事教学或学校管理工作的学生所设置。

教育博士学位与其他专业学位如法学、医学、商业和工程学位具有同等地位。然而，教育学学科的学生和其他学术性学科、对教育的科学研究或历史研究感兴趣的学生仍然被授予哲学博士学位。专业性的教育博士学位不同于学术性的哲学博士学位，教育博士学位强调专业的学科内容而不是传统的学术研究和学业要求，如对外语知识及其阅读技能等，但在其他方面教育博士学位和哲学博士学位的要求具有相似之处。教育博士学位主要为两种专业类型的学生设置，一种是学校管理专业类型，另一种是专职教学类型。这两种类型的学生所接受的教学要求在本质上是相同的，仅在个别方面存在差异。申请教育博士学位的第二种类型的学生必须掌握一门现代外语。两种类型的学位申请者均须具有教育系所规定的文学学士和硕士学位。

20世纪20年代，斯坦福大学教育学院设置多种类型的人才培养模式，吸引大批学生来教育学院深造，教育学院也逐渐由本科生培养机构发展为研究生教育机构，甚至有些专业不再招收本科生。这一时期，斯坦福大学教育学专业的注册学生人数占整个夏季学期注册总人数的三分之一。以1929年夏季学期为例，教育学院注册的学生中申请文学学士学位的37人，申请文学硕士学位的225人，申请教育博士学位的48人。从这些数据可以看出，与斯坦福大学教育系创建之初相比，这一时期教育学院的本科生招生人数所占招生总数的比例明显缩减，教育学院进入研究生教育的发展时期。

二、教育学课程的建设

自1898年以来，加利福尼亚州立大学的毕业生，通过文理学院的学术

---

① Leland Stanford Junior University. Annual report of the president of Stanford University for the thirty-seventh academic year ［M］. Stanford：Stanford University Press，1928：153 - 154.

和专业培训后，将获取大学的从教资格推荐书，这些学生在加利福尼亚州范围内不用参加额外的考试而具有从事教师职业的许可。然而，这仅仅是一份推荐书，而不是职业资格证书；而且，教学培训的最短为12学时，其专业性和有效性不能得到充分证明与保障。尤其是1906年以后，加利福尼亚州推行教师资格证制度，州政府不断提高教师培养规格和质量要求，相应地，大学也不断完善其教育学课程和教师教育课程，进而提升教师培训的质量。1913—1914学年，斯坦福大学开始以文件的形式确立各院系开设教育类课程，进而提高毕业生从教资格推荐书专业水准的制度，这类文件所包含的具体内容如下：

除了国家教育委员会规定的教学技术性要求，如获得州政府承认的大学接受一年的研究生教育，其中包括12个学时的教育学课程学习，而这12个学时中必须有4个学时是关于教学实践方面的培训，此外大学需要为将来从事高中教师工作的学生提供所有可能的教学培训，以便学校颁发的从教资格推荐书能够更有利于他们获得教师资格证。为此，大学应该至少在一门学科领域内做好充足的准备工作，即提供高规格的教学培训，以确保毕业生能够胜任高中教师工作，且在任教学科开展高水平的教学。①

在这一规定推行后，斯坦福大学的15个院系在1913—1914学年建立了相应的教师培训课程计划。该计划主要包括六大部分课程：①基础性的和引导性的课程；②中级课程，即关于教育的普通特性介绍；③中学教学技能培训课程；④高级的和专门的课程；⑤专门学科教学的教师培训课程；⑥各院系的课程。这一课程体系在教师资格证制度不断推进的条件下，成为斯坦福大学教师教育质量提升的保障，并逐渐发展成为斯坦福大学的教师教育项目计划，而教育系开始注重从儿童心理学的角度来建构和完善该课程计划。

1914—1915学年，教育系在该课程计划的基础上增加三部分课程内容：①特殊教育领域方面的基础课程；②中学或教育机构保健心理学教师培训的研究性课程；③公立学校美术教师或图形教师的教学培训课程。

1916年，加利福尼亚州教育委员会颁布一项决议，其内容主要强调大学应担负切实指导和监督教师培养计划的实施与成效的职责，建立更为严格的高中教师教育项目。斯坦福大学为切实贯彻该决议，更好地在教师教育中占据有利位置，在大学董事会的支持下，于1917年4月27日建立教育学院。在1908—1909学年确立的教育学课程体系的基础上，新建立的教育学院于

---

① LEE E A. The development of professional programs of education［D］. New York：Columbia University，1925：79.

1918—1919 学年增加了三部分新课程内容，遂使新增加的课程体系具有明显的教育教学专业特性，其内容主要包括：

1. 申请高中教师从业资格推荐书的学生必须选修以下三门主要的教育学课程：

（1）教育理论课程。其主要目的是使学生熟悉并掌握教育学的基础理论。

（2）专门学科的教学督导课程。其主要目的是为申请从事师范学校或公立学校的学科教学督导工作做准备，其中专门学科主要包括英语、历史、科学和数学。

（3）中小学校长或学监课程。其主要目的是为申请从事城市学校管理工作做准备。

2. 申请从事残疾儿童心理学和教育学教学与研究工作的必修课程，该课程主要包括以下两部分：

（1）基础课程，其主要目的是让学生熟悉并掌握特殊教育的一般原则和管理方法。

（2）研究课程，其主要目的是为有志于从事公立学校或特殊教育机构心理诊疗工作的学生提供指导。

3. 申请从事公立学校绘画教学工作的必修课程，该课程旨在训练学生的艺术视角和图形的表现能力。①

新课程内容同时规定，申请高中教师从业资格推荐书的学生必须修满教育系开设的 45 学分的课程，其中 30 学分是关于学校校长和学监工作方面的课程，5 学分是该课程的延伸课程，10 学分是选修课程。② 需要关注的是，这些从教资格推荐书的课程主要是依据州教育委员会的建议而开设的，并不能完全反映当时社会的真实需求，有些可能并不具有实际的社会效用与价值。

这一时期，教育学院的教育学者在巴克尔基金（Buckel Foundation）的支持下，开展儿童研究，并取得重大进展。科赫（S. C. Kohs）完成了一项该基金资助项目，项目主要是制定一系列的标准化视觉模块，并使用这些模块测验文盲和非英语国家被试者的智商。科赫的这一智商测验方法很快被军方所采用，主要对招募的新兵进行心理测验。与此同时，儿童研究方法的课程成为斯坦福大学教育学院的常设课程，并吸引了加利福尼亚州以外地区的

①② LEE E A. The development of professional programs of education ［D］. New York：Columbia University，1925：81.

大量学生和具有教学经验的教师，在夏季学期来教育学院学习和进修。这不仅扩大了斯坦福大学儿童研究的影响力，而且增加了学校的收入。

1920—1921 年，加利福尼亚州教育委员会调查了本地区的教师供需状况，发现来加州参与教师专业培训以获取从教资格推荐书的人数逐年增多，但留在加州从事教职的人并不多。针对这一情况，教育委员会建议以斯坦福大学教育学院为代表的教师培训机构应根据州教师资格证的申请标准，进一步完善课程体系，以便获得从教资格推荐书的大学毕业生申请教师资格证，为毕业生留在加州从教创造更有利的条件。为此，至 1924 年斯坦福大学教育学院已按照州教育委员会的要求完成课程体系和教师培训项目的完善工作。除了开设关于教育史、教育功能、公立学校财政和管理、州教师资格申请课程外，教育学院还专门开设 5 项教师资格申请项目，主要包括教育理论和历史、高中教师、高中学校管理（针对高中校长开设）、教育管理（针对学校校长和学监开设）、教育研究（针对公立学校教研主任开设）。此外，在其他领域也开设了专门的培训课程，主要包括师范学校或学院的教职、公立学校的监督或管理、异常儿童研究、公立学校心理保健等。

进入 20 世纪 20 年代，在州教育委员会的教师资格申请条件和教师培养规格与质量不断提高的情况下，研究生教育成为教育学院事业发展的主流。斯坦福大学董事会在 1927 年通过教育学院的重组计划，并按照州教育委员会的要求①，设立系统的教育学类课程，主要分为学校行政管理方向和儿童研究方向的两大课程体系，其内容如下：

1. 申请学校行政管理和儿童研究方向教师资格的学生，首先须修满 15 个学分，且须从以下 5 门课程中选定 4 门作为学分必修课：

①美国教育史课程；②教育测量与测试课程；③学校行政管理课程；④儿童生长与发展课程；⑤教育哲学课程。

2. 其余 7.5 个学分课程主要包括：

①基础学校校长工作；②高中或初级中学行政管理课程；③基础教育督导和组织课程；④监督指导课程；⑤统计方法课程；⑥学校调查课程；⑦乡村教育课程；⑧基础学校课程；⑨高中课程；⑩国家和地方学校管理课程；⑪城市学校行政管理课程；⑫学校建筑维修与建设课程；⑬心理诊断方法课

---

① 加利福尼亚州教育委员会要求申请教师资格证须至少修满 22.5 学分的教育学课程。

程；⑭职业教育的组织与管理课程。①

上述课程的开设，不仅增强了斯坦福大学教育学院在师资培养方面的优势，而且为研究生培养工作成为教育学院工作的主干提供了必要的条件，进而吸引了更多学生申请斯坦福大学的教育硕士和博士学位，有力地促使教育学院的工作不断前进。

三、关注公共教育并在此基础上构建教育管理学：克伯莱在斯坦福大学

（一）开展教育管理的理论探究并出版专著

到斯坦福大学任教之前，克伯莱即开始关注教育问题。例如，1896 年，他发表关于加利福尼亚州学校体制修订计划的演讲。再如，1898 年，他在圣地亚哥市教育委员会作关于学校组织管理问题的报告。在这些早期的演讲或报告中，他主要运用历史的、评论的和分析的方法，而不是传统的描述的方法来看待学校管理问题，并提供解决问题的建议。在哥伦比亚大学师范学院学习期间，他开始学习由桑代克所倡导的教育统计方法，并尝试着在其博士论文《学校经费与分配》中运用统计方法研究学校管理问题。回到斯坦福大学后，他在构建教育系课程体系的过程中，提出增设教育统计学课程的建议，认为统计学的方法不仅可以促进教育学课程体系的完善，还能够推进学校管理工作的科学化发展。在他看来，学校管理和学校体制是一个新的研究领域，涉及社会学、政治学、经济学和管理学等学科，统计方法和数学方法应用于学校管理研究中，可以有效推进教育管理的科学化进程。

为更好地在斯坦福大学开设学校管理方面的课程并拓展教育学科领域，克伯莱充分发挥其教育史研究优势，通过系统探究美国国家及其教育的发展历史，提出"教育是一个人类共同面对的政治问题，是一个民族、政权、地方政府的问题，与社会文化和政策紧密相联，而且深刻影响着国家经济的发展"的观点。他指出，20 世纪初期美国的教育管理者感到其工作中所运用的管理技术和知识太贫乏，厌倦了工作中面对的政治压力，需要大学开设一门学校管理学课程，为其工作提供理论支持，同时也为美国教育管理提供人才储备。因此，在大学开设学校管理课程、展开教育管理研究，不仅有助于教育学科的建设与发展，还能为公共教育管理工作提供必要的支持。克伯莱

① O'LEARY T F. An inquiry into the general purposes, functions and organization of selected university schools of education [M]. Washington, D. C.: The Catholic University of America Press, 1941: 323 – 324.

不仅在其授课体系中强调教育管理在世界教育发展上的重要地位，而且在 1909 年对美国学校体制实际存在的问题进行观察和研究，并结合其在美国地方教育机构中的工作经历，运用历史学、社会学、教育学和哲学等学科的理论与方法，就其所见与所思形成《教育观念的转变》（*Changing Conceptions of Education*）一书，该书被认为是其教育管理思想的开山之作。

20 世纪初期，泰勒（Frederick Winslow Taylor）的科学管理理论逐渐被一些学者运用至学校管理中。面对学校组织和管理工作中存在的诸多问题，人们认为只有把科学管理理论引入学校，才能使学校教育的成本降低，效率提高；而一旦学校的效率提高，公众也就能够改变看法，乐意增拨教育经费并改善学校条件。因此，效率至上一度成为学校管理的核心，工业管理的方法被引入教育管理中。[1] 有学者宣称可以把教室管理当作商业问题，学校应该像工厂、商家一样追求效率。[2] 克伯莱也是泰勒科学管理思想的坚定支持者，在其 1916 年首次出版的《公共学校管理》（*Public School Administration*）一书中，他认为学校是一所将原材料制成各种产品以满足各种生活需要的工厂，主张运用泰勒理论总结城市学校管理的各种经验，并把它应用到州和县的公立教育组织和管理的工作中。克伯莱发现，在学校管理工作的组织、指导、合作、控制的效率等方面，学校与工厂的管理工作具有相同之处；但他又注意到学校管理与儿童的教育是紧密结合的，不能只从商业化、工厂化的视角去看待学校管理。因此，克伯莱强调管理是对学校里与学生发展相关的生物学、心理学、社会学、考试、统计实验方法、教学过程中科学方法的综合运用，也是对教室、操场活动的监管等项目的直接反馈，在此基础上对其中包含的事实和原则进行总结和概括，进而发挥管理在教学中的重要功能。

为推进教育管理学科的发展，1913—1921 年，除《公共学校管理》外，克伯莱还出版了其他学校管理方面的著作，主要包括《州县教育重组：奥西奥拉州宪法和学校法典修订》（*State and County Educational Reorganization：The Revised Constitution and School Code of the State of Osceola*）、《美国公共教育》（*Public Education in the United States*）、《州学校管理课程教学大纲》（*Syllabus Outline of a Course on State School Administration*）等。克伯莱还就管理问题发表 20 多篇文章，为教育管理课程的开设提供必要的素材。其著作

---

[1] CALLAHAN R E. Education and the cult of efficiency：a study of the social forces that have shaped the administration of the public schools［M］. Chicago：The University of Chicago Press，1962：2.

[2] BAGLEY W C. Classroom management：its principles and technique［M］. London：Macmillan，1907：2.

《公共学校管理》不仅是教育管理学的经典之作，而且长期被用作美国大学教育系的教材。1922 年，克伯莱对该书重新进行修订，强调人际关系理论在教育管理中的重要作用，科学管理的观点逐渐被淡化。在他看来，教育管理学已不能用一门课程代替整个领域，遂于 1927 年总结多年来对教育管理问题的研究成果，出版《州立学校管理》（*State School Administration*），不断充实和完善教育管理学的学科和教材建设。

（二）倡导由州政府控制、管理公共教育并设立教育委员会

克伯莱在《公共学校管理》中认为，美国应把州作为教育管理的最高单位，学区、镇、乡村、市和县都是州管理体制的构成部分，也是加强地方教育管理的附设机构，用以改善教育管理的效率。他主张把教育权集中到州，由州政府来管理公立教育并实行州控（state control）制度，但州控并不是由州政府承担所有的事务，而是把全部或部分职权委托给下属分支机构。在克伯莱看来，州政府控制公共教育的管理制度，其优点主要在于：（1）能使州政府有权规定最低限度的教育标准、制定一项建设性的教育政策；（2）能使教育成为全州范围的事务，而不是局限于一个小的区域范围内，进而避免地方政府出现目光短浅的行为；（3）能促成教师考核、儿童教育机构设立、学期延长、经费增加、学校建筑卫生标准制定等工作的统一，从而提高教育管理的效率。他认为，在州教育事务上采取统一的管理可以达到事半功倍的效果，即使这种统一往往会带来教育管理的机械化，但在实际的管理工作中却具有实效性，而且这种统一的管理工作应由州教育委员会来执行。

克伯莱指出，20 世纪初由美国的州行政长官、学校官员构成的州教育委员会（State Educational Board）已不能适应公立教育发展的现实需要。随着公立教育的发展，州管辖的业务范围不断拓展，教育立法及行政的作用日益繁重，各项教育事务需要才学兼优的教育领袖来主持，因而在州教育事务的管理上亟须具有执行力的教育组织。他认为教育委员会成员一部分是委任人员，一部分是公民代表，其职权与公司的董事会类似，通过任命委员会的执行官员从宏观上控制州的教育系统。他进一步强调在美国创设一种最好的州教育组织以便大规模地处理州教育问题是教育管理工作需要解决的首要问题，因为一个有效率的州教育组织，首先是一个专门机构，由大多数合格专家和执行官员组成，同时它要改造地方教育行政单位、承担州政府授予地方教育行政单位的一定职能且在必要时分担州政府的工作任务。据此可以看出，克伯莱将州教育委员会视为处理美国各州教育事务的行政机构，其工作人员由委任和选举两种方式产生，主要功能是调节教育行政与公共教育发展需要之间的关系，进而提高教育问题解决的效率。

与此同时，克伯莱赞成美国各州应仿照州教育委员会来普遍设立市教育委员会，因为市教育虽然是州教育的一部分，但不能受州政府的统一限制，市可在遵守州所规定的最低标准的前提下，拥有教育委员会选举的最大的自由权。克伯莱认为，市教育委员会的组成人数以 5 ~ 7 人为宜，任期以 3 ~ 5 年为宜，委员会的成员应从市民和市学校系统中选举产生，以确保委员会成为一个精干的办事机构。他特别反对市长兼任教育委员会委员，认为尽管市长可以使用政治手腕来增加教育税收，但市长往往只注意人的问题而忽略教育政策的问题，以致教育委员会在制定详细规则时会因市长或市政府代表的出席而出现杂乱的局面。在他看来，市教育委员会又法律的委托全权负责教育管理且直接对选民负责，其效率的关键在于市教育委员会的权力绝不能受市政府官员的干涉。

四、积极开展心理、智力测验并借此促进教育心理学学科建设：推孟在斯坦福大学

推孟（Lewis M. Terman）1877 年 1 月生于印第安纳州的约翰逊。他早年求学于中心师范学院（Central Normal College），后来在丹维尔中学任教，1899 年与学校的同事明顿（Anna B. Minton）结婚。在妻子的鼓励下，推孟于 1901 年赴印第安纳大学继续深造，并在两年内先后获心理学学士和硕士学位。在印第安纳大学求学期间，推孟产生从事心理学科学研究的意愿，并于 1903 年至克拉克大学攻读心理学博士学位。此时他已开始对心理测验感兴趣，并以《天才与蠢材：探究七个"聪明"男童与七个"愚笨"男童智力的过程》（"Genius and Stupidity：A Study of the Intellectual Processes of Seven 'Bright' and Seven 'Stupid' Boys"）作为博士论文的题目，这开启了他运用定量研究的方法开展心理学研究的历程。1905 年，推孟获克拉克大学心理学博士学位后曾担任过中学校长，并在洛杉矶州立师范学校讲授教学法和儿童研究。1910 年，在其克拉克大学校友休伊（E. B. Huey）的引荐下，推孟被斯坦福大学教育学院聘任为心理学助教，开始全力投入心理学测验，并着手修订比纳 - 西蒙测验量表（Binet-Simon Scale）。他坚信智力测验量表不仅能辨别智力落后的人，还应成为测量所有中小学生智力的工具。经过持续不断的努力，1916 年推孟发表了标准化的斯坦福 - 比纳量表（Stanford-Binet Intelligence Scale）。该量表在心理测验中被广泛采用，并促使推孟在"一战"前后成长为智力测量领域的心理学家，对美国中小学的学校调查运动产生了直接的影响。1922 年，他离开教育学院，转任斯坦福大学心理系主任，此后一直在斯坦福大学任教，直至 1942 年退休。

　　推孟来到斯坦福大学后就开始着手修订比纳－西蒙测试量表，致力于创立能区别所有能力层次与各种智力形式的量表，使智力量表不仅能够用于辨别智力落后的人，而且成为测量所有中小学生智力的工具。[①] 推孟与他来到斯坦福大学所指导的第一位研究生蔡尔兹（H. G. Childs）展开对比纳－西蒙测试量表和智力测量的研究工作，并于 1916 年出版《智力测量》（*The Measurement of Intelligence*），即斯坦福－比纳量表。推孟和蔡尔兹认为比纳－西蒙量表仅关注弱智儿童的智力测量，导致该量表并不能被广泛运用。为解决这一问题，他们选取了 2 300 个研究样本展开量表的修订工作，研究样本包括正常儿童 1 700 人、弱智儿童 100 人、超常儿童 100 人、成人 400 人。推孟在对不同组的样本开展智力测量的过程中保留了比纳－西蒙量表中的 51 个测试题，修改了部分测试题的年龄水平，且新增编了 39 个测试题，使量表的测试题数目达到 90 个。为了实现测量的标准化，他选取儿童测验样组 1 000 名，成人测验样组 100 名，详细编写了实施和评分的指导语，在智力测量过程中实现了"测验题不变，测验方法与判分方法也保持不变"的目标。在推孟与其同事的努力下，该量表扩大了比纳－西蒙量表测量的年龄范围，其适用年龄为 3～14 岁，每隔 1 岁分为一个年龄组，而且还与成绩常模相衔接，将单个人的分数与一般总体的平均分数相比较。此外，推孟首次采用智商（intelligence quotient）这一新概念描述某个人的智力水平或智力商数，即被试的智力水平表示为智力年龄与实际年龄的比率，智力年龄取决于被试通过的测试题的数目及其所属的年龄水平。

　　推孟所修订的智力量表被学校广泛采用，量表的出版量不断增加，其倡导的标准化智力测量的方式受到美国心理学界的关注。1916 年和 1917 年，推孟分别赴纽约大学和哥伦比亚大学参与暑期学校的讲学，讲授有关智力测量的技术与方法。在讲学的过程中，他与桑代克等心理学家进行学术上的交流，并逐渐与东部的心理学界建立起密切的联系。1917 年春，他加入新兵心理测验委员会（Committee on the Psychological Examination of Recruits），参与委员会研究开发用于陆军新兵筛选分类的心理测验量表的工作。推孟和委员会的心理学家们共同研制并使用了两套群体智力量表：用于测量识字的新兵的《陆军甲表》（"Army Alpha"）和用于测量不识字的新兵的《陆军乙表》（"Army Beta"），这两套量表共测验了 175 万名士兵，在很大程度上提高了测量技术的影响力，改变了人们对智力测验与"低能"相联系的看法。受此

---

　　① TERMAN L M. The Binet-Simon Scale for measuring intelligence［J］. Psychological clinic，1911（5）：204－205.

影响，智力测验也被认为是公平客观地对学生进行分组，进而提高教育效率的有效方式。"一战"结束后，推孟与耶基（Robert Yerkes）得到通识教育委员会的资助开发用于三至八年级学生的全国智力测验（"National Intelligence Test"）。除此之外，他还开发了用于七至十二年级的群体测验（"Terman Group Test"）、适合所有年级的斯坦福学业成绩测验（"Stanford Achievement Test"）。这些量表的开发和推广应用促使量化的测验成为学校调查的主要依据，智力测验成了解学生实际状况的有效工具，致使教育心理学家广泛运用这一方法来影响学校的教学和教育政策。推孟也因主导量表的开发工作成为从事学校测验的心理学家的领袖，为斯坦福大学心理学系的发展争取到大量的捐赠基金，从而有力地促进了斯坦福大学教育心理学学科的建设。

第四节　芝加哥大学教育学科的发展

一、教育学院的发展

如前所述，1901 年芝加哥大学教育学院正式成立，杜威出任教育学院院长；1904 年春，杜威因与哈珀校长在办学理念方面不合，从芝加哥大学辞职，转任哥伦比亚大学哲学系教授。杜威离职后，洛克（George Locke）担任教育学系主任，杰克曼（Wilbur Jackman）担任芝加哥大学附属初等学校校长。布莱恩夫人对于杜威的辞职颇感意外，她曾写信督促哈珀校长尽快确定合适的教育学院院长。对此，哈珀回复道：

毫无疑问，对于他（指杜威——笔者注）的离开，我们现在不能够马上确定合适的学院院长人选来替代他。然而，我们也应该看到，教育学院的当前发展和未来前景不可能完全系于一人的影响。相对于法学院和医学院的管理与运行来讲，教育学院所有事务的处理仅靠院长一人来执行是不合时宜的。①

哈珀申明教育学院受杜威一人思想的影响太深，不能体现大学的民主管理特色。他向布莱恩夫人承诺，学校会任命一位合适的人选担任教育学院院长。1905 年 2 月，社会学家文森特（George Vincent）被任命为教育学院院

---

① HARPER W. The president's quarterly statement on the condition of the university [J]. University record, 1904 (10)：214.

长，布莱恩夫人同意了这一决定。然而，这一任命方式并没有通过大学学术委员会的同意，因为文森特没有任何关于教育领域的研究成果，而社会学者作为教育学科的外部人员不可能担负起领导教育学院的工作任务。与此同时，布莱恩夫人认为洛克与杜威在思想和行为上颇具一致性，洛克担任教育系主任不会使教育学院突破原有的发展桎梏，她建议由帕克学院的校长库克（Francis Cook）担任教育系主任。但哈珀却坚持认为教育学院中担任芝加哥大学中小学学校项目管理工作的巴特勒（Nathanial Butler）更适合担任院长职务。经过多方协商，最后由巴特勒担任教育系主任，杰克曼继续担任附属初等学校校长，欧文（William Owen）担任附属中学和手工训练学校校长。

这一时期，教育学院的研究生工作主要关注教育学者的培养。在此过程中，塔夫茨（James Tufts）和米德（George Mead）主要负责教育哲学方向的研究生培养，安吉尔（James Angell）负责教育心理学方向的研究生培养。这三位学者在杜威离开芝加哥大学后，依然按照杜威的办学理念开展工作，承担着教育学院主要的学术和教学工作，而且米德还担任《学校评论》和《初等学校教师》（*Elementary School Teacher*）两份教育学期刊的主编。

直至 1907 年，教育学院仍未确定院长的人选，以至于 7 月份后大学和教育学院在教育项目的工作方面变得越来越散漫。早在 1905 年，杰克曼就将哈珀校长身染重疾和教育学院当前的不良状况告知学院资助者布莱恩夫人，建议其撤除对教育学院的办学资金援助，将资金投入到更为广阔的初等教育事业中。布莱恩夫人结合自己的所见所闻，听从杰克曼的建议，撤回对教育学院的后期资助；即使芝加哥大学新任校长贾德森许诺将在 1908 年正式聘任贾德（Charles H. Judd）担任教育学院院长，她也仅同意以教育学院官方资助者的身份参与学院的活动。因此，1907 年 7 月 1 日芝加哥大学发表官方申明：教育学院将完全接受芝加哥大学委员会的直接领导，其各项工作直接受大学董事会的管理。这在一定意义上表明，芝加哥大学董事会将全权负责教育学院办学资金的投入，并全面监管学院的工作。

1906 年 2 月，哈珀校长病逝，芝加哥大学政治科学系主任、研究生院院长贾德森继任学校校长。他上任后在芝加哥大学实行紧缩的财政制度，各学院的办学经费都大幅度缩水。但作为哈珀的继任者，贾德森给予教育学院诸多的政策支持，认为教育学科的发展能促进大学的长远发展，因为这不仅能增加大学的学生注册人数，还能减少不必要的"教育浪费"，提高教学的效率。他建议 1908 年春担任教育学院院长的贾德发展教育研究、推进教师专业培训，在芝加哥大学建立具有广泛影响的教育项目。这项建议为教育学院在 20 世纪初争取到了大量的办学资金，其中一部分来自教师专业培训项目，另外一部分来自通识教育委员会的援助。1912 年，在贾德和芝加哥大学官方的共同协调下，教育学院收到通识教育委员会拨付的 150 万美元的办学资助，其中的 100 万美元被用于建设新的教育研究生院大楼，50 万美元被用于教育学院的发展基金，同年芝加哥大学董事会同意增加教育学院的财政预算。这些经费为教育学院的长远发展奠定了较为充裕的资金基础，也为贾德开展教育的科学研究、发展教育研究生事业提供了必要的资金支持。

在塔夫茨和安吉尔的推荐下，1908 年春，贾德出任教育系主任和教育学院院长。自 1909 年 9 月起，贾德全面负责教育学院的工作。他在德国跟随冯特学习心理学，掌握实验心理学的方法，回国后在耶鲁大学心理学实验室开展关于学习迁移的心理实验。在他的观念中，心理学尽管是一门新兴的学科，但这是一门属于男性从事的职业。而教育学则是属于女性从事的职业。面对芝加哥大学教育学院提供的管理职位，具有良好心理学学术背景的贾德认为：

1909 年 6 月，我从耶鲁大学心理学实验主任的位置上离职，赴任芝加哥大学教育学院院长，从事学院的管理工作。相对于耶鲁大学心理学实验室来说，我个人的心理学研究机遇在芝加哥大学变得较少；但从另外一个层面上来说，我将会面对更多的教育事务，也会有更多的机会与研究生们共同开展大量的标准化教育调查，这是其他学校所不能给予的优越条件。①

在芝加哥大学，贾德自 1909 年正式执掌教育学院后，就开始拓展教育学的科学研究工作，推进教育学科进入一个新的发展阶段。一方面，在考察教育学院发展状况的基础上，贾德上任之初就着手推进教学工作人员的人事调整工作。例如，教育学院的数学博士、原芝加哥学院教师梅耶斯（George Myers），因其所开设的课程"对学生来说太抽象"，不具有教育特色而被取消，梅耶斯也因年龄原因于 1909 年 9 月从学校退休。再如，原教育学系主任巴特勒曾是杜威的得力助手，贾德认为其担任的哲学和教育学课程不具有科学特性，便取消其授课资格，停止其在教育学院的一切工作，后来巴特勒调任大学校长办公室助理。另一方面，贾德为加强其在教育学院的影响力，又引进了许多学者到教育学院任教。1911 年，他任命助理教授帕克（Samuel Chester Parker）担任教育学系主任，后者是毕业于哥伦比亚大学师范学院的硕士研究生，也曾是贾德在辛辛那提大学任教时的学生，他在芝加哥大学主

---

① MURCHISON C, JUDD C H. A history of psychology in autobiography Ⅱ ［M］. Worchester Massachusetts：Clark University Press，1932：228.

要讲授课堂教学的原则，并出版了相应的教材；贾德在耶鲁大学的同事迪尔伯恩（Walter Dearborn）应邀来教育学院，与弗雷曼（Frank Freeman）共同合作，帮助他解决教育学领域的心理学研究问题；贾德聘请在克拉克大学获得博士学位的博比特（John Franklin Bobbitt）来芝加哥大学开设学校教育管理课程；他还从波士顿公学聘请萨金特（Walter Sargent）开设手工训练课程，进而开展工业教育和职业教育指导。

另外，贾德作为校长贾德森聘请的学院院长，相对于杜威来说，他从校长处能争取到更多的政策支持和财政援助。因此，贾德在教育学院的人事变动和发展规划方面具有更强的决定权和执行力。除了聘请与其教育学院发展理念相符合的教学工作人员外，贾德还积极促成教育学系从哲学系独立出来，从而为教育学院的完全独立奠定基础。在芝加哥大学，教育学系是设立于哲学系之下的，尤其是在 1907—1910 年，教育学系与哲学系联合办学，共同面对杜威离开后的一系列工作。1909 年正式任职教育学院院长的贾德倡以消除哲学对教育学科的影响，突出教育研究方法的科学性。1910 年，在他的主导下，教育学系与哲学系分离。对此，贾德申明：

这样一种大学组织结构的变化（指教育学系与哲学系分离——笔者注）进一步表明研究教育问题的科学性。教育学院运用统计学和实验室方法，科学系统地研究各个年级、学段在学校课程和学校组织方面的问题。[①]

教育学系从哲学系独立出来这一事实标志着教育学在芝加哥大学不再仅仅是哲学的附属学科，它作为一门独立的学科在大学的科学领域具有相应的学科权力。作为教育学院院长，贾德还努力通过多种方式来消除哲学对教育学的影响。首先，他在教育学院取消了由米德（George Herbert Mead）所讲授的教育哲学课程，开设由他所主讲的"教育科学研究导论"课程，并拒绝在官方文件或教育活动中使用"哲学"或"理论"的字眼，强调"教育学的科学性"。其次，贾德通过多方努力，促使教育学科所授的学士学位与芝加哥大学其他学科所授学士学位具有同等的价值。在此之前，由杜威所创设的教育学方向的专业学位在芝加哥大学是一个二级学位，是文学学士学位的附属学位，主要授予具备文学学士申请资格且对教育和教学工作具有兴趣的本科毕业生。1910 年，在贾德的努力下，教育学院独立设立教育学学士学位，想申请该学位的学生必须选修由教育学院开设的教育学专业课程，而且

---

① WHITE W T. The study of education at the University of Chicago，1892 – 1958 ［D］. Chicago：The University of Chicago，1977：139.

还要完成由教育学院所规定的教育教学专业的一系列实践课程。此外，贾德还提高教育学院新生的入学成绩和毕业考核标准，借此来提高教育学学士学位的质量。与杜威相比，贾德将教育学学士学位置于同大学其他学科所授学位相互竞争的地位，而不是依托于文学学士学位的庇护之下。

这一时期，为配合学士学位培养质量的提升，贾德制定了更为严格和科学的教育项目，他认为：

在这样一个新的工作领域（指攻读教育学学士学位——笔者注），我们需要确立明确而独特的教育科学，因为教育科学的确立既不能依赖于毫无系统地借鉴相关科学领域的研究成就，也不能依赖于其他学科对教育领域感兴趣的学者。①

在贾德的主导下，教育学院开设由他主讲的"教育科学研究导论"课程和帕克主讲的"初等学校教学的基本方法"课程，这两门课程主要为学生介绍当时学校教育面临的问题，为其将来从事教育教学工作提供科学的指导。教育学院的学生必须直接参与教育学课程的学习，而且该项目是教育学院的自主研究课题，不需要借助其他学院的支持。这样一种变革，标志着教育学院以教育学学士学位的独立授予为契机，独立开设具有教育学科特色的课程体系，从而使教育学科进一步在芝加哥大学的大学学科群中确立独立、稳固的话语权。

在贾德的领导下，教育学院本科生和研究生的招生人数也获得大幅增长。与1909年相比，1913—1917年教育学院的本科生注册人数增长64%，研究生注册人数增长25%。然而，教育学院的教师培训工作并没有得到发展，贾德的工作重点在于如何发掘与凸显教育学的研究特色，甚至在1915年限制教师培训项目的规模与发展成为芝加哥大学校方与教育学院约定俗成的政策。这一时期，教育学院的主要资金和学费收入被投入课堂教学研究和研究生教育教学方面。虽然在这一段时间内，教育学院附属幼儿园和初等教育系的注册人数逐年上升，为教育学院带来大量的办学资金，但1917年初等教育系主任坦普尔（Alice Temple）仍然接到教育系主任格雷（William Gray）关于削减招生规模的通知；而且，教育学院不再鼓励学生去附属幼儿园和初等教育系开展教学实习，即使是学生有志于将来从事幼儿园和初等学校的教育教学工作；另外，由家政系、艺术与美术系和工业教育系为主导，教育学院授予两年制学历证明的大学毕业生不再具备申请教育学院本科阶段

---

① JUDD C H. Editorial notes［J］. Elementary school teacher，1910（10）：98.

学业的资格，因为在强调教育科学研究的教育学院看来：

> 家庭经济学、家政艺术学和工业教育学专业培养的学生在实践工作和实践教学方面的能力已经发展成熟，而且直接参与劳动的人数随着工业化流水线的日益发达将逐渐减少，因而教育系有必要制定限制该方向毕业生的注册。①

学院院长贾德认为，在工业化社会背景下，教育学院如何获得更有利的竞争与发展机遇是其继续发展的关键。因此，他带领教育学院的教职工，紧紧围绕工业化的核心要素——科学，采取多种举措提升教育研究的科学性，为此将工作重心放在学校管理者和教育学者、大学教育学院教师的培养方面，不再关注幼儿园和初等学校教师的培训工作和教师的课堂教学研究，甚至在 1914 年时将学校主办的期刊《初等学校教师》（*Elementary School Teacher*）变更为《初等学校期刊》（*Elementary School Journal*），以此来彰显其办学理念的变革。

自 1915 年始至 20 世纪 20 年代末，教育学院为突出教育研究的专业性、科学性，着手从课程设计、学科组织、学术研究等方面进行学院的重组工作，其关注的内容越来越远离中小学课堂教学，并建立起新的教育管理课程，更加强调对学校实际管理活动的关注。附属教育学院的工业教育系因其项目不断被削减和原有教职工退休等原因的影响，至 1920 年规模缩小为教育学院的一个培养方向，不再具备独立建系的规格；艺术教育系主要关注艺术史方向，逐渐发展为芝加哥大学的一个新的系科，并归属到艺术与科学学院；在贾德的运作下，家政系最终也归属到生物学系。此外，1920 年两年制的幼儿园及初等学校教师培训项目也被取消，相应的教师实践教学项目也同时被取消；同年，教育学院设立哲学学士学位项目，为那些师范学校毕业的学校管理者和教师提供有关小学教学基本方法的培训。这一时期，教育学院开设的课程数量与种类增加，其 1921 年的本科生招生人数与此前相比增加 25%，而且研究生院的注册人数增长更为迅猛，1921—1922 学年比上一学年增长 81%。②

在贾德任职教育学院院长后，美国教育界开始兴起学校调查运动，其中 1911 年由哈佛大学哈努斯（Paul H. Hanus）牵头组织的纽约市学校调查，开启了运用统计法、比较法、实验法等方法系统研究教育问题的门径，其调查范围广泛，调查内容多样，涉及的数据资料繁琐，具体如表 3.4 所示。

---

① The University of Chicago. The president's report, 1916 – 1917：62.

② WHITE W T. The study of education at the University of Chicago, 1892 – 1958 ［D］. Chicago：The University of Chicago，1977：159 – 160.

表 3.4　1911 年纽约市学校调查提纲一览表

类别	城市学校系统管理监督的 组织与计划大纲	由教育委员会控制的 活动数量与种类
主要内容	1. 教育委员会：（1）成员；（2）权力与职责。 2. 督学委员会：（1）市督学；（2）督学委员会（成员、权利与义务）；（3）学区督学（任命、权利与义务）。 3. 考核委员会（成员、权利与义务、医生）。 4. 退休委员会（成员、权利与义务）	1. 学校的数量与类别：（1）日校；（2）夜校；（3）职业学校、运动场、娱乐中心。 2. 数据统计：（1）教师培训学校；（2）中学；（3）职业学校；（4）小学（包括幼儿园）；（5）聋哑学校；（6）幼儿园班级数；（7）督学、教学指导干事等；（8）中学夜校；（9）小学夜校；（10）职业学校；（11）专业运动场；（12）夜校娱乐中心；（13）公共夜校演讲中心。 3. 图书馆：（1）小学图书馆；（2）中学图书馆。 4. 督学和教师数量。 5. 学科指导主任和助理主任。 6. 特殊学科教师数量。 7. 学生分配

资料来源：HANUS P H. School efficiency ［M］. New York：World Book，1913：24 – 25.

　　表 3.4 中列举出来的一些关于学生算术测验的调查，在当时的美国尚属首次。在研究过程与研究结果的表述方式上，研究者大量运用统计与实验方法，主要是想通过量化的方式来验证社会上流行的教育观点，为教育政策的制定与执行提供必要的依据及建议。正因为学校调查运动体现了统计学和实验室方法在教育领域的广泛应用，具有实验心理学和统计学学术背景的贾德，在芝加哥大学教育学院积极推进学校调查运动。1916 年，他和艾尔斯（Leonard P. Ayres）共同组织了由专业教育研究人员和统计人员构成的 30 多人的研究小组，对克利夫兰①地区的学校进行教育的专业调查②。研究小组

――――――――――

　　①　克利夫兰市位于俄亥俄州北部，是一个移民城市，其中 75% 的居民出生于外国或父母生于外国，有一半的小学生和三分之一的中学生来自非英语家庭。
　　②　调查小组受克利夫兰基金的资助，对该地区的生活和教育的各方面进行调查。调查报告显示，该市的学校管理偏重于事务性工作，在教育管理方面缺乏内行的领导与监督。学校和教师不重视一些新的教学设备，也不重视丰富的课程设置和科学的管理方法在促进教育发展方面的重要作用。初等学校只注重"基础知识、基本技能"的教学，对历史、公民和自然科学等学科不重视，教学方法古板，学生的成绩差异很大，且辍学率居高不下。调查组针对这些问题，在管理程序、监督制度、课程设置和教学方法改革等方面提出建议。

的成员充分借鉴和运用纽约市调查的研究方法，针对克利夫兰地区出现的教育问题展开系统全面的研究，共发表了与之密切相关的 25 篇报告，参与调查的工作人员与其研究成果如表 3.5 所示。

表 3.5　1916 年克利夫兰调查的工作人员与成果出版一览表

成　员	工作单位、职务	成果出版
艾尔斯（Leonard P. Ayres）	拉塞尔·塞奇基金会教育部与统计部主任	公立学校儿童统计；克利夫兰调查概要；公共图书馆与公立学校；学校楼房与设备；学校组织与管理
梅·S. B. 艾尔斯（May S. B. Ayres）	哥伦比亚大学博士生	公立学校健康工作
博比特（J. F. Bobbitt）	芝加哥大学教育管理学教授	学校教学的内容与方法
鲍顿（Alice C. Boughton）	哥伦比亚大学研究生	家政艺术与学校午餐
布瑞恩（Edna Bryner）	拉塞尔·塞奇基金会特别代理人	女衣与女帽制作；服装贸易
克拉克（Earle Clark）	拉塞尔·塞奇基金会统计师	公立学校的财政支持
弗莱明（Ralph D. Fleming）	亚历山大·汉密尔顿学院作家	铁路与公路交通
哈特韦尔(Shattuck O. Hartwell)	密歇根州马斯基根学区教育总监	学校的过分拥挤与小队计划
杰瑟普（Walter A. Jessup）	爱荷华大学校长	教学人员
约翰逊（George E. Johnson）	哈佛大学教育学助理教授	通过娱乐进行教育
贾德（Charles H. Judd）	芝加哥大学教育学院院长	公立学校工作的测量
鲁茨（R. R. Lutz）	拉塞尔·塞奇基金会教育特别代理人	金属贸易；工资收入与教育概要
麦肯尼（Adele E. Mckinie）	哥伦比亚大学研究生	公共图书馆与公立学校

（续上表）

成 员	工作单位、职务	成果出版
米勒（Herbert A. Miller）	奥柏林学院社会学教授	学校与移民
米切尔（David Mitchell）	宾夕法尼亚大学心理学助理教授	特殊儿童的学校与班级
奥利里（Iris P. O'Leary）	新泽西州公立教学部职业教育特别助理	百货公司职业
佩里（Clarence A. Perry）	拉塞尔·塞奇基金会娱乐部主任	教育的扩展
肖（Frank L. Shaw）	通识教育委员会教育统计师	印刷贸易；建筑贸易
斯蒂文斯（Bertha M. Stevens）	纽约市联合招工局局长	商业工作中的男女儿童
康茨（George S. Counts）	芝加哥大学研究生	
高尼利（Joseph F. Gonnelly）	芝加哥大学研究生	
格雷（William S. Gray）	芝加哥大学研究生	

资料来源：AYRES L P. The cleveland school survey：summary volume ［M］. Cleveland，Ohio：Survey Committee of Cleveland Foundation，1917；LAGEMAN E C. An elusive science：the troubling history of education research ［M］. Chicago：The University of Chicago Press，2000：85.

通过参与克利夫兰调查，贾德在 20 世纪 20 年代进一步巩固了统计学、实验室、心理测量等量化研究方法在教育研究中的核心地位，教育系也因此更注重借鉴其他学科的学术研究方法，展开定量化的教育研究，培养教育学术研究人员和大学教育学院、师范学院的教学研究人员。此外，自 1909 年秋开始，贾德充分利用其学术研究的影响力，联合教育学院志同道合的教职员工和教育学院毕业的研究生，成立贾德俱乐部（Judd Club），增强芝加哥大学教育研究在高中教师培训中的实际作用和影响力。1916 年春，贾德俱乐部联合芝加哥城市学校督导丘奇（Harry V. Church），与全国中学校长协会（the National Association of Secondary School Principals）开展联合活动，并在协会会议上发表重要讲话。当年该协会有 60 名成员，至 1924 年协会会员人数增至 1 600 名。1928 年，该协会并入全国教育协会（the National Education Association）。贾德与教育学院的教授们成为教育协会的重要成员，负责协会

的组织、协会公报的编撰与出版。在以芝加哥大学教育学院教授为主力军的一批教育学者的努力下，全国教育协会的专业化特征愈加明显，影响力更趋广泛。

20世纪20年代，美国综合性大学的教育学院、系都逐步发展为教育研究生院，其中以哈佛大学为代表的一批教育研究生院专门设立了教育硕士、教育博士学位，致力于教育的专业化发展，以满足社会在教育专业培训方面对高级学位的需求。受此影响，贾德在芝加哥大学努力推动教育的学术研究，试图确立教育学研究与大学文理学院其他学科平等的学术地位。他宣称：

> 对我来说，教育学院与大学的其他研究生院具备同样的权利，而且我们都看到，教育学院的快速发展是其独立学科地位确立的基础，教育学院不应该被排除在大学学科范围之外。①

为实现其与美国当时大多数教育学院或教育研究生院不一样的办学理想，贾德强调芝加哥大学教育学院人才培养的主要目标不是围绕学校开展课堂教学的教师，其主要目标是为社会培养开展教育科学研究的精英人才。为此，他曾在写给哈佛大学教育学院院长霍姆斯的信中写道：

> 毫无疑问的是，我们教育学院应具备社会服务的功能。为文理学院准备从事教师职业的学生提供专业培训是我们的职责，然而，从我个人来说，这项工作并没有太大的吸引力。……值得确信的是，这项工作并不是我们教育学院的主要功能，而且我认为哈佛大学的教育学院也不应仅仅关注这项工作。②

为推进芝加哥大学教育学院在培养教育研究精英人才方面的工作计划，贾德将教师培训工作推给文理学院，对美国社会教师数量增长和质量提高的强烈需求不予重视，而是着力推进教育研究生院科学研究工作的发展。他认为：

> 芝加哥大学作为美国大学的重要组成部分，与其他重要的学术机构一样，为国家的发展提供大量支持，我们有充足的理由推进学科的发展……芝加哥大学在教育学科方面的贡献完全可以通过重视科学研究和研究生工作来

① WHITE W T. The study of education at the University of Chicago, 1892 – 1958 [D]. Chicago：The University of Chicago，1977：163 – 164.

② WHITE W T. The study of education at the University of Chicago, 1892 – 1958 [D]. Chicago：The University of Chicago，1977：221

实现。①

因此，即使在哈佛大学、哥伦比亚大学、斯坦福大学等重要高校都设立教育硕士、教育博士等专业学位的条件下，贾德为确保芝加哥大学教育学院的学术品质，坚持认为教育博士学位在学术价值方面远远低于文学硕士和哲学博士学位。在整个20世纪20年代，芝加哥大学教育学院在研究生学位方面仅授予毕业生文学硕士和哲学博士两类学位。

为了在提高教育学院研究生培养质量的基础上，充分关照其毕业生的就业需求，贾德在1925年设立一年制的文学硕士培养项目，但明确规定申请该项目的学生必须通过由教育学院组织的智力测验和学术能力考查，而且进入硕士研究生阶段学习的学生，还要接受由学院教授组织的具有明确学业目标与研究方向的教育研究指导，以便学院及时确定哪些学生具备申请哲学博士学位的资格与潜质。与此同时，芝加哥大学教育学院看到在当时的条件下，按照高等教育人才的培养规则，美国大学生普遍在25岁获得文学学士学位，34岁获得硕士学位，而且学位授予细则规定，教育专业的硕士学位申请者必须具有累积10年的教学或教育管理工作经验，因而在一定程度上限制了教育学院在研究生工作方面的发展速度和规模。为推进教育学院研究生培养工作的发展，1927年贾德开设了5年制的文学硕士项目，该项目主要是面向新入学的大学生，且其本科学习阶段在教育专业学习领域表现出较强的优势，从而在一定程度上对一年制文学硕士计划进行补充，有效促进了研究生培养工作的进展。

在贾德的持续努力下，芝加哥大学教育学院研究生的招生规模和授予学位的数量逐年有所增长，1924—1929年仅有26%文学硕士学位获得者（主要是女生）到中学任教，超过30%的毕业生进入高等教育领域，40%的毕业生进入公立学校系统，担任教育管理工作；而获得哲学博士学位的毕业生89%进入高等学校任职，11%进入公立学校系统担任教育管理工作。在贾德的努力下，芝加哥大学教育学院发展成为与哥伦比亚大学师范学院比肩的教育学学术机构，被认为是当时美国最顶尖的教育人才培养基地。至1938年贾德从芝加哥大学退休时，有统计数据显示，在整个美国大学的教育学院系统中，75%的博士学位是由芝加哥大学教育学院授予的。这充分说明贾德主政时期的芝加哥大学教育学院在研究生培养工作方面处于全美领先地位。

经过贾德与其同事多年的努力，芝加哥大学教育学院为美国培养出大量的教育学者，其工作成就引起美国慈善事业和社会人士的关注。慈善基金的

---

① Department of Education Report，1926：1925－1945，Box Ⅲ Folder 7.

办学资助金额不断增长，1919 年教育学院接受的慈善援助约有 100 万美元，其中的 50 万美元是由洛克菲勒捐助的。在整个 20 世纪 20 年代，教育学院的私人捐款数额也持续上升，学院的捐赠收入由 1919 年的 152 785 美元上升至 1927 年的 735 729 美元。① 此外，贾德与其同事通过《学校评论》和《初等学校杂志》两份教育期刊，传播教育科学研究的理念，吸引教育界大量的读者与作者，至 1925 年两份杂志的累计资金收入达 11 000 美元，这为教育学院进一步开展教育科学研究提供了必要的资金支持。至 20 年代中期，贾德领导下的教育学院每年可有 36 000 美元的办学资金盈余。②

二、教育学课程的建设

为进一步推进教育学科在芝加哥大学的发展，贾德于 1909 年任职教育学院院长后就开始着手开设不同于杜威时代的"科学的"教育学课程。在贾德看来，教育学应该远离哲学的影响，尽力向量化的科学研究靠拢，教育学院开设的课程要实出教育研究的科学性。为此，他不仅促进教育学系与哲学系的分离，还进一步声明，在芝加哥大学有关教育学院的官方文件中，应尽量避免使用"哲学"和"理论"的字眼。1909 年秋季学期，贾德开设教育科学研究导论课程，帕克开设初等学校教学基本方法课程，这两门课程在其任职期间逐渐被建设成为教育学院的基础课程。其中教育科学研究导论课程包括教育学的主要课程内容，如教育史、学校组织和管理、学生健康、课程与教学等。③ 初等学校教学基本方法主要包括教室管理的效率、教学科目内容的选择和组织、教学心理的组织、学习的效率、教学训练和实践等内容。1915 年，初等学校教学基本方法发展为针对教师教育及培训的两门课程：教学管理和教师督导。

为进一步促进教育学院的课程远离哲学的影响，1911 年的秋季学期由哲学教授米德讲授、在芝加哥大学教育学院建系之初就开设的教育哲学课程被取消，因为该课程虽是讲授社会心理学的内容，但其主要的内容是理论概述性的，与这一时期贾德所强调的学校系统的实践调查和科学实证内容相悖，该课程最终被上述强调"科学"研究的教育科学研究导论和初等学校教学基

---

① WHITE W T. The study of education at the University of Chicago，1892 – 1958［D］. Chicago：The University of Chicago，1977：247.

② WHITE W T. The study of education at the University of Chicago，1892 – 1958［D］. Chicago：The University of Chicago，1977：252.

③ JUDD C H. Introduction to the scientific study of education［M］. New York：Ginn and Company，1918：5 – 10.

本方法课程所取代。1910年后，通过全国教育学院教师联合会（National Society for College Teachers of Education），贾德与其同事联合师范大学和大学的师范学院，逐渐建立各大学相似的教育学课程。关于这一点，贾德曾指出：

可以确信的是，教育史在各师范大学和大学的师范学院已经不是一门与时代特征相符的引导性课程。心理学已经成长为一门在教学活动中直接指导科学讨论的方法课程和指导教师科学地思考与解决教育问题的课程。①

贾德还在教育学院推进高中教师培训项目，专门建立中等教育教师培训与管理部来处理教师培训的各项事务。在他看来，中学教师培训不能仅关注其所教学科的知识，教育心理学课程应该是高中教师的基础课程，为此教育学院专门开设面向教师培训的教育心理学课程：中学学科心理学。然而，贾德与其同事的理想并不仅仅是面向中学教师开设一门学科心理学的课程，他们希望通过开设这样一门课程，逐步介入学校管理与课程建设中。因此，贾德又开设初级中学课程，为芝加哥地区初级中学的学校管理人员提供必要的指导。

这一时期，心理学尤其是教育心理学成为教育学院的主干课程。除了贾德和帕克担任该课程的主讲教师外，弗雷曼（Frank Freeman）开设学校教学普通心理学课程，该课程内容主要包括：感觉与学习，以书法学习为例；知觉与学习，以绘画学习为例；阅读与音乐；关联学习，以拼写教学为例；历史和地理课程中的想象学习；数学课程中的抽象概念学习；自然课程中的一般理念和概念学习；等等。以这些课程为基础，1915年芝加哥大学建立起针对中小学教师培训的心理学课程体系，主要包括书写心理学、阅读心理学、教育实验等课程。

此外，贾德还开设了不同于杜威时期的学校管理课程。在杜威看来，学校管理课程应该致力于培养专业化的教育学者，教师不仅是教育学者，还是教育管理者，承担学校管理的责任；而对于贾德来说，教育学院应该为学校管理者开设专业化的课程，以促进并保证其管理能力的发展。1909年，贾德聘请博比特来芝加哥大学讲授教育管理学，后者将泰勒的科学管理理论应用于学校管理，认为"虽然社会群体中劳动者的职业性质不同，但不管是商业组织或手工制造、哲学或教育学、工业运输或管理，在本质上其任务总是相

① JUDD C H. Introduction to the scientific study of education［M］. New York：Ginn and Company，1918：3.

同的"，即提高工作的效率。① 博比特强调，教师作为学校中的劳动者，应该掌握学校运作的具体细节，达到学校工作的标准，为此应运用学校管理的方法。他认为，教育管理课程的目的是培养具有执行力的学校管理者，学校管理者可能并不是学校里最好的教师，但却具有不同专业领域的技术与信息，从而有助于管理工作的开展。为推进教育管理课程的发展，博比特还开设课程论方面的课程，面向教育管理和教育督导人员讲授。

在贾德的主导下，教育学院以教育科学研究导论课程为核心，构建起具有芝加哥大学特色的教育学课程体系，其最主要的特色是这种课程体系有利于培训教育管理者和教育学者。然而，随着社会的进步，贾德和教育系主任格雷不断调整课程的内容，尤其是 1915—1925 年，由于教育专业化和学科领域的不断分化，对教育学院的课程内容与数量进行了较大规模的调整，课程内容越来越远离中小学课堂教学，而新的教育管理类课程不断增加，其主要原因是"教育管理所涉及的内容不再是宽泛的课题，其关注的是非常具体的教育问题，且问题的解决需要不同的学科知识背景"②。如 1915 年应聘来芝加哥大学教育学院任职的拉格（Harold O. Rugg）曾讲授教育财政管理课程。1916 年，格雷在与博比特的通信中认为教育学院的基础课程应该进一步分化：

> 我认为，学院在基础课程方面应开设面向小学各学科的教育管理类课程，学院现在的暑期班有 46 人注册，我们可以通过开设不同的分支课程给学生不同的指导……而且，我们暑期班参与培训的学校督学也期望获得不同年级或类别的课程学习。③

1920 年，教育学院对教育管理学课程进行重组，在该课程名下新增加了 3 门分支课程：学校建筑和设备、公立学校管理的法律基础、卫生保健和医学检查教育。同时，针对不同类型的学生设立教育管理方向的研究生学位，完成课程修习的学生有资格从事小学校长的工作，而且这些教育管理学课程具有学术化和专业化的特点。由于作为教育学院的另一门基础课程的教育心理学在心理学和教育心理学研究方面成果不断丰富，1920 年教育学院也增设了拼写观察、算术和心智缺陷儿童等 3 门课程。另外，这一时期由原来芝加

① CALLAHAN R. Education and the cult of efficiency [M]. Chicago: The University of Chicago Press, 1962: 79 – 94.

② WHITE W T. The study of education at the University of Chicago, 1892 – 1958 [D]. Chicago: The University of Chicago, 1977: 164.

③ WHITE W T. The study of education at the University of Chicago, 1892 – 1958 [D]. Chicago: The University of Chicago, 1977: 156 – 157.

哥学院，即教育学院附属实验学校开设的一些手工类、家政类和幼儿教育类课程逐渐被取消，1920 年家政系、艺术教育系和工业教育系被取消建制，该系所开设的课程也被完全取消。

1920 年前后，在贾德的主导下，教育学院的课程完成了复杂的重组与调整工作。对此，贾德评价道：

> 我们在教育学院专业化课程建设方面取得的成就，可以与医学院的课程建设相媲美，这种专业化课程体系的建立将产生长远的影响，对教育科学研究的发展具有重要的促进价值。[①]

在此埋念的指导下，整个 20 世纪 20 年代，教育学院持续对其课程体系进行调整与重组，使之不断扩展。学院 1920—1921 学年共开设 57 门课程，1922—1923 学年共开设 108 门课程。贾德以教育管理学和教育心理学两门课程作为教育学院的基础课程，在此基础上建立一系列推进教育科学研究的子课程，旨在为培训掌握科学方法的学校管理人员和教育研究者、大学教育学院教师提供必要的指导，芝加哥大学教育学院因此而形成特色鲜明的办学吸引力。1925 年后，贾德的工作重心转移至学院控制与管理，开始关注高等教育研究领域。其原因在于，1924 年暑期芝加哥大学教育学院致力于首个高等教育研究项目，主要邀请布法罗大学校长卡彭（Samuel Capen）开设两门高等教育的课程——其一是高等教育的特征、组织和管理课程，其二是大学和学院学术工作的管理、督导课程；还邀请贾德的学生、肯塔基大学的教育学教授里夫斯（Floyd Reeves）开设高等教育的三门课程——其一是高等教育机构的财政管理课程，其二是主任和注册人员的专业化责任课程，其三是大学教学的调查与实验课程。项目结束后，这些课程被正式纳入教育学院的课程体系；而且，贾德还邀请里夫斯来芝加哥大学任职，专门负责这一类课程的建设与开发，同时担负督查通识教育委员会教育资金运作情况的工作。

三、《学校评论》与教育学科的发展

1904 年，在杜威辞职、洛克离职的情况下，《学校评论》杂志暂时没有确定固定的主编，由芝加哥大学教育学系的教授们轮流担任期刊的编辑工作，杂志的董事会和教育学系的教授们一致认为，这样的工作安排可能会更有利于《学校评论》扩大学术影响力，进而增加期刊的发行量。哈珀校长在洛克担任主编的最后一期杂志上声明：《学校评论》进入一个过渡时期，我

---

① WHITE W T. The study of education at the University of Chicago，1892 – 1958 ［D］. Chicago：The University of Chicago，1977：159.

们不确定下一期的编撰风格与内容，因为我们在选聘杂志主编的工作上遇到了困难，从而不能确定下期杂志出版的具体时间和相关内容。为推进《学校评论》杂志的编辑出版工作，芝加哥大学于 1906—1909 年聘任塔夫茨（James Tufts）和戈尔（W. C. Gore）担任杂志主编，1914—1916 年聘任莱曼（R. L. Lyman）担任执行主编。

表3.6　1905—1916 年《学校评论》刊载的部分文章一览表

作　者	文　章	发表时间
弗朗西斯·希姆斯（Frances Symmes）	《英语教师与拼写问题》（"The English Teacher and the Spelling Question"）	1905 年第 13 卷第 1 期
吉尔伯特·B. 莫里斯（Gilbert B. Morrison）	《高中生活中的社会伦理》（"Social Ethics in High-School Life"）	1905 年第 13 卷第 1 期
安德鲁 F. 韦斯特（Andrew F. West）	《拉丁文学的失落部分》（"The Lost Parts of Latin Literature"）	1905 年第 13 卷第 1 期
约翰·A. 马克万尼（John A. MacVannel）	《大学的教育学原理课程》（"The College Course in the Principles of Education"）	1906 年第 14 卷第 2 期
纳撒尼尔·巴特勒（Nathaniel Butler）	《高中的目标：发展多方面的兴趣，还是为生活做特别的准备？》（"The Aim in the High School：The Development of the Many-sided Interest，or Special Preparation for Life?"）	1906 年第 14 卷第 2 期
查尔斯·W. 艾略特（Charles W. Eliot）	《教育变革与社会秩序》（"Educational Reform and the Social Order"）	1909 年第 17 卷第 4 期
M. M. 斯金纳（M. M. Skinner）	《德语阅读教学的若干实践提示》（"Some Practical Hints for Teaching Students How to Read German"）	1909 年第 17 卷第 8 期
富兰克林·N. 弗雷曼（Franklin N. Freeman）	《物理学中的手工训练》（"Manual Training in the Service of Physics"）	1909 年第 17 卷第 9 期
富兰克林·W. 约翰逊（Franklin W. Johnson）	《高中的社会组织》（"The Social Organization of the High School"）	1909 年第 17 卷第 10 期
埃拉·弗拉格·扬（Ella Flagg Young）	《公立高中》（"The Public High School"）	1910 年第 18 卷第 2 期

（续上表）

作　　者	文　　章	发表时间
查尔斯·H. 贾德（Charles H. Judd）	《高中问题的科学研究》（"On Scientific Study of High-School Problems"）	1910 年第 18 卷第 2 期
W. W. 查特斯（W. W. Charters）	《高中拼写"医院"》（"A Spelling 'Hospital' in the High School"）	1910 年第 18 卷第 3 期
玛格丽特·阿什曼（Margaret Ashmun）	《高中图书馆阅读之三：分类的方法》（"Library Reading in the High School. Ⅲ：Class Methods"）	1910 年第 18 卷第 3 期
弗兰克·M. 莱维特（Frank M. Leavitt）	《职业培训运动与中学的关系》（"The Relation of the Movement for Vocational and Industrial Training to the Secondary Schools"）	1911 年第 19 卷第 2 期
华莱士·W. 阿特伍德（Wallace W. Atwood）	《高中科学课程的第一年》（"The First-Year Science Course in High School"）	1911 年第 19 卷第 2 期
爱德华·C. 阿姆斯特朗（Edward C. Armstrong）	《美国教育中现代语言的地位》（"The Place of Modern Languages in American Education"）	1911 年第 19 卷第 9 期
威廉·加德纳·黑尔（William Gardner Hale）	《人文研究的实践价值》（"The Practical Value of Humanistic Studies"）	1911 年第 19 卷第 10 期
F. A. 万特力普（F. A. Vanderlip）	《工业教育的需求》（"The Need of Industrial Education"）	1912 年第 20 卷第 1 期
保罗·肖里（Paul Shorey）	《教育的文化涵养》（"An Educational Culture-Bouillon"）	1912 年第 20 卷第 2 期
A. E. 巴特利特（A. E. Bartlett）	《经典作品的心理学价值》（"The Psychological Value of the Classics"）	1912 年第 20 卷第 3 期
弗兰克·C. 夏普、亨利·诺依曼（Frank C. Sharp & Henry Neumann）	《高中的德育课程》（"A Course in Moral Education for the High School"）	1912 年第 20 卷第 4 期
爱德华·L. 桑代克（Edward L. Thorndike）	《教育成果的测量》（"The Measurement of Educational Products"）	1912 年第 20 卷第 5 期

（续上表）

作　者	文　章	发表时间
莱那德·P. 艾尔斯（Leonard P. Ayres）	《通过教育成果测评教育过程》（"Measuring Educational Processes through Educational Results"）	1912 年第 20 卷第 5 期
哈里·普拉特·贾德森（Harry Pratt Judson）	《教育课程中的荒地》（"Waste in Educational Curricula"）	1912 年第 20 卷第 7 期
E. A. 米勒(E. A. Miller)	《大学教育系的组织》（"The Organization of a College Department of Education"）	1912 年第 20 卷第 9 期
詹姆斯·罗兰·安吉尔（James Rowland Angell）	《大学在学校工作上的重复》（"The Duplication of School Work by the College"）	1913 年第 21 卷第 1 期
查尔斯·H. 贾德（Charles H. Judd）	《中等教育的内涵》（"The Meaning of Secondary Education"）	1913 年第 21 卷第 1 期
沃特·F. 迪尔伯恩（Walter F. Dearborn）	《近期教育统计学研究的实践成果》（"The Practical Results of Recent Studies in Educational Statistics"）	1913 年第 21 卷第 5 期
斯蒂芬·S. 科文（Stephen S. Colvin）	《近期教育心理学研究的实践成果》（"The Practical Results of Recent Studies in Educational Psychology"）	1913 年第 21 卷第 5 期
欧尼斯特·C. 摩尔（Ernest C. Moore）	《教育实践的改进》（"Improvement in Educational Practice"）	1913 年第 21 卷第 5 期
约翰·A. 博尔（John A. Bole）	《大规模高中的组织状况》（"The Organization of a Large High School"）	1914 年第 22 卷第 1 期
F. M. 贾尔斯(F. M. Giles)	《高中的职业指导》（"Vocational Guidance in High School"）	1914 年第 22 卷第 3 期
雷恩·J. 格瑞斯代德（Wren J. Grinstead）	《性卫生教育教师读本》（"Reading for Teachers of Sex Hygiene"）	1914 年第 22 卷第 4 期

（续上表）

作 者	文 章	发表时间
亨 利 · E. 布 朗（Henry E. Brown）	《美国公立中学重组计划》（"A Plan for the Reorganization of the American Public High School"）	1914 年第 22 卷第 5 期
查 尔 斯 · H. 贾 德（Charles H. Judd）	《美国教育的标准》（"Standards in American Education"）	1914 年第 22 卷第 7 期
G.E. 李卡德（G. E. Rickard）	《高中学生对其学习方法的描述》（"High-School Students' Descriptions of Their Methods of Study"）	1914 年第 22 卷第 10 期
约 翰 · M. 库 尔 特（John M. Coulter）	《科学教育的使命》（"The Mission of Science in Education"）	1915 年第 23 卷第 1 期
查 尔 斯 · H. 贾 德（Charles H. Judd）	《初级中学》（"The Junior High School"）	1915 年第 23 卷第 1 期
W. G. 贝特（W. G. Bate）	《初级社会学课程教学实验》（"An Experiment in Teaching a Course in Elementary Sociology"）	1915 年第 23 卷第 5 期
霍华德 · T. 刘易斯（Howard T. Lewis）	《中学社会科学》（"The Social Sciences in the Secondary Schools"）	1915 年第 23 卷第 7 期
J.F. 博比特（J. F. Bobbitt）	《高中的费用》（"High-School Costs"）	1915 年第 23 卷第 8 期
H. O. 拉 格（H. O. Rugg）	《一年级代数标准的实验测定》（"The Experimental Determination of Standards in First-Year Algebra"）	1916 年第 24 卷第 1 期
查 尔 斯 · H. 贾 德（Charles H. Judd）	《初级中学》（"The Junior High School"）	1916 年第 24 卷第 4 期
爱 德 华 · 瑞 尼 桑（Edward Rynearson）	《高中社会化》（"Socialization of the High School"）	1916 年第 24 卷第 9 期

资料来源：依据 http://www.jstor.org/journal/schoolreview 网站《学校评论》期刊 1905—1916 年刊载的文章整理。

1905—1916 年《学校评论》杂志共刊载文章 2 066 篇，其中探究教育问题的文章有 584 篇，其内容主要涵盖中等学校的教学、中学课程变革、中学

生的语言学习、心理学与中学生学习、高中的社会化、大学与中学关系等。此外，《学校评论》还专门探讨教育的科学研究，刊载了从哲学、心理学、测量与统计、社会学等学科的视角研究教育问题的文章，如马克万尼的《大学的教育学原理课程》、施瓦茨（Hermann Schwarz）的《德国的实验教育学研究》（"The Study of Experimental Pedagogy in Germany"）、贾德的《高中问题的科学研究》、巴特利特的《经典作品的心理学价值》、桑代克的《教育成果的测量》、艾尔斯的《通过教育成果测评教育过程》、迪尔伯恩的《近期教育统计学研究的实践成果》、库尔特的《科学教育的使命》、约翰逊的《高中的社会组织》、艾略特的《教育变革与社会秩序》、贾尔斯的《高中的职业指导》、刘易斯的《中学社会科学》、瑞尼桑的《高中社会化》等文章。

马克万尼在《大学的教育学原理课程》中探讨了教育学的科学内涵，认为哲学是探究教育现象的科学方法，大学的教育课程可以让学生了解教育与人们社会生活的密切关系，可以提升学生处理教育问题的能力，可以培养教育的专业研究人员。作者还较为系统地介绍了哥伦比亚大学师范学院开设的教育学基础课程的具体内容，为读者了解大学教育学课程的科学内涵提供必要的资料。[①] 施瓦茨的《德国的实验教育学研究》一文简要介绍了实验教育学在德国兴起与发展的历程，认为发端于实验心理学的实验教育学是教育学的科学基础，能够应用于中学教育问题研究，是开发教育学科学价值的必要途径。[②] 贾德在《高中问题的科学研究》中指出高中教师在面对教育问题时，不热衷于运用科学的教育方法来解决教学中面对的问题，只是强调教师具有更丰富的学科知识是解决教育问题的关键。对此，他以拉丁语和希腊语的教学为例，提出科学的语言学教材固然是学生学习语言的必要条件，但在实际的教学活动中，教师还要结合学生的母语、语言习惯、学习特点等促进学生的语言学习。[③] 迪尔伯恩的《近期教育统计学研究的实践成果》介绍了大学通过统计高中生的数学和英语入学成绩来探究大学与中学的关系，认为运用科学的数据能够客观地反映学生的学业水平，也能为教育的科学研究提供坚实的基础。[④] 刘易斯在《中学社会科学》中提出学校教育的目的是为社

---

① MACVANNEL J A. The college course in the principles of education [J]. The school review, 1906（2）: 69 – 122.

② SCHWARZ H. The study of experimental pedagogy in Germany [J]. The school review, 1907（1）: 1 – 10.

③ JUDD C H. On scientific study of high-school problems [J]. The school review, 1910（2）: 84 – 98.

④ DEARBORN W F. The practical results of recent studies in educational statistics [J]. The school review, 1913（5）: 297 – 306.

会培养合格公民的观点。在他看来，中学的教学活动、师生间的交往、学生间的交流、学生的阅读和书写等共同促成学生的社会属性，职业的、政治的（包括社会学的）、文化的要素共同影响着学校的教育活动，因此学校在具体的教学活动中应充分考虑学生成长的社会背景，并通过合适的教育方式促成学生的发展。[①] 据此，可以看出，《学校评论》杂志在这一时期刊载的文章主要反映了学界在探索教育问题的类型上出现了转变，学者们在关注中学课堂教学、课程变革的基础上，倡导运用科学的教育学视角研究教育问题，借鉴心理学、统计学、社会学等学科的研究方法开展教育研究。这些文章的刊载不仅表明教育的科学研究方法是切实可行的，而且扩大了科学的教育研究的影响力。

　　《学校评论》刊载的文章之所以出现这样的局面，主要是受贾德的影响。1908 年担任芝加哥大学教育学院院长后，贾德就致力于教育的科学研究探索，他主张用量化的方法展开教育研究，还注重用社会学的方法开展教育调查。因此，贾德不仅在教育学院开设较为系统的教育学课程，而且还通过《学校评论》杂志刊载的文章内容来展现其教育研究的观点。"一战"结束至 20 世纪 20 年代末，心理测试和智力测量成为《学校评论》杂志关注的重要主题，如拉格和克拉克的《标准化考试与一年级代数教学的改进》，布里德的《学校督导研究的测量结果》，温特的《芝加哥智力测验在哈里森技术高中的应用》，布里德和布林斯利的《智力测验与学生的分类》，鲍沃尔的《智力对高中学科选择的影响》等，这些文章也主要反映了贾德领导下的芝加哥大学教育学院在研究中等教育问题上的观点与方法。

表 3.7　1917—1925 年《学校评论》刊载的部分文章一览表

作　　者	文　章	发表时间
H. O. 拉格、J. R. 克拉克（H. O. Rugg & J. R. Clark）	标准化考试与一年级代数教学的改进（"Standardized Tests and the Improvement of Teaching in First-Year Algebra"）	1917 年第 25 卷第 2 期
W. H. 海瑟薇（W. H. Hathaway）	一门社会化的高中公民学课程（"A Course in Socialized High-School Civics"）	1917 年第 25 卷第 10 期

----

① LEWIS H T. The social sciences in the secondary schools [J]. The school review, 1915 (7): 455－464.

作　者	文章	发表时间
赫伯特·G. 勒尔（Herbert G. Lull）	高中课程的社会核心（"The Social Core of the High-School Curriculum"）	1918 年第 26 卷第 1 期
亚历山大·C. 罗伯茨（Alexander C. Roberts）	社会化实验（"An Experiment in Socialization"）	1918 年第 26 卷第 1 期
亚瑟·J. 琼斯（Arthur J. Jones）	初中：在教育重组中的地位（"The Junior High School：Its Place in the Reorganization of Education"）	1918 年第 26 卷第 2 期
弗洛伊德·E. 梦迪（Floyd E. Moody）	师范生专业培训与教学成功的相关性研究（"The Correlation of the Professional Training with the Teaching Success of Normal-School Graduates"）	1918 年第 26 卷第 3 期
L. C. 沃德(L. C. Ward)	现代六年制中学课程（"The Curriculum of the Modern Six-Year Secondary School"）	1918 年第 26 卷第 4 期
弗兰克·E. 斯波尔丁（Frank E. Spaulding）	学校预算的制定（"The Making of a School Budget"）	1918 年第 26 卷第 9 期
霍华德·C. 希尔（Howard C. Hill）	大学附属高中的社会科学（"The Social Sciences in the University High School"）	1919 年第 27 卷第 9 期
富兰克林·博比特（Franklin Bobbitt）	中学校长的领导地位（"Supervisory Leadership on the Part of the High-School Principal"）	1919 年第 27 卷第 10 期
托马斯·W. 格斯林（Thomas W. Gosling）	高中公民教育培训项目（"A High-School Program for Training in Citizenship"）	1920 年第 28 卷第 1 期
欧内斯特·H. 辛德勒（Ernest H. Shideler）	高中现代社会问题课程（"A Course in Modern Social Problems for the High School"）	1920 年第 28 卷第 8 期
路易斯·W. 史密斯（Lewis W. Smith）	松顿高中的美国化（"Americanization in the Thornton Township High School"）	1920 年第 28 卷第 9 期

（续上表）

作　者	文　章	发表时间
查尔斯·H. 贾德（Charles H. Judd）	美国免费高等教育实验（"The American Experiment of Free Higher Education"）	1921 年第 29 卷第 2 期
富兰克林·博比特（Franklin Bobbitt）	当前高中的实际目标（"The Actual Objectives of the Present-Day High School"）	1921 年第 29 卷第 4 期
乔治·S. 康茨（George S. Counts）	美国中等教育的筛选原则 Ⅰ（"The Selective Principle in American Secondary Education Ⅰ"）	1921 年第 29 卷第 9 期
乔治·S. 康茨（George S. Counts）	美国中等教育的筛选原则 Ⅱ（"The Selective Principle in American Secondary Education Ⅱ"）	1922 年第 30 卷第 2 期
爱德华·L. 桑代克（Edward L. Thorndike）	高中生的生源质量变化（"Changes in the Quality of the Pupils Entering High School"）	1922 年第 30 卷第 5 期
托马斯·W. 格斯林（Thomas W. Gosling）	初中和高中的社会科学核心课程（"A Social-Science Core for the Junior and the Senior High School Curriculum"）	1922 年第 30 卷第 8 期
西莫·I. 斯通（Seymour I. Stone）	初中的社会科学（"The Social Sciences in the Junior High School"）	1922 年第 30 卷第 10 期
里奥娜·F. 鲍曼（Leona F. Bowman）	高中家政课程中食物与衣着的课程组织研究（"A Study in Organization of Food and Clothing Courses in High-School Home Economics"）	1923 年第 31 卷第 1 期
W. W. 查特斯（W. W. Charters）	洛杉矶高中课程（"The Los Angeles High-School Curriculum"）	1923 年第 31 卷第 2 期
查尔斯·H. 贾德（Charles H. Judd）	教育与电影（"Education and the Movies"）	1923 年第 31 卷第 3 期
艾莫瑞·N. 费瑞斯（Emery N. Ferriss）	乡村高中课程建设（"Curriculum-Building in the Rural High School"）	1923 年第 31 卷第 4 期

（续上表）

作　者	文　章	发表时间
A. F. 菲斯特（A. F. Foerste）	斯梯尔高中毕业生档案的统计研究（"A Statistical Study of the College Records of Graduates of the Steele High School"）	1923 年第 31 卷第 7 期
凯洛琳·鲍尔（Caroline Power）	不善交际的高中女孩的社会课程（"The Social Program for the Unsocial High-School Girl"）	1924 年第 32 卷第 10 期
威尔·E. 威利（Will E. Wiley）	组织课外活动：公民培训的一种策略（"Organization of Extra-Curricular Activities as a Device for Training in Citizenship"）	1925 年第 33 卷第 1 期
乔治·S. 康茨（George S. Counts）	职业的社会地位：职业指导中的一个问题（"The Social Status of Occupations：A Problem in Vocational Guidance"）	1925 年第 33 卷第 1 期
E. A. 帕特里奇（E. A. Partridge）	从高中来看大学的入学资格（"College-Entrance Credentials from the High-School Point of View"）	1925 年第 33 卷第 6 期
J. N. 乔丹（J. N. Jordan）	中学外语教育的预评估（"Prognosis in Foreign Language in Secondary Schools"）	1925 年第 33 卷第 7 期
托马斯·戴蒙德（Thomas Diamond）	我们的职业学校是否为社会职业做准备？（"Do Our Vocational Schools Prepare for Vocations?"）	1925 年第 33 卷第 8 期
E. 路易斯·诺伊斯（E. Louise Noyes）	拓展高中生的视野（"Enlarging the Horizon of High-School Pupils"）	1925 年第 33 卷第 9 期

资料来源：依据 http://www.jstor.org/journal/schoolreview 网站《学校评论》期刊 1917—1925 年刊载的文章整理。

表 3.7 显示，1917—1925 年《学校评论》杂志刊载了大量从社会学的视角研究中学教育问题的文章，如勒尔的《高中课程的社会核心》、希尔的《大学附属高中的社会科学》、鲍尔的《不善交际的高中女孩的社会课程》、格斯林的《初中和高中的社会科学核心课程》、康茨的《职业的社会地位：

职业指导中的一个问题》。这些文章从中学的课程建设、学生的社会化、学生的职业指导等方面展开论述，探索中学教育和教学中蕴含的社会学内涵及其价值，为学界以社会学的理论和方法研究教育现象、探索教育规律提供必要的借鉴。据此可以看出，芝加哥大学通过主办《学校评论》杂志为教育学者提供学术交流的平台，其刊出的文章紧跟社会发展和教育问题的研究进展，为教育学科的进一步发展积蓄力量，成为推进教育学科发展的重要因素。

四、引领教育研究的科学方向：贾德在芝加哥大学

贾德1873年生于英属印度，6岁时移居北美，11岁时父母相继去世。在其姐姐和父亲同事的资助下，他获得进入卫斯理大学（Wesleyan University）学习的机会。大学学习期间，他受到阿姆斯特朗（Andrew C. Armstrong）教授的科学思维的影响，开始对哲学产生浓厚的兴趣。1894年，贾德大学毕业后留学德国，在莱比锡大学跟随冯特学习心理学，并于1896年获得哲学博士学位。回国后，经阿姆斯特朗的引荐，贾德在卫斯理大学担任哲学助教。1898年，他赴纽约大学教育系任职，被聘为心理学教授。1901年，他又转任辛辛那提大学教育学系教授。1902年，贾德被聘为耶鲁大学心理学教授，并于1907年担任心理学实验室主任。至1909年时，贾德已公开发表7篇心理学论文，20篇实验报告，其中4篇是关于教育心理学的实验报告。此外，他编著了1本心理学教材和1本心理学实验手册，出版1部教育心理学著作，翻译并出版冯特的《心理学大纲》（*Outline of Psychology*）。1909年，贾德赴芝加哥大学任教育学院院长，并在当年被选为美国心理学会主席。然而，贾德也认识到，离开耶鲁大学的心理实验室至芝加哥大学任职，教育学院的管理事务会转移其学术研究的重心。在芝加哥大学，贾德发挥其心理学的学术优势，注重发展"科学的教育学"，推进教学与心理学的融合，并大力扶植教育管理学，努力将教育学建设成为大学的一门科学化的学科。

（一）克服哲学的影响，创设科学的教育学课程体系

作为杜威的继任者，与前任不同的是，贾德于1909年执掌芝加哥大学教育学院后，积极促成教育系从哲学系中分离出来，厘清哲学与教育学的关系，并竭力克服哲学对教育学的传统影响，从而强化教育学的非哲学化的发展方式。在他看来，教育学不仅应具有自主的学科地位，还应该尽力避开哲学的影响。贾德坚持认为，不管哲学的方法如何，它们与统计性和实验性的"教育科学"方法不同，教育学应以严格的实验为基础，而将哲学与教育的

科学研究联系在一起只会阻碍教育学科的发展。他甚至声称，哲学太容易了，教育学必须远离哲学的引诱。为突出教育学的科学性，他主张对教师培训和教育研究方向的学生开设不同类型的课程，突出课程的社会科学性和行为科学性，努力消除哲学对教育学的影响。

为切实推行这一办学理念，贾德裁掉了教育学院面向文理学院开设的所有教育方向的本科课程和教育哲学课程，成立一个校级委员会管理中学教师的培训，并通过该委员会来协调强化培训教师的学科知识；同时，他为学院有志于教育研究和教师培训的学生开设两门新课程——教育科学研究导论和初等学校教学基本方法，替代原来的教育史和心理学。贾德强调，这一变化是出于"方法学的科学讨论"和"从科学的角度探讨教育问题"，而且两门新课程可以促使人们在新的社会条件下明确理解教育的科学性，从而为有志于从事教育科学研究的人们提供必要的指导。①

在他看来，"教育科学研究导论"课程主要是对当前教育问题的概览，其目的并不仅仅是让学生了解教育和教学面对的主要问题，更重要的是培养学生的一种专业化意识，即通过对学校问题的科学的、专业化的训练，为其将来从事教学工作提供必要的科学指导。② 同样，"初等学校教学基本方法"课程相对于杜威倡导的历史的和哲学的内容来说，其内容更加具体和直接，具有师范学校教学培训课程的特点，主要涉及在教学理念的确定、具体科学的教学原则的应用、有效的班级组织与管理等。另外，对贾德来说，不仅大学的教育学课程要具有科学性，低年级小学生的课程也应以基本的学习技能和基础的学科知识为主，而不是以所谓"生命的活动"为主要内容。在他看来，低年级的小学生应该学习阅读和认识数字，因为他们非常渴望阅读纸质的文字，并期望获得关于数字的概念，所以为小学生提供一些非学校式的观念和工业化的活动项目是错误的举措。③

（二）发挥学术优势，倡立科学的教育研究方法

贾德在求学的过程中逐步形成对科学实验方法的兴趣。早在高中学段他就热衷于物理学实验，利用学校实验室在课余时间动手做实验；进入大学后，他持续对实验方法保持学习的热情，通过选修生理学课程来参与生理实验，该课程不仅包括一系列的神经系统实验，还囊括了部分物理实验课程，

---

① JUDD C H. Editorial notes [J]. Elementary school teacher, 1910 (11): 98–109.

② JUDD C H. Introduction to the scientific study of education [M]. New York: Ginn and Company, 1918: 3.

③ JUDD C H. Studies in principles of education [J]. Elementary school teacher, 1911 (12): 183.

促使贾德掌握生理心理学和实验心理学的研究方法，并促成其远赴德国师从冯特进一步深入学习实验心理学。从德国莱比锡大学回到美国后，贾德主要发挥其实验心理学的学术优势，在耶鲁大学的心理学实验室探究学习与教学在实验室条件下的关联。1909 年，他开始涉足教育研究领域，其对"科学"方法的理解不再局限于实验室方法。贾德发现教育问题除了与心理学相联系外，还与社会发展相联系，要用量化的手段去研究社会中的教育问题。在他看来，若想在当前社会条件下科学地研究社会心理学，必须从教育发展的现状和社会现实入手，这是科学研究的基础。为此，他强调运用统计学的方法开展教育调查，对当时社会条件下学校教学、教育经费、教育管理等问题进行量化研究。

贾德认为，现代心理学发展迅速，为教育家解决教育问题提供帮助，尤其是儿童心理学的发展可以促进教育方法的革新与进步，因此，学校的课程问题、管理问题等都可以借鉴心理学的研究成果；心理学与教育学的关系非常密切，能给教育学以科学的方法，比如记忆、学习、行为、本性等研究的结果都可以推进教育学的发展。在他看来，教育的科学研究方法可分为两种——统计法和实验法，用这两种方法进行的教育事实研究，可称之为"科学的教育学"。① 他又强调，教育的研究非科学的不可，科学的本质不在于结论怎样，而在于研究方法；科学方法最初仅适用于探究人的心理发展问题，到了现在学校组织方面如学生的升级、年级的编制、校舍的构造、财政的组织等问题都应运用科学的方法加以处理。

例如，统计法可用来研究儿童特殊的个性。他以桑代克的研究为例，认为桑代克用精确的数据统计法研究双生儿的相似点以及非双生儿个性的异同，用研究的结果去判定"个性差异"的意义。在实验法方面，贾德认为这种方法的应用范围很广，弗里曼曾借助于适当的仪器来记录人们写信长短的速率，测验年龄不同的学生存在的差异性。贾德因此认识到统计法和实验法可为教育学所应用，且范围非常广，教育上的种种问题，如儿童的入学年龄、智力测验、教育经费与政策实施等问题都可以借助它来解决。

在教育的历史研究方面，受冯特的影响，贾德认为历史是人类文化不断进化的结果，是人类学、历史社会学、社会心理学、自然史学和一定数量的普通史学共同作用的结果。在他看来，教育史可分为教育理论史和教育实践史两大分支，其中教育理论的研究成果比较容易掌握，而教育实践的理解与

---

① 姜琦. 现代西洋教育史：上册［M］. 福州：福建教育出版社，2011：192 – 193.

运用同现实学校的教育密切相关，更为重要。[①] 贾德认为，教育理论为教育行为提供必要的指导，但教育理论的确立所依据的是过去的社会现实（包括人的心理、社会的发展状况等），并不能完全适用于当前的社会现实，[②] 教育政策和教育实践方式的确立必须以现实的客观事实和测验为基础，而非历史上"最好的实践"方式的搜集或教育理论的推断。[③] 在教育史的科学研究方面，他更多地强调教育实践的意义，如人们心理发展的方式、促进人们心智发展的主要工具在人们社会生活中的重要作用，强调客观地研究教育实践的历史与现实。

（三）开展学习迁移实验，促进教育心理学发展

贾德从德国留学归国，在耶鲁大学心理实验室首先开展阅读过程中的眼动实验，此外他还特别关注感知觉迁移训练方面的实验。这一时期，以贾德和桑代克为代表的教育学者，通过一系列的实验来证实在学习过程中不高明的记忆练习只有一点点迁移，而应用了一般原理和技能后就出现相当大的迁移。1908 年，为进一步详细验证学习的迁移理论，贾德设计并开展了有关运动技能迁移的实验。

贾德曾叙述关于掌握折射作用的原理对学会击中水中一个靶子的效果的调查。他组织五年级和六年级的学生分成两组开展实验，两个小组的学生都要把一根小标杆掷向水深 30.48 厘米的一个目标，其中一个小组给予有关折射原理的充分说明，另一个小组不做任何的理论指导，只依靠参与实验学生的自身经验。为此，教师在课堂上向全体学生讲授了有关如何控制这根标杆的知识。起初，两个小组在实验中表现出大致相同的结果。然而，当水深减少至 10.16 厘米时，没有掌握理论的学生，不断出大错；而具备理论知识的学生，很快顺应了新的实验条件，完成实验任务。对此，贾德认为，具备一般理论知识的学生能够取得更好的实验成绩，这表明迁移依赖于经验有意识地加以概括的程度。在这种认识的基础上，他进一步指出教师的任务在于尽一切可能建立思想和行为的一般模式，正是这种经常的进行概括的迫切需要，才使迁移得以产生。由此可见，贾德既是桑代克以生理反应为基础的机械迁移理论（S-R）的批评者，也是教材专家们言过其实主张的批评者。他

① JUDD C H. Introduction to the scientific study of education ［M］. New York：Ginn and Company，1918：300.

② SCATES D E. Judd and the scientific study of education ［J］. The school review，1967（1）：2 – 28.

③ TYLER R W. Charles Hubbard Judd 1873 – 1946 ［J］. Elementary school journal，1946（1）：1 – 2.

强调，如果有人断言数学或拉丁语或自然科学都能训练辨别或观察或推理的一般能力，那么这个人是错误的；另外，如果有人断言一切训练都是特殊的，心理由许多无关的特殊思维模式组成，那么这个人如同他的对立面一样，也是错误的。他进而指出断言任何学科和任何为了训练学生确立概括性的方法而进行的教学，都是一个非常有益于智力训练的源泉；而任何一门着重某一特殊学科门类，但并不促进概括的学科，在教育上则都是无效的。因此，如果概括化能被看作在尽可能多的情况下对共同因素——事实、观念、行为、态度——的有意识的认识，那么关于迁移问题的两种探讨就可以得到调和。贾德关于学习迁移理论的验证实验，不仅对桑代克的迁移理论进行了必要的补充和说明，在一定程度上推进教育心理学的发展，也为其在教师教育项目中确定以教育学的科学方法和理论素养为中心的课程体系提供了依据。

（四）多项举措齐头并进，共同推进教育学科发展

为了教育学院能够更好地发展，贾德聘请了许多支持其关于教育学科发展观点的学者。在他的努力下，芝加哥大学教育学院在1909—1929年聚集了一批倡导教育"科学化"的著名教授，主要有博比特（F. Bobbitt）、弗里曼（Frandk N. Freeman）、迪尔伯恩（Walter F. Dearborn）、格雷（W. S. Gray）、雷维斯（W. C. Reavis）、巴斯韦尔（G. T. Buswell）、爱德华兹（N. Edwards）、霍尔津格（D. Holzinger）和库斯（L. Koos）。这些教授在贾德的带领下，积极参与校内外的活动，不仅在重要的专业组织里担任领导职务，还担任《学校评论》和《小学纪事》两本学术刊物的编委，贾德本人多年担任两本刊物的主编。而且，贾德结合自己的学术专长，从心理学的视角研究教育现象，并将研究成果编撰出版，其主要著作有《教师心理学》（*Genetic Psychology for Teachers*）、《民主学校体制的演进》（*The Evolution of a Democratic School System*）、《教育科学研究导论》（*Introduction to the Scientific Study of Education*）等，这些著作不仅体现其学术研究的特色，也切实推进了教育学科的发展，为教育学者研究教育问题、开展教师教育研究提供了必要的理论基础和实践指导。

与此同时，贾德积极与社会基金会开展合作项目。其中影响最为广泛的是其1916年和艾尔斯（Leonald P. Ayres）共同主持的、由克利夫兰基金会发起的克利夫兰学校调查（Cleveland School Survey）活动，贾德带领芝加哥

大学教育学院的教师和研究生①参与了该项调查②。在研究过程中，调查人员了解到整个克利夫兰地区切实希望有高质量的学校，并有决心将其建立起来；调查者还发现，该地区的学校设施齐全完备，教职工的素养较高，且学校日常管理工作诚实有效，③ 其教育质量不高的原因则在于学校董事会过多参与学校管理，导致管理工作出现"非专业"的状态。因此，他们认为解决这一问题的关键在于该地区的学校董事会退出学校的日常管理工作，由经过教育管理方面专业训练的人员来从事日常管理工作。这一调查活动不仅彰显了芝加哥大学教育学院教育学科发展的科学性，还进一步突出了教育研究的社会实用价值，提升了教育学科的社会影响力。

此外，贾德还积极争取洛克菲勒基金会和通识教育基金会的办学资金援助。在他的不断努力下，教育学院于 1910 年争取到洛克菲勒基金会的资金援助，解决了学院面临的财政赤字问题；两年后，通识教育委员会为教育学院提供 150 万美元的办学资金，其中的 100 万美元被用于建设新的教育研究生院大楼，50 万美元成为教育学院的发展基金。这些来自基金会的办学资金为芝加哥大学教育学科的发展奠定了坚实的财政基础，并为其教师从事教育的科学研究提供必要的资金保障。

贾德长期任职于芝加哥大学教育学院，始终致力于教育问题的科学研究，积极为教育学科的发展争取必要的学术资源和资金的支持。在他的努力下，芝加哥大学教育学院摆脱了杜威时代办学资金短缺的困扰，将主要的精力放在推进教育学的客观化和科学化发展，建立起较为完善的研究生教育体制，并在一定程度上推进芝加哥大学社会学科量化研究的进展，促使教育研究在芝加哥大学的地位明显高于同时期的哥伦比亚大学和哈佛大学。

五、课程研究的先驱及其学科贡献：博比特在芝加哥大学

博比特 1876 年 2 月生于印第安纳州。早年他在印第安纳州的乡村学校任教，1899 年后利用业余时间在印第安纳大学进修教育学课程，1901 年毕业后于次年赴菲律宾马尼拉师范学校任教，并应邀参与菲律宾小学的课程开

---

① 主要有教育管理学教授博比特以及教育学研究生康茨（G. S. Counts）、唐纳利（J. F. Gonnelly）和格雷（W. S. Gray）。

② 在克利夫兰调查活动中，调查人员用等级量表来评估学校建筑和图书馆设备，采用标准测验测定阅读教学的成就，设计新的书写能力测验、拼写测验和算术测验，广泛使用统计方法对学校管理和教学制度进行量化比较。

③ AYRES L P. The Cleveland school survey：summary volume［M］. Cleveland, Ohio：Survey Committee of Cleveland Foundation，1917：63.

发工作，从而获得课程开发的初步经验。他于 1907 年回到美国后在克拉克大学攻读博士学位，1909 年获得哲学博士学位并于当年被芝加哥大学教育学院聘用。在芝加哥大学，博比特受贾德的影响开始参与学校调查，并逐渐将研究兴趣转移到教育管理和课程设计上。受泰勒科学管理思想的影响，博比特在芝加哥大学开设一门教育学的新课——课程，并于 1918 年出版了第一部课程论的教科书《课程》（*The Curriculum*）。为深入探究教育管理与课程建设之间的关系，1922 年他转任洛杉矶市助理督学，1924 年又任职俄亥俄州托利多市助理督学，1925 年返回芝加哥大学任教。在此期间，博比特将兴趣转移至课程研究领域，除 1918 年出版的现代课程史上第一部专著《课程》外，他还著有《学校教什么和可以教什么》（*What Schools Teach and Might Teach*，1915）、《怎样编制课程》（*How to Make a Curriculum*，1924）、《现代教育课程》（*The Curriculum of Modern Education*，1941）等。博比特率先将当时的科学管理模式扩展到课程研究领域，开辟了教育学科发展的新方向，其课程思想集中体现于《课程》和《怎样编制课程》这两部著作中。

（一）分析教育的本质并明确提出课程的概念

在博比特看来，教育有基础性（foundational）和功能性（functional）两个层面。前者主要是游戏经验的副产品，是展现儿童能力的自然进程；后者是学校教育的目标所在，旨在为儿童将来履行特定的成人生活作有意的准备，而且教育基本上是为了成人的生活，而不是为了儿童的生活，其基本任务是准备 50 年的成人生活，而不是为了 20 年的儿童及青年生活。他认为教育实质上是一种显露人的潜在能力的过程，可促进个体在民主社会的工作和社会交往中形成直接经验与间接经验，其最终目的是促使个体适应社会生活。博比特指出，教育并不是一个在儿童心智中储存成人生活所需要的多种知识的过程，因为人在本质上并不是简单的知识技能的储存器，而是复杂的社会生活的活动者，教育应是促进儿童恰当地从事生活中的各种活动并取得相应经验的过程，所以对经验的学习是达到教育目标的手段。而人的经验一方面来自于社会生活，在参与社会活动中逐渐形成且不需要经过思维的专门训练来获得；另一方面来自于学校教育，通过系统的教育和直接的专门训练来获得。因此学校教育要根据社会的需要来确定目标，而社会的需要和经验具有的多样性就决定了学校教育的目标的设定要具体化、标准化，从而促使学校实现课程科学化，才能更有效地通过课程的学习实现教育的目标。

博比特关于教育目标设定的具体化、标准化原则受到泰勒（Frederick Winslow Taylor）科学管理思想的影响，他把教育过程比作企业的生产过程，提出"教育即生产"（education as production）的观点，认为教育是一个塑造

过程，如同钢轨的制造一样，经由这种过程，人格将被塑造成所需要的形态；当然，人格的塑造比钢轨的制造更为精密，而且包含更多非物质成分，然而塑造的过程并没有什么两样。在他看来，教育要达到最高效率，教育家应担当"工程师"的角色而非哲学家的角色，课程必须有效管理以减少教育的浪费，并精确预测其产品。他把学校比作工厂，把理想的成人比作生产过程的产品，其中儿童是原料，教师是操作员，生产何种类型和素质的教育产品需由使用教育产品的人确定。① 博比特将社会的需要视为教育目标设立的依据，认为教育的本质是促进儿童的活动与经验发展的过程，人们从事社会事务所需要的能力、态度、鉴赏力和知识形式将会在此过程中显现出来并成为课程目标，而且这些目标将是众多的、明确的、详尽的。由此可知，博比特以准备完美的成人生活作为课程的出发点，而以儿童的活动与经验作为课程目标实现的条件。

（二）构建以活动分析为核心的课程编制方法

博比特对课程的理解与其对教育本质的看法是一致的，他将课程看作是一系列连续的活动和经验，有其要达成的目标，即在于使未成熟的人经历这一连串的活动和经验后，具备从事成人生活的必要能力。他认为课程目标的确定基于当前社会的需求，是社会的大多数"事实"或"现状"，而非个人对于社会需求的"主观判断"或"规范性主张"。② 因此，学校教育中的课程开发和编制工作应建立在确切的经验事实上，课程的目标应从社会中去寻找，建立在对社会事实的分析和归纳之上。这种把人的活动分析成具体的和特定的行为单位的方法被称为"活动分析法"（active analysis），博比特在1924 年出版的《怎样编制课程》中运用这种方法具体阐述了课程编制的理论。他认为课程编制应遵循以下 5 个步骤：（1）人类经验的分析，即将人类的广泛经验分为若干主要领域。在博比特看来，这是课程编制的第一步，通过对整个人类经验领域的审视，了解学校教育经验与其他经验的联系，因为"人类生活不管怎样变化总包含许多特定活动的展开，为生活做准备的教育就是明确而恰当地为这些特定活动准备的教育。对任何社会阶层来说，这种活动都可能是大量的和多种多样的，但都是可以发现的"③。博比特将人类经

---

① BOBBITT J F. The supervision of city school：twelfth yearbook of the national society for the study of education，part 1 ［M］. Chicago：The University of Chicago Press，1913：12 – 13.

② 黄政杰. 课程设计 ［M］. 台北：东华书局，2000：24.

③ BOBBITT J F. The curriculum ［M］. Boston：Houghton Mifflin Company，1918：42.

验分为语言活动、健康活动、公民活动、一般社交活动、休闲娱乐活动、维持个人心理健康的活动、宗教活动、家庭活动、非职业性的实际活动、个人的职业活动等十大领域。他分析人类经验的全部领域，其目的是为了能够把属于学校的那些部分经验同整个人类的经验联系起来，为学校课程的编制做好准备。（2）具体活动或具体工作分析，即把人类经验的主要领域中的每一领域进一步分成更为具体的活动。博比特认为，以往只进行过少量的活动分析，而且这些分析大多集中在拼写、语言、算术、历史、地理和职业等领域，但他坚信使用科学的分析方法具有优势，而且认为活动分析是一种很有前途的方法，并应成为课程编制的具体基础。（3）确定课程目标，即将从事每一项具体活动所需要具备的能力具体、清楚、详细地陈述出来。在博比特看来，将具体活动分析为课程目标时，所遵循的主要原则是效率，即是否有效地从事某项具体活动是判断课程目标是否恰当的基本标准。（4）选择目标，即从已确定的课程目标中选出适合学校教育活动的目标，作为教育计划的基础和行动纲领。博比特强调并非所有的目标都适合学校课程，只有那些复杂的、无法在儿童的社会生活中自然获得的能力才适合于选定为学校教育的课程目标。（5）制订详细计划，即设计实现目标所需要的活动经验和机会。博比特指出必须为每一个年龄阶段或年级的儿童每天的活动制订详细计划，这些详细的计划所引起的活动构成了课程。

据此可以看出，博比特在课程编制中运用的"活动分析法"的特点是"简化"，即将人类社会的经验由整体分解为部分，再由部分分解为更小的部分，直至具体的和基本的单元。他把 20 世纪初工业科学管理的原则运用于学校教育，继而把它延展到课程领域，并以科学主义为取向，通过对人类经验、职业活动的分析，实现目标的具体化、标准化，反映了科学时代要求精确性和具体性的精神。在博比特的倡导下，课程成为一个科学的、实用的领域，也成为美国大学教育学科的重要组成内容。他强调了课程编制中目标的首位性，从而开创了以目标为中心的课程开发模式。

本 章 小 结

20 世纪初至 20 世纪 20 年代，美国不仅经历了社会持续发展带来的繁荣，而且经历了第一次世界大战带来的冲击。面对因此而滋生的一系列社会问题，美国教育界兴起了进步主义运动，推进公立学校的变革，从而为社会进步培养更多的人才，致力于社会问题的解决。公立学校的变革需要大量高质量、高规格的教师和专业的学校管理人员，致使大学文理学院的学生或中小学在职教师纷纷在教育学院接受专业培训并申请学位。

受此影响，哥伦比亚大学等综合性大学的教育系纷纷发展成为教育学院或教育研究生院，致力于高层次、多规格的教育专业人才的培养工作。为满足社会发展的需要，教育学院下设多个教育专业系科，设置种类多样的教育项目并开设与学校教学实践紧密相关的教育学课程；同时设立教育学学士、硕士和博士学位，开办暑期学校，举办教育学术会议。通过这一系列的活动，教育学院充分发掘综合性大学在学术研究、人才培养、社会服务等方面的优势，培养学生的教学实践和科研能力，增强教育学科的学术竞争力和社会服务能力，从而使其招生人数逐年上升，办学规模和效益逐年扩大，教育学科总体上呈现出快速发展的势头。

这一时期，以杜威、桑代克、贾德、克伯莱等人为代表的教育学者，以综合性大学教育学院为平台，充分发挥学术研究的优势，积极关注教育问题、研究教育现象，进而探索教育规律、推进教育学术的发展。他们大多积极参与中小学教育教学活动，开设系统的教育学、教育心理学、教育管理学、课程论等课程并完善教师教育课程体系，出版教育研究著作和教材，参加教育实践调查。通过这些活动并在借鉴其他学科的理论与方法的基础上，教育学者们构建系统的教育学学科知识，发展科学的教育研究方法，建立教育学的分支学科，不断拓展教育学的研究领域，积极推进教育学科的成长。

与前一时期相比，在大学校长、教育学院院长和教育学者的协同努力下，20世纪初至20世纪20年代，美国教育学科已在综合性大学建立符合学科发展特点的组织体系。具体来说，大学不仅设有教育系或教育学院，还发展为教育研究生院；不仅参与中小学教师教育的专业建设、培养高质量的师资，还培养专业的教育科研人员。整个20年代，哥伦比亚大学师范学院、哈佛大学教育研究生院以及斯坦福大学和芝加哥大学教育学院的毕业生占据了美国各大学教育学院的绝大多数就业岗位；而且4所综合性大学的教育学者立足美国社会现实和学校实践，建构具有美国特色的教育学理论体系，推进教育学知识体系的发展与完善，不仅为美国教育界的进步主义运动提供理论指导并接受其实践检验，而且对同时期其他国家的教育变革和教育现代化产生了直接影响。

综观这一时期美国4所综合性大学教育学科的成长历程，一方面教育学科已从哲学系中分离出来，具备独立的学科建制和学位授予权，获得了充分发展的空间与条件，并且教育学者以科学化的标准建构学科知识体系，在学科成长方面取得一系列突破性的进展；另一方面，作为一门处于成长期的大学学科，教育学科在面对其他学科的质疑和复杂教育问题的挑战时，仍需要依据学科发展规律，适时地调整学科组织机构和课程设置，拓展教育学科的研究领域，从而获取持续发展的空间与活力。

第四章　美国综合性大学教育学科的调整与重组（20 世纪 30 年代至 20 世纪 60 年代）

1929 年 9 月 29 日，美国股票暴跌，经济危机爆发，社会进入萧条期。大萧条对美国经济产生了灾难性的影响，大批银行、工厂和商号纷纷破产，国民收入急剧下降①，失业人数大量增加②，一系列的社会问题随之而生。其中由于家庭收入的减少和教育经费的锐减（1930—1934 年，全美教育经费削减了 18%，许多州减少 30% ~ 40%），儿童普遍营养不良，成千上万的青少年先失学后失业，他们四处流浪，成为所谓的"大萧条的流浪者"（Nomads of the Depression）；或铤而走险，对社会秩序起着破坏作用。这种现实促使人们重新认识学校的功能③，教育学家康茨（George S. Counts）强调："教育要勇敢和果断地面对一切社会问题，逐步应付严酷的生活现实，与社会建立一种有机的联系，先属一种现实的和可以理解的福利理论……教育不能在儿童的兴趣中建立它的纲领，不能把它的希望寄托在一所儿童中心学校。"④ 在他的呼吁下，大学教育学院与中学合作开展以"八年研究"为

---

① 据统计，1929—1933 年，占总数 49% 的 10 500 家银行先后关闭，109 371 家商号破产，130 000 家企业倒闭；工农业生产大幅度下降，工业生产指数下降 39%，农产品总值从 1929 年的 119 亿美元降至 1932 年的 53 亿美元。进出口贸易也面临着同样的厄运，进口额从 1929 年的 43.99 亿美元降至 1932 年的 13.22 亿美元，出口额 1929 年为 52.41 亿美元，1932 年为 16.11 亿美元，下降了 70%；国民收入从 878 亿美元降至 402 亿美元，薪金下降 40%，红利下降 57%，美国国民收入较 1920 年代末降幅巨大。参见：黄安年. 20 世纪美国史 [M]. 石家庄：河北人民出版社，1989：125 - 126；林克，卡顿. 1900 年以来的美国史：中 [M]. 刘绪贻，等译. 北京：中国社会科学出版社，1983：12.

② 1930 年，失业人数为 300 万，1931 年达 700 万，1932 年为 1 100 万，1933 年增至 1 700 万，失业率为 24.9%，而 1929 年危机爆发前的失业率为 3.2%。参见：林克，卡顿. 1900 年以来的美国史：中 [M]. 刘绪贻，等译. 北京：中国社会科学出版社，1983：12.

③ 张斌贤. 社会转型与教育变革：美国进步主义教育运动研究 [M]. 长沙：湖南教育出版社，1998：74.

④ COUNTS G S. Dare the school build a new social order? [M]. New York：John Day，1932：28 - 30.

代表的一系列教育项目，开设推进社会重建的教育学课程。1941 年美国参加"二战"，各大学的教育学院又根据战时需要调整机构设置和课程内容，增强其社会服务功能。

　　"二战"后，美国的经济实力上升至新的台阶，并且逐渐与苏联形成"冷战"格局。1957 年苏联第一颗人造卫星升空，进一步促发美国社会对其公立学校教育的批评。社会舆论认为，学校容忍平庸与所谓的"生活调整"，没能发现和培养最有才能的学生，学校应该开设学术性课程而不是吸引学生兴趣的社会性课程，应该在高中阶段培养出合格的学生，以便在大学和研究生阶段攻读自然科学，进而推动美国在"硬科学"领域的进步，保持其科技和国力上的竞争优势。在这种情况下，以学科为基础的学者专家逐渐控制了课程改革的工作，培养具有学术课程背景和经验的教师成为社会各界对大学教育学院的普遍期望；而且，战争的结束促使人们重新思考教育公平的问题，在强调教育机会公平的基础上，人们更渴望获得教育质量的公平，学校教育需要数量众多的高质量的教师。因此，为培养符合社会要求的高质量的中小学师资，这一时期哥伦比亚大学师范学院等四所大学的教育学院不仅调整其组织机构设置、更新教师教育项目，还聘用受过学科专业训练的学者开设教育基础专业课程，而且授课的教授大多是哲学家、社会学家、政治学家、心理学家和历史学家等。这不仅有助于大学培养高质量的师资，还促使大学的教育研究者重视各类学科知识，拓展教育研究领域，有效消解过分狭隘的教育学专业化理念，促进教育学科逐渐走向成熟。

第一节　哥伦比亚大学教育学科的调整与重组

一、哥伦比亚大学师范学院建制的调整

　　20 世纪 20 年代末，哥伦比亚大学师范学院的招生数量不断增加，在教育实践领域的工作不断拓展，教育学院和实践艺术学院都在进入 20 世纪 30 年代后制定了学院新的发展计划或方案。1930 年，实践艺术学院制定了一份学院发展方案，规定实践艺术学院实践科学方向的学生可以申请哥伦比亚大学管辖下的哲学博士学位。此前，实践艺术学院的学生若想申请博士学位，必须选修教育学专业方向的课程，而教育学专业方向的课程与实践科学的课程毕竟存在着差异。这项新方案的推行，为实践艺术学院不同实践科学领域的学生申请博士学位创造了必要的条件。在这一年，实践艺术学院成立实践艺术研究所（Institute of Practical Arts Research），以便学院在实践艺术的各

种领域开展观察与实验。① 这一举措促成许多对实践问题调查感兴趣的商业公司和组织给予学院必要的资金援助，实践艺术研究所因此而获得足够的研究经费。

同年，教育学院也制定一项新的哲学博士学位管理方案，取代原来的委员会制管理方案。新方案赋予教育学院的教授更多的论文审批权和学位推荐权，学生在完成毕业论文后，通过推荐教授和两位学科专家的审核，即可进入毕业考试和学位申请环节，而此前的方案强调学生的申请材料必须交由高等学位委员会审核②，其过程非常烦琐，新方案简化了程序，突出了教育学科专家的作用。

1928—1929 学年，哥伦比亚大学师范学院围绕教师教育的专业问题，设立专门面向师范学校实习教师的培训项目，该项目的顺利实施获得各方赞誉，至 1932 年师范学校开始着力提升教育教学质量，在学校教授和教育管理人员的培训方面提出了更高的要求。1927 年 7 月，接任哥伦比亚大学师范学院院长的威廉·拉塞尔指出：

我们认为，如果没有更好的实践设施与条件、教育演示、观察做基础，这个培训项目就不可能成功。就像我们曾为培训初等学校教师而设立贺拉斯·曼学校和斯派尔学校一样，现在我们为师范学校和大学学院培训教授，我们必须成立可供观察、展示和实践的师范学校或帅范学院。③

为此，哥伦比亚大学师范学院建立实验学院。威廉·拉塞尔对于新建立的培训项目阐述道：

这项新实验的目的主要是为"建立一种教师培训的新方式"，努力探索和发展教师教育领域的新方法。该项计划避免了现今教师培训过程的烦琐手续，为幼儿园教师、初等学校教师和高中教师培训开设三门独立的课程，以综合性考试的方法取代学分制和学术科目考试。④

---

① Teachers College Columbia University. Report of the dean of Teachers College for the year ending June 30, 1930 [M]. New York：Columbia University Press，1930：34 - 35.

② Teachers College Columbia University. Report of the dean of Teachers College for the year ending June 30, 1931 [M]. New York：Columbia University Press，1931：31 - 32.

③ Teachers College Columbia University. Report of the dean of Teachers College for the year ending June 30, 1931 [M]. New York：Columbia University Press，1931：22.

④ O'LEARY T F. An inquiry into the general purposes, functions and organization of selected university schools of education [M]. Washington, D. C. ：The Catholic University of America Press，1941：136 - 137.

该项目的推行和实施，不仅为美国培养出一大批合格的中小学教师，还增强了哥伦比亚大学师范学院的教师专业培训能力，充实了教育学科的力量。

1931—1932 年，教育学院改进了教学指导方法，主要体现在以下几个方面：（1）拓展沃森自主学习计划（Watson Independent Study Plan）项目的学习内容，学生的学习内容除了必修的大学课程外，还包括自主性探究学习、图书馆学习，这些新增的学习内容由导师监督进行。（2）发起师生合作型的讨论小组实验，其目的主要是考察师生关系在教学指导和现有教学方法运用中的主要作用。（3）在图书馆咨询力量范围内，扩大图书馆服务范围。这一系列的举措，为学生的教育专业学习创设了丰富的资源与途径，强化了哥伦比亚大学师范学院在教育学科发展上的创新能力，为学生的合作探究、合作学习创造了必要的条件，从而促使教育学科进入良性发展的轨道。

这一时期，哥伦比亚大学师范学院也关注课程的精简问题，通过取消一些烦琐的讲座项目，学院工作的组织效率在整体上得到提升。教育学系主任莫特（Paul R. Mort）指出：

有一个问题可能会被人们反复提及，即如果教育教学演示是一个技术性的难题，教授们为什么会年复一年地向不同的学生重复相同的教学内容？在一般人看来，教学内容可以一次性地以印刷或图片的方式呈现给学生。从这个角度出发，可考虑限制教师的授课时间，当前我们许多 4 学分的课程可减为 1 学分或 2 学分课程，许多 2 学分课程进而可分为单元课程或单一系列的讲座，许多单元课程可缩减为单一的讲座。事实上，除了向学生讲授新思维、新实验或新研究的调查结果外，教授们能否再占用学生的其他时间？这个问题一直是众说纷纭。①

既然哥伦比亚大学师范学院确立培养教育领域的领导者的办学目标，而且一般来说其所招收的研究生都具有若干年的教学经验，那么学院应该为每个学生的个人发展投入更多的时间和精力。从这个意义上来说，减少研究生导师的教学工作量非常有必要，因为教学工作量的增加会降低导师指导学生的工作效率。

莫特着重强调重新组织教育实验和教育实践机会对学院各方面工作进展的重要作用。在他看来，教育学院专业领域的持续的交叉发展已经阻碍了教育实验设施的更新换代，委员会和下属委员会的重合设置使得学院的行政体

---

① Teachers College Columbia University. Report of the dean of Teachers College for the year ending June 30, 1932 ［M］. New York：Columbia University Press，1932：32.

系越来越复杂。为解决这一问题，1933 年师范学院将其所开设的课程划归 5 个教学部门管理，每个部门成立相应的计划委员会，替代原来的学院委员会的职能。这 5 个部门是教育学基础系、教育组织与管理系、个人发展和指导系、教学指导系、测量和研究的理论与技术系。① 这 5 个教学部门各司其职，各自的计划委员会负责本专业的各项工作，提供必要的专业发展资源。

然而，1934 年师范学院的领导们发现，5 个教学部门的组织和行政管理方式不能有效执行学院的办学目标与功能。院长威廉·拉塞尔指出其最明显的缺点是：（1）师范学院的工作明确划分给 49 个分部门，这造成了不必要的机构冗余和职责混乱；（2）将师范学院划分为教育学院和实践艺术学院，这种机构设置已不具有合理性；（3）专业学院之间的发展差异过大；（4）学院现招收三种不同类型的学生：第一类是申请博士学位的学生，第二类是全日制选修教育专业课程以求毕业后谋取职位的学生，第三类是在工作之余来学院接受专业培训的学生。②

为消除这些缺点以便更好地推进教育学科的发展，在拉塞尔的主导下，师范学院实施一项新的重组方案，即在合并教育学院和实践艺术学院的基础上，哥伦比亚大学师范学院将其工作划归 5 个专业学院来负责，它们是教育管理学院、教师主管学院、教育机构工作学院、统计与测量学院、教育基础学院。③

这一举措有助于协调 5 个不同专业学院所开设的课程，而且哥伦比亚大学师范学院执行委员会的主席和成员由 5 个专业学院的选举代表组成，学院不再分为教育学院和实践艺术学院而统称师范学院。④ 以师范学院为共同平台，哥伦比亚大学的教育学科的力量得以凝聚起来，共同致力于教师教育、教育学者培养、教育问题探究等方面的工作。

为推进哥伦比亚大学师范学院的发展，威廉·拉塞尔联合教育学系主任莫特，共同实施与巴黎高等师范学校的深度研究合作计划，该合作计划被誉

---

① Teachers College Columbia University. Report of the dean of Teachers College for the year ending June 30, 1933 [M]. New York：Columbia University Press，1933：31.

② Teachers College Columbia University. Report of the dean of Teachers College for the year ending June 30, 1934 [M]. New York：Columbia University Press，1934：17.

③ 教育基础学院主要为其他四个学院提供教育学的基本原理、教育资源的利用、教育成果的开发以及理论与实践相互转换的指导。参见：RUSSELL W R. Report of the dean，1934：18.

④ Teachers College Columbia University. Report of the dean of Teachers College for the year ending June 30, 1934 [M]. New York：Columbia University Press，1934：19 - 21.

为"世界上两所最著名的培养教育学界精英的机构之间成功合作的范例"①，并为哥伦比亚大学师范学院的深度发展带来强劲的助力。1934 年，哥伦比亚大学董事会通过设立教育博士学位的决议，在院长威廉·拉塞尔的建议和极力促进下，哥伦比亚大学师范学院设立教育高等学院（Advanced School of Education），莫特担任学院的院长，以便为教育专业的学生接受高水平的学术训练提供必要的机构设置，并负责新设立的教育博士学位授予方面的工作。

教育高等学院主要由三部分构成，即专业教育系、教育学研究系和实践科学系。根据 1915 年哥伦比亚大学和师范学院办学协议，其中教育学研究系的教职员工由哥伦比亚大学校长管辖，专业教育系和实践科学系的教职员由哥伦比亚大学师范学院董事会管辖。教育高等学院的基本职能主要是提升教育学专业学生的学术能力、研究能力和专业能力，从而使学生避免受到冗余课程的干扰。同时，学院的教授和工作人员负责哲学博士学位和教育博士学位的监管工作。② 莫特认为："教育高等学院若想在美国教育中实现其潜在的重大意义，那么它就应该时刻防止学术上的过分谨小慎微。"③ 在教育博士的培养工作方面，学院设定三个主要目标：其一是培养这些未来教育领导者在工作中的决策意识；其二是使那些原来未从事过教育工作的学生尽快了解新的教育理念；其三是缩小教育领导者与民众之间的距离，改善两者之间的关系。

随着哥伦比亚大学师范学院教育专业培训的不断拓展，学院的招生人数和学位授予数量逐年上升。1933—1934 学年，哥伦比亚大学师范学院教育学院的学生注册人数已达 3 785 人，而 1923—1924 学年学院的注册人数则为 2 730 人；1933—1934 学年，学院共授予 74 个哲学博士学位，而 1923—1924 学年博士学位授予数为 40 个。1933—1934 学年，哥伦比亚大学师范学院实践艺术学院的总注册人数为 2 160 人，10 年前该人数为 2 043 人。1934 年实践艺术学院共授予 13 个实践艺术专业方向的哲学博士学位，其中 5 个是体育教育专业，2 个是家政艺术专业，1 个是行政机构管理专业，3 个是音乐教

① Teachers College Columbia University. Report of the dean of Teachers College for the year ending June 30, 1934 ［M］. New York：Columbia University Press, 1934：22 – 27.

② Teachers College Columbia University. Report of the dean of Teachers College for the year ending June 30, 1935 ［M］. New York：Columbia University Press, 1935：16 – 31.

③ Teachers College Columbia University. Report of the dean of Teachers College for the year ending June 30, 1936 ［M］. New York：Columbia University Press, 1936：30.

育专业，2 个是保健教育专业。①

在学院办学规模不断扩大的情况下，哥伦比亚大学师范学院专业建设委员会的工作重要性日益凸显。每年，该委员会都要为成千上万名具有不同家庭背景、学业准备和工作经验的新生提供必要的学业建议。委员会主席林顿（Clarence Linton）曾详细阐述了该委员会的职能：

（1）为持续推进学院事业的发展和满足学生未来职业发展的诉求，学院根据学生的意愿和需要，为其课程的选择提供必要的建议；（2）尽可能地保证学院为学生发展所设立的各种有利设施与必要服务的协调运作，学院为学业提供的服务包括学生的专业准备和经验积累、专业领域的职业需求、不同专业水平的工作要求等；（3）与专业领域的重要顾问和服务机构开展持续合作，进而获知专业领域内的职业需求状况；（4）与专业领域的顾问及服务机构进行合作，继续研究学生个体或群体对专业领域内特定职位的需求；（5）与专业领域的顾问及服务机构进行合作，与合作院系共同交流学生期望获得的专业培训项目、该领域能为学生提供的工作岗位、如何满足学生的职业诉求等相关信息，为学生获得必要的专业培训和职业经验提供建议；（6）与专业领域的顾问及服务机构进行合作，就以下问题展开讨论，如安排教职工及学生参加会议（会议的主要内容是以大城市为实验点，探讨社会问题的解决方案）和开展其他社会学活动等，将学生与教职工彼此的社会生活联系起来等；（7）在给予学生发展建议方面，安排委员会主席、部门成员、学生代表与服务机构举行相关会议。②

1935—1936 学年，哥伦比亚大学师范学院加强哲学博士学位授予条件方面的工作，为此依据学生个人的专业发展需求设立与之相适应的学位授予条件，不再一味地强调学位授予形式的灵活性。学院不仅强调其所设必修课程的考试在检验学位申请者学术能力方面的重要性，而且强调学生个人专业发展能力在学位申请方面的重要作用。事实上，1936 年教育高等学院在莫特院长的主导下开展改革，既强调学术研究的重要性，又注重发展教育学术研究与教育实践之间相互沟通的方式。③

在莫特院长的影响下，哥伦比亚大学师范学院下属的 5 个系于 1936 年

---

① Teachers College Columbia University. Report of the dean of Teachers College for the year ending June 30, 1934 [M]. New York：Columbia University Press，1934：38.

② Teachers College Columbia University. Report of the dean of Teachers College for the year ending June 30, 1935 [M]. New York：Columbia University Press，1935：52.

③ Teachers College Columbia University. Report of the dean of Teachers College for the year ending June 30, 1936 [M]. New York：Columbia University Press，1936：27.

对其前期的重组工作进行总结，并对其工作目标进行概述。其中基础教育系主任克伯屈认为，基础教育系的工作目标主要由两部分构成：第一，基础教育学领域内的高级教育理论研究，包括培训教育工作者的基本理论研究；第二，通过推行教育培训项目，促使教育工作者理解并掌握社会学、伦理学和其他学科的文化价值。①

教育组织与管理系的工作目标主要是选择具有上进心的年轻人，将其培养成学校行政管理与组织的人才并进入公立学校的行政或管理部门。该系认为其最大的优势在于"能够吸引大学学院的年轻的毕业生或在教学、教育管理工作方面具有工作经验的年轻人，来学院接受教育专业培训"②。因此，其工作主要着眼于提高学生的实际能力，并不过分要求学生在入学后以获取学位为首要目标。正如该系主任斯瑞尔（G. D. Strayer）所言：

教育组织与管理系的主要目的是：本系的学生在学院的监管下，拥有多种机会参与实际的学校管理和监督工作、学校体制的研究工作。对于年轻的大学生们来说，持续地参与和直接接触学校教育与管理工作具有非常重要的意义与价值。对于具有工作经验且相对年长的学习者来说，充分利用纽约市周围一百公里范围内的学习资源，开展教育观察、解决教育的专业问题，对其教育研究的进展具有直接意义。③

个人发展和指导系也建立了3个发展项目：为所有的教育工作者开设发展与指导的基础课程；为立志成为指导专家的学生开设必修课程；为学生的研究和实践经验的获得与展示设立适当的实验室。④ 教学指导系的主要目标是重新建构现代高中的课程组织和教学方法，实现其最优化发展。测量和研究的理论与技术系的主要任务是开展教育研究工作，而且该系在教育统计实验和教育调查方面的工作成效非常显著。

1937年，哥伦比亚大学师范学院设立一个新的专业学位，即教育研究主管（Director of Education Research），该学位主要授予在学院接受三年的课程学习，且专业是教育行政管理方向的申请人。1938年，为推进教育学科的发展，哥伦比亚大学师范学院在原有系科的基础上又进行了新的重组和规划。其系科设置的情况如下：

---

① Teachers College Columbia University. Report of the dean of Teachers College for the year ending June 30, 1936 ［M］. New York：Columbia University Press, 1936：31.

②③ Teachers College Columbia University. Report of the dean of Teachers College for the year ending June 30, 1936 ［M］. New York：Columbia University Press, 1936：34.

④ Teachers College Columbia University. Report of the dean of Teachers College for the year ending June 30, 1936 ［M］. New York：Columbia University Press, 1936：37.

系科Ⅰ——教育学基础系：社会与哲学基础系、心理学与生物学基础系、测量技术系；

系科Ⅱ——教育组织与管理系；

系科Ⅲ——指导系；

系科Ⅳ——教学系：下设课程与教学科、社会科学教学科、自然科学教学科、数学教学科、英语教学科、语音教学科、外语教学科、音乐与音乐教育科、美术与美术教育科、家政学科、职业教育科、商业教育科、健康与体育科、特殊教育科、宗教教育科；

系科Ⅴ——护理教育系。[①]

这种新的组织建制具有很强的逻辑性，不仅表现出层次化，而且表现出系统化。一方面，通过这种组织建制，哥伦比亚大学师范学院能够较为全面地应对从幼儿园到高中 12 学年学制中的各种教育问题。另一方面，5 个系科分散了管理权，允许管理者们关注不同领域的特殊的问题，是对原本独立领域的重组与改进。因哥伦比亚大学师范学院近几年重组工作的顺利推进，学院在各方面的研究工作取得新的进展。如高等学位授予工作方面取得显著进步，1937—1938 学年学院共有 47 名博士后、240 名全日制博士学位研究生，共授予 53 名学生哲学博士学位、25 名学生教育博士学位。[②]

为推进教育研究更好地发展，学院还成立了各种各样的研究机构。例如，为增强教学指导方法的实验工作成效，学院设立通识教育研究处，其目的是"从自然科学、社会科学、人文科学和艺术学等领域精选具有激发学生学习潜能的材料，为实现美国教育的普通目标作贡献"[③]。再如，1938—1939 学年在学院院长拉塞尔的主导下，教育展示与公共服务处成立，该部门主要负责贺拉斯·曼学校、林肯学校和斯派尔学校的管理工作，其目的主要是建立对实验学校教育、管理和控制的一体化运作模式。这些举措在最大限度上整合了哥伦比亚大学师范学院的办学优势和管理力量，学院的教职工既可参与各学科的教育研究工作，又可充分发挥个人的学术研究优势，从而调动学院各方面的积极因素，强化教育学科的发展优势。

1939—1940 学年，教育组织与管理系开展了关于教育管理的高级研究项目，项目的研究成员就学校管理和组织方面的问题展开研究，进而使哥伦比亚大学师范学院的教育研究项目获得持续性进展。1940 年哥伦比亚大学师范

---

① CREMIN L A, SHANNON D A, TOWNSEND M E. A history of Teachers College Columbia University［M］. New York：Columbia University Press，1954：158 - 159.

②③ Teachers College Columbia University. Report of the dean of Teachers College for the year ending June 30, 1938［M］. New York：Columbia University Press，1938：47.

学院主持的一项历时 6 年的教育调查项目"人性与社会秩序"（Human Nature and the Social Order）结题，该项目由桑代克主持，获得卡纳基公司 100 000 美元的经费资助。桑代克认为该项研究实现了三个主要目标：

（1）关注经济、商业、政府管理、法律、慈善事业等涉及人性特点的高级知识或理论；（2）为学生提供必要的社会科学知识、培养学生作为普通公民的素质和在现代城市生活的能力；（3）为从事经济学、管理学、法学或社会学等职业的年轻人，提供心理和智力测验等方面的专业培训。①

这一年，由哥伦比亚大学师范学院科学教育研究处主导的历时 5 年的研究项目结题，该项目主要探究科学素材与方法在通识教育中的重要作用，通识教育委员会为项目的研究工作提供了有力的支持。通过这些项目的实施，哥伦比亚大学师范学院不仅获得充裕的办学资金，还对教育发展所面对的社会问题展开研究，为学生开设多种类型的课程，引导学生关注教育问题隐含的社会背景，并促使学院的学者们关注社会现象与教育问题的互动，从而强化了教育学科发展的社会学属性。

至 1941 年，哥伦比亚大学已建立门类较为齐全的专业院系，此外还有一所专门为招收女生所设立的巴纳德学院（始建于 1889 年），主要开设文学学士学位课程。哥伦比亚大学师范学院开设教育学课程，设立理学学士学位、文学硕士学位、理学硕士学位；1935 年设立的教育高等学院设立教育博士学位；另外，哥伦比亚大学师范学院还与哲学系下设的教育研究系、大学研究生教育联合机构共同设立与管理哲学博士学位。②

受第二次世界大战和持续经济下行压力的影响，哥伦比亚大学师范学院与美国其他师范学院或教师教育学院面临着生源下降、学费收入减少的状况。院长威廉·拉塞尔强调：

学院的主要任务，是在如此嘈杂和纷乱的公共舆论影响下，建立充足的民族自信心，以确保美国的民主价值不被摧毁。为强化这种意愿，我们的民众应共同努力。作为哥伦比亚大学专业学院的重要一员，师范学院会尽自己最大的努力实现这一目标。

为进一步发掘新的社会条件下民主和教育的意义，哥伦比亚大学师范学

---

① Teachers College Columbia University. Report of the dean of Teachers College for the year ending June 30, 1940 [M]. New York：Columbia University Press, 1940：27.

② Teachers College Columbia University. Announcement of Teachers College Columbia University for the winter and spring sessions 1941－1942 [M]. New York：Columbia University Press, 1941：1.

院与哥伦比亚大学联合起来，在 1940—1941 学年着力加强学院的综合竞争力，推行在 1940 年由学院甘斯（Roma Gans）教授等人联合提出的提升师范学院影响力的建议，该建议的内容主要包括：

（1）哥伦比亚大学师范学院应占据教育学研究领域的先锋领导位置；（2）师范学院应确立具有长期影响力的发展计划；（3）师范学院应尽最大努力，在其教学和办学过程中引导更多的民主化成果的产生；（4）师范学院应坚持贴近一线教师的需求，为年轻人和成年人提供解决其所面对的社会问题的必要支持。①

1941 年，美国全面参战。哥伦比亚大学师范学院与其他大学学院一样，其工作重心是确保所有的资源投入到民族保卫和赢取战争中。1943 年 1 月，学院教授联合组建"十人委员会"（Committee of Ten），就战争问题展开讨论，其议题主要包括：

（1）直面战后的世界；（2）国际关系与教育；（3）美国的种族和文化交融；（4）社区关系和教育；（5）工作经验和职业教育；（6）康复治疗和教育；（7）交流作为现代社会中的重要因素：本地社区、民族和世界；（8）性格、个性和态度问题；（9）美国生活和教育中的表达；（10）参与社会政策制定的教育；（11）职前教育，（12）学院教育指导的有效性；（13）学院与公立学校及教育领域的关系。②

该委员会联合不同的学院，就战争引发的社会问题、教育问题展开讨论，并发布了相关公告，成为师范学院发展史上具有深远影响的组织活动，极大地提升了师范学院的影响力和领导力。为确保学院所设课程的社会实效性，哥伦比亚大学师范学院与社会机构联合召开一些短期的研讨会和会议。例如，1942 年 11 月 4 日至 6 日健康和体育教育系与联邦教育办公室合作，在哥伦比亚大学师范学院召开身体健康研讨会，约有 800 名平民教育学者和军官参与该会议，会议就中小学和大学的身体健康教育问题展开讨论，推进军方与教育界的交流与沟通。再如，1943 年夏教学组织与管理系与美国教育协会小学校长分会合作，召开为期两周的关于战争期间小学教育问题的研讨会，会议主题涵盖"战时延长在校活动的区域"和"战争的地理模式"，来

① CREMIN L A, SHANNON D A, TOWNSEND M E. A history of Teachers College Columbia University [M]. New York：Columbia University Press，1954：178 – 179.
② CREMIN L A, SHANNON D A, TOWNSEND M E. A history of Teachers College Columbia University [M]. New York：Columbia University Press，1954：181.

自 25 个地区的 100 多位小学教育工作者参加了会议。①

随着"二战"的推进，1943 年初哥伦比亚大学师范学院院长威廉·拉塞尔向大学董事会提出新项目的建议：（1）建立暑期学校，更新学院的服务内容，为中小学教师创办战争期间专门的课程体系和研讨会，就战时各地区不同的教育发展状况及其应对策略展开讨论与交流；（2）推进教育财政研究项目的开展，主要包括诺顿（John Norton）教授主导的学校财政研究、希尔（Frank Cyr）教授主导的州立学校管理研究。同时，学院还建立了儿童福利、青少年福利研究项目，这些项目都应在哥伦比亚大学师范学院的主导下开展。拉塞尔看到战争给社会和民众的生活带来极大的改变，主张教育应为社会与生活的改变提供应有的指导。为更好地完成这项工作，哥伦比亚大学师范学院新设立 5 个研究中心，试图为战时问题的解决提供必要的指导，它们包括国际服务中心、退伍军人服务中心、康复服务中心、青少年服务中心和社区服务中心。② 这些服务中心在 1943—1944 学年为社会提供了专业的服务与指导，如康复服务中心在 1944 年开设新的课程并举办研讨会；社区服务中心开展了大量的新项目，印刷了大量的战时宣传册。通过这些举措，哥伦比亚大学师范学院的办学影响力进一步扩大，为战后学院的招生与事业发展做了铺垫。

随着"二战"逐渐进入尾声，申请哥伦比亚大学师范学院哲学博士和教育博士学位的学生的数量自 1942 年始逐年增加，1944 年教育高等学院开始和哥伦比亚大学研究生院共同管理学位授予工作。哥伦比亚大学研究生院负责哲学博士学位管理工作，如审查高等教育学院申请哲学博士学位的学生是否符合大学研究生院的博士学位授予细则的要求。教育博士学位作为哥伦比亚大学师范学院设立的学位，其管理工作主要由哥伦比亚大学师范学院任命的教育高等学院学位管理委员会来负责。③ 这样一种组织和管理方式，有助于教育高等学院按照博士学位授予要求更好地为学位授予工作服务。

1945 年，第二次世界大战全面结束，美国赢得了战争的胜利，哥伦比亚大学师范学院也从财政收入下滑、教职员工流失、学生招生数量下降的局面中走出来，学院的学生注册人数逐年上升。学院主要面对的问题是如何为不

---

① CREMIN L A, SHANNON D A, TOWNSEND M E. A history of Teachers College Columbia University ［M］. New York：Columbia University Press，1954：189 - 190.

② CREMIN L A, SHANNON D A, TOWNSEND M E. A history of Teachers College Columbia University ［M］. New York：Columbia University Press，1954：190 - 191.

③ Teachers College Columbia University. Report of the dean of Teachers College for the year ending June 30，1944 ［M］. New York：Columbia University Press，1944：26.

断增长的不同类型的学生提供正确的指导。威廉·拉塞尔院长认为，学院的办学目标主要是提升教师、学校管理者、学院教师和其他教育领域工作者的受教育水平，并帮助其他非教育领域人员提升素质。[①] 在他看来，师范学院应当创立适应工业社会发展水平的教师培养模式。面对大量涌入校园的青年学生，拉塞尔强调要通过考试与测量的方式选拔最优秀的学生，并采取下列 5 项措施推进学生学业水平的提高：

（1）持续考察并选择在教育方面具有学习天赋与兴趣的学生；（2）持续关注非全日制学生的学业进展，为其提供充足的学习资源，并从中谋选学业成绩优异的学生；（3）通过必要的考试来督促学生提高学业水平；（4）为一些具有成为教育领导者的学生提供必要的奖学金；（5）推进高等的专业教育发展项目。[②]

通过上述举措可以看出，学院在提高学生入学标准的基础上，针对不同类型的学生，采用不同的培养方式，以期将他们培养成工业社会大生产条件下的优秀教师。

尽管博士学位项目成为哥伦比亚大学师范学院的工作重点，硕士学位的工作项目依然是学院办学的重要领域。在战后一段时期，以培养中小学教师为主要目标的文学硕士项目也获得长足发展，尤其是教学系在教学质量、方向和内容方面进行深入探讨，并多次召开会议讨论，着重探索教育学课程重复开设的问题。1946 年，哥伦比亚大学师范学院对其所设 5 个系科的管理工作进行调整，教育组织与管理系同教学指导系合并为管理和指导系，3 年后指导系完全取消建制。1949 年，哥伦比亚大学师范学院下设教育学基础系、管理和指导系、教学系、护理教育系四大系科。

通过一系列措施的持续推进，与战时相比，哥伦比亚大学师范学院在 1946—1953 年的学生培养质量和水平显著提高。以博士学位的授予为例，1945—1946 学年高等教育学院颁发教育博士学位 45 人，哲学博士学位 26 人；1950—1951 学年授予教育博士学位 203 人，哲学博士学位 60 人；1951—1952 学年授予教育博士学位 199 人，哲学博士学位 36 人。1951—1952 学年，学院一半以上的全日制注册生为博士学位申请者，哥伦比亚大学师范学院因此而成为著名的博士学位授予机构。

---

① Teachers College Columbia University. Report of the dean of Teachers College for the year ending June 30, 1947 [M]. New York：Columbia University Press，1947：9.

② CREMIN L A, SHANNON D A, TOWNSEND M E. A history of Teachers College Columbia University [M]. New York：Columbia University Press，1954：214.

在博士研究生培养水平不断提升、招生数量持续上涨的情况下，1952—1953 学年哥伦比亚大学师范学院提出改革传统的哲学博士学位的管理模式，认为师范学院的博士培养标准和研究水平与哥伦比亚大学哲学博士的要求不完全一致，应具有哥伦比亚大学师范学院自身的特色，学生所申请的哲学博士学位应由哥伦比亚大学师范学院负责管理，而不是由哲学系来担任学位授予的管理工作。虽然这项提议早在 1940 年时就被研究生院委员会提出来，但问题一直未得到解决。当这一问题再次被提出时，哥伦比亚大学研究生院院长克劳特（John A. Krout）任命了一个 7 人委员会，其中 3 位来自哥伦比亚大学师范学院，4 位来自研究生院。该委员会对哥伦比亚大学师范学院所反馈的哲学博士学位的学科特色进行考察，并于 1952 年 1 月形成了一篇概述性的报告，将哥伦比亚大学师范学院哲学博士学位的研究特色概括为 4 个方面：

（1）人类行为、成长和学习的实验性与评价式研究，并对其进行调整和指导；（2）教育的社会学和哲学基础；（3）公共教育的组织、管理和支持；（4）不同年龄水平课程的材料、方法和组织。①

研究生院认真讨论了委员会提交的报告，哥伦比亚大学董事会通过了取消哲学系下设教育研究系的决议，批准哥伦比亚大学师范学院在上述 4 个领域具有独立的哲学博士学位授予权，并组建由研究生院和哥伦比亚大学师范学院教授为主的"四领域委员会"，该委员会与教育高等学院的执行主任共同管理哲学博士学位的授予工作。②

20 世纪 50 年代，哥伦比亚大学师范学院下设四大系，其中前三个系为教育学基础系、管理和指导系、教学系，这三个系下设 16 个专业方向科③，第四个系为护理教育系。在这些系科设置的基础上，哥伦比亚大学师范学院为学生确立研究项目，形成了 9 个研究领域，主要包括社区服务、宗教教

---

① CREMIN L A, SHANNON D A, TOWNSEND M E. A history of Teachers College Columbia University［M］. New York：Columbia University Press，1954：215 –216.

② Teachers College Columbia University. Announcement of Teachers College for the winter and spring sessions 1951 – 1952［M］. New York：Columbia Univesity Press，1952：72.

③ 16 个专业方向科主要包括教育学基础系下设社会学和哲学基础科、心理学基础科；管理和指导系下设教育管理科、指导科；教学系下设课程与教学科、社会科学教学科、自然科学教学科、数学教学科、英语和外国语言教学科、语法和演讲科、美术和工业美术科、音乐和音乐教育科、家庭经济科、商业教育和职业教育科、健康教育和体育教育科、特殊教育科。

育、社会团体关系、交流与交流艺术、群组工作、移民和家庭生活教育、合作拓展服务、休闲、舞蹈。[①] 哥伦比亚大学师范学院在系科设置和专业研究项目领域确立的基础上，主要设立硕士学位、教育博士学位和哲学博士学位，还为有志于提高自身专业水平的教师和学校管理者设立非学位教育项目，同时还设立博士后研究项目和继续研究项目。[②]

另外，哥伦比亚大学师范学院自 1921 年成立教育研究院以后，在其研究领域内开展了广泛而多样的调查研究。举例来说，区域研究部在 1927—1928 学年对修道院学校以及新泽西、纽堡和纽约的学校进行了广泛调研，并对佛罗里达州的公立学校开展深度调查；1930 年，它还对密苏里的学校机构和霍利约克、曼彻斯特的学校制度进行调查，并对巴拿马运河区的公立学校体制进行全面调查。[③] 1930 年，教育心理学部与社会和宗教研究机构完成了历时 5 年的性格教育调查研究，1931 年又完成了与卡耐基公司合作的学习基础研究。[④] 1931—1932 学年，区域研究部主导了芝加哥地区公共学校体制的全面调查工作，主要包括学校的管理与监督、学校支出、课程设计与课程研究、教师的任职条件、任期、薪水和退休等。

1930—1931 年，儿童发展委员会的工作领域不再局限于其主办的幼儿园，开始通过设计一些家庭问题来展开家庭研究活动，其问题主要包括：

1. 现代社会的哪些变化会影响今天的家庭生活？
2. 家庭生活变化的哪些方面是因社会环境的改变而引起的？
3. 家庭生活与现代社会环境的协调过程中会出现哪些问题？
4. 家长需要哪些专业的指导或帮助？[⑤]

在问题调查研究的过程中，儿童发展委员会不断拓展其研究领域，对家庭问题的探究日趋深入。1932 年，该委员会建立家庭咨询中心，其主要功能

---

① HENRY N B. The fiftieth yearbook of the national society for the study of education: graduate study in education ［M］. Chicago: The University of Chicago Press, 1951: 175.

② HENRY N B. The fiftieth yearbook of the national society for the study of education: graduate study in education ［M］. Chicago: The University of Chicago Press, 1951: 177 – 182.

③ Teachers College Columbia University. Report of the dean of Teachers College for the year ending June 30, 1930 ［M］. New York: Columbia University Press, 1930: 36 – 37.

④ Teachers College Columbia University. Report of the dean of Teachers College for the year ending June 30, 1931 ［M］. New York: Columbia University Press, 1931: 38.

⑤ Teachers College Columbia University. Report of the dean of Teachers College for the year ending June 30, 1931 ［M］. New York: Columbia University Press, 1931: 56 – 57.

是为家庭提供服务和展开相关的研究。概括地说，其工作目标主要包括：

第一，为成年人提供有关家庭生活方面的咨询，如成人适应期、家庭成员关系、家庭教育、家庭保健、家庭理财及投资、法律纠纷等问题；第二，收集城市家庭生活方面的相关信息和存在的问题以供调查研究。①

儿童发展委员会不仅与师范学院及哥伦比亚大学的其他院系、部门保持密切的合作关系，还与大学外部的社会机构保持良好的互动关系。1934 年，由洛克菲勒纪念基金资助，儿童发展委员会与联邦紧急救济总署（Federal Emergency Relief Administration）共同开展紧急幼儿园建设项目，该项目同时获得通识教育委员会为期两年的资金资助。儿童发展委员会还与林肯学校合作开展指导项目，其目的是预防学校教育失败、学生行为失调和生理性紊乱等现象的发生。

自 20 世纪 30 年代始，哥伦比亚大学师范学院的附属学校也进行了一系列改革。虽然在 1917 年斯派尔学校与哥伦比亚大学师范学院曾出现终止合作的情况，但在通识教育委员会的资助下，1929 年哥伦比亚大学师范学院设立儿童研究委员会，密切关注儿童研究，在此基础上重新建立与斯派尔学校的合作关系。特别是 1934 年教育高等学院成立后，斯派尔学校与其一直保持着密切联系。1938—1939 学年，学院的 7 位学生在实验学校实施了他们所设计的研究方案。但斯派尔学校的教学资源与设备有限，它仅有 225 名学生和 2 间实验教室，在很大程度上限制了师范学院来学校开展调查研究和实验的学生的数量。

1938 年，师范学院与纽约城市教育委员会合作，在教育研究系设立学校实验部，其主要目的是对斯派尔学校慢班和快班学生的学习状况进行研究。学校实验部的执行主任霍林沃斯（L. S. Hollingworth）指出：

斯派尔学校为不同智力水平的孩子设立不同的课程，其最终目的是促进这些孩子变为与纽约市其他公立学校同等学力的孩子。通过斯坦福－比奈智力表测出的智力在 75～90 的孩子有七个班，智力在 200 以上的孩子有两个班。前者通常被称为学习慢班，后者为学习快班。②

依照 1936 年纽约通识教育委员会与哥伦比亚大学师范学院达成的协议，1941 年 1 月斯派尔学校关闭，但在此取得的实验成果被保留了下来，学校中

---

① Teachers College Columbia University. Report of the dean of Teachers College for the year ending June 30, 1933 [M]. New York：Columbia University Press, 1933：51 – 52.

② Teachers College Columbia University. Report of the dean of Teachers College for the year ending June 30, 1938 [M]. New York：Columbia University Press, 1938：57.

智力聪颖的学生分别被介绍进入了纽约的 12 所公立学校学习。在此基础上，师范学院又成立了特殊儿童教育部，布鲁纳（Herbert B. Bruner）教授担任教育部主任，在他的带领下哥伦比亚大学师范学院继续推进斯派尔学校关闭之前所开设的研究项目。

　　1933 年，贺拉斯·曼学校参与进步主义教育协会发起的中小学与大学教育关系的一项实验研究项目。该项目主要针对课程的修订与改革展开相关的实验，围绕从小学一年级到高中三年级的课程进行不同的调整。贺拉斯·曼学校参与这次项目也为其课程的深化改革奠定了基础。[①] 该校多年来始终强调给予学生建设性的培训，以期他们成为具有进取精神的、聪颖的美国人。公共服务教育展示中心主任曼索（M. C. Del Manzo）评价道："贺拉斯·曼学校的整个教育核心就是给孩子提供实践民主原则的机会。"[②] 1940 年，由贺拉斯·曼学校主导的历时 8 年的研究项目结束，研究结果表明这个学校的孩子已经"总体上在每个重要领域都更加成熟，并且完全有能力来处理以后大学生活的学术及社交方面的问题"[③]。

　　20 世纪三四十年代，林肯学校的不同年级曾组织不同的野外研究来开展学习活动，20 世纪 30 年代中期后其活动的内容更趋多样化。如 1938 年初，学校组织一个高中年级学习小组行程 2 000 英里（3 219 千米），赴田纳西州及附近州开展研究活动，其研究内容主要是公立和私立发电厂的发展对农村地区生产状况恢复的影响；另一个初中学习小组则赴弗吉尼亚州，对不同地区的矿业发展状况做了调查研究。后因受经济危机的影响，1939 年，林肯学校与贺拉斯·曼学校合并。然而 1946 年，一方面受经济和社会发展的影响，另一方面由于当时相当一部分人认为私立学校解决不了美国公共教育的问题，哥伦比亚大学师范学院决定于 1947—1948 学年年底彻底关闭两所实验学校，时任院长卡斯韦尔（Hollis Caswell）对其解释为：现在几乎无人相信"私立学校是师范学院今后开展学校实验的最适合途径"。学校关闭后，通识教育委员会拨付给林肯学校的资金转移到教育实验研究所（Institute for Educational Experimentation），自此以后哥伦比亚大学师范学院再也没有建立自己的实验学校。

---

　　① Teachers College Columbia University. Report of the dean of Teachers College for the year ending June 30, 1933［M］. New York：Columbia University Press，1933：63.

　　② Teachers College Columbia University. Report of the dean of Teachers College for the year ending June 30, 1939［M］. New York：Columbia University Press，1939：69.

　　③ Teachers College Columbia University. Report of the dean of Teachers College for the year ending June 30, 1940［M］. New York：Columbia University Press，1940：65.

除附属学校外，哥伦比亚大学师范学院在这一时期还在学科讨论小组的基础上创建了新学院（New College）。如前所述，20 世纪 30 年代哥伦比亚大学师范学院培训的重点转移到硕士、博士研究生方面，为推进研究生培养质量的提高和教学实践工作的开展，学院于 1932 年 9 月成立一所实验性的高等学院，即新学院，其办学理念旨在将丰富的学识、教育理论和专业实习有机结合在一起。但事实上，新学院的实践已完全超出了这个范围，是对当时经济大萧条引起的社会动荡的一种回应。新学院的第一份声明引用了美国教育学家康茨撰写的《学校敢于建立一个新的社会秩序吗?》（"Dare the School Build a New Social Order?"）中的一些观点，向即将入校的学生明确指出："在下一代社会秩序发展中发挥重大作用的正是教师。"为了培养新社会秩序的缔造者，新学院不仅要遵循通常的"学术步骤"，而且要"接触到生活的各个阶段，并理解各个阶段，这种理解是对人们智力、道德、社交和经济生活的理解"。①

在课程设置方面，新学院为了让学生更多地接触社会生活，规定所有学生要在新学院社区，即位于北加利福尼亚州的由学生经营的农场中居住至少一个暑期，还要求他们在工业部门工作一个学期。同时，用一段时间从事社会工作，而且至少用一个暑期的时间在国外学习。学生在学习即将结束、颁发学位前，还要在新学院教师的督导下进行为期一年的教学实习活动。在学业考核方面，新学院不实行标准的学分制度，学生毕业主要取决于通过详细的笔试和口试来衡量其专业能力和知识。尽管新学院希望学生多学一些通识教育的课程，但对该课程没有明确的规定。另外，新学院的学生也可在师范学院或哥伦比亚大学其他任何一个院系选修一门课程。②

新学院的首要目标是培养一流的中小学教师，同时它也是师范学院教师和其他教育领导者的教育实验基地。那些将来想在师范学院中谋求职位的学生与新学院教师密切合作，并被允许参加教师会议，在课堂中听课学习，许多学生也在一些教学事务中充当助手。新学院在进行实验的前 5 年中，共有 93 名师范学院的学生来院实习。新学院的学生群体人数不多，但这些学生来自世界各地并有着不同的专业背景。由于新学院的教师担心学校出现"象牙塔"现象，于是不断努力在学生中间发起并组织开展一些政治活动。因此，新学院的学生除了有强烈志愿参加公共教育外，他们在能力和非专业领域兴

---

① Teachers College Columbia University. Report of the dean of Teachers College for the year ending June 30, 1931 ［M］. New York：Columbia University Press, 1931：22.

② 王凤玉. 美国师范教育机构的转型：历史视野与个案研究 ［D］. 上海：华东师范大学, 2007：140 – 141.

趣方面甚至胜过文科学院的学生，同时还显示出对政治事务的兴趣。

新学院的课程设置标准过高及较高的学费，影响了其学生的入学率及在校学生的学业完成，因而使新学院出现了严重的财政赤字。到1939年春学期末，持续了7年时间的新学院试验宣告结束。尽管如此，许多参与实验的教师认为新学院对教师教育课程的设置产生了很大的影响，特别是在利用游学和工作经验方面进行了一次有益的尝试。

此外，20世纪三四十年代哥伦比亚大学师范学院为扩大社会重建教育理念的社会影响力，1934年创办《社会前沿》（*The Social Frontier*）杂志，并任命康茨为执行主编。在康茨的领导下，该杂志主要致力于探索教育在重新建设社会的普遍福利与利益方面的广泛作用。以杜威为代表的学者纷纷在杂志上刊文，探讨教育在社会重建过程中的重要作用。1939年，《社会前沿》被进步教育协会收购并改名为《民主前沿》（*Frontier of Democracy*）。因经营不善和社会条件转变的影响，1943年该杂志停刊，但它为教育学者以社会学方法研究教育现象提供了发表成果的平台和交流的渠道，客观上有助于推进教育学科的发展。

二、教育学课程的整合与重组

进入20世纪30年代，哥伦比亚大学师范学院的系科设置过于僵化，49个系各自独立且经常忽略其他系的活动，导致其课程设置冗余和过度膨胀局面的出现。这一时期，学院共设置55学分的课程，但各系在具体课程开设上存在相互重叠的现象。例如，5个系都设置了儿童文学的课程，中等教育系和高等教育系都设置了有关初等教育问题的课程，健康与体育系都开设了教育史和哲学，等等。[①] 这种混乱的课程设置不仅浪费教育资源，而且也不能对学生提供最好的教育。

尽管有一些教育专家认为，哥伦比亚大学师范学院在每一个可以想到的教育学专业中都提供了各种各样的课程，这些课程反映了教育思想的广阔性，但多数教育学者对此持怀疑态度。例如，弗莱克斯纳（Abraham Flexner）于1930年对师范学院进行评价时认为这些种类繁多的课程使人们误入各种肤浅的歧途中。[②] 当然，课程大量增加的现象不仅出现在哥伦比亚大学师范学院，其他师范学院也存在类似的情况。1933年，拉格（Earl U.

---

① Teachers College Columbia University. Report of the dean of Teachers College for the year ending June 30, 1934 [M]. New York：Columbia University Press，1934：9 - 16.

② FLEXNER A. Universities：American，English，German [M]. New York：Oxford University Press，1930：98.

Rugg）对全国师范学院展开调查，其结果显示在 31 所师范学院中共开设了636 种课程，平均每所学院开设 20 多种课程。① 哥伦比亚大学师范学院在1929—1930 学年开始推进教育学课程的改革，在博士学位课程体系中，1930年哥伦比亚大学师范学院将教育心理学指导课程和教育学 507A② 设定为免费的必修课程。1931 年斯瑞尔（G. D. Strayer）教授争取到 6 500 000 美元的捐助，打算设立独立的教育管理学院，并提出设立系统的学术和专业培训相结合的教育管理课程的计划。1931—1932 学年，哥伦比亚大学师范学院开设教育学通识类的课程，该课程主要由教育管理、课程和教育学基础构成，最初被命名为"学生—教师讨论组"（student-faculty discussion groups），分设的各门课程标注不同的数字，以此来作为课程开设时间和地点的标识，以及授予学分的依据。③ 后来，这种课程组织方式逐渐发展成为哥伦比亚大学师范学院教育学基础课程的主要组织形式。

面对经济危机的持续影响，1933—1934 学年哥伦比亚大学师范学院开设教育哲学课程和社会学课程，以帮助学院的学生更好地面对社会的转变与经济、政治活动的变化。此外，哥伦比亚大学师范学院教授克伯屈、拉格（Harold Ordway Rugg）、康茨、纽伦、杜威等联合组建了教育社会学和哲学基础研讨会。④ 经过十年不间断的努力，学者们探讨的议题逐渐发展为学院的系统课程。该研讨会的第一个成果是认识到教育史、教育哲学、比较教育、教育心理学、教育经济学和教育社会学都具有一个最基本的任务，即为教育学者提供坚实的研究基础，以便于他们形成专业技能。第二个成果是认识到通过学习不同领域或方向的教育学课程来确立教育研究的坚实基础，是最适当的教师培训模式。受 1919 年倡导的"现代文明计划"（contemporary civilization plan）的影响，哥伦比亚大学师范学院认为历史学、经济学、政治科学和社会学的研究方法应该成为教育学课程的基本方法。1934 年，学院在教育学 200IK 课程的基础上新建立为期一年的教育学基础课程——教育学 200F。⑤

尽管哥伦比亚大学师范学院院长威廉·拉塞尔、教育学院院长莫特和其

---

① RUGG E U. Teacher education curricula, national survey of the education of teachers [M]. Washington, D. C. : U. S. Office of Education, 1933: 65 – 66.

② 这种标示是哥伦比亚大学师范学院所开设的教育学课程的特有符号，表示课程针对的学生类别或者授课教授、授课地点。

③ Teachers College Columbia University. Report of the dean of Teachers College for the year ending June 30, 1933 [M]. New York: Columbia University Press, 1933: 42.

④⑤ RUGG H O. The teacher of teachers: frontiers of theory and practice in teacher education [M]. New York: Harper & Brother, 1952: 225 – 226.

他一些教授在课程改进方面也做了一些相应的工作，但教育学院和实践艺术学院的课程设置依然存在重复的现象，学院的办学优势未能充分得到发挥。在威廉·拉塞尔院长的主导下，1934 年初教育学院和实践艺术学院分列的组织方式被取消，学院划分为 5 个独立的系科，即教育基础系、管理系、指导系、教学系、测量与研究系，并与巴黎高等师范学校开展合作，设置高等教育学院，设立教育博士学位；在克伯屈、纽伦等学者的主导下，哥伦比亚大学师范学院设立新学院（New College）来探索教师教育的新模式。1938 年，学院又将其组织形式进行了调整，重组教育学基础系、教育组织与管理系、个人发展与指导系、教学系和护理教育系。

系科组织形式的变动促使学院的课程设置发生变化。哥伦比亚大学师范学院规定，自 1934 年秋开始申请师范学院硕士学位的学生必须修满 5 学分的教育学基础课程，且一年期的教育学 200F 是大部分学生的通识必修课；至 1935 年教育学 200F 课程发展为由社会学、政治学、经济学和个人评论等四大部分课程构成的课程体系，师范学院大约有 1 000 名学生选修该课程。①1936 年，该课程发展成哥伦比亚大学师范学院所有系科的基础课程。教育学基础系主任克伯屈认为，开设教育学 200F 课程可促使教育学基础系师生在教育学研究上形成批判性思维，并有助于学生更深入地了解到儿童的个人生活与其整个社会化过程紧密相连。②

教育学基础系重视发展学生的教育学研究能力，而教育组织与管理系自 1934 年确立后，其系主任斯瑞尔一直致力于教育管理技艺方面专业化课程的建设，推进教育管理实践研究与专业化经验发展的教学项目。③ 在教育学 200F 的基础上，结合教育管理的实际经验总结，斯瑞尔建立了教育学 200MA 课程，该课程主要包括教育财政、教育专业化服务的控制、集中管理、任期与退休、不同种类与水平的课程组织模式等。④ 1938 年，该课程又增添了教育管理专题、个人事务与财政问题、教育管理具体功能、学校监

① Teachers College Columbia University. Announcement of Teachers College，School of Education，School of Practical Art for the winter and spring sessions 1934 – 1935 ［M］New York：Columbia University Press，1935：26.

② Teachers College Columbia University. Report of the dean of Teachers College for the year ending June 30，1937 ［M］. New York：Columbia University Press，1937：29.

③ Teachers College Columbia University. Report of the dean of Teachers College for the year ending June 30，1936 ［M］. New York：Columbia University Press，1936：34.

④ Teachers College Columbia University. Announcement of Teachers College，School of Education，School of Practical Art for the winter and spring sessions 1934 – 1935 ［M］. New York：Columbia University Press，1935：106.

管、中学原则等内容。①

　　个人发展与指导系在汲取前两个系科课程建设经验的基础上，围绕儿童发展与实验室指导，构建教育学 200MG 课程和教育学 200GA 课程②，其中教育学 200MG 的课程内容同教育组织与管理系开设的教育学 200MA 课程一致，都是面向哥伦比亚大学师范学院所有学生的课程；而教育学 200GA 主要是面向其他系科非专业的学生。1938 年，该课程分为三学年来开设，其中第一年主要是教育观察、演示、案例搜集和评价式讨论；第二年主要是在教师的监管下参与实际的指导工作；第三年教师对学生开展独立的指导工作，并对其工作进行总结和评价。③

　　1937 年，教学系主任纽伦认为该系的主要任务是提供研究生水平的教师专业培训，为学生将来所要面对解决的一般性的大学或学校教育问题，提供必要的指导。④ 因此，教学系至少要解决两个问题：第一是为学生提供所有关于教学和学习的课程，这也就决定了其开设的课程不仅包括个人发展与指导系的教育学 200MA 或 200GD，还包括教育学 200C⑤（该课程主要是关于教学和课程设计的内容）；第二是对其所构建的教学领域进行评论，即对教学所关注的学科领域，如英语与外语、历史、地理、经济、社会学和家政艺术与科学等⑥，以及各学科之间的关系进行整体评价。随着教育学 200C 课程的不断推进与施行，1938—1939 学年教学系逐渐形成整合式的教育学课程，且社会科学占据课程的主导位置。⑦

　　测量与研究系主要为下述四类学生群体提供服务：（1）运用教育统计学、教育研究方法或应用外语开展教育研究能力的学生；（2）研究学校体制

---

　　① Teachers College Columbia University. Report of the dean of Teachers College for the year ending June 30, 1938［M］. New York：Columbia University Press, 1938：62 – 65.

　　② Teachers College Columbia University. Report of the dean of Teachers College for the year ending June 30, 1935［M］. New York：Columbia University Press, 1935：128.

　　③ Teachers College Columbia University. Report of the dean of Teachers College for the year ending June 30, 1938［M］. New York：Columbia University Press, 1938：65 – 66.

　　④ Teachers College Columbia University. Report of the dean of Teachers College for the year ending June 30, 1937［M］. New York：Columbia University Press, 1937：39.

　　⑤ Teachers College Columbia University. Report of the dean of Teachers College for the year ending June 30, 1939［M］. New York：Columbia University Press, 1939：106.

　　⑥ Teachers College Columbia University. Report of the dean of Teachers College for the year ending June 30, 1938［M］. New York：Columbia University Press, 1938：70 – 71.

　　⑦ Teachers College Columbia University. Report of the dean of Teachers College for the year ending June 30, 1939［M］. New York：Columbia University Press, 1939：126.

和教育系发展状况的学生；（3）探寻高等教育测试方法的学生；（4）在学校项目中运用测验方法的教师或其他人员。[①] 自1934年以来，该系设立一门教育研究方法的课程，由许多在不同领域从事教育学研究的专家和学者讲授。[②] 1938年，学院进行再一次重组，该系并入教育学基础系，其课程也纳入教育学基础系的课程体系中。

随着第二次世界大战的蔓延和社会条件的变化，哥伦比亚大学师范学院的招生和经济收入出现大幅下滑，为吸引更多的生源，凸显学院的办学特色，学院进一步细化了其下属系科的课程设置。1940—1941学年，哥伦比亚大学师范学院5个下设系科为高等学位（学士、硕士和博士学位）申请者开设专业化和科学化的课程，其具体内容主要如下所示：

教育学基础系开设的课程主要包括社会学和哲学基础、心理学和生理学基础、研究方法；教育组织与管理系开设的课程主要包括学校及所有教育机构相关水平的管理；指导系开设的课程主要包括通识和基础课程、学生事务管理、指导和人事、心理咨询；教学系开设的课程主要包括针对所有学校及教育机构的教学原则与课程、社会科学方向的教学方法和教学监督、自然科学、数学、英语、语法、外国语言、一般技艺（美术和工业艺术、音乐和音乐教育）、家政艺术与科学、商务教育、健康和体育教育、特殊教育（针对天才儿童和障碍儿童）、宗教教育；护理教育系主要开设护理教育的相关课程。[③]

这一时期，哥伦比亚大学师范学院并设的这些课程主要是面向学位申请者，因为学生修满学院规定的学分后，可申请学院所设立的理学学士学位、文学硕士学位、理学硕士学位、教育博士学位和哲学博士学位。

受到"二战"的直接影响，哥伦比亚大学师范学院对课程设置做出相应的调整。1942—1943学年，教育学基础系主要开设战争问题和教育、战时及战后的和平与教育课程；教育组织与管理系主要开设战争问题对教育管理的影响课程；教学系主要开设战争期间的社会问题探究课程，还开设儿童的预

---

① Teachers College Columbia University. Report of the dean of Teachers College for the year ending June 30, 1935 [M]. New York：Columbia University Press, 1935：44 – 46.

② Teachers College Columbia University. Announcement of Teachers College, School of Education, School of Practical Art for the winter and spring sessions 1935 – 1936 [M]. New York：Columbia University Press, 1936：237.

③ Teachers College Columbia University. Announcement of Teachers College, School of Education, School of Pratical Art for the winter and spring sessions 1940 – 1941 [M]. New York：Columbia University Press, 1941：1 – 2.

防措施和急救课程、美术教育课程；护理教育系开设家庭护理的讲座及相关课程。围绕为战争服务的理念，哥伦比亚大学师范学院联合大学其他院系开设多种类型的战时应用课程，为战争培养必要的服务人员。

随着"二战"的结束，1945 年越来越多的年轻人和退伍军人涌入校园。哥伦比亚大学师范学院为提高其学生培养质量，在 1946 年对其所设的 5 个系科进行调整，将教育组织与管理系、指导系合并为管理与指导系，并于 1949 年确立其下设教育基础科、管理和指导科、教学科和护理教育科四部分。在此过程中，学院对其自 20 世纪 30 年代始开设的教育学 200Fa 和教育学 200Fb 课程进行充实和调整，并结合教育学基础系所开设的教育学 200F 课程，增添社会科学、人文科学、管理学和课程学的相关内容。1949 年 7 月，哥伦比亚大学师范学院将新调整后的教育学 200F 课程作为学院的教育学基础课程。

进入 20 世纪 50 年代，哥伦比亚大学师范学院主要推进硕士学位和博士学位项目。其中硕士学位项目要求申请者必须完成最低 32 学时的课程学习，其中有些系科要求申请者必须完成 40 学时的课程学习。学院为硕士学位申请者在入学后的前两个学期开设 8 学时的教育学基础课程，该课程是关于教育学某些基本原理的综合性课程，主要涉及哲学、社会学、历史学、经济学、政治科学和心理学等学科。其中第一学期主要开设教育方向的社会学基础课程，第二学期主要开设教育方向的心理学基础课程。此外，各专业委员会还为学生开设专业研究领域的方向性课程，以指导学生在专业领域展开研究。①

在博士学位项目方面，哥伦比亚大学师范学院主要授予专业领域方向的博士学位和学术研究方向的哲学博士学位。这两个博士学位同属于高等教育研究院管理，但是其具体工作却分属其下设的两个不同的学术委员会来执行。其中教育博士学位主要依照学生在教育专业领域内的研究方向，开设研讨会性质的课程，同时要求学位申请者必须通过由高等教育学院主导的学业水平考试，并完成相应的学位论文；哲学博士学位主要按照哥伦比亚大学研究生院的学业标准开设课程，并对学生进行学术研究领域的考试。②

---

① HENRY N B. The fiftieth yearbook of the national society for the study of education：graduate study in education ［M］. Chicago：The University of Chicago Press，1951：177.

② HENRY N B. The fiftieth yearbook of the national society for the study of education：graduate study in education ［M］. Chicago：The University of Chicago Press，1951：178 – 179.

三、《师范学院学报》与教育研究的开展

1929 年的经济危机对美国社会发展造成多方面的影响，也给美国的教育事业带来巨大冲击，学校办学资金缩减、学生入学人数减少成为困扰学校发展的主要问题。大学教育学者从社会问题和社会建设的视角来探索学校教育应担负的责任，为美国学校参与社会重建、培养适应社会发展的人才提供理论指导。1930 年，哥伦比亚大学师范学院院长拉塞尔在《师范学院学报》第 31 卷第 4 期发表《教育的悖论：一个美国式的解决方案》（"The Educational Paradox：An American Solution"）一文，对 20 世纪 20 年代美国学校教育中出现的教育问题进行分析，认为学校教育疏于引导和控制学生的行为，造成青年人对社会形成一种逆反心理，从而引发诸多的社会问题。在他看来，学校教育应从社会需要出发，培养年轻人的克制、顺从、以国家利益为重的品格与修养。① 在他的倡议下，《师范学院学报》在 1930 年刊发的文章以社会问题的探究为主，主张从社会学的视角看待教育问题，文章的主题涉及教育与社会的多个层面，其主要内容如表 4.1 所示。

表 4.1　1930 年《师范学院学报》刊载的部分文章一览表

作　者	文　章	发表时间
丹尼尔·卡普（Daniel Kulpll）	《乡村教育需要社会学研究的若干问题》（"Problems of Rural Education Demanding Sociological Research"）	1930 年第 31 卷第 4 期
大卫·斯奈登（David Snedden）	《学校教育的社会功能及应用》（"Towards Functional Uses of Social Studies in School Educations"）	1930 年第 31 卷第 5 期
乔治·考克斯（George Cox）	《艺术教育的现代趋势》（"Modern Trends in Art Education"）	1930 年第 31 卷第 6 期
M. 比奇洛（M. Bigelow）	《父母教育中的性教育》（"Sex-Education in Parental Education"）	1930 年第 31 卷第 6 期
弗雷伯里克·邦瑟（Frederick Bonser）	《中学教育对每个人都是可能的吗？》（"Is Secondary Education Possible and Desirable for Everyone?"）	1930 年第 31 卷第 7 期

---

①　RUSSELL J. The educational paradox：an American solution ［J］. Teachers College record，1930（4）：8 – 13.

（续上表）

作　者	文　章	发表时间
艾德蒙·布伦纳（Edmund Brunner）	《近期关于乡村学校调查的启示》（"Implications of Recent Rural Surveys for the Rural School"）	1930 年第 31 卷第 8 期
B. R. 白金汉姆（B. R. Buckingham）	《算术的社会价值》（"The Social Value of Arithmetic"）	1930 年第 31 卷第 9 期
威廉·布劳内尔（William Brownell）	《算术研究的技巧》（"The Techniques of Research Employed in Arithmetic"）	1930 年第 31 卷第 10 期
爱德华·布卢姆（Edward Blum）	《学校用无线电和电力供应设备》（"Radio and Electric Power Supply Equipment for Schools"）	1930 年第 32 卷第 1 期
希尔·萨德勒（Sir Sadler）	《中学教育展望Ⅰ：进步与隐藏的困难》（"The Outlook in Secondary Education Ⅰ：Progress and Pitfalls"）	1930 年第 32 卷第 1 期
希尔·萨德勒（Sir Sadler）	《中学教育展望Ⅱ：青年和测验》（"The Outlook in Secondary Education Ⅱ：Youth and Tests"）	1930 年第 32 卷第 2 期
亚瑟·盖茨（Arthur Gates）	《阅读练习的特点与运用》（"Characteristics and Uses of Practice Exercises in Reading"）	1930 年第 32 卷第 3 期
希尔·萨德勒（Sir Sadler）	《中学教育展望Ⅲ：博雅教育》（"The Outlook in Secondary Education Ⅲ：A Liberal Education"）	1930 年第 32 卷第 3 期
劳伦斯·谢弗（Lawrence Shaffer）	《儿童对漫画的诠释和理解》（"Children's Interpretations of Cartoons"）	1930 年第 32 卷第 3 期

资料来源：依据 http://www.tcrecord.org 网站《师范学院学报》1930 年刊载的文章整理。

表 4.1 表明，《师范学院学报》1930 年刊载的文章主要关注乡村教育的社会问题、学校教育中社会学研究的问题、艺术教育、家庭教育中的性教育、算术的社会价值、学校的广播与电力供应、中等教育的展望、儿童漫画的诠释等多个主题，表现出美国社会期望通过学校问题的探究来指导社会问题解决的意愿，也显示出教育学者关注社会现实，推进教育理论与社会实践相结合，并致力于教育的社会重建的研究趋势。

　　1931 年，《师范学院学报》第 32 卷第 6 期刊载了克伯屈的《教育过程的重建理论》（"A Reconstructed Theory of the Educative Process"），在他看来，古希腊文化、牛顿力学、达尔文进化论、爱因斯坦的相对论促成了人们思维方式的变革，也促使教育的过程发生改变，面对社会的变化和思想的变革，学校教育的过程必须重新建立。[①] 同年，《师范学院学报》第 32 卷第 9 期专门设立乡村教育专题，其内容主要包括对乡村生活的经济和社会因素、乡村小学的学生地位、乡村社区中学校的实用性、乡村小学课程、乡村中学课程、乡村学校的教师培训、乡村学校监管、乡村学校的组织和管理、乡村学校财政管理、乡村教育的指导原则等 10 个议题展开探讨，着重探究乡村社区建设和社会变化对学校教育的影响，为乡村教育的发展提供意见和建议。

表 4.2　1931—1940 年《师范学院学报》刊载的专题内容一览表

时间	专题内容	时间	专题内容
1931 年	教育过程的重建理论；新个人主义理论；乡村小学课程；乡村教育；教材与教学方法；教育研究的价值	1936 年	教师教育的"新学院"计划；教育和人力资源应用的关系调查；联邦政府对公立教育的支持；美国社会变革及其对学校组织的影响；音乐教育的原则；"新学院"的教师教育
1932 年	健康教育；中学指导成果的测量；中学实践的挑战；文化和教育理论；教育哲学的功能；科学课程的教学；博雅教育的变化与实验研究	1937 年	教师参与学校管理；科学与小学教育；阅读与课程；高中阅读的提升
1933 年	社会重建与中等教育；地理学在商业和工业中的应用；变化中的世界与课程；自由与学问——关于罗斯福新政的讨论；危机状态下教育的机遇与担当	1938 年	小学课程的要求；社会理解与学校课程；社会研究中的美国农业问题；公众对社会学研究项目的支持；商业与教育；学生发展指导；公立学校指导

────────────

　　① KILPATRICK W. A reconstructed theory of the educative process [J]. Teachers College record, 1931 (6)：15 - 30.

（续上表）

时间	专题内容	时间	专题内容
1934 年	公立学校中的健康指导；地方自主性与教育进步；新成立中学的课程；学校建筑的功能；教育重建中行政领导的作用	1939 年	现代生活中的科学；社会经济问题探讨；民主生活中的领导；儿童发展与成长过程；影响通识教育的社会要素；成人教育的前沿；博雅教育的含义
1935 年	家庭和学校生活在儿童教育中的关系；学校和社区生活的协调；学校能否改变社会秩序；学习中的情感和社会因素；教育和社会规划	1940 年	社会经济与美国乡村教育；课堂教学原则；教育与经济的关系；桑代克纪念专刊；儿童身心发展；教育对工作的作用；教育与个体的发展

资料来源·根据 http://www.tcrecord.org 网站《师范学院学报》1931—1940 年刊载的文章整理。

从表 4.2 可以看出，1931—1940 年《师范学院学报》刊载的文章以社会问题的探讨为主，尤其重视社会经济形势变化、社区发展、家庭生活方式转变、联邦政府政策变动等因素对学校教育的直接影响，反映出美国经济危机给社会生活和学校教育带来的冲击，展示出美国教育学者从多角度探索教育理论与社会实践相结合的研究成果。大学教育学者期望通过教育理论与实践相结合的方式，探索学校教育在社会重建中的作用，以哥伦比亚大学师范学院的教育学者为例，在克伯屈的主导下师范学院设立"新学院"，通过变革教师教育的模式、调整教师教育课程来培养学生解决社会问题的能力，从而为中小学培养具备社会重建能力的师资；因此，《师范学院学报》在 1936 年第 37 卷第 4 期和第 38 卷第 1 期着重介绍了哥伦比亚大学师范学院的"新学院"计划及其实施举措，为美国综合性大学教师教育理念的革新、课程设置的调整、培养模式的变革提供借鉴，从而为提高美国中小学教师通过直面社会问题来解决教育问题的能力创设必要的条件。

1941 年美国参与"二战"，《师范学院学报》开展"战争与教育"的专题研讨，集中探究"二战"对学校教育教学带来的影响，专题的题目主要包括国防教育、学校和国防、战时房产管理、学校与战争、战时的教育项目、战后教育重建等，较为系统地探讨了战争与教育的关系。

表 4.3 1941—1945 年《师范学院学报》刊载的"战争与教育"专题内容一览表

专题题目	内容概述	时间
国防教育（Education for National Defense）	（1）国防教育：前言；（2）美国的生活方式；（3）教育、公民权与个性；（4）职业教育的成效；（5）保健与体育健身；（6）美国生活方式和教育机会；（7）困境中的生活	1941 年第 42 卷第 4 期
学校和国防（The Schools and the Defense）	（1）国防行动专题研讨会；（2）教育民主；（3）军事服务教育导论；（4）体育健身；（5）护理与国防；（6）国家的饮食；（7）学校自助餐厅；（8）职业健康；（9）职业指导和国防职业；（10）消费者与国防；（11）教师如何促进国家士气；（12）北美与南美的文化关系；（13）学校和国防的长远规划	1941 年第 43 卷第 1 期
战时房产管理（War Housing Management）	（1）房产与教育；（2）战时工业生产的房产；（3）房产与民主斗争；（4）非裔美国人的住房计划；（5）综述	1942 年第 44 卷第 1 期
学校与战争（School and War）	（1）教育资源的大量短缺；（2）东西方的战争与和平；（3）年轻人与战后的世界；（4）为和平而战的心理问题；（5）教师与未来；（6）年轻人的教育与战后民主	1942 年第 44 卷第 2 期
战时的教育项目（Educational Program in the War）	（1）战时的教育项目；（2）战时的教育研究及其任务；（3）非专业人员和社会机构的战时教育研究；（4）国家机构的战时教育研究项目；（5）战争与幼儿；（6）全面参战与青年；（7）战争与成人教育；（8）学校如何推进战时教育项目	1943 年第 44 卷第 4 期
战后教育重建（Post-War Educational Reconstruction）	（1）战后教育重建；（2）国家教育不公平：事实的分析；（3）战争对美国高中的考验；（4）父母：教师工作的有力支持；（5）职业指导的方法	1945 年第 46 卷第 6 期

（续上表）

专题题目	内容概述	时间
战后美国教育（American Education in the Postwar Period）	（1）课程重建；（2）学龄前儿童的自由化教育项目；（3）参战工人和服务人员的返乡教育项目；（4）战后成人教育项目的调整；（5）课程计划的通用技巧；（6）健康教育目标的拓展；（7）提升战后年轻人的工作和服务经验；（8）消费教育的新目标与程序；（9）自然资源的运用教育；（10）战后社区学校的教育重点；（11）国家概念的更新；（12）战后的国际理解与教育；（13）课程发展实践	1945 年第 46 卷第 9 期

资料来源：根据 http://www.tcrecord.org 网站《师范学院学报》1941—1945 年刊载的文章整理。

表 4.3 表明《师范学院学报》面对"二战"对美国社会和学校教育产生的影响，以专题的形式从社会生活、学校课程设置、学校教育资源管理、学校教育项目、学校教师工作、青少年教育方式、儿童教育等方面展开探讨，为学界系统探究战争对教育的影响创设了研讨的平台。

1941—1945 年《师范学院学报》除开展"战争与教育"的专题研讨外，还设置了其他类型的专题，如 1942 年第 43 卷第 9 期的教育哲学专题、1942 年第 43 卷第 10 期的学习理论探讨专题、1943 年第 44 卷第 9 期的职业教育专题、1943 年第 45 卷第 3 期的入职培训专题、1944 年第 45 卷第 4 期的科学教学的专题、1944 年第 45 卷第 9 期的青春期教育专题、1944 年第 45 卷第 10 期的初等学校教学语言专题、1945 年第 47 卷第 3 期的科南特的公立教育探究专题，上述专题较系统地展现了大学教育学者所关注的教育问题，体现出大学教育学科关注社会现实、探究教育实践问题的发展特点。

"二战"结束后，《师范学院学报》以"战后教育重建"和"战后美国教育"为专题，探讨战后学校课程的重建和战后社会教育的开展，并关注到美国社会的教育不公平现象，进而从社会发展的视角探究教育的作用与功能。自 1946 年始，《师范学院学报》刊载的文章主要反映社会变化所引起的一系列教育问题，并依据社会学、心理学的理论研究成果展开论述。

表4.4　1946—1965年间《师范学院学报》刊载的主要专题内容一览表

时间	专题内容概述	时间	专题内容概述
1946年	教室中的收音机；拉塞尔纪念专刊；社区服务与教师培训；大学校园里的退伍军人；理解力测量；教育管理的再定位；关于课程的社会学研究	1956年	自由世界的教育领导者；小学生的心理健康；初中教育问题研究；公立初级学院研究；成人阅读问题研究；人力资源和教育
1947年	美国青年教育；课程的改变，教师危机和教师教育；美国学校的科学教育；儿童早期教育；成人教育的未来；高中和大学的外语及英语教学	1957年	初等教育的模式；教师教育中逻辑学的作用；小学指导的组织形式；在职教育；社会学研究项目；教师教育专业化
1948年	经济地位与受教育程度；中小学的科学教育发展趋势；民主教育：世界的希望；学生的不良行为探究；高中和大学的阅读问题；大都会学校研究委员会报告	1958年	护士学校的角色转变；高中的数学课程；教育与技术的变革；美国教育的精神；音乐教育探讨；天才教育的探究；一体化教育的重要性
1949年	课程的改进；行动研究、基础研究和教育实践；学校是视听装备的应用；小学的阅读问题探究；如何提高学生的阅读水平；杜威纪念专刊	1959年	青少年的数学教育；课程问题探究；美国教育和国际化进程；教育与人性；社区教育的探究；服务人员的教育；杜威纪念专刊
1950年	心理咨询教师在社区教育中的作用；特殊文化群体中的教育问题；合作研究与课程的改进；儿童的学习探究；特殊教育问题研究；算术教学研究；公民教育项目	1960年	联邦援助教育的影响；教学的概念探讨；潜能发展的研究；科学与科学教育探究；新生代的教育问题探究；社会科学的作用；福特基金与教师教育
1951年	中等学校的课程研究；教育管理的新变化；算术教学研究；教育与抉择；课程的改进	1961年	心理健康教育探讨；关于数学教育的新思路；南非和美国的种族问题；关于阅读的问题探究；教育与社会的探讨

（续上表）

时间	专题内容概述	时间	专题内容概述
1952 年	现实对教育的挑战；克伯屈纪念专刊；公民教育项目的进展；教育合作的理论；通识教育；乡村教育研究；电视教育的建议	1962 年	学院文化的描述方式；拉丁美洲的教育问题探究；人口增长与教育的问题探究；权利法案与教育；个体差异与教育；专业教育的探究；教育研究的改进
1953 年	智力和文化差异的影响；科学教育的变化；数学教育的再定位；中等教育的问题研究；社区学校的问题研究；教育与冷战；科学与生活方式	1963 年	社会学研究的问题；科学与教育探讨；儿童行为的社会学探究；教育中的测验项目；对创造力的问题研究
1954 年	美国教育与修闲，学校管理者和社区休闲；公民协作与公立学校的发展；大众传媒和教育；美国教师教育探讨；今日美国的 3R（指 reading，writing，religion——笔者注）	1964 年	认知理论下的教学；科学的世界与价值的世界；社会变革中学校的功能；学习理论的问题探究；行为科学和教育管理
1955 年	美国的高中；教育的哲学探讨；心理健康教育；今日女性及其教育；沟通和沟通的艺术；学校系统的测量	1965 年	荧屏教育与美国学校；社会阶层与儿童的心理疾病；职业教育探讨；群体智力测量的谢幕；教学的影响要素研究

资料来源：根据 http://www.tcrecord.org 网站《师范学院学报》1946—1965 年刊载的文章整理。

从表 4.4 可以看出，1946—1955 年《师范学院学报》刊载的文章较为全面地展现出"二战"结束后美国社会变化对学校教育的影响，专题的内容主要包括退伍军人的教育、学校课程的变革、中小学科学和外语课程的设置、中小学的阅读及分科教学、学校管理、青少年教育问题、青少年心理健康教育、儿童发展、社区研究与教育公平、乡村教育、教师教育的新形势、电化教学的发展等；而 1956—1965 年《师范学院学报》刊载的文章反映了美国社会持续关注学校变革，期望通过加强中小学科学课程、重视天才儿童教育来实现培养优秀人才的教育目标，专题的内容主要包括中小学课程变革、科学课程设置、天才教育、认知心理学与教学、教育与社会、教育项目的开展等。上述文章代表了美国大学教育学者面对美国社会的变化展开系统的教育研究所获得的成果，显示出战后美国中小学注重课程变革、强化科学课程比重的发展趋势，也体现了美国学界注重从儿童心理学和社会学的视角研究教育问题的学术特点。

四、致力于教学方法的创新和教师教育的改革：克伯屈在哥伦比亚大学

克伯屈（William Heard Kilpatrick）1871年11月20日生于乔治亚州，1888年进入摩斯大学（Mercer University）学习，在大学里他读了达尔文的《物种起源》一书，开拓了其人生与理想的新天地。1892年大学毕业后他去路易斯安那州的洛克师范学院（Rock College Normal School）任教，开始学习福禄贝尔的儿童教育思想，逐渐对教育产生兴趣。1895年克伯屈进入霍普金斯大学深造，并立志从事教学工作。1896年获得硕士学位后他在佐治亚州的安德森小学（Anderson Elementary School）教授数学并兼任校长。在此期间克伯屈参加了暑期学校，受到裴斯泰洛齐的"放弃体罚、引导学生致力于有意义的经验"的观点影响。他开始在暑期学校中使用裴斯泰洛齐的理论去对待学生，明确反对体罚学生，并主张让学生参与教学的决策过程。克伯屈希望学生能够认识到，他是如此的信任他们并想要帮助他们。同年，克伯屈又受到了"进步主义教育之父"帕克教育思想的影响。1897年，他应聘至摩斯大学任数学及天文学教授，并研读了许多教育名著，遂深化了其对教育的兴趣。

1898年夏，克伯屈到芝加哥大学进修时听到杜威的授课，并阅读了杜威的《意志与兴趣》和《我的教育信条》两本书，从而开阔了教育眼界；后来他又在诺克斯维（Knoxville）的教师暑期学校遇到了"儿童研究运动之父"霍尔（G. Stanley Hall），并受其"通过儿童研究来判断儿童在课程设置中的真正需求"的观点的深刻影响，树立了以探究"儿童的真正需求"为基础的教育理念。由于在教育问题上与校董之间发生了很大的歧见，1906年克伯屈从摩斯大学辞职。在桑代克的鼓励下，1907进入哥伦比亚大学师范学院继续深造，1912年获哲学博士学位。在此期间克伯屈确立其教育研究的方向，并于1913年开始在哥伦比亚大学师范学院任教，为推进教育学科的发展做出了突出的贡献。

（一）借鉴学科研究成就，探讨教学的特性

克伯屈继承与借鉴杜威关于教育本质的看法。首先，他积极学习与理解杜威的"教育即生长"的观点，并在他的著作和演讲中详细阐述这个观点。在他看来，生长有两种含义：其一是儿童身体和智力像大树那样自然地生长；其二是一个人因参与改造生活，从而在知识、技能、思维、认识和控制经验等方面都有所提高。他在《教学方法原理》一书中写道："我主要考虑的是更多的思维、更多的意义、越来越细的区分、更好的行动方式、更高程度的技能、更广泛的兴趣、更广泛更良好的组织。"① 克伯屈看到传统的教育只注重儿童知识的掌握，教学内容枯燥乏味，教学方法死板僵化，教学目的单一，儿童处在被动接受的地位，课堂气氛严肃而低沉。为克服这一弊端，克伯屈强调儿童的中心地位，鼓励和指导儿童选择有兴趣的课题、制订详细的计划，整个过程由儿童来实际操作，并动手解决学习过程中遇到的困难。在这样一种充满活力、热情四溢的气氛下，儿童的思维得到了开发和锻炼，动手操作能力提高，对新事物有了深刻的认识，同时在不断的改进和自我反思中学会了对经验的掌控，真正做到了"教育即生长"。

其次，克伯屈进一步阐述他所理解的"教育即生活"的观点。以他之见，儿童的生长离不开生活，因此教育不能够脱离生活而进行，但不容回避的是，教育活动对于儿童来说必然是一种外部强制的东西，没有兴趣和动力，儿童势必会处在被动的地位。他认为，应该把教育和儿童的生活看作是一样东西，对儿童的教育就是让他适应当前的生活，应该"将教育看作是与整个生活相关的整体"②，"所有富有思想而有意义的生活，都是教育"③。克伯屈进一步强调，教育即生活，但不是所有的生活都是教育，只有那些富有意义和创造性的生活才是真正的教育。"儿童的教育不仅得自学校，同时也得自家庭、教会、社区和更广阔的社会。"④ 传统的教学内容通常站在成人的角度来设置，既然是生活的准备，肯定是日后才会用到的，与儿童现有的经验脱节，这使得儿童在学习的过程中非常吃力，也违背了维果茨基提出的"最近发展区"，而成为"超远发展区"。为解决这一难题，他主张在教学中

---

① 克伯屈. 教学方法原理：教育漫谈 [M]. 王建新，译. 北京：人民教育出版社，1991：162.

② 克伯屈. 教学方法原理：教育漫谈 [M]. 王建新，译. 北京：人民教育出版社，1991：9.

③ 崔录，李玢. 现代教育思想精粹 [M]. 北京：光明日报出版社，1987：61.

④ 克伯屈. 教学方法原理：教育漫谈 [M]. 王建新，译. 北京：人民教育出版社，1991：220.

儿童应选择与其生活相关的课题，或者是在日常生活中遇到过的问题，在制订学习计划时学生应考虑到自己的能力和经验，量力而行；而在实施的过程中也许会碰到困难，但正是这种困难能够使他们获得学习和进步的动力，在真正的实践后进行反思并总能够寻找到不足和下次可以借鉴的经验。

再次，克伯屈积极阐述杜威关于"教育即经验的改组与改造"的观点。他认为既然教育是"生长"，而且是不断的"生长"，也就意味着不断地获取新的生活经验，不断地提高原有的知识和技能，获得新的行为方式。因此，他说"我们所说的生长与学习实质上是说明同一事物的两种方式……教育是又为不断生长的过程，不断改造经验的过程，使经验日益丰富完善，并使学习者对经验的控制力不断增强"①。总之，一个人不断接受教育的过程也就是不断改造经验的过程，随着经验的日益丰富和完善，个人对经验的掌控能力也不断提高，这就是生长，所以说生长和学习是同一个过程，同一件事，这也是生活本身。

同时，克伯屈又接受了桑代克的联结理论②，把它作为教学设计与展开的心理学基础，并对桑代克所提出的三大定律进行系统的解读。在他看来，"准备律"主要是指当一个联结已经做好反应准备时，反应便带来满意感；而当联结尚未做好反应准备时，如果被迫做出反应，就会带来烦恼感，即联结的加强或减弱取决于学习者的心理准备状态。"练习律"是指刺激与反应之间的联结会由于重复或练习而加强；反之，不重复不练习，联结的力量会减弱。他又把练习律分为两个次律：一个叫反应律，即一个已形成的可改变的联结若加以应用，就会使这个联结得到加强；另一个是失用律，即一个已经形成的可变的联结如不加以应用，就会使这个联结减弱。"效果律"是指刺激和反应之间的联结可因导致满意的结果而加强，也可因导致烦恼的结果而减弱。举例来说，小白鼠学会找路，无论是走对了给予奖励还是走错了受到惩罚，方法的习得都是靠效果。当其他条件相同时，最快的学习途径就是奖罚并用，即走对了路产生满意感，走错了路产生烦恼感。故克伯屈在桑代克"刺激与反应"理论的基础上，提出"成功—愉快，失败—痛苦"的学习律。他指出，人与动物一样，能比较容易地学习他们准备去做和得到成功而引起愉快的那些行为方式，但对学习毫无准备、易失败而苦恼的行为方式

---

① 克伯屈. 教学方法原理：教育漫谈［M］. 王建新，译. 北京：人民教育出版社，1991：170.

② 所谓联结是指某种刺激仅能引起某种对应的反应，而不能引起其他反应，其公式为S—R。

是感到困难的。①

克伯屈借鉴与总结杜威、桑代克等人的研究成果，提出其关于教学特性的认识，进而以儿童兴趣为中心，完善设计教学法，推进教育学科的发展。因此，1925 年，他在《教学方法原理》（*Foundations of Method*）的序言中写道："我从斯宾塞、詹姆斯、桑代克、杜威、伍德沃斯等人的学说中得益匪浅，如不提及实在有忘恩之嫌。他们的教导对形成本人所提出的观点有很大的帮助。"②

（二）强调儿童学习兴趣，完善设计教学法③

20 世纪初，杜威教育哲学在美国风靡一时，在教育学界占绝对优势，追随者众多，其中将其发扬光大，由理论而见之于具体的方法与实际的首推克伯屈。作为杜威的弟子，克伯屈不仅认真阅读杜威的著作④，而且十分坦诚地声明他主张杜威的实验主义路线，对教育具有高度的热诚。⑤ 他对旧式学习理论过分注重课本和注入式的教学法、重视抽象与无意义的细节、脱离儿童生活的现象进行批判，认为学习来自学习者的行为并非来自他人所叙述的语言，在具体的个人生活情境中学习才能顺利进行，且成效也较大。⑥ 据此，他提出新式学习理论⑦，强调兴趣是学习行为的发端与保证，因为兴趣在本质上具有积极性和内在动力性。在心理学上，他将兴趣定义为"心理定式"或"心理倾向"；在教学上，他将兴趣界说为"专心致志于某件事"，是"有利于生长的条件"，是"现代教育的主要因素之一""是心理活动中的重

---

① 赵荣昌，张济正. 外国教育论著选 ［M］. 南京：江苏教育出版社，1990：571.

② 克伯屈. 教学方法原理：教育漫谈 ［M］. 王建新，译. 北京：人民教育出版社，1991：2.

③ "设计教学法"一词并不是克伯屈的首创，早在 1908 年马萨诸塞州在农业教育中就已使用这一名词。1914 年，美国许多州在中学地理教学中也多次使用这个名词，主要是指学生的动手策划、组织活动。克伯屈也公开宣称："这个名称（project method）既不是我的发明，也不是我首次将其引入教育领域。事实上，我甚至不知道人们究竟使用了多长时间。"参见：克伯屈. 教学方法原理：教育漫谈 ［M］. 王建新，译. 北京：人民教育出版社，1991：330.

④ 早年克伯屈认真研读过杜威的《兴趣和意志训练的关系》《我的教育信条》《教育上的兴趣和努力》等书，尤其是《教育上的兴趣和努力》为他开辟了一个全新的世界，影响之大无其他书籍能与之相比。

⑤ 黄昆辉. 克伯屈教育思想之研究 ［D］. 台北：台湾师大教育研究所，1968：177.

⑥ KILPATRICK W H. Philosophy of education ［M］. New York：MacMillan，1951：229.

⑦ 克伯屈将学习分为"主学习"，即直接的、有意的或基本的学习；"副学习"，即伴随的、关联的学习；"附学习"，即附带的学习。

要因素"，是学习的"有力帮助"和"教学的杰作"的前提，还"有利于塑造牢固的道德品格"。①

克伯屈主张，兴趣与努力不过是进行当中的同一活动（教学）的两个侧面，兴趣是努力的自然基础，兴趣越浓努力越大。在教学活动中教师应研究兴趣的品质②，探讨良好兴趣培养的条件与程序③，了解学生兴趣的范围和持久性，并善加利用。在此基础上，克伯屈强调课程的兴趣取向，认为兴趣对课程"有很大影响"，是"课程编制的主要考虑"要素。④与此同时，克伯屈在其所倡导的"设计教学法"（project method）中强调兴趣的作用，认为"儿童兴趣的形成或增长这个问题在我们所讨论的设计理论中是十分重要的"。⑤

克伯屈反对极端兴趣主义者的观点。他主张在进行兴趣教学和课程教学的过程中使兴趣成为可操作化、具体化的流程与步骤，从而试图重点调和教学中的兴趣与自我、努力、意志、成功、成长的关系。其"设计教学法"也深受杜威"五步教学法"的影响，继承了杜威"从做中学"的主张，但又与之在具体内容和操作方式上存在着差异⑥，重点突出了学习过程的三个重

―――――――――

①　克伯屈．教学方法原理：教育漫谈［M］．王建新，译．北京：人民教育出版社，1991：79，118，120-121，134.

②　克伯屈曾研究兴趣的品质，提出"兴趣幅度""兴趣范围"等概念，前者即兴趣持续的长度，或指人追求一个目标的持久性、耐性或注意力的时间长短，后者指儿童当下"所有的兴趣"或"目前的兴趣内容"。

③　其条件是：第一，对涉及的活动有足够的能力，以便从成功中得到持续的满意感。第二，活动质量上的提高。其程序是满腔热情地开展活动，注意使成功伴随活动，要取得有威望的人们的赞许。如果满足了上述两个先决条件并能遵循这个程序，就有把握培养兴趣。参见：克伯屈．教学方法原理：教育漫谈［M］．王建新，译．北京：人民教育出版社，1991：79.

④　克伯屈．教学方法原理：教育漫谈［M］．王建新，译．北京：人民教育出版社，1991：126.

⑤　克伯屈．教学方法原理：教育漫谈［M］．王建新，译．北京：人民教育出版社，1991：附录.

⑥　杜威的"做"主要倾向于实际问题的解决过程，以及证明假设后在实际生活中进行验证，而克伯屈将"做"加以扩展：问题的选择由学生来"做"，目的的确立由学生来"做"，方案的制定由学生来"做"，问题解决后的评价也由学生来"做"。另外，教师在教学活动中的作用也是不同的。虽然杜威强调以儿童为中心，在"五步教学法"中儿童的中心地位确实也有所提高，但教师依旧在许多方面发挥着"决策"作用，比如初始情景的设置是由教师来"做"，在检验假设时的实际情景的创造也由教师来"做"；与之不同，在运用设计教学法时，教师的作用仅仅是引导、建议、鼓励等。

要方面，主要包括：（1）充分体现时间对学习的重要性，这方面他很可能受到杜威的影响，因为杜威认为人只有通过有目的的、有意义的自觉实践才能最为有效地提高学习效果；（2）体现桑代克创立的学习效果律的观点，这种观点认为刺激引起反应，而刺激与反应的联结会根据当事人对当时情景的满意程度而增强或削弱，即当时的感觉越是愉快，学到的东西就越多；（3）"设计教学法"还强调了道德行为的重要性，因为任何有目的的行为都是在社会场景中发生的。克伯屈所提出来的"设计教学法"不仅对美国学校教育产生深远影响，得到杜威的赞誉，而且还被世界上许多国家借鉴与采用，切实推进教育学科的发展。

虽然克伯屈对杜威思想的理解和解读过于片面和简单，但他把自己塑造成杜威的学生，而且把杜威的思想变成一种一般教师在教室里可以使用的方法。通过强调一种简单的"怎样教学"的计划，克伯屈希望教师们能够接受和应用他的那些观点。为了达到这个目的，他孜孜不倦地辛苦工作，以便培养其所倡导方法的追随者。1918 年，他发表文章初步描述"设计教学法"后，紧接着设法将这篇文章印成小册子，出售了 60 000 份。① 作为一个聪明的、受人欢迎的教师，他在哥伦比亚大学师范学院任教的 25 年间，给大约 35 000 名学生讲过课。就像桑代克一样，师范学院的许多演讲厅成了克伯屈宣扬其观点的主要平台。不仅如此，克伯屈还到全国各地做演讲，宣传自己的理念，即"在社会环境中全身心、有目的地活动"应该是"学校步骤的基本单元"。为进一步提高"设计教学法"的影响力，克伯屈主导建立了"设计方法宣传俱乐部"，并于 1921 年 3 月召开"全国教育方法会议"（National Conference on Educational Method）。在首次会议的邀请信上，他明确声明：该组织是为那些"直接从事教学工作"的人服务的，是为了提倡"一些教学和教育管理的教育步骤，务必建立在学习基本规则和民主生活精神的基础上"②。除举行每年的年会外，该组织还创办了《教育方法杂志》（The Journal of Educational Method），克伯屈在最初几期围绕其所倡导的教学方法发表一系列的文章，这些文章在 1925 年被编撰成《教学方法原理》（Foundations of Method）一书，书中的其他文章也大多是描述"设计教学法"怎样在全国各地的学校被用于教学实践，有效地提高了"设计教法"的教育影响力。

---

① VAN AUSDAL S J. William Heard Kilpatrick：philosopher and teacher［J］. Childhood education，1988（2）：165.

② KILPATRICK W H. As reported［J］. Journal of educational method，1921（1）：37.

（三）分析教师专业培训，建言教师教育改革

除了对"设计教学法"展开有力的推介工作外，克伯屈还密切关注教师专业培训工作的进展。他首先对当时在美国大学教育学科发展中占主流的科学化趋向提出批评，明确指出大学中教育科学研究的快速发展导致教师培养的片面性，因为在这些研究中占主导的是将心理学研究的成果不加辨别地套用在教师教育上，是以整体假设为由，将相互分离的各部分累加而成的结果，在这种假设之下教师培训也就相应地强调教学习惯的养成，强调师范生掌握专门技术和具体步骤。

克伯屈深刻认识到，上述原子式科学取向的教育研究对教育造成的危害。他指出，20 多年来研究都在一直强调教育的科学的、非人性的方面，结果导致技术和步骤的堆砌，而忽视对社会的正确向导。他认为事实上这样的教育研究在很多时候是反社会的，因为很多人相信只要以科学和统计的方式处理事实就能满足所有的教育需求，达到教育目的，而对教育的普遍社会意义的考虑长期以来都是被忽视的。很显然，克伯屈对这种将教学专业的科学化视为专业取向的教师教育观点持批判态度。他认为，这种机械的教育科学导向会危害教师教育，并强调"如果少数专家的思考就足够了，那么教师的培养也就简化成未来教师掌握专家制造出来的具体材料，而普通教师的个人思考就不可能了，也被认为是没有必要的、无用的。在这样的前提下，教师的专业培训也就真正成了技术训练"，他对技术理性主导之下的教师教育异化为简单机械的技术训练表示担忧。

克伯屈分析道，教育工作的核心就是引导教育的过程，教育者的培养涉及两个相互关联的方面：一方面，教育者必须了解个体的生活过程以及学习对个人生活的持续建构上的重要意义；另一方面，教育者必须了解社会的过程以及教育对社会持续建构的重要意义。而教师接受专业教育的意义，主要在于帮助教师理解社会与教育的关系，培养未来教师的教育理想。教师专业教育的核心与主要特征应该是构建教师对生活和教育的包容性和批判性见解。师范生对所有技术和步骤，不管是教学的技术，还是测量的、管理的、督导的技术，在学习和应用时都必须意识到它们所蕴含的价值观。为此，他强调"社会因素应该成为导向性的根本因素，必须将个人生活放到他所在的社会环境中理解，培养教育者的一个目的就是帮助教育者建立更具包容力的社会洞察力"①。而社会洞察力的培养，意味着教师教育重在提升未来教师的

---

① KILPATRICK W H. The educational frontier [M]. New York：The Century Company，1933：262.

理性判断和思考能力。因此,克伯屈反对以"培训"(train)一词指代教师培养,因为它意味着教师培养就是新手教师掌握和使用教育专家所构建的理念和步骤,而且这个过程又常常被简化为记忆和操练;他倾向于采用"教育"(education)一词来指代教师培养,因为"它是帮助他人具备理智能力,进行独立思考和行动的过程"①。

在分析教师专业培训弊端的基础上,克伯屈提出以社会为导向的教师教育发展模式。首先,他强调教师教育的从业者和课程教师应确立社会态度,因为在教师教育中最重要的因素也许就是教师教育机构中的教员所持有的社会态度,普通的师范学校和大学教育学院的教员通常缺乏普遍的社会观念和态度,所以未来教师要理解社会图景,最关键的是教师教育者要具备足够的社会观念,否则他们培养出来的教师就会忽视社会因素或对社会问题缺乏明智的看法。人们期待所有的教师教育教员都持有一种明智的、积极的社会观念,而且这是全体教员应该具备的,不管他们从事的工作的技术性有多么强。克伯屈期望通过建立开放式的教育机构为教师教育创设开放的环境,通过暑期组织教员参与社会活动,从而培养教员的社会观念和态度。

其次,克伯屈强调必须改进教师教育专业课程。在他看来,教育与人的生长相联系,教师教育课程应关注人自身的成长与社会性的发展,在教育中应重视心理学和社会学的内容。他认为心理学课程"应该展示生命如何成为伴随着不确定性的生动过程;学习如何成为这种生命过程的固有部分;学习如何构成有机体的成分;必须将个体放到更大的有机体单位和环境中进行研究;学习和生活如何利用周围的社会形式,以及这些社会因素如何构建下一代人的存在方式",而社会学课程应该向师范生展示"单独的个体只是一种抽象的存在;个人的生活既涉及社会过程,又是社会过程的一部分,而且个体的成长必须有效地融入到社会过程中;不断积累的社会进化结果对下一代的影响远远大于它们对这一代的影响;公共教育作为社会动力机构肩负着创造社会文化的责任,社会过程的积累更适合于构成下一代;我们的文化制度形式被认为是最好的合作性的生活形式;不平等的社会发展将给文化的某些部分带来缺陷;公立教育是所有这些事物所关注的重点,是一个社会过程"②。而且,在他看来,任何形式的教育都是真实社区生活的一部分,这是教育的基础和意义。基于这种认识,克伯屈主张职前教师应接触社会并参与

---

① KILPATRICK W H. The educational frontier [M]. New York:The Century Company,1933:263 – 264.

② KILPATRICK W H. The educational frontier [M]. New York:The Century Company,1933:267 – 269.

到社会活动中，指导实习的教师应该研究学校、社区中的社会环境，并发现改善社会生活的途径。他建议将通识教育课程与专业教育课程整合起来，即专业教育围绕直接经验进行设置，教师教育项目围绕问题来实施，而这些问题都应具有社会意义。

（四）主导课程讨论小组，促进新学院发展

至1930年，全美教师教育机构的教员和管理人员有20%是哥伦比亚大学师范学院的毕业生，在这些毕业生的努力下，哥伦比亚大学师范学院在教育学界的影响力日渐增强。面对经济危机带来的一系列社会问题和教育问题，以克伯屈为代表的进步主义教育家认为教育应该反映生活，而不是与生活隔离，教师应该积极推进社会改革，教育应该与社会重建紧密相连。[1] 为实现这一理想，造就具有社会重建意识的教师，1932年9月，哥伦比亚大学师范学院成立新学院（New College）。克伯屈等学者认为，培养新的社会秩序的创造者，需要的不仅仅是常规的"学术因循守旧"，它要求未来教师"接触生活的方方面面，理解生活，理解人的理性生活、道德生活、社会生活和经济生活"[2]。新学院的目标是培养具有社会重建能力的教师，新学院的教师和学生经过思考而确立的主要问题领域是整个教师教育课程的主线，这主要包括：与家人、社区、政府和其他民族的适应与合作；对自然环境的适应与控制，为实现个人和社会的需要利用自然环境；达到和维持身心健康；对艺术和美的创造、解释和欣赏；提高生活标准，包括衣食住行；达到经济保障；掌握和传递社会遗产，发展对生活的理解，对持久的价值保持敏感，并具备维护这些价值的意愿。新学院认为，师范生应学习的文化背景知识包括：（1）在社会、经济、工业和政治生活中所表现出的各种人类关系；（2）自然科学，尤其是对生活产生影响的自然和环境因素；（3）艺术，尤其是通过绘画艺术、造型艺术、音乐艺术以及文学艺术来表达当前的思想；（4）哲学，考察宗教、伦理、逻辑和教育对终极价值的表达。[3] 此外，新学院还开设专门的方法课程，通常以教育研讨会和分组研讨会的方式来进行。克伯屈及其同事拉格（H. O. Rugg）、康茨、蔡尔兹（John L. Childs）、劳普（R. Bruce Raup）、纽伦（J. H. Newlon）等人组成讨论小组，1927—1941年

---

① ROWAN J E. The social frontier（1934 – 1943）：journal of educational criticism and social reconstructionism［D］. Cleveland，Ohio：Case Western Reserve University，1969：20.

② CREMIN L A，SHANNON D A，TOWNSEND M E. A history of Teachers College Columbia University［M］. New York：Columbia University Press，1954：221 – 229.

③ Teachers College Columbia University. New College［J］. Teachers College record，1936（1）：17 – 22.

小组成员每两周举行一次圆桌讨论，议题主要围绕现代社会的问题及发展趋势、自然科学和表现科学的变革来展开，进而对教育的所有基础群体进行研究。① 在克伯屈的带领下，讨论小组逐渐总结出当时美国教师教育存在的弊端，主要包括：（1）教师教育的非方法性课程，如教育史、教育哲学和教育心理学，过多关注母学科的内容，并不重视教学中的真正问题；（2）教师教育课程倾向于将现存社会现实视为理所当然，并试图调整教师和学校的行为，维持原有的社会现实与秩序。② 针对教师教育课程存在的问题，讨论小组认为所有的教师都应研究当前社会和文化中存在的问题，以及这些问题的教育目的、方法和课程之间的关系，应该将心理学、社会学、经济学、历史学和哲学的课程融合在一起，形成社会基础课程，由克伯屈讨论小组的成员组建分散的教学小组，且教学小组吸纳一个实践领域（课程、行政管理、顾问、科学等）的成员，自行开发课程大纲，实施该课程的教学③，并将新兴学科引入教育领域，同时保持对学校和社会的审慎态度。

五、以社会问题为中心为林肯学校编写教材：拉格在哥伦比亚大学

拉格（Harold O. Rugg）1886 年 1 月 17 日生于马萨诸塞州的菲奇堡，由于对前 12 年的公立学校教育感到失望，再加上经济上的困窘，拉格高中毕业后即辍学就业。1902—1904 年，他进入当地一家纺织厂工作。1908 年，他考入美国新罕布什尔州达特茅斯学院。1911 年，拉格在伊利诺斯州的密利根大学（Millikin University）教授土木工程学，他对学生如何学习逐渐产生兴趣，于是又入伊利诺斯大学攻读研究生，学习心理学、社会学和教育学。1915 年，他获得该校哲学博士学位，主攻方向是教育心理学和社会学。博士研究生毕业后，拉格到芝加哥大学任教，受贾德的影响，他对教育测量产生浓厚的兴趣。1916—1918 年，他出版的著作主要有《学校研究中智力训练的实验性测定》（*The Experimental Determination of Mental Discipline in School Studies*，1916）、《统计方法在教育上的应用》（*Statistical Methods Applied to Education*，1917）、《重新组织九年级数学教学的方法》（*Scientific Method in the Reconstruction of Ninth Grade Mathematics*，1918）。在其著作中，拉格指出

---

① TOZER S, MCANINCH S. Social foundation of education in historical perspective [J]. Educational foundations, 1986 (1)：5-32.

② HOUSTON W R, HABERMAN M, SILKULA J. Handbook of research on teacher education [C]. New York：Macmillan, 1990：59-71.

③ RUGG H O. The teacher of teachers：frontiers of theory and practice in teacher education [M]. New York：Harper & Brother, 1952：146.

美国教师现在迫切需要解决的是用统计和图解的方法明确美国的教育现状，并以科学引导教育发展。① 由于这些著作的积极影响和贾德的极力推荐，拉格在第一次世界大战期间有幸加入陆军人员分类委员会，参与历史上第一次大规模的应用能力倾向测验和智力测验的工作。

在该委员会工作期间，拉格结识了心理学家波普（Arthur Upham Pope）和科斯（John Coss）。通过他们，拉格开始阅读布鲁克斯（Van Wyck Brooks）、弗兰克（Waldo Frank）、伯恩（Randolph Bourne）等社会批评家的著作。在此期间，拉格又大量阅读了社会批评家为《新共和》（The New Republic）、《七艺》（Seven Arts）等杂志所写的文章。与学者们的交往和大量阅读，使他初步认识社会、经济、政治行为，并最终使他开始致力于创造力研究。在这些学者中，布鲁克斯对拉格的影响最显著，因为布鲁克斯在其著作中曾讨论过个性发展、对财富追求的蔑视、创造性地自我表达以及日益加剧的社会竞争等主题，在拉格后来的许多著作中都有体现。② 在接触这些社会批评家的思想后，拉格的学术兴趣从工程学和统计学转向社会科学，并在1920 年 1 月入哥伦比亚大学师范学院任教。③ 此后，拉格在哥伦比亚大学师范学院工作长达 30 年。哥伦比亚大学师范学院聚集了大批著名的进步主义教育学者，拉格经常与他们畅谈心得，并逐渐形成自己的教育观点；而且他担任林肯学校校长，开展了一系列社会学研究和实验项目。拉格通过充实课程设计的内涵、拓宽教育研究的领域等举措，逐渐确立社会学科的课程思想，积极推进哥伦比亚大学教育学科的发展。具体来说，拉格在哥伦比亚大学教育学科发展方面的贡献主要表现在开展林肯学校实验和编写并推广社会科学教材。

1920 年，拉格执掌林肯学校后开始着手为五六年级开发试验性的课程单元，他说服了该校四位教师加入其课程编写小组，编写历史、地理和社区学习内容的教材。然而，起初他自己对新的课程计划并不清晰，加之缺乏管理和统筹安排的能力，1921 年该编写小组宣告解散。1922 年，拉格的弟弟进入哥伦比亚大学师范学院攻博博士学位，成为其得力助手。兄弟俩与其他研究助理协同工作，对现行的学校课程开展系统研究，并期望在此基础上对社

---

① RUGG H O. Statistical methods applied to education [M]. Boston：Houghton Mifflin Company，1917：4.

② CARBONE P F Jr. The other side of Rugg [J]. History of education quarterly，1971，11（3）：265 – 278.

③ 金李花. 哈罗德·拉格的社会科教科书研究 [D]. 上海：上海师范大学，2010：15 – 16.

会领域的课程进行彻底的改造。拉格认为课程重建的当务之急乃是要将有关的知识加以综合，并对学校课程中的各项活动及材料做出新的调整；而课程编制工作包含的层面复杂，困难重重，这不是某一个人——无论是教授、教师、行政人员、心理学家、社会学家，或是任何一门学问的研究人员——可以独立完成的，唯有由一群专业素养高超且条件优越的专家才可能胜任。① 经过较为充分的准备，1922 年拉格小组重编了 7—9 年级的教科书《社会科学手册》（The Social Science Pamphlets）。该书共 11 册，每册 200 多页，在林肯学校试用后很快受到师生的好评。

1923—1926 年，拉格及其研究人员对这部教材进行修订，他们以社会问题为中心，引导学生对事实之间的关系形成准确的认识，并建立相应的社会通用规则。拉格认为，教材的编写工作必须先解决两大问题：其一是决定教科书应围绕哪些社会问题展开，其二是确定教科书要对哪些问题和通则进行介绍。为解决这两大问题，拉格小组精心挑选了"前沿思想家"的 150 多部著作②，以确定当时美国社会的主要问题。③ 围绕这些问题，拉格经过 3 年的修订，《社会科学手册》开始发行第二版。然而，由于教科书销售后的经费都被用于研究工作，拉格小组出现财务危机，为解决资金入不敷出的问题，拉格在 1926 年与吉恩出版公司（Ginn and Company）签订商业版本的发行合同。1927—1931 年，拉格小组对此前发行的教科书进行修订，同时对此前发行的 12 本教科书进行整合，最终确定为 6 本初中教材。为方便教材的使用，拉格为每本教科书编了一本教学参考资料和练习，该书共有 14 册，被命名为《人与不断变化的社会》（Man and His Changing Society），于 1929 年首次由吉恩出版公司发行。

在这套教材中，教育的社会目的占据中心地位，传统的分科学习居于次要地位，其目的是让年轻的美国人有机会深入了解社会生活的重要问题，而且大大增加了历史、地理课程的数量和新的教学材料的比重。④ 该教材销量

① RUGG H O. National society for the study of education：the twenty-sixth yearbook［M］. Bloomington, IN：Public School Publishing Company, 1926：154.

② 这些著作的选取使用了四种方法：①参照《书评摘要》，从中选取那些具有独特价值，且无关政治和经济信仰的著作；②从一些杂志当中寻找那些公认的经典著作；③查阅哥伦比亚大学图书馆的藏书，对以上书目进行补充；④请教了 80 多位各学科的专家，请他们列举出各自领域中排名前十位的名著。

③ NELSON M R. The development of the Rugg social studies materials［J］. Theory and research in social education, 1977（3）：64 - 83.

④ RUGG H O. Changing civilizations in the modern world：a textbook in world geography with historical backgrounds［M］. Boston：Ginn Company, 1930：5 - 7.

极好，1929—1939 年教科书合计卖出 1 317 960 册，外加 2 687 000 册教学参考资料和练习①，美国有 5 000 多所学校和 700 余万名学生曾使用过这套教科书。拉格主持编写的教科书在全国范围内使用长达二十余年，打破了教科书发行量的历史纪录。

客观地看，拉格的这套教科书在当时确实有一些创新之处。首先，他对社会学科的改革在当时可谓先进，首次将历史、地理、公民等孤立的学科整合成综合性的社会学科，这在社会学科教材发展史上具有开创性的意义；其次，该教材采用大量的叙事诗、历史故事以及图表，激起了学生对社会学科学习的浓厚兴趣；最后，拉格等人看到美国社会中存在的诸多问题，且教科书中的主题都是围绕这些问题而展开。总之，这套教材有助于促进教育与社会现实的结合，并推动了教育学科的跨学科发展。

六、重构美国教育史的叙事框架：克雷明在哥伦比亚大学

克雷明（Lawrence Archur Cremin）1925 年 10 月 31 日生于纽约，在汤森·哈里斯中学毕业后，就读于纽约城市学院（City College of New York），1947 年先后获得该学院文学学士和文学硕士学位。1949 年，他获得哥伦比亚大学哲学博士学位后在哥伦比亚大学师范学院任职，自 1957 年起至 1990 年逝世，他任哥伦比亚大学师范学院教授，并在 1974—1981 年担任学院院长。

克雷明主要致力于美国教育史研究，其著作主要有《美国公立学校：历史概念》（*The American Common School：A Historic Conception*，1951）、《美国文化教育史》（*A History of Education in American Culture*，1953）、《公共教育与美国未来》（*Public Education and the Future of America*，1955）、《哥伦比亚大学师范学院史》（*A History of Teachers College*，1954）、《我们民主中的公共学校》（*Public School in Our Democracy*，1956）、《共和国和学校：贺拉斯·曼论自由人的教育》（*The Republic and the School：Horace Mann on Education of Free Man*，1957）、《学校的变革》（*The Transformation of the School：Progressive in American Education*，1876—1957，1961）。在学界看来，《学校的变革》的出版标志着克雷明在教育研究方面开始从克伯莱倡导的传统史学观转向新史学，即研究的重点不仅关注美国公立教育取得的诸多成就，而且更多地研究社会文化、非正规教育机构对教育的影响。这是一部从广阔的社会史和心智史的视角研究进步教育的重要文献，克雷明也因此著作荣获 1962

① WINTERS E. Man and his changing society [J]. History of education quarterly, 1967 (7)：507–514.

年度的美国历史学班克罗夫奖（Bancroft Prize in American History）。此后，他又出版了《美国教育的本质》（*The Genius of American Education*，1965）和《奇妙的克伯莱世界》（*The Wonderful World of Ellwood Patterson Cubberley*：*An Essay on the Historiography of American Education*，1965），尤其是在后一部著作中，克雷明对传统史学进行反思与批判，号召教育史学研究要扩大视野，不能局限于公立学校的发展，要注重社会文化、心智发展对教育的影响，并指出社会文化的多元发展、人的个性发展的差异构成复杂的教育现实，教育史研究要突破一元化思维模式，结合史学、社会学、心理学等学科阐释教育现象，推进教育史学的新发展。因此，进入 20 世纪 70 年代后，克雷明开始系统阐述其教育史学观点，相继出版《公共教育》（*Public Education*，1976）、《美国教育传统》（*Traditions of American Education*，1977）和三卷本的《美国教育》，即《美国教育：殖民地时期的历程（1607—1783）》（*American Education*：*The Colonial Experience*，1607 – 1783）、《美国教育：建国时期的经验，1783 – 1876》（*American Education*：*The National Experience*，1783 – 1876）、《美国教育：都市时期的经验，1876—1980》（*American Education*：*The Metropolitan Experience*，1876 – 1980），全面阐述其教育生态学研究的主张。

（一）关注美国学校变革，客观评价进步主义教育运动

第二次世界大战后，美国的公立学校面临着发展的困境。一方面，人们期望通过提高公立学校的教育质量和水平，为美国社会的经济发展和科技进步培养高水平的人才；另一方面，人们对公立学校长期以来开展的进步主义教育运动进行反思，认为以"儿童为中心"、强调"生活适应"的教育理论造成学校教育质量下降、教材内容陈旧等问题的出现。尤其是 1957 年苏联人造地球卫星成功升空，引起美国社会对进步主义教育和学校教育更强烈的批判。

这一时期，克雷明主要持克伯莱的教育史学观点，认为教育研究要从学校的教育事实入手。在他看来，20 世纪 50 年代的美国公立学校已处于变革的成熟时期，在此之前，20 年代至 40 年代的教育变革从教育形式、内容和方法等方面推进进步主义教育理论在学校变革中的实践活动，试图通过学校教育去改善社会生活和个人生活。克雷明认为，在教育情境和社会发展不断复杂化的条件下，简单地否定进步主义教育的成就是不客观的。进步主义教育对美国学校教育的积极影响是明显的，其中 1940 年盖洛普民意测验结果表明，美国民众一般都赞成美国学校所进行的一切活动；1944 年全国舆论研究中心的调查也肯定了盖洛普测验的结果。

克雷明强调："如果把一切都考虑进去的话，进步教育运动（即进步主义教育运动——笔者注）在第二次世界大战前的短短几年里，可能已经达到了最高峰……在教育界中，进步主义思想得到了广泛的支持。"① 当时的美国学校一般表现出四个共同特征：一是注重儿童的身体健康；二是采用活动课程；三是强调儿童的兴趣；四是培养儿童"民主参与"的社会意识。而且，从美国教室特点上的变化，就可以看到进步主义教育运动的成就。② 他认为，美国进步主义教育的主要目的是通过学校的变革去改善社会生活和个人生活，20 世纪初期以来美国社会的资本快速发展与集中，诸多社会问题随之出现，如城市贫民区、工厂劳动条件、公立学校改善以及如何"美国化"等，于是一些进步主义者要求对南北战争后迅速走向工业化和都市化的社会进行变革，进步主义教育运动实际上就是教育中的进步主义。克雷明指出："进步教育开始是一种广泛的社会改良活动的一部分。"③ 在他看来，进步主义教育运动意味着四个要点：其一是意味着扩大学校的教学大纲和职责，其中包括直接关心健康、职业以及家庭和社区生活的作用；其二是意味着在教室里应用建立在心理学和社会科学方面新的科学研究基础上的教育学原则；其三是意味着教学越来越适合已进入学校范围内的不同类型和不同阶级的儿童；其四是意味着文化教育民主化。④

由于受到多方面因素的影响，成立于 1919 年的进步主义教育协会在1955 年解散，两年以后它的刊物《进步教育》也停刊，这标志着美国进步主义教育运动的结束。⑤ 克雷明认为，尽管进步主义教育作为有组织的运动是失败了，但进步主义者所提出许多永恒的问题解决方法还是留下了，而且

---

① 克雷明. 学校的变革［M］. 单中惠，马晓斌，译. 上海：上海教育出版社，1994：前言.

② 赵祥麟. 外国教育家评传［M］. 上海：上海教育出版社，2002：585 - 586.

③ 克雷明. 学校的变革［M］. 单中惠，马晓斌，译. 上海：上海教育出版社，1994：前言.

④ 单中惠. 克雷明与美国教育史研究［J］. 教育史研究，2009（9）：312 - 317.

⑤ 克雷明认为进步主义教育运动失败的原因主要有：①对进步主义教育运动曲解，进步主义教育运动的成功在一定范围内带来一定程度的分裂；②进步主义教育运动有内在的否定主义，未来一代把进步主义教育的口头禅看作现成的陈词滥调的集合；③进步主义教育运动所建议的做法在时间和精力上对教师提出了过分的要求，一些新方法在大多数普通教师手中造成了混乱；④进步主义教育运动的成功反而使其受到损害，一些进步主义教育家的思想变得毫无生气；⑤第二次世界大战后政治和社会思想受保守主义的影响；⑥进步主义教育运动为自己的职业化付出了代价，缺乏公众的支持；⑦最重要的一点是，进步主义教育运动没有与美国社会的不断变革保持同步。参见：克雷明. 学校的变革［M］. 单中惠，马晓斌，译. 上海：上海教育出版社，1994：5.

伴随着美国人生活和思想上恢复了活力的更大规模的改革，进步主义教育运动会得到重新评价和复兴。

（二）阐释教育史学新观点，开展教育的生态学研究

在20世纪60年代初的一次美国历史学研讨会上，克雷明提交了一篇论文，力图从教育史研究的角度，对新教育计划的制订提供一些具有激励作用的建议。他提出了教育史研究的三个基本方向。首先，坚持对不同时期美国教育史的本质和作用进行更广泛深入的研究，弄清楚有哪些正式的或非正式的动因塑造着美国人的思想、性格和情感，这些因素与社会之间会有什么样的关系。其次，应关注最近美国史研究的一些新进展，包括对教会史、人口史和科学史蓬勃增长的兴趣，在研究历史现象时运用社会科学的研究方法对美国成就进行评价，克雷明认为上述研究也推动着与之相关的教育史的研究。最后，克雷明强调美国教育史学家在从事研究工作时心胸必须足够开阔，他们在尝试评估美国的教育状况时，应勇于承认美国教育和美国教育史上存在的问题。[①]

1964年春天，美国历史学会的霍尔特（W. Stull Hoplt）教授邀请克雷明在该学会和美国教育部的共同资助下写一部体现上述观点且内容丰富的美国教育史著作，克雷明欣然应允。在此后25年的岁月里，克雷明埋头伏案，辛勤耕耘，这才有了《美国教育史》三卷本的最终问世。[②] 与以前史学研究最大的不同是，克雷明历史性地拓宽了美国教育史的研究范围并将这一理念应用在《美国教育史》的撰写中，即美国教育史不再仅仅是"关于公立学校创立、发展和成功历史的夸耀"[③]。克雷明不仅关注学校教育，而且关注包括家庭、教堂、图书馆、博物馆、出版社等在内的各种教育机构。他写道："家庭生活有教育作用，宗教生活有教育作用，组织性工作有教育作用；而且，所有这三个领域的教育都像学校教育一样是有意图的，尽管在种类和质量方面不同"；"每个家庭有一种课程"，"每个教堂有一种课程"，"每个雇主有一种课程"，"图书馆有课程，博物馆有课程，童子军团有课程，日托中心有课程，最重要的，也许是广播电视台有课程"。[④] 由此可见，克雷明打破

---

① 克雷明. 美国教育史：殖民地时期的历程（1607—1783）［M］. 周玉军，等译. 北京：北京师范大学出版社，2003：序言1.

② 谈晓奇. 克雷明教育生态学理论述评［D］. 上海：华东师范大学，2006：17 - 18.

③ 克雷明. 美国教育史：殖民地时期的历程（1607—1783）［M］. 周玉军，等译. 北京：北京师范大学出版社，2003：1.

④ CERMIN L A. Public education［M］. New York：Basic Books，1976：21 - 22.

了教育即学校教育这一束缚教育史学者的传统信念，将教育史研究的视角投向学校之外的社会生活，充分发掘社会生活中各种可能的教育情境及其意义。

第二节　哈佛大学教育学科的调整与重组

一、教育研究生院的调整与重组

1920 年 3 月，哈佛大学教育研究生院建立，至 1929 年教育研究生院已发展成为具有学士、硕士和博士学位授予权的入学专业学院。1929—1930 学年，教育研究生院对教育硕士学位和博士学位的培养方案做了修订，将研究生学位申请者的在校学习时间由一年延长至两年，并鼓励学生按照自己的研究领域自由选择课程，以定性的方法评价学生的学业成就。霍姆斯院长认为该项改革方案的"总体发展趋势……是一种定性方法的应用"，而且美国的教育体系现在急需要一种高水平的教育。[①] 他指出：

在当前情况下（指 20 世纪 20 年代末——笔者注），教学设备的完善与数量的增加、教育学分支学科的不断产生、专门教学方法的发明创造与变革都不能从根本上提高教育教学的质量。只有通过提高教育领导者和教师的教育基本理论素养、教育管理的水平、解决现实教育问题的能力，来实现教育质量提高的目标。[②]

霍姆斯对美国公立学校教学和教育研究的状况进行了恰当的评论，并批评教育研究和学校教学"太过于注重教学技术的细枝末节，很少对一些重要的教育问题进行批判性研究"[③]。为进一步提升教育学院的办学质量，1929—1930 学年学院对教育博士学位的授予条件做了调整。霍姆斯认为，自 1920 年以来教育研究生院就与文理学院联合开设教学实践的专业培训工作，教育博士学位与哲学博士学位虽具有不同的培养要求，但两者之间的差异却日益缩小，因为教育博士学位正逐渐发展为"研究性学位"，而不仅仅是教学专业培训的学历证明，这也就意味着教育博士是教育学研究者，能够对教育理论知识和实际问题解决做出有益的贡献，这也是博士学位授予的必要条件之

---

①　Harvard University. Report of the president and the treasurer of Harvard College，1928 – 1929 ［M］. Cambridge：Harvard University Press，1930：152.

②　Harvard University. Report of the president and the treasurer of Harvard College，1928 – 1929 ［M］. Cambridge：Harvard University Press，1930：153.

③　Harvard University. Report of the president and the treasurer of Harvard College，1928 – 1929 ［M］. Cambridge：Harvard University Press，1930：154.

一。此外，申请教育博士学位的学生还必须提交博士论文，这是获得博士学位的另一项要求。因此，教育博士和哲学博士学位在前沿理论知识和解决实际问题方面具有大致相同的要求，而两者之间在知识领域方面存在的差异主要体现为教育博士主要关注教育学领域的知识和问题，而且这些知识并不仅仅是抽象知识。

这一时期，教育博士学位申请者开展教育研究的目的是写作高水平的学位论文，主要就学校中存在的一般教育问题和课程设置问题展开研究，他们运用了十分专业的研究技术和方法，其研究结果能为教育实践领域提供系统的指导，而且博士学位论文的研究反映出作者高深的学术水平。因此，教育研究生院对博士研究生的学习规定了两点至关重要的注意事项：其一是确定一个有价值的学校调查选题，而且教育研究生院规定只有面向学校实际问题和对学校教学有指导意义的调查选题，才具有实际的研究价值；其二是摒弃传统的问题研究方式，运用实用的、能够实际操作的现代研究方法，以便探究教育问题的解决途径。

1930—1931 学年，公立学校依然需要大量高水平的教师和教育管理人员，教育研究生院的工作压力也因社会需求的增加、新的社会问题与教育问题的出现而逐年加大，而且随着社会的变革，学校教师的角色也越来越多样化。在这种情况下，学校教师需要接受充分的专业训练，以满足社会对其角色的期望。事实上，教育在本质上已成为合作性的公共服务事业，要想得到必要的提高，研究教育问题的人、参与学校管理的人、从事教学工作的人必须相互合作。换言之，新形势下的学校校长应该是专业的教育家，教育领域专业化不仅是对学校主管、校长和教育专家提出要求，更对教师提出了专业化的要求，教育研究已成为一个综合化的过程。霍姆斯认为，教育研究生院如果未能成功将教师培训成专业化的教育者，那么大学和其他教师培训机构的工作是没有实际价值的。他强调，教育研究生院应主要从两个方面确立其工作目标：其一是教育领域的先进知识；其二是教师和教育管理者培训的专业化服务。[①] 由此可以看出，哈佛大学教育研究生院的最终目标是培养教育学者型的教师，为教师提供教学专业知识和教育学的基本原则，并为教师从事某一学科的教学工作做准备。

20 世纪 30 年代以来，各种关于学校的研究项目越来越受到重视，这些项目主要包括直观教具、高中重组和商业教育等。1932 年，在卡纳基基金会（Carnegie Foundation）的支持下，鲁伦（Philip J. Rulon）教授与大学电影基

---

① Harvard University. Report of the president of Harvard College and report of departments, 1930 – 1932 ［M］. Cambridge：Harvard University Press，1932：172 – 173.

金会（University Film Foundation）合作开展教学改进项目，其研究的视觉教具在学校系统中得到推广。比特利（Bancroft Beatley）教授在弥尔顿基金（Milton Fund）的支持下，开展初级高中与八年制中学、四年制高中的比较研究，通过调查后他发现初级高中在教学效率方面与其他两种形式的高中并无显著差异。斯波尔丁（Francis T. Spaulding）教授对初级高中重组形式进行研究，探究重组模式对学校发展的影响。尼克尔斯（F. G. Nichols）教授主持了多项商业教育研究项目。

　　1932 年美国经济大萧条使得人们对生活充满忧虑，同时也给教育研究生院的一些项目带来影响。由于学院的教育硕士学位需要申请者在校学习两年，学位申请者出于时间和费用成本的考虑，转而选择仅需一年学习时间的文学硕士学位，学院的学生注册人数遂出现小幅下降，教育博士的招生人数也因此受到影响。可见，这一时期受社会发展条件的影响，虽然在个人发展前景上教育硕士比文学硕士学位具有更大的专业优势，但多数人还是倾向于选择建立时间早、授予点较多的文学硕士学位，因为该学位既能使学生获得必要的专业认可，又是所有硕士学位中花销最少的。而且其他综合性大学的教育学院实施一年制的教育硕士培养计划，这也在一定程度上促使哈佛大学推行相同的举措，以增强学院对学生的吸引力。

　　然而，面对社会发展的状况和生源萎缩的现实，教育研究生院为确保其生源，明显降低了教育硕士学位的入学标准，以至于霍姆斯在 1932 年年度报告中宣称教育研究生院的入学标准并不高，申请教育硕士学位的学生仅需满足以下最基本条件。

　　1. 良好的通识教育；2. 某专门学科的丰富知识；3. 充分理解教育基础理论和教育基本问题；4. 任职某学科教学工作所需的个人竞争能力。[1]

　　一般来说，教育是一个较为复杂的领域，教育的理论与高度分化的专业领域在相互融合方面具有其特殊性，霍姆斯对此分析道：

　　教育的通才——处理教育问题的教育哲学家、社会学家和心理学家能够解决该领域内的所有问题，比如中等教育需要与别人进行合作，各方面的专家需要对所要解决的问题进行转换与解释，具有相互沟通问题的解决方法，

————————

① Harvard University. Issue containing the report of the president of Harvard College and reports of departments for 1931 – 1932［M］. Cambridge：Harvard University Press，1933：178.

并对该领域的主要问题具有批判性的洞察力。①

教育研究生院特别需要这种合作，相互合作的小组会形成具有不同风格的问题解决方法，从而有效处理复杂情境下的教育问题。为此，学院调整课程设置，开设一系列深入了解学校基本功能和作用的课程，不再主要强调使学生了解如何去做，而是重点培养学生认识教育现象、洞察教育本质的能力。

在哈佛大学，教育研究生院同神学院一样，总是徘徊在培养从业人员的目标定位与全力塑造高水平学术研究人才的目标定位之间。1933 年，科南特（James Bryant Conant）开始担任哈佛大学的校长。任职之初，他并未重视教育研究生院的发展，但随着他投身于增进美国社会机会平等的工作，科南特对初等和中等教育的兴趣越来越浓。② 1939 年，他承认自己"在接任校长一职后观念发生了变化，我认为自己就职时对教育学院很有偏见，包括我们哈佛自己的教育研究生院，这种偏见与文理学院的任何一位教师所持的观点是一样的"。而现在他认为教育研究生院是他观念上的启蒙者，并宣称"我们教育系统的主要目标应该是为各种有天赋的人提供支持"。③ 1935 年，科南特提出在大学设立联合项目以开设新学位的计划，并提出两种将毕业生培养成教师的方法。在他的督促下，学院于 1936 年春设立了教学文科硕士（M. A. T.）这一新学位，该学位是教育研究生院与文理研究生院的共同合作项目，其目的是培养更优秀的中学教师。两所研究生院通过选派代表的方式成立管理委员会，共同担负学位授予的各项工作。科南特担任委员会主席，并允许女生在拉德克里夫学院（Radcliffe College）申请该学位。申请该学位的学生需要获得教育研究生院和文理研究生院的共同推荐。

为配合这项工作的开展，霍姆斯建议用两种方式为教育学专业的学生开展专业训练，以便在保持高水平学术标准的基础上增强哈佛大学教育研究生院的吸引力。一方面，霍姆斯建议取消教育硕士固定的两年制学习期限，依据学生的学业成就来确定其在校学习时间；无论是否全日制学生，申请硕士学位者必须在大学里完成一年时间的课程学习。另一方面，他推崇与文理研究生院的合作，认为与文理研究生院的合作会促使中等教育的教师接受与其所授学科相符的专业培训。

---

① Harvard University. Issue containing the report of the president of Harvard College and reports of departments for 1931 – 1932 [M]. Cambridge：Harvard University Press，1933：175.

② 关于科南特对教育学科的贡献详见本节第四部分。

③ 莫顿·凯勒，菲利斯·凯勒. 哈佛走向现代：美国大学的崛起 [M]. 史静寰，钟周，赵琳，译. 北京：清华大学出版社，2007：184.

霍姆斯进一步指出，该计划当前还只是实施纲要，其具体的条款还有待商榷，诸多细节还需要完善。在他看来，该计划的条款还应包括：（1）直接面向政府机构设立高级的项目，如培训学监、校长、督学、学校心理学家等；（2）面向所有教师的教学基本素养培训。[①]

值得一提的是，1934—1935 学年教育研究生院的组织和管理因哈佛大学一些重要机构变动而产生变化。例如，考试委员会被新建立的教育硕士学位委员会所取代，这一举措使得学院委员会开始对其所授的两类学位（教育硕士和教学文科硕士）具有实际的控制权。这也促成了 1936 年教育研究生院的重组，教学文科硕士学位下建立了五个主要的项目：

1. 学校体制管理，主要开展学校总监培训的工作；
2. 中等学校管理，主要开展中学校长的培训工作；
3. 职业教育，特别是商业教育，主要开展职业教育或商业教育主管或监管的培训工作；
4. 职业和教育指导，主要开展教育指导的主管或顾问的培训工作；
5. 心理学及其测量、研究，主要开展学校心理学家、测量或研究主管、教育统计主管的培训工作。

按照这种安排，每一个项目都需要为期一年的高级专业训练，以便获得充分的实践能力。随着教育研究生院对其教师培训项目的重组，教育硕士和教学文科硕士学位之间的区分更明显，即教育硕士学位主要面向已具有教学经验的教师，申请此学位的学生可以在教学工作之余完成学业；而教学文科硕士主要是为不具有教学经验的学生设立，为学生从事教学工作开设全日制课程，以提供必要的专业培训。[②] 两个硕士学位都要求申请者必须在大学接受一年期的课程学习，但哈佛大学并不把学生的在校学习时间和所选课程的学分视为学位授予的唯一标准[③]，只是强调申请两类学位的学生都必须通过学校组织的统一考试和见习。为更好地测试学生的身体素质是否适合从事学

---

① Harvard University. Issue containing the report of the president of Harvard College and reports of departments for 1934 – 1935 [M]. Cambridge：Harvard University Press，1936：239 – 241.

② Harvard University. Issue containing the report of the president of Harvard College and reports of departments for 1935 – 1936 [M]. Cambridge：Harvard University Press，1937：246 – 247.

③ 20 世纪 30 年代，州政府教师资格证制度已确立，学生选修的教育学术和教学技艺课程所获得的学分、参加教师培训的学时总数是其申请教师资格证的必要条件，各大学教育学院在师资培训方面必须与州政府颁布的教师资格证条例相符合。

校服务工作，教育研究生院与保健系联合开展医学测试项目，以确定新入学的学位申请者是否具备获得教育硕士或教学文科硕士学位的资格。

霍姆斯认为，哈佛大学作为一所捐赠机构，其目标应该"研究社会公众的需要并形成与之相适应的发展途径，进而促进社会公益的新进展"①。关于教育研究生院的发展，他进一步强调教育研究生院要围绕两个重要的办学目标展开工作：（1）在不同的教育领域，如教学、教育管理和教育研究，充分扩大具有不同代表性的各种学生群体，培养其专业素养；（2）设立相应的学院和研究机构，充分满足这些学生群体的发展要求，促进学生对当前社会状况、社会需求与社会问题的充分认识与理解。这说明学院开始注重对社会问题的关注与研究，并主张以社会科学的视角看待与研究教育问题。

1938年，科南特指出社会在最近几年发生重大的变化，这促使中等教育的功能和目的发生改变，但教育研究生院并未对此保持足够的重视。他发现，在哈佛大学虽然很多初级中学教师在文理研究生院注册并申请学位，但对这些申请学位的教师来讲，文理研究生院所设哲学博士学位的吸引力远远大于文学硕士，与之相比，高中教师却一般热衷于申请文学硕士学位。科南特认为，中学教师这样一种颠倒的学位追求方式，主要是由于国家忽视教育领域的问题所致。对此，大学的教育学院不应过多苛责，而应关注培养学生的质量并关注学院开设的教师专业培训课程的质量。

针对美国所面对的教育问题，科南特认为大学应开设一些适当的教育研究和教师专业培训项目。受科南特的影响，1938—1939学年霍姆斯带领教育研究生院的教师开展了一系列的教育调查，其目的主要是强调教育研究的重要性。他们主要以两种方式来展开调查：第一种是观察学习的本质特征，第二种是对教育财政状况进行调查。该调查项目主要研究选定学校的学生在学习某门教学科目时其心理如何变化、学习行为如何发生，同时研究公立学校的办学经费如何管理和支配。②

这一时期，美国大学普遍举办暑期学校研讨会（Summer School Workshop）。在哈佛大学，研讨会一般由教育研究生院主办。1939年，教育研究生院主办社会学研究的暑期研讨会，还与公共管理研究生院联合举办教育财政学研讨会。在霍姆斯的主导下，教育研究生院还与其他研究生院在教

---

① Harvard University. Issue containing the report of the president of Harvard College and reports of departments for 1937 – 1938 ［M］. Cambridge：Harvard University Press，1939：10.

② Harvard University. Issue containing the report of the president of Harvard College and reports of departments for 1938 – 1939 ［M］. Cambridge：Harvard University Press，1940：3 – 4.

育研究和教师培训方面展开合作。与之合作的研究生院主要包括法学院、公共健康研究生院、商学院、公共管理研究生院、神学院、医学院、教育心理学系和文理研究生院①，它们与教育研究生院联合开展教师培训和教育研究项目。

1940—1941 学年之初，霍姆斯从教育研究生院退休。1940 年 11 月，科南特任命斯波尔丁（Francis T. Spaulding）为院长。在斯波尔丁的主导下，教育研究生院主要设置下述四类学位：

1. 与文理学院联合设立的教学文科硕士学位。学生申请该学位需要至少　年的全日制在校学习，且获取学位还必须通过学校统一组织的考试和教学实习。具有教学经验的教师若不参加教学实习，须提供具备良好教学表现的证明。除了开设任教学科的研究生课程外，申请者不需要额外选修其他课程。该学位主要面向中学教师设置，所涉及的教学科目主要有古典文学、英语、美术、法语、意大利语、西班牙语、德语、数学、音乐、自然科学（物理、化学、生物）和社会科学（历史、管理学和经济学）。申请者不限性别，女生也可在拉德克里夫学院（Radcliffe College）申请相关学科的教学文科硕士学位。

2. 教育研究生院单独设立的教育硕士学位。该学位主要针对学校主管和行政管理职位设立，通过选修相应的教育专业课程，培养具有教育学研究和教育专业服务能力的人才。自 1936 年始，该学位开设五个主要的教育项目：学校体制管理、中等学校管理、职业教育（包括商业教育、职业和教育指导）、心理学、教育的测量和研究。学位申请者同样需要参加实习和见习，主要由教育研究生院与大学周边的学校和公立学校联合开展教学实习与见习活动。教育硕士学位与教学文科硕士学位一样，申请者都必须参加学校统一组织的考试，测验其在教育基本知识与原则方面的掌握情况。上述两类学位都不需要写作学位论文。

3. 学院设立的教育博士学位。申请者需要满足以下六个主要条件：（1）一年的通识类研究生课程学习；（2）具备申请学位的资格，包括个人申请、资格考试和参与博士研究委员会会议；（3）一年期专门领域的研究生学习；（4）专门学科领域的统一考试；（5）论文答辩；（6）提交学位论文。这些方面的工作不只是在哈佛大学内完成，其中的部分内容需要在校外机构中完成。

———————

① Harvard University. Issue containing the report of the president of Harvard College and reports of departments for 1934 – 1935 [M]. Cambridge：Harvard University Press，1936：10 – 11.

4. 哲学博士学位。申请教育领域哲学博士学位的学生需要按照文理学院委员会的相关要求完成学位申请工作，即使教育学教授是该委员会的主要成员，该学位的具体授予细则也须遵守文理学院的规定。①

上述四类学位的设立，突出了哈佛大学教育研究生院多层次人才培养的办学目标，强调了教育研究生院学位专业性和学术性相结合的特点，为哈佛大学教育学科的持续发展奠定了坚实的制度基础。

在教育学科发展的目标上，斯波尔丁不仅想培养教师，而且想培养教育管理者、政治家和大学水平的学者。对此，科南特表示赞同，并认为这对于"哈佛在美国下一代教育中扮演的角色"至关重要。但要实现这一设想与计划，教育研究生院需要更多的预算和另外增加 1 000 000 美元的捐赠资金。在当时的条件下，除非学院成为一个更有效的机构，否则这是不可能实现的目标。科南特就此问题征询学校管理委员会：学校是否愿意让教育研究生院以年赤字 20 000～25 000 美元的方式运营，就像学校同意神学院、牙医学院和比较动物学博物馆那样负债运营一样，或者同意教育研究生院慢慢偿还债务。学校管理委员会认可科南特的建议，同意教育研究生院以负债运行的方式继续办学。然而，所有改良的想法因美国参加"二战"而推延。

1942 年，斯波尔丁离开哈佛大学到陆军部。"二战"期间，学院由全体教职员管理，他们就如同一个全员参与的理事会，并由一位学校管理委员会指派的主任来领导。此时正值"二战"的紧张时期，战争持续影响着人们的生活，大学新生的入学率降低，男生高中毕业后大部分参军或从事与战争相关的工作。因此，这一时期教育研究生院招生总人数下降，而女性比例大大增加。在这种情况下，哈佛大学管理委员会不想继续为学院填补财政赤字，教育研究生院的教师被鼓励离开学校，从事与战争相关的工作或退休。从这种意义上来讲，"二战"期间哈佛大学教育研究生院的发展基本处于停滞状态。为推进教育研究生院的发展，1943 年 9 月 1 日鲁伦（Philip J. Rulon）开始担任代理院长，但他也未能带领教育研究生院走出低谷，其原因一方面是由于战争的影响，学院的办学资金和生源下降；另一方面，鲁伦处理问题的方式不是征求大家的意见，而是直接通知大家他想让大家做什么。这就使得教育研究生院面临前所未有的发展困境。

"二战"结束时，科南特请求斯波尔丁回哈佛大学继续他在 1940 年所推行的教育研究生院重建计划，他写道：

对我来说，你似乎带着可信的药剂师为一个长长的肢体末端对症下药，

---

① The Graduate School of Education. Harvard University Catalogue，1939：508.

如果没有你来做教育研究生院的院长，继续主持哈佛教育研究生院的改革，就如同要砍掉这个肢体一样！请仔细考虑一下。我想得越深，困难就越多。①

斯波尔丁在重返哈佛大学和成为纽约州教育委员会（New York State's Commissioner of Education）委员二者之间权衡，当他得知根本无法得到改革所需的保障资金后，他选择了后者。1945年12月，哈佛大学管理委员会与教育研究生院教师代表会面，共同商议学院的未来。经过协商，学校同意学院招收100个男生。按照学院计划，这些学生将被培养成美国教育界的领导人物，而培养他们的是一支缩减后重新组合的教师队伍，这支教师队伍主要由教育研究生院与文理学院联系密切的一流社会科学家组成。

1946年6月，科南特任命成立一个委员会来寻找新的院长，为保证教育研究生院与文理学院之间的平衡，该委员会的任务是提名一位既是教育学家又是社会学家的人选。经过几轮筛选，最终在1948年的春天，32岁的凯佩尔（Francis Keppel），即前卡内基公司董事长弗雷德里克·凯佩尔（Frederick Keppel）的儿子被选定为教育研究生院的新一任院长。凯佩尔于1938年获得哈佛文学学士学位，他在"二战"期间与斯波尔丁共事，那时他的管理才能已引人注目，科南特认为凯佩尔可以与社会关系学系紧密合作，进而"推进我们整体的计划"②。

凯佩尔以富于青春活力的热情使教育研究生院在学术和经济上都发生了改观，他不仅为学院增添了多位有名的社会学家，而且某些教育管理、学前教育、学前"实验室"新项目的开展也提升了教育研究生院在社会科学研究中的作用。1948—1950年，学院的预算翻了一番。不过，学院的办学资金大多数是有时间限制的基金馈赠，而非捐赠和学费。1953年科南特离开哈佛时，人们公认凯佩尔已经募集到600万美元的捐赠基金，成为大基金会的热点人物。但是，教育研究生院的机构特点是不易改变的。学院监察委员会委员在1947年批评道，学院"热衷于培养教育技术人员和学校管理中无关紧要的公职人员，而非热情有活力的教师和教育领导者"③。

凯佩尔就任院长职务后，教育研究生院开始主要以社会科学的视角看待教育问题，而从教育经验的角度看待教育实践的方式逐渐被放弃。凯佩尔认为，教育研究应该"主要考虑人的发展和社会的结构"。在这种观点的引导下，20世纪40年代末至50年代初期，以社会科学的理论与方法来解决教育

---

①②　莫顿·凯勒，菲利斯·凯勒.哈佛走向现代：美国大学的崛起［M］.史静寰，钟周，赵琳，译.北京：清华大学出版社，2007：185－186.

③　POWELL A G. The uncertain professional：Harvard and the search for educational authority［M］. Cambridge：Harvard University Press，1980：245.

问题成为学院的主流办学思想。1949—1950 学年，学院的教育硕士学位项目开设社会科学课程和人文科学课程。1954 年，在凯佩尔的倡导下，教育硕士学位项目进行更新，强调普通专业训练与专门职业训练同等重要，注重社会科学在教师专业培训中的重要作用。

除此之外，凯佩尔还将教师教育视为学院工作的中心，他不仅将大量的资金投入到教学文科硕士学位项目中，还在 1951 年建立与该学位平行的基础教育教师培训项目。但在 20 世纪 50 年代，教育研究生院对教师培训项目的内容和种类并未做出太大的改变，只是通过各种措施来提高学生培养的质量。其举措主要包括：设立新的招生计划，1952 年与文理学院合作，鼓励其毕业生从事教师职业；1959 年设立独立的招生办公室；1960 年创立丰厚的奖学金制度。1948—1960 年，学院每年的办学资金自 41 600 美元增至 850 000 美元。在此背景和条件下，哈佛大学教育研究生院吸引了大量来自一流大学的毕业生。申请人数由 1950 年的 430 人上升至 1960 年的 1 965 人，截至 1961 年教育研究生院的学生是 10 年前的 4 倍。这一时期，教育研究生院依然没有形成固定的系科结构，主要以学位授予或培训项目的方式开展工作。1966 年教育研究生院主要设置以下四种类型的教育项目：

1. 硕士学位项目。申请该学位要接受至少一年期的全日制在校学习，在这一年内申请者要从历史、哲学、心理学和社会学课程（或与社会科学领域相关的课程）中至少选修 2.5 门课程；在学业结束时，要参与学院组织的教学实习和教学实践，并通过学院组织的统一考试。硕士学位主要包括教学文科硕士学位和教育硕士学位两类。①

2. 博士学位项目。主要包括教育博士学位和哲学博士学位两类。其中教育博士学位是专业或实践学位，由教育研究生院授予；哲学博士学位是学术或学术研究学位，其授予权掌控在文理学院。②

3. 博士后项目。主要为获得博士学位，且有志于在教育学术研究或专业训练方面开展高深研究的学生所设立，它有助于学生在专业领域开展更深入的学术研究，哈佛大学为其提供丰富的专业研究资料和资源。③

4. 非学位机构项目。主要是学院与中小学或社会团体开展合作项目的

---

① SIZE T R. The graduate study of education：report of the Harvard Committee［M］. Cambridge：Harvard University Press，1966：37 – 46.

② SIZE T R. The graduate study of education：report of the Harvard Committee［M］. Cambridge：Harvard University Press，1966：46 – 50.

③ SIZE T R. The graduate study of education：report of the Harvard Committee［M］. Cambridge：Harvard University Press，1966：51 – 52.

平台，其目的主要是对专业学校和暑期学校工作进行补充。该项目的工作内容主要包括向中小学教师传播课程和培训的新观点；针对城市学校的专门问题开设课程；提供新的教育技术和计算机课程；开设关于教育目的的哲学课程和讨论课程。①

除设立这四类教育项目外，在凯佩尔的主导下，哈佛大学与学校驻地的中小学联合，设立中小学和大学研究与发展项目（School and University Program for Research and Development）。该项目强调教育学不仅是一项培训事业，更是学术研究和促进社会发展的事业，许多年轻人因参与该项目开始改变对教育学科的看法。

20 世纪 40 年代，教育研究生院设立了一些分支机构来推进教育学科的发展，主要包括职业指导办公署、教育心理实验室、心理教育诊所、教育系图书馆、统计学实验室、教材档案室、测试与测量档案室等。20 世纪五六十年代，学院认为社会科学、人类学和其他社会学学科应居于教师培训的主导位置，为此教育研究生院新设立一批研究机构，主要包括人类发展实验室、社会机构研究实验室、田野研究中心和教育差异研究和发展中心等。此外，至 20 世纪 60 年代，学院承担着六种期刊的编辑与发行工作，主要包括《哈佛教育观察》（*Harvard Surveys in Education*）、《哈佛教育公告》（*Harvard Bulletins in Education*）、《哈佛教育专论》（*Harvard Monographs in Education*）、《哈佛教育史文献》（*Harvard Documents in the History of Education*）、《哈佛教育评论》（*Harvard Educational Review*）等，这些期刊成为教育学科研究成果相互交流的重要平台，也成为哈佛大学教育学科发展的必要因素和环节。

二、基于大学通识教育的教育学课程设置

1920 年，哈佛大学教育研究生院建立，此后设立教育硕士学位和教育博士学位，学院开设的课程逐渐增多。然而，进入 20 世纪 30 年代，美国社会面临史上最大的一次经济衰退，研究生院的招生人数下降，学院的办学资金遇到短缺的困境。面对经济压力，学院开始削减课程。首先是基础教育领域的一些专业化课程被取消，主要包括教育游戏与休闲、暑期课程中的体育教育等，一些特聘讲师的课程也随之被取消。与此同时，学院的常任教师试图重新开设某些此前被取消的课程，例如，学院开设的教育史课程此前被取消，在这段时间又成为学院的常设课程，霍姆斯重新开设基础教育调查课程

---

① SIZE T R. The graduate study of education：report of the Harvard Committee［M］. Cambridge：Harvard University Press，1966：52 – 53.

等。然而，这一时期学术研究依然是申请学位的主要条件，教育的专业训练依然保持研究生的学业标准，并要求建立在坚实与广博的通识教育的基础上。

教育研究生院为了使教师在教学上具有更多的自主权，也为了使学生在学习上具有更大的选择权，对其所开设的课程进行修订，并在学院举行的统考中强调综合测验的作用。这种考试方式内涵丰富，既可测验学生对专业知识的掌握程度，也可测验学生在专门教育研究领域解决实际问题的能力，以便了解学生对其专业领域的理解力和判断力。① 学院主要设计了两份测验学生专门职业能力的试卷，其中专门领域的试卷（Special Field Paper）主要测试学生思考问题、解决问题的专业能力，而统考的综合试卷（Comprehensive Paper of the General Examination）主要是测试学生的专业目标和范围。

尽管经济大萧条引起教育研究的萎缩，但哈佛大学教育研究生院很快抓住了教育研究最本质的目标：为社会的发展需要服务。学院按照学生高度满意和实践价值最大化的标准建立了一个培训学校教师和教育管理者的项目，这在很大程度上具有突破性。同时，该项目也与哈佛大学此时将要推行的通识教育政策相呼应。虽然该项目已经取得一定的成就，但人们对教师专业培训的目标和功能依然出现了一些误解与不解，特别是由大学教授组成的全美教授联合会针对此开展了有效的抗议。然而，霍姆斯并未因委员会的抗议报告改变其初衷。在评论《全美教授联合会 Q 委员会报告》（"Report of the Committee Q of the American Association of University Professors"）中的"教育学必修课程"时，他宣称："令人遗憾的是，诸多证据表明当前许多教授不了解教育学课程的一般现状，且对其发展不抱任何希望。"②

在某些方面，霍姆斯同意委员会提交的报告中的观点，他也谴责美国教育系统中存在的"教育学的诈骗"现象。他认为，把教师资格证书的授予和教师职位的获得与学分或者建立在学分基础之上的教育学学位联系在一起，这充分表明美国的教师培训项目运作形式或机制的机械化倾向，而这正是哈佛大学教育研究生院很早之前就宣布摒弃并努力避免的状况。教师培训已发展成为在教育和教学实践领域耗时最长的事务，而且量化的标准评价给学生带来了巨大的学业压力，何况"学生的书面成绩仅仅是一份纸质的记录单，

---

① Harvard University. Issue containing the report of the president of Harvard College and reports of departments for 1932 – 1933［M］. Cambridge：Harvard University Press，1934：185.

② Harvard University. Issue containing the report of the president of Harvard College and report of departments for 1933 – 1934［M］. Cambridge：Harvard University Press，1935：205.

仅仅是为官方授予从教资格证书提供依据，并非是学生智力发展成就和身心健康的证明"①。为在教师教育方面确立新的发展空间和话语权，哈佛大学教育研究生院力图摒弃以"学时"和"学分"的方式培训教师，设立了具有自身办学特色的教师培养方式。

霍姆斯认为，教育研究生院在教师培训工作方面应该确立大学的标准。在他看来，对接受专业培训的教师主要有以下要求：（1）教学科目和教学技术方面的必要训练，为学校课程内容的扩展和改革做准备；（2）高水平的组织能力和对初等教育、中等教育的教育理念的理解能力；（3）对不同学段的重要教学细节进行恰当评价的能力。② 在中学里，一位优秀的教师会关注教育领域内的主要问题，但这并非其专业职责。掌握熟练的教学技艺、能够适当理解教育的本质、对教学工作具有浓厚的兴趣才是其专业能力的主要表征。很显然，教育研究的方法与技能并非中学教师教学培训的核心。霍姆斯认为：

教育的目标和意义，与各级各类学校中存在的社会、政治和经济问题相互联系和影响，接受教育培训的教师和学校管理者，要妥善处理学科教学的价值、教育现象的研究与学校生活之间的关系。③

他进一步指出，大学在教育培训项目上不应划分等级制度，教师培训和教育管理者（如学监、校长和专家）分开来接受教育培训是不明智的，这样的举措将会给真实的教育实践带来灾难性的后果，因为教育的改革与组织是一个不断持续相互影响的过程，所以教育培训不仅要关注一般的教育问题，还要对专门学科的课程建设和专业问题进行研究。

遵循上述思路，哈佛大学教育研究生院开设教师培训项目旨在促进教师形成更全面的能力，对此霍姆斯着重强调：

如果一位美国的普通教师，不能够胜任学校测验项目中统计结果或报告的解释工作，不能胜任一系列的智力测验或学业成就测验工作，这或许是一位教师选择来哈佛大学接受专业培训的所有原因。他期望通过培训，即使不

---

① Harvard University. Issue containing the report of the president of Harvard College and report of departments for 1933 – 1934［M］. Cambridge：Harvard University Press，1935：205.

② Harvard University. Issue containing the report of the president of Harvard College and report of departments for 1933 – 1934［M］. Cambridge：Harvard University Press，1935：206 – 207.

③ Harvard University. Issue containing the report of the president of Harvard College and reports of departments for 1933 – 1934［M］. Cambridge：Harvard University Press，1935：208.

能成为心理学研究或统计学研究方面的专家，也会具备这方面的工作能力。

如果一位教师尚未从宽阔的社会背景中去理解教育，他可以通过研究、比较学校体制和政策的发展历史与现状来形成对教育的认识。哈佛大学的研究生教育课程可以帮助他深化这种认识，即使这位教师的主讲科目是科学、数学或语言学。①

同时，学院设立一项学生实习方案，其主要目的是为一些申请教学技能学位的学生提供指导，促进其学校课程评价能力的发展。

1933 年，科南特开始担任哈佛大学校长，他对教育研究生院的发展十分关注，尤其关心教师培训方面的工作。他认为，教育研究生院应继续占据教师培训的核心位置。1935 年，他提出在大学设立联合项目，并主张开设新学位的计划，提出两种将毕业生培养成教师的方式：其一，文理学院的研究生接受 1～2 年的文学硕士课程，主要学习讲授学科的主旨和内容；其二，在教育研究生院接受两年制的教育硕士课程，此种方式主要强调学生应具有教学实践经验，而且了解教育领域的一些基本原则，还必须掌握文理学院研究生课程的内容。科南特对两种培养方式的优缺点进行评价，着重强调了将两种方式结合运用的愿望：

我非常希望将这两种方式结合，这样就可以保持当前两者的优点。而且，这样做似乎不仅对文理研究生院的院系更加合适，各院系以此来设定标准，测验学生将来所授科目的知识掌握情况，而且有助于教育研究生院对教育学资源和教学实习的管理。②

很显然，教育项目的重组，即教育研究生院与文理研究生院联合开设教师培训项目，其目的是为教师培训提供更好的服务。对此，霍姆斯进一步指出，下列四个主要的因素影响教师知识背景的形成，并构成教师专业培训所设置课程的主要内容：（1）教师应该了解建立在西方文化基础上的重要的学校体制，特别是学校发展的历史与影响，以及它们通过政治、社会、文化的力量对各民族国家的不同影响；（2）教师应该通过学习教育心理学来形成理解各种教育现象的能力，其学习内容主要包括个体的行为、个体身心的发

---

① Harvard University. Issue containing the report of the president of Harvard College and reports of departments for 1933 – 1934 ［M］. Cambridge：Harvard University Press，1935：210.

② Harvard University. Issue containing the report of the president of Harvard College and reports of departments for 1934 – 1935 ［M］. Cambridge：Harvard University Press，1936：25 – 26.

展、正常与异常的个体发展、性格、本能和学习等；（3）教师还应学习教育统计学、教育测验和实验的一般原则与技术，并在教育教学中应用；（4）所有的这些因素共同作用，最终可视为发展教师的教育应用能力，如中等教育课程的组织与管理、职业问题分析和职业教育指导、职业教育等。霍姆斯强调：

> 一位教师对其任教学科还未真正精通，但他具有更全面的能力，这比他应当具有的直接完成教育目标所需的能力更优秀。一位教师不了解任教学科的教育目的、教学资源，也不善于运用学校的各种教学项目，但他可以在常规教学中，通过教材使用、课程研究或考试大纲逐渐对任教学科加深了解。①

教育研究生院与文理研究生院在学术标准和实践方式上存在着诸多差异，这是两大学院开展合作项目的难题所在。尽管这些难题并未全部解决，1936年教学文科硕士学位还是按计划在哈佛大学设立。此时，教育研究生院在教师培训方面具有两类硕士学位的授予权，即教育硕士和教学文科硕士学位，且两类学位的申请者都必须通过学校组织的统一考试。但教育硕士更注重资格测试而非最终资格认可，资格测试增补了一项期末考试，这项考试将覆盖本学年所有课程。而学校组织的统一考试主要由六部分组成，除期末考试外，其余五部分的考试内容包括教育心理学、教育测量、教育社会学理论、中等教育和教学的原则，这些也是教育研究生院所开设的主要课程内容。

关于教师培训工作，在大学领域内人们一直坚信，申请教育硕士学位或教学文科硕士学位的学生，在学习教育的基本理论和政策之前应该具备广博的知识作为基础，这可以实现教师培训的最优化。1937年，霍姆斯对此进行阐释：

> 如果哈佛大学为申请文学学士学位的学生在专门的学科领域开设高级阶段的课程，促使成功申请文学学士学位的学生能够较为全面地掌握该学科的研究方向与特点，并能建设性地运用学科知识，那么，在该学科领域内他不再是一个初学者，他能够形成学科思维方式、运用学科研究方法、理解该学科与其他学科发展之间的关系，为学科发展做出必要的贡献。②

---

① Harvard University. Issue containing the report of the president of Harvard College and reports of departments for 1934 – 1935 ［M］. Cambridge：Harvard University Press，1936：241 – 243.

② Harvard University. Issue containing the report of the president of Harvard College and reports of departments for 1936 – 1937 ［M］. Cambridge：Harvard University Press，1938：257.

从逻辑上说，这项改革会导致哈佛大学在本科至研究生阶段推迟将教育学作为一门独立的知识性学科进行学术研究。事实上，有人曾对管理层人士建议，教师特别需要有广泛的知识，但广泛的知识不能以浅薄为代价。

由于大家普遍对优秀教学有误解，霍姆斯确信从哈佛大学当时所推行的教师培训项目出发非常有必要揭露某些"伪教育学者"或外行的谬误。[①] 他对"教师诞生说"的陈词滥调进行谴责，同时他认为对教师的个人品质进行分析，以获取其从事教师职业的潜质非常有必要。当然，霍姆斯也承认这样做存在诸多缺陷，主要有：（1）寻找什么样的特点；（2）怎样发现这些特点；（3）如何促进它们的发展，或者说以何种方式促进他们的发展；（4）怎样将个人的品质特点运用于真实的教育工作中。[②] 在霍姆斯看来，教师培训工作不能只强调文理学院的基础性学科课程的重要性，必须充分发掘教师专业的特质，建立具有教学特色的课程体系。

1938—1939学年，为更好地提高教育研究生院所设学位和教师专业培训的吸引力，进而增强办学实力，在霍姆斯的领导下，学院主要以两种方式来展开教育调查：一种是观察学习的本质特征，另一种是对教育财政状况进行调查。这两种方式的调查活动在一定程度上扩充了学院的课程体系，并促使学院增设教育心理学课程和教育财政研究课程。1939—1940学年，教育研究生院除设立四类学位（教学文科硕士、教育硕士、教育博士和哲学博士）外，还积极与其他院系和大学联合开展课程推广服务。在暑期学校，学院与文理研究生院联合开设教育领域的主要课程，同时还与波士顿大学教育系联合在马萨诸塞州和附近其他州的城镇开设推广课程。学院在13个领域开设了97门课程，主要包括教育哲学、教育史、比较教育、教育心理学、教育测量与实验、教学原则、教育管理、基础教育、中等教育、职业教育、职业和教育指导、学校学科教学和教育专门研究等。[③] 1940年11月，霍姆斯从教育研究生院退休，斯波尔丁接任其职位，并对学院的工作项目进行重组，包括修订教育研究生院的教师培训项目，调整学院的课程设置。

1940—1941学年，面对学院招生人数不断下降和办学资金不断萎缩的状况，斯波尔丁认为捐赠并不是学院办学资金的唯一来源，通过课程改革可以吸引更多的学生前来注册。他强调学院开设的教师培训课程应体现专业性和研究性。1940年，斯波尔丁开始着手对学位申请的五项考试进行改革。在他

---

①② Harvard University. Issue containing the report of the president of Harvard College and reports of departments for 1937–1938［M］. Cambridge：Harvard University Press，1939：1–2.

③ The Graduate School of Education. Harvard University catalogue，1939：512–517.

看来，这五项单独设立的考试应被取消，其考试内容应该综合在一张试卷内，并将其作为申请教育硕士学位的最终条件，而不再是开始的必需条件。然而，1941年斯波尔丁推行其综合试卷考试制度时遭到大多数人的质疑，最终导致1942年教育研究生院取消所有课程的考试，教育硕士学位申请者仅需一年的课程学习即可获得该学位。除了一些专门领域的学习内容略有不同，1942年的教育硕士学位课程与1920年的并无差异。

战时的经历加上战前的办学资金困境，致使教育研究生院的财政赤字持续上涨。面对这种状况，校长科南特告诉管理委员会："这比我们双方预计的还多得多。"[1] 1943年，"有干劲但不够机智"的鲁伦（Philip J. Rulon）担任学院院长，他将学院变成了一个多事之地，教师和管理者对他充满敌意，课程问题也同样严重，教学文科硕士项目遭到文理学院的冷遇。在这种状况下，学院有以下几种选择：与文理学院合并；像哥伦比亚大学师范学院那样成为培养文学硕士的工厂；转变为一个研究机构；顺着它目前的状态走下去；试着实施战前斯波尔丁设计的方案。针对教育研究生院的发展境遇，1946年3月，学院发布"紫色备忘录"（Purple Memorandum），对学院的发展概况进行总结。备忘录明确提出，教育研究生院的主要任务就是在以下"基础和必然"的领域开展研究并开设相应的课程，主要包括教育心理学、教育统计测量与评价、教育史、教育哲学和比较教育、教育管理、学校工作指导、教学问题。在教育研究生院的改革者们看来，尽管这些课程此前也开设过，并已突出教育调查即研究的重要作用，但依然具有教学技艺的特点，在新的社会条件下教学领域的课程应该促进学习者在实践中学会学习，而不是将成人的生活经验和成就转换成儿童与年轻人学习的内容。

这一时期，科南特发布《面向美国所有年轻人的教育》（"Education for All American Youth"）和《自由社会中的通识教育》（"General Education in a Free Society"）两份报告，强调社会对教育发展的影响，认为教育主要是一个社会问题，而不是哲学、课程或教育学的问题。因此，他认为在一个稳定的政治和经济自由的社会中，社会学、人类社会学和社会心理学是解决社会问题的新的社会科学。在他的提议和支持下，哈佛大学1946年成立社会关系学院，教育研究生院与社会关系学院开展合作项目，开设社会科学课程，强调社会科学在教育研究中的重要性。

1951年，凯佩尔（Francis Keppel）对教学文科硕士学位项目进行改革，他建议文理学院毕业生直接申请该学位，并通过该学位获取教师资格证书，

---

① POWELL A G. The uncertain professional: Harvard and the search for educational authority [M]. Cambridge: Harvard University Press, 1980: 206.

哈佛大学主要为其提供本科所学专业的研究生层次的课程，其中教育学方面的课程主要包括社会科学、教育史、教育哲学和教学实践实习。在整个 20 世纪 50 年代，教育研究生院因社会基金的大量资助和招生人数的不断上升，各项工作进展顺利，学校教育问题成为诸多教授关注的重点研究领域。这一时期，学界主要从社会科学的视角探究教育问题，教育社会学课程在各教育学院开设。为更好推进社会科学在教育研究方面的应用，1951 年哈佛大学设立凯洛格管理职业项目（Kellogg-induced Administrative Career Program），该项目主要由凯洛格基金（Kellogg Fund）出资，支持哈佛大学的社会学家与教育研究生院的学者联合培养教育管理人员，并在学校专业培训工作中讲授社会科学的原则与方法。在凯洛格管理职业项目的运作过程中，社会科学和心理学理论对教师专业培训的直接指导作用日益突出，于是，1956 年，在教育促进基金（Fund for the Advancement of Education）的资助下，凯佩尔主张教育研究生院与社会学系和心理系联合开展教师教育项目。与此同时，国家科学基金（National Science Foundation）也为哈佛大学培训数学和科学教师提供大量的资金援助，又因受 1958 年《国防教育法案》（*National Defense Education Act*）的影响，教育研究生院与文理学院联合开设数学和科学课程，以提高教师教育的质量。

进入 20 世纪 60 年代，在联邦基金的资助下，教育研究生院与其他院系和学校联合开展教师培训项目，为美国社会培养"临床教授"（Clinic Professor）型的教师，即注重培养教师在数学和科学教学方面的实践能力。至 1966 年学院设置了硕士学位项目、博士学位项目、博士后项目和非学位机构项目。其中，硕士学位项目主要是为改进和拓展教师或从事教职者的教学"临床经验"，要求学位申请者必须首先参加暑期学校，对教育问题、教育概念展开讨论，并参与相关的实践，以求扩充其教学临床或实践经验，为接下来选定学术科目的学习做准备；其次，在学术性课程学习方面，申请者必须从教育史、教育哲学、教育心理学和教育社会学等 4 门课程中选定不少于 2.5 门的课程，必须选修教育学导论的全部课程，还要从专门项目课程（如与数学教学相关的数学课程、与工作指导相关的心理学课程）中选定 4.5 门课程；最后，课程修满后申请者还必须在第二年的暑期学校对所选的教学实践方向展开讨论，为最后一学年的教学实践做准备。

在教育博士学位方面，主要设立三类"临床"项目和两类"多学科"项目，其中"临床"项目包括数学教育、教育社会学研究和管理职业项目，"多学科"项目包括人类发展和教育社会学。

数学教育项目主要由四部分组成：（1）由文理学院数学系开设数学教学的高深课程，主要从微积分的水平开始，包含高等数学、高等几何、数论、数学概率、函数的变量。（2）由教育研究生院开设数学教学和专门教学法课程，主要包括基础数学的新发展和博士生研讨会。（3）测量学课程和教育史、教育哲学、教育社会学课程，或者是教学文科硕士学位的课程。（4）依据学生的个性选择与之相适应的课程，包括认知心理学的学习，特别是关于基础教育领域的内容。对于申请数学教育方向的教育博士来说，心理学课程比数学课程更重要。

教育社会学研究项目要求五年内完成，在参与学校组织的暑期学校的基础上，申请该方向教育博士学位的学生第一学年主要学习由文理学院开设的课程，包括政治或社会学理论、行为科学的通识课程、两门精选的历史学或社会科学课程；教育研究生院主要开设美国学校类的课程，包括教育学导论、中学社会学研究方法和内容。第二学年主要是教学实习。第三学年除了要开展一学年的教育社会学研究研讨会外，学生还必须选修哲学、历史学或社会科学课程，历史或社会科学解释方法课程，教育量化研究方法课程（包括统计和计算技术导论），还有学生所选的专门研究方向课程。第四学年主要是博士见习期，在哈佛—牛顿暑期学校项目或其他学校组织的见习项目中开展付薪博士见习工作，工作内容主要涉及教学材料的书写和编辑、更新考试、教学实验、编码和统计工作、研究问题设计、与学校教师合作共同提高新教学项目的影响力等。第五学年主要是学生设计、发展和深化其见习期的选题，以便完成博士学位论文。

管理职业项目主要是在社会科学方法的基础上，为学生开设两年期全日制研究生培养项目，申请该方向学位的学生必须具备相关专业方向的硕士学位。第一学年由教育学院开设的课程主要包括教育管理要素、课程发展问题、学校和社区的社会组织、教育的财政支持和商业管理；文理学院开设城市政策问题课程。第二学年开设学校和社区联合研究课程，学生运用先进的教育管理理论来研究现实的学校管理问题。

三、《哈佛教育评论》的创办及其与教育学科的发展

1920年，哈佛大学教育研究生院成立，并于20世纪20年代不定期出版《校友公报》（*The Alumni Bulletin*）向毕业的校友介绍学院的各种情况。1930年，《校友公报》改为《哈佛教师学报》（*Harvard Teachers Record*）并定为季刊出版，学院的教授们负责期刊的编辑工作，刊物的主要目的仍是为校友提供资料以了解学院的办学情况，稿件以编辑部撰写的社论、教育研究生院教师的文章为主。此时，教育研究生院院长霍姆斯兼任该刊物的编辑顾问，并

在 1932—1938 年每年为这份刊物撰写社论和教育专业的文章。①

1937 年，《哈佛教师学报》改名为《哈佛教育评论》(*Harvard Educational Review*)，威尔逊（Howard Wilson）担任主编，霍姆斯任副主编。在威尔逊的主导下《哈佛教育评论》广泛征稿，刊登诸多教育学者关于学校教学和课程方面的文章，在一定程度上扩大了刊物的影响力。1945 年威尔逊离任，摩勒（O. Hobart Mowrer）教授接替其主编职位，霍姆斯教授和尤利琪（Robert Ulich）教授担任副主编。摩勒建议教育研究生院组建一个由研究生为主的编辑委员会来负责期刊的具体工作，1945 年 9 月 26 日，由其主持召开了首次有学生编辑参加的编辑委员会会议。霍姆斯在会上建议，《哈佛教育评论》不仅要使中小学和大学的教师感兴趣，而且也应使非从事教育专业的知识分子感兴趣。但事实上《哈佛教育评论》此时在某种程度上还是主要代表学院的教育思想和教育观点。1948 年，主编摩勒于离任前提议《哈佛教育评论》应成立一个具有更多自主权的学生编辑委员会，学院委派一名教师任编辑委员会主席，督导期刊编辑但不干预学生的工作。学院和编辑部接受此建议并委派斯坦利（Julian C. Stanley Jr.）任编委会主席。他上任一年内就仿效《哈佛法律评论》(*Harvard Law Review*)将《哈佛教育评论》办成由学生全面负责的教育杂志。此时刊物发表的文章一方面反映了教育研究生院教授们的研究兴趣，另一方面也体现出学生编委会的自主性。

但事实上《哈佛教育评论》由创刊至 1950 年的发行量一直不高，在学术界的影响力也不强。据调查，1937 年刚改名为《哈佛教育评论》时期刊的发行量仅 550～900 份，1943 年降至 630 份，1946 年又回升至 800～850 份，1950 年仍为 800 份，而且期刊半数以上的订阅读者为哈佛教师协会的成员，1/4 为各图书馆。② 这一时期《哈佛教育评论》面临着缺少优质稿件的问题，1945—1950 年每年有 50～70 份稿件因质量不够理想而被退回，同时学界当时知道该杂志的人不多，甚至教育研究生院也很少有人知道该杂志的主办者是学生。

1949—1950 学年编辑委员会向《哈佛法律评论》和《哈佛商业评论》(*Harvard Business Review*)杂志学习，开始主动向有关学者或教育学院征稿。1950 年 4 月，曾担任过主编的威尔逊建议《哈佛教育评论》编委会刊登最近一次联合国教科文组织教育会议参会者发表的全部论文，编委会采纳了威尔逊的建议，这一期期刊比平时多印 500 份（共印 1 500 份），且销售一空并增加了 117 份新订户。此后，《哈佛教育评论》经常采用特刊的方式出版发行，至 20 世纪 60 年代《哈佛教育评论》每年约收到非预约稿件 300 份，其发行量 1968 年时已达 11 700 份。1958—1959 学年期刊的经费为 11 000 美

①② 毛澹然. 漫话《哈佛教育评论》[J]. 外国教育资料, 1983 (6)：45–53.

元，1964—1965 学年增至 53 000 美元。① 《哈佛教育评论》发展至 20 世纪 60 年代已拥有相当广泛的读者，期刊上的文章被人广泛引用。1975 年社会科学引文索引研究表明：在 136 种教育杂志和与教育有关的学科杂志中，《哈佛教育评论》上的文章被人引用的次数最多。②

《哈佛教育评论》自 1930 年创刊以来已经成为美国教育领域最有声望的教育刊物之一，有近十万的教育政策制订者、研究者、管理者和教师订有此刊物，每一期按季度出版的《哈佛教育评论》都有接近二三十万字，包含不同种类的文章、评论和书评。③ 下文拟对《哈佛教育评论》1931—1970 年刊发的文章进行统计、分析，从文章的基本议题分析入手，统计各种类型文章的数量并借此来探究《哈佛教育评论》与 20 世纪 30 至 60 年代哈佛大学教育学科发展的关系。

《哈佛教育评论》刊发的文章是本节关注的重点④，而文章评论（essay reviews，further comments）、书评（book reviews，book notes）不在论述之列。从探讨综合性大学教育学科发展的视角，综观 1931—1970 年《哈佛教育评论》的文章，其栏目主要包括文章（articles）、讨论（symposium/discussion）、教师与实践（teacher and practice）、教师与教学（teacher and teaching）、学校内的声音（voice inside schools）、研究报告（research report）、报告分析（report analysis）、意见书（position paper）、博士论文摘要（thesis abstract）等。⑤

经统计，《哈佛教育评论》1931—1970 年共有 1 088 篇文章。其中 30 篇专题讨论和专刊的序及后记篇幅短小，不在本节论述范围内；1932 年 1 篇有关哈佛大学学士学位授予仪式的文章，1934 年 1 篇关于唱诗班诗颂的研究，1935 年 1 篇有关哈佛大学图书馆藏书的介绍，1937—1942 年 23 篇漫谈（the saunterer），均排除在论述范围外，最后确定的文章数量为 1 032 篇。⑥

①② 毛澹然. 漫话《哈佛教育评论》［J］. 外国教育资料，1983（6）：45 – 53.

③ The Harvard educational review. About HER［EB/OL］. http://hepg. org/special/navigation/her-utility/about-her.

④ 这一研究视角受杜晓利著作的启发，并在《哈佛教育评论》的资料方面获得支撑，谨向杜晓利博士致谢。

⑤⑥ 杜晓利. 教育研究重心的转移：以《哈佛教育评论》为例［M］. 上海：上海人民出版社，2007：29.

表4.5　1931—1970年《哈佛教育评论》刊载文章的主题、主要内容、数量一览表

序号	主题	主要内容	总量（篇）	序号	主题	主要内容	总量（篇）
1	教学研究	教学理论研究；教学技术研究；教学方法研究；教学组织研究	113	17	教育心理研究	教育的心理理论研究；学生心理发展研究	79
2	学生研究	学生的评价；学生的语言、能力的发展研究；学生组织；学生成绩的影响因素研究	56	18	教育史研究	美国学校制度史研究；进步主义教育发展史研究；1958年之前的苏联教育研究	9
3	教师研究	教师工资待遇研究；教师培训研究；教师素质研究；教师专业发展研究	62	19	教育家研究	杜威及其教育思想研究；裴斯泰洛齐及其教育思想研究；贺拉斯·曼及其教育思想研究	31
4	学校研究	学校建筑设计、环境改造、学生的宿舍等研究；学校学制、学校的性质和改革研究	59	20	教育研究方法	资料统计、分析方法；教育研究中所采用的方法	29
5	课堂研究	课堂上教师的授课时间及效果；课堂上的纪律	8	21	教育政策理论研究	教育政策的理论探讨；教育政策的解释和执行效果的研究	5
6	教科书研究	教科书内容研究；各国教科书比较研究	6	22	知识分子与教育	知识分子的成长及其教育责任	16
7	课程研究	课程的内容研究；课程的改革研究	69	23	成人扫盲教育	对成人的扫盲而进行的教育	13

（续上表）

序号	主题	主要内容	总量（篇）	序号	主题	主要内容	总量（篇）
8	心理咨询、职业指导	个人发展指导；职业准备、选择和指导等研究；心理咨询	28	24	社会科学与思潮	社会科学的兴起；社会科学与教育	14
9	考试研究	考试结果的分析；ACT 和 SAT 等考试的研究	21	25	教育中的法律问题	对教育中的法律问题的研究	6
10	教育公平研究	教育机会均等研究；男女性别平等研究；贫困儿童的教育公平研究；种族歧视和少数族裔的公平研究	58	26	军队教育	军队中如何实施教育；战争中的教育的研究	6
11	语言文化研究	语言功能研究，语言和文化对教育的影响；语言的习得理论、语言分析理论等研究	34	27	教育组织研究	教育组织的建立背景；主要任务介绍	30
12	教育与社会	教育与社区；教育与家庭	53	28	外国人看美国教育	外国人看美国教育	5
13	教育经济研究	教育经费的使用；教育的经济分析研究	18	29	外国教育研究	德国教育研究；英国教育研究；中国教育研究；巴西教育研究	38
14	教育与政治	政府在教育中的作用；教育与国家政治形势等研究	23	30	比较教育研究	德国与美国教育比较	1

（续上表）

序号	主题	主要内容	总量（篇）	序号	主题	主要内容	总量（篇）
15	教育基本理论研究	教育本质研究；教育功能研究	48	31	其他	无法列入个类的文章	29
16	教育哲学研究	教育哲学的目标与内容研究；教育与哲学的关系研究	65		总计		1 032

资料来源：杜晓利. 教育研究重心的转移：以《哈佛教育评论》为例［M］. 上海：上海人民出版社，2007：30 – 32.

通过对 1931—1970 年《哈佛教育评论》的 1 010 篇文章进行主题分类，可大致归为 31 个主题，从表 4.5 可见这一时期《哈佛教育评论》刊载文章涉及较多的主题首先是教学研究（113 篇，占总数 11%），其次是教育心理研究（79 篇，占总数 8%）、课程研究（69 篇，占总数 7%）、教育哲学研究（65 篇，占总数 6%）、教师研究（62 篇，占总数 6%）、学校研究（59 篇，占总数 6%）、教育公平研究（58 篇，占总数 6%）、学生研究（56 篇，占总数 6%）、教育与社会（53 篇，占总数 6%），数量最少的主题是比较教育研究（1 篇）。由此可见，1931—1970 年《哈佛教育评论》关注的主题排在前五位的依次是教学研究、教育心理研究、课程研究、教育哲学研究、教师研究，上述五个主题也是大学教育学科关注的核心领域，哈佛大学教育研究生院不仅开设了与之相应的课程，而且在 1935 年设立教学文科硕士学位，既强调教学研究研究的重要性，又联合其他专业学院为 20 世纪 30 年代后的美国中小学课程变革培养具有娴熟教学技能和专业素养的教师。

在上述主题分类的基础上，以每个 10 年为时间段将 1931—1970 年《哈佛教育评论》发表的各种主题的文章数量及比例进行统计，可从时间区间、主题分类和文章数量及其比例变化上来分析教育学科发展所展现出来的主要特征。

表4.6　以每个10年为时间段的《哈佛教育评论》各主题文章数量、比例一览表

主题	年份/数量比				文章总数	主题	年份/数量比				文章总数
	1931—1940	1941—1950	1951—1960	1961—1970			1931—1940	1941—1950	1951—1960	1961—1970	
教学研究	37	25	10	41	113	教育心理研究	11	18	22	28	79
	33%	22%	9%	36%			14%	23%	28%	35%	
学生研究	11	12	9	22	56	教育史研究	?	1	1	5	9
	20%	21%	16%	39%			22%	11%	11%	56%	
教师研究	17	13	25	7	62	教育家研究	10	8	3	10	31
	27%	21%	41%	11%			32%	26%	10%	32%	
学校研究	18	12	10	19	59	教育研究方法	13	5	6	5	29
	31%	20%	17%	32%			45%	17%	21%	17%	
课堂研究	1	1	6	0	8	教育政策理论研究	0	0	4	1	5
	12%	12%	76%	0%			0%	0%	80%	20%	
教科书研究	1	5	0	0	6	知识分子与教育	1	0	1	4	16
	17%	83%	0%	0%			17%	0%	17%	66%	
课程研究	22	24	17	6	69	成人扫盲教育	2	4	2	5	13
	32%	35%	25%	8%			15%	31%	15%	39%	
心理咨询、职业指导	3	7	6	12	28	社会科学与思潮	3	2	8	1	14
	11%	25%	21%	43%			21%	14%	57%	7%	
考试研究	14	4	2	1	21	教育中的法律问题	0	2	2	2	6
	67%	19%	10%	4%			0%	33%	33%	33%	
教育公平研究	4	22	13	19	58	军队教育	0	6	0	0	6
	7%	38%	22%	33%							
语言文化研究	6	9	3	6	34	教育组织研究	4	18	3	5	30
	25%	38%	14%	25%			13%	60%	10%	17%	

（续上表）

主题	年份/数量比				文章总数	主题	年份/数量比				文章总数
	1931—1940	1941—1950	1951—1960	1961—1970			1931—1940	1941—1950	1951—1960	1961—1970	
教育与社会	14	10	19	10	53	外国人看美国教育	4	0	1	0	5
	26%	19%	36%	19%			80%	0%	20%	0%	
教育经济研究	6	4	1	7	18	外国教育研究	1	23	11	3	38
	33%	22%	6%	39%			3%	61%	28%	8%	
教育与政治	3	13	2	5	23	比较教育研究	0	0	1	0	1
	13%	57%	9%	21%							
教育基本理论研究	24	8	7	9	48	其他	4	5	6	14	29
	50%	17%	16%	17%			14%	17%	21%	48%	
教育哲学研究	3	8	46	8	65	总计	239	269	247	255	1 032
	5%	12%	71%	12%							

资料来源：杜晓利. 教育研究重心的转移：以《哈佛教育评论》为例［M］. 上海：上海人民出版社，2007：33－36.

如前所述，1931—1970 年《哈佛教育评论》发表的文章主题占前五位的依次是教学研究、教育心理研究、课程研究、教育哲学研究、教师研究，这说明这一时期《哈佛教育评论》相对重视教学论、教育心理学、课程论、教育哲学等教育学基础学科及其理论的研究，也间接反映出哈佛大学教育学科的特色之一；但不同时间段的情况又有所不同，以教学研究文章和教育哲学研究文章为例，其中教学研究在 1951—1960 年只有 10 篇文章刊载，仅占其专题 40 年间发表文章总数的 9%，而教育哲学研究在 1951—1960 年则有46 篇文章刊载，占其专题 40 年间发表文章总数的 71%。之所以出现这样一种状况，部分原因在于《哈佛教育评论》根据教育理论和实践的需要，以专刊（Special Issue）和专题讨论（Symposium）的形式对教育哲学的有关问题进行专门讨论，如 1956 年第 1 期设立以"教育哲学的目标和内容"（The Aim and Content of Philosophy of Education）为主题的专刊，1958 年第 4 期设立以"哲学对教育理论的贡献"（What Can Philosophy Contribute to Education

Theory）为主题的专刊①，表明这段时间《哈佛教育评论》较为重视教育哲学的研究。

依据表 4.6 对 1931—1970 年各主题文章的数量和百分比以 10 年为一个时间段进行比较，可以看出 20 世纪 50 年代（1951—1960 年）《哈佛教育评论》刊载的文章数量和百分比与前期相比，除教育哲学类的出现明显上升外，教师研究（25 篇，占 40 年总数的 41%）、教育与社会（19 篇，占 40 年总数的 36%）、社会科学与思潮（8 篇，占 40 年总数的 57%）、教育心理研究（22 篇，占 40 年总数的 28%）四类专题的文章数量呈现上升趋势，这在一定程度上说明 20 世纪 50 年代美国学界热衷于探讨教师教育、教育社会学、教育心理学的专题，并在这些领域形成较为丰硕的成果。

四、革新大学通识教育课程与促进中等教育课程改革：科南特在哈佛大学

科南特（James Bryant Conant）1893 年 3 月 26 日生于美国马萨诸塞州的波士顿，1910 年入哈佛大学化学系学习。大学三年级结束时，科南特完成了哈佛大学要求的 16 门必修课，四年级时升入哈佛大学文理研究生院，1916 年获哲学博士学位，次年留校任教。1933 年，洛厄尔（A. Lawrence Lowell）辞去哈佛大学校长一职时与入学委员会经过了激烈的讨论、详细的考察，最终决定由科南特接任哈佛大学第 23 任校长。任职期间，科南特强调把教育与社会紧密联系在一起，重视教育在社会稳定、国家安全与经济繁荣中的重要作用。第二次世界大战期间和战后，他曾在美国政界、科技界、教育界担任重要职务，历任美国国防研究委员会主席、美国原子能委员会总顾问委员会成员、美国科学促进会和教育理事会会长等职。1955—1957 年，他担任美国驻德意志联邦共和国大使。从高官位置上卸任后，1957 年 2 月至 1958 年 10 月，科南特接受美国卡耐基基金会的资助，对美国的中学展开大规模调查。根据调查结果发表《今日美国中学》（"The American High School Today"，1959）的报告书，提出改革公立中学的 21 条建议。1961 年，他再次接受卡耐基基金会的资助，对美国中小学教师状况以及师范教育进行广泛调查研究，并在 1963 年发表《美国师范教育》（"The Education of American Teachers"）的报告书，提出了著名的改进教师教育的 27 条建议，成为指导当时美国教师教育课程改革的新方案。此外，其教育著作还有《分裂世界中的教育》（*Education in a Divided World*）（1969）、《教育与自由》（*Education*

---

① 杜晓利. 教育研究重心的转移：以《哈佛教育评论》为例 [M]. 上海：上海人民出版社，2007：45.

and Liberty）（1953）、《知识的堡垒》（*The Citadel of Learning*）（1956）等。科南特作为哈佛大学的校长，除了在其任职期间对教育研究生院的发展给予人才、政策和办学资金等多方面的支持，有力促进教育学科的发展外，还在其卸任校长一职后从多方面探究美国中学面对的教育问题，提出教师教育的改进建议，为美国综合性大学教育学科的发展提供有益的借鉴。

（一）探讨现代大学职能，开设通识教育课程

科南特成长于美国工业社会高速发展的时期，深感教育和科技进步给人们生活带来的巨大变革；而且，他大学毕业后即在哈佛大学任职，对大学的社会职能了解得比较充分。在他看来，大学是"具有相当程度的独立与自治的学者结合体，它关注职业教育，重视增进知识，也注重培养优秀公民的通识教育"①。在考察中世纪大学与现代大学发展史的基础上，科南特认为大学的繁荣应注重四个方面的工作，即促进知识的发展、关注博雅艺术中的通识教育、开设成就各种职业的专业教育、重视学生的社交生活。这四部分应恰当地平衡在大学发展计划中，每一部分都不应偏废或膨胀。②用他自己的话来说，即"仅仅促进知识和培养学问，大学不过是一个研究机构；只关注学生生活，会产生一个学术领域的俱乐部或仅仅是一个在学院操纵下的足球队而已"③。科南特早在大学新生时就思索教育问题，认为教育不是以传授知识为目的，而旨在培养完善的人格。他在日记中写道："教育，就是当所有的知识被遗忘掉而保留下的东西。"④ 在工业迅速发展的时代，科南特对科技进步给社会和生活带来的改变感触深刻，他认为美国大学必须培养勇敢而有判断能力的通识性人才，才能适应美国及世界发展的需求；大学学科内部的交叉渗透将成为未来学科发展的主要特征，自然科学与人文科学也出现融合的趋势，因而大学必须用一种大家都能接受的教育模式来统领各学科，这种教育模式就是通识教育（General Education）。⑤ 本着上述思考，科南特以通识教育为切入点，在哈佛大学开展课程改革。

---

① CONANT J B. Education in a divided world：the function of the public schools in our unique society ［M］. Cambridge：Harvard University Press，1948：157 – 158.

② CONANT J B. Education in a divided world：the function of the public schools in our unique society ［M］. Cambridge：Harvard University Press，1948：159.

③④ CONANT J B. My several lives：memoirs of a social inventor ［M］. New York：Harper & Row，1970：652.

⑤ HERSHBERG J G. James B. Conant：Harvard to Hiroshima and the making of the Nuclear Age ［M］. Stanford：Stanford University Press，1993：20.

早在 1914 年，哈佛大学为克服自艾略特时代就实施的自由选修制①的缺点，校长洛厄尔在课程设置方面就着手推行"集中与分配"制②，但"集中与分配"制的课程方案在具体执行过程中遭遇诸多现实问题，如在哪些领域中设置选修课程？为什么要选定这些领域？在这些领域中学生应达到哪些具体的要求？这些问题直到科南特担任校长时仍没有定论。

1933 年，科南特担任哈佛大学校长，但他并未立即着手通识教育的改革。此时的美国社会与世界上其他国家一样，开始陷入第二次世界大战的阴影。尤其是 1941 年珍珠港事件发生后，美国开始全面参战。因此，1941—1942 年哈佛大学的许多教授开始在政府部门或由政府资助的高校实验室工作，为赢得战争的胜利和美国民主制度的稳定而努力工作。1942 年秋，科南特与文理学院的院长保罗·巴克（Paul H. Buck）教授开始筹划，希望那些不参与政府工作的教授与文理学院的教师能在本科教学中发挥更大的作用。1943 年春，他与巴克组建 12 人委员会，致力于撰写《自由社会通识教育目标》（"The Objectives of a General Education in a Free Society"）报告书，并为委员会申请了 60 000 美元的资金。科南特考虑到通识教育涉及大学和中学课程，必须听取教育学教授的意见，而且他期望教育学教授能与文理学院的教师通力合作。因此，他在委员会成员中任命了两位教育学教授，其余都是文理学院的教师。科南特建议，通识教育课程的使命就是必须找到能代替过时的古典学科的通识教育课程，给目前混乱的教育确定一种秩序与方向。第二次世界大战激发了科南特的灵感，他坚持把美国历史研究作为通识教育的基础，与巴克一起启动了委员会的工作。1945 年初夏，在巴克和科南特等人的共同努力下，报告以书面形式问世，即哈佛大学著名的"红皮书"。③

科南特在"红皮书"的序言中写道："通识教育的核心问题，就是自由传统与人文传统的延续。"他认为，在现代社会即使具有良好的数学、物理学和生物学基础，再加上读写几门外语的能力，也不能为自由国家的公民提

---

① 19 世纪末 20 世纪初，在校长艾略特的主导下，哈佛大学推行课程选修制，进而达到改革传统学院办学模式、培养适应工业社会发展人才、增强大学的社会竞争力的目的。然而，选修制的采用带来了学校课程的严重混乱，加上学科过分专业化与课程缺乏系统性，引起教育家与学者的强烈不满，他们认为这种课程选修制亟须改革。

② 即在学生毕业要求必修的 16 门课中，6 门是本系的专业课，以保证学习有重点，这意味着"集中"；另外 10 门课中的 6 门要从三个不同的知识领域（人文学科、社会科学和自然学科）中各选两门，以保证学生具有比较宽广的知识面，这意味着"分配"；还有 4 门课程由学生自由选择，这样仍可保留自由选修制的优点。参见：李曼丽. 通识教育：一种大学教育观 [M]. 北京：清华大学出版社，1999：62.

③ 刘向荣. 科南特教育思想研究 [D]. 保定：河北大学，2006：40 - 42.

供足够的教育背景，因为这样的课程计划缺乏人作为社会动物所需要的人类情感经验与个体实践经验的结合。"除非在每个成熟阶段的教育中，保持与涉及重要价值判断领域的联系，否则将与通识教育的理想相去甚远。"① 在科南特的主导下，哈佛大学将必修课程的内容分成人文科学、社会科学、自然科学与数学三大类。② 这些内容应由各院系综合开设，必须教给学生了解整个社会必需的基本知识与方法。根据"红皮书"的建议，每个学生都必须学习"文学名著"和"西方思想与制度"，必须学习一门生物学或物理学方面的课程，然后在人文科学、社会科学、自然科学与数字三个领域中各选一门全学年课程。

1945 年，哈佛大学批准了"红皮书"提出的通识教育计划，并于次年开始实施。具体来说，其通识教育课程设置如下：（1）一、二年级的学生要从其所在系选修 6 门专业课，再从人文、社会、自然三大类别的通识教育课中各选一门，共 3 门课，另外还须从其他系的课程中至少选 3 门；（2）三、四年级也设有通识教育课，没有选修一、二年级通识教育课的学生，不得选修三、四年级的通识教育课；（3）攻读硕士、博士学位的学生可以选修部分三、四年级的通识教育课；（4）学生不得选修属于同一个考试级别的两门课。③ 这种课程设置不仅可以为学生打下深厚的知识基础，而且为他们逐渐确立具有美国特色的文化知识体系创造了条件。

（二）关注中等教育变革，推进教育公平发展

在探究大学通识教育课程变革的过程中，科南特开始关注与大学衔接的中等教育问题。他看到美国中等教育具有独特的社会功效，即它可以促进不同文化背景的移民相互融合与理解，因而美国独有的中等教育制度引起了科南特的研究兴趣。1948 年，科南特发表了首部教育著作《分裂世界中的教育》。在书中，他对美国的公立学校充满溢美之词，认为那些对公立中学怀有敌意和言辞抨击的人们，要么是对公立中学毫不知情，要么是学校双轨制

① CONANT J B. General education in a free society［M］. Cambridge：Harvard University Press，1946：8.

② 人文科学领域要求所有学生学习文学名著（great texts of literature），旨在充分理解作品，而不仅仅展示人物与时代、艺术技巧与文学发展史等；社会科学领域要求学生必须学习西方思想与制度（western thought and institutions），核心目标是审视西方遗产中的制度与理论；自然科学与数学领域主要向学生传授技术词汇、技能技巧、系统科学的事实与理论，除介绍性的科学课程外，各系还要提供培养高级专门人才的高深课程。

③ Report of the Harvard Committee. General education in a free society［M］. Cambridge：Harvard University Press，1946：206－216.

的拥护者。1953 年，科南特的《教育与自由》出版，在书中他主要就美国的综合中学展开论述，甚至在该书的"最后几页可以代之以这样的题目：为美国综合中学辩护"①。在校长任期结束后，科南特被任命为驻波恩高级专员，他将美国与德国的中等教育进行对比，通过公开演讲或日常交流，积极地介绍美国的中等教育发展状况，并将《分裂世界中的教育》译成德文，还将美国中等教育的理念及特点概括为"机会均等"。

　　然而，科南特在早期职业规划中并不重视教育研究，正如他所言："当我还是个化学家的时候，如果有人告诉我，晚年我会倾注大量时间与精力考察美国的公立中学，我会说他一定是疯了。我对中等教育没兴趣，也从来不想发展对它的任何兴趣。即使在任哈佛校长内的头一两年我有过类似的预言，还是认为这个预言遥遥无期。在美国中等教育问题上，即便是在斯波尔丁教授使我大开眼界之后，我仍然难以相信有一天我会把所有的时间用在与学校而不是学院和大学相关的问题上。"② 但是，作为一名追求民主理想的教育家和政治家，科南特非常关注公立学校的社会效能，他认为"免费的、税收支持的学校是我们社会的动力源泉，是独特理想的产物，也是美国民主得以传承给未来公民的工具，共和国的力量最终与公立学校体制的盛衰息息相关"③。

　　科南特把美国的公立教育比作民主制度的"巨大发动机"，断言"19 世纪和 20 世纪初美国吸收移民的成功，主要归功于公立教育系统。它为多元文化的美利坚民族达到相互理解、融洽与统一奠定了基础，是稳固美国社会的力量源泉，也是美国理想的具体体现和传承民主观念的基本途径"④。在考察美国公立教育形成的基础上，科南特提出了十条建议，有三条直接与公立中等教育相关。⑤ 他强调，"我的建议基于这样的信念：美国公立学校应该尽

---

① CONANT J B. My several lives：memoirs of a social inventor［M］. New York：Harper & Row，1970：614.

② CONANT J B. My several lives：memoirs of a social inventor［M］. New York：Harper & Row，1970：613.

③ CONANT J B. Education in a divided world：the function of the public schools in our unique society［M］. New York：Greenwood Press，1948：1.

④ 赵祥麟. 外国教育家评传：第三卷［M］. 上海：上海教育出版社，1992：145.

⑤ 这三条包括：扩展初中和高中教育以满足更多的入学人数，重新制定课程；坚持在综合中学开设公共核心课程和分科课程，努力鉴定有天赋的学生，并在数学和语言方面进行严格的学术训练；对高中毕业生提供更多的奖学金等。参见：CONANT J B. Education & liberty：the role of the schools in a modern democracy［M］. Cambridge：Harvard University Press，1953：57.

快成为学生享受共同经验的地方，他们来自不同的家庭背景，有着迥异的观点。在这里，课外活动和至少包括一门英语的共同课程应该打破专业界限，提供给具有广泛学术兴趣的学生"①。科南特把综合中学看成社会单元，可为所有美国公民提供教育，学校的课外活动可为不同学生群体提供交往与理解的机遇，因而他断言综合中学是培养民主社会公民的重要场所。

为进一步增强综合中学在民主社会的作用，科南特提出要为所有学生开设良好的通识教育课程和广泛的选修课程，以便于为社区的每一个公民提供良好的教育。他建议，在综合中学中一半以上的课时是全体学生的必修课程，也就是通识教育课程②。在选修课程中，科南特强调广泛的职业课程和学术性文理课程③，其中要选修不包括体育在内的7门以上的课程，虽然艺术和音乐属于选修之列，他仍然强调："在选修课程计划里，应当鼓励全体学生选修艺术和音乐。"④

在科南特看来，综合中学的通识教育课程应包括必须能被所有学生圆满完成的一切课程，而不论学生的职业计划，以求发展学生的品性和理解力，使学生拥有人类共同维护民主的基础。尽管学生个体存在的巨大差异使得课程要求更加具体化，中学课程依然寻求打破学科界限，利用各种渠道和材料帮助青年发展能力、增长知识以满足日后需要⑤，进而为民主社会的公民提

---

① CONANT J B. Education & liberty：the role of the schools in a modern democracy ［M］. Cambridge：Harvard University Press，1953：59.

② 该课程计划主要包括4年英语、3年或4年社会研究（包括美国史在内的两年历史课程以及12年级的社会研究课程），还包括9年级开设一学年的数学，9年级或10年级开设一学年的自然科学（最好设生物学和普通物理课程）。参见：CONANT J B. The American high school today ［M］. New York：McGraw-Hill Book Company，Inc.，1959：47.

③ 科南特认为职业课程与社区的需求相联系，"如果能劝说社区各零售商店适当打开就业之门，就可开设市场推销教育方面的课程。若位于农村社区，应包括农业方面的职业课程，还应视地方经济的需求为男生开设手工艺和工业课程，在11年级和12年级用每周半天的时间学习这种职业课程"。在中学开设的选修课中，除多样化的可谋生的职业课程外，还包括专门为擅长学习数学、自然科学以及外语课程的学生提供的学术性文理课程。学生在必修4年英语、3年社会研究和1年数学与自然科学的基础上，还要延长数学到3年、自然科学3年，增设4年外语，还可以增设第二外语和音乐序列课程。参见：CONANT J B. The American high school today ［M］. New York：McGraw-Hill Book Company，Inc.，1959：48 – 53.

④ CONANT J B. The American high school today ［M］. New York：McGraw-Hill Book Company，Inc.，1959：48.

⑤ CALLAHAN J F，CLARK L H. Innovations and issues in education ［M］. New York：Macmillan，1977：222 – 223.

供公平的受教育机会，促使其成长为具有民主理想和实践机会的社会公民。

（三）开展公立中学调查，促进中等教育课程改革

在阐释美国教育及其目标方面，由于没有中等教育的实践或体验，科南特认为其"所掌握的关于美国学校的知识都是二手的"，他说："谈到一手的考察，我对澳大利亚的学校比对美国的学校要更清楚。我一直赞誉美国的中学，却缺乏跟它们的直接接触，随着这种担忧日益加重，便产生了考察美国中学的想法。"① 1956年8月，科南特拒绝了担任印度大使的国会提议，选择从事教育研究。他说："一直困扰我的是缺乏美国中学的一手资料，我想集中精力研究综合中学。从事公立学校的人们面临诸多挑战，最重要的是公立中等教育的未来，人们对它的批评有失公允，却提供不出令人满意的解决方案。而且，为社区所有青年服务的综合中学的概念依然不为美国公众所理解。"② 与哈佛教育学院院长凯佩尔长谈后，科南特决心研究美国中学，他给卡耐基基金会的秘书写了一封长长的备忘录，主题是研究综合中学天才青年的教育计划，该项目自1957年开始，预计两年内完成。

1957年2月19日，科南特与卡耐基基金会主席加德纳（Howard Earl Gardner）交谈了很久，他们为未来的研究做了详细的安排。同年3月1日，讨论会如期在卡耐基基金会的办公室举行，除科南特、加德纳和卡耐基副主席珀金斯（James Perkins）外，杨格特（Eugene Youngert）、哈佛大学的凯佩尔和教育测试中心的昌西（Henry Chauncey）、巴尔的摩学监费舍（John Fischer）也出席了会议。会议同意扩大科南特预定的考察范围，但没有同意科南特提出的设立教育家与外行联合调查研究委员会的要求。会议要求科南特必须亲自调查，有些学校可以取样，他欣然同意。为得到中学教育的一手资料，科南特排除来自家庭和健康方面的种种干扰，展开学校调查工作。

1957年3月底，为该研究提供425 000美元经费资助的卡耐基基金会达成一致意见，同意为科南特配备助手③，协助其开展调查工作。此外，科南特还与全美公民教育促进协会（National Citizens Council for Better School）的

---

① CONANT J B. My several lives: memoirs of a social inventor [M]. New York: Harper & Row, 1970: 614.

② CONANT J B. My several lives: memoirs of a social inventor [M]. New York: Harper & Row, 1970: 616.

③ 其助手主要有：曾为教育政策委员会成员的扬格特（Eugene Youngert）、哈佛大学教育学院院长凯佩尔的助手科顿（Dana Cotton）、奥伯（Nathaniel Ober）、伯克利大学的历史学助理教授格罗斯（Reuben H. Gross）、纽约匹克斯基尔中学的助理校长米勒（Bernard Miller）和教育测试中心的职员霍利斯特（John S. Hollister）。

官员一同讨论研究计划，并在他们的帮助下会见各地的公民团体，从而使研究结论的表述更能为各州的公民委员会所接受。根据日程安排，1957—1958年工作组中至少要有一人调查 26 个州的 103 所中学。科南特与奥伯（Nathaniel Ober）、杨格特一起调查了 55 所综合高中，其中大部分是全美最好的综合中学，且多位于 18 个州的小城市。65 岁高龄的科南特在调查中经历了太多的艰辛，据载，"作为巡回调查者，他乘坐公共汽车、火车、飞机和电车往来穿梭，他在旅馆的房间用录音机记录调查结果，在路上用便条纸或油腻的餐巾纸制订计划。清晨，科南特灌下橘子汁以保护嗓子，夜晚用螺丝刀敲头提神。1957—1958 年，科南特共访问了 18 个州的 55 所中学，与成千上万的学生、教师以及学校行政人员交谈过"①。

除了南方的独立黑人学校外，科南特一行发现在这些被调查的州内中等教育没有太明显的区别。撰写调查报告时，科南特将其题目定为《今日美国中学》（"The American high school today"），副标题为"给热心公民的第一个报告"（"A First Report to Interested Citizens"）。1958 年 11 月报告手稿交至出版社，次年初报告书出版。书中分析了美国中等教育制度发展的历史特点，提出改进公立中等教育的 21 条建议。概括起来讲，主要包括四个方面：其一是建立学生辅导制度，把学生引导至适合的机遇阶梯上的任何一档，使他们依据自己的能力获得充分发展；其二是改革课程计划，加强通识教育的文理科学术基础课程的教学，增加职业性、多样化的选修课程；其三是采取按能力分组的课程教学组织形式，使能力不同的青年得到符合其能力的充分发展；其四是提倡综合中学。科南特认为，20 世纪初发展并逐渐兴起的综合中学体现了美国社会的机会均等与民主的理想，应大力提倡，这是美国公立中等教育的理想模式，科南特强调："我肯定，综合中学是美国社会的特征。"②

《今日美国中学》出版后，很快成为人们讨论的热点。书中建议的方法被制作成 16 mm 的电影胶片，被两所中学③采用。影片内容展现了科南特的研究内容及其观点，突出展示美国中学为了社区所有不同兴趣与才能的青年应提供哪些课程。该影片很快获得广泛流通，大量的杂志文章、讲话、会议

---

① CONANT J B. My several lives：memoirs of a social inventor［M］. New York：Harper & Row, 1970：710.

② CONANT J B. The American high school today［M］. New York：McGraw-Hill Book Company, Inc., 1959：8.

③ 一所在加州的奥克兰大（Oakland），另一所在堪萨斯州（Kansas）的拉贝特（Labette）。

都把科南特的报告作为讨论主题。科南特也认为"这本书获得家长们的青睐，连续几周高居畅销书榜首，那些日子，这本关于学校教育的书不同寻常地受人瞩目。但教育学教授们的反应没有如此热情，有些人认为这些建议即使说不上反动，也太过保守，也许在他们看来，一个外行闯进了他们评价与推荐课程的领地，引起了他们的某些敌视。但是，总的来说，职业教育家们认可这个报告，除一两条建议外，他们都接受了"①。

1959—1960 年，科南特对美国初中教育进行调查研究，形成第二份报告书《初中年代的教育》（"Education in the Junior High School Years"）。通过这次调查研究，他与助手考察了 23 个州的 237 所初中，其观点基于调查结果，也基于他在教师和管理者会议上的见闻。科南特对美国初中教育提出了14 条建议②，其主要内容包括：关于 7、8、9 年级的必修课程与选修课程设置的建议；关于学生教学、课外活动、家庭作业以及学生辅导与测验的建议；关于学校正常运行必备的领导、教师与设施保障的建议。为使初中课程和高中课程自然衔接，科南特对 7、8 年级所有学生必修的课程与 9 年级进行区分。③ 相对于第一份报告书，该书激起的讨论明显减弱，但学者布里格斯（T. H. Briggs）认为应该给予该报告很高评价，因为它是写给学校委员会成员和其他热心公民的，"会激起更多常人的实践兴趣，而不是情绪化的讨论，它可以激发协调的行动，来满足我们明显需要的革新"④。

（四）支持教育学科发展，推动教师教育课程改进

1933 年科南特接任校长时，哈佛大学教育研究生院正值发展困难时期。由于 20 世纪 20 年代洛厄尔校长提高了文学硕士、教育学硕士和教育学博士学位的标准，使得非全日制学生的招生人数有所下降，加之教育研究生院与大学的其他研究生院一样，仅招收研究生层次的学生，不开设本科层次的教育学课程，教育研究生院面临严重的财政危机，学院的主要经费来自下午和

---

① CONANT J B. My several lives: memoirs of a social inventor [M]. New York: Harper & Row, 1970: 621 – 622.

② 其中第一条建议列出 7、8 年级学生须选修的学科，如英语（强调阅读技巧与作文）、社会研究（强调历史和地理）、数学和科学，此外还应选修艺术、音乐和体育；9 年级的课程与《今日美国中学》的第十条建议一致。参见：CONANT J B. Education in the junior high school years [M]. Princeton: Educational Testing Service, 1960: 13 – 16.

③ CONANT J B. Education in the junior high school years [M]. Princeton: Educational Testing Service, 1960: 1 – 5.

④ PASSOW A H. American secondary education: the Conant Influence, a look at Conant's recommendations for senior and junior high school [R]. New York: National Association of Secondary School Principals, 1977: 30.

晚上给学校教师讲课的收入。为改善这一状况，科南特与教育研究生院院长霍姆斯商谈，建议教育研究生院对教师训练给予特殊指导，并提供有价值的教育学课程。当时，哈佛大学在教师培训的教育学课程方面未能得到州法律的支持，哈佛大学准备当教师的毕业生也可能得不到其他州的认可。但科南特坚持认为，对中小学教师来说，这种在大学环境中由教育学教授开设的课程训练相当重要。

科南特与霍姆斯的持续交谈，使他逐渐了解到哈佛大学在培养中学教师方面所面临的现实问题。他认识到"实际上，我们正在大学中两个完全分离的部门准备未来的中学教师——文理研究生院和教育研究生院"①。在考察芝加哥大学教育学院改革计划②的基础上，科南特建议："我们应该认真考虑芝加哥的问题，这会使文理研究生院和教育学院合作，共同承担中学教师培训的责任。"③ 1935 年 2 月，科南特邀请 18 个人共同研究合作的可能性，并设置训练中学教师的合作项目。在 1934—1935 学年的年度报告中，他讨论了训练中小学教师的两种方式④，希望结合这两种方式建立一种新的学位。1935 年秋，两个学院的教师开会，投票建议委员会设置新的学位，即教学文科硕士学位（Master of Arts in Teaching），亦称"第五年修业计划"（Fifth-Year Program），"它招收各学科的本科毕业生，经过一年的教育专业训练，获得教学文科硕士学位"⑤ 20 世纪 50 年代初，这个计划得到推广，直至 50 年代末 60 年代中期，许多大学纷纷采用和发展这个课程计划，很快形成全国性的改革浪潮。⑥

除了持续推进哈佛大学教学文科硕士项目的工作，科南特在 1961 年接

---

① CONANT J B. My several lives：memoirs of a social inventor［M］. New York：Harper & Row，1970：183.

② 1933 年 12 月，科南特应芝加哥伦比亚大学学校长邀请，参加冬季教师集会并获荣誉学位，借此机会他与赫钦斯（Robert Maynard Hutchins）校长讨论教育学院的问题，赫钦斯称芝加哥大学已取消了教育学院，学院的学生可以同时接受教育学教师和学术学科教师的教学。

③ CONANT J B. My several lives：memoirs of a social inventor［M］. New York：Harper & Row，1970：183 – 184.

④ 有前途的教师在参加工作一两年后，可进入文理研究生院攻读硕士学位，或进入教育研究生院攻读教育学硕士学位。不管采取哪种形式，都要开设文理学院和教育研究生院的课程。

⑤ 马骥雄. 战后美国教育研究［M］. 南昌：江西教育出版社，1991：187.

⑥ KOERMER J D. The miseducation of American teachers［M］. Boston：Houghton Mifflin Company，1963：169 – 172.

受教育界领导的邀请，对美国中小学教师培训进行为期两年的调查研究。为避免其调查研究在教师教育领域引起不必要的纷争，科南特选用一批有才干的合作者展开工作。在卡耐基基金会的支持下，科南特获得普林斯顿大学芬奇（Jeremiah S. Finch）教授、杜克大学卡特莱特（William H. Cartwright）教授、洛杉矶加利福尼亚大学古德莱德（John I. Goodlad）教授、埃默里（Emory University）大学卡尔本（Robert F. Carbone）博士等人的大力支持。①调研活动进行到 1962 年，科南特主要关注各州有关地方学校董事会的法令，这些法令限制了董事会的教师聘用权。他说服宾夕法尼亚州立大学教授马斯特斯（Nicholas A. Masters）、威斯康星大学教育学兼历史学教授伯罗曼（Merle L. Borrowman）和西北大学教授尤斯坦（Micheal D. Usdan）参加研究，还得到纽约州负责高等教育的副厅长弗莱特威尔（Elbert D. Fretwell）的帮助。

两年期间，科南特和助手②访问了各种师资培训院校③，与许多教授谈话，审查课程、教学大纲和教科书，也参观课堂教学，会见学生和教师小组，广泛听取中小学任课教师的意见。1963 年，科南特在广泛调查的基础上，发表报告书《美国师范教育》（"The Education of American Teacher"）。该报告书第五、六章集中表述了其课程思想，第七、八章分别具体论述了小学教师和中学教师的培训课程，是前两章课程思想的具体化。在其总结的著名的 27 条建议中，第 14 条和第 26 条专门针对教师教育课程，其他建议也间接谈到某些具体学科如外语和短期讲习班的教学内容、小学教师的基本训练以及教学实习等。

在科南特看来，教师教育的课程应当包括通识文理科课程、各专业课程和教育学专业课程，这三部分有其各自的作用与地位。他在考察美国教师教育现状的基础上，提出教师教育课程比重。

---

① CONANT J B. The education of American teacher [M]. New York：McGraw-Hill Book Company, Inc., 1964：5.

② 科南特和他的助手考察了 22 个州的 72 所各类学院，还走访了 16 个州的州教育部门。与研究中学时一样，科南特到班里听课，与学生、教师以及行政人员交谈，与 300～400 名各类学生谈过话。报告详细反映了他的发现并提出了 27 条建议。参见：PASSOW A H. American secondary education：the Conant influence, a look at Conant's recommendations for senior and junior high school [R]. New York：National Association of Secondary School Principals, 1977：33.

③ 这些院校既有各类师范学院，也有不同类型的综合性大学；既有本科水平的教师教育课程，也有研究生水平的教师教育课程。

表 4.7　科南特的教师教育课程比重一览表

教师教育课程组成要素	未来中学教师		未来小学教师	
	所占总课时比重	学分小时数	所占总课时比重	学分小时数
通识教育课程	50%	60	50%	60
任教学科课程	37.5% ~40%	45 ~48	25%	30
教育学专业课程	10% ~12.5%	12 ~15	25%	30

资料来源：CONANT J B. The education of American teacher［M］. New York：McGraw-Hill Book Company，Inc.，1964：92 – 93.

　　由表 4.7 可知，科南特非常重视师范生的通识教育。他认为，大学学习两年的通识教育课程旨在提升有关一般文理科目的学力，使教师在同这些领域的同事谈话和交流时具有一定的自信；不论小学教师还是中学教师，这种学力信心是必要的，"未来教师的通识教育应该是广博的文理科目的学术性教育"①。科南特期望通过开设通识教育课程来提高未来教师的学术水平，增强教师在工作中的自信心。尽管了解美国教师教育课程的多样化的现实，科南特还是大胆地为未来教师的通识教育课程做了设计（见表 4.8）。

表 4.8　科南特的教师教育通识教育课程一览表

在中学已学的科目	课程数量	学分小时数	在中学未学的科目	课程数量	学分小时数
英语和作文	2	6	科学（有序地学习物理科学和生物科学）	4	12
西方及世界文学传统	2	6	普通心理学导论	1	3
历史（至少一半不是美国史）	3	9	社会学和人类学导论	1	3
艺术欣赏和音乐欣赏	2	6	哲学问题导论	1	3
数学	2	6	经济学导论	1	3

资料来源：CONANT J B. The education of American teacher［M］. New York：McGraw-Hill Book Company，Inc.，1964：99.

　　科南特主张，通识教育课程方面在大学需要继续学习的领域有文学、历史、政治学、数学、各门自然科学、地理、艺术和音乐，作为通识教育的一部分，这些科目应达到胜任 12 年级学生教学的能力；在任教科目课程方面，

---

　　①　CONANT J B. The education of American teacher［M］. New York：McGraw-Hill Book Company，Inc.，1964：93 – 94.

科南特首先介绍了现行的某些必修科目和各种具体的课程计划，大学生可以选择主修科目，集中专攻某一科目或在广泛的课程计划的若干范型中选择一种①；在教育学专业课程方面，科南特主张精简教育理论课程，删去空泛重复的教材，增加切实可用的科学内容，提高教育学课程的学术水平。他建议所有教师都学习一门普通心理学课程，并强调不管是心理学还是教育学或教学法课程，内容上要协调一致，避免重复，以便把精力更多地投入到对教学实习的指导和评价上。② 另外，在科南特看来，"教学实习"无疑是专业训练中最基本的因素，他依照斯坦福大学罗伯特·布什（Robert N. Bush）教授的意见，称指导教学实习的教育学教授为"教育临床教授"，建议各院校担任指导和评定教学实习的教授应具有更多的实践经验，其地位类似医学院的"临床教授"；教学实习的"临床教授"应定期深入到中小学任教，这样便于掌握基础教育中的一手材料，还可以将教育研究成果应用于中小学教学实践中。③

　　针对第二次世界大战后美国社会的发展需要和教育发展的状况，科南特以提高教育教学质量为目标，对美国中等教育进行广泛系统的社会调查，提出中等教育改革建议，试图建立为美国所有阶层提供公平教育机会的中等教育制度和课程体系。作为哈佛大学的校长，他一方面带头关注社会的教育问题，发挥大学学者在教育研究方面的学术优势，为中等教育的长远发展和大学生源质量的提高提供必要的指导。另一方面，他还密切关注大学教育学科的发展，以提高教育研究生院的学术影响力、提升其教师教育的培养质量为目标，多方面为哈佛大学教育研究生院提供政策和资金方面的援助，全力支持教育研究生院创设教学文科硕士项目。同时，科南特还系统地阐述了教育通识课程和专业课程的改革建议，提出设立教学临床教授的教师专业发展计划，有效推进哈佛大学教育学科在学界的影响力，从而为哈佛大学教育研究生院在 20 世纪 60 年代的教育改革中争得必要的话语权。

　　五、开展认知心理学研究并创立结构主义教学论：布鲁纳在哈佛大学

　　布鲁纳（Jerome S. Bruner）1915 年 10 月生于纽约，1937 年从美国杜克

---

① CONANT J B. The education of American teacher［M］. New York：McGraw-Hill Book Company，Inc.，1964：109.

② CONANT J B. The education of American teacher［M］. New York：McGraw-Hill Book Company，Inc.，1964：136－138.

③ CONANT J B. The education of American teacher［M］. New York：McGraw-Hill Book Company，Inc.，1964：62－64.

大学获得心理学学士学位，后分别于 1939 年和 1941 年获得哈佛大学心理学硕士学位和博士学位。"二战"期间，布鲁纳先在美军司令部从事心理战术研究，后又担任战争信息办公室海外支部委员，在法国军队开展智力研究。"二战"结束后，他返回哈佛大学担任心理学讲师，1952 年成为哈佛大学心理学教授，1960—1972 年担任哈佛认知研究中心主任。此后，他就任英国牛津大学的瓦茨（Walts）教席职位。20 世纪 80 年代初布鲁纳回到美国，一直在纽约大学法律学院兼职，主要从事文化心理、民族心理、语言心理和法律心理等方面的研究工作。

作为一位心理学家，布鲁纳十分关注教育问题，其教育论著主要有《思维的研究》（*A Study of Thinking*，1956）、《教育过程》（*The Process of Education*，1960）、《认知成长研究》（*Studies in Cognitive Growth*，1966）、《教学论探讨》（*Toward a Theory of Instruction*，1966）、《婴幼儿的认知成长过程》（*Processes of Cognitive Growth：Infancy*，1968）。在哈佛大学任教期间，布鲁纳力图改变学界将教育心理学视为普通心理学的应用，使其停留于单纯地解释教学现象的局面。20 世纪 60 年代，他在哈佛大学认知研究中心致力于儿童个体心理的研究，对教育中存在的问题，如儿童个体的学习方式、内部动机、思维方式等进行深入的探究，并进一步研究思维的发展、概念的获得、学校学习与教学改革、儿童智力的发展、认知成长与完善等课题，从认知心理学的角度提出结构主义教育思想和教学理论，在一定程度上成为哈佛大学学者研究中小学教育问题的代表人物。

（一）发挥心理学科优势，建立认知研究中心

布鲁纳是一位心理学研究者，1946 年回到哈佛大学却被分到了社会关系学系。然而，布鲁纳以其心理学家的敏锐观察力，洞察"二战"后美国社会政治经济和科技文化发展的新趋势，以及社会对教育教学工作所提出的各种新要求，如加强数学和自然科学的学习、重视对学习成绩优秀学生的奖励、改革公立学校的课程等。为解决教育教学中的问题，美国各学科的专家参与到全国性组织①发起的课程改革项目，其中以数学、物理学科的专家参与课程改革的热情最为高涨。在这种情况下，成立于 1950 年的美国国家科学基金会（National Science Foundation，NSF）开始关注教师教育项目和课程改革研究，并为教育研究提供长期的经费资助。作为心理学家的布鲁纳申请了一

---

① 这些组织主要包括美国科学促进会（American Association for the Advancement of Science）、美国化学学会（American Chemical Society）、大学入学考试董事会（American College Testing Board）、全国数学教师理事会（National Council of Teachers of Mathematics，NCTM）等。

个由国家科学基金会资助的研究项目，主要就各种新的课程、教学与学习心理学之间的关系展开研究，其内容主要包括学生学习动机、直觉性思维以及课程设计中的认知因素。① 该研究小组集中讨论三个有关教育与认知关系的问题②，激发布鲁纳在哈佛大学建立认知研究中心的想法。

　　早在 1956 年访问欧洲时，布鲁纳就拜访皮亚杰，对其认知研究的理论十分推崇。回哈佛大学后，他与米勒（G. Miller）商议，计划建立一个名称中有"认知"字样的中心，以抗议当时心理学系和社会关系学系所陷入的科学主义。1960 年 3 月，他们向卡耐基基金会的主席加德纳提交了建议书，申请资金来举办年度会议，"与世界各地其他机构的工作人员保持个人接触"，并举办定期研讨会，以及申请"杂项研究经费"用以资助"小型实验性课题"；此外，建议书还申请中心的运作经费，以便每年接纳若干资深访问研究人员及若干年轻教授和研究生。③ 在布鲁纳和米勒的努力下，1960 年秋，哈佛大学认知研究中心（Center for Cognitive Studies）成立，从卡耐基基金会获得为期 5 年的 25 万美元的研究经费。1964—1965 年，该中心的研究经费增至近 40 万美元。

　　认知研究中心推进了心理学界对教育活动的研究工作，广泛涉及记忆、感觉、语法、人工智能、语句解析、声学、学习等与教育密切相关的内容。该中心的研究不再以美国长期以来盛行的行为主义心理学为指导，而主要以皮亚杰的认知心理学为理论基础，以概念学习、语言学习的实验为平台，研究人的认知的内部过程和机制，认为人的认知过程是通过知觉、再认、想象、记忆、判断和思维等心理过程来获得知识，并将知识转化为个体的知识力量与智慧。在此基础上，布鲁纳强调知识是人构造起来的一种模式，它使得"经验"中所包含的规律性具有了意义和结构，任何组织知识体系的观念都是人类发明出来的，其目的是使经验更具体、更连贯，如在物理学中发明

---

　　① BRUNER J S. In search of mind：essays in autobiography［M］. New York：Harper & Row，1983：182 – 183.

　　② 这三个问题主要包括：（1）人们不是就物理学进行思考，而是对物理现象进行思考；（2）根据瑞士心理学家皮亚杰（Jean Piaget）的理论，一个人的思考会受到自己所达到的认知水平的限制；（3）如何组合建构知识对学习至关重要。参见：BRUNER J S. In search of mind：essays in autobiography［M］. New York：Harper & Row，1983：183.

　　③ 拉格曼. 一门捉摸不定的科学：困扰不断的教育研究的历史［M］. 花海燕，等译. 北京：教育科学出版社，2006：216 – 217.

了力的概念，在心理学中发明了动机的概念，在文学里发明了风格的概念。① 在布鲁纳看来，学习是一种认知的过程，是通过学习者的内部认知结构对"从外而内"的输入信息进行编码和加工，以一种易于掌握的形式加以存储，并通过一系列转化的方式"从内而外"地推出新的理论和知识，再对处理知识的方法进行评价，从而扩大或改组原有的认知结构。② 以此研究为基础，布鲁纳确立了以认知心理学为核心的教学理论。

（二）开展概念形成实验，提出结构主义教学论

布鲁纳认为，学习就是要在学生头脑中形成各种学科的知识结构，这类知识结构是由学科知识中的基本概念和原理所组成，通过人的编码系统（coding system）以编码的方式联系在一起。针对学科基本概念和原理的学习，布鲁纳在 20 世纪 50 年代开展了人工概念形成的实验研究。在实验中他设计了 81 张矩形小卡片，每张卡片由图形的形状、图形的数量、图形的颜色和卡片边框的数量四个维量构成，每个维量各有三个属性：形状维量有十字形、圆形与正方形；图形维量有 1、2、3；颜色维量有绿、红、黑；边框维量为 1~3 的三个数值。每张卡片上都具有这四个维量的任意一种属性，即每张卡片上都与其他任何一张卡片在 1~4 个维量上或属性上表现出区别。

在实验之前，研究者预先确定某个维量的某一属性或几个维量的属性为某个概念的特有属性。实验开始时，主试向被试说明即将进行的实验有一个特定的概念，此概念是由某一属性或某些属性所构成，要求被试通过实验来找到这个概念。然后，主试从实验材料中取出一张肯定实例的卡片向被试展示，并向其说明这张卡片所代表的是某一概念的肯定实例。接下来要求被试依据自己的想法，从所有卡片中选取出属于这个概念的其他肯定实例，且每次仅能选取一个。在选取卡片的过程中，主试对被试逐次选出的卡片给予肯定或否定的回答，直至被试发现所有规定的概念，并正确选出全部肯定的实例和说明这个概念的含义。在被试选择卡片的过程中，布鲁纳与其研究人员发现，被试是按照一定的策略进行选择的，其中多数被试采用了总体假设的方式，少数人采用部分假设的方式。其中总体假设的被试应用保守性聚焦策略居多，应用博弈性策略较少；部分假设的被试采用继时性策略居多，应用同时性策略较少。③

通过实验布鲁纳认识到，学习者的心智发展是个体通过自己的内部认知

---

① BRUNER J S. On knowing: essays for the left hand [M]. Cambridge: Harvard University Press, 1962: 120.

② 滕大春. 外国教育通史: 第六卷 [M]. 济南: 山东教育出版社, 1995: 152.

③ 杨汉麟. 外国教育实验史 [M]. 北京: 人民教育出版社, 2005: 722–724.

结构对"从外而内"的输入信息进行编码和加工，并"从内而外"地推论出新的结论或知识，从而改组或扩大原有认知结构的过程。在这个过程中，学习者充分运用自己的头脑或认知结构，主动探究与思考，对知识进行编码和加工，进而掌握知识。在学习过程中，学生以其所熟悉的知识领域及其结构为根据，以对整个问题内隐的感知为基础，以跃进、超越和走捷径的方式来思考问题，直接得出答案。据此，布鲁纳进一步分析：学习是学生参与获得知识的过程，在教师的启发引导下学生按照自己观察和思考事物的特殊方式去认知事物，理解学科的基本结构；或者让学生借助教材或教师提供的有关材料去亲自探索或发现应得出的结论或规律性知识，发现他们自己头脑里的想法。而教师的主要任务是在考虑学生原有认知结构的基础上，通过教学使学生的认知结构和发现学习的能力获得发展。因此，布鲁纳断言教学是帮助和促进人的成长的努力，其理论是关于怎样利用各种手段帮助人成长和发展的理论，其重点在于培养人的操作技能、观察技能、想象技能以及符号处理的技能，是促进学生发现知识、发展能力的必要手段。布鲁纳以结构主义哲学和认知心理学为基础，转变了美国以经验改造为中心的教学模式，将教学与智力发展、学科基本概念、学生直觉思维发展联系在一起，提出了结构主义教学论思想。

布鲁纳能够系统提出其教学改革理论，除了其长期展开教育实验外，还有赖于 20 世纪 50 年代末至 60 年代中期美国推行的全国范围的中小学课程改革运动。1957 年苏联人造卫星成功发射升空，这激起美国朝野的轩然大波，人们纷纷将美国在与苏联竞争中的失利归罪于中小学教学与课程设置存在的问题，导致公立中小学的教育质量下降。提高中小学教育质量、培养科技人才的呼声成为教育改革的主旋律，布鲁纳充分发挥其心理学理论研究的优势，开展教育实验，探究儿童智力发展、学习与认知的过程、课程与教材的编制设计、教学方法的改革，研究各种新的课程与教学心理学之间的关系。1959 年，在国家科学基金会的资助下，布鲁纳领导其心理学研究小组与当时一大批数理学科专家、教学论专家和心理学家在伍兹霍尔召开会议，并将与会专家的想法进行总结，在 1960 年将取名为《教育过程》的会议报告公开出版，在这本书中布鲁纳以学科结构为中心提出明确的教学与课程改革建议。

布鲁纳强调，教学的目的是促进学生掌握必要的知识和技能，这些知识是一种结构化了的知识，是通过定义、原理、法则的形式重新组织教材，使每门学科的知识归结为基本结构，而技能则是学生接受信息和处理信息的能力，即在接受信息之后，善于将信息组织、归类、贮存、再现和应用的能力；在教学中，学生的课程设计与教材编写应该以各学科的基本知识结构为

中心，以便学生掌握各学科的定义、原理和法则，各学科的专家学者参与课程改革，运用螺旋式的方法组织、编制各科教材，使教材符合儿童智力发展的进程与特点，而教师应该从学生心理发展的特点出发，遵循动机原则、结构原则、程序原则、强化原则，促进学生掌握学术领域的基本原理。① 布鲁纳认为，发现是教育儿童的主要手段，教学方法应该引导儿童自己去发现目标，而且发现不仅限于对未知事物的探索，还包括用自己的头脑获得知识的一切形式。在他看来，教师的教学活动应体现认知结构观与发现学习观，要为学生提供最佳的知识结构，并以最佳的顺序呈现给学生，教师还要鼓励学生积极探究，注意新旧知识的一致性，培养学生运用假设、对照的技能开展学习活动。

《教育过程》一书的出版不仅引起学界关于教育改革的关注，促使布鲁纳倡导的结构主义教学论成为课程变革的指导思想，而且还将他本人推向美国课程改革运动的中心。1960 年，他参与了"人类：一门研究课程"（Man：A Course of Study，MACOS）的工作，这是一门关于人类进化的课程。布鲁纳领导研究小组的成员，试图了解历史学家、社会科学家和教师能否在一起用科学诚实的方式向儿童传授关于人类本质的知识。为实现这个目标，他提出三个重要的问题：什么是人类的特点？这些特点是怎样形成的？这些特点将怎样进一步发展？② 根据这些问题，布鲁纳和研究小组成员开发了教学电影、教科书、教学参考材料并修改课程。至 1966 年时，他们已利用哈佛大学的图书馆资料和教学资源，对若干地区的教师进行系统的课程培训，其目的是通过多种手段来探究影响人类发展的多种要素，进而在一定程度上推进美国教育人类学和教育文化学的发展。

布鲁纳作为哈佛大学的心理学者，虽不在教育研究生院从事研究和教学工作，但与米勒共同努力，促成哈佛大学认知研究中心的建立，积极关注中小学课程改革，以认知主义心理学为基础，创立结构主义教学论和课程改革思想，并在 20 世纪 60 年代后期，引领美国教育人类学和教育文化学的发展。

---

① 张人杰，王卫东. 20 世纪教育学名家名著［M］. 广州：广东高等教育出版社，2002：513 - 515.

② BRUNER J S. In search of mind：essays in autobiography［M］. New York：Harper & Row，1983：191.

第三节　斯坦福大学教育学科的调整与重组

一、创立以学位项目管理为核心的教育学科

1933 年，克伯莱从斯坦福大学退休，不再担任教育学院名誉院长，来自哥伦比亚大学师范学院的科福维尔（Grayson N. Kefauver）教授继任教育学院院长。克伯莱对斯坦福大学教育学科的发展影响深远，除了他在教育史学和教育管理学学科发展上的卓越贡献外，在其任职教育系主任和教育学院院长期间，他所提出的教育学科发展理念和持续推进的工作举措吸引了大量的学生前来就学。

自 1898 年克伯莱担任教育系主任以来，斯坦福大学在教育学方向共授予 388 名学生文学学士学位，625 名学生文学硕士学位，授予主修教育学专业的 52 位学生哲学博士学位、辅修教育学专业的 26 位学生哲学博士学位，授予 23 位学生教育博士学位。在克伯莱的主导下，1933 年，斯坦福大学教育学院下设教育系、教育心理学系、教师培训系和图形艺术系，具有文学学士、文学硕士、教育博士、哲学博士的学位授予权。同年 4 月 20 日，斯坦福大学在教育博士学位的若干项目上做了调整，强调教育学院在吸引更多的大学毕业生来教育学院深造，进而培养中小学教育管理人才方面的工作职责，同时强调广博的通识教育基础课程是研究生获取博士学位的必要前提。斯坦福大学校长威尔伯（Ray Lyman Wilbur）认为：

> 非教育学专业毕业的教育博士学位申请者，在具备充分的文理学科基本训练的情况下，必须系统地学习教育学专业课程，因为这些教育领域的知识学习为毕业生将来从事教育领导工作做准备。这种要求的性质和范围将会深刻影响教育学院的每个学生。①

除设立教育学专业学位外，教育学院继续担负加利福尼亚州教师资格证书的申请工作，并在前期工作的基础上将教师资格证书的授予种类调整为 6 类：（1）中等学校证书；（2）初级学院证书；（3）特殊专业证书；（4）学校管理证书；（5）学校督导证书；（6）教育学研究证书。学院还规定，教师资格证书的申请者需要具备大学本科生的学业水平，且选修 30 ~ 45 学分

---

① Stanford University. Annual report of the president of Stanford University for the forty-second academic year ending August 31, 1933 ［M］. Stanford：Stanford University Press，1934：6.

的心理学（包括人体生理学）和社会科学的课程，还要在两年的教学实践中获得最低为 B 等级的分数。

1934 年 2 月 8 日，教育学院取消其下设的教育系、教育心理学系、教师培训系和图形艺术系，设立以文学学士、文学硕士、教育硕士、教育博士、哲学博士学位为核心的项目管理模式，其中新设立的两年制教育硕士学位项目，与其他四类学位项目共同由学院负责管理。同年，教育学院还设立一年制的高级学位（advanced degrees），申请该学位的本科毕业生须修满教育学院开设的教育学专业课程，学生毕业后既可申请硕士学位，也可继续深造，申请博士学位。此外，教育学院与保健学院、体育学院开展联合项目，在教育专业工作者的培训方面促使参与该工作的大学不同院系形成了更为紧密的合作关系，其合作方式如下：

1. 教育学院院长、保健学院和体育学院院长由校长任命和推荐，教育学院负责保健和体育教育课程的设立、指导和管理。负责该项目的教育学院工作人员由教育学院院长任命，且开设的课程必须由教育学院的教授审核。

2. 负责该项目课程安排的教育学院工作人员，必须遵守教育学院的工作制度，对学院的工作高度负责，设计和管理项目课程，以便学生获得教师资格证和学位证。

3. 保健学院和体育学院的专业教育是教育学院学位授予工作的重要组成部分，学校已批准该方向的学生归属教育学院管理，且接受教育学院安排的一系列课程，并由教育学院授予文学学士、文学硕士、哲学博士和教育博士学位。①

保健学院和体育学院的相关教学机构，因教育专业培训工作的开展团结在教育学院的领导下，且已成为教育学院的重要成员。另外，心理系的教师为教育学院开设教育心理学课程，这些课程已成为教育学院合作项目的重要组成部分。

1935 年，教育学院对文学硕士学位的工作进行调整，科福维尔认为申请文学硕士学位者在选修研究生核心课程的基础上，应分为 9 个方向进行培养，包括：（1）教育史研究者；（2）教育心理学研究者；（3）教育社会学研究者；（4）学校督导研究者；（5）学校校长或主管；（6）学校督学或课程研究者；（7）教育指导或个人咨询者；（8）教育保健研究者；（9）学科教师。申请

---

① Stanford University. Annual report of the president of Stanford University for the forty-third academic year ending August 31，1934［M］. Stanford：Stanford University Press，1935：5－6.

文学硕士学位的学生若想在大学或学院修读教育学课程，还需选修教育学院设置的专业方向课程。通过这样的调整，教育学院的人才培养类型将更加多样化。

1934—1935 学年，在教师培训主任卡利（Verna A. Carley）的领导下，教育学院与大学其他合作院系召开了若干次联席会议，主要就教师培训的合作和调整事宜进行沟通。科福维尔院长对会议进行了中肯的评价：

> 这些会议的举行，着实推进教师专业培训合作工作的进程，提高了自然科学、社会科学和英语教师资格证书的水平。大学各个学院对教师培训工作的重视与负责，是各部门之间良好合作的基础。①

1935 年暑假期间，学院为满足社会对教师专业工作者不断增长的需求，设立与常规教学不同的教师培训项目。该项目主要通过两种方式来推进各项工作：其一是举办教育管理会议，该会议共邀请 511 人参会，教育学院的教职工和 50 位教育管理方面的专业学者在会议上发表演讲并组成专家组进行专题讨论；其二是在个人自愿的基础上，教育学院组建了为期四周的研究生学习项目，参与该项目的 17 位学生利用教育学院的教学和学习资源，对其专业领域的重要问题进行深入探究。

除开设暑期学校外，科福维尔认为实验学校对教育学院的整体发展也具有重要作用。因此，1935—1936 学年为推进教育专业指导的实践经验得到充分发展，学院就实验学校的问题开展多次谈判，其主要目的是构建教师专业培训的系统组织。事实上，加利福尼亚州教师资格证书管理处提出了新的要求，即通过监管不同类型的学校系统，教育学院为学生提供更多的教学实践机会。在与门罗学院（Menlo School）和初级学院（Junior College）合作的过程中，教育学院已与之建立起良好的联系，并已建立相应的实验学校。然而，在科福维尔院长看来，这样的工作安排不具有长远性且不够完美。在1937 年年度报告中，他对此问题专门做了强调：

> 教育学院设立基础教育和中等教育水平的实验学校或示范学校的需要是迫切的，这种需要存在于学院成员自身所开展的教育实验行动中，成为研究

---

① Stanford University. Annual report of the president of Stanford University for the forty-fourth academic year ending August 31, 1935 ［M］. Stanford：Stanford University Press，1936：199.

生实验项目进展需求的组成部分，也可被视为最好的教育实验的展示方式。①

　　虽然教育学院与门罗学院和初级学院建立了紧密的合作关系，双方都从中得到实惠，但这种设计与安排的实际效用是非常有限的，并不能充分构建教育实验和示范学校的组织系统。因此，1938 年，教育学院与门罗学院和初级学院调整了合作的安排，5 位教育学院的教师作为合作学校的成员开展工作，其中欧立希（Alvin C. Eurich）被任命为课程指导主任。1939 年，建立初等学校和中等学校水平的实验学校或示范学校的需求依然存在，因而斯坦福大学教育学院的实验学校在类型与数量方面还需要继续扩充，这充分说明斯坦福大学教育学院在教师培训和学生培养方面特别重视教育理论和实践相结合。

　　1937 年，加利福尼亚州青少年研究局（California Bureau of Juvenile Research）迁至斯坦福大学校园内，研究局主任芬顿博士（Norman Fenton）兼任教育学院助理教授，这有助于促进斯坦福大学与研究局更好地联合在一起，在教师培训、职工指导和公立学校管理者聘任等方面开展深度合作，进而实现教学资源和研究资源的最优化共享。

　　1937 年，教育学院大楼开始建设，次年竣工。大楼建设所需资金主要由克伯莱（Ellwood P. Cubberley）夫妇捐赠。1938—1939 学年，学院有 1 052 名学生注册，共授予教育学专业 75 名学生学位，其中 29 人获文学学士学位，33 人获教育学专业的文学硕士学位，1 人获教育硕士学位，12 人获教育博士学位。教育学院院长科福维尔报告道：

　　诸多在教育学院获得教育学学位的学生，同时符合加利福尼亚州专业证书的授予条件。大学其他学院也授予学生多种专业证书，其中普通中等学校教学证书 91 份，初等学院教学证书 3 份，专门中等学校证书 3 份，教育管理证书 18 份。②

　　1938 年 11 月 17 日，斯坦福大学董事会通过教育学院关于调整高级学位培养计划的申请，在该学位下增设教师硕士学位的培养计划。同年设立阅读中心，为诊断和纠正学生的阅读困难提供服务。次年，斯坦福大学设立高中

---

① Stanford University. Annual report of the president of Stanford University for the forty-sixth academic year ending August 31, 1937 ［M］. Stanford：Stanford University Press, 1938：228 – 229.

② Stanford University. Annual report of the president of Stanford University for the forty-eighth academic year ending August 31, 1939 ［M］. Stanford：Stanford University Press, 1940：237.

水平的暑期示范班，为学校教师提供必要指导。当年暑假期间，斯坦福大学与全国进步教育协会（Committee of the National Progressive Education Association）开展教育评价研讨会的合作项目，教育学院的欧立希教授担任执行主任，该项目促进了学院的研究生与专门学术组织之间的交流与学习，拓宽了学院的学术交流渠道。

1928—1938 年，斯坦福大学教育学院的教师出版了大量教育学方面的著作，有效推进了教育学科的发展。1928 年，朗博士（R. A. Lang）出版著作《新教师》（The Beginning Teacher）和《美国公民和政府》（American Civics and Government），两本书被选为高中和初级学院的标准教材。伊尔斯（Walter C. Eells）教授整理了近五年来斯坦福大学初级学院注册学生的资料记录，并主编出版《加利福尼亚州中等教育季刊》（California Quarterly of Secondary Education）和《斯坦福学院公告》（Stanford Faculty Bulletin），他还与普罗特克（William M. Proctor）教授合作，发放 8 000 份调查问卷，对加州首府萨克拉门托市的学校系统和联合高中进行调查。凯利（Truman Kelley）教授在联邦基金（Commonwealth Fund）的资助下，完成了他的研究并出版《男性心理的交互：心智能力的差异研究》（Crossroads in the Mind of Man：A Study of Differential Mental Abilities），他还与推孟教授联合修订《斯坦福成就测试》（Stanford Achievement Tests）。

截至 1940 年，斯坦福大学教育学院主要培养教师、教育主管、教学工作指导者、学校管理者和其他教育专家等教育专业人才，其授予的学位主要有文学学士学位、文学硕士学位、教育硕士学位、教育博士学位和哲学博士学位，还设立了介于学士学位和硕士学位之间的高级学位。而且，教育学院的学生在修满课程获得学分的情况下可申请教师资格证书，大学在颁发教师资格证书方面与州教育委员会具有同等的权力。其中文学学士学位项目主要在社会科学和心理学两个方向授予学位，主要开设社会科学、心理学和教育学方面的课程，学生必须修满 15 个学分的教育学课程，并在教育心理学、教育社会学和教育卫生学等领域选修至少一门课程，还必须修满 45 学分的社会科学课程；如果是教育卫生学和体育教育方向的学生，还必须修满 15 ～ 20 学分的教育学课程。高级学位项目要求学生依据自己的专业发展兴趣，在教育心理学、教育社会学和教育卫生学三类课程中选修至少一门课程，且分为六个培养方向，即教育史和比较教育、教育心理学、教育社会学、教育卫生学、教育管理和事务服务、教师。文学硕士学位、教育硕士学位和哲学博士学位主要由大学控制其授予权，教育学院控制教育博士学位的授予权。其中文学硕士学位要求申请者必须满足以下条件：

1. 至少一年期在校全日制学习，总学时不少于 39 学时。

2. 必须按照学校规定完成硕士学位论文，且修课时间不少于 39 学时，获得 6~9 学分。

3. 获得学位推荐委员会的推荐。

4. 在实践课程中获得 B 以上的等级评定。①

1939—1940 学年，斯坦福大学教育学院除设立文学学士学位外，还设立了文学硕士、教育硕士、教育博士、哲学博士等高级学位，同年教育学院授予 22 个文学学士学位，51 个硕士学位（包括教育硕士和文学硕士），10 个教育博士学位和 3 个哲学博士学位。②

1941 年，教育学院为满足斯坦福大学周边从事教学、学校管理、教学督导等工作的中小学教师的进修需要，设立教育研讨项目（program for educational workers）。该项目由教育学院的教师在每周六的上午和工作日的晚上开设研究生层面的教育专业课程，其目的是提高学校工作人员的教育专业素养。③ 同年，受美国参加"二战"的影响，学院院长科福维尔组织教育学科的教授在暑期开展关于战争与教育、战后教育展望的研讨会，教授们结合其研究特长于 1942—1943 学年编著出版《战争时期的教育学》（Education in Wartime），探讨教育学科在战争影响下的发展特点。1942 年暑期教育学院在卡耐基基金（Carnegie Foundation）的资助下，举办"战争与和平下的教育"的研讨会，邀请加利福尼亚州中学校长联合会（California Association of Secondary School Principals）的成员和社区代表参会，共同探讨"二战"影响下的学校教育问题，为中学教育和青少年成长提供建议。

1943 年，教育学院在教育工作者项目的基础上设立教师教育项目，为有志于从事教师职业的本科生开设教育专业课程，该项目培养的学生分为两类：

1. 斯坦福大学的本科生：需要选修 2 学分的教育研究导论、8 学分的教学基础、10 学分的中学组织和指导、10 学分的教学和教学过程研讨；

2. 斯坦福大学硕士学位申请者：需要选修 4 学分的教育心理学、4 学分的教育社会学、4 学分的教育卫生学、4 学分的中学教学原则和方法、6 学分的课程与导论、6 学分的教学讨论。

---

① Stanford University. School of education annual announcement，1940 – 1941：25.

② Stanford University. Annual report of the president of Stanford University for the fiftieth academic year ending August 31，1941 ［M］. Stanford：Stanford University Press，1942：216 – 217.

③ Stanford University. School of education annual announcement，1940 – 1941：21.

选修教师教育项目的学生必须参加中学教学实践，具备申请教师资格证书的各项条件。[①]

1943—1944 学年，教育学院授予 16 个文学学士学位、33 个文学硕士学位、10 个教育博士学位、1 个哲学博士学位。同年教育学院应加利福尼亚州特殊教育委员会之邀为特殊教育教师开设听力障碍儿童的专业指导课程，并积极参与加利福尼亚州特殊教育项目。教育学院还与保健学院、心理学院联合参与日托中心和护理学校的儿童指导项目，并为护理学校开设 32～34 学分的教育专业课程。在暑期，教育学院还举办了三期面向初等学校、中学和初级学院的教育工作研讨班，即数学教师研讨班（workshop for mathematics teachers）、科学教师研讨班（workshop for science teachers）、语言交流研讨班（cmmunications workshop），研讨班结合教师教学中面临的问题展开探讨，为教师的教学技能提升提供直接的建议。此外，教育学院的常务副院长金尼（Lucien Blair Kinney）教授担任斯坦福大学战后计划委员会（Committee on Postwar Planning）主任，他带领汉纳（Paul R. Hanna）教授参与军队测试标准化建设项目，开发了陆军和海军的征兵测验标准。通过参与这些活动，斯坦福大学教育学院的教授们了解社会的实际需要、探讨战争条件下教育学科发展的空间。

1945 年 9 月，金尼正式担任教育学院院长，在他看来，战争时期的教育问题和战后预期出现的教育问题都应在教育学院开设的课程内容中进行专门的研讨和探究，他于 1945 年的年度报告中提出：

教育学院应认识到学生在大学接受教育的专业训练是为了更好地适应"二战"前后学校面临的发展境遇，我们应看到教育能为战争时期的人们提供前行的动力，也能为战后和平时期人们的社会建设带来美好的前景。学院对"二战"前后教育的社会问题进行研究，为学生开设关于学校教育的社会科学课程将有助于他们更好地面对学校教育问题。[②]

金尼认为，在美国社会快速发展和文化多元化的条件下，教育学院应注重研究当前的教育问题并探索教育实践的背景，应从个体发展和社会发展的需要出发来设立教育项目，并应着重推进研究生层面的教育项目，为此他主张斯坦福大学教育学院开设系统的社会科学课程来提升学生的教育研究能力。1946 年 5 月 22 日，在金尼的主导下，教育学院调整了文学硕士学位培

[①] Stanford University. School of education annual announcement，1942 – 1943：25 – 26.

[②] Stanford University. School of education annual announcement，1944 – 1945：15.

养计划的条款，规定申请文学硕士学位者需符合以下条件：

1. 获得学士学位且选修教育学院规定的教育学课程；

2. 选修 2 学分的教育研究课程，即教育研究方法和教育问题探讨；

3. 选修文学硕士学位论文写作指导并选定论文题目；

4. 符合教育学院文学硕士学位的申请资格并获得文学硕士授予委员会的推荐；

5. 在文学硕士学位申请测试中表现良好且获得合格成绩。①

1946 年 7 月，巴特基（Adolph John Bartky）担任教育学院院长，他认为教育学院应集中力量培养教育博士，提升斯坦福大学教育学院教师教育的规格，从而为其他大学教育学院、州教师教育机构培养专业的教育学者。同年 12 月，巴特基调整教育学院的教育博士学位，规定申请教育博士学位者须选修 75 学分的核心课程，包括 35 学分的教学实践和学位论文、20 学分的教育心理学课程、20 学分的教育社会学课程。1946—1947 学年，教育学院共授予 185 个学位，其中文学学士学位 53 个，文学硕士学位 109 个，教育博士学位 21 个，哲学博士学位 2 个。

进入 20 世纪 50 年代，美国社会中小学教师的需求数量不断增加，受此影响，斯坦福大学教育学院主要致力于培养中小学教师、教育督导、教育管理者和其他教育专业工作者，学院设立文学学士、文学硕士、教育硕士、教育博士、哲学博士五类学位，还直接参与加利福尼亚州教师资格证书的授予工作。1952—1953 学年，巴特基主张对学院设立的文学学士学位、文学硕士学位的培养计划进行调整，以实现培养多层次中小学教师的培养目标。调整后的文学学士学位培养计划分为五个方向：（1）中小学通用的教师资格证书；（2）男性体育教育；（3）女性体育教育；（4）卫生与保健教育；（5）广义的通识教育。选修教育专业的大一新生还须于春学期在学院办公室的组织下去中小学见习。② 同年，在斯平德勒（George D. Spindler）的倡议下，教育学院增设文学硕士学位的核心课程，并设定文学硕士学位的类型包括：

1. 教育研究型：须向大学学位注册办公室提交三份研究论文，具有申请博士学位的资格，具备从事教育研究工作和教育学院教学工作的资格。

---

① Stanford University. Annual report of the president of Stanford University for the fifty-fifth academic year ending August 31, 1946 ［M］. Stanford：Stanford University Press，1947：1.

② Stanford University. School of education annual announcement，1952 – 1953：26 – 27.

2. 教育实习型：参与教育学院组织的教学实习，具备从事中小学教学工作的资格。

3. 学校专家型：不需学位论文，具备从事中小学教学、教育管理、教学指导的资格。①

这一时期，教育学院除了对其设立的教育项目进行调整外，还继续与加利福尼亚州教育委员会合作共同负责中小学教师资格证书的授予工作，并进一步根据社会发展的需要来调整教师资格证的申请标准。1951 年 9 月，教育学院与加利福尼亚州教育委员会共同推行新的中学教师资格证书的申请条件，其内容包括：

1. 选修至少 60 学分的教育学基础课程；

2. 选修至少 39 学分的教育学专业课程，包括 5 学分的教育社会学基础、5 学分的教育心理学基础、3 学分的教育保健基础、1 学分的视听实验、3 学分的美国中学、3 学分的中学教学观察与实践、6 学分的课程与教学指导Ⅰ、4 学分的课程与教学指导Ⅱ、9 学分的中学课堂教学；

3. 选修至少 40 学分由斯坦福大学教育学院开设的研究生课程；

4. 非教育学院的学生须在大二选修课程与教学指导Ⅰ和课程与教学指导Ⅱ两门课程。②

教育学院的教授们还利用暑期举办教育研讨班和研讨会，从而增强斯坦福大学教育学科的影响力。1953 年 12 月，奎伦（I. James Quillen）担任教育学院院长，在美国社会不断发展的背景下，他认为教育学院应该调整教育社会学课程，支持斯平德勒增设教育人类学课程，并于 1954 年 9 月在卡耐基基金（the Carnegie Foundation）的资助下联合美国人类学联合会（American Anthropology Association）、斯坦福大学社会学系举办"斯坦福大学教育与文化学术研讨会"（Stanford Conference on Education and Anthropology），从而有力地促进了斯坦福大学教育学科在教育人类学方向的发展。③

为响应 1958 年《美国国防教育法》的颁布实施，斯坦福大学在 1958—1959 学年设立教学文科硕士学位，学院规定申请该学位者需满足以下条件：

---

① Stanford University. School of education annual announcement, 1952 – 1953: 26 – 27.

② Stanford University. School of education annual announcement, 1951 – 1952: 34 – 35.

③ Stanford University. School of education annual announcement, 1953 – 1954: 161.

1. 具有一年以上教学经验且具备有效的教师资格证书。

2. 完成三学年的全日制本科课程学习或具有与其相同的学习经历。

3. 选修最低45学分的必修课程，且其中至少36学分的课程在斯坦福大学选修。

4. 选修25～30学分文理学院开设的学术性课程。

5. 选修至少四分之一教育学院开设的教育学必修高级课程。

6. 选修教育学院和文理学院开设的专业课程。

7. 选修由教育学院与文理学院共同商定关于教学的专业课程。①

同年教育学院还设立教育专家学位，该学位由斯坦福大学研究生学位委员会和教育学院联合管理，学位申请者的研究领域须符合教育学院公布的专业方向，且须完成至少两年的研究生课程学习，其中一年必须选修斯坦福大学教育学院开设的研究生课程。该学位是介于文学硕士和教育博士或哲学博士学位之间的研究生学位，符合学位申请要求者将被授予其专业领域的教育专家学位。②

1963—1964学年，斯坦福大学教育学院取消文学学士学位，主要设立四类研究生层次的教育学学位，即文学硕士学位（包括教学文科硕士）、教育专家学位、教育博士、哲学博士。教育学院根据20世纪60年代美国中小学教师的需求数量不断增长和中小学教育质量不断提升的状况，联合文理学院修订教学文学硕士培养计划，除具体设定其培养的教师专业方向包括文学、生物学、化学、英语、法语和意大利语、数学、欧洲现代语言、自然科学、物理学、政治学、社会学、演讲和戏剧之外，还调整了该学位的申请条件，具体内容如下：

1. 申请者须获得学士学位且本科阶段的学科平均成绩达到研究生入学标准，符合教学科目所在专业院系的入学要求，教育学院的毕业生须具有专业教育的学习经历且必须符合教育学院和教学科目专业院系的入学要求。

2. 申请者须具备教师资格证书并具有一年以上的教学经验。

3. 申请者须完成三学期的全日制本科学习或具有与其相同的学习经历。

4. 申请者须选修最低45学分的必修课程，且须在斯坦福大学选修至少36学分的必修课程。

5. 申请者须选修教学科目方向至少25学分的必修课程。

6. 申请者须选修教育学院开设的至少12学分的研究生课程，包括教育

---

① Stanford University bulletin，announcement of courses，1958－1959：22－23.

② Stanford University bulletin，announcement of courses，1958－1959：24.

学院与其他专业学院联合开设的教学专业课程。

7. 申请者须选修教育学院与教学科目专业学院联合开设的专业课程，且申请者的入学申请和最终的学业成绩须由教育学院和专业学院联合审核。

8. 申请者须选修斯坦福大学的必修课程且成绩平均分至少达到 B 等级，或者符合文学硕士学位的申请资格。

9. 具有教学专业领域之外的学习经历的申请者已获得的学分可依据其与教学科目的相关性酌情参考。

10. 申请者在教学科目专业或教育学专业选修的专业课程可作为申请资格的参考。①

20 世纪 60 年代，斯坦福大学教育学院主要致力于培养研究生层面的中学教师和教育学专业研究者，尤其是热衷于培养具有学校教育研究能力的精英型教师，试图推进教育专业工作者教育研究能力和教学实践能力的综合平衡发展。这一时期，教育学院不仅设立层次多样的研究生学位，而且变革教学文科硕士学位的培养计划、提高学位的授予标准，从而强化从事中学教学工作的学位申请者具备研究学校教学问题的能力，促进斯坦福大学教育学科具有更明显的教学实践特色。

二、以培养多层次研究生为目标的教育学课程调整与重组

1933 年 7 月，科福维尔接任教育学院院长，次年 2 月 8 日设立了两年制教育专业硕士学位项目，并建立以学位项目为核心的学院管理模式，取消系科建制由教育学院统一负责学位项目的组织和管理。同年，教育学院与保健学院、体育学院开展联合项目。随着合作项目的开展，学院的事业发展发生了重大的改变。多种教育方向的学位设立促使斯坦福大学教育学院开设多种类型的心理学和社会科学方面课程，其课程内容主要包括生理学、心理学、社会学、经济学、历史学、政治学的基础知识，正如 1934 年学院院长科福维尔所言：

在研究生学习的第一年，许多重要的课程联系在一起组建成为联合课程，这些课程占据学生三分之二的大学学习时间。与这些课程相应的是，学院开设了学术研讨班项目，该项目给予学生充分的课程学习自由。在研讨班上，学生就自己喜欢的研究领域发表见解，同时也可以对教学训练计划与行动进行评价。随着这些变化的推进，教育学院从学生的需要出发来设计课

---

① Stanford University bulletin, announcement of courses, 1963 - 1964: 46 - 47.

程、开展工作。①

在科福维尔的主导下，教育学院为研究生开设教育学基础、教育研究方法、教育心理学理论、教育社会学、教育史、教育实践和学校问题研究等课程，这些课程是申请学院教育硕士、教育博士、哲学博士学位的核心课程。通过开设这些课程，斯坦福大学教育学院主要致力于培养研究生的教育研究能力，提高他们运用教育学和心理学的基本理论来探究学校教育问题、参与教学实践的专业素养。

为进一步提高研究生的教育专业素养，1935—1936学年，教育学院继续调整研究生的核心课程，开设教育史、教育心理学、教育社会学、学校组织等课程，其中教育史课程包括美国教育史、教育通史、现代教育运动研讨、教育史专题研究和比较教育专题研究；教育心理学课程包括儿童心理学、教育心理学、特殊儿童、心理测验、学校儿童健康、心理测验实践、心理测量理论、临床心理学、人格心理学、天才儿童研究、教育心理问题研究；教育社会学课程包括学校与社会、教育社会学研讨、教育基本理论专题研究、教育社会学专题研究。同时，教育学院还在文学硕士学位、教育博士学位、哲学博士学位的培养计划中增设高级教育课程，其内容包括大学教学策略研究、大学及学院管理研究、美国大学和学院研究、高等教育管理研究、初级学院研究等。为更好地展现办学特色、吸引更多的学生来斯坦福大学教育学院学习，科福维尔在1936—1937学年再次调整学院的核心课程，开设教育心理学、教育社会学、教育史和比较教育、教育统计学、教育卫生与保健等课程。斯坦福大学教育学院方向多样性的课程设置既符合美国社会发展对教育学科建设的基本要求，又为学生的教育专业学习提供多种选择条件，促使教育学院的办学实力进一步增强。

1937—1938学年，教育学院进一步关注教学证书和教学文科硕士学位，并通过多次会议，设立普通中等教学证书项目，与合作学校共同确立学生的课程。该项目最重要的改变表现在课程设置方面，为推进普通中等教学资格证书项目的发展，学院开设教育社会学、教育心理学和教育卫生学等课程，与合作院系和合作学校在学科教学方面开设教学科目训练课程。此时学院提高生源质量要求，要求学生必须具备更高的天赋能力、优秀的学术潜质、良好的身心健康条件和必要的社会领导能力。教学文科硕士学位的培养计划不仅开设个体与社会相结合的专业课程，还开设为将来工作做准备的教育卫生

---

① Stanford University. Annual report of the president of Stanford University for the forty-third academic year ending August 31，1934［M］. Stanford：Stanford University Press，1935：206－207.

学课程。

截至 1941 年，教育学院开设的教育学课程共分成五类：（1）教育基础课程；（2）学校教学、指导与监管课程；（3）教育管理课程；（4）教育研究课程；（5）教育保健与卫生课程。具体来说，教育基础课程包括统计方法导论、教育研究导论、教育社会学Ⅰ、儿童心理学、教育心理学Ⅰ、异常儿童、美国学校体制、教育史、心理测量、教育哲学、人的发展与成熟、教育卫生学原理、心理测量实践、学校和社区的心理卫生、高级统计方法Ⅰ和Ⅱ、个性差异、心理诊疗、个性心理学、学习心理学、教育社会学Ⅱ（职业）、教育和民主政治、教育社会学Ⅲ（休闲）、教育心理学Ⅱ、教育哲学和社会哲学研讨班、教育现代化运动、教育中的心理学问题、心理学对机体的影响、教育史专题研究、教育理论专题研究、教育社会学专题研究、教育的统计测量专题研究、智力测验和教育心理学专题研究、比较教育专题研究，学校教学指导与监管课程包括学生的经验、学校环境、校内和校外活动指导、教育学院与其他学院的合作开设的课程（包括教育心理学、教育卫生学、教育社会学、艺术教育、英语教育、卫生和体育教育、现代语言教育、音乐教育、科学教育、社会学教育、基础和中等学校课程建设），教育管理课程包括现代教育的管理与监管、美国学院与大学、中等学校管理、州和县学校管理、公立学校管理、初等学校的组织和管理、学校调查和教育研究、学校事务管理、公立学校财政、初级学院管理、普通学校管理问题研讨班、初级学院和学院管理研讨班、普通管理实践研究、中等学校管理实践研究、初等学校管理实践研究。

这些种类多样、层次丰富的教育学课程的设置，一方面展现出斯坦福大学教育学院人才培养模式的特点，另一方面也说明斯坦福大学教育学院以美国中小学教学实践的需要为前提，着重培养具有教学实践能力的教育专业人才。教育学院还于同年调整了教育硕士学位的课程内容，以期提升学生的教育理论与实践相结合的高水平技能，主要由三部分构成：

1. 与学位申请者专业研究方向相关联的知识领域。该领域的研究主要与申请者的学位论文和研究目标相联系，且申请者需获得 10 ~ 15 学分的课程成绩。

2. 学院在四分之一的学习时间（总学习时间期限为两年）开设基础的和实践的课程，主要由课程理论学习、研讨班和独立教学实践构成。

3. 至少四分之一的时间与教育学院以外的院系或学校开展实践课程。①

据此可以看出，这一时期斯坦福大学教育学院主要以中小学学校教育、教学的实际需要为基础，围绕着儿童的心理发展、学校的组织状况、学校管理的问题开设了较为系统的教育心理学课程、心理测验课程、教育管理课程、教育史和教学实践专题研讨课程，建立起种类多样、层次丰富的课程体系，从而促使斯坦福大学的教育学科获得较为宽广的发展空间。

由于美国参加"二战"，导致教育学院的招生人数下降。为提高斯坦福大学教育学院的办学吸引力，1942年科福维尔将学院的教育学基础课程调整为六类：（1）教师教育专业课程，包括教育社会学、教育卫生学、教育心理学、中学课程探究、课程与指导；（2）教育学基础课程，包括教育卫生学、教育心理学、教育社会学、教育史与比较教育学、教育统计学；（3）学校课程、教学、指导和监管；（4）教育管理课程；（5）教育研究课程；（6）教育保健与卫生课程。在原有课程体系的基础上，教育学院增设教师教育专业课程，其重点在于关注中学教师的培训工作并持续参与加利福尼亚州教师资格证书的授予工作。1943年，教育学院为了继续完善教师教育、为中学培训合格的师资，开设了面向初等教育的教育研讨班。

1945年，金尼院长面对"二战"后美国社会的发展状况和学校教育的发展需求，对教育学院的课程进行调整，试图通过开设社会科学类的课程来提升教育学院学生解决教育问题的能力。在他的主导下教育学院开设了生理学课程、心理学课程、艺术学课程、社会学课程、经济学课程、历史学课程和政治学课程，这些课程的开设促使教育学院的研究生较为系统地借鉴社会科学的方法来关注教育问题，为其以后从事教育专业研究奠定理论基础。

1946年7月，巴特基担任教育学院院长，上任后他调整了教育博士学位的培养计划，开设了三类教育博士学位的核心课程，即教学实践和学位论文写作课程、教育心理学课程、教育社会学课程，其中教育心理学课程包括学习心理学、儿童心理学、成人心理学、社会心理学、智力和兴趣、生理学基础，教育社会学课程包括教育社会学和学校社会功能、教育与社会分层、职业教育、公民教育、休闲教育和优雅生活、家庭生活教育、道德品格教育和生活哲学、教育理念比较。巴特基通过在教育博士学位课程体系中增设社会科学类的课程，旨在突出和强调教育与人类社会生活的重要关联，并借此来培养探究社会问题的教育专业人才。为更好地实现其学科发展设想，1947—

---

① Stanford University. School of education annual announcement，1940 – 1941：26 – 27.

1948 学年，巴特基又主导教育学院基础课程的调整，在他的倡议下学院开设的教育学课程包括：（1）教育史、教育哲学和比较教育学；（2）教育社会学；（3）教育心理学和生理学基础；（4）教育管理概论；（5）教育组织和指导；（6）课程与教学方法；（7）教育测验、评价与研究；（8）特殊课程与指导。与前期相比，在巴特基主导下开设的教育学课程具有更清晰的专业特色。

进入 20 世纪 50 年代，教育学院为培养多层次的中小学教师和教育专业人才，调整学院的教育项目并重组教育学基础课程，1952—1953 学年教育学院的基础课程设置为：（1）大学本科三、四年级课程，主要包括教育学基础、教育卫生学基础、教育管理学、教育指导、课程与教学方法、教育评价与教育研究等；（2）研究生课程，主要包括教育史、教育哲学、比较教育学、学校管理学、初等学校课程与指导、初等学校教学观察与指导、中学课程与指导、中学教学观察与指导、初级学院教学等；（3）教师教学经验探讨课程，由具有丰富教学经验的教师主导展开研讨；（4）个人专题研究。同年，斯平德勒建议教育学院对文学硕士学位项目进行调整，申请学院文学学士学位者须选修教育学的基础课程，其具体内容包括教育社会学、教育心理学、教育卫生学、教育史、教育哲学、教育管理学、学校指导与课程。在斯平德勒的倡议下，教育学院将教育社会学课程设置为文学硕士学位课程的首门课，突出了社会学课程在研究生培养中的重要性。

1953 年，奎伦担任教育学院院长，上任伊始他就开始着手调整学院的课程，其主导设置的教育学基础课程包括：（1）教育学基础和教育保健学基础；（2）教育管理学和公共学校管理；（3）教学指导；（4）教育测验、评价与研究；（5）体育教育学和基础体育教育学；（6）课程指导与专题研讨。在奎伦院长的支持下，1954 年春，斯平德勒教授在教育学院开设教育人类学课程，主要包括教育与儿童的社会化和文化适应、文化传递、个人文化与社会，还增设科拉达尔齐（Arthur P. Coladarci）主讲的教育统计分析课程、课堂学习课程、个体心理评估课程。1958 年，教育学院设立教学文科硕士学位，除了与其他学院联合开设教学实践课程外，学院还开设了研究生层次的课程，包括教学方法与课程、中小学课程导论、教育学基础。上述课程的开设使得斯坦福大学教育学科的发展更具有社会科学性，教育人类学和教育统计学成为斯坦福大学教育学院的专业研究领域。

20 世纪 60 年代，美国中小学课程变革的深入推进促使综合性大学教育学院更加关注教师教育的质量，中小学也期望大学能够培养具有科学素养和教学技能相结合的高水平的师资，从而为基础教育质量的提升创造必要的条件。在此背景下，1963—1964 学年斯坦福大学教育学院取消了文学学士学

位，设立文学硕士学位（包括教学文科硕士）、教育专家学位、教育博士、哲学博士等四类学位，主要致力于研究生层面的人才培养。教育学院同时也对教育学课程进行调整，这一时期学院开设的教育学基础课程包括：（1）教育学基础和教育保健学基础；（2）教育管理学和公共学校管理；（3）教学指导和初等学校教学指导；（4）课程与教学方法和学校课程指导；（5）教育测验、评价与研究；（6）体育教育学和基础体育教育学；（7）课程专题指导与研讨。由此可见，教育学院在 20 世纪 50 年代课程体系的基础上增设了面向学校课程变革的"课程与教学方法和学校课程指导"课程，为学生将来从事学校课程研究提供必要的理论和实践指导。此外，这一时期教育学院还对教学文科硕士的培养计划进行调整，学院与其他专业学院联合开设的教育学课程包括：（1）教学方法与课程；（2）中小学课程导论；（3）教育学基础、心理学新论和社会学基础。

从上述课程调整的内容可以看出，进入 20 世纪 60 年代后斯坦福大学教育学院主要开设与学校课程变革和教学实践密切相关的研究生层面的教育学课程，重视与其他专业学院联合开设具有社会科学属性和学科教学特点的教学专业课程，着力于研究生层面的教师教育工作，培养具有教学实践能力和教育研究专业素养的高级人才。

三、全力推进教育人类学学科的建设与发展：斯平德勒在斯坦福大学

斯平德勒（George D. Spindler）1920 年生于美国威斯康星州，他从小受到良好的家庭教育，11 岁开始阅读多部名著。读书之余，斯平德勒喜爱参加户外活动，12 岁开始外出打猎。受其父亲的影响，他立志做一名优秀的大学教授。1940 年，斯平德勒从中央州立师范学院获得理学学士后到威斯康星州的一所高中教授科学和生物课程。1941—1942 年，他在威斯康星大学参与莫里斯·奥普勒（Morris Opler）教授的人类学研究项目，在工作中斯平德勒对人类学产生浓厚的兴趣。此时，他与同样对人类学具有研究兴趣的高中同事露易丝（Louise Schaubel）相爱，并于 1942 年 5 月结为夫妻。婚后不久斯平德勒参加第二次世界大战，由于表现突出，他升任二等炮兵中尉。后来他又被派往意大利，曾在佛罗伦萨做过一段时间的反间谍工作。1945 年，退役后的斯平德勒与家人迁居麦迪逊，在威斯康星大学从事文化人类学、社会学和临床心理学研究。[1] 1947 年，他在威斯康星大学完成文化人类学、社会学和

---

① SPINDLER G D, SPINDLER L S. The lives of George and Louise Spindler [J]. The psychoanalytic study of society, 1992 (17): 2-4.

心理学硕士研究生课程，并获得工作时限为一年的研究员职位，开展探究教育与人类学之间关系的工作。在此期间，斯平德勒在《精神病学》（*Psychiatry-interpersonal & Biological Processes*）期刊上发表一篇文章、在《社会劳动》（*Social Forces*）期刊上发表两篇文章，在这三篇文章①中他主要关注社会文化与心理适应之间的关系，用军队的体制建立论证社会心理适应和文化适应对军队建设和管理的重要性。

1948 年，斯平德勒在威斯康星大学攻读哲学博士学位，妻子露易丝攻读硕士学位。后来，他们转到加利福尼亚大学洛杉矶分校继续攻读学位。在洛杉矶分校，斯平德勒跟随布鲁诺·克勒普弗（Bruno Kloepfer）接受人类学研究的投影技术训练，跟随华尔德·施密特（Walter Schmidt）学习严密的研究设计，这些都使他长久受益。1951 年，斯平德勒被斯坦福大学教育学教授罗伯特·布什（Robert Bush）聘为研究小组的成员，1952 年获人类学、社会学和心理学博士学位后，斯平德勒受聘为斯坦福大学教育学院与社会人类学系教授。此后，斯平德勒长期在斯坦福大学教育学院教授文化人类学课程，培养了大批从事教育人类学研究的本科生和研究生，推进了教育人类学学科在斯坦福大学的发展。

（一）主持学术研讨会，促进人类学与教育学的结合

随着人们对教育现象研究的不断深入，美国学界致力于用定性的方法开展教育研究，而定性研究最初是从人类学领域发展起来的一种研究方法。1928 年，人类学家米德（Margaret Mead）认为，通过将美国的教育过程与"比较简单"的社会的教育过程进行比较，人类学家可以深入了解美国的教育过程，"二战"期间她还与一些人类学家参与进步主义教育协会开展的战时课程工作。但是，将人类学的定性研究方法运用于教育领域的大规模的学界运动则发端于 20 世纪 50 年代，尤其以 1954 年在斯平德勒主持下召开的斯坦福会议为契机。

1954 年，受卡耐基基金会的资助，在斯平德勒夫妇的倡导下，美国人类学联合会（American Anthropology Association）、斯坦福大学社会学系和斯坦福大学教育学院联合举办了"斯坦福大学教育与文化学术研讨会"（Stanford Conference on Education and Anthropology），人类学界和教育学界的 22 名大师级学者，如吉林（John Gillin）、米德（M. Mead）、基辛（F. Keesing）、亨利

---

① 这三篇文章为《以军事的视角解读美国人的性格》（"American Character as Revealed by the Military"）、《军事：一种系统分析》（"The Military：A Systematic Analysis"）、《军队中的杜立特尔委员会及其合作》（"The Doolittle Board and cooperation in the Army"）。

（Jules Henry）、斯平德勒（G. D. Spindler）、李（Dorothy Lee）、杜瓦布（Cora Dubois）、金柏尔（Solon Kimball）等参加会议并做了重要发言。① 与会者花了 4 天的时间讨论会议上提交的 10 篇文章，这些文章主要涉及为何要将人类学方法运用于教育研究，"学校教育的社会文化环境"的意义，人类学方法如何有助于理解教育和生命周期，以及如何增进跨文化的学习和理解，等等。② 学者们意识到，教育领域的人类学研究应该建立一种稳定的研究机制，而不再仅仅依靠学者个人的研究兴趣来进行，人类学与教育研究之间应建立一种制度化的关联。

在会议初期，米德和基辛分别就人类学和教育之间制度化关联的必要性做了阐述。米德在致辞时指出教育人类学成为一个专业性研究领域的重要性，并建议建立人类学与教育学之间的制度化联姻，以便长期推动这一研究领域的发展。她说，没有一位人类学家不会注意到其所研究的社会文化群体的教育经验，大多数学者也从中获得对自身文化教育问题的一些启发，但仅仅是短期地关注教育问题是不够的，而应该建立人类学与教育之间制度化的联系，这次会议的目的不是评估和总结过去的研究成果，而是探讨人类学和教育之间的关联性。会议主要讨论了四个主题：（1）寻求人类学和教育学在理论上的共同点；（2）将教育研究纳入社会情境中讨论；（3）重视教育与生命周期之间的关系；（4）关注不同文化的学习和了解。③ 人类学界与教育学界对这四个主题的共同关注，为教育人类学发展成为人类学的一门应用性分支学科奠定了基础，1954 年也因此被视为教育人类学发展史上关键性的一年。

（二）开展专门研究，推进教育人类学的发展

为推进教育人类学的发展，自 20 世纪 50 年代起斯平德勒开始开展专门性研究，在此基础上编著教育人类学的著作，并在其著作中着重倡导民族志的研究方法，强调文化疗法在消除教育不公平现象中的重要作用。1955 年，斯平德勒将 1954 斯坦福会议的主要内容进行总结，编著出版了《教育与人类学》（*Education and Anthropology*），在这部书中"教育民族志""学校民族志"等只是作为研究人类学的手段和资料背景，并没有真正把有关内容当作

---

① SPINDLER G D. Education and cultural process：anthropological approaches ［M］. Illinois：Waveland Press，1987：14.

② SPINDLER G D. Roots revisited：three decades of perspective ［J］. Anthropology & education quarterly，1984（15）：3 – 10.

③ SPINDLER G D. Education and anthropology ［M］. Stanford：Stanford University Press，1955：5.

一个特殊的领域展开研究，但开启了运用人类学的理论与方法研究学校教育问题的先河。在这本著作中，斯平德勒大力倡导运用教育民族志的方式对学校教育问题展开研究，其主要探究内容是在形势变化多样、发展迅猛复杂的社会中，处于非主流社会文化背景中的弱势群体及其儿童的教育现状和问题。

在斯平德勒看来，学校被各界学者和专家认为是社会机构，对研究失业、犯罪、社会越轨和心理变态等社会行为具有很深远的历史意义。他指出，在学校这个特殊的社会机构中文化传播是关键因素，因而文化的发展、传播及相关的文化理论的发展和传播在教育方面具有重要的研究价值和实际功用。斯平德勒认为，他于1955年发表的《梅诺米尼印第安人社会文化和心理文化适应过程》（"Sociocultural and Psychological Processes of Menomini Acculturation"）研究成果报告，更能体现他在1948—1955年运用民族志方法来系统开展对梅诺米尼印第安人的社会文化与心理文化适应研究工作的成果。[1] 在该项研究工作中，斯平德勒与其助手尝试将"罗夏测试"[2] 运用到梅诺米尼人身上，以实现建立民族志的分类数据的工作目标。但在研究过程中他发现，这些梅诺米尼人在适应文化变迁的过程中保持着文化传承、适应和转化的痕迹。例如有的梅诺米尼人说着流利的英语和梅诺米尼话，同时也掌握着工厂的精准的工作流程，即在传统文化分类中，他应该是传统型的，但从另外的层面上看，他却是适应主流文化的社会精英。

1963年，斯平德勒的代表作《教育与文化：人类学的方法》（Education and Culture: Anthropological Approaches）出版，引起了部分人类学家的关注，特别是因其提出了一个新的研究领域——学校教育。斯平德勒认为，从研究发展贡献的角度来说，人类学家对于学校教育所做的最大贡献在于：他们运用了一种较为全面的方法对学校的教育问题进行了研究，并且在研究的过程中采取多视角的方式，把文化的有关概念融入课堂的教学分析当中。[3] 20世纪60年代发生的三件事促使美国人类学家研究学校问题，并推动教育人类学发展成为人类学的一门学术性分支学科：第一件事是美国在20世纪60年

---

① SPINDLER G D, SPINDLER L S. Dream with power: the Menominee [M]. New York: Holt, Rinehart and Winston, 1971: 6 – 10.

② 罗夏测试也被称为罗夏墨迹测试（Inkblot），1921年由瑞士精神病专家罗夏（Hermann Rorschach）编制而成。该测试由10张墨迹图片和围绕图片所开发的得分与解释说明程序组成，其中7张为水墨墨迹图，3张为彩色墨迹图。人类学家使用罗夏测试试图说明少数族裔文化持有者在文化适应过程中所展现的阶段。斯平德勒将罗夏测试用于研究梅诺米尼印第安人，以求揭示在文化变迁的过程中少数族裔族群的个性结构。

③ SPINDLER G D. Education and culture: anthropological approaches [M]. New York: Holt, Rinehart and Winston, 1963: 3 – 9.

代所面临的社会和政治危机，人类学家被指派去研究国民教育问题，尤其是那些令人不安的贫困阶层的群体和少数族裔的教育问题；第二件事是部分人类学家开始对某些教育心理学家和其他人对文化的滥用与误解进行反驳，有些人认为少数族裔和低层阶级中的不均衡性学业失败是因为"文化匮乏"的影响，而人类学家则认为他们拥有能在劣境中生存的文化，他们的孩子在学校中的失败可能是因为学校不使用他们的文化来教学和考试的缘故，进而提出"文化不连续性"观点来解释少数族裔学生学业失败问题及其原因；第三件事是由于人类学家的努力而把人类学列入公立学校课程。① 在斯平德勒的领导下，美国的人类学家在 20 世纪 60 年代将学校问题作为研究的主题，并将教育人类学建设成为一门教育学科的分支，对学界从更广阔、更深入的角度研究和考察学校教育和教师专业发展提供了崭新的分析框架。

第四节　芝加哥大学教育学科的调整与重组

一、社会科学学部中的教育学系

1929 年秋，哈钦斯（R. M. Hutchins）担任芝加哥大学校长，他支持贾德在教育学院推进教师教育专业培训的办学主张。在哈钦斯看来，教师的专业培训工作应该包括通识教育和教学经验教育，通过接受上述两方面的教育，受教者才能形成教学能力，进而成长为优秀的教师。② 因此，当年贾德不仅联合文理学院共同开展教师培训项目，而且还通过合作项目的推进来吸引文理学院的优秀学生进入教育学院接受研究生教育并展开教育的科学研究。虽然在哈钦斯主政芝加哥大学之初，贾德并不认为年轻的校长会对教育的科学研究感兴趣，但出于对传统哲学的批判和实践科学精神的推崇，他逐渐与哈钦斯建立起紧密的工作关系，并成为与校长经常共进午餐的若干教授中的一员。此外，在哈钦斯推进芝加哥大学通识教育课程改革的过程中，贾德建议哈钦斯引进和建立课程评价制度，以增强改革的科学性与说服力。为更好地帮助哈钦斯推进通识教育改革，贾德不仅增派教育学院的统计学教授霍尔津格（Karl Holzinger）参与学校的课程测试、统计表格设定等工作，还在 1930 年邀请他的学生、时任俄亥俄州立大学学生考试与成就测试中心主

---

① 周德祯. 教育人类学导论：文化观点 ［M］. 台北：五南图书出版公司，1999：36 – 37.

② HUTCHINS R M. The higher learning in America ［M］. New Haven：Yale University Press，1936：56.

任泰勒（Ralph W. Tyler）为芝加哥大学的测量工作提供帮助。

贾德认为，芝加哥大学的教育学院不应只关注中小学教师教育和教育实践，推进教育学的学术研究和专业发展才是其主要的任务。为实现这一办学理念，贾德在哈佛大学、哥伦比亚大学、斯坦福大学等综合性大学都设立教育博士学位的情况下，主张教育学院仅设立哲学博士学位，以此来突出教育学的学术研究特点。不仅如此，在贾德的倡议下，1930 年 8 月 12 日教育学院取消其独立建制，这一决定标志着自 1909 年以来由教育学院为组织形式的教师教育和教学实践项目不再延续，芝加哥大学文理学院具有从教意愿的学生，其所接受的教育学方法课程则由并入社会学部的教育学系负责，从原来的教育学院单独分立出一个专门的教师培训机构，原教育学系主任格雷（William Gray）担任教师培训机构主任，负责教育学系与文理学院合作开设的教师教育课程的安排工作，全权处理芝加哥大学一切与教师教育和教育实践相关的事务。而且，贾德还建议将专门的教育方法课程从教育学系分离出去，成立教师培训委员会来处理与教师培训相关的工作事务。同时，由杜威创建的实验学校也从教育学系剥离出去，成为一所独立办学的教育机构，不再是教育学系的附属学校，在实验学校开展的教育实验由将来成立的教师培训委员会来重新启动。

1933 年 3 月 8 日，芝加哥大学政策委员会通过了教育学院撤销建制的决议，并成立教师培训委员会。该委员会由来自不同系科的人员组成，主要负责芝加哥大学教师培训方面的工作，教育学系不再承担教师培训的管理工作，但仍要负责教育学科的科学研究和教学指导工作。拉丁语系的一位教授担任教师培训委员会主任，芝加哥大学其余的十大院系主任一致同意由格雷担任委员会的执行秘书，而教育学系则主要开设在通识教育理念指导下的教育学课程。通过这一举措，贾德尽力地将教育学系的工作与教师培训分离开。

贾德之所以将教师培训和教育实践工作从教育学系分离出去，甚至取消教育学院的建制，其最终目的是呼应校长哈钦斯在芝加哥大学推行的通识教育改革①，突出教育学科的社会科学属性。在贾德看来：

教育学系是芝加哥大学社会科学学部的成员之一，而且教育学系已不再是大学的独立学科组织，它和其他的社会科学院系同属于社会科学学部，合

---

① 1933 年，在哈钦斯的主导下，芝加哥大学全面推行通识教育改革，全校设立四个学部，即生物科学学部、物理科学学部、社会科学学部和人文学部，教育学系归属社会科学学部管辖。

作开展教育学问题的研究工作。①

其实，早在 1928 年贾德就致信布鲁金斯研究所②（Brookings Institute）主席莫尔顿（H. G. Moulton），指出教育学作为一门社会科学不应被社会科学研究所所忽略。虽然莫尔顿委婉地表述教育学不完全具备社会科学属性的观点，但贾德依然强调：

教育学作为一门社会科学，应该与政治学、经济学一样，在社会科学领域内占有一席之地。教育科学是一门新兴的学科，但它已学会运用精确的量化研究的方法。如果教育学能够在社会科学的大家庭中获得认可，将会获得更大的发展空间。③

在贾德看来，加入布鲁金斯研究所可以在很大程度上提高教育学教授的学术地位，而且也可以拓展教育学研究的领地，不再局限于以院系的组织方式展开教育研究，还可以在全国范围内开展教育研究项目。

虽然贾德提出将教育学科增添至布鲁金斯研究所社会学科大家庭的申请没有获得批准，他依然坚持在芝加哥大学从儿童心理发展的领域推进教育学的科学研究。自 1929 年始，贾德就将儿童研究作为教育学院优先发展的工作领域，为推进儿童研究工作的进展，他向学校董事会建议在芝加哥大学设立由大学直接管理的幼儿园，以便教育学系开展儿童研究工作。在校长哈钦斯的支持下，贾德向学校董事会申请了每年 75 000 美元的办学资金，主要由通识教育委员会的项目基金拨付。但由于美国社会经济危机的蔓延，通识教育委员会将主要的精力从儿童研究转移至美国非洲裔移民的健康和教育领域，因而导致 1933 年贾德所倡议的儿童研究工作面临着严重的资金短缺问题。在哈钦斯和芝加哥大学社会学部主任斯莱辛格（Donald Slesinger）的积极协调下，通识教育基金会主席恩布里（Edwin Embree）同意继续给予芝加哥大学儿童研究以资金支持，其中 35 000 美元的资金用于支持教育学院的儿童研究工作，12 500 美元的资金用于支持在芝加哥大学新成立的儿童发展委

---

①③ WHITE W T. The study of education at the University of Chicago, 1892 – 1958 [D]. Chicago：The University of Chicago, 1977：287 – 288.

② 布鲁金斯研究所的前身是 1916 年创建的"政府研究所"，虽然叫政府研究所，实为民营组织，旨在为学者与决策者之间架起一座桥梁。1927 年它与"经济研究所"和罗伯特·布鲁金斯研究生院合并，正式取名为布鲁金斯研究所。该所下设 3 个研究领域：经济研究，对外政策研究，政府研究。8 个中心：都市政策中心，与美国企业研究所合作的经济调整研究中心，布朗教育政策中心，法律、经济和政治中心，东北亚政策研究中心，公共管理中心，社会与经济动态中心和美国与法国关系中心。

员会的工作。① 在贾德的倡导下，芝加哥大学教育学院展开了以心理健康与发展为中心的儿童研究工作，推动教育学院在儿童发展、教育心理和社会学等研究领域的工作进展，强化教育学科的社会科学属性。

然而，进入 20 世纪 30 年代后，美国大学必须直面的问题是经济危机给人们生活带来的严重冲击与影响。此时美国大部分的中学毕业生选择就业而不是进入大学，大学的入学人数遂逐年减少。受此影响，芝加哥大学的办学资金连年锐减，1931—1932 学年减少 127 563 美元，1932—1933 学年减少 942 372 美元，1933—1934 减少 1 245 563 美元，至 1934—1935 学年，芝加哥大学的财政赤字已达 607 000 美元。按照财政预算，并入社会科学学部的教育学系若想按照办学计划开展各项工作，其 1936 年的办学资金应达到 310 152 美元，但因受社会发展大环境和大学发展状况的影响，当年教育学系的办学资金仅有 192 068 美元，其财政赤字达 118 066 美元。② 哈钦斯认为，教育学系的工作扩展和项目运作每年会给学校增加 20 000 美元的财政负担，他建议教育学系取消或重新规划其具体的工作职责和领域，以便减轻学校的财政负担。

为转变教育学系面临的困局，贾德积极配合哈钦斯提出的重组计划，与通识教育委员会展开深度合作，尽最大努力从通识教育基金争取更多的办学资金，同时将儿童发展委员会的执行董事会设立在芝加哥大学，并为教育学系争取到了 462 632 美元的财政预算。③ 在贾德的努力下，教育学系的办学资金短缺问题得到了缓解。此外，贾德还积极参与联邦政府发起的与教育相关的社会合作项目。

面对经济危机的深度影响，为尽快振兴社会经济，美国政府关注普通公立教育、公民劳动技术教育和高等教育的持续发展。1933 年，联邦政府建立民间资源保护公司（Civilian Conservation Corporation），在全国范围内推行勤工俭学项目（work-study program）；1935 年，创立全国青年总署（National Youth Administration），并获得罗斯福总统拨付的年度 50 000 000 美元的财政支持；1933—1934 年，联邦政府通过紧急救济署（Emergency Relief Administration）向全国 32 个州的教师支付薪水 21 000 000 美元；1933—1936 年公共工程署（Public Works Administration）为新建和修缮学校建筑拨付资金 84 271 822 美元，并吸引了许多私人基金的投入，投入校舍修缮的资金共

---

① WHITE W T. The study of education at the University of Chicago, 1892 – 1958 [D]. Chicago：The University of Chicago, 1977：300 – 301.

②③ WHITE W T. The study of education at the University of Chicago, 1892 – 1958 [D]. Chicago：The University of Chicago, 1977：316.

计 213 832 458 美元。① 联邦政府期望以政府财政资金资助公共教育事业的方式来带动社会经济的发展，然而，这些项目面对的首要问题是项目资金的监管和有效利用，项目组迫切需要大学教育学院的本科生、硕士研究生、博士研究生和教育学者参与项目的运作，并在教育政策制定和教育管理工作方面提供必要的建议。芝加哥大学的教育学者在贾德的领导下，努力争取政府的财政支持或政策支持，教育学系开设了美国教育制度的课程，为学生毕业后参与项目打下理论基础并提供实践指导。贾德与爱德华（Newton Edwards）、格雷（William Gray）、拉塞尔（John Dale Russell）共同参与这些项目的科学管理工作，推进教育学系的社会影响力并增强教育学科的社会实践性。上述举措不仅为教育学院的毕业生创造了大量的工作机遇，而且为大学教育学院的教授们直接掌控项目组的工作提供便利的条件，在一定程度上缓解了大学教育学系办学资金短缺的问题。

1938 年，贾德退休，他的学生泰勒接任教育学系主任。泰勒的工作重心不是将教育学系的所有工作都掌控在他一人之手，而是成功地为教育学系的发展争取大量的外部资金，并凭借其个人的学术影响力聘请著名学者来芝加哥大学任教，进一步增强教育学科的社会科学属性和社会认可度。早在 1932 年，泰勒就曾受贾德之邀，为哈钦斯所倡导的通识教育项目的进展提出评估意见，并为芝加哥大学的本科生教学项目设计系统的评估体系，这获得哈钦斯校长的好评，为其将来任职芝加哥大学创造了条件。

在任职芝加哥大学教育学系主任之前，泰勒在俄亥俄州立大学任教育学教授，他主要的研究兴趣是对大学层面的教学和测试之间的有效关联进行测量与评价。他认为：

> 评价是一个循环的过程，它包括确立目标、给出清晰的定义、观测学生在目标计划执行中的反应，并对教育项目的结果和学生的发展具有持续有效的影响。②

泰勒试图通过不同类型的目标设定来确定测试的过程，并将测试应用于学生的选拔、指导、大学学业成就预测、学生的课程选择、大学学分的设定和学生的学业成就奖励等方面。他最主要的贡献在于提高了测量技术的水平，从而为大学教师的学生分类工作提供精致的测量工具。在俄亥俄州立大

① REEVES F. Purpose and functions of the Advisory Committee on Education [J]. School and society, 1937（7）：152.

② TYLER R. General statement on evaluation [J]. Journal of educational research, 1942（3）：600.

学，泰勒与其他系的研究者联合起来，共同致力于本科生教育教学水平的测量与评估工作，促使俄亥俄州立大学成为 20 世纪 30 年代美国学生学业水平测试的重要研究中心。1933 年，受进步主义教育协会的委托，在通识教育基金会和卡耐基公司的资助下，泰勒主导针对中学与大学关系的"八年研究"项目。1938 年，泰勒将"八年研究"项目的执行中心迁至芝加哥大学，这为教育学系带来 1 600 000 美元的研究经费，从而为教育学科的发展争取到充裕的办学资金。

1938 年前后，除贾德的退休、泰勒的任职外，芝加哥大学教育学系的人员发生较大的变动。1937 年 2 月，莫里森（Henry Morrison）退休；1939 年 8 月，跟随贾德工作将近 30 年的弗雷曼（Frank Freeman）从芝加哥大学辞职，转任伯克利大学教育学系主任；1940 年，在芝加哥大学工作 32 年的博比特（Franklin Bobbitt）退休；1946 年，受弗雷曼的邀请，巴斯维尔（Guy Buswell）转任伯克利大学教育学教授。贾德时代的一批教育学者逐渐退出历史的舞台。在年轻的泰勒看来，以格雷和雷维斯（William Reavis）为代表的教育学者具有丰富的教育教学经验，且思维周密，但缺乏想象力，没有足够的能力参与教育学系将要开展的教育研究项目。为更好地推进教育学系的发展，泰勒开始招聘能够与之合作的教育学者。1939 年，罗格斯大学的普雷斯科特（Daniel Prescott）应邀来芝加哥大学教育学系任教，普雷斯科特是美国教师教育委员会人类成长与发展分会的执行主任，主要研究领域是情感教育。1939—1940 学年，丹佛公立学校（Denver Public Schools）课程与研究中心主任库什曼（C. L. Cushman）经美国教育委员会的推荐，成为泰勒工作团队的一员。1941 年 1 月，通识教育委员会执行主任哈维格斯特（R. J. Havighurst）成为芝加哥大学人类发展委员会的负责人，他不仅为芝加哥大学教育学科的发展带来充裕的资金，也促成芝加哥大学与通识教育委员会在人类发展和教育领域的合作研究做出了贡献。在泰勒的主导下，教育学系开展教育学研究的学者们开始具有不同的学科和专业背景，其中哈维格斯特是化学博士，邓克尔（Harold Dunkel）是希腊文学博士，戴维斯（Allison Davis）是受过专业训练的人类学者。这些学者的加盟，促使教育学系的研究领域不断拓展，也为教育学系的发展带来充足的项目资金。

为更好地促进教育学系的发展，芝加哥大学董事会在 1944 年专门成立视听材料研究中心（A Center for Research in Audio-Visual Instructional Materials），为教师和教育管理者培训提供最新和最有效的学习材料。该中心获得大英百科全书初级咨询委员会（Britannica Junior Advisory Committee）的资金援助，在芝加哥大学设立专门培训教育管理者和视听教育督导的暑期项目，通过该项目，教育学系将在未来的 30 年内为芝加哥大学带来 44 000 000

美元的办学资金。

泰勒主张，芝加哥大学教育学系应该突破贾德时代的发展模式，不要局限于固定的办学场所和稳固的研究领域，教育学者应该具备社会科学研究的意识，以国家发展和社会变化作为研究对象。他指出：

> 在普遍意义上，人们认为大学教育学系为社会服务的主要方式是设立与推进具有影响力和实际效用的教育项目，为个人发展和学校教育提供广泛意义的有用信息。然而，这样一种定位，忽略了我们现实生活中所面对的真实的教育问题。作为大学教育学系的学者，我们应该面对的问题是：如果通识教育具有实际的社会效用，我们应该如何来完成这项工作？什么样的学习目标和学习项目符合 20~22 岁的青少年的发展需要？怎样才能更好地促进成人教育项目的完成？①

与贾德强调教育研究远离哲学的影响、采用科学的方法研究教育问题不同，泰勒没有刻意将哲学和科学划定明显而严格的界限，他主要关注哲学与科学如何更好地为社会问题、教育问题的解决所服务，甚至到 1941 年他还在教育学系重新开设教育哲学课程。在泰勒看来，社会经济危机的出现，促使大学教育学者运用社会科学的方法研究教育问题，为青年学生提供必要的社会指导，进而促进社会的变革，推进新的社会秩序的建立，是教育学系工作的主要内容与任务。

泰勒还对教育学系研究生学位设置进行调整。1938 年，他赴任之时教育学系设立的文学硕士学位由于招生规模逐年缩减，面临着被取消的危机。为提升文学硕士学位的吸引力，泰勒安排雷维斯对教育学系学位设置与发展情况进行调查。雷维斯对 1934—1939 年夏季获得文学硕士学位的学生进行学业成就和职业前景调查，认为文学硕士学位除增加职业指导和专业发展外，还应提高学生的入学考试标准，而且申请该学位的学生应该具有课堂教学经验。在博士学位方面，雷维斯认为哲学博士学位应该提高其在大学各院系中的竞争力。他调查了 1929—1940 年教育学系获得哲学博士学位毕业生的就业情况，发现超过 75% 的哲学博士学位获得者并没有继续从事教育方面的科学研究工作。据此，他向学校建议设立教育博士学位，以便吸引更多具有教育研究兴趣和教学经验的教师前来深造，而不是通过提高入学考试和课程测试的难度来彰显哲学博士学位的学术价值。虽然他提出设立教育博士学位的建议未被采纳，学校董事会还是对教育哲学博士学位的申请标准做了调整。

---

① WHITE W T. The study of education at the University of Chicago, 1892 – 1958 ［D］. Chicago：The University of Chicago, 1977：396 – 397.

学校在 1940 年设立学生咨询委员会，每位申请攻读博士学位的学生将由系里指定的三位教师给予必要的课程选择、专业研究领域和学位论文写作计划建议，学生通过选修教育学系开设的课程确定研究方向。学生咨询委员会负责博士研究生专业学习和学位申请的相关辅助工作，为哲学博士学位申请者提供学业与就业指导。

1933 年，芝加哥大学取消教育学院的独立建制，教育学系并入社会科学学部，这致使芝加哥大学在基础教育研究方面的工作停滞不前。面对这种情况，1939 年，泰勒任命赫里克（Virgin Herrick）和米勒（Fred Miller）开展基础教育研究，并争取到凯洛格（W. K. Kollogg）基金会的支持。此外，泰勒还设立教育理论与实践相结合的项目，当年暑期教育学系举办从大学立场科学地研究适用于学校实践的教育理论讲习班，其主要目的是更新一线教师的教学技能和教育知识。讲习班共举办两期，其中一期是面向中学教师，另一期是面向大学学院的教师。1940 年暑期讲习班由进步主义教育委员会、美国教育联合会、大学通识教育委员会联合举办，主要讨论通识教育所面临的问题，其参与者都是来自教学一线的教师，他们的教学经验和技能为大学的教育研究提供丰富的研究素材，而大学教育学者和专家则为教师的知识更新和理论素养的提升提供明确的方向指导。上述教育理论讲习班不仅增强了芝加哥大学与中小学的密切联系，而且通过讲习班专家的授课吸引了大批有志于攻读研究生学位的学生申请入学，促成教育学系的良性发展，1945—1946 年其招生人数较上一学年增长了两倍。

1938 年后，芝加哥大学教育学系加强儿童研究工作，并将儿童发展委员会改设为人类发展中心（Center on Human Development）。1939 年秋在教育学系普雷斯科特教授的主导下，发展中心邀请密歇根大学奥尔森（Willard C. Olson）博士、雷德尔（Fritz Redl）博士、凯洛格基金会奥拓（Henry Otto）博士、霍山学院（Mount Holyoke College）心理和教育学系主任施托勒（Stuart Stolle）、康奈尔大学弗雷曼（Frank S. Freeman）博士、斯坦福大学贝尔（Reginald Bell）博士等人共同开展由美国教育委员会（American Council on Education）赞助的关于人类发展相关知识的研究工作。1943 年，该中心受通识教育委员会资助，开始关注教师教育领域的问题。1944 年，普雷斯科特强调人类发展和行为的系统知识对教师教学经验的形成具有重要作用，尤其是对教师掌握教学过程和方法具有指导意义，探索对教师教育具有普遍效用的人类发展和行为确立的知识体系是教育学系与人类发展委员会的主要工作。然而，芝加哥大学主要是为教师教育提供机动性的专业指导，并不想真正地参与教育理论与实践相结合的研究工作，因而直至 1947 年普雷斯科特转任马里兰大学教育系教授时，芝加哥大学尚未在教育人类学的研究工作方

面取得显著进展。

第二次世界大战促使美国大学更多地参与到与社会生活和战争相关的事务中。1940 年 12 月，芝加哥大学教育学系除了设立为战争服务的培训项目外，还在凯洛格基金的资助下开展乡村教育项目。该项目由泰勒主持、雷维斯任项目执行主任，主要由教育学系组织相关的教育学者，为密歇根州巴特克里市周边的 7 个乡村提供专业的教育服务。根据该项计划，来自密歇根州不同学区的 60 位学生的家长将分成三批，逐批来芝加哥大学教育学系接受为期一周的成人教育培训课程，教育学系的教师将为家长提供教育孩子的专业培训与指导。泰勒还带领芝加哥大学著名的社会科学研究者组成一支研究团队专门研究乡村生活。该团队的成员包括人类学家雷德菲尔德（Robert Redfield）和沃纳（Lloyed Warner），社会学家伯吉斯（E. W. Burgess），经济学家和未来美国的参议员道格拉斯（Paul Douglas）、哈维格斯特。这些研究人员投身于乡村研究项目，通过研究乡村社会现象试图开拓乡村社会科学研究领域，进而与凯洛格基金会建立更紧密的联系。以该项目为平台，整个 20 世纪 40 年代芝加哥大学教育学系广泛开展乡村教育的研究活动，推进了教育的社会科学研究，除了获得凯洛格基金会的资助外，教育学系在 1943 年还获得农业基金会 30 000 美元的捐赠。1948 年，随着乡村教育项目的结束，芝加哥大学教育学系逐渐将项目转化为社区服务教育项目，具体工作将由社区工作人员来开展。1950 年，在泰勒的争取下，芝加哥大学与其他 7 所大学① 设立教育管理合作项目（Cooperative Program in Educational Administration），凯洛格基金为该项目拨付总计 3 000 000 美元的资金援助。该项目在 8 所大学所在地区同时展开，有力地促进了这些大学的教育合作研究，并推进教育管理理论的发展。

教育学系作为芝加哥大学社会科学部的重要组成部分，其研究越来越向社会科学方向靠拢。1941—1950 年，以沃纳、哈维格斯特、戴维斯为代表的社会学学者，在洛克菲勒基金的资助下，通过人类发展委员会（Committee on Human Development）开展关于社会等级、种族与教育问题的研究，探究教育与青少年社会化之间的关联并出版多部研究专著，共同推进教育社会学科的发展。他们在教育社会学方面的研究成果与泰勒主持的"八年研究"项目成果，共同印证了美国学校在面对个人社会化问题时的成就及其存在的问题。

进入 20 世纪 50 年代，随着"冷战"影响的深入，美国社会开始审视其

---

① 其他 7 所大学分别是乔治·皮博迪教师学院、哈佛大学、俄亥俄州立大学、斯坦福大学、哥伦比亚大学师范学院、俄勒冈大学和德克萨斯大学。

基础教育的质量，尤其是 1957 年苏联卫星上天后，美国社会逐渐发起提高教育质量的呼声，并于 1958 年颁布《国防教育法》，确立教育质量提高的法律基础。在这种情况下，参与教师专业培训、提高教师的培养质量成为大学教育学科面临的主要任务。1951 年离任芝加哥大学校长的哈钦斯担任福特基金（Ford Foundation）的执行主席，他掌控着福特基金投注在教师专业培训事业上大量资金，并为一批从事教师专业培训的大学教育学院投入大批的项目资金。① 虽然 1933 年教育学院结构调整时，芝加哥大学设立教师培训委员会担负大学的教师教育工作任务，但委员会不能被视为开展师资培训的独立机构，因而在芝加哥大学设立独立的教师教育机构成为当务之急。接任芝加哥大学校长职位的金伯顿（Laurence Kimpton）在 1951 年的就职演讲中就提出大学应担负起教师培训职责的建议，但直至 1958 年芝加哥大学才重新设立教育研究生院，担负起为基础教育培训高质量师资的任务。教育研究生院归属社会科学部管辖，金伯顿强调将教育学院归属于社会科学部是教育管理的一种创举，教育研究生院的设立主要是为了吸引更多的学生前来注册，也是为了争取更多的办学资金援助。他指出：

芝加哥大学在过去为美国中西部的公立学校培养了大量的师资，我们取消教育学院的建制后，不再参与公立学校的教师培训工作。令人惊讶的是，我们学校今年（指 1958 年　　笔者注）从事申请伊利诺伊州教师资格证书的毕业生仅占总人数的 2%。据此，我认为参与教师培训是一个非常迫切的问题，重新设立教育研究生院实属必要。②

在金伯顿的支持下，教育研究生院于 1958 年秋成立，蔡斯（Francis Chase）担任院长。金伯顿明确提出，教育研究生院要培养学者型教师，大学要集中所有的力量培养国家所需要的高质量的教师。研究生院成立之际，芝加哥大学收到福特基金捐赠的 2 400 000 美元的办学资金，为其后续工作的开展奠定了坚实的基础。

为进一步推进芝加哥大学教育学科的发展，1957 年，教育学系成立比较教育中心，在"冷战"思维的主导下，美国政府和私人基金都期望通过教育学家和社会学家的国际教育交流活动，将美国的现代化经济体制和政治组织形式传播给其他国家，以期推进这些国家公立学校教育体制的现代化发展。

---

① 哈佛大学 535 600 美元、耶鲁大学 450 000 美元、布朗大学 275 000 美元、霍普金斯大学 250 000 美元、康奈尔大学 250 000 美元。

② WHITE W T. The study of education at the University of Chicago, 1892 – 1958 ［D］. Chicago：The University of Chicago, 1977：508 – 509.

1958年，布卢姆（Benjamin Bloom）出访印度，并将10名印度教育学者带回芝加哥大学，在比较教育中心开设课程研究和评价课程；西伦（Herbert Thelen）赴巴黎担任欧洲生产力总局的培训顾问；伯恩斯（Norman Burns）和雷克（Kenneth Rehage）加入由福特基金资助成立的美国教育学者工作小组，在巴基斯坦工作一年。这些教育学者的工作不仅有助于推进出访国家和地区教育的发展，而且也促使芝加哥大学发展成为国际比较教育中心之一。

二、强化社会科学属性的教育学课程建设

进入20世纪20年代，美国部分教育学者即开始通过收集和统计学校及教育数据、精确测量学生的学业成就以及设计专门化课程来突出教育学的科学属性，尽量避免在教育研究中运用哲学的理论和方法，在这方面芝加哥大学教育学院的课程设置可谓这一状况的真实写照。对于建立在哲学基础上的教育学课程，贾德认为它们只是一堆空洞无物、组织混乱的学术课程，其内容单薄，且拥有烦琐的标题，必须加以调整、重组和改造。[①] 因此，20世纪20年代末，芝加哥大学教育学院开设的教育学课程主要以贾德所倡导的教育科学研究导论和初等学校教学基本方法两门课程为主。

1931年，受社会经济发展状况的影响，教育学院增加美国教育体制和社会秩序中的学校两类课程，其中又包含了教育史、比较教育、教育社会学、教育过程管理、学校财政和管理问题、教育科学等若干门课程。上述课程构成了一个固定的单元课程，其目的在于构建与哥伦比亚大学师范学院类似的教育学基础课程。此外，贾德将社会心理学课程纳入教育学课程体系中，认为社会心理学构成了深入理解学校发生的所有现象的科学基础。[②]

这一时期，贾德还设立教育的科学技术课程，主要培养学生的实验室研究技能和统计学应用能力，并设立了公立学校组织、管理和督导课程。教育学院之所以在20世纪30年代对其所设置的课程进行重组，其主要目的是使教育学院能够在遭遇经济危机的社会环境下生存得更好。

1933年，教育学院取消独立的机构建制，教育学系并入社会科学学部，且不再负责芝加哥大学的中小学教师培训任务。教育学系的教师按照前期的课程计划，为担任教师培训工作任务的芝加哥大学教师培训委员会开设相应的教育学课程，而其主要任务是从事研究生培养工作，包括培训中小学校

---

① JUDD C H. The systematic organization of course in education ［J］. The school review, 1933（10）: 575.

② JUDD C H. The systematic organization of course in education ［J］. The school review, 1933（10）: 581.

长、督学、教学督导、大学教育管理者、专业的教育研究人员和教育学专业的学生。[①] 1938 年泰勒任教育学系主任后，更加强调教育学课程的社会科学化。为促进教育学系的学生在其研究领域取得更大的成绩，他主张以系列报告的形式为教育学系的学生开设课程。具体来说，开设教育心理学课程的巴斯维尔（Guy T. Buswell）教授以教育心理学新的发展趋势为线索，讲授教育心理学逐渐趋向于实践化、操作性的有关内容；开设课程学的泰伦（Robert C. Tryon）教授讲授课程研究的有关内容，强调建立课程研究室和扩展课程研究领域的重要性；开设统计学课程的霍尔金格（Katherina Holzinger）教授讲授教育测量发展状况的有关内容；开设学校管理课程的雷维斯讲授教育管理、组织和督导的有关内容。通过这一系列的活动，芝加哥大学教育学系开设的课程与社会现实和学术前沿理论紧密相连，具有明显的社会科学属性。

随着"二战"的结束，美国大学的各项教育事业逐渐步入正常轨道。在泰勒的领导下，归属社会科学学部管理的教育学系与政府和社会力量联合，开展了若干教育项目的研究工作，这不仅为其争取到大量的办学资金，还促使教育学系更注重以社会科学的方法培养教育研究人员，其课程设置更具有社会科学属性。这一时期，教育学系设置文学硕士和哲学博士学位，培养专业的教育研究人员。其中，申请文学硕士学位的学生在三年的学习期限内必须完成五部分学习内容。

第一部分内容是至少 3 门的社会科学方法和内容的课程，每学期 10 学时，且是一个课程群，由社会科学学部的教师共同开设，通过该课程的学习，学生掌握社会学和教育学的基本研究方法，了解教育学和社会科学的紧密关联，能够运用社会学科的方法研究社会中的人。第二部分内容是教育领域的通识课程，每学期 30 学时，由 9 门课程组成，包括学校和社会秩序的基本状况、儿童发展、教育心理学、教育哲学、教学实践和课程计划等，其主要目的是促使学生在教师的指导下系统地了解学校工作及其面临的问题，并对学生进行相应的教学专业训练。第三部分内容是教育领域的专业化学习课程，每学期 20 学时，由 6 门课程构成，主要包括学校和社会秩序、教育心理学、教育管理、课程与方法、统计与测量、教育指导和个人发展建议等，其主要目的是培训学生掌握教育专业领域的相关知识，引导其选定学位论文的写作方向，促进其形成发现问题、解决问题的能力。第四部分内容是深化和扩展学生专业能力课程，每学期 20 学时，由 6 门课程构成，主要包

---

① HENRY N B. Fifth yearbook of the national society for the study of education: graduate study in education [M]. Chicago: The University of Chicago Press, 1951: 150 – 151.

括管理学、儿童发展、心理学和哲学，该课程主要由非教育学系的教师来开设，其主要目的是提升学生的学术科研能力。第五部分是选修课程，每学期10学时，主要由学生按照自己的兴趣爱好选择，学生必须选修至少3门不局限于教育学专业范围的课程。①

芝加哥大学在其他大学纷纷设立教育博士学位的情况下，为突出其教育学科发展的社会科学属性和学术性，只设立哲学博士学位，其主要目的是强调培养学生的独立学习和研究能力。教育学系为其开设两年期的课程，主要由两大领域构成：其一是教育领域的通识课程，其二是教育专业研究方向课程。教育领域的通识课程主要包括每学期10学时的3门课程，它们是对硕士课程的深化与提升，以不同的专业方向为依据，从学校和社会秩序的基本状况、儿童发展、教育心理学、教育哲学、教学实践和课程计划等课程中选定。教育专业研究方向课程包括每学期20学时的6门课程，它们需要学生在一年的时间内修习完成，并且与其博士学位论文的写作紧密相关，主要包括学校和社会秩序、教育心理学、教育管理、课程与方法、统计与测量、教育指导和个人发展建议等。② 由此可见，设立在社会科学学部中的教育学系，在课程设置方面强化社会科学的属性，注重开设与社会科学研究相关联的教育学课程，其主要目的是培养学生运用社会科学方法研究教育问题的能力。

1958年，在福特基金的资助下，芝加哥大学重新设立教育研究生院，着力为中小学培养学者型教师，其教师教育项目的运作模式与哈佛大学的教学文科硕士相似，课程主要是沿袭文学硕士和哲学博士的模式。进入20世纪60年代，社会对教师教育的质量要求不断提高，为继续争取福特基金的支持，推进教育学科的发展，芝加哥大学教育学院模仿在教师教育工作方面具有成功经验的哈佛大学、哥伦比亚大学师范学院，更新其课程体系。在其原有课程体系的基础上，芝加哥大学教育学院在研究生新生入学后的第二年增设教育研讨班（seminar in education）形式的教育学基础课程，激发学生研究教育问题的主动性和积极性。在教师教育方面，芝加哥大学教育研究生院的课程设置与哈佛大学相类似，设置开放性的教育学课程和实践教学型课程，注重心理学和儿童研究成果的应用，致力于培养学者型教师；而在哲学博士学位课程方面，芝加哥大学教育研究生院继续保持20世纪50年代确立

① HENRY N B. Fifth yearbook of the national society for the study of education: graduate study in education［M］. Chicago：The University of Chicago Press，1951：152－153.

② HENRY N B. Fifth yearbook of the national society for the study of education: graduate study in education［M］. Chicago：The University of Chicago Press，1951：154.

的课程体系，注重培养具有广阔视野和研究能力的教育学者。

三、《学校评论》与教育研究的深化

1929年的经济危机对美国社会的发展带来多重冲击，《学校评论》杂志在贾德和主编库斯（Leonard V. Koos）的主导下，开设社会问题研究专栏并集中探讨美国中等教育需要面对的一系列问题。贾德认为美国的学校和大学应该担负起培养年轻人成长为社会公民的责任，社会问题的研究与探索能够激发学生的民主情怀，从而在将来担负必要的社会职责。[①] 他主张对中学课程的科学研究应建立在社会需要的基础上，因为个人的经验和需求应在阅读和书写中展现出来，而运用社会学的方法探讨中学课程的建设会进一步深化教育研究。[②] 在贾德看来，学界对教育问题开展社会学研究不是关注过去的教育历史、教育的管理或教育机构的形成，而是关注个人作为社区公民在参与社会事务中的行为表现和民主意识的建立。1934年贾德在《学校评论》设立"群体生活的基本单位""工业生活""职业与教育机会""政府与公民"等四个专栏，较为系统地探讨社会危机背景下的中学课程建设问题。[③] 这一举措为学界从美国社会发展的需要和促进公民民主意识的形成来探讨中等教育的功能创了重要的平台，同时也在一定程度上体现出芝加哥大学的教育学科在贾德的带领下，多方面借鉴社会学科的研究方法并向社会学靠拢的发展趋势。

表4.9　1930—1941年《学校评论》刊载的部分文章一览表

作　者	文　章	发表时间
约翰·T. 格林南（John T. Greenan）	《民主问题教学中的案例教学法》（"The Case Method in the Teaching of Problems of Democracy"）	1930年第38卷第3期
托马斯·戴蒙德（Thomas Diamond）	《工业教育是什么?》（"What Is Industrial Education?"）	1930年第38卷第4期

---

① JUDD C H. Problems of education in the United States ［M］. New York：McGraw-Hill Book Company, Inc., 1933：83.

② JUDD C H. The curriculum in view of the demands on the schools ［J］. The school review, 1934 (1)：17 – 25.

③ JUDD C H. New course outlines and contents for the social studies ［J］. The school review, 1934 (2)：89 – 92.

（续上表）

作 者	文 章	发表时间
罗伯特·S. 克里斯特（Robert S. Gilchrist）	《中学教师的教育准备》（"The Educational Preparation of Secondary-School Teachers"）	1930 年第 38 卷第 5 期
罗伯特·S. 克里斯特（Robert S. Gilchrist）	《中学教师和校长培训的不足》（"Inadequacy of Training of Secondary-School Teachers and Principals"）	1931 年第 39 卷第 2 期
F. T. 斯波尔丁（F. T. Spaulding）	《小型高中能否改善其课程?》（"Can the Small High School Improve Its Curriculum?"）	1931 年第 39 卷第 6 期
弗里德里克·T. 希普（Frederic T. Shipp）	《高中男孩的社会活动》（"Social Activities of High-School Boys"）	1931 年第 39 卷第 10 期
B. 拉玛尔·约翰逊（B. Lamar Johnson）	《儿童阅读兴趣与学校性别和年级的关联》（"Children's Reading Interests as Related to Sex and Grade in School"）	1932 年第 40 卷第 4 期
L. C. 吉尔伯特（L. C. Gilbert）	《教育中青年学生的专业阅读》（"Professional Reading of Young Students of Education"）	1932 年第 40 卷第 7 期
亚瑟·B. 梅斯（Arthur B. Mays）	《实践艺术与课程的整合》（"The Practical Arts and Integration of the Curriculum"）	1933 年第 41 卷第 1 期
查尔斯·H. 贾德（Charles H. Judd）	《为美国中学辩护》（"In Defense of American Secondary Schools"）	1933 年第 41 卷第 4 期
L. A. 威廉姆斯（L. A. Williams）	《课程设计的分析技术》（"Analysis Techniques in Curriculum-Making"）	1933 年第 41 卷第 6 期
J. W. 瑞茨斯通（J. W. Wrightstone）	《公民信念与相关智力及其社会因素》（"Civic Beliefs and Correlated Intellectual and Social Factors"）	1934 年第 42 卷第 1 期
托马斯·H. 布里格斯（Thomas H. Briggs）	《中学校长的若干特征》（"Some Characteristics of Secondary-School Principals"）	1934 年第 42 卷第 3 期

（续上表）

作　者	文　章	发表时间
范妮・L. 塞加拉 （Fanny L. Segalla）	《黑人和白人儿童的写作词汇》 （"Writing Vocabularies of Negro and White Children"）	1934 年第 42 卷第 10 期
艾米・休斯 （Amy Hewes）	《为什么学生从高中退学?》（"Why Pupils Leave High School?"）	1935 年第 43 卷第 4 期
罗伊・C. 仰莱恩 （Roy C. Bryan）	《学生应该保持良好的纪律吗?》 （"Should Pupils Take Part in Maintaining Good Discipline?"）	1935 年第 43 卷第 6 期
托马斯・H. 布里格斯 （Thomas H. Briggs）	《最好的高中教师的实践》（"The Practices of Best High-School Teachers"）	1935 年第 43 卷第 10 期
柯比・P. 沃克 （Kirby P. Walker）	《密西西比高中的最新动向》 （"Recent Trends in Selected Mississippi High Schools"）	1936 年第 44 卷第 7 期
罗素・T. 格雷格 （Russell T. Gregg）	《中学与社会变化》（"The Secondary School and Social Change"）	1937 年第 45 卷第 7 期
保罗・W. 特里 （Paul W. Terry）	《课外活动的民主监督原则》 （"Democratic Principles of Supervision for Extra-Curriculum Activities"）	1937 年第 45 卷第 9 期
米勒德・E. 格拉德费尔特 （Millard E. Gladfelter）	《大学入学要求的现状与趋势》 （"Status and Trends of College-Entrance Requirements"）	1937 年第 45 卷第 10 期
弗雷德里克・L. 庞德 （Frederick L. Pond）	《拉丁语学习对词汇知识的影响》 （"Influence of the Study of Latin on Word Knowledge"）	1938 年第 46 卷第 8 期
E. G. 布莱克斯通 （E. G. Blackstone）	《重塑商务系》（"Remodeling Your Commercial Department"）	1939 年第 47 卷第 1 期
海伦・B. 爱荷华 （Helen B. Goetsch）	《父母收入与大学入学机会的关系》 （"Relation of Parental Income to College Opportunity"）	1940 年第 48 卷第 1 期

（续上表）

作　　者	文　　章	发表时间
E. C. 克莱恩 （E. C. Cline）	《中等教育的三大误区》（"Three Errors in Secondary Education"）	1940 年第 48 卷第 5 期
劳伦斯・W. 罗斯 （Laurence W. Ross）	《教育与职业指导中的智力测验》（"Intelligence Tests in Educational and Vocational Guidance"）	1940 年第 48 卷第 9 期
哈利・D. 纽伯恩 （Harry D. Newburn）	《民主生活教育》（"Education for Life in a Democracy"）	1941 年第 49 卷第 4 期
亚博拉・万德・米尔 （Abram Vander Meer）	《电影对科学教学的特殊贡献》（"Specific Contributions of Films to Science-Teaching"）	1941 年第 49 卷第 9 期
保罗・H. 兰蒂斯 （Paul H. Landis）	《从社会学视角探究青年问题》（"A Sociological View of the Youth Problem"）	1941 年第 49 卷第 10 期

资料来源：根据 http://www.jstor.org/journal/schoolreview 网站《学校评论》期刊 1930—1941 年刊载的文章整理。

从表 4.9 可以看出，1930—1941 年《学校评论》刊发文章的主题主要集中于从社会学的视角探究中等教育的发展问题，而且自 1938 年泰勒继任芝加哥大学教育学系主任后《学校评论》持续关注中学的课程变革、中学课程设计、中学师资的专业培训、课堂教学方法变革、中学职业指导、工业化社会的教育等问题。例如贾德的《为美国中学辩护》、格雷格的《中学与社会变化》、希普的《高中男孩的社会活动》、纽伯恩的《民主生活教育》、斯波尔丁的《小型高中能否改善其课程?》、威廉姆斯的《课程设计的分析技术》、布里格斯的《中学校长的若干特征》和《最好的高中教师的实践》、罗斯的《教育与职业指导中的智力测验》、塞加拉的《黑人和白人儿童的写作词汇》、兰蒂斯的《从社会学视角探究青年问题》等在探讨中等教育问题的过程中将教育问题视为社会问题的组成部分，借鉴社会学的研究方法开展有针对性的研究。

1941—1945 年，美国全面参与第二次世界大战，社会各界的活动都围绕着"二战"来展开，这一时期《学校评论》刊发的文章也主要集中于探讨战争对中等教育的影响（见表 4.10）。

表 4.10　1942—1945 年《学校评论》刊载的部分文章一览表

作　者	文　章	发表时间
亚萨黑·D. 伍德拉夫 （Asahel D. Woodruff）	《个人价值观与行为取向》 （"Personal Values and the Direction of Behavior"）	1942 年第 50 卷第 1 期
史蒂芬·M. 科里 （Stephen M. Corey）	《儿童的问题与战争》（"Children's Questions and the War"）	1942 年第 50 卷第 4 期
汉斯·艾利业斯 （Hans Elias）	《战后一代的教育》（"The Education of the Post-War Generation"）	1942 年第 50 卷第 7 期
查尔斯·I. 格里克伯格 （Charles I. Glicksberg）	《战时指导的建议方案》　（"A Suggested Program of Guidance in Wartime"）	1942 年第 50 卷第 10 期
费仪·沃德·利特 （Fay Ward Little）	《社会经济课程研究》　（"A Socio-Economic Curriculum Study"）	1943 年第 51 卷第 8 期
E. C. 克莱恩 （E. C. Cline）	《军民能力教育》　（"Education for Military and Civilian Competence"）	1943 年第 51 卷第 10 期
格雷森·N. 科福维尔 （Grayson N. Kefauver）	《教育是实现持久和平的重要因素》 （"Education an Important Factor in Achieving an Enduring Peace"）	1944 年第 52 卷第 1 期
查尔斯·I. 格里克伯格 （Charles I. Glicksberg）	《战后教育重建的若干思考》 （"Some Considerations in Postwar Educational Reconstruction"）	1944 年第 52 卷第 5 期
富兰克林·博比特 （Franklin Bobbitt）	《战后课程：功能与学术计划》 （"The Postwar Curriculum: The Functional versus the Academic Plan"）	1945 年第 53 卷第 2 期
富兰克林·博比特 （Franklin Bobbitt）	《战后课程：功能计划的优越性》 （"The Postwar Curriculum: The Superiority of the Functional Plan"）	1945 年第 53 卷第 3 期
马修·P. 加夫尼 （Matthew P. Gaffney）	《战后教育之课程计划》 （"Curriculum Planning for Postwar Education"）	1945 年第 53 卷第 4 期

（续上表）

作　者	文　章	发表时间
H. 布迪希 （H. Boodish）	《中等教育观念的转变》（"Changing Concepts in Secondary Education"）	1945 年第 53 卷第 6 期
H. M. 拉佛尔 （H. M. Lafferty）	《战后教育：一堂规划课》（"Postwar Education：A Lesson in Planning"）	1945 年第 53 卷第 8 期

资料来源：根据 http：//www.jstor.org/journal/schoolreview 网站《学校评论》期刊 1942—1945 年刊载的文章整理。

表 4.10 表明这一时期《学校评论》刊载的文章主要探讨中等教育与"二战"的关系，其主题包括战争对个人行为和价值观的影响、战争给儿童带来的困惑、军事教育与民用教育的权限、教育对实现持久和平的重要作用、战后教育重建的建议、战后教育的课程计划、中等教育的观念转变等。在这些文章中，格里克伯格的《战时指导的建议方案》和《战后教育重建的若干思考》对战争在学校教育方面的影响进行较为系统的分析，为学界理性面对教育与战争的关系提供有针对性的指导；博比特的《战后课程：功能与学术计划》和《战后课程：功能计划的优越性》主要从中等教育的课程设计入手，对战争结束后美国中学课程的功能展开分析，为战后美国课程的重建与发展提供可供参考的建议。

1946 年，主编库斯退休，来自芝加哥大学出版社的亨利（Nelson Henry）接任《学校评论》杂志的主编。他上任后开设"编辑新闻和教育评论"（Editorial News and Educational Comment）专栏，在每期杂志上系统介绍芝加哥大学出版社和教育学系的重要事务，而且在他的主导下《学校评论》杂志于 1946—1950 年主要刊载学界对中等教育发展中面临的多种问题的探究，尤其关注芝加哥大学教育学科的学者们所开展的研究工作及其成果，如爱德华（Newton Edwards）的人口学研究、库斯的初级学院的学校调查、泰勒的课程评价与研究（包括他在"八年研究"中的部分成果）、芝加哥大学人类发展委员会关于儿童发展的研究成果等。1951 年哈同（Maurice Hartung）开始担任《学校评论》主编，他认为《学校评论》刊载文章的主题应体现学校变革的成果，批判教育中晦涩难解的基本定义阻碍年轻人直面现代社会问题能力的发展。在哈同看来，教育的思想、技能、观点、评价及解决教育问题的思维方式都应与年轻人的有效生活和民主社会建设联系在一起，1950 年前后美国教育界在课程修订上的举措体现了这一趋势。① 在哈同的主导下，《学校评论》在1951—1954年刊载文章的主题以中学课程变革为中心，从社会学和民主社会建设的角度探讨中等教育变革成为杂志内容的主流。

　　1954年蔡斯（Francis S. Chase）接任教育学系主任，在他看来，隶属于芝加哥大学社会学部的教育学系在《学校评论》杂志的办刊理念上应体现更多的社会科学属性，并于1956年着手对期刊进行改革。他指出进步主义教育的学校变革理念正在面临着严峻挑战，随着"二战"后社会环境的变迁，以贝斯特（Arthur Bestor）为代表的教育学者主张中学课程以分科教学为中心，严格执行课程计划以促进学生智力发展②；而且，高中生更倾向于为升入大学做准备，不再对生活适应教育感兴趣，更多的家庭和高中生更倾向于接受严格的学校教育。随着美国社会知识更新速度的加快、更高知识水平需求的增加，狭隘的教育观念被文化交流与沟通的理念所取代，据此蔡斯认为《学校评论》应摒弃以往进步主义教育的办刊理念，从而把杂志办成社会各种思想交流的园地。在他的主导下，《学校评论》于1957年开始以季刊的形式出版，其刊载的文章主题不再局限于中等教育，且文章的字数和篇幅增加，关注的领域也不断扩大（见表4.11）。③

表4.11　1957—1965年《学校评论》刊载的部分文章一览表

作　者	文　章	发表时间
西摩·L. 沃夫贝恩（Seymour L. Wolfbein）	《美国创造性人力资源的短缺》（"The Creative Manpower Shortage in the United States"）	1957年第65卷第1期
J. W. 格策尔斯（J. W. Getzels）	《价值观的改变给学校带来的挑战》（"Changing Values Challenge the Schools"）	1957年第65卷第1期

① Educational news and editorial comment. Curriculum revision during the emergency [J]. The school review, 1951 (2)：65 – 69.

② CREMIN L. The transformation of the school：progressivism in American education, 1876 – 1957 [M]. New York：Vintage Books, 1961：343 – 347.

③ Board of editors of the School Review. A statement of intent [J]. The school review, 1957 (1)：2.

（续上表）

作　者	文　章	发表时间
本杰明・S. 布卢姆、查尔斯 R. 斯塔特勒（Benjamin S. Bloom & Charles R. Statler）	《美国州政府通识教育测验发展的演变，1943—1955》（"Changes in the States on the Tests of General Educational Development from 1943 to 1955"）	1957 年第 65 卷第 2 期
D. 盖尔・约翰逊（D. Gale Johnson）	《经济与教育体制》（"Economics and the Educational System"）	1957 年第 65 卷第 3 期
约翰・I. 古德莱德（John I. Goodlad）	《学校场景评论》（"The School Scene in Review"）	1957 年第 65 卷第 4 期
J. W. 格策尔斯（J. W. Getzels）	《社会行为及其管理过程》（"Social Behavior and the Administrative Process"）	1957 年第 65 卷第 4 期
福瑞德・N. 克林格（Fred N. Kerlinger）	《进步主义和传统主义的基本教育态度》（"Progressivism and Traditionalism Basic Educational Attitudes"）	1958 年第 66 卷第 1 期
爱德华・F. 伦肖（Edward F. Renshaw）	《美国的教育制度是永久有效的吗？》（"Will the American Educational System Ever Be Efficient?"）	1958 年第 66 卷第 1 期
约瑟夫・J. 施瓦布（Joseph J. Schwab）	《从心理学看教育学的没落》（"On the Corruption of Education by Psychology"）	1958 年第 66 卷第 2 期
内德・A. 弗兰德斯（Ned A. Flanders）	《英语与社会学研究：哪个是核心？哪个是更好的基本技能？》（"English and Social Studies: Or Core? Which for Better Basic Skills?"）	1958 年第 66 卷第 3 期
亚萨黑・D. 伍德拉夫（Asahel D. Woodruff）	《教育研究与课程》（"Educational Research and the Curriculum"）	1958 年第 66 卷第 4 期
厄尔・S. 约翰逊（Earl S. Johnson）	《科学、社会和课程》（"Science, Society, and the Curriculum"）	1958 年第 66 卷第 4 期
路易丝・L. 泰勒（Louise L. Tyler）	《心理分析和课程理论》（"Psychoanalysis and Curriculum Theory"）	1958 年第 66 卷第 4 期

（续上表）

作　者	文　章	发表时间
H. L. 埃尔文 （H. L. Elvin）	《20世纪变革中的中学课程》（"The Secondary-School Curriculum in the Changing Twentieth Century"）	1959年第67卷第1期
劳伦斯·A. 克雷明 （Lawrence A. Cremin）	《杜威与进步主义教育运动，1915—1952》（"John Dewey and the Progressive-Education Movement, 1915—1952"）	1959年第67卷第2期
杰伊·威廉姆斯 （Jay Williams）	《杜威与教育科学的理念》（"Dewey and the Idea of a Science of Education"）	1959年第67卷第2期
福瑞德·N. 克林格 （Fred N. Kerlinger）	《实践性与教育研究》（"Practicality and Educational Research"）	1959年第67卷第3期
哈利·C. 凯利 （Harry C. Kelly）	《美国国家科学教育计划》（"National Program for Education in the Sciences"）	1959年第67卷第4期
约翰·T. 葛乐豪 （John T. Gullahorn）	《案例教学法》（"Teaching by the Case Method"）	1959年第67卷第4期
H. L. 埃尔文 （H. L. Elvin）	《教育中的民族主义和国际主义》（"Nationalism and Internationalism in Education"）	1960年第68卷第1期
朱利安·赫克里斯 （Julian Huxley）	《高中课程的演变》（"Evolution in the High-School Curriculum"）	1960年第68卷第2期
约瑟夫·J. 施瓦布 （Joseph J. Schwab）	《探究、科学教师和教育学者》（"Inquiry, the Science Teacher, and the Educator"）	1960年第68卷第2期
迈克尔·米勒 （Michael Millar）	《学科在课程探究中的若干作用》（"Some Roles of Subject Matter in Curriculum Inquiry"）	1960年第68卷第3期
弗莱德·T. 泰勒 （Fred T. Tyler）	《教师人格与教学能力》（"Teachers Personalities and Teaching Competencies"）	1960年第68卷第4期

（续上表）

作　者	文　章	发表时间
唐·A. 奥顿 （Don A. Orton）	《中等教育变革引发的争议》 （"Issues Raised by Changes in Secondary Education"）	1961 年第 69 卷第 1 期
罗伯特·J. 哈格维斯特 （Robert J. Havighurst）	《大都市发展与教育体制》 （"Metropolitan Development and the Educational System"）	1961 年第 69 卷第 3 期
劳伦斯·E. 斯特朗 （Laurence E. Strong）	《化学：高中的一门科学课程》 （"Chemistry as a Science in the High School"）	1962 年第 70 卷第 1 期
吉尔伯特·C. 芬利 （Gilbert C. Finlay）	《物理科学研究委员会》（"The Physical Science Study Committee"）	1962 年第 70 卷第 1 期
义德人　摩西 （Edwin Moise）	《新数学项目》（"The New Mathematics Programs"）	1962 年第 70 卷第 1 期
弗朗西斯·S. 蔡斯 （Francis S. Chase）	《当前课程方案对教育政策与实践的若干影响》（"Some Effects of Current Curriculum Projects on Educational Policy and Practice"）	1962 年第 70 卷第 1 期
哈罗德·B. 丹凯尔 （Harold B. Dunkel）	《价值决定和公立学校》（"Value Decisions and the Public Schools"）	1962 年第 70 卷第 2 期
法兰克·R. 彼得斯 （Frank R. Peters）	《心理学和教育学落后于时代吗?》 （"Are Psychology and Education Behind the Times?"）	1962 年第 70 卷第 4 期
埃里卡·弗洛姆 （Erika Fromm）	《心理健康、民主和教育学术》 （"Mental Health, Democracy, and Academic Education"）	1962 年第 70 卷第 4 期
福瑞德·N. 克林格 （Fred N. Kerlinger）	《教师的教育态度与知觉：教师效能研究之建议》（"Educational Attitudes and Perceptions of Teachers：Suggestions for Teacher-Effectiveness Research"）	1963 年第 71 卷第 1 期

（续上表）

作　者	文　章	发表时间
福瑞德·T. 泰勒 （Fred T. Tyler）	《机械式教学、程序和学习研究》 （"Teaching Machines, Programs, and Research on Learning"）	1963年第71卷第2期
詹姆斯·A. 乔丹 （James A. Jordan）	《机械式教学与教育哲学》 （"Teaching Machines and Philosophy of Education"）	1963年第71卷第2期
詹姆斯·A. 戴维斯 （James A. Davis）	《高等教育：选择与机遇》（"Higher Education：Selection and Opportunity"）	1963年第71卷第3期
厄尔·S. 约翰逊 （Earl S. Johnson）	《社会学研究与社会科学》（"The Social Studies versus the Social Sciences"）	1963年第71卷第4期
菲利普·J. 福斯特 （Philip J. Foster）	《传统社区的地位、权力与教育》（"Status, Power, and Education in a Traditional Community"）	1964年第72卷第2期
艾略特·W. 爱纳斯 （Elliot W. Eisner）	《美国教育艺术导论》（"Introduction to the Arts in American Education"）	1964年第72卷第3期
C. 阿诺德·安德森 （C. Arnold Anderson）	《社会学研究的新设计》（"A New Frame for the Social Studies"）	1964年第72卷第4期
艾略特·W. 爱纳斯 （Elliot W. Eisner）	《教育与人类的理念》（"Education and the Idea of Mankind"）	1965年第73卷第1期
詹姆斯·P. 希伍 （James P. Shave）	《反思性思维、价值观和社会研究教科书》（"Reflective Thinking, Values, and Social Studies Textbooks"）	1965年第73卷第3期
肯尼斯·B. 亨德森 （Kenneth B. Henderson）	《一种教学理论模型》（"A Theoretical Model for Teaching"）	1965年第73卷第4期

资料来源：根据 http://www.jstor.org/journal/schoolreview 网站《学校评论》期刊 1957—1965年刊载的文章整理。

由表4.11可知，1957—1965年《学校评论》刊载的文章以社会科学研究的方法及其在教育中的运用为主，突出阐述学校作为社会机构，其教育活动对社会秩序发展的重要影响。概括地说，1957年《学校评论》改为季刊

出版后其刊载文章的主题包括培养具有教育天赋的儿童、应对情绪困扰的儿童、重新审视教育内容的选择标准、恢复数学和科学课程的逻辑、重新定义教育管理的任务、关注学习过程的研究并解决社会变革中的价值观冲突等。①自1957年改为季刊后《学校评论》开始出版专刊，在教育学系教授特伦（Herbert Thelen）和格策尔斯（Jacob W. Getzels）的主导下，1957年秋季，期刊编辑出版"社会科学与教育"的专题论文集，文章分别从人类学、经济学、地理学、历史学、法学、政治学、心理学和社会学等社会科学的视角探讨教育的问题②；1959年夏季，为纪念杜威的百年诞辰，《学校评论》出版"杜威教育思想"专刊；1967年，为庆祝芝加哥大学建立和《学校评论》期刊创刊75周年，杂志邀请曾在芝加哥大学教育学院及教育学系工作的教育学者发表系列评论，并将其编辑成册出版。专刊的出版不仅扩大了《学校评论》的学术影响力，而且反映出这一时期芝加哥大学教育学科趋向于社会科学的发展特点。

四、创立教育评价模式与深化课程理论研究：泰勒在芝加哥大学

泰勒（Ralph W. Tyler）1902年4月22日生于美国芝加哥市，1921年在多内学院（Doane College）获文学学士学位，1923年获内布拉斯加大学文学硕士学位，1927年获芝加哥大学哲学博士学位。在芝加哥大学学习期间，泰勒在康茨（G. S. Counts）、贾德和查特斯（W. W. Charters）的联合指导下完成博士学位的学业，其博士论文《运用个人评价的统计学方法评价教师培训课程》（"Statistical Methods for Utilizing Personal Judgments to Evaluate Activities for Teacher-Training Curricula"）深受查特斯著作《整体教师培训研究》（Commonwealth Teacher Training Study）的影响。取得博士学位后，泰勒曾在北卡罗来纳大学教育研究所担任助理主任。1928年，他受查特斯之邀赴俄亥俄州立大学的教育研究部任副研究员。在攻读博士学位期间，泰勒即与查特斯的关系比较亲近，任副研究员后他接受查特斯的安排，担任一项需要与其他系合作的教学效果及测试方面的研究工作，从而促使其工作重点从运用教育测量展开智力测试转移到教育评估方面，这使他成为教育评估研究领域的佼佼者。1933年，泰勒应进步主义教育协会的邀请担任"八年研究"项目

---

① Board of editors of the School Review. A statement of intent［J］. The school review, 1957（1）: 2.

② THELEN H A, GETZELS J W. Introduction to the symposium［J］. The school review, 1957（3）: 244 – 245.

主任①，1934 年其教育评价方面的代表作《成绩测验的编制》出版，1949
年在总结其"八年研究"项目工作经验的基础上又出版《课程与教学的基
本原理》，前一部著作使其被称为当代教育评价之父，后一部著作被公认为
提出了现代课程研究的范式，泰勒本人也因此被誉为现代课程理论之父。
1938 年，芝加哥大学校长赫钦斯（Robert Hutchins）邀请泰勒出任教育学系
主任，"八年研究"项目也从俄亥俄州立大学转移至芝加哥大学，他充分发
挥其在教育评价与课程研究方面的学术优势，推进了芝加哥大学教育学科的
发展。1953 年，泰勒离开芝加哥大学，来到斯坦福大学创建行为科学高级研
究中心，并担任该中心主任。

（一）主导"八年研究"项目，推进教育的合作研究

1930 年，巴勒斯中学校长艾肯（Wilford M. Aikin）在《进步主义教育》
杂志上发表《中等教育展望》一文，认为必须开展中等教育改革实验与研
究，呼吁中等教育"当前最需要的是进行深思熟虑的研究与积极的实验"②。
同年，进步主义教育协会建立"中学与大学关系委员会"（Committee of the
Relation of School and College）。该委员会设立主要有两个目的：其一是为了
改善中学与大学的关系，改变中学课程由大学入学要求所主导的状况；其二
是为了更好地为美国青年人服务。1933—1935 年，中学与大学关系委员会举
行了三次年会③，委员会成员与合作学校代表共聚一堂，共同期待即将展开
的"冒险"事业。④ 但开发和组织新的课程材料的任务对于合作中学来说难

---

① 1930 年，美国进步主义教育协会成立了"中学与大学关系委员会"，试图通过加
强中学与大学的合作关系来解决这一问题。委员会制定一项为期八年（1933—1941）的
大规模的高中教育改革实验研究计划，即"八年研究"项目。参加实验研究的是从全国
推荐的 200 所中学中选出的 30 所中学，同时该协会与全美 300 所学院签订协议，规定参
加实验的学院对进行实验的中学毕业生不进行入学考试，合作中学的毕业生申请进入学
院时须持校长的推荐书。该项实验研究主要涉及教育目的、教育管理、课程方法以及教
育评价等四个方面。

② AIKIN W. The prospect in secondary education [J]. Progressive education, 1930
(1): 28.

③ 这三次年会包括：1933 年博宁顿学院年会（Bennington College Annual
Conference），1934 年乔治学校年会（George School Annual Conference），1935 年千岛公园
年会（Thousand Island Park Annual Conference）。

④ Adventure 一词在艾肯的文章中多次提及，对于"八年研究"这样的教育研究项
目，艾肯将其视为美国中等教育改革的一项"冒险"事业，旨在使中学摆脱以往大学入
学要求的束缚，在较为宽松的氛围下进行大胆的改革。1942 年出版的"八年研究"的五
卷本报告书的总标题即为"Adventure in American Education"。

度很大，它们纷纷要求委员会提供帮助。① 为此，委员会提出建立课程评价委员会，以便指导合作中学的课程改革计划。1934 年，受"八年研究"执行委员会成员、泰勒在俄亥俄州立大学的同事博德（Boyd Henry Bode）之邀，且正值"中学与大学关系委员会"发现合作中学对记录与报告委员会的测试计划产生反感之时，泰勒应邀来项目组开发更为综合的评价项目。他向委员会陈述其工作计划，虽引起很大争论，但最终还是受聘为评价委员会主任。② 与早期的研究者们不同，泰勒认为测试的作用并不限于对学生学业成果的检验，在任何一个学科里成功的测试或考试应成为测量学生是否达到教学目标的重要工具，在教学目标多样化的条件下测试应被设计为测量学生是否达到教师在一门学科里所确定的重要教育目的的一种方式。因此，他坚持向教育界引入评价（evaluation）的概念，将评价视为影响教学和学习的因素，而这不仅仅是测试专家的职责，因为评价的过程包含了课程专家的协助和教师的参与，只有这样才能是评价有效的开发和运用。泰勒的加盟无疑为"八年研究"带来新的转变，平衡了学业成绩测量以及更高层次的认知、情感等心理过程的测量，建立起了清晰而系统的评价体系，从而使教师在开发评价工具的过程中起到关键的作用。③

担任"八年研究"项目主任后，泰勒做的第一件事就是招募一批可以帮助 30 所实验中学筹划与实施评价的工作人员，这些人还将负责追踪研究高中毕业生在大学的成绩。同时，他还联合参加研究的 30 所实验学校的教师，成立教师委员会，与评价工作人员共同完成工作任务。从 1935 年夏季开始，泰勒就组织一系列的暑期研修班。他认为，以往大学举办的教师暑期研修班缺少独立的资金支持，且因受大学方面的束缚，中学教师的需求未能被充分重视，使教师在培训中主要是一个信息接收者，而受通识教育委员会资助的暑期研修班则主要是针对教师在日常教学中遇到的问题，进行讨论并寻找解决的方法，因而更加注重教师的参与④；而且，研修班没有正式的课程及授课，各个学生、学校和社区的各种需要决定学习的内容，一些对评价、课程、指导和青少年研究的最新发展十分熟悉的顾问专家随时给他们提供指

---

① AIKIN W. The commission on the relation of school and college ［J］. Educational research bulletin，1938，17（8）：214.

② TYLER R W. Remembering Boyd Bode ［J］. Curriculum theory network，1975（1）：61 – 62.

③ 龙燕茹. 八年研究中大学教育学者与中学教师的合作关系探究 ［D］. 北京：北京师范大学，2012：59 – 60.

④ BULLOUGH R V，Jr.，KRIDEL C. Workshops，in-service teacher education，and the Eight-Year Study ［J］. Teaching and teacher education，2003：19.

导。1938 年，泰勒将研究中心迁移至芝加哥大学，在通识教育委员会的资助下，项目组联合参与项目实验的中学举办多次研修班，中学教师和项目组的专家热情支持研修班，仅 1939 年就举办 11 次研修班。研修班工作人员十分注重收集教师研讨成果，积累了大量可供学校使用的文件。艾肯对此评价道："研修班教师十分多产，研讨的一手资料光从数量上来说就十分可观。从质量上来评价这些资料须从其体现的使用价值来看，但研讨资料对于增进小组讨论十分有益，在大多数情况下研讨资料有助于实行进一步的实验和修正。"[1]

泰勒充分发挥在主持"八年研究"项目中累积的经验优势，争取通识教育委员会对芝加哥大学教育学系的资助，进一步开展教育研究项目。1939 年，泰勒领导教育学系开展通识教育合作研究（Cooperative Study in General Education）项目。该研究项目在 1939—1945 年进行，在此期间泰勒研究团队与 25 所大学合作开发通识教育课程。1947 年出版的研究报告《通识教育中的合作》（"Cooperation in General Education"）对此次研究做了总括性介绍，还涉及人文学科、社会学科、科学和学生个人服务等方面的实验。在研究中，泰勒秉持"合作"的理念，力图在教育研究项目中建立民主的学术规范并形成氛围。1939—1944 年，每年在芝加哥大学为合作机构举行为期五周的研修班，参与该项目的学校比参与"八年研究"项目的中学更加受益于合作性研究，其中主要原因是参与该项目的学校"借鉴了八年研究经验"。[2]

（二）明确教育目标的依据，创立教育评价模式

在领导"八年研究"项目工作的基础上，泰勒总结其课程合作研究与教育评价的工作经验，认为现代教育评价是一个过程，用来发现学生学了什么及其所具有的价值，即教育评价是"确定教育目标在实际上理解到何种程度的过程"。[3] 而"教育目标是选择材料、勾画内容、编制教学程序，以及制定测验和考试的准则。教育计划的各个方面，实际上只是达到基本教育目标的手段。因此，我们如果要系统地、理智地研究某一教育计划，就必须确定所要达到的各种教育目标"。在泰勒看来，教育目标"是有意识地想要达到的目的，也就是学校教职员期望实现的结果"，学校领导和教师与其说是制

---

① Progressive Education Association（U. S.）. Report of evaluation activities of the summer institute for teachers：from the thirty schools in the Eight-Year Study［R］. Columbus, Ohio：Ohio State University, 1936.

② AIKIN W M. The story of the Eight-Year Study with conclusions and recommendations［M］. New York：Harper & Brothers, 1942：59.

③ 陶西平. 教育评价辞典［M］. 北京：北京师范大学出版社, 1998：9.

定目标，还不如说是选择目标，即"作出的各种价值判断"。① 在实际的教学活动中，泰勒认识到教育目标来源多样，应该"用有助于学习经验和指导教学的方式陈述教育目标"，既指出要使学生养成的行为，又言明运用这种行为的生活领域或内容，体现"行为"和"内容"两个维度。② 泰勒深受进步主义教育的影响，高度重视"把儿童的兴趣和需要作为制定目标之基础的重要性"，将"对学生的研究"作为确定教育目标的首要来源和依据。③ 他总结当时进步主义、要素主义和社会学家的观点，将学生研究、社会生活需要和学科专家建议三个方面作为确定教育目标的主要依据。

泰勒认为，"对目标的界说是评价中的一个重要步骤"，"评价过程是从教育计划的目标着手的。由于评价的目的在于了解这些目标实际上实现得怎样，所以评价的程序需要得到每一个主要教育目标所隐含的每一种行为的证据"。④ 在确定教育目标的条件下，泰勒进一步提出教育评价的四个目的：（1）记录每个学生行为方面的大量的数据，以便详细地了解和帮助他；（2）为家校合作提供有力的保证；（3）检验学生是否有能力和愿望迎接新的体验，为学生选择升学还是就业提供依据；（4）根据学生达成教育目标的情况来激励教师。⑤ 他认为，教育评价就是对教育目标的实际行为进行证实，而教育目标又在教育过程中实现行为的改变。因此，泰勒利用图4.1来表示教育目标、教育评价和教育过程之间的关系，并提出以行为目标为特征的教育评价模式。⑥

教育目标

↙ ↘

教育评价 ← 教育过程

图4.1　泰勒教育评价模式示意图

可以说，通过教育评价，泰勒实际上提供了一个比较全面的评价学生学

---

① 泰勒. 课程与教学的基本原理 [M]. 施良方，译. 瞿葆奎，校. 北京：人民教育出版社，1994：1 - 2.

② 泰勒. 课程与教学的基本原理 [M]. 施良方，译. 瞿葆奎，校. 北京：人民教育出版社，1994：36.

③ 泰勒. 课程与教学的基本原理 [M]. 施良方，译. 瞿葆奎，校. 北京：人民教育出版社，1994：3，13.

④ 泰勒. 课程与教学的基本原理 [M]. 施良方，译. 瞿葆奎，校. 北京：人民教育出版社，1994：89 - 90.

⑤ AIKIN W M. The story of the Eight-Year Study with conclusions and recommendations [M]. New York：Harper & Brothers，1942：36 - 42.

⑥ 在泰勒看来，行为目标评价包括四个步骤，即确立评价目标、确定评价情境、设计评价手段、利用评价结果。

习的理论，因为其教育评价不仅涉及知识、技能、能力的评定，也包含兴趣、态度等心理因素，这种以学生全部行为的变化和教育目标的实现为对象的完整的教育评价学说，深刻影响教育学科的发展，促使社会形成对教育学科实际功用的新认识。

（三）借鉴课程理论成果，确立以行为目的为核心的课程编制原则

在课程及其理论研究领域，一般认为 1918 年美国学者博比特（F. Bobbitt）出版的《课程》（The Curriculum）一书是人类历史上第一本课程理论专著，它标志着课程论成为独立的研究领域。博比特将工业科学管理的原则应用于学校教育，继而将科学理念应用于课程研究领域，认为教育是促进学生为将来的成人生活做准备的必要条件，应该根据社会的需要来确定教育的目标，具体化和标准化的教育目标是科学课程的重要特征。因此，课程的建立者首先要对人性和人类事务进行分析，发现当代人类社会所需要的特定的"能力、态度、习惯、鉴赏力和知识的形式"[1]。在博比特看来，课程是通过对人类活动的分析而逐渐被发现的，他提出了课程编制的五个步骤[2]，为课程设计与编制提供必要的理论指导。进入 20 世纪 20 年代，教育界人士和学生家长普遍认为，学校教育与当代生活不相干，缺乏实效，因而期望通过课程改革和课程理论探究来加强中学教育与社会生活的联系。20 年代以后，查特斯（W. W. Charters）加入博比特的课程改革工作，他也把确定人类活动的基本单位作为课程编制的第一步，并主张课程是由理想和活动这两者构成的。他认为课程编制的模式首先必须制定目标，然后选择课程内容，在选择过程中必须始终根据目标对课程内容进行评价。查特斯将课程编制过程归纳为七个步骤。[3] 他与博比特都强调教育目标的确定是一个规范性

---

① BOBBITT F. The curriculum [M]. New York：Houghton Mifflin Company，1918：43.

② 博比特在《怎样编制课程》（How to Make a Curriculum）一书中，将课程编制过程归纳为：对人类经验的分析、工作分析、推导出目标、选择目标、制订详细计划等五个步骤。参见：MCNEIL J D. Curriculum：a comprehensive introduction [M]. 4th ed. Boston：Scott Foresman & Co，1990：381–383.

③ 七个步骤具体如下：①通过研究社会背景中的人类生活，确定教育的主要目标；②把这些目标分析成各种理想和活动，然后再继续把它们分析成教学工作单元的层次；③按其重要性的程度加以排列；④把对儿童具有很大价值，但对成人价值不大的理想和活动，提到较高的位置；⑤删除在学校外能学习得更好的内容，然后确定在学校教育期间能够完成的最重要的内容；⑥收集处理这些理想和活动的最佳做法；⑦根据儿童心理特征安排内容，以便用一种适当的教学顺序获得它们。参见：CHARTERS W. W. Curriculum construction [M]. New York：Macmillan，1923：102.

的活动，而教育目标和活动的选择是一个实验性和科学性的过程，目标和活动是科学分析和验证的对象，而知识与实际需要之间的联系是课程研究者要解决的一个核心问题。① 20年代后期，全美教育研究学会（National Society for the Study of Education）对课程领域进行大规模的回顾与前瞻，在委员会主席拉格（H. O. Rugg）的领导下，一批具有重要影响力的教育家合作编撰了第26期《年鉴》（"26th Year-Book"），即报告书。在报告书中，拉格总结课程发展的经验与教训，提出课程编制的三项任务：确定基本的目标、选择活动和其他教学材料、发现最有效的教材组织方式。

20世纪20年代的美国课程改革运动以教育目标具体化、标准化为特征，孕育了博比特、查斯特等人以教育目标为中心的课程编制模式。作为科学化运动的代表，他们的课程理论反映了所谓的科学取向，该模式在以后的岁月中不断地被修整和完善。他们以教育目标为中心的课程编制思想对泰勒的影响是很明显的，目标问题无疑构成泰勒课程观的核心。泰勒认为，目标的选择不仅是课程规划必须采取的第一个步骤，而且是整个过程中最为关键的步骤，其他的步骤都要以此为准则来进行，因而泰勒在《课程与教学的基本原理》（Basic Principles of Curriculum and Instruction）一书中，用一半的篇幅论述如何确定教育目标的问题。在对教育目标来源的研究中，泰勒选择的研究方法多种多样，其中对社会生活的研究主要采用了调查研究的方法，即"活动分析法"和"工作分析法"，并把目标来源的分析扩充为"学习者、社会和学科"三个层面，通过将目标细化使其操作简易化。泰勒在"八年研究"中确立的课程原理与拉格的构思很相似，他对拉格所倡导的三项任务做了系统化、理论化的工作，并增加了评价阶段，把评价结果作为不断修正课程的基础。

泰勒不仅积极借鉴前人的课程理论研究成果，而且在主持"八年研究"项目的过程中不断验证其课程理论。在对"八年研究"的实践经验总结的基础上，泰勒提出了对课程专家具有深远影响的课程开发的基本程序和方法，其主要思想集中在1949年问世的《课程与教学的基本原理》一书中，该书奠定了现代课程研究领域的理论构架，被公认为课程开发目标模式经典性形态形成的标志。在书中，泰勒开宗明义地指出，开发任何课程和教学计划都必须回答四个基本问题，也可称其为泰勒原理的基本内容：（1）学校应该试图达到什么教育目标；（2）提供什么教育经验最有可能达到这些目标；（3）怎样有效组织这些教育经验；（4）我们如何确定这些目标正在得以实现。这

---

① MCNEIL J D. Curriculum：a comprehensive introduction ［M］. 4th ed. Boston：Scott Foresman & Co，1990：384.

四个问题可以进一步归纳为"确定教育目标""选择教育经验""组织教育经验""评价教育计划"。围绕这四个问题，泰勒提出了课程编制过程的四个步骤或阶段：

（1）确定教育目标。泰勒认为，制定目标最重要的是选择，需要认真考虑来自学生的研究、当代社会生活的需要以及学科专家的建议等多方面的信息，以便选择大量适当的目标，再通过教育哲学和学习理论进行筛选或过滤（见图4.2）。当目标确定后，需要一种最有助于选择学习经验和指导教学过程的方式来陈述教育目标，最有效的形式是每一个教育目标都包括"行为"和"内容"两方面，以明确指出教育的职责。

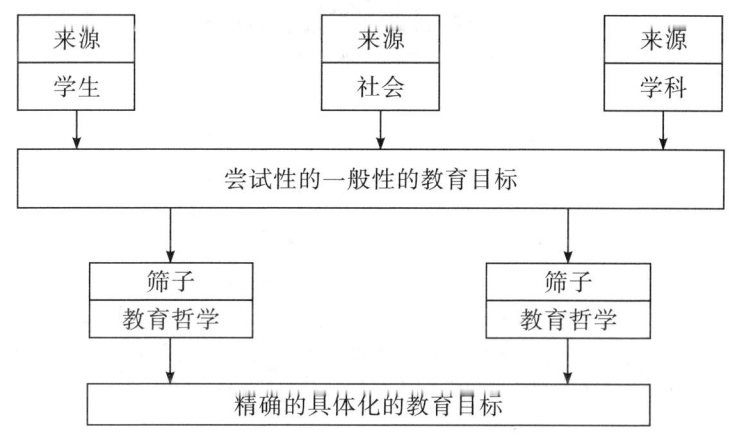

图4.2　泰勒确定教育目标的过程图①

（2）选择学习经验。泰勒认为，"学习经验"并不等同于一门学科所涉及的内容，也不等同于教师所从事的活动，而是学生与环境中外部条件的相互作用。学生是一个主动的参与者，而教师的任务则是通过构建情境来控制学习经验。在泰勒看来，选择学习经验的问题不仅是一个决定哪些学习经验有可能实现教育目标的问题，而且是一个如何构建在学生内部产生的所期望的学习经验的情境的问题，为此他提出了选择经验的五条原则。②

----

① POPHAM W J, BAKER E L. Establishing instructional goals ［M］. Englewood Cliffs，NJ：Prentice-Hall，1970：81 – 100.

② 这五条原则包括：①为了实现某一目标，学生必须具有使他有机会实践这个目标所隐含的那种行为的经验。②学习经验必须使学生由于实践教育目标所隐含的那种行为而获得满足感。③学习经验所期望的反应，是在有关学生力所能及的范围之内的。④有许多特定的经验可用来实现同样的教育目标。⑤同样的学习经验往往会产生几种结果。参见：泰勒. 课程与教学的基本原理［M］. 施良方，译. 瞿葆奎，校. 北京：人民教育出版社，1994：23.

（3）组织学习经验。泰勒认为，为了使学习经验产生累积效应，必须对它们加以组织，使它们起相互强化的作用。他就如何组织学习经验提出了三项主要准则：连续性（continuity）、顺序性（sequence）、整合性（integration）。其中连续性是指直线式地陈述主要课程要素；顺序性强调每一后续经验要以前面的经验为基础，同时又对有关内容加以深入、广泛的展开；整合性是指协调各种学习经验之间的横向关系，以便有助于学生获得一种统一的观点，并把自己的行为与所学的课程内容统一起来。

（4）评价结果。泰勒认为，在以上各步骤中，从一定的意义上说，已根据一些准则对学习经验做了初步评价，"我们可以把这些步骤看作是评价的中介阶段或初期阶段"①，评价的目的在于较全面地检验学习经验实际上是否起作用，并指导教师走向所期望的那种结果。评价过程实质上是一个确定课程与教学实际达到目标的程度的过程，凡是能获得任何有关教育目标所期望的行为的有效证据，都是合适的评价方法。

简言之，泰勒课程理论可以概括为确定目标、选择学习经验、组织学习经验、评价结果这样四个步骤或阶段。泰勒原理问世以来在世界上产生了广泛的影响。首先，它提供了一个课程研究的范式，泰勒原理是在对起源于20世纪初，围绕行为目标进行课程研制的思想、方法及其课程实验的经验总结基础上所形成的课程研制模式，被认为是"相当于对跨越前几十年的进步教育思想的、有系统的再综合"②。泰勒本人也因此获得"现代课程理论之父"的美誉。其次，他将评价引入了课程编制过程，这具有极高的理论和实践价值，因为通过评价可以不断搜集各种有关的信息，及时地改进和完善课程。最后，他建立了课程编制的目标模式，泰勒将学生、社会生活、学科专家三个方面共同作为目标来源，使得目标模式获得了合理的基础，并将目标贯彻于课程编制的各个环节之中，使得目标具有极强的可操作性。

本 章 小 结

20世纪30年代至60年代，因经济危机和"二战"的爆发，美国社会历经大萧条并受到战争的影响；"二战"结束后，世界逐渐形成"冷战"的格局，东西方在意识形态、经济制度等方面呈现出不交流、不合作的状态，美国的经济结构、政策制度和文化表现方式遂不断调整。综合性大学充分发挥

---

① 泰勒. 课程与教学的基本原理［M］. 施良方，译. 瞿葆奎，校. 北京：人民教育出版社，1994：84.

② 郝德永. 课程研制方法论［M］. 北京：教育科学出版社，2000：152.

其学术研究的优势，为社会重建和"二战"后社会的发展提供必要的支持，并将物理学、化学等自然科学作为大学学术研究的核心，将研究成果转化为人们社会生活中必需的产品。这不仅增强美国经济的发展动力、改变其社会阶层结构，也促使公立学校重新审视其课程设置和人才培养方式，并通过提高教师的社会重建能力和学科专业能力的方式，选拔和培养能够在大学接受学科专业训练的学生。因此，这一时期美国社会期望大学教育学科能够培养具有专业学科知识背景和综合理论素养的师资，通过他们为国家培养具有竞争力的人才，进而在"冷战"中占据有利地位，推进美国的持续发展。

在这一时代背景下，以哥伦比亚大学为代表的综合性大学持续调整教育学科的发展规划，进而推进学科的不断重组。大学教育学院根据社会的需要，适时增设或缩减机构设置，开设社会重建的教育项目、推行战时人才培养计划，为社会提供服务。同时，大学教育学院持续致力于建设教育专业的基础课程体系，提高教师教育的专业标准，创设教学文科硕士学位，推广教育博士项目，强化哲学博士的学术价值，既培养具有研究社会问题能力的教育学者，也培养具有学科专业知识素养的中小学教师。此外，大学教育学院还在暑期开办教师专业培训班、争取政府基金和社会基金的支持、设立服务社会的组织机构、开展和完善毕业生的就业指导工作，为教育学科的长远发展累积必要的社会资源并形成稳定的保障制度。以克伯屈、拉格、科南特、布鲁纳、斯平德勒、泰勒为代表的教育学者，面对不同社会情境下出现的教育问题，在借鉴前人研究的基础上，充分发挥其学术研究的优势，不断拓展教育学科的研究领域，其中主要包括认知心理学研究、结构主义教学论研究、教育人类学研究、教育评价研究、课程理论研究等新的研究领域、方向和学科。他们举办社会重建研讨会，开展公立中学和师范教育的调查研究，改进教师教育课程内容，在教育项目中推进教育评价工作，建立目标本位的课程编制模式。通过这些活动，美国教育学者以综合性大学教育学科为主要平台和基地，促进了教育学科理论知识体系的整合与重构，充实了教育的科学研究方法和手段，为教师教育的专业发展设定了更为严谨和科学的标准，从而增强了教育学科的学术价值和社会效用。

综观这一时期美国综合性大学教育学科的发展历程，可以看到教育学科在"二战"前后经历了曲折的发展过程。经济大萧条使教育学院的招生人数下降、办学经费锐减，甚至许多教育学院因此出现巨额的财政赤字，教育学院的机构设置也因此缩减，而且，社会危机的蔓延促使人们批评教育研究长期以来仅关注儿童成长而忽视社会功能的状况，强调学校应担负起社会重建的职责。于是，"二战"期间教育学院借鉴社会科学的方法研究教育问题，采取多种措施强化教育学科的社会服务功能。以物理学、化学等为代表的

"硬科学"的学科知识帮助美国赢得了"二战"的胜利，推进美国经济和社会的繁荣，这促使综合性大学的教育学院与文理学院展开多层次的交流，不仅联合文理学院设立教师教育项目、开设教育专业的通识课程，还大量聘用具有不同学科背景的学者研究教育问题，推进教育的跨学科建设。教育学科的组织建制遂趋于稳定，课程体系和学科知识不断改进与完善，研究领域和方法不断拓展和创新，教育学科经调整和重组而得到不断发展。

第五章 美国综合性大学教育学科评析及探讨

前面几章主要从纵向上考察和梳理了 19 世纪下半叶至 20 世纪上半叶哥伦比亚大学等美国综合性大学教育学科创立、发展、调整与重组的历史进程及轨迹。在此基础上，本章拟从横向上分析美国综合性大学教育学科建设与发展的路径取向，综合介绍美国综合性大学教育学科建设与发展的具体措施，进而开展美国综合性大学教育学科教育学者的群体考察，并以哥伦比亚大学和芝加哥大学为中心对美国综合性大学教育学科的不同特点进行比较考察，最后探讨美国综合性大学教育学科存在的主要不足。本章通过上述几个方面，力求揭示近现代美国综合性大学教育学科建设与发展的总体特征。

第一节 美国综合性大学教育学科建设与发展的路径取向分析

一、教育学术研究路径取向[①]

学理探究为学科的发展提供理论构建和研究方法上的指导，是现代大学学术进步的动力，也是大学学者关注的重点。哥伦比亚大学等美国综合性大学的教育学者借鉴心理学、社会学、管理学等研究方法，努力创建具有美国特色的教育学理论。

（一）构建教育学的理论基础

在 19 世纪的美国，教育学长期被看作是一系列与教学相关的艺术或技巧，其主要功能是培训教师具备必要的从业技能，与教的实践相关联。师范学校和师资培训班强调对教师教学技艺的培训，却忽视文理学科的重要性，而文理学院的毕业生大多不愿从事薪酬较低的教师职业。这在很大程度上降低了中小学的教学质量，也造成了中小学教学和教师专业地位不高的局面。

---

① 本部分的内容曾发表在肖朗、孙岩《20 世纪美国综合性大学教育学科的发展：以哥伦比亚大学和芝加哥大学为考察中心》（《现代大学教育》2015 年第 1 期）一文中。

综合性大学的学者为增强教育学的专业性，着力构建教育学的理论基础，其中杜威和桑代克的教育学理论探究最具代表性。

在美国综合性大学中教育学首先作为一门人文学科得以创立，并以此为起点来争取其独立的学科地位。早在1895年，杜威认为一切教育现象都来自于个人参与社会活动，个人在成长的过程中逐渐分享人类曾经积累下来的智慧和道德的财富，成为一个固有文化资本的继承者，世界上一切形式化的、专门的教育均离不开这一普遍过程。因此，杜威充分肯定人类建构的学科知识体系是教育发展的基础，并将哲学视为教育学的理论基础。然而，他也认识到，在实际的教育情境中教学方法与学科内容不可分离，这意味着一门学科与另一门学科的关系问题，也意味着一门学科与人类心灵的关系问题。概而言之，教学内容及世界上的一切知识和文化，均与人类社会生活发生具体的联系。因此，杜威主张教育学是一门综合性的学科，其功能在于系统研究并揭示其他不同学科之间的关系，进而构建融合心理学、社会学和各门学科知识的理论体系。为促进这一理论体系的建构与验证，杜威在芝加哥大学设立教育理论的实验室——实验学校，试图将教育学发展为"实验"的科学，而不是"演绎"的科学。1904年，杜威赴哥伦比亚大学哲学系任教后，继续从哲学、社会学和心理学的视角研究教育学的若干重大理论课题。在他看来，社会在人与人之间的沟通中得以存在和发展，一切沟通都具有教育性，人们的社会生活经验在沟通中得以传递、改造与重构，正规的学校教育通过书籍和知识的符号为年轻人获得经验开辟了道路，但这种获取经验的方式缺乏社会生活的真实性，忽视教育的社会必要性，而教育哲学能够在正规的和非正规的、偶然的和有意识的教育形式之间保持恰当的平衡，因而有助于协调直接经验与间接经验的关系。

与杜威同时代的桑代克认为，教育与引起或抑制人类变化的种种活动相关联，而人的变化首先像动物的变化一样是生理的变化，在教育的影响下人的活动才具有社会属性，因而教育学研究应主要关注人的智慧、品性、技能等方面的变化。在他看来，教育应适应人的生理和心理本性，同时按照社会的要求来改进这种本性，使之更高尚，也更符合人类社会生活的要求。因此，桑代克认为生理学、心理学、社会学以及其他与人类相关的科学，包括从教育经验中总结出的关于防止与造成人类本性变化的种种要素都是教育发展的基础，其中刺激与反应是引起人类本性变化的关键因素，是人与社会发展的必要条件。依他之见，情境或刺激的变动会引发处于其间的人的生理和心理的相应变化，如何确定促发人变化的情境或刺激，以及与之相应的生理和心理变化的具体情况是教育学研究面对的首要问题，因此，教育情境下人的生理和心理反应的数量和质量以及对数量和质量的测量是教育学理论的基础。

（二）探索教育学的研究方法

19 世纪末以来，心理学被视为美国教育学术研究的主要依据，实验心理学和机能主义心理学的研究方法在哥伦比亚大学、芝加哥大学等综合性大学中备受推崇。桑代克是运用实验心理学方法研究教育问题的代表人物，他主张要使教育研究具有科学性，首先要编制标准化的量表，确定测量的单位以及测量的零点，并最终找出测量的误差。他认为，在一个与具体教师、儿童和教室完全隔离的特殊环境里，对教学成果、智力测验的数据进行量化研究是科学性的基础和保证，而中小学则应成为心理学家发展和验证其理论的场所。

杜威以机能主义心理学为基础，探索有别于实验心理学的研究方法。他从儿童心理发展的能动性出发，看到儿童具有主动适应其生活环境的本性，进而认为儿童心理的发展就是以本能活动为核心的心理机能的不断扩展及其与周围环境协调的过程，这一过程具有复杂性、连续性，因而要想把握儿童"真实生活的世界"，仅凭定性研究或定量研究任何一方都是办不到的，只有两者的结合和交叉才能真正认识儿童真实生活的世界。[①] 为此，他在芝加哥大学创办了实验学校，因为在杜威看来实验学校类似于物理和化学实验室，它是教育学的实验室。他试图从哲学和社会发展的角度来研究心理学，从儿童心理机能的发展入手，将教育视为儿童成长和民主社会发展的必要条件，并在实验学校中验证教育理论与原则。

除心理学外，社会学的方法也是美国综合性大学教育学术研究的重要方法，尤其是社会调查可为教育研究提供必要的资料和数据。在哥伦比亚大学师范学院教师的指导下，许多学生联合其他大学志同道合的人，使用调查统计的方法了解美国学校教学设施等方面的情况，或全面评估某个社区的学校系统。他们所收集到的学校组织和行为的数据为城市学区总监和教育学者解决学校管理和教育决策问题提供了必要的依据。据统计，1917 年哥伦比亚大学师范学院的研究者完成了 125 项学校调查，至 1928 年完成数量增至 625 项。[②] 哥伦比亚大学等美国综合性大学的教育学者从社会学的视角看待教育问题，如杜威将教育视为培养新的社会能力的方式，是一项社会事务，倡导用社会科学方法进行研究，教育学研究要在社会生活中开拓疆域。20 世纪

---

① PRING R. Philosophy of educational research [M]. 2nd ed. London & New York：Continuum，2004：45.

② HARRISON S M. The social survey：the idea defined and its development traced [M]. New York：Russell Sage Foundation，1931：24 – 25.

30 年代后，曾在芝加哥大学任教的泰勒（R. W. Tyler）、康茨（G. S. Counts）、科尔曼（J. S. Coleman）和施瓦布（J. J. Schwab）等学者，运用社会分层理论、社会冲突理论，并进一步借鉴人类学、民族学的方法研究教育现象，不断丰富和发展教育学术研究的方法。

二、教师教育专业建设路径取向

进入 20 世纪，美国各州政府陆续颁布法令，明确要求中学教师具有学士学位。为确保教学质量和教师培养规格的提升，美国大学积极参与教师教育，履行监督和指导中学课程与教学的社会职责。与师范学校和师范学院不同，综合性大学主要培养中等学校教师和教育管理者。正如哥伦比亚大学师范学院院长拉塞尔（J. E. Russell）所说，哥伦比亚大学师范学院的培养目标主要是教育界的领军人物，换言之，是对高级教育领导者进行专业培养。

（一）变革中小学的教学方法

传统的中小学以文理学科知识为中心，通过背诵、书写等特殊的训练方式确立教学方法。进入 20 世纪，美国教育学者更倾向于以儿童的身心发展为中心，依据生理学、心理学、社会学等学科的基本原理来阐发教育学的基本原理，进而探索与变革中小学教学方法。例如，桑代克认为通过阅读、观察等方式学习拉丁文或自然科学，进而发展人的观察、记忆、推理、判断等心理能力，即"训练迁移"的教学方法的科学性不足，因为学习并不是围绕学习材料的单纯练习，而是要以人的生理和心理反应为基础，学习过程旨在建立刺激与反应的联结。[①] 依据刺激—反应的心理学理论，桑代克提出学习的三项法则：准备律、练习律和效果律。他指出在教学中教师的话语、表情、教学环境等会引起学生的生理和心理变化，教师依据学习的法则可以从学生已有的水平预测他们将要达到的水平，从而使教学在某种意义上变得更简单，更易于操作。对此贾德进行了补充，他认为教学的开展仅靠人的本能反应是远远不够的，儿童是社会中的人，社会文化能够改进并稳定其心理的本能反应，还可以促进儿童积极主动地参与学习，因而生物性和社会性共同决定儿童学习行为的发展。与桑代克相比，贾德强调教师在教学中要关注儿童心理发展的社会性。

曾在哥伦比亚大学任教的克伯屈努力将杜威的教育哲学思想发展为普通教师可以在教室里使用的方法，为此提出一种"怎样教学"的计划，即

---

① THORNDIKE E L. Educational psychology：the psychology of learning ［M］. New York：Columbia University Press，1913：374 – 375.

"设计教学法"。该方法主要强调，在教学中教师一方面必须了解个体的生活过程以及学习对个人生活的持续建构所具有的重要意义，另一方面还要了解社会的发展过程以及教育对社会持续建构的重要意义。克伯屈认为教师所掌握的教学技巧和步骤都具有其社会意义和价值，教师应在教学中具有独立的理性判断和思考能力，如此才能成功地指导学生完成学习任务。①

（二）完善教师教育专业课程

20世纪初，美国全国教育协会的17人委员会认为，深厚的文化修养和足够的学科知识是教师教育发展的前提和基础，心理学、教育史和教育哲学应成为教师教育专业的基本理论课程，而初等和中等学校的教育原则、教学方法、学校的组织和管理以及课堂教学形式则应成为教师教育课程的主要内容。

在教育学术研究的基础上，综合性大学的教育学者积极推进教师教育专业课程及其配套教材的建设。桑代克将教室看作一个巨大的心理实验室，教室里的一切教育活动都应围绕着对人的行为能力的改进来进行，教师的教学也应据此来设计和展开。在他的努力下，教育心理学成为哥伦比亚大学师范学院教师教育的基础学科。同时，桑代克认为师范学院的学生"应该具备合理使用统计方法的能力"，为此他于1902年开始讲授教育统计课程，把统计方法应用到教育中，并于1904年出版《心智与社会测量理论导论》一书，此书与他编撰的《教育心理学》《儿童研究笔记》以及1905年孟禄编撰出版的《教育史教程》成为哥伦比亚大学师范学院教师教育专业课程的教材。另外，贾德认为系统科学的理论和方法有助于教师教育的专业化，进而提升教育学院的学术水平，为此，他在芝加哥大学教育学院率先开设教育研究导论和教学方法两门课程，取代原来的教育史和心理学，主张直接运用社会调查法来了解学生的拼写和阅读情况。此外，他还为高中教师设计心理学课程，帮助教师掌握学生在拼写和阅读时的心理特征。在贾德的倡导下，心理学和社会学的实证法成为芝加哥大学教师教育专业的必修课。

进入20世纪30年代，克伯屈认为学界应借鉴心理学、社会学的内容构建教师教育的基础课程，在他看来，个体应放到更大的有机单位和环境中进行研究，社会是个体成长的主要环境和必要条件，因而教师在教学中不仅要关注学生身心的发展，而且要培养其社会责任。在他的主导下，哥伦比亚大学师范学院开设教育研讨会和分组研讨会，引导学生将生活中关注的问题转

---

① KILPATRICK W H. The educational frontier [M]. New York：The Century Company，1933：262.

移到发展心理学、教育心理学、社会心理学和教育史的学习上，并在此基础上进一步学习研究教育哲学。[①] 这种多学科的课程设计理念丰富了教师教育基础课程的内容，还对 20 世纪 60 年代后全美教师教育认可委员会的课程标准制定与改革，以及 1985 年霍姆斯小组（Holmes Group）研究报告的形成具有直接的指导意义。

（三）推动教师教育专业标准的建立与完善

20 世纪初期，美国综合性大学的教育系或教育学院虽参与教师培训，为此开设教师教育专业课程并编撰出版相应的教材，但不直接参与教师教育专业标准的制定，这项工作主要由州政府和州立师范院校负责。1923 年，美国师范学院协会与州立师范学校校长委员会合并，制定了州立师范学校和师范学院的 9 项标准，这些标准在 1926 年进一步细化为 15 项，主要包括师范学校和学院的界定，入学资格，毕业标准，教职员工的数量、结构、培养及其教学工作量，培训学校和实习，课程的设置，图书馆、实验室和商场的设置，学校建筑物、结构和卫生状况等。该标准在 20 世纪 30 年代做了修订，增补了师范学院研究生培养标准。

伴随着教师教育大学化的进程，为进一步提升教师教育专业性的层次和水准，综合性大学逐步介入教师教育标准的制定与修改工作。1948 年，在美国师范学院协会的基础上组建教师教育学院协会，哥伦比亚大学师范学院作为重要成员参与该协会对前期教师教育标准的修订，增加了对教师教育学院的定性评价。1952 年，教师教育学院协会与全美教育协会、州教师教育和教师资格主任协会、州基础教育管理委员会、全美中小学校董事会协会联合成立全美教师教育认可委员会。该委员会所执行的标准主要借鉴教师教育学院协会所制定的认可标准，其内容包括教师教育目标、教师教育组织和管理、学生事务与服务、专业教育的大学教师、教师教育的课程、实验室专业实习、设施和教学资料等七大部分。[②] 一般认为该标准采用杜威的实验学校理念和泰勒的教育评价理论，确立了目标本位的教师教育评价方式。1960 年前后，在科学主义思想的影响下，美国实施以提高教学质量为导向的中小学课程改革，以哥伦比亚大学和芝加哥大学为代表的综合性大学也进行通识教育课程改革，认为大学本科生院旨在指导学生掌握科学知识，并应用这些已发

---

① The Faculty. Education of teachers in New College [J]. Teachers College record, 1936 (1): 17 – 25.

② National Council for Accreditation of Teacher Education. Standards & guide for accreditation of teacher education [S]. Washington, D. C. : National Council for Accreditation of Teacher Education, 1957: 1 – 24.

现的科学知识来有效地完成任务，获得预期的效果。① 这种课程教学论思想影响了全美教师教育认可委员会的改革，该委员会于 1970 年确立科学主义的教师教育观，美国教师教育的评价标准进一步得到完善。

三、社会问题解决路径取向

进入 20 世纪，美国综合性大学在促进教育学术研究的基础上，担负起服务社会的职能。哥伦比亚大学等美国综合性大学把教育问题看作社会问题的一种类型，积极参与全社会对教育改革的讨论，特别关注中小学教育管理、教育政策、教育公平等问题，并诵讨自身的优势和途径来为解决上述问题做出贡献。

（一）为中小学教育管理提供指导

综合性大学在培养中小学教育管理人员、监督和指导中小学教学方面具有重要职责，为中小学教育管理提供建议是大学指导教育管理的主要方式。20 世纪 40 年代前，哥伦比亚大学和芝加哥大学的教育学者着力发展学校管理科学，运用定量方法获得客观数据，并结合实际的案例来总结学校管理经验，为解决中小学教育管理问题提供建议，其中克利夫兰调查（Cleveland Survey）具有代表性。1916 年，受克利夫兰基金会资助，以哥伦比亚大学师范学院和芝加哥大学专业教育研究人员、统计人员为主构成的一个 30 多人的研究小组开展学校调查，其目的是解决长期以来克利夫兰学校系统内辍学率居高不下的问题。通过调查，学者们认为克利夫兰市需另聘一位善于科学管理学校的专业学区总监来创建"科学的总体督导系统"，学校董事会的工作重点是"选择工作目标，聘请专人加以实施，最终通过研究结果来评定实施状况"，并"向公众通报存在的问题和取得的进步"。②

20 世纪 40 年代后，建立于学校管理者实践和经验基础上的学校调查法已不能满足学校管理的现实需要，教育管理的重心从管理原则转移到领导与管理行为的分析，管理者与被管理者的关系成为决定教育管理成效的要素。泰勒认为，学校的教育管理工作涉及多方面要素，如学校管理设施、各类学校组织、学校管理人员的工作积极性等，要做好这种范围宽泛且内容复杂的管理工作，仅靠经验是不够的，教育管理者应具备三项基本素养，即智力、社交能力和广博的知识，并在此基础上接受更深入的专业训练，形成长远的

---

① SQUIRES G. Teaching as a professional discipline［M］. London：Flamer Press，1999：10.

② AYRES L P. The Cleveland school survey：summary volume［R］. Cleveland, Ohio：Survey Committee of the Cleveland Foundation，1917：55 – 63.

工作计划。① 在他看来，社区研究方法比专业化的学校调查更有助于教育管理者处理好人际关系，由他所主持的"八年研究"项目和教育评估计划项目等都体现了这一原则，并持续影响教育管理理论的发展。

（二）支持教师参与教育决策

20 世纪 30 年代前，美国中小学教师的活动主要局限于学校及课堂，他们参与教育行政和决策的机会非常有限，因为教育决策大多由教育委员会做出，然后由学监选择教材、决定课程内容、准备教学大纲、监督教师工作，甚至规定具体的教学方法，广大教师只是教育决策的执行者。杜威发现学校教师多以常规的方式记录关于课程、教材、教学方法或其他教育问题的思考，教师的教育专业特性并未得到充分的显现和发挥，这主要是由于教师未能参与教育决策，导致教学的专业原则在教育决策中被忽视。为此，以杜威为代表的学者赞成将教育决策权交给教师。他们指出，如果民主的理想反映到教育系统中，教师就应承担教学、评价的责任，还应该承担评判教育提案和计划的责任。他们进一步强调教师参与教育决策的制定才能保证教育决策遵循教学规律，更好地指导学校教学。②

从 20 世纪 30 年代初起，综合性大学的教育学者倾向于以社会学的观点分析教育问题，鼓励和支持教师争取更多的教育决策权。例如，康茨看到社会阶层和政府给教育施加了诸多压力，教师群体应该形成一股有力的社会力量，自觉地争取权力，进而利用权力来控制学校，同时教师是重建未来社会的设计者和领导者，必须将自己的决策建立在对社会生活分析的基础上，这是教师的职责。他指出如果能促使教师对学校的课程和教学步骤进行改革，那么，教师将会对未来一代人的社会态度、思想观念以及行为方式产生明确而又积极的影响。③

（三）促进教育公平的发展

19 世纪末，争取公平的教育机会成为美国公民的基本诉求，综合性大学努力从教育机会平等的角度推进教育公平的发展。杜威认为，公立学校制度在人人机会均等的名义下创立，不问学生的出身、经济地位、种族、信仰和肤色，为不同社会背景的儿童提供相互交流的机会。在公立学校，儿童共同

---

① RALPH W T. The role of university departments of education in the preparation of school administrators [J]. The school review, 1946（8）：451－461.

② BORROWMAN M L. The liberal and technical in teacher education：a history survey of American thoughts [M]. New York：Columbia University Press，1956：158－159.

③ COUNTS G S. Dare the school build a new social order? [M]. New York：John Day，1932：28－30.

游戏、学习和参与活动，相互交流对学校和社区的感受，这有助于儿童形成平等、自由的观念，进而确立"美国式"的民主生活方式。[①] 他强调公立学校运动的推行有助于打破阶层划分，使每个人有充分发展其能力的平等机会，进而消除社会存在的不公平状况。[②] 以桑代克为代表的学者认为，用测量的方式可以了解教育结果的数量，将数量化的结果应用于评价儿童的智力、学习能力，以便于在教育计划中将儿童安排在一个适当的位置上，使每个人都能接受与其智力和能力相符合的教育。[③] 曾在哥伦比亚大学任教的巴格莱（W. C. Bagley）进一步指出，以测量的方式获得儿童的智商，其作用在于告诉教育工作者从人的智力和能力方面开始工作，而最终目标则在于实现教育机会的平等。

"二战"后，美国综合性大学的教育学者开始重新审视教育公平问题，如何确保教育结果的公平成为关注的热点问题。1966 年，科尔曼发现公立学校设备的质量与学生成绩水平只有很小的关系或没有关系，而学生同伴的社会等级对他或她的数学和阅读成绩有显著影响。这在学界和政界引起强烈反响，促使人们探究在不简单增加额外教育资源的情况下，确保美国公民受教育结果的公平与公正，教育的质量公平成为社会关注的焦点。为保证每个儿童接受高质量的教育，综合性大学联合政府机构、社会力量来改革教师教育认定标准，优化教师教育课程，着力提高教师教育的质量，从而推进教育质量公平的发展。

总体而言，19 世纪下半叶至 20 世纪上半叶，哥伦比亚大学等美国综合性大学教育学科建设与发展的路径取向可概括为上述三种，从而形成了与同时期的美国师范学校及独立师范学院教育学科显著不同的特色。需要说明的是，上述三种主要的路径取向不是孤立的、彼此分离的，大多数美国综合性大学教育学科在建设和发展过程中也不是片面地采取某一种路径取向，相反，它们综合采取了多种路径取向，只是由于各大学的办学宗旨、方针及其具体条件、传统各不相同，致使其建设与发展的路径取向有着不同的侧重点，而且因为时代的推进及社会变革的需要，不同历史时期或阶段的侧重点也随之发生变化。另外，在采取和贯彻上述建设与发展路径取向的过程中，

---

① DEWEY J. The school as a means of developing a social consciousness and social ideals in children［J］. Journal of social forces，1923（5）：513 – 517.

② LAIDLEY H W. John Dewey at ninety［M］. New York：League for Industran Democracy，1950：36.

③ 桑代克，盖兹. 教育之根本原理［M］. 王丐萍，译. 上海：中华书局，1934：292 – 294.

哥伦比亚大学等美国综合性大学教育学科又采取了多种多样的具体措施和方式。

第二节　美国综合性大学教育学科建设与发展的具体措施

19 世纪末 20 世纪初，美国社会经济的持续发展和移民数量的不断增加，客观上要求学校教育承担人才培养和文化融合的职责，中小学教师的需求数量和类别也因此不断增长。哥伦比亚大学等综合性大学为展现其学术研究的社会价值，发挥造就专业人才的社会功能，通过多种举措推进大学教育学科的建设和发展。

一、培养多层次的教育学专业人才

为了培养多层次的教育学专业人才，哥伦比亚大学等美国综合性大学采取分层分类管理的方式。既开展本科生层次的教育，也开展研究生层次的教育；既招收全日制学生，也招收非全日制学生；既采用学术学位的培养形式，也采用专业学位的培养形式。

（一）开设面向本科生和研究生的教育学课程

19 世纪中期以后，美国大学在哲学系设立教育学讲座，开设教育学课程，这一方面可提升教师培养的质量，展现大学的社会服务职能；另一方面可培养教育学专业人才，推进教育学的理论研究。以哥伦比亚大学为代表的综合性大学开设本科生层次和研究生层次的教育学课程，从而促进美国教师专业培训及教育专业人员的培养工作。哥伦比亚学院院长巴纳德在 1864 年的院长就职演讲中表明其建立教育学专业人才培养机构的意愿，在 1881 年的学校年度报告中再次重申大学为本科生开设教育学课程、参与教师培训的重要性；1886 年他支持哲学系主任巴特勒为哥伦比亚学院的本科生开设教育学课程，并积极促成 1892 年哥伦比亚学院与纽约师范学院签订合作协议，设立由哲学系管理的文学学士、文学硕士和哲学博士学位课程。以此为基础，1900 年哥伦比亚大学与纽约师范学院签订新的办学协议，决定授予在师范学院完成 4 年大学课程和教育学专业培训的学生教育学学士学位（Bachelor of Pedagogy）。1902 年师范学院正式成为哥伦比亚大学的学术机构，其设立的 5 个系科①开设了系统的教育学专业课程，学生完成本科阶段

---

① 这 5 个系科是教育史和教育哲学系、教育管理系、教育心理学系、基础教育系和中等教育系。

的课程学习可获学士学位，此前学院设立的中等学位证和高等学位证也改为硕士和博士学位证，学制分别为一年和两年。由此可见，哥伦比亚大学在 20 世纪初期就开设了本科生和研究生层次的教育学专业课程，培养不同层次的教育学专业人才。

1889 年，对公立学校教育感兴趣的艾略特应邀参加波士顿教育局组织的地区学校联合会议，承诺哈佛大学将"为愿意到高中任教的人提供专业训练"①，并于 1890 年任命哲学系教授罗伊斯牵头制订发展教育学专业的计划，在哲学系下开设教学艺术课程，聘请在科罗拉多师范学校担任教育学教授、具有教育实践理想的哈努斯来哈佛大学开设教师培训课程。1890—1891 学年，师范系在哲学系下设立，哈努斯开始在哈佛大学开设中学教师培训课程，并于 1892—1893 学年制定教育学课程方案，选修该课程的学生可获得学分且具有申请文学硕士学位的资格。1906 年，教育系从哲学系独立出来，哈努斯在教育系开设两大类课程：一类是教育学研究和教育原理探讨，另一类是学校管理，这使哈佛大学成为波士顿地区教师专业培训基地，吸引大量中学教师和有志于从事教师职业的学生选修教育学课程，并授予其文学硕士学位，形成了哈佛大学主要致力于培养研究生层次教育学专业人才的学科发展规划。

1891 年，斯坦福大学建校时教育系是其 25 个招生院系之一，印第安纳大学的历史学教授巴恩斯任教育系主任，主要开设教育的理论和实践简史、美国教育史、美国州立及市立学校体制比较研究和儿童研究研讨四门课程。其中三门课程是关于教育历史和教育基本理论的课程，第四门课是以研讨的形式就儿童教育的特殊问题进行探讨，且第四门课只为有志于在专门的教育问题领域进行深入学习，进而获取更高级学位（研究生）的学生开设。据统计，1891—1892 学年，斯坦福大学共招生 559 人，其中教育系招收 3 名研究生、1 名本科生和 4 名专门培训的学生，这些学生都将教育学视为其学习与发展的专业；1892—1893 学年，教育系招收 12 名专门培训学生、3 名研究生、6 名本科生；1893—1894 学年，教育系招收 20 名专门培训学生、1 名研究生、16 名本科生。为确保研究生的培养质量，教育系规定研究生除修习教育学专业课程外，至少要完成学校规定的每学年 6 学时的课外工作，即实践工作，以确保毕业研究生顺利获取教师资格证。据此可以看出，斯坦福大学在建校之初就面向本科生和研究生开设不同层次的教育学专业课程，确立其多层次人才培养的学科发展规划。

---

① BUCK P. Social science at Harvard，1860 - 1920［M］. Cambridge：Harvard University Press，1965：225.

1892 年，芝加哥大学校长哈珀聘请具有师范学校工作经验的巴克利担任教育系助理教授，讲授教育学课程。1895 年，教育系从哲学系独立，系主任杜威为推进教育学科的发展，于 1897 年提出其教育学课程开设计划[①]，他主张课程计划中至少有四门课程，即教育学说的历史、理论上的教育心理学、儿童研究、学校组织的概要（包括学校的资源、管理、当代教育管理中的主要问题），主要面向大学生开设，它们都具有教育的普遍特征，对教育感兴趣的学生都可选修。1901 年教育学院成立后，芝加哥大学除为有志于从事小学教育的本科生开设教育学专业课外，还为获得学士学位的研究生开设教育专业的硕士学位和博士学位课程，致力于培养本科生和研究生层次的教育学专业人才。

以哥伦比亚大学等四所大学为代表的美国综合性大学在 19 世纪末 20 世纪初开设了面向本科生和研究生的教育学课程，并根据社会的发展需求和教育学专业发展的特点不断充实课程内容、调整课程比重、丰富课程种类，建构起以本科生和研究生培养为基础的人才培养模式。

（二）招收全日制学生和非全日制学生

美国综合性大学为满足社会发展对师资水平和数量提升的要求，在哲学系下设立教育学讲座或教育系，招收有志于从事教师职业的全日制本科生和积极提高教育学专业素养的中小学校长、学校管理人员等非全日制培训者。以哥伦比亚大学师范学院为例，1900 年，学院为全日制学生和非全日制学生开设研究生层次、本科生层次和特殊专业层次的课程，其中研究生层次的课程主要面向师范学校的教授、主管、中小学校长、中学教师开设，本科生层次的课程和特殊专业层次的课程主要面向全日制本科生开设。1902 年，师范学院提高入学标准，主要招收师范学校和文理学院的毕业生，开设研究生层次的研讨课和实践课，同时开设种类繁多的社会实践课程，并在 1906 年成立家政艺术学院，该学院与大学其他院系联合，面向已获学士学位的学生开设实践培训课程，课程内容主要包括社会学、化学、经济学、生理学和建筑学。"一战"期间，师范学院应对战争的需要，开设种类繁多、层次多样的全日制和非全日制专业培训课程，并在 1926 年确立以研究生教育为主的办学模式，以全日制和非全日制相结合的教学方式集中培训高层次的教育领导者。1928—1929 学年，师范学院围绕教师教育的专业问题，设立专门面向师范学校实习教师的培训项目；1931 年为培训幼儿园教师、初等学校教师和高

---

① 主要包括教育物理学和教育生理学、教育社会学、教育心理学、普通教育学、教育历史学 5 部分。

中教师而开设三门独立的课程，以综合性考试的方法取代学分制和学术科目考试。

为提高研究生的培养质量，1933 年，师范学院将其课程划归 5 个部门①管理，招收三种不同类型的学生：第一类是全日制选修教育学专业课程，毕业后申请博士学位的学生；第二类是全日制选修教育专业课程，毕业后谋取职位的学生；第三类是在工作之余来学院接受专业培训的非全日制学生。1934 年学院又明确提出教育博士学位的培养目标：其一是培养这些未来教育领导者在工作中的决策意识；其二是使那些原来未从事过教育工作的学生尽快了解新的教育理念；其三是缩小教育领导者与民众之间的距离，改善两者之间的关系。"二战"期间师范学院主要以研讨会、暑期培训等非全日制的方式培养战时急需的人才。1945 年学院依据"二战"后社会的变化和需求适时提出其办学目标是以全日制和非全日制相结合的方式，提升教师、学校管理者、学院教师和其他教育领域工作者的受教育水平，并帮助其他非教育领域人员素质的提升。进入 20 世纪 50 年代，师范学院下设 4 个系科②16 个专业方向系③，并以此为基础形成了 9 个研究领域④，面对不同类型学生的发展需求，确立以硕士学位、博士学位为平台，以全日制和非全日制相结合的方式培养教育学专业人才的学科发展方向。

芝加哥大学教育学系在 1892—1893 学年共招收 744 名学生，其中三分之一是已毕业的大学生，他们进入教育学系是为获得教学的专业培训，以利于将来从事教师职业及工作。1901 年教育学院成立后的首次会议明确提出学院招生的类别包括：（1）大学、学院和师范学校的毕业生；（2）与芝加哥大学有合作关系的中学毕业生和学园毕业生；（3）州立大学认证通过的高中毕业生；（4）具有一年以上工作经验，且获得相应的学分、学位或毕业证

---

① 5 个部门是教育学基础系、教育组织与管理系、个人发展和指导系、教学指导系、测量和研究的理论与技术系。

② 即教育学基础系、管理和指导系、教学系、护理教育系。

③ 教育学基础系下设社会学和哲学基础科、心理学基础科；管理和指导系下设教育管理科、指导科；教学系下设课程与教学科、社会科学教学科、自然科学教学科、数学教学科、英语和外国语言教学科、语法和演讲科、美术和工业美术科、音乐和音乐教育科、家庭经济科、商业教育和职业教育科、健康教育和体育教育科、特殊教育科。

④ 即社区服务、宗教教育、社会团体关系、交流与交流艺术、群组工作、移民和家庭生活教育、合作拓展服务、休闲、舞蹈。参见：HENRY N B. The fiftieth yearbook of the national society for the study of education：graduate study in education ［M］. Chicago：The University of Chicago Press，1951：175.

书，持有教育委员会推荐书的教师。① 1907 年，贾德主张以教育的科学研究为基础，通过量化研究和教育调查确立教育学院与大学其他学院比肩的学术地位。为实现其职业理想，20 世纪 20 年代教育学院提高全日制学生的入学标准，对非全日制研究生则制定了严格的考核标准，并于 1925 年明确规定申请文学硕士学位的学生必须通过由教育学院组织的智力测验和学术能力考查，进入硕士研究生阶段学习的学生必须接受由学院教授组织的具有明确学业目标与研究方向的教育研究指导，以便学院及时确定哪些学生具备申请哲学博士学位的资格与潜质。据此可知，贾德领导下的芝加哥大学教育学院主要以培养全日制学生为主。1938 年泰勒接任教育学院院长，他认为教育学院不要局限于固定的办学场所和稳固的研究领域，教育学者应该具备社会科学研究的意识，以便与国家及社会发展的形势相吻合。1941 年，他对逐渐失去招生吸引力的文学硕士学位进行改革，认为文学硕士学位除加强职业指导和专业发展外，还应提高学生的入学考试标准，而且申请该学位的学生应具有课堂教学经验。泰勒还向学校建议设立教育博士学位，以便吸引更多具有教育研究兴趣和教学经验的教师前来深造，而不是仅仅通过提高入学考试和课程测试的难度来彰显哲学博士学位的学术价值。此外，他争取通识教育委员会、凯洛格基金会、洛克菲勒基金会、人类发展委员会等社会力量的资助，开展教育调查项目和"八年研究"项目，增加非全日制学生和教育科研人员在芝加哥大学教育学科发展中的比重，从而增强其教育学科的竞争力和影响力。

由此可知，哥伦比亚大学等美国综合性大学的教育学科在 20 世纪初就确立全日制和非全日制相结合的学生培养方式，教育学院系开设面向全日制和非全日制本科生、研究生的教育学专业课程，其中全日制本科生、研究生以教育学院和文理学院的学生为主，非全日制本科生、研究生以在职的中小学教师、幼儿园教师、学校管理人员等为主。20 世纪 20 年代后美国社会对中小学教师培养质量和规格的要求进一步提升，各综合性大学的教育学院主要以全日制和非全日制的研究生培养为主，也为文理学院或教育学院的全日制本科生开设教育学专业课程，还根据美国社会发展的要求逐步提高了全日制和非全日制研究生的入学标准和培养规格。

① The University of Chicago Library. Special Collections Research Center. Guide to the University of Chicago Office of the president, Harper, Judson and Burton administrations records 1869 – 1925［EB/OL］. ［2014 – 7 – 27］. http://www. liB. uchicago. edu/ead/pdf/ofcpreshjb – 0029 – 011 – 02. pdf.

(三) 设立教育学的学术学位和专业学位

19 世纪末 20 世纪初,美国综合性大学主要依托哲学系来开设教育学课程,其授予的学术学位主要有文学学士、理学学士、文学硕士、哲学博士,并开始尝试设立具有教育专业特色的学士学位。哥伦比亚大学师范学院不仅在 1892 年设立文学学士、文学硕士和哲学博士学位,还在 1900 年设立教育学学士学位。1904—1905 学年师范学院开设培训幼儿园主管的专业课程,并专门针对这门课程设立专业学位,虽然该学位未达到学士学位的标准,但可表明选修这门课程的幼儿园和小学教育领域的研究者或教师在具体的工作领域取得了特别有效的成就。1909 年,师范学院下设的家政艺术学院的毕业生有资格申请理学学士学位、文学硕士学位和哲学博士学位。[①] 1916 年,师范学院取得独立的学位授予权,建立学士、硕士、博士三级学位制度,其中教育方向的哲学博士学位依然受哲学院管辖。1926 年,师范学院取消四年制本科课程设置,除某些必修的技术课程外,学院的所有课程都按照研究生的水准重新组建,自此师范学院以研究生培养为教学工作的重心,设立文学硕士和哲学博士学位。1934 年,哥伦比亚大学董事会通过设立教育博士学位的决议,并建立教育高等学院 (Advanced School of Education) 负责教育博士学位的授予工作。[②] 1937 年,师范学院设立一个新的专业学位,即教育研究主管 (Director of Education Research)。进入 20 世纪 50 年代,在系科设置和专业研究项目领域确立的基础上,师范学院主要设立硕士学位 (包括文学硕士、教育硕士和教学文科硕士)、教育博士学位和哲学博士学位,同时设立博士后研究项目和继续研究项目。[③]

芝加哥大学教育学院于 1901 年设立文学学士学位、理学学士学位、哲学学士学位和教育学士学位,同时与文理学院和哲学院联合设立文学硕士和哲学博士学位。1909 年,贾德认为芝加哥大学的教育学士学位是附属于文学学士学位的二级学位,应予以改革,遂于 1910 年主导教育学士学位由教育学院独立管理,并明确规定申请该学位的学生必须选修由教育学院开设的教

① FURST C. The school of household arts [J]. Columbia University quarterly, 1909 (11): 472 – 475.

② Teachers College Columbia University. Report of the dean of Teachers College for the year ending June 30, 1934 [M]. New York: Teachers College Columbia University Press, 1934: 22 – 27.

③ HENRY N B. The fiftieth yearbook of the national society for the study of education: graduate study in education [M]. Chicago: The University of Chicago Press, 1951: 177 – 182.

育学专业课程，且要完成由教育学院规定的教育教学专业的一系列实践课程。① 另外，贾德为确保教育学院的学术规格，坚持认为教育硕士和教育博士学位在学术价值方面远远低于文学硕士和哲学博士学位。在整个 20 世纪 20 年代，芝加哥大学教育学院在研究生学位方面仅授予毕业生文学硕士和哲学博士两类学位。1938 年，泰勒对文学硕士和哲学博士培养项目进行调整，提出提高文学硕士学位生源质量、增设教育博士学位的建议，但该提议最终未获学校董事会同意。直至 1958 年在福特基金的支持下，芝加哥大学在文学硕士学位和哲学博士学位的基础上增设与教学文科硕士学位类似的教师教育项目。

早在 1891 年建校时，斯坦福大学就由教育系设立文学学士、文学硕士、哲学博士学位，并在 1917 年教育学院公告中增设教育硕士学位，突出教育专业的特色。② 1927 年斯坦福大学董事会通过教育学院重组计划，批准学院为申请从事教学或学校管理工作的学生设立教育博士学位。1934 年，教育学院为满足中小学学校管理人员、教学督导等教育工作者的职业发展需要，设立两年制教育硕士学位，开设教育理论与实践相结合的高水平的专业知识和技能课程。③ 同年，教育学院为满足文理学院本科毕业生的从教需求，设立一年制的高级学位，学位申请者须修满教育学院开设的教育学专业课程，毕业后既可申请硕士学位（包括文学硕士和教育硕士），也可继续深造申请博士学位（包括教育博士和哲学博士）④。1938 年，教育学院又在高级学位下增列教师硕士学位，以满足中小学教师的职业发展追求。为响应 1958 年《美国国防教育法》的颁布实施，教育学院在 1958—1959 学年设立教学文科硕士学位，还设立由斯坦福大学研究生学位委员会和教育学院联合管理的教育专家学位。⑤ 1963—1964 学年，教育学院取消文学学士学位，主要设立四类研究生层次的教育学学位，即文学硕士学位（包括教学文科硕士）、教育专家学位、教育博士学位、哲学博士学位⑥，并根据 20 世纪 60 年代美国中

---

① Columbia University. Annual reports of the president and treasurer to the trustees with accompanying documents for the year ending June 30, 1909 ［M］. New York：Columbia University Press，1909：69.

② Stanford University. Annual report of the president of the university for the twenty-sixth academic year ending July 31, 1917 ［M］. Stanford：Stanford University Press，1918：16 - 20.

③④ Stanford University. School of education annual announcement 1934 - 1935.

⑤ Stanford University bulletin，announcement of courses，1958 - 1959：24.

⑥ QUILLEN I J. Stanford University bulletin，announcement of courses，1963—1964 ［M］. Stanford：Stanford University Press，1964：43.

小学教师的需求数量不断增长和中小学教育质量不断提升的状况，联合文理学院修订教学文科硕士培养计划①，进一步完善教育学院的人才培养类型。

与哥伦比亚大学、芝加哥大学、斯坦福大学教育学院培养本科生、授予学士学位的起点不同，1892—1893 学年，哈佛大学师范系面向文理学院毕业生和公立学校教师开设研究生层面的课程，并在哈努斯的努力下争取到文学硕士学位的授予权。但面对社会上教师培训的需要，鉴于哈佛大学学士学位授予的严格制度，1909 年哈佛大学为满足波士顿地区学校教师的进修要求，设立文学副学士学位（Degree of Associate in Arts），申请该学位的学生在完成必修课程的基础上，通过学校考查且具备必要的专业素质，将会被授予文学副学士学位。1920 年哈佛大学教育研究生院成立并设立文学硕士学位和哲学博士学位，次年设立教育硕士和教育博士学位。教育专业学位的设置一方面是为了提升教育研究生院的办学吸引力，增加学院的生源和办学资金，另一方面是想通过专业学位开设与课堂教学密切相关的课程，由教育研究生院独立培养具有教学经验的中小学教师，增强大学教育学科的影响力。至 1929 年教育研究生院已发展成为具有学士、硕士和博士授予权的大学专业学院。1929—1930 学年，教育研究生院对教育硕士学位和博士学位的培养方案做了修订，将研究生学位申请者的在校学习时间由一年延长至两年，并鼓励学生按照自己的研究领域自由选择课程，以定性的方法评价学生的学业成就。② 1935 年，科南特建议在大学设立联合项目以开设新学位，并提出将毕业生培养成教师的新方式。在其督促下教育研究生院与文理研究生院开设合作项目，并于 1936 年春设立教学文科硕士学位，致力于培养具有深厚的文理学科学术素养和扎实的教学经验的中小学教师。1941 年教育研究生院共设立教学文科硕士、教育硕士、教育博士、哲学博士四类学位，进入 20 世纪 50 年代后，虽然其设立的学位授予类别未发生变动，但哈佛大学在教学文科硕士和教育硕士项目投入大量资金，吸引了大量来自于一流大学的毕业生，申请教育研究生院学位的人数由 1950 年的 430 人上升至 1960 年的 1 965 人，截至 1961 年，教育研究生院的学生是 10 年前的四倍。

综上所述，美国综合性大学在教育学专业人才培养方面展现出分层分类、形式多样的特点。其培养的人才既有本科层次，也有研究生层次；其招收的学生既有全日制形式，也有非全日制形式；其设立的学位既有符合文理学院修业要求的学术学位，也有体现出教育学学科特点的专业学位。

---

① Stanford University bulletin, announcement of courses, 1963 – 1964：46 – 47.

② Harvard University. Reports of the president and the treasurer of Havard College 1928 – 1929［M］. Cambridge：Harvard University Press，1930：153.

二、构建多样化的教育学研究生培养模式

19世纪末20世纪初，美国综合性大学向获得学士学位者、师范学校毕业生、文理学院四年级学生和学校教师开放教育学的研究生课程，如1898年哥伦比亚大学师范学院的入学标准明确规定，研究生需要在师范学院或规定的其他院校合格完成大学本科课程及学术培训课程，学院开设教育学方向的文学硕士和哲学博士学位的课程，哥伦比亚大学文理学院和哲学系负责研究生学位的管理工作。自1893年始，教育学课程记入哈佛大学学生的选课学分，且选修这些课程的学生将被授予文学硕士学位。[①] 1901年芝加哥大学为获得学士学位者开设大量可获得硕士学位和博士学位的研究生课程，这些学位在哲学系和教育学院的推荐下由学校负责研究生课程的部门授予。[②] 由此可见，美国综合性大学教育学科普遍重视研究生教育。

进入20世纪20年代，综合性大学纷纷设立教育研究生院，大力发展研究生教育，教育学院依据社会发展和教育学科专业建设的需要，参照文学硕士和哲学博士学位的申请标准，探索具有教育学科特色的研究生培养模式。1920年，哥伦比亚大学师范学院的所有课程都按照研究生的水准重新组建，集中培训高层次教育领导者。1927年师范学院院要求申请硕士学位的学生必须修满18个学分，且申请硕士学位的学生必须参加由学院统一组织的考试。学院还为有特殊需求学生群体开设短假期课程项目，为大量学生提供非常规学习的机会。

1920年哈佛大学教育研究生院成立，院长霍姆斯于次年提出增设一年制教育硕士学位培养计划，以满足波士顿地区公立学校教师的专业培训需求。1925年，霍姆斯看到美国社会的发展与学校教育的变革客观上要求中小学教师必须不断提升其专业技能，一年制的教育硕士学位培养计划已不能充分满足学生毕业后的职业发展需求，因此哈佛大学教育研究生院应制订两年制的教育硕士学位培养计划，以弥补一年制培养计划的缺陷；而且，教育研究生院与其他专业学院还一致认为，申请硕士学位的学生必须具备文学学士或理学学士学位。1926年哈佛大学教育硕士的修业年限改为两年，教育研究生院开设拓展性的课程激发学生的学习热情，且申请教育硕士者需满足学校硕士

---

① LUCKEY G W A. The professional training of secondary school teachers in the United Stated [M]. New York：Macmillan，1903：131.

② 杜威. 杜威全集·中期著作（1899—1924）：第2卷，1902—1903 [M]. 张留华，译. 周水涛，校. 上海：华东师范大学出版社，2012：58.

学位申请标准，具备从事教师职业的各项专业知识和潜质。① 此外，教育研究生院还对 1921 年制定的教育博士学位的申请条件进行修订，规定未参加过专业教学培训的教育学者也具有申请教育博士学位的资格，但必须在教育研究生院接受为期半年的教育专业培训，以获取申请教育博士学位的资格。②

1925 年芝加哥大学教育学院设立一年制的文学硕士培养项目，1927 年又设立了五年制的文学硕士项目，该项目主要是面向新入学且其本科学习阶段在教育专业学习领域表现出较强的优势的大学生。这一举措在一定程度上对一年制文学硕士计划进行补充，有效促进了研究生培养工作的进展。1927 年，斯坦福大学教育学院为提升研究生培养质量，只接收大学三年级的学生注册，其中硕士学位申请者需完成两年学业计划，哲学博士学位申请者按照学校学位授予标准执行。同年，斯坦福大学教育学院设立教育博士学位，学位申请者均须具有教育系所规定的文学学士和硕士学位，且修业年限为一年。

20 世纪 30 年代后，美国社会对教师培养的质量、规格及类别的要求不断提高，综合性大学的教育学研究生培养模式也随之进行调整。哥伦比亚大学师范学院除了在 1934 年设立教育博士学位外，还于 1937 年设立教育研究主管（Director of Education Research）的专业学位，该学位主要授予具有学士学位，专业为教育行政管理方向，且在学院接受三年的课程学习的申请者。1944 年师范学院下设的教育高等学院开始和哥伦比亚大学研究生院共同管理学位授予工作，研究生院负责哲学博士学位管理工作，教育高等学院学位管理委员会负责教育博士学位管理工作。③ 1952—1953 学年哥伦比亚大学董事会批准师范学院具有独立的哲学博士学位授予权，并组建以研究生院和师范学院教授为主的"四领域委员会"，该委员会与高等教育学院的执行主任共同管理哲学博士学位的授予工作。④

1936 年，哈佛大学教育研究生院设立教学文科硕士学位，由教育研究生院与文理研究生院合作培养优秀的中学教师。对此，霍姆斯建议取消教育硕士固定的两年制学习期限，依据学生的学业成就来确定其在校学习时间；无

①　Harvard University. Reports of the president and the treasurer of Harvard College，1927 - 1928：161.

②　Harvard University. Reports of the president and the treasurer of Harvard College，1926 - 1927：159.

③　Teachers College Columbia University. Report of the dean of Teachers College for the year ending June 30, 1944 ［M］. New York：Columbia University Press，1945：26.

④　Teachers College Columbia University. Report of the dean of Teachers College for the year ending June 30, 1953 ［M］. New York：Columbia University Press，1954：45.

论是否为全日制学生，申请硕士学位者必须在大学里完成为期一年的课程学习。① 值得关注的是，哈佛大学设立的教育硕士和教学文科硕士学位具有明显的区别，即教育硕士学位主要面向已具有教学经验的教师而设立，申请此学位的学生可以在教学工作之余完成学业；而教学文科硕士主要是为不具有教学经验的学生设立，为学生从事教学工作开设全日制课程，以提供面向师资的专业教学培训。② 而且，哈佛大学并不把学生的在校学习时间和所选课程的学分视为学位授予的唯一标准③，只是强调申请两类学位的学生都必须通过学校组织的统一考试和见习。1941 年，因办学资金短缺，教育研究生院曾一度将教育硕士和教学文科硕士的学习年限改为一年。1946 年哈佛大学教育研究生院的研究生培养模式恢复 1936 年的建制，其中硕士研究生须在校学习两年，教育博士研究生在校学习两年，哲学博士在校学习三年。20 世纪60 年代，在联邦基金的资助下，哈佛大学教育研究生院与其他院系和学校联合开展教师培训项目，培养"临床教授"（Clinic Professor）型的教师，即注重培养教师在数学和科学方面的实践能力。1966 年，哈佛大学教育研究生院设置硕士学位、博士学位、博士后和非学位进修，研究生的培养模式更加丰富。

美国综合性大学为提升教育学专业人才的培养层次，在 20 世纪 20 年代后主要以研究生教育为主，大学普遍设立教育研究生院，招收文理学院的本科生和具有教学经验的教师，依据社会的需要和学生的学业水平，主要实行"3 + 1""3 + 2"或"4 + 1""4 + 2"的研究生培养模式。例如，1941—1942 学年，一方面斯坦福大学教育学院在学术学位方面规定，申请文学硕士学位者须修满四年本科课程，并修完教育学院开设的一年制硕士研究生课程；申请哲学博士学位者须获硕士学位，且须在前三年修完博士研究生课程，第四年完成博士学位论文。另一方面，斯坦福大学教育学院在专业学位方面规定，教育学高级学位申请者须修完大学四年的本科课程，并在第五年选修由

---

① Harvard University. Issue containing the report of the president of Harvard College and reports of departments for 1934 – 1935［M］. Cambridge：Harvard University Press，1936：239 – 241.

② Harvard University. Issue containing the report of the president of Harvard College and reports of departments for 1935 – 1936［M］. Cambridge：Harvard University Press，1937：246 – 247.

③ 20 世纪 30 年代，州政府教师资格证制度已确立，学生选修的教育学术和教学技艺课程所获得的学分、参加教师培训的学时总数是其申请教师资格证的必要条件，各大学教育学院在师资培训方面必须与州政府颁布的教师资格证条例相符合。

教育学院开设的教育学专业课程①，从而具备该学位的授予资格；教育硕士学位申请者须完成四年本科学业并具备一年以上中学教学或学校管理工作的经验，选修教育学院开设的两年制教育硕士课程；教育博士学位申请者须具备硕士学位且具有一年以上教育教学工作经验，并在前三年完成博士学位课程，第四年完成学位论文。而且，斯坦福大学教育学院为实现其多样化专业人才的培养目标设置了多种类型的教育学课程，如表 5.1 所示。

表 5.1　1941—1942 学年斯坦福大学教育学院开设的主要教育学专业课程一览表

课程类别/学分/开课时间	秋季学期②	冬季学期	春季学期	夏季学期
Ⅰ. 教育基础课程	统计方法导论（5 学分）；教育学研究导论（2 学分）；教育社会学Ⅰ（4 学分）；儿童心理学（3 学分）·教育心理学Ⅰ（4 学分）；青少年心理学（4 学分）；美国学校制度的起源和发展（3 学分）；心理测量（4 学分）；教育现代化运动（2～5 学分）；教育社会学Ⅲ（3～5 学分）	统计方法导论（5 学分）；教育史（3 学分）；教育保健的原则（4 学分）；心理测量实践（4 学分）·学校与社区的心理保健（4 学分）；高级统计方法Ⅰ（5 学分）；教育社会学Ⅱ（3～5 学分）；民主政策和教育（4 学分）；教育心理学Ⅱ（4 学分）；教育社会学Ⅲ（3～5 学分）	缺陷儿童（4 学分）；教育学研究导论（2 学分）；教育哲学（4 学分）；人的成长与成熟（4 学分）；高级统计方法Ⅱ（5 学分）；教育保健学Ⅱ（4 学分）	统计方法导论（5 学分）；教育社会学Ⅰ（4 学分）；儿童心理学（3 学分）；教育心理学Ⅰ（4 学分）；教育史（3 学分）；心理测量（4 学分）；人的成长与成熟（3 学分）；教育保健的原则（4 学分）；学校与社区的心理保健（4 学分）；教育社会学Ⅱ（4 学分）；民主政策和教育（4 学分）；比较教育（2 学分）；教育保健学Ⅱ（4 学分）；教育和社会哲学研讨（4 学分）；教育现代化运动（2～5 学分）；教育中的心理学问题（3～6 学分）

---

①　教育学专业课程主要包括教育史和比较教育、教育心理学、教育社会学、教育保健学、学校管理和督导、课程和教学。

②　斯坦福大学每个学年分为秋、冬、春、夏四个学期。

（续上表）

课程 类别/学分 开课时间	秋季学期	冬季学期	春季学期	夏季学期
Ⅱ．学校教学、指导与监管课程	教师语言训练（4学分）；中学教学原则和方法的核心课程（4学分）；中学学生教学方法（6学分）；中学英语教学与指导（2学分）；课程与教学的语言（2学分）；教育诊断与评价（4学分）；初等学校和初中的自然科学课程（3学分）；数学课程与教学（2学分）；教育机构的指导（4学分）；教育督导（4学分）；现代课程的阅读（3学分）；初级学院及学院课程研讨（2～6学分）	课程的发展（6学分）；音乐教育的目标和方法（3学分）；专业方向的课程与教学（2学分）；中学学生教学方法（6学分）；外语课程与教学（2学分）；课程与教学的社会学研究导论（2学分）；美国大学和学院（2～6学分）；中等教育研讨（4学分）；初级学院专业研究研讨（2学分）；初等学校课程研讨（2～10学分）	女童子军训练课程（1学分）；中学科学课程和教学（2学分）；课程与教学的论文写作（2学分）；初等和中等学校社会学研究（2～5学分）；外国语言的艺术（2学分）；数学课程与教学研讨（4学分）；课程的社会学研究研讨（2～4学分）；英语和文学教学的若干问题探讨（4学分）；中学课程研讨（4学分）；中等教育研讨（4学分）	课程的发展（6学分）；教师语言训练（4学分）；课程的发展（6学分）；音乐教育的目标和方法（3学分）；中学教学原则和方法的核心课程（4学分）；课程与教学的论文写作（2学分）；课程与教学的语言（2学分）；商业教育的课程和教学（2～4学分）；教育诊断和评价（4学分）；普迪心理学教学研讨（3～4学分）；初等学校和初中的自然科学课程（3学分）；教育机构的指导（4学分）；职业教育（4学分）；社会学研究的课程和教学（2～4学分）；语言艺术的取向（1～2学分）；现代初等学校课程（3学分）；青少年文学教学（2学分）；初等学校数学（2～4学分）；现代课程的阅读（3学分）；指导项目中的学校案例（4学分）；中学科学课程与教学研讨（2学分）；初等学校教师教育研讨（2～5学分）

（续上表）

课程 类别/学分 开课时间	秋季学期	冬季学期	春季学期	夏季学期
Ⅲ．教育管理课程	美国公共学校管理（4学分）；教师的个人问题（2～5学分）；**学校管理研讨（2～5学分）**	美国州和地方学校管理（4学分）；商业管理（4学分）；美国公共学校财政（4学分）；**学校管理研讨（2～5学分）**	**现代教育管理和督导（4学分）**；学校调查与教育研究（4学分）；初等学校管理研讨（2～10学分）	**现代教育管理和督导（4学分）**；初等学校的组织和管理（3学分）；教育与公众的关联（4学分）
Ⅳ．教育研究课程	**硕士学位专题研讨（0学分）**；文学硕士论文（6学分）①；**论文专题研究（0学分）**	教育写作（1学分）；博士论文（1～30学分）②	硕士学位申请者的个人研究或论文选题（3～15学分）；③**论文专题研究（0学分）**	**硕士学位专题研讨（0学分）；论文专题研究（0学分）**
Ⅴ．教育保健与卫生课程	**保健学院负责具体课程安排④**			
备注	1. 表格中字体加粗的课程在同一学年的任意两个学期由同一位教授讲授同样的内容，学生可根据专业及学位申请需要在不同时间段选修； 2. 表格中的部分教育研究课程和专业论文写作在一学年的四个学期都有安排，学生可根据专业及学位申请需要在不同时间段选修； 3. 斯坦福大学教育学院设置的教育学学术学位和专业学位课程的学分值根据修业年限及专业方向来确定			

资料来源：Stanford University. Stanford University bulletin, announcement of course, 1941 – 1942：53 – 85.

––––––––––––––

① 文学硕士论文课程可安排在秋、冬、春、夏四个学期的任意一个时间段。

② 博士学位论文课程可安排在秋、冬、春、夏四个学期的任意一个时间段。

③ 硕士论文申请者的个人研究或论文选题可安排在秋、冬、春、夏四个学期的任意一个时间段。

④ 课程内容主要包括教育保健导论、社区娱乐、行为分析、测量与测验、棒球练习方法、篮球练习方法、足球练习方法、小型运动的技术和方法等。

由表 5.1 可知，1941—1942 学年斯坦福大学教育学院开设的课程分为教育基础课程，学校教学、指导与监管课程，教育管理课程，教育研究课程，教育保健与卫生课程五大类，教育学院依据不同类型的研究生学位授予标准在四个学期安排学分值各异、内容多样的教育学专业课程，学生可根据其专业方向灵活地选修课程并获得相应的学分。斯坦福大学教育学院在学术学位方面规定，申请文学硕士学位者须在一年内选修 45 学分的教育学专业课程，且课程成绩均达到 B 级以上；申请哲学博士学位者须在三年内选修 135 学分的教育学专业课程，且课程成绩均达到 B 级以上，并在第四年完成学位论文。另外，斯坦福大学教育学院在专业学位方面规定，申请教育学高级学位者须在一年内修完 40 学分的教育学专业课程；申请教育硕士学位者须在两年内选修 90 学分的教育学专业课程，且课程成绩均达到 B 级以上；申请教育博士学位者须在三年内选修 135 学分的教育学专业课程，且课程成绩均达到 B 级以上，并在第四年完成学位论文。由此可见，斯坦福大学教育学院面向不同层次的教育研究生开设了类型多样的教育学专业课程，采取灵活的课程选修制度并规定各类研究生的必修学分，进而确立多样化的研究生培养模式。综观上文可看出，以斯坦福大学为代表的美国综合性大学教育学院采取多样化的模式，吸收各学科的本科生生源和具有一线教学工作经验的教师，开展教育研究生的培养工作，以便他们从事跨学科学习和研究，推进教育学科的长足发展。

三、以研究项目为主要依托整合多方力量及资源

19 世纪末 20 世纪初，美国综合性大学的董事会大多都对设立教育系、开设教育学课程持观望态度。面对这种境况，具有长远职业规划和教育学科建设热情的大学学者努力争取社会力量及资源的支持，有序推进教育学科的建设和发展。如前所述，1886 年哥伦比亚学院哲学系主任巴特勒向学校董事会提出设立教育学机构的申请书再度被驳回，于是他开始着手推进哥伦比亚学院哲学系与纽约师范学院联合办学事宜，从而促成 1898 年两校合作办学协议的签订，哥伦比亚大学师范学院也因此而建立；哈佛大学 1891 年为波士顿地区教师专业培训开设教育学课程的举措也受到波士顿教育局和学校联合委员会的直接影响；1899 年芝加哥大学教育系实验学校财政危机的解决和 1901 年教育学院建立所需的资金都来自于布莱恩的友情捐助。在此基础上，哥伦比亚大学等综合性大学又进一步以项目为主要依托，整合多方力量及资源。

1916 年，受克利夫兰基金会资助，以哥伦比亚大学师范学院和芝加哥大

学的专业教育研究人员及统计人员组成了 30 多人的研究小组，对克利夫兰地区的学校教育展开全面而深入的调查，共发表 25 篇与之密切相关的报告。受到《史密斯—休斯法案》（*Smith-Hughes Act*）的影响，哥伦比亚大学师范学院进一步强调从理论和实践相结合的角度，推进职业教育和职业指导的调查，其他教育领域的调查也相继展开。据统计，1916 年哥伦比亚大学师范学院参与学校调查的学生有 84 人，参与乡村调查的学生有 14 人，参与职业教育调查的学生有 5 人。① 20 世纪 20 年代后，美国综合性大学教育学院开始以研究生教育为主，同时以教育培训项目和科研项目为依托，激发学生的学习兴趣并争取多方社会力量及资源对教育学科发展的支持，从而提高教育学科的社会影响力。1920 年，哥伦比亚大学师范学院组织了若干新的教育项目并增设新的毕业证书授予权，其教育项目主要包括培训乡村教育主管、科学教育师资、乡村社区工人、商业教育教师。② 1930 年，哥伦比亚大学师范学院还对密苏里的学校机构和霍利约克、曼彻斯特的学校制度进行调查，并对巴拿马运河区的公立学校体制进行全面调查。③ 同年，教育心理学部与社会和宗教研究机构完成了历时 5 年的性格教育调查研究，次年又完成了与卡耐基公司合作的学习基础研究。④ 1931—1932 学年，哥伦比亚大学师范学院区域研究部主导了芝加哥地区公共学校体制的全面调查工作，主要包括学校的管理与监督、学校支出、课程设计与课程研究、教师的任职条件、任期、薪水和退休等。⑤ 1934 年，由洛克菲勒纪念基金资助，哥伦比亚大学师范学院设立的儿童发展委员会与联邦紧急救济总署（Federal Emergency Relief Administration）共同开展幼儿园建设项目，该项目同时获得通识教育委员会为期两年的资金资助。1936 年，哥伦比亚大学师范学院下设的个人发展和指导系设立三个教育项目：（1）为所有的教育工作者开设发展与指导的基础课

---

① Columbia University. Annual reports of the president and treasurer to the trustees with accompanying documents for the year ending June 30, 1916 [M]. New York：Columbia University Press, 1916：159.

② Columbia University. Annual reports of the president and treasurer to the trustees with accompanying documents for the year ending June 30, 1920 [M]. New York：Columbia University Press, 1920：164.

③ Teachers College Columbia University. Teachers College report of the dean for the year ending June 30, 1930 [M]. New York：Columbia University Press, 1930：36 – 37.

④ Teachers College Columbia University. Report of the Teachers College for the year ending June 30, 1931 [M]. New York：Columbia University Press, 1931：38.

⑤ Teachers College Columbia University. Report of the dean of Teachers College for the year ending June 30, 1932 [M]. New York：Columbia University Press, 1932：42 – 43.

程；（2）为立志成为指导专家的学生开设必修课程；（3）为学生的研究和实践经验的获得与展示创建实验室。① 1939 年，教育组织和管理系开展了关于教育管理的高级研究项目，项目的研究成员就学校管理和组织方面的问题展开研究。1940 年，由桑代克主持，获得卡纳基公司 100 000 美元经费资助的教育调查项目"人性与社会秩序"（Human Nature and the Social Order）课题组结题；同年，由通识教育委员会资助，主要探究科学素材与方法在通识教育中的重要作用的研究项目结题。② 通过这些项目，哥伦比亚大学师范学院获得充裕的办学资金，并引导学生关注教育问题隐含的社会背景。1943 年1 月，师范学院教授组建"十人委员会"（Committee of Ten），联合哥伦比亚大学其他学院就战争引发的社会问题、教育问题展开讨论，并发布了相关公告。

1911—1912 学年，哈佛大学开展了较为系统的纽约城市学校调查活动，这是一次范围广泛且充满各种挑战的调查，它在诸多方面开创了学校调查活动的先例，并取得丰硕的成果。1921 年，哈佛大学教育研究生院成立教育心理临床部，由迪尔伯恩教授（W. F. Dearborn）主导，联合心理学院开展了一项对同组儿童在学校所学全部课程的测试研究项目，其资金主要来自于联邦基金（Commonwealth Fund）。1923 年，教育研究生院的培养计划中明确提出以项目为基础，面向公立学校教师培训的人才培养目标③，以学校教育的发展需要为出发点，开展教师的专业培训。1936 年设立的教学文科硕士学位也以项目的形式，联合文理学院培养具有不同学科素养的教师。1948 年后凯佩尔将教师教育视为学院工作的中心，他不仅将大量的资金投入到教学文科硕士学位的建设中，还在 1951 年设立与该学位平行的基础教育教师培训项目。20 世纪 60 年代，凯佩尔主导哈佛大学与学校周边的中小学联合，设立中小学和大学研究与发展项目（the School and University Program for Research and Development），该项目强调教育学不仅是一项培训事业，更是学术研究和促进社会发展的事业，许多年轻人因参与该项目开始改变对教育学科的看法。

在整个 20 世纪 20 年代，芝加哥大学教育学院的私人捐款数额持续上升，学院的捐赠收入由 1919 年的 152 785 美元上升至 1927 年的 735 729 美

---

① Teachers College Columbia University. Report of the dean of Teachers College for the year ending June 30, 1936 [M]. New York：Columbia University Press，1936：37.

② Teachers College Columbia University. Report of the dean of Teachers College for the year ending June 30, 1940 [M]. New York：Columbia University Press，1940：27.

③ Harvard University. Reports of the president and the treasurer of Harvard College，1922–1923：160.

元。1929年贾德将儿童研究作为优先发展的工作领域，向学校董事会申请了由通识教育委员会的项目基金拨付的每年75 000美元的办学资金，开展以心理健康与发展为中心的儿童研究工作，推动教育学院在儿童发展、教育心理和社会学等研究领域的工作进展。1938年，泰勒将探究中学与大学关系的"八年研究"项目的执行中心迁至芝加哥大学，为教育学系带来1 600 000美元的研究经费，也为教育学者系统探究大学与中学的关系提供了重要的研究平台。1940年，教育学系除设立为战争服务的培训项目外，还开展受凯洛格（W. D. Kellogg）基金资助的乡村教育项目，为来自密歇根州不同学区的60位学生的家长开设为期一周的成人教育培训课程，使家长获得教育孩子的专业培训与指导。1944年，在大英百科全书初级咨询委员会（Britannica Junior Advisory Committee）资助下，芝加哥大学成立视听材料研究中心（A Center for Research in Audio-Visual Instructional Materials），为教师和教育管理者培训提供最新和最有效的学习材料，并设立专门培训教育管理者和视听教育督导的暑期项目，该项目在未来的30年内将为芝加哥大学带来44 000 000美元的办学资金。

20世纪上半叶，美国综合性大学为推进教育学科的建设和发展，大多以教师教育培训项目、教育变革的专题研究项目、儿童研究专题项目、社会问题研究项目等为依托，围绕研究和培训项目的中心议题，在短期内整合各方面的力量并努力争取多层次人力和资金的支持，有针对性地开展人才培养和科学研究工作，成功地为教育学科的建设与发展创造了条件。具体而言，美国综合性大学以学校及社会调研项目为依托，围绕中小学教学、学校管理、教育公平等问题开展理论分析并集中探讨问题的解决策略，展现教育学科理论探究的社会实用价值；以学术及科学研究项目为依托，在短时间内集中大学教育学科的优势学术力量，以团队合作的形式开展教育学的科学研究及理论探析，推进教育学科的理论建构并增强其实践价值；以教师培训项目为依托，发挥大学的学术优势，采用灵活多样的教师培训方式，不断提高教师培训的规格和质量，促进大学教育学科与中小学教师专业发展的密切联系。通过学校及社会调研项目、学术及科学研究项目、教师培训项目，美国综合性大学与中小学、政府部门（包括国家层面的有关机构、地方教育行政机构等）、企业、社会及学术团体（包括各种学会、协会、联合会等）建立起密切而稳定的关系，从而有利于整合其人力、物力、财力等资源来推动大学教育学科的建设与发展。

四、综合运用各种举措推进学科发展

美国综合性大学开设教育学课程的目的主要有两个：其一是参与中小学

教师培训，提高教师培养的质量与规格；其二是培养教育学专业人才，研究教育问题并推进教育学理论的发展。为更好地强化中小学教师的专业理论基础及其教学实践能力，也为更充分地拓展教育学专业人才的理论探索空间及增强其教育问题探究意识，美国综合性大学综合运用设立实验学校、开展专题研讨、举办暑期学校或研讨班等方法，通过多种途径来扩充教育学科的课程资源，促进综合性大学建立多样化的教学及科研方式，从而推进教育学科的发展。

（一）设立实验学校

如前所述，早在19世纪90年代，杜威就认为综合性大学教育学系的发展必须以示范学校检验的专业理论为基础，因为未经实际验证的教育专业理论，难以赢得教育专业人员的尊重。[①] 他给哈珀写信表达了建立实验学校的愿望，并争取到1 000美元的办学资金，在1896年1月创办了芝加哥大学教育学系的实验学校——芝加哥大学初等学校，即后来的"杜威学校"。1900年，哥伦比亚大学师范学院为促进教育理论与教师专业培训实践紧密结合，组建贺拉斯·曼学校、斯派尔学校。杜威及哥伦比亚大学师范学院设立实验学校的主要目的是为师范学院的学生提供实习场所和开展必要的教学实验，使之成为一个真正意义上的实验中心，它不仅用于检验公立学校的理论，也努力把美国各地中小学最好的经验用于教育。1917年，哥伦比亚大学师范学院设立其直接管理的林肯学校，主要目的是推进教学理论、课程和教学方法的实验，使其适应现代学校教育的发展，努力促进学校成为全国中小学教育事业的"发酵素"，以便传播新的教学模式。

美国综合性大学主导实验学校的创建，大学教育学院与实验学校联合开设课程、共同开展教学实践活动。大学教育学者通过参与实验学校的各项活动，致力于将实验学校发展为大学教育学科的教学实践基地，甚至在某一时期将其建设为大学教育学科的理论"实验室"，并通过教学活动证实教育学理论的客观性与实践性，从而为大学教育学科的理论构建提供了实践验证的必要条件，也为教育学院实践课程的开设创设了重要平台。

（二）开展专题研讨

综观美国综合性大学教育学科发展的历程，教育学院系开设专题研讨的

---

① The University of Chicago Library. Guide to the University of Chicago Office of the president, Harper, Judson and Burton administrations records 1869 – 1925. Dewey to Harper. Box 40, Folder 4 ［EB/OL］. ［2014 – 07 – 27］. http://www. liB. uchicago. edu/ead/pdf/ofcpreshjb – 0040 – 004. pdf.

方式主要有三种：（1）设置专题研讨课程。如 1907 年，哈佛大学教育系在研究生培养方面，刚开始仅开设 2 门研讨性的课程，不久之后课程数量增至 10 门，本科生与研究生联合培养的课程数量也由原来的 4 门增至 6 门。1913—1914 学年，哈佛大学开设农业教育、工业教育和宗教教育等职业教育类课程。"一战"前后，哥伦比亚大学师范学院通过直接或者间接的社会服务方式，开设不同类型的战时应急课程，如战时社会工作、战时地方服务的组织、战时经济组织和问题、战时军营和集中营社会服务组织、社会福利和工作效率的提高、战时社会衣食及能源问题的解决等课程。1915 年，芝加哥大学设置针对中小学教师培训的心理学课程体系，主要包括书写心理学、阅读心理学、教育实验等课程。（2）召开专题研讨会。为确保学院所设课程的社会实效性，哥伦比亚大学师范学院与社会机构联合召开了短期的专题研讨会。如 1942 年 11 月 4—6 日，健康和体育教育系与联邦教育办公室合作，在哥伦比亚大学师范学院召开身体健康研讨会，约有 800 名教育学者和军官参与该会议，就中小学和大学的身体健康教育问题展开讨论，推进军方与教育界的交流与沟通。再如，1943 年夏，教学组织与管理系和美国教育协会小学校长分会合作，召开为期两周的关于战时小学教育问题的研讨会，会议主题涵盖"战时延长在校活动的区域"和"战争的地理模式"，来自 25 个地区的 100 多位小学教育工作者参加了会议。（3）开展大型学术研究及研讨会。1939 年秋在普雷斯科特（Daniel Prescott）教授的主导下，芝加哥大学设立的人类发展中心（Center on Human Development）邀请密歇根大学奥尔森（Willard C. Olson）博士、雷德尔（Fritz Redl）博士、凯洛格基金会奥拓（Henry Otto）博士、霍山学院（Mount Holyoke College）心理和教育学系主任施托勒（Stuart Stolle）教授、康奈尔大学弗雷曼（Frank S. Freeman）博士、斯坦福大学贝尔（Reginald Bell）博士等人共同开展由美国教育委员会（American Council on Education）赞助的关于人类发展相关知识与理论的研究工作。1954 年 9 月，斯坦福大学教育学院在卡耐基基金（the Carnegie Foundation）的资助下联合美国人类学联合会（American Anthropology Association）、斯坦福大学社会学系举办"斯坦福大学教育与文化学术研讨会"（Stanford Conference on Education and Anthropology），从而促进斯坦福大学教育学科在教育人类学方向的研究与发展。

通过设置专题研讨课程、召开专题研讨会、开展大型学术研究及研讨会等多种形式，20 世纪美国综合性大学教育学院系在短时间内汇聚大学教育学科开展学术研究的优势力量，对某一时段教育学科发展中面对的主要问题展开集中而系统的探讨，提高了大学教育学科的理论水准和学术价值。进一步而言，美国综合性大学以教育学科的专题为线索整合多方学术力量及社会资

源，以学术研讨的方式系统而深入地开展教育问题的研究，为大学教育学科的建设和发展构筑坚实的理论基础，也在一定程度上丰富了教育理论探索与交流的方式。

（三）举办暑期学校或研讨班

早在1891年，艾略特曾建议哈佛大学教育系为教师举办暑期学校，邀请具有重要影响力的中小学教师前来学习。1913年暑期，哥伦比亚大学师范学院有120名学校管理人员、339名中小学校长、138名学校主管在暑期学校注册，注册总人数超过常规学期671人。1916年，芝加哥大学教育学院举办暑期学校，开设面向小学各学科的教育管理类课程，共有46人注册。1921年，为彰显哈佛大学教育研究生院工作领域的拓展，弗纳尔德（W. E. Fernald）在暑期学校做了题为《儿童心理的诊断》的学术报告。[1]1939年，哈佛大学教育研究生院主办社会学研究的暑期研讨班，还与公共管理研究生院主办教育财政学研讨班。[2]1943年初，哥伦比亚大学师范学院院长威廉·拉塞尔向大学董事会提出建立暑期学校的建议，以便更新学院的服务内容，为中小学教师创办战争期间专门的课程体系和研讨班，就战时各地区不同的教育发展状况及其应对策略展开讨论与交流。1944年，斯坦福大学教育学院在暑期举办了三期面向初等学校、中学和初级学院的教育工作研讨班，即数学教师研讨班（workshop for mathematics teachers）、科学教师研讨班（workshop for science teachers）、语言交流研讨班（communications workshop）。1952年，斯坦福大学教育学院的道森（Daniel T. Dawson）教授举办暑期初等学校管理研讨班（elementary administrate workshop），丹尼尔（Henry Bonner McDanniel）教授举办暑期教学指导研讨班（guidance workshop）；1953年汉纳教授举办暑期初等学校课程研讨班（elementary curriculum workshop），赫德（Paul DeH. Hurd）教授举办暑期视听教学研讨班（Stanford television and radio workshop）。

通过举办暑期学校或研讨班，美国综合性大学与中小学建立起密切的联系。具体来说，大学教育学者以教师们关注的教育问题为核心，举办不同类型的暑期学校或研讨班，集中向参与研讨的教师和学校管理人员系统地介绍教育学科的前沿理论及其研究成果，充实其理论知识及学科素养；中小学教师和学校管理人员将其在学校工作中面临的问题，系统而集中地提交到研讨

---

① Harvard University. Reports of the president and the treasurer of Harvard College, 1920–1921：175.

② Harvard University. Reports of the president and the treasurer of Harvard College, 1938–1939：10–11.

班的议程中，并与大学教育学者就教育问题的解决途径及其理论依据展开研讨。双方以中小学教育问题为纽带开展面对面的交流与沟通，并以此形成紧密的合作关系。由此可知，参与暑期学校或研讨班的中小学教师和学校管理人员为大学教育学科的建设和发展带来生动真实的教育案例，促使教育学者更深入地反思和探索教育学科理论的实践价值，以便为中小学的教育变革提供具体可操作的理论指导，从而有助于大学教育学科与中小学建立良性的互动关系。

五、创办教育学专业期刊对大学教育学科的影响

教育学专业期刊承担着传播与交流教育学研究成果的社会职责，为教育学者进一步分析与评论教育现象及规律提供充实的资料和必要的参考，对大学教育学科的建设和发展具有重要的推动作用。19 世纪末 20 世纪初期，美国综合性大学为推进教育学科的建设并彰显其发展特点及成就，创办了对教育学科发展具有深远影响的教育学专业期刊，如芝加哥大学 1893 年创办《学校评论》，哥伦比亚大学师范学院 1900 年创办《师范学院学报》（*Teacher College Record*），哈佛大学 1930 年创办《哈佛教育评论》（*Harvard Educational Review*）。上述三种教育学专业期刊主要刊载教育学者的理论探究及教育实践的成果，其文章内容较为集中地展现了美国综合性大学教育学者对 20 世纪美国面临的教育问题所进行的思索与探讨，汇集了　大批有关教育学科建设和发展的理论研究成果；而且，期刊刊载的文章还在一定程度上反映出该期刊所属大学的教育学科建设理念及其成就，是该大学教育学科发展不可或缺的组成部分。

综观 20 世纪初至 60 年代《师范学院学报》《学校评论》《哈佛教育评论》三种期刊刊载的文章，不难发现这些文章的主题或内容既体现了该期刊的办刊宗旨，又展示了期刊所属大学的教育学科在不同历史时期所关注的学科建设与发展的重心，因而对三种期刊的办刊历程及其刊载文章的内容进行系统的分析，可较为全面地了解和评述美国综合性大学教育学科发展的历程及其成就。

如前所述，1900 年哥伦比亚大学师范学院创办由拉塞尔任主编的《师范学院学报》，其主要目的是便于师范学院的师生全面综合地观察与参与学校的实际运作，同时使社会人士了解师范学院的教学理论与实践。① 于是，1900 年《师范学院学报》刊载的文章以介绍学院的办学特点、展示教育学科的发展举措为主；1901 年刊载的文章主要介绍桑代克主导的教育心理学学

---

① RUSSELL J E. Announcement［J］. Teachers College record，1900（1）：ⅲ.

科的建设成就，展示师范学院的办学特色；1902—1903 年主要以专刊的形式介绍师范学院附属学校的办学情况及其成就。此外，1900—1905 年《师范学院学报》还将教育学学术会议、特殊的教育事实以及新的教学方法通过专题研究或专刊的形式出版发行。由此可知，20 世纪初期的《师范学院学报》主要以专题研究或专刊的形式介绍哥伦比亚大学教育学科的建设和发展成就，并将专题研究作为其刊载文章的主要方式。

以专题为线索，1903—1929 年《师范学院学报》刊载的文章可将内容分为 9 个领域①，其内容一方面集中展现了期刊致力于初等和中等教育实践问题探究，为教师专业培训提供指导的办刊宗旨②；另一方面，每个专题的具体阐述还突出了哥伦比亚大学在某些教育学分支学科的建设成就。③1931—1940 年刊载的文章以探讨社会问题为主，尤其重视社会经济形势变化、社区发展、家庭生活方式转变、联邦政府政策变动等因素对学校教育的直接影响。1941—1945 年主要以"战争与教育"为专题，从社会生活、学校课程设置、学校教育资源管理、儿童教育等方面探讨"二战"对学校教育的影响。"二战"结束又以"战后教育重建"和"战后美国教育"为专题，探讨战后学校课程的重建和战后社会教育的开展，并关注到美国社会的教育不公平现象。1946—1955 年刊载文章的专题较为全面地展现"二战"结束后美国社会变化对学校教育的影响④，1956—1965 年刊载文章的专题主要反映美国社会持续关注学校变革⑤，期望通过加强中小学科学课程、重视天才儿童教育来实现培养优秀人才的教育目标。由此可知，《师范学院学报》在20 世纪初至 20 年代以专题研究为主要形式，广泛关注美国中小学教育问题，系统刊载美国大学教育学科的理论探究及实践探索的成果，展现了美国大学教育学科建设和发展的成就。20 世纪 30 年代至 60 年代，《师范学院学报》主要将社会变革与教育发展的互动视为专题研究的重心，集中反映了大学教

---

① 主要包括幼儿园课程与教学、小学课程与教学、中学课程与教学、中小学教师培训、中小学教育教学研究方法、教育心理学研究、教育社会学研究、课程研究、战争与教育的关系等。

② RUSSELL J E. Announcement［J］. Teachers College record, 1900（1）：iii.

③ 主要包括教育心理学、心理测量、学校调查、儿童研究、家政学、艺术学、教育哲学、教育史、学校管理学等。

④ 主要包括退伍军人的教育、学校课程的变革、中小学科学和外语课程的设置、中小学的阅读及分科教学、学校管理、青少年教育问题、青少年心理健康教育、儿童发展、社区研究与教育公平、乡村教育、教师教育的新形势、电化教学的发展等。

⑤ 主要包括中小学课程变革、科学课程设置、天才教育、认知心理学与教学、教育与社会、教育项目的开展等。

育学科在探究中小学教育问题方面所发挥的作用，展现了大学教育学科建设与美国中小学教育变革的紧密关联。

1893 年，芝加哥大学创办由瑟伯（Charles Thurber）任主编的《学校评论》杂志，主要致力于介绍美国中等教育的发展状况及其教学研究的新进展，为美国中小学教师和教育实践者服务，并主要刊载探究中小学课堂教学的研究成果。虽然 1901—1904 年接任杂志主编的洛克（George H. Locke）与杜威共同负责主编《学校评论》，但杂志的编委们认为《学校评论》应保持对美国中等教育的持续关注，不能成为一种教育哲学的传声筒，也不能成为任何一所大学的附属部分。因此，1893—1904 年《学校评论》刊载文章的内容主要关注中等教育的 8 个主题①。1905—1916 年其刊载的文章除了关注深入探讨中等教育发展的 6 个主题②外，还刊载了从哲学、心理学、测量与统计、社会学等学科的视角探究教育问题并展开教育科学研究的文章。1917—1925 年杂志刊载了大量从社会学的视角研究中学教育问题的文章，主要从中学的课程建设、学生的社会化、学生的职业指导等方面探索中学教育和教学中蕴含的社会学内涵及其价值。

1930—1941 年《学校评论》刊载的文章主要集中于从社会学的视角探究美国中学课堂教学面临的诸多问题③，"二战"期间杂志刊发文章的主题主要集中于探讨战争对中等教育的影响。④ 1946—1950 年杂志主要刊载学界对中等教育发展中面临的多种问题的探究，尤其关注芝加哥大学的教育学者

---

①　主要包括中学教学研究、中学课堂、中等学校、中学生、中学课程、中学教师、大学与中学关系。文章主题的划分依据：（1）1893 - 1905 年《学校评论》刊载文章的主要内容和期刊栏目设置。（2）WECHSLER H S. The primary journal for secondary education，1893 - 1938：Part Ⅰ of a history of School Review ［J］. American journal of education，1979（1）：83 - 106. 参见文章中关于主题分类的论述。

②　主要包括中等学校的教学、中学课程变革、中学生的语言学习、心理学与中学生学习、高中的社会化、大学与中学关系等。

③　主要包括中学的课程变革、中学课程设计、中学师资的专业培训、课堂教学方法变革、中学职业指导、工业化社会的教育等。

④　主要包括战争对个人行为和价值观的影响、战争给儿童带来的困惑、军事教育与民用教育的权限、教育对实现持久和平的重要作用、战后教育重建的建议、战后教育的课程计划、中等教育的观念转变等。

们所开展的研究工作及其成果。① 1951—1954 年杂志刊载的文章主要以中学课程变革为中心，从社会学和民主社会建设的角度探讨中等教育变革中面临的诸多问题。1957—1965 年杂志刊载的文章主要关注社会科学的研究方法在探究中等教育问题上的运用，而且《学校评论》自 1957 年改为季刊后，主要以专题和专刊的形式阐述美国中小学作为社会机构，其教育活动对社会秩序调整与社会发展所产生的影响。② 如 1957 年秋季期刊编辑出版"社会科学与教育"的专题论文集，分别从人类学、经济学、地理学、历史学、法学、政治学、心理学和社会学等社会科学的视角探讨美国中小学教育所面对的问题③，这也反映出芝加哥大学教育学科主动向社会科学靠拢的发展趋势。据此可知，《学校评论》杂志由芝加哥大学出版社管理，在创刊之初就确立面向美国中等教育的办刊宗旨。20 世纪初期其刊载文章内容的主题以中学教学、中学课程、中学教师、中学与大学的关系等为主；20 世纪 20 年代其刊载的文章主要关注美国中小学的教育教学问题，在某一时期着重论述了学校调查、心理测量与统计等方法在中小学教学及学校管理中的运用情况；20 世纪 30 年代至 60 年代，《学校评论》刊载文章的主题展现了美国社会变革对中小学教育教学的影响，主要从社会科学的视角来选定杂志刊发文章的主题，在一定程度上反映出芝加哥大学教育学科逐渐趋向于社会科学的发展态势。

1920 年哈佛大学教育研究生院成立，并于 20 世纪 20 年代不定期出版《校友公报》（*The Alumni Bulletin*），向毕业的校友介绍学院的各种情况。1930 年《校友公报》改为季刊《哈佛教师学报》（*Harvard Teachers Record*），1937 年《哈佛教师学报》改名为《哈佛教育评论》，威尔逊（Howard Wilson）担任主编，霍姆斯任副主编。霍姆斯认为《哈佛教育评论》不仅要使中小学和大学的教师感兴趣，而且也应使非教育专业的知识分子感兴趣。在他的主导下，《哈佛教育评论》刊载的文章包括当时教育所关注的大范围

---

① 其中有代表性的内容有爱德华（Newton Edwards）的人口学研究、库斯的初级学院的学校调查、泰勒的课程评价与研究（包括他在"八年研究"中的部分成果）、芝加哥大学人类发展委员会关于儿童发展的研究成果等。参见：WECHSLER H S. From practice to theory: a history of School Review, part Ⅱ [J]. American journal of education, 1980 (2)：216 – 244.

② 其主题主要包括培养具有教育天赋的儿童、应对有情绪困扰的儿童、重新审视教育内容的选择标准、恢复数学和科学课程的逻辑、重新定义教育管理的任务、关注学习过程的研究并解决社会变革中的价值观冲突等。

③ THELEN H A, GEZTELS J W. Introduction to the symposium [J]. The school review, 1957 (3)：244 – 245.

的课题，包含不同种类的文章、评论和书评。① 1945 年，瑞尔任期刊主编，他与霍姆斯建议教育研究生院组建一个以研究生为主的编辑委员会来负责期刊的具体工作。1948 年，哈佛大学教育研究生院成立以研究生为主体的编辑委员会，并委派一名教师任编辑委员会主席督导期刊编辑但不干预学生的工作，这种期刊编委会的组建方式一直沿用至今。

　　1937—1970 年《哈佛教育评论》刊载文章的栏目主要包括文章、讨论、教师与实践、教师与教学、学校内的声音、研究报告、报告分析、意见书、博士论文摘要等②，教学研究、教育心理研究、课程研究、教育哲学研究、教师研究等五个主题是其刊载文章所关注的重点，这说明《哈佛教育评论》相对重视教学论、教育心理学、课程论、教育哲学等教育学基础学科及其理论的研究，也在一定程度上间接反映了哈佛大学教育学科建设的重点领域。但《哈佛教育评论》在不同时间段以主题形式刊载文章的内容和数量又有所不同，以教学研究文章和教育哲学研究文章为例，其中 1951—1960 年只有 10 篇教学研究专题文章刊载，仅占其专题 40 年间发表文章总数的 9%，而教育哲学研究专题文章则有 46 篇，占其专题 40 年间发表文章总数的 71%。之所以出现这种状况，部分原因在于《哈佛教育评论》根据教育理论和实践的需要，以专刊和专题讨论的形式对教育哲学的有关问题进行专门讨论，如 1956 年第 1 期设立以"教育哲学的目标和内容"（The Aim and Content of Philosophy of Education）为主题的专刊，1958 年第 4 期设立以"哲学对教育理论的贡献"（What Can Philosophy Contribute to Education Theory）为主题的专刊，表明这段时间《哈佛教育评论》较为重视教育哲学的研究。

　　综上所述，《师范学院学报》《学校评论》《哈佛教育评论》三种教育学专业期刊在 20 世纪初至 20 世纪 60 年代这一时期内，主要以专题或主题研讨的形式刊载教育学者的研究成果，并根据美国社会变革和中小学教育问题的变化确定专题关注的内容，间接反映了大学教育学科建设与发展的特点。但由于每种期刊的主办单位不同，其刊载文章的内容和类型又呈现出各自的特征。《师范学院学报》由哥伦比亚大学师范学院主办，其刊载文章的内容主要展现了哥伦比亚大学教育学科在中小学课堂教学、教师专业培训、教育学科理论探究等领域的发展成就，比较系统地展示了美国综合性大学教育学科在不同历史时期所关注的核心问题。《学校评论》由芝加哥大学出版社管

_____

　　① The Harvard educational review. About HER［EB/OL］.［2016 - 09 - 26］. http://hepg. org/special/navigation/her-utility/about-her.

　　② 杜晓利. 教育研究重心的转移：以《哈佛教育评论》为例［M］. 上海：上海人民出版社，2007：29.

理，其刊载文章的内容主要聚焦于美国中等教育发展中面临的诸多问题，如中学课程、中学师资、中学与大学的关系等，更多地反映大学教育学者针对美国中等教育问题所开展的科学研究以及实践探索，也间接地反映了芝加哥大学教育学科在不同历史时期的发展重心。《哈佛教育评论》早期由教育研究生院主管编辑和发行工作，但1948年后主要由教育研究生院在校研究生负责编辑期刊文章，其刊载文章的主题也因此趋于灵活多样，并且与研究生院开设的教育学课程及其学科建设进一步密切相关，《哈佛教育评论》这种相对灵活的办刊形式，为教育学者针对美国社会的教育问题展开广泛的探讨提供了重要的交流平台，也为美国综合性大学教育学科的多元化发展带来思想启迪。

第三节　美国综合性大学教育学科教育学者群体考察

从19世纪下半叶开始，美国综合性大学相继设立教育系、教育学院或教育研究生院，教育学者凭借大学教育学科的平台开展教学、科研、学校调查等各项工作，同时又通过这些工作为美国综合性大学教育学科的建设与发展做出了巨大贡献。纵观19世纪下半叶至20世纪上半叶美国综合性大学教育学科的历史进程，以罗伊斯、克伯莱、杜威、桑代克、孟禄、霍姆斯、推孟、贾德、博比特、克伯屈、拉格、克雷明、科南特、布鲁纳、斯平德勒、泰勒等为代表的教育学者，从社会发展和学校教育变革的需要出发，以不同的学术视角研究教育现象，探索教育规律，从而推进了大学教育学科的不断发展。

表5.2　美国综合性大学教育学科主要教育学者信息一览表

学者	学历背景	学科方向	研究业绩	工作简历	活动方式
罗伊斯	1875年获加利福尼亚大学伯克利分校文学学士学位，1878年获霍普金斯大学哲学博士学位	哲学、教育哲学	以哲学为基础，结合心理学、生理学、社会学、伦理学的知识探究教育学的学科特性	1882年开始在哈佛大学讲授哲学，1890年10月开设教学艺术的师范课程，1891年发表题为《教育学是一门科学吗?》的论文	教学、著述等

（续上表）

学者	学历背景	学科方向	研究业绩	工作简历	活动方式
克伯莱	1886—1891年在印第安纳大学学习，1901年获哥伦比亚大学师范学院文学硕士学位，1905年获哥伦比亚大学师范学院哲学博士学位	教育史、教育管理、学校行政、学校经费、教育调查	以教育史料为基础，开设教育学和教育史课程，编著教育史教材，运用进步史观开展教育史研究，并展开教育调查，创建教育管理学科	1896—1898年担任加利福尼亚州圣地亚哥市督学；1898—1917年任斯坦福大学教育系主任，讲授教育史；1917—1933年任斯坦福大学教育学院院长，讲授教育史；1901—1902学年在哥伦比亚大学师范学院讲授学校管理课程	地方督学、教育管理、教学、著述等
杜威	1879年毕业于佛蒙特大学，1884年获霍普金斯大学哲学博士学位	哲学、心理学、教育学、社会学、伦理学	以哲学和心理学为基础，探究教育学科的特性，建设教育学课程体系，开展教育哲学研究，探究民主教育的内涵，探讨职业教育的功能	1884—1894年在密歇根大学哲学系讲授哲学；1887—1888年任密歇根校长俱乐部副主席；1894—1904年任芝加哥大学教育学院院长，讲授教育哲学，开展教育实验·1904—1952年在哥伦比亚大学哲学系讲授教育哲学、伦理学；1905—1906年任美国哲学协会（American Philosophical Association）主席	教育管理、教学、著述、创立实验学校、外出访学等
桑代克	1891年获卫斯理大学文学学士学位，1896年和1897年先后获哈佛大学文学学士学位和文学硕士学位，1899年获哥伦比亚大学哲学博士学位	哲学、心理学、教育心理学	以实验室为主要平台，开展教育心理实验，创立并运用机能主义心理学的理论和方法研究教育及教学现象，构建教育心理学课程体系，为开创教育心理学科做出重大贡献	1899—1941年在哥伦比亚大学师范学院从事教育心理学研究，讲授教育心理学	教学、著述等

（续上表）

学者	学历背景	学科方向	研究业绩	工作简历	活动方式
孟禄	1892 年获印第安纳大学理学学士学位，1897 年获哥伦比亚大学哲学博士学位，1901 年赴德国海德堡大学进修	历史学、教育史、比较教育学	开展教育史研究，开设系统的教育史课程，编撰教育史教材，并开创比较教育学科	1897—1938 年在哥伦比亚大学师范学院讲授教育史，编撰教育史教材；1915—1923 年任哥伦比亚大学师范学院下设教育学院院长	教育管理、教学、著述、外出访学和调查等
霍姆斯	1903 年和 1904 年先后获哈佛大学文学学士学位和文学硕士学位	教育学、儿童研究	通过与福禄培尔儿童理论的比较来引介蒙台梭利儿童教学理论，从社会发展的需要推进教育学专业学位授予制度的变革	1907—1947 年间任哈佛大学教育研究生院院长，讲授教育学课程，设立教育硕士和教育博士学位，推进教学文科硕士学位的设立	教育管理、教学、著述等
推孟	1901—1903 年获印第安纳大学心理学学士和硕士学位，1905 年获克拉克大学心理学博士学位	心理学、心理测验	以心理学和心理测量的理论与方法为基础，修订智力测验量表，首次采用智商这一概念描述某个人的智力水平或智力商数，推进心理测验的发展与量表的应用	1910—1942 年在斯坦福大学讲授心理测量；1922—1942 年任斯坦福大学心理系主任，主持修订"比纳－西蒙"测试量表，编制"斯坦福－比纳"量表	教育管理、教学、修订和编制智力测验量表等

（续上表）

学者	学历背景	学科方向	研究业绩	工作简历	活动方式
贾德	1894 年毕业于卫斯理大学，1896 年获德国莱比锡大学哲学博士学位	哲学、心理学、教育学	以哲学和实验心理学的理论与方法为基础，探索教育的科学研究方法，开展学习迁移实验，促进教育心理学的发展	1896—1898 年任卫斯理大学哲学助教；1898—1901 年任纽约大学教育系心理学教授；1901—1902 年任辛辛那提大学心理学教授；1902—1909 年任耶鲁大学心理学教授，心理实验室主任；1909—1938 年任芝加哥大学教育学院院长，1909—1910 年任美国心理协会（American Psychological Association）会长	教育管理、教学、著述等
博比特	1901 年毕业于印第安纳大学，1907 年获克拉克大学哲学博士学位	教育学、管理学、课程论	从教育的社会功能和个体功能出发，探讨教育的本质并进一步论述"课程"的概念，率先将当时的科学管理模式运用到课程研究领域并构建以活动分析为核心的课程编制方法，为开辟课程研究领域并创立课程论学科做出了重大贡献	1909—1922 年在芝加哥大学教育学院讲授教育管理和课程设计；1922—1924 年任洛杉矶市助理督学；1924—1925 年任俄亥俄州托利多市助理督学；1925 年返回芝加哥大学教育学院任教	地方督学、教学、著述等

447

（续上表）

学者	学历背景	学科方向	研究业绩	工作简历	活动方式
克伯屈	1892年毕业于摩斯大学，1896年获霍普金斯大学硕士学位，1912年获哥伦比亚大学师范学院哲学博士学位	哲学、教育学	借鉴杜威、桑代克的研究成果和观点，结合社会及教育改革的需要，探讨教育学的特征，从儿童的兴趣特征出发系统阐述"设计教学法"，并据此促成"新学院"的设立和运作，为推进教师教育模式的变革做出重要贡献	1897—1906年在摩斯大学讲授数学和天文学；1913—1937年在哥伦比亚大学师范学院任教	教学、著述、外出访学等
拉格	1911年毕业于达特茅斯学院，1915年获伊利诺斯大学哲学博士学位	社会学、教育学、教育社会学	运用社会学的研究方法探究课程设计的内涵，确立社会学科的课程思想，并将其贯穿于中小学教材的编写过程中	1915—1920年在芝加哥大学教育学院讲授教育测量，参与"一战"期间的美国陆军新兵智力测验工作；1920—1950年在哥伦比亚大学师范学院任林肯学校校长	教学、著述、教育管理等
克雷明	1946年获纽约城市学院文学学士学位，1947年获哥伦比亚大学师范学院文学硕士学位，1949年获哥伦比亚大学师范学院哲学博士学位	教育学、教育史	分析美国教育发展的历史，评述进步主义教育的影响，将教育史研究的视角投向学校之外的社会生活，充分发掘社会生活中各种可能的教育情境及其意义	1949—1990年在哥伦比亚大学讲授教育史；1974—1984年任哥伦比亚大学师范学院院长	教学、著述、教育管理等

（续上表）

学者	学历背景	学科方向	研究业绩	工作简历	活动方式
科南特	1913 年获哈佛大学文学学士学位，1916 年获哈佛大学哲学博士学位	化学、高等教育学、教师教育	探讨现代大学的职能，改革大学通识教育课程，开展中等教育调查，促进教育公平发展，提出教师教育课程改革建议	1916—1933 年在哈佛大学化学系任教；1933—1955 年任哈佛大学校长；退休后在卡耐基基金会的资助下展开学校调查	教育管理、著述、学校调查等
布鲁纳	1937 年获杜克大学心理学学士学位，先后于 1939 年和 1941 年获哈佛大学心理学硕士学位和博士学位	心理学、认知心理学、教育学	对儿童的个体心理发展展开研究，从认知心理学的视角，提出结构主义教育思想和教学理论	1945—1960 年在哈佛大学心理系讲授心理学；1960—1972 年任哈佛大学认知研究中心主任	教学、著述、教育管理等
斯平德勒	1940 年获中央州立师范学院理学学士学位，1947 年获威斯康星州立大学心理学硕士学位，1952 年获哲学博士学位	教育学、人类学、社会学、心理学	运用教育民族志的方式对学校教育问题展开研究，重点研究处于非主流社会文化背景中的弱势群体及其儿童的教育现状及问题，推进教育人类学的发展	1947—1948 年在威斯康星州立大学从事文化人类学、社会学和临床心理学研究，1952 年在斯坦福大学教育学院与社会人类学系讲授教育人类学	教学、著述、社会调查等

（续上表）

学者	学历背景	学科方向	研究业绩	工作简历	活动方式
泰勒	1921 年获多内学院文学学士学位，1923 年获内布拉斯加大学文学硕士学位，1927 年获芝加哥大学哲学博士学位	教育学、教育评估与测量、课程论	运用教育评价理论，主导"八年研究"项目，确立以教育目标为依据的教育评价模式，借鉴课程理论提出以目标为核心的课程编制原则	1927—1928 年任北卡罗来纳大学教育研究所助理主任；1928—1938 年任俄亥俄州立大学教育研究部研究员；1938—1953 年任芝加哥大学教育学院院长	教学、著述、教育管理等

资料来源：依据相关教育学者的传记、著作等文献资料整理编制。

依据表 5.2 提供的信息，可以归纳如下：（1）从学历背景来看，这些教育学者均接受过美国入学系统的学术训练，有的学者还曾赴欧洲入学进修或深造，如孟禄、贾德等人，这种学历背景使他们具有较为扎实的专业基础和较为深厚的学术素养。（2）从工作经历来看，这些教育学者大都长期在美国综合性大学教育学科或其他学科任教，并以此为主要平台开展教学和科研工作，因而其研究课题及成果始终处于美国及世界教育学界的前沿，反映了教育理论研究和实践探索的最新动态，并在很大程度上引领教育学的发展。（3）从学科方向和研究领域来看，呈现出多样化、多元化的特点，其中除教育学外，包括哲学、历史学、心理学、社会学、管理学、经济学、人类学等当时美国主要的人文学科和社会科学学科，而且大多数学者涉猎两个或两个以上学科方向或研究领域，有的学者早年还研究过自然科学，如科南特研究过化学，这种多样性、多元化的特点有助于他们吸取和借鉴各门学科的理论和方法来开展跨学科、跨领域的教育学研究，以及开拓新的研究方向或领域，发现新的学科生长点。（4）与文、史、哲等纯理论学科不同，教育学科是一门实践性很强的学科，特别是教育学所研究的教学活动是一项实践性很强的活动，管理学校等教育事业也是一项实践性很强的社会事业，因而美国综合性大学教育学科的部分学者曾参与"一战"期间美国新兵智力测验工作或投身于学校及社会调查工作，如拉格、科南特、斯平德勒等人，还有的学者曾担任地方督学，如克伯莱、博比特等人，这种工作经历有助于他们及时了解和掌握美国教育的实际状况和信息，把教育理论与实践较好地结合起来。（5）一方面，不少学者在美国综合性大学担任过行政管理职务，特别是教育学科、心理学科的行政管理职务，如科南特担任过哈佛大学校长，克伯莱、杜威、霍姆斯、推孟、贾德、克雷明、泰勒分别担任过斯坦福大学、芝加哥大学、哈佛大学、哥伦比亚大学师范学院、教育学院、教育研究生院、心理学院的校长（院长），这种工作经历有助于他们从教育学科的全局出发来思考和规划学科建设与发展的问题，并掌握了较为丰富的资源。另一方面，由于上述学者从事的专业领域和方向各有不同，所处的具体环境也不尽相同，因而他们对推动美国综合性大学教育学科的建设与发展又发挥了各不相同的作用。

一、加强教育学基础理论的研究

19 世纪末 20 世纪初，美国综合性大学教育学者通过发挥学术研究的优势，来探究教育现象、研究教育问题，以期构建教育学的学科理论基础，试图改变人们对教育学的"教学技艺"表征的认知，促使学界认识到教育学是一门具有学术研究价值和内涵的大学学科。例如，哈佛大学哲学系教授罗伊斯认为学习任何一门独立的学科知识都与教学的原则直接相关，是个人的洞察力和经验而不是推测和归纳促使教育或教学具有"科学性"。同时，他强调心理学或哲学的知识可为教学提供一般的原则指导并防止教学中出现严重的错误，教学活动要依据生命的发展规律来展开，如儿童对外界刺激的反应、自我意识的发展、各种情感的展现等，而且儿童的成长不只是个体生命体征的发展，更是其社会交往和生活技能的发展。另外，他注意到教学还与个体的成长环境和教师的知识背景紧密相关，社会传统文化、个人的成长经验和教师的知识结构等都会直接影响教师对教学规则的理解和运用，也会影响教师对儿童培养目标的看法。因此，罗伊斯认为科学的教育学建立在探究具有生命成长规律及特点的教学活动中，教学活动必须在心理学、伦理学、社会学等学科理论的基础上开展，据此，他判断真正独立的教育学科尚未建立起来。

杜威进一步认为，大学应发挥其学术优势，将教学方法与学科内容联系在一起，协调处理一门学科与另一门学科的关系，以便系统研究不同学科之间的关联，为公立学校的发展提供指导。① 在他看来，教育科学就其本质而言是实验的科学，而不是演绎的科学②，因而大学设立的实验学校有助于实

---

① DEWEY J. Pedagogy as a university discipline [J]. University record, 1896 (1)：353–362.

② DEWEY J. Pedagogy as a university discipline [J]. University record, 1896 (1)：362–363.

现"展示、测验、证明和批判（教育学）理论的现状与原理，以及增加（教育）专门领域的事实与原则"的学科发展目标①，进而强化教育学理论的科学性。此外，杜威还认为教育学是科学与社会进步之间的重要联结纽带，并且是科学和教育实践的重要媒介，理论家的思想投射到不同类型的中间人（教育家）身上，从而形成实践者（教师）的专业意识，因此，教师应该认识到人的发展与科学相联结，教师的工作体现了学科和专业的独立与尊严。由此可知，杜威试图确立一种通识性的、整合性的教育学科发展理念，促使科学（包括心理学）与伦理学（包括哲学）的理论假设在教育的实践中紧密联结起来。

桑代克指出，对公立学校教学的观察与调查并不能真正确立教育学的科学基础，因为科学应该建立于定量的数据和数据分析的基础上，所以要使教育学真正受益于定量研究，学界必须通过艰苦的努力来设计测试测量的单位，并使其标准化，从而确定一个人为的但方便的测量零点并最终找到测量的误差。② 他强调在心理学和教育学研究中应该正确应用统计方法，以便理解其基本原理，懂得定量研究人类行为的迫切需要以及内在困难。③ 在桑代克看来，教育科学在发展过程中就像其他科学一样，有赖于对教育机构的影响做直接观察和实验，并有赖于定量研究和统计方法。④

贾德进一步指出，教育学不仅应具有自主的学科地位，还应尽力避开哲学的影响。他坚持认为，不管哲学的方法如何，它们与统计性和实验性的"教育科学"方法不同，教育学应以严格的实验为基础，而将哲学与教育的科学研究联系在一起只会阻碍教育学科的发展。他甚至声称，哲学太容易了，教育学必须远离哲学的引诱。以他之见，教育的科学研究方法可分为统计法和实验法，用这两种方法进行的教育事实研究才可被称为"科学的教育学"。⑤ 他又强调，教育的研究非科学的不可，而科学的本质不在于结论，而在于研究方法；科学方法最初仅适用于探究人的心理发展问题，但在现代美国学校制度方面，如学生的升级、年级的编制、校舍的建造、财政的管理等

---

① DEWEY J. The university school [J]. University record, 1896 (1): 417 –419.

② THOMDIKE E L. The quantitative study of education [J]. Forum, 1905 (1): 446 –456.

③ WOODWORTH R S. Edward Lee Thorndike, 1874 – 1949, biographical memoirs [J]. National academy of sciences, 1952 (27): 214.

④ THOMDIKE E L. Educational psychology [M]. New York: The Science Press, 1903: 164.

⑤ 姜琦. 现代西洋教育史: 上册 [M]. 福州: 福建教育出版社, 2011: 192 –193.

问题都应运用科学的方法。①

总体而言，19 世纪末 20 世纪初美国综合性大学的教育学者从教育学理论的哲学起源、教育学理论对教学活动的指导、教学活动的客观实在性、量化研究方法在教育研究中的应用等方面，系统探讨教育学科的理论基础，其中罗伊斯和杜威侧重于教育哲学，桑代克侧重于教育心理学，贾德侧重于教育研究的科学方法论，他们提出的理论和方法对大学教育学科的建设与发展具有全面而深刻的影响。

二、致力于教育学分支学科的构建

20 世纪初，美国综合性大学教育学科的发展规模不断扩大，教育学者的研究视野不断拓展，学者们大多以自身的学术研究优势为基础，选择具有社会影响力和学科发展前景的教育研究领域开展系统研究，从而努力构建起教育学的分支学科。

（一）桑代克侧重于构建教育心理学

1899 年，桑代克在哥伦比亚大学师范学院开设教育心理学课程，为解决没有专门的教材可供参考的问题，他开始着手编写教材，1901 年出版《儿童研究笔记》（Notes on Child-Study），1903 年出版第 1 卷《教育心理学》（Educational Psychology），1904 年出版《心智与社会测量理论导论》（Introduction to the Theory of Mental and Social Measurements），1906 年出版《教学原理》（The Principles of Teaching）。这些著作成为美国大学教育心理学授课的基本教材，而且在一定程度上标志着教育心理学学科在美国的形成。1901 年桑代克和伍德沃斯（Robert Sessions Woodworth）开展迁移实验，1922—1923 年他又开展关于高中学科训练价值的教育实验。在上述实验的基础上，桑代克提出学习迁移说，并不断对其进行改进，为教师教学提供了理论指导，也为教育心理学学科的构建与发展奠定了科学基础。

（二）克伯莱、孟禄侧重于构建教育史学

1898 年，克伯莱在斯坦福大学教育系讲授教育史课程时发现可供参考的资料稀少，他就在讲课和赴哥伦比亚大学师范学院攻读硕士学位期间搜集整理教育史的相关史料，于 1902 年将其授课大纲进行系统整理，出版《教育史演讲纲要》（Syllabus of Lectures on the History of Education），1919 年出版《美国公立教育》（Public Education in the United States），1920 年出版《教育

---

① JUDD C H. Introduction to the scientific study of education ［M］. New York：Ginn and Company，1918：300.

史》（*The History of Education：Educational Practice and Progress Considered as a Phase of the Development and Spread of Western Civilization*）。在其著作中，克伯莱认为美国教育所面临的问题不是偶然出现的，是长期历史进化的结果，美国的教育史在本质上是文明史的一个组成部分，而学校组织和管理只是进化的一小部分，只是人类逐渐进化的文明类型的一种表现形式。① 尤其在《美国公立教育》一书中，他将现在的和即将出现的问题置于历史背景和脉络之中，举例说明从事教育服务的不同社会公共机构之间的联系，揭示了制约和促进美国教育发展的各种力量，清晰地描述并分析了美国教育发展的历史概况。孟禄于 1899 年在哥伦比亚大学师范学院讲授教育史时也面临参考资料不足的问题，于是在搜集史料的基础上于 1901 年出版《希腊和罗马时期的教育史资料》（*Source Book in the History of Education for the Greek and Roman Period*），1904 年出版《托马斯·普莱特与 16 世纪的教育复兴》（*Tomas Platter and the Educational Renaissance of the 16th Century*），1905 年出版《教育史教科书》（*A Text-Book in the History of Education*），1907 年又推出其简化本《简明教育史教程》（*Brief Course in History of Education*）。孟禄的著作在 20 世纪初的很长一段时间被用作美国师范学校和大学本科教育学专业的教育史教材，受到广大师生的普遍欢迎。在教育史研究过程中，孟禄不仅重视文献资料的客观性，而且重视实物形态史料的重要价值，同时在其教育史著作中他运用兰克学派所倡导的"内证法"和"外证法"来鉴别文献资料的真伪，努力确保研究的客观性和可靠性。经过克伯莱、孟禄等人的努力，具有美国特色的教育史学得以确立。②

（三）克伯屈、布鲁纳侧重于构建教学论

1912 年，克伯屈在哥伦比亚大学师范学院获哲学博士学位并被聘为助理教授，他在其博士论文的基础上出版专著《纽约殖民地和新荷兰地区的荷兰学校》（*The Dutch Schools of New Netherland and Colonial New York*），次年克伯屈开始在哥伦比亚大学师范学院讲授教育史和教育哲学，并于 1914 年出版专著《蒙台梭利的系统考察》（*The Montessori System Examined*）、《福禄培尔

---

① CUBBERLEY E P. Public education in the United States ［M］. Boston：Houghton Mifflin Company，1919：1.

② 在史料的运用与批判方面，兰克主张采用"内证法"和"外证法"相结合的方式对文献资料的真伪进行鉴别。所谓"内证法"即通过将不同人所著内容相同的史料进行对比分析，并结合对作者的身世、性格、心理等各个方面的考察来确定史料的可信度；所谓"外证法"则是通过史料的表述形式是否合乎其生成年代的规范来确定该史料的真伪。

主要幼儿园原则的考察》（*Froebel's Kindergarten Principles Critically Examined*）。1915 年，克伯屈发表了关于"设计教学法"（project method）的文章，表述其将杜威教育思想和桑代克学习效果律进行整合的教学设计理念。1925 年，克伯屈又将其有关教育方法的论述进行整理，出版专著《教学方法的基础》（*Foundations of Method*），主要分析"设计教学法"的内涵及其在全美各地学校教学实践中运用的情况，使"设计教学法"的社会影响力进一步增强。概括地讲，克伯屈继承与借鉴杜威关于教育本质的看法，结合桑代克的教育心理学观点提出关于教学特性与系统教学设计的理论，并以儿童兴趣为中心系统地阐述"设计教学法"。在他看来，一切教学和教学管理的步骤务必建立在学习基本规则和民主生活精神的基础上，主张在进行教学的过程中使儿童的兴趣成为可操作化、具体化的流程与步骤，试图重点协调教学中的兴趣与自我、努力、意志、成长的关系。由此可知，克伯屈的"设计教学法"以儿童的兴趣为设计教学的中心环节，使教学活动具有灵活性和生动性，推进了教学论的建构。

1946 年，布鲁纳回到哈佛大学后以心理学家的视角洞察"二战"后美国社会对教育教学工作所提出的各种新要求，密切关注与学校教育相关的社会问题。为更好地推进其教育研究的进展，他于 1950 年申请了由国家科学基金会（National Science Foundation）资助的研究项目，主要就各种新的课程、教学与学习心理学之间的关系展开研究，其内容主要包括学生学习动机、直觉性思维以及课程设计中的认知因素。① 在研究工作中，布鲁纳萌生了在哈佛大学建立认知研究中心（Center for Cognitive Studies）的想法，遂于 1960 年 3 月与米勒（G. Miller）联合申请到卡耐基基金会为期 5 年的 25 万美元的研究经费，哈佛大学认知研究中心因此得以建立。在布鲁纳的主导下，认知研究中心推进心理学界对教育活动的研究工作，广泛涉及记忆、感觉、语法、人工智能、语句解析、声学、学习等与教育密切相关的内容。针对学科基本概念和原理的学习，布鲁纳通过实验认识到学习者的心智发展是个体通过自己的内部认知结构对"从外而内"的输入信息进行编码和加工，并"从内而外"地推论出新的结论或知识，从而改组或扩大原有认知结构的过程。在他看来，教学是帮助和促进人的成长的努力，其理论是关于怎样利用各种手段帮助人成长和发展的理论，其重点在于培养人的操作技能、观察技能、想象技能以及符号处理的技能。由此可见，布鲁纳以结构主义哲学和认知心理学为基础，将教学与学科基本概念、学生直觉思维及智力发展联系在

---

① BRUNER J S. In search of mind：essays in autobiography［M］. New York：Harper & Row, 1983：182 – 183.

一起，提出了结构主义教学论，从而促进了教学论学科的发展。

（四）博比特、泰勒侧重于构建课程论

1909 年，博比特在芝加哥大学开设一门教育学的新课——课程，并于 1918 年出版了第一部课程论的教科书《课程》（*The Curriculum*），此后他还出版《学校教什么和可以教什么》（*What Schools Teach and Might Teach*，1915）、《怎样编制课程》（*How to Make a Curriculum*，1924）、《现代教育课程》（*The Curriculum of Modern Education*，1941）等著作。博比特率先将当时的科学管理模式扩展到课程研究领域，开辟了教育学科发展的新方向。他认为教育要达到最高效率，教育家应担当"工程师"的角色而非哲学家的角色，课程必须有效管理以减少教育的浪费，并精确预测其产品。博比特将课程看作是一系列连续的活动和经验，有其要达成的目标，即在于使未成年人经历这一连串的活动和经验后，具备从事成人生活的必要能力。在他看来，准备完美的成人生活是课程的出发点，儿童的活动与经验是课程目标实现的条件，课程目标的确定应基于当代的社会需求。① 因此，他主张学校教育中的课程开发和编制工作应建立在确切的经验事实上，课程的目标应从社会中去寻找并建立在对社会事实的分析和归纳的基础上。受博比特的影响，泰勒认为目标的选择不仅是课程规划必须采取的第一个步骤，而且是整个过程中最为关键的步骤，其他的步骤都要以此为准则来进行。博比特、泰勒等人的研究为现代课程论学科奠定了理论基础。

（五）斯平德勒侧重于构建教育人类学

自 20 世纪 50 年代起，斯平德勒开始在斯坦福大学开展教育人类学的研究，他倡导民族志的研究方法，强调文化疗法在消除教育不公平现象中的重要作用。1955 年，斯平德勒将 1954 年斯坦福会议的主要内容进行总结，出版教育人类学专著《教育与人类学》（*Education and Anthropology*），倡导将"教育民族志""学校民族志"等作为研究人类学的手段和资料背景，开启了运用人类学的理论与方法研究学校教育问题的先河。1963 年，斯平德勒出版了《教育与文化：人类学的方法》（*Education and Culture：Anthropological Approaches*），提出了人类学的一个新的研究领域——学校教育，认为人类学家对于学校教育所做的最大贡献在于：他们运用一种较为全面的方法对学校的教育问题进行了研究，并在研究过程中采取多视角的方式，把文化的有关

---

① 黄政杰. 课程设计［M］. 台北：东华书局，2000：24.

概念融入课堂的教学分析当中。① 在其倡导下，美国的人类学家在20世纪60年代将学校问题作为研究的主题，并将教育人类学建设成为一门教育学的分支学科。

值得注意的是，美国综合性大学教育学科有些教育学者起初专注于构建某一分支学科，但在此过程中他们又结合该分支学科的某些重要组成内容，以此为起点和基础进一步努力构建与之相关的其他分支学科，或者同时为构建两个互相紧密联系的分支学科做出了贡献。例如，克伯莱在研究美国教育史的过程中侧重于探讨美国公立学校对美国教育发展的重要意义和影响，他注意到美国公立学校的建设与其特定的教育管理方式有着密切的关联，于是又专门研究了教育管理学方面的课题及其相关内容，从而对美国初创时期的教育管理学学科的建设做出了重要的贡献。再如，孟禄在研究教育史学的过程中十分关注世界各国、各地区的教育状况，其《教育史教科书》便涵盖了欧洲、美洲、亚洲各国教育的有关内容，在此基础上他认识到对世界各国、各地区的教育状况和传统进行比较研究将有助于揭示教育发展的普遍规律，进而深化人们对教育的本质、功能等问题的认识和理解，于是他有意识地开展了比较教育研究，从而对比较教育学科的创立做出了不可忽视的贡献。如前所述，克伯屈作为杜威的弟子，继承和发展了先师的教育哲学思想，他一生也始终热衷于研究教育哲学，同时又以其教育哲学为理论基础构建教学论，遂对教育哲学和教学论两个教育学分支学科均做出了突出的贡献。

三、引领教育学专题研究的发展

美国综合性大学部分教育学者根据社会发展的现实和教育变革的需要，在某一时期会以专题的形式集中研究某些引起社会关注或重视的教育问题，从而引领该研究方向的发展。举例来说，推孟侧重于心理及教育测量，科南特侧重于大学通识教育课程和中等教育课程，克雷明侧重于美国教育史。

1910年推孟到斯坦福大学教育学院工作后全力投入心理测验，并着手修订比纳－西蒙测验量表（Binet-Simon Scale），而且他还首次采用智商（Intelligence Quotient）这一概念描述某个人的智力水平或智力商数。经过持续不断的努力，推孟于1916年发表了标准化的斯坦福－比纳量表（Stanford-Binet Intelligence Scale），该量表被学校广泛采用，其倡导的标准化智力测验受到美国心理学界的关注。1916年和1917年，推孟分别赴纽约大学和哥伦比亚大学参与暑期学校的讲学，讲授有关智力测验的技术与方法。1917年

---

① SPINDLER G D. Education and culture：anthropological approaches［M］. New York：Holt，Rinehart and Winston，1963：3 – 9.

春，他加入美国新兵心理测验委员会（Committee on the Psychological Examination of Recruits），与委员会的心理学家们共同研制并使用了两套群体智力量表：用于测量识字的新兵的《陆军甲表》（Army Alpha）和用于测量不识字的新兵的《陆军乙表》（Army Beta），这两套量表共测验了 175 万名士兵，在很大程度上提高了测量技术的影响力。① "一战"结束后，推孟与耶基（Robert Yerkes）得到通识教育委员会的资助开发用于三至八年级学生的全国智力测验（National Intelligence Test），除此之外他还开发了用于七至十二年级的群体测验（Terman Group Test）、适合所有年级的斯坦福学业成绩测验（Stanford Achievement Test）。② 这些量表的开发和推广应用促使量化的测验成为学校调查的主要依据，教育心理学家广泛运用测验的方式和手段来影响学校的教学和教育政策。

1943 年春，科南特与文理学院的院长保罗·巴克（Paul H. Buck）教授组建 12 人委员会致力于撰写《自由社会通识教育目标》（"The Objectives of a General Education in a Free Society"）报告书。在科南特看来，该报告书的使命就是构建起代替过时的古典学科的通识教育课程体系，给当时混乱的大学教育确定一种秩序与方向。1945 年初夏，报告书以书面形式问世，即哈佛大学著名的"红皮书"。③ 依据"红皮书"的理念，哈佛大学将必修课程的内容分成人文学科、社会科学、自然科学与数学三大类，各院系综合开设课程，教给学生了解整个社会必需的基本知识与方法，这不仅为学生打下深厚的知识基础，而且为确立具有美国特色的文化知识体系创造条件。此外，科南特还积极关注中等教育问题，1958 年，他在广泛考察美国中等教育发展状况的基础上，出版《今日美国中学》（"The American high school today"）的调查报告，提出改革中等教育课程、设立综合中学的建议④，他认为综合中学的教育课程应包括必须能被所有学生圆满完成的一切课程，以求发展学生

---

① SAMUELSON F. World War Ⅰ intelligence testing and the development of psychology [J]. Journal of the history of behavioral science，1977（13）：274 – 282.

② CHAPMAN P D. Schools as sorters：Lewis M. Terman，applied psychology，and the intelligence testing movement，1890 – 1930 [M]. New York：New York University Press，1988：99.

③ CONANT J B. General education in a free society [M]. Cambridge：Harvard University Press，1946：8.

④ CONANT J B. The American high school today [M]. New York：McGraw-Hill Book Company，Inc.，1959：40 – 69.

的品性和理解力，并使他们具有共同维护民主的思想意识。①

1961 年，克雷明在美国历史学研讨会上提出教育史研究的三个基本方向。首先，他主张对不同时期美国教育史的本质和作用进行更广泛深入的研究，弄清楚有哪些正式的或非正式的因素塑造着美国人的思想、性格和情感。其次，他提出应关注最近美国史研究的一些新进展，包括对教会史、人口史和科学史蓬勃发展的兴趣，在研究历史现象时应运用社会科学的研究方法对美国教育史研究成果进行评价。最后，他认为美国教育史学家在从事研究工作时心胸必须足够开阔，在尝试评估美国的教育状况时，应勇于承认美国教育和美国教育史上存在的问题。② 据此可见，克雷明的主要研究重心是美国教育史，并在 1964 年开始撰写其具有代表性的著作三卷本的《美国教育史》。在书中，他打破了教育即学校教育这一束缚教育史学者的条条框框，将教育史研究的视角投向学校之外的社会生活，充分发掘社会生活中各种可能的教育情境并揭示其意义。

推孟修订心理测验量表并在学校调查中加以应用和推广，从而主导心理和教育测量专题研究的发展；科南特强调自然科学与数学在大学通识教育课程和中学课程建设中的重要作用，为大学和中学课程内容的变革提供有针对性的建议；克雷明主张从社会生活的丰富性上解读美国历史的教育意义，致力于建设教育生态学方向的教育史叙事框架。从上述学者的学科建设举措可以发现，他们积极关注美国社会发展和学校变革的现实需要，充分发挥学术研究的优势并以专题的方式集中探讨教育问题，致力于构建与之相关的教育学科知识体系与研究方法，拓展美国大学教育学科建设与发展的新领域，在一定程度上强化了大学教育学科建设与发展的社会实效。

四、促进大学教育学科形成学术传统和强势学科

美国综合性大学的部分教育学者以教育学院系为平台，系统考察大学教育学科建设与美国中小学教育变革之间的密切关联，对若干重要的教育问题提出创建性的解决思路，建构具有学者群体研究风格的研究成果，并持续推进具有大学办学特色的学科建设举措，促进大学教育学科形成自身学术传统和强势学科。

---

① CALLAHAN J F, CLARK L H. Innovations and issues in education ［M］. New York：Macmillan，1977：222 – 223.

② 克雷明. 美国教育史：殖民地时期的历程（1607—1783）［M］. 周玉军，等译. 北京：北京师范大学出版社，2003：序言 1.

（一）哥伦比亚大学教育哲学学科及其学术传统的形成

1905 年杜威到哥伦比亚大学任教，讲授教育哲学和伦理学课程。他认为哲学与教育之间存在着紧密而重要的关联，学校既是解决教育问题的必要场所，也是将哲学转化为"活生生的现实"的重要场所，因为学校里年轻人的思想还有待形成，需要在一种均衡和连贯的哲学的指导下形成理智的和情感的倾向，进而塑造和改造自身的经验。① 为阐述其教育哲学思想，他在 1910 年出版《我们怎样思维》，1915 年修订出版《学校与社会》，1916 年出版《民主主义与教育》。在上述著作中杜威进一步阐述道：教育领域的哲学探究，意味着由"肯定已知的事物向被推论接受的另一事物"的飞跃，这可以培养一系列认知性的美德，其根本任务在于促进人的发展。② 他强调，教育哲学在实施教育的过程中有助于促进儿童科学思维的形成，从而推动民主社会的建设，因为儿童是教育的出发点，社会是教育的终结点，儿童和社会之间形成了教育历程，而教育哲学在引导儿童掌握思考方式时，其目的并非强迫儿童采取"一种违反自然倾向的行动方式"，而是要以科学思维的方式对儿童具有的自然倾向进行安排。③ 在杜威的努力下，哥伦比亚大学师范学院逐渐确立教育哲学学科的研究优势。

克伯屈对教育本质的理解继承和借鉴了杜威的思想。他指出生长有两种含义：其一是儿童身体和智力像大树那样自然地生长；其二是一个人因参与改造生活，从而在知识、技能、思维、认识和控制经验等方面都有所提高，在此基础上应该把教育和儿童的生活看作是一样东西，对儿童的教育就是让他适应当前的生活，用他本人的话来说，即"将教育看作是与整个生活相关的整体"④，"所有富有思想而有意义的生活，都是教育"⑤。"我们所说的生长与学习实质上是说明同一事物的两种方式……教育定义为不断生长的过程，不断改造经验的过程，使经验日益丰富完善，并使学习者对经验的控制力不断增强。"⑥ 总之，一个人不断接受教育的过程也就是不断改造经验的过

---

① DEWEY J. Philosophy of education［M］//The middle works of John Dewey：vol. 7（1899 – 1924）. Carbondale, Illinois：Southern Illinois University Press, 1979：298, 306 – 307.

② DEWEY J. How we think［M］. Boston：Health, 1910：155.

③ 杜威. 民主主义与教育［M］. 王承绪，译. 北京：人民教育出版社，2001：32.

④ 克伯屈. 教学方法原理：教育漫谈［M］. 王建新，译. 北京：人民教育出版社，1991：9.

⑤ 崔录，李玢. 现代教育思想精粹［M］. 北京：光明日报出版社，1987：61.

⑥ 克伯屈. 教学方法原理：教育漫谈［M］. 王建新，译. 北京：人民教育出版社，1991：170.

程，随着经验的日益丰富和完善，个人对经验的掌控能力也不断提高，这就是生长，所以说生长和学习是同一个过程、同一件事，这也就是生活本身。由此可见，克伯屈关于教育本质的理解建立在杜威的"教育即生长""教育即生活""教育即经验的改组改造"的思想上，是对杜威教育哲学思想的进一步诠释并将其应用于阐发"设计教学法"。在克伯屈看来，兴趣与努力不过是进行当中的同一活动（教学）的两个侧面，兴趣是努力的自然基础，兴趣越浓努力越大，因而探讨良好兴趣培养的条件与程序，了解学生兴趣的范围和持久性，并在教学活动中善加利用，是教学设计应该考虑的要素，可以使课程教学具有更强的可操作性和吸引力。

杜威以其哲学家的思维探讨 20 世纪初美国学校教育面对的若干重要问题，如学校与社会的关系、儿童思维的形成与发展、中小学课程的设计等，他认为教育领域的哲学探究可促进儿童科学思维的发展，掌握系统的思维过程的儿童可全面理解课堂教学来源于社会生活并最终在社会中实现其价值的哲学内涵。在杜威的主导下，哥伦比亚大学确立了以儿童为中心、以学校教育教学为中介、以民主社会建设为目标的教育哲学研究取向，突出了哲学研究的社会实用价值。克伯屈继承了杜威以儿童为中心的教育哲学观点，重点探讨儿童兴趣的形成或增长在教学过程中的重要作用，系统分析教师的引导、建议和鼓励对儿童形成浓厚的学习兴趣和开展自主学习活动所具备的指导意义，进一步阐释了杜威的"儿童中心"和"五步教学法"的教育观点所蕴含的哲学内涵，进一步强调教育哲学探究对中小学课堂教学变革的现实价值和意义。

（二）芝加哥大学课程论学科及其学术传统的形成

1918 年博比特出版了第一部课程论的教科书《课程》，并在担任地方督学、参与教育管理的基础上开展课程领域的研究。受泰勒（Frederick Winslow Taylor）科学管理思想的影响，他认为学校教育要根据社会的需要来确定目标，而社会的需要和经验具有的多样性就决定了学校教育目标的设定要具体化、标准化，从而促使学校实现课程科学化，才能更有效地通过课程的学习实现教育的目标。博比特将课程看作是一系列连续的活动和经验，课程目标确定的依据是当前社会的大多数"事实"或"现状"，而非个人对于社会需求的"主观判断"或"规范性主张"。[①] 因此，学校教育中的课程开发和编制工作应建立在确切的经验事实上，课程的目标应建立在对社会事实的分析和归纳之上。博比特将这种把人的活动分析成具体的和特定的行为单

---

① 黄政杰. 课程设计 [M]. 台北：东华书局，2000：24.

位的方法被称为"活动分析法"（active analysis），并据此提出课程编制的五个步骤：（1）人类经验的分析，即将人类的广泛经验分为若干主要领域；（2）具体活动或具体工作分析，即把人类经验的主要领域中的每一领域进一步分成更为具体的活动；（3）确定课程目标，即把从事每一项具体活动所需要具备的能力具体、清楚、详细地陈述出来；（4）选择目标，即从已确定的课程目标中选出适合学校教育活动的目标；（5）制订详细计划，即设计实现目标所需要的活动经验和机会。由此可知，博比特以20世纪初的科学主义管理思想为基础，倡导将人类经验、职业活动划分为具体化、标准化的教育目标，并以此开展课程的编制工作，致力于将课程论建设为一个科学的、实用的领域。

泰勒在从事教育评价工作中发现评价程序的展开需要得到每一个主要教育目标所隐含的每一种行为的证据，明确而具体的教育目标是教育评价过程的重要组成环节，也是课程编制的重要依据。在总结"八年研究"实践经验的基础上，泰勒提出了课程开发的基本程序和方法，他认为开发任何课程和教学计划都必须认真思考如下问题：（1）学校应该试图达到什么教育目标；（2）提供什么教育经验最有可能达到这些目标；（3）怎样有效组织这些教育经验；（4）我们如何确定这些目标正在得以实现。由此可知，泰勒将教育目标的选择视为课程规划必须采取的第一个步骤，而且是整个过程中最为关键的步骤，其他的步骤都要以此为准则来进行。据此，他又进一步提出了课程编制的四个步骤：（1）确定教育目标；（2）选择学习经验；（3）组织学习经验；（4）评价结果。这四个步骤确立了现代课程研究的范式，是对博比特提出的以行为目标为核心的课程编制思想的系统综合。泰勒将评价引入了课程编制过程，将学生、社会生活、学科专家共同作为教育目标的来源，使得目标模式获得了合理的基础，并将教育目标和教育评价贯彻于课程编制的各个环节之中，以促进课程在实施的过程中不断地改进与完善。在博比特和泰勒的努力下，芝加哥大学构建起以目标为核心的课程编制理论，并通过教学、著述等活动推进课程论学科的建设与发展。

总之，美国综合性大学教育学者以教育学科为"用武之地"，这些大学的教育学科也借助教育学者群体的力量得以发展壮大，两者互为依托，相辅相成，通过一代又一代的努力和积累，逐渐形成自身的学术传统和强势学科。

第四节 美国综合性大学教育学科比较考察：以哥伦比亚大学和芝加哥大学为中心①

在工业社会的背景下，作为一门大学学科，如何获得和证实自身的"客观实在性"是教育学发展面临的核心问题。这不仅关乎教育学科在大学科层体系中的被认可程度，更与教育学的内涵发展直接相关。如上所述，哥伦比亚大学和芝加哥大学在教育学学理探究、教师教育专业建设和社会问题解决等方面采取了相似的办学思路，但具体分析其教育学科发展路径，即可发现两所大学各具特色。

一、学科定位不同

1894年，哥伦比亚大学董事会认为纽约教师培训学院设置了许多在校学生感兴趣的教育学讲座，这有助于大学同地方公立学校建立密切的关系，可以增强大学对中小学教育教学的影响，同时也为本校学生毕业后的职业选择开辟了更多的路径，这些均有利于大学的发展。因此，1898年成立的哥伦比亚大学师范学院成为大学的附属机构，拥有相对独立的办学自主权，可以独立授予学位。这一方面表明教育学科在一定程度上并未真正进入哥伦比亚大学的学术范围，另一方面也为哥伦比亚大学教育学科的发展创设了相对自由的空间，使其较少受到传统大学学科体制的影响和限制，拥有较大的自主性。

1892年，受社会发展和赞助人洛克菲勒的影响，芝加哥大学的创始者们试图创建一所"实用知识"和"纯粹知识"并存的大学。他们主张凡涉及人们生活的各类知识领域都应纳入大学的研究视野，教师为社会培养各种职业人才，因而培训教师的教育学应该成为学术研究的领域；况且，校长哈珀既有开办夏季学校的教育经验，又担任过芝加哥地区教育委员会主席的职务，他十分关注集中化教育管理尤其是公立学校的管理。因此，芝加哥大学第一期官方公报详细登载了组建神学、法学、医学、工程、美术、教育和音乐等学院的计划，并于1895年成立教育系。1901年，芝加哥大学董事会通过建立教育学院的计划，决定开设教育学课程来培养中小学和师范学校的教师与管理者，也培养幼儿园教师和其他教育工作的专家，努力使芝加哥大学成为芝加哥地区教育专业训练的中心。芝加哥大学教育系和教育学院是大学

---

① 本节的内容曾发表在肖朗、孙岩《20世纪美国综合性大学教育学科的发展：以哥伦比亚大学和芝加哥大学为考察中心》（《现代大学教育》2015年第1期）一文中。

的重要组成部分，教育学科必须接受大学学术委员会的指导与评估。相对于哥伦比亚大学师范学院来说，大学学术制度对芝加哥大学教育学院及教育学科的发展具有较强的制约性。

二、办学举措不同

由于学科定位的不同，两所大学教育学科发展的具体举措也表现出明显的差异。在哥伦比亚大学，教育学科更多地被认为是一门应用性学科，对中小学教学具有直接的指导作用。因此，哥伦比亚大学师范学院在教育学科发展方面的举措主要围绕教师的专业培训来设计与展开。为推进教育学科发展，探索教学的原则与方法，哥伦比亚大学师范学院聘请桑代克、杜威、孟禄等学者来校任教。20世纪初，在多重力量的共同作用下对教师培训具有直接指导作用的教育心理学、教育哲学、教育史等分支学科在哥伦比亚大学师范学院得以创立与发展，并于1902年设置了教育史与教育哲学系、教育管理系、教育心理学系、初等教育系和中等教育系五个系科。此外，早在1887年创立了"供观察与实习的学校"——贺拉斯·曼学校（the Horace Mann School）；1901年创办"用于检验公立学校理论，努力把社会工作上最好经验用于教育"① 的斯派尔学校；1917年，成立致力于课程实验和教育改革的林肯学校。

哥伦比亚大学师范学院将教师教育视为教育学科发展的主要方向，把培养中小学教师和管理人员作为基本目标。为此，院长拉塞尔提出合理的教师教育课程设置应包含四个基本的要素："一般修养"（人文学科、社会科学、数学、自然科学和艺术）、"特定的学科知识"（几种学科的综合学习）、"专业知识"（教育学理论和实践方面的系统研究）、"专业技巧"（教师的专门技术）。② 这一教师教育课程观被后来的四年制教师教育计划所采用，并成为教师教育一直沿用的模式。20世纪20年代后，随着教师资格证制度的建立与完善，以及师范学校升格为师范学院，哥伦比亚大学师范学院于1926年取消本科层次的教育，着重于研究生层次的师资培养，设置文学硕士、哲学博士学位，还设置专门针对教育管理者的教育硕士、教育博士学位。至20世纪50年代初，美国大约三分之一的师范学院（教师教育学院）的院长或系主任都是哥伦比亚大学师范学院的毕业生。

---

① 拉格曼. 一门捉摸不定的科学：困扰不断的教育研究的历史 ［M］. 花海燕，等译. 北京：教育科学出版社，2006：114 – 115.

② RUSELL J E. The function of the university in training teachers ［J］. Columbia University quarterly，1898 – 1899 (1)：323.

　　在芝加哥大学，教育学科趋向于发展为一门学术性学科，被认为是哲学或社会科学的分支学科。1896—1904 年，以杜威为代表的学者从儿童的兴趣出发，在芝加哥大学实验学校设置与儿童心理相适应的社会性课程，从社会发展和个体成长需要开展教育学研究。通过实验学校，杜威试图将教育学科发展为一门包含哲学、心理学和社会学的综合性学科，这一观点直接影响了20 世纪初芝加哥大学的教师教育举措。1901 年，在校长哈珀的主导下，芝加哥研究所、南方学院、芝加哥手工训练学院联合组建了芝加哥学院，也被称为帕克实验学校，并入教育系组成专业化的教育学院，其主要目的是建立教师教育的新型机构，这一机构既包括具有师范学校性质的芝加哥学院，也包括大学的文理学院、系，它们共同参与教师培训。在杜威的主导下，教育学院主要开设提高成人工作技能的"技术和艺术"课程，为将来从事小学教师工作的中学毕业生提供两年制的教育学学士学位课程，为将来担任中学和师范学校教职的中学毕业生提供四年制的哲学学士学位课程。然而，杜威时代的芝加哥大学并没有明确界定教师与教育管理师资培养课程的类别，认为大学课程旨在促进教师智力的发展，而教师的专业能力应在教育实践中发展，在芝加哥大学培训教师应是大学文理学院共同参与的综合性事务，而不是专业性的培训项目。

　　杜威离开芝加哥大学后，贾德于 1909 年任教育系主任。他主要借鉴实验心理学的研究方法研究教育问题，认为教育学科真正的学术专业性必须建立在严格的数据和统计基础上，而不是思辨的理论。在贾德看来，杜威时代的教育学研究强调哲学或理论建构，具有不可量化的缺陷，从而导致教育学的学士学位并未获得与其他学科同样的地位，甚至被认为是次等学位。为改变这一状况，贾德确立教育学院与文理学院同样的新生选拔标准，还设置了与文理学院同样的文学学士、文学硕士和哲学博士学位。在贾德的带领下，芝加哥大学教育学院的毕业生一度与哥伦比亚大学师范学院的毕业生平分秋色，共同占据美国公立中小学和其他师范学院、系的就业市场。虽然在入学人数和学生就业方面取得可喜的成就，但芝加哥大学文理学院的教授仍然怀疑教育学院的学术性。为改变这一境遇，贾德在哥伦比亚大学、哈佛大学、斯坦福大学等大学为中小学教师或教育管理者授予教育硕士、教育博士学位的情况下，依然坚持只授予文学硕士和哲学博士学位。在以学术研究为中心的芝加哥大学，贾德试图通过文学硕士和哲学博士学位来表明教育学与其他人文社会学科具有同等的研究价值。凭借贾德的学术影响力，芝加哥大学教育学院在 20 世纪 30 年代成为美国教育学界最具社会实证性研究特征的翘楚，为其他综合性大学教育学科所钦羡。

三、命运结局不同

　　两所大学在教育学科发展上的举措因学科定位的不同而表现出诸多差异，直接影响了教育学科在两所大学的发展境遇和结局。哥伦比亚大学师范学院自1898年正式被校董会接纳，但师范学院在财政、设备、人员管理和内部组织等方面完全独立，拥有自己的校园、师资、管理委员会等，与大学共享教学资源、图书资料和各种设施，并有权授予教育博士学位。在办学过程中，哥伦比亚大学师范学院充分发挥其优势，确立以中小学教师和教育管理者为主的人才培养目标，积极将其学术研究成果应用于中小学教育、教学的改革实践之中，依据美国基础教育和社会变革的情况适时调整课程模式，并逐步健全其学位制度。哥伦比亚大学师范学院十分重视教育学术研究与教师教育专业建设的互动作用，不仅为美国和其他国家培养了大批优秀人才，引领教师教育的发展，而且将教育视为促进民主社会发展的工具，探索教育学的社会实践意义，推进教育学科的不断改革和发展。时至今日，哥伦比亚大学师范学院依然是世界一流的教育研究生院，引领教育学科的发展。

　　相对于具有独立的学院委员会和学位授予权的哥伦比亚大学师范学院来说，芝加哥大学教育学院所面对的核心问题是如何使教育学科获得大学管理委员会的认可。建校之初，校长哈珀的一系列举措为教育学院的创办和发展奠定了良好的基础，杜威和贾德等早期学者的教育学研究成就提高了教育学院的学术地位和社会影响力。20世纪20年代，在贾德的带领下教育学院因其注重教育问题的科学研究而逐渐向具有定量化研究特征的社会学系靠拢；30年代，贾德取消教育学院建制，将教育系归属到社会科学学部，以社会学的学术标准来展开教育学研究。然而，贾德退休后，教育系却面临大学行政审查的考验和如何适应社会学学术标准的挑战。即使是泰勒任教育系主任后主导具有广泛社会影响的"八年研究"项目，并参与多项教育管理项目，扩大了教育学研究的社会影响；甚至70年代后，教育系以更高的科学实证为标准，远离中小学教育教学实践，只关注对教育数据的统计分析，不关心学校教育的真实世界，拒绝从事低于大学学术水准的教育学研究。[①] 毋庸讳言，以芝加哥大学科学主义的学术评价标准来衡量，教育学科并不具备社会科学严格的实证水平，这在很大程度上决定了芝加哥大学教育学科的结局。1996年11月，社会科学院院长赛勒（R. P. Saller）提出取消教育系的计划并很快获得学院和学校通过，2001年秋芝加哥大学教育系遂被正式取消。

---

　　① BRONNER E. End of Chicago's education school stirs debate [N]. New York time [late edition (east coast)], 1997－09－17 (27).

综上所述，哥伦比亚大学既能发挥综合性大学教育学科的优势，关注教育学理论的探讨和研究，又能紧跟时代的步伐，适时调整学科建设来满足教师教育专业建设及师资培训的需要，堪称走多元化道路的典范。相比之下，芝加哥大学本意要突出教育学科学术研究的重点，以社会科学甚至是自然科学的严格标准来打造教育学科的特色，但从其学科发展的结果来看并不理想。导致这种状况的原因是多方面的，可以说其根源在于教育学科较之其他社会科学学科有其明显的特殊性，它在美国综合性大学中的定位问题始终未能得到根本解决，人们对教育学科的性质、功能等重大问题也未能获得共识。

第五节　美国综合性大学教育学科的主要不足

如前所述，19 世纪下半叶至 20 世纪上半叶，美国综合性大学教育学科的建设与发展取得了很大的成绩，无论在人才培养方面，还是在学术研究方面，抑或在社会服务方面，都为美国的社会发展和国家建设做出了巨大贡献，而且也为世界各国大学教育学科的建设与发展提供了足以借鉴的宝贵经验。但不可否认，由于美国综合性大学学科制度及其实用主义指导思想的制约，加之教育学科建设与发展所不容回避的教育问题的复杂性和艰巨性，美国综合性大学教育学科存在着若干不足之处。探讨和分析这些不足之处，将有助于人们全面认识美国综合性大学教育学科的总体特征，并对其历史地位予以客观而公允的评价。

一、美国综合性大学设置的教育学课程种类冗繁

19 世纪末 20 世纪初，美国综合性大学开设教育学课程的目的是参与中小学教师专业培训，如 1881 年哥伦比亚学院院长巴纳德在年度报告中申明："在过去的 25 年间，教学已经从一门手艺发展成为一门专业。教学专业的发展不可避免地影响大学的机构设置，而且会影响到每一位从事教学事业的教师。"[①] 然而，这一时期美国大学并没有准备好如何开设教育学课程，也没有准备好教育学课程的内容。因此，在大学董事会不同意设立教育学机构的情况下，1892 年哥伦比亚学院与纽约师范学院联合办学，开设教育的历史、教育哲学、教育科学、心理学、教学的艺术和科学、手工训练以及各学科教学

---

① Annual report of the president of Columbia University, made to the board of trustees, May 1, 1882.

方法等课程。① 值得注意的是，这些课程的内容及参考教材是纽约师范学院借鉴师范学校的标准来设计和安排的。1892 年芝加哥大学主要模仿师范学校的课程计划开设教育类课程。因此，重新设置大学层面的教育学课程，特别是变革发端于师范学校的教育学课程体系成为大学教育学科发展必须直面和解决的问题。

一方面，大学的教育学者充分发挥其学术优势，致力于构建教育学科的基础理论，并在课堂上讲授其研究成果，逐渐形成稳定的课程内容，大学开始设立种类多样的教育学课程。例如，1896 年杜威开设教育学方法课程，1897 年开设教育哲学课程，1896 年安吉尔开设教育心理学课程，瑟伯开设关于中等教育的研讨课程，1897 年瑟伯还开设高中教师培训课程。据统计，1896—1897 年，芝加哥大学教育系总计开设了 18 门教育学课程，其内容涵盖了教育史、欧洲教育学者研究和教育制度研究三部分。其中，6 门课程由文学院、艺术系和理学院的教师讲授，7 门课程由教育系以讲座的形式开设，3 门课程由联系密切的院系开设，8 门课程由研究所开设。截至 1899 年，芝加哥大学共开设了与教育相关的 35 门哲学类课程、12 门心理学类课程，逐渐形成以教育学和心理学为核心的课程群。

另一方面，美国综合性大学根据学生的需要开设教师专业培训的课程，以便学生毕业后能适应社会及教育发展的要求。因此，大学在开设主要的教育学课程外，还会根据学生的意愿和社会的需求灵活设置不同种类的课程。1897 年，哥伦比亚大学师范学院开设的教师专业培训课程主要有哲学、逻辑学、伦理学、心理学、人类学和教育学；为满足学生的学习意愿，学院开设了母语、传统语言、现代欧洲语言、数学、历史和自然科学课程；为促进学生的教学能力发展，学院开设了教学心理学、学校组织和管理、教学观察与学校监管等课程。② 1902 年，师范学院的课程逐渐划分为教育类和应用学科类，教育类涵盖了教育学各领域，包括教育心理学、教育哲学、比较教育、教育史、教育社会学以及教育经济学等；应用学科包括美术、家政学、工业美术、科学、健康与体育、音乐和护理学等。

总之，20 世纪初美国综合性大学为满足不同学生的发展需要，借鉴师范学校的课程体系开设种类多样的教育学课程。但由于综合性大学教育学科的专业方向和研究领域比较宽泛，教育研究的内容也比较庞杂，且学生的学习需要根据社会的发展不断变动，致使大学设置的教育学专业课程和实用课程的种类繁多，几乎成了"大杂烩"，其存在重复累赘乃至不严谨、不科学之

①② FACKENTHAL F D. Columbia University and Teachers College：documents and correspondence. Printed for the trustees by Columbia University，June 30，1915.

处在所难免。1929 年，哥伦比亚大学师范学院开设的教育学课程有数百门之多，其家政艺术学院开设的教师教育课程主要包括家庭饮食课程，家庭针织和服饰课程，家庭设计装修与管理课程，家庭经济，社交与审美课程，家庭保健课程，家政艺术教育课程，社区和社会机构问题方面的家政艺术课程，家政艺术的热门问题课程。此外，还有诸如"课堂构建的管理秩序""学校历史学教学史研究""文学与历史学教师音乐讲座""外国人英语教学法"等课程。芝加哥大学教育学院也在整个 20 世纪 20 年代持续对其课程体系进行调整与构建，使之不断扩展。1920—1921 学年，学院共开设 57 门课程，1922—1923 学年开设 108 门课程，1929 年其课程表竟然达到 40 页的内容，其设置的课程包含了"教学人员的管理""学校官员的职责""情景意识与行为规划""反思教学法""教学督导"等主题各异的内容及领域，还设置了"中学女生的学习与指导"等课程。对此，弗莱克斯纳认为美国大学教育学院虽然没有完全但在很大程度上忽视了真正重要的事情，把越来越多的精力放在技巧性的、微不足道的有时甚至是荒谬的事情上。在他看来，大学教育学院的教授和讲师们将兴趣集中在狭隘的技巧和管理方面，忽视了大学教育学科发展的真正动力来自于教育学术的探究，也忽视了大学开设教育学课程的主要目的是促进学生智慧与能力的发展。

二、美国综合性大学教育学科建制反复多变

19 世纪 90 年代，美国大学普遍在哲学系下设立教育系。20 世纪初期，随着美国社会对教育学专业人才需求类型与数量的不断增加，客观上要求大学教育系扩大招生规模，大学教育系也根据各校的办学资金状况和事业发展规划，或者迫切希望与哲学系分立，设置独立的系科建制，或者计划将教育系发展为教育学院，或者争取更为主动和灵活的办学权限。

哈佛大学教育系主任哈努斯在 1906 年向学校董事会再次提出从哲学系独立的申请，他认为教育系的工作属于社会学研究领域，其开设的教育学课程绝大部分都不属于哲学门类，课程学习方法也与哲学课程不同，与哲学具有共同研究领域的课程只有教育哲学和教育心理学。同年，在他的努力下，哈佛大学教育系独立，成为与其他院系具有同等地位的专业院系，担负波士顿地区教师专业培训的职责，并具有文学硕士学位授予权。1901 年，在布莱恩的资助下，芝加哥大学教育系从哲学系独立并组建教育学院，新成立的教育学院包括教育系、一所初等学校和一所幼儿园，杜威任教育系主任。①

---

① 杜威. 杜威传［M］. 单中惠，编译. 合肥：安徽教育出版社，2009：10，82 - 84.

1902 年，哥伦比亚大学董事会通过了将哲学院下属的教育学系合并入师范学院以成立新的大学教育系的决议，这意味着师范学院真正成为大学的专业学院，是哥伦比亚大学独立设置的教育学机构，不再隶属于哲学院的管辖，哥伦比亚大学师范学院的课程设置、学术研究、管理制度也因此得以转变与提升。

20 世纪初期，大学教育系虽然从哲学系分立并取得独立的学科建制，但其组织结构很不完善，各校之间的差距颇大。例如，哈佛大学仅开设培养文学硕士的教育学课程，没有设立教育系附属实验学校，也没有独立的教学大楼；芝加哥大学虽设立结构完整的教育学院，但时常面临办学经费短缺的困境；哥伦比亚大学师范学院虽获得大学委员会的认可成为其专业学院的一员，并成立了教育史和教育哲学系、教育管理系、教育心理学系、基础教育系、中等教育系5 个教育学专业系科，但未获得文学硕士和哲学博士学位的授予权。①

在美国综合性大学教育学科的发展历程中，其学科建制也在各种条件的影响和制约下不断发生变动。以哥伦比亚大学为例，1906 年为突出其实用人才培养的优势，哥伦比亚大学师范学院设立教育学院与家政艺术学院。1909 年哥伦比亚大学师范学院又重组家政艺术学院，并在其下设 10 个系来为社会培训各层次的教师、学校管理者、大学助教、培训学校的主管或教师、社会工作者等②，1915 年家政艺术学院调整为实践艺术学院。为推进教育学科的发展，1916 年哥伦比亚大学在哲学系下设立具有文学硕士学位授予权的教育研究系（Department of Educational Research），负责该系的学生申请教育学方向的哲学博士学位的工作，1921 年师范学院成立由教育心理学部、学校实验部、区域研究部构成的教育研究学院（the Institute of Educational Research）。1930 年实践艺术学院成立实践艺术研究所（Institute of Practical Arts Research），以便学院在实践艺术的各种领域开展观察与实验。1933 年师范学院为解决机构冗余带来的诸多问题，重新设定其课程体系，将学院所

---

① 从 1926 年开始，哥伦比亚大学师范学院以研究生培养为教学工作的重点，于是设立文学硕士和哲学博士学位；1952—1953 学年，哥伦比亚大学董事会才批准师范学院具有哲学博士学位授予权。

② 这 10 个系是家政艺术教育系（由此前的家政科学系和家政艺术系组建）、营养学系、家庭和生理化学系、食品和烹饪系、纺织和缝纫系、家庭艺术和美术系、家政管理系、医院经济系、生理卫生和保健系、房屋结构和卫生系。参见：FURST C. The school of household arts［J］. Columbia University quarterly, 1909（11）：472－475.

开设的课程划归 5 个教学部门管理①，并在 1934 年合并教育学院和实践艺术学院，将其工作划归新改建的 5 个专业学院负责。② 至此，学院不再划分为教育学院和实践艺术学院，统称师范学院。1938 年师范学院在原有系科基础上重组为教育学基础系、教育组织与管理系、指导系、教学系、护理教育系，1946 年调整其所设 5 个系科的管理工作，教育组织与管理系与指导系合并为管理和指导系。至 1949 年师范学院下设教育学基础系、管理和指导系、教学系、护理教育系四大系科，方才确立相对稳定的学科建制。由此可见，哥伦比亚大学师范学院受社会环境和人才市场变化的影响，学科制度建设的历程曲折、反复多变。

如前所述，芝加哥大学教育学科的建制则呈现出另外一种状况。1909 年贾德仕芝加哥大学教育学院院长后一直致力于将教育学院建设为与文理学院并立的学术机构，在其努力下教育学院于 20 世纪 20 年代前后获得大量的社会资金援助，但 1929 年后学院的办学资金来源不断缩减。贾德为争取到充裕的办学经费，实现其遵循社会科学的研究模式和方法来推进教育学的学术研究和专业发展的办学目标，于 1930 年向学校董事会提出取消教育学院独立建制的建议并于 1933 年被通过，教育学系并入社会学部，与文理学院合作开展教育学的研究工作，实验学校从教育学系剥离出去，成为一所独立办学的教育机构，这标志着自 1909 年以来由教育学院为组织形式的教师教育和教学实践项目不再延续。1958 年，在福特基金的资助下，芝加哥大学重新设立独立的教育研究生院，参与教师专业培训工作。受 1929 年美国经济危机的影响，哈佛大学教育研究生院同样经历了一度取消学科建制的历程。至 1929 年，教育研究生院已发展成为具有文学硕士、教育博士和哲学博士授予权的专业学院，但其所从事的教师培训和教育研究项目是与文理研究生院、教育心理学系等 8 个院系合作开展，并没有真正独立开展系科的建设活动，正因如此，在 1942 年哈佛大学办学经费紧张时期，学校董事会甚至出现取

---

① 即教育学基础系、教育组织与管理系、个人发展和指导系、教学指导系、测量和研究的理论与技术系。参见：Teachers College Columbia University. Teachers College report of the dean for the year ending June 30，1933 ［M］. New York：Columbia University Press，1933：31.

② 即教育管理学院、教师主管学院、教育机构工作学院、统计与测量学院、教育基础学院。参见：Teachers College Columbia University. Teachers College report of the dean for the year ending June 30，1934 ［M］. New York：Columbia University Press，1934：18.

消教育研究生院的呼声。① 1948 年，在凯佩尔的带领下，教育研究生院设立教育管理、学前教育、学前"实验室"新项目，争取到大量的办学资金，这才得以渡过发展的难关。

三、美国综合性大学对教育学科的定位不明确

教育学科的定位问题始终存在于美国综合性大学中，人们对于教育学的研究对象、功能、性质等问题始终看法不一，严重影响和制约了教育学科的学术发展。19 世纪 90 年代，美国综合性大学认为教育只是提高中学师资水平的工具，不具备高深学术的价值，即使哈佛大学校长艾略特对公立教育具有浓厚的兴趣，且曾参与中学教育改革，但他在 1889 年波士顿地区教育会议上依然拒绝了教育局长在哈佛大学建立教育学专业学院以培训教师的建议。② 即使后来勉强在哲学系开设教育学课程，艾略特仍要特意声明：开设教师专业培训课程，主要为波士顿地区培养中学教师。1886 年，哥伦比亚学院为占据教师专业培训市场的有利地位，在大学董事会认为设立教育学机构不恰当的情况下，寻求与纽约师范学院的合作办学，并于 1892 年与之签署办学协议。虽然哥伦比亚大学在以后的办学历程中不断修订两校的合作协议，并将师范学院纳入大学的专业学院体系，但难以回避的事实是师范学院仍然独立于大学之外，这也在一定程度上表明，以哥伦比亚大学为代表的综合性大学将建立于课堂教学和教师培训工作上的教育学视为实践学科，不完全具备理论探索和高深学术研究的价值。

为改善教育学在大学学科体制内的境况，以杜威、桑代克、贾德等为代表的学者发挥学术研究的优势，借鉴哲学、心理学、社会学等学科的研究方法，致力于教育学科的理论基础及学科知识的建构，以期为教学工作和学校管理提供可资应用的理论与方法。进入 20 世纪，科学主义占据大学学术研究的主导地位，强调探求事物的普遍规律，精确性和实证性成为度量一切知识的标尺，也成为评价大学学科价值的法则。在此大背景下，美国综合性大学教育学者以科学主义为指导，借鉴心理学、社会学、管理学、人类学等社会科学的方法，系统地观测由教学刺激或环境改变而引起的个体心理和社会行为的改变，并以具体数据的方式记录和研究这些变化，为学界研究教育现

① Harvard University. Issue containing the report of the president of Harvard College and reports of departments for 1938 – 1939［M］. Cambridge：Harvard University Press，1940：10 – 11.

② BUCK P. Social science at Harvard，1860 – 1920［M］. Cambridge：Harvard University Press，1965：225.

象、解决教育问题提供理论依据和实践指导，并赢得中小学教师的尊重和推崇。但是，大学教育学科学者在与其他领域学者之间的交谈、分享研究方法以及讨论问题时依然缺乏固定而便捷的渠道，教育学科在大学内部的学术地位并不高，甚至有些大学出现取消或合并教育学院的现象。

应该看到，教育所面对的是具有无限发展可能性的人，社会性和价值观也蕴含其中，因而以解决人和人生问题为目标而确立的教育学科知识虽不完全符合大学的科学主义法则，却与每个人的生活相联系，具有广泛的社会实用性。教育学科在美国综合性大学中因不完全符合科学主义的标准而被认为缺乏"科学性""学术性"，进而出现教育在社会生活和国家建设中备受关注和重视，而教育学科却处于综合性大学边缘位置的矛盾现象。

参考文献

1. 中文参考文献

［1］杜威. 杜威五大讲演［M］. 北京：北京晨报社，1920.

［2］陈宝泉，陶行知，胡适. 孟禄的中国教育讨论［M］. 上海：实际教育调查社，1922.

［3］桑代克. 桑代克教育学［M］. 陈兆衡，译. 上海：商务印书馆，1926.

［4］克伯屈. 教育方法原理［M］. 孟宪承，俞庆棠，译. 上海：商务印书馆，1930.

［5］克伯屈. 教育方法原理：教育漫谈［M］. 王建新，译. 北京：人民教育出版社，1991.

［6］波特. 现代教育学说［M］. 孟宪承，译. 上海：商务印书馆，1930.

［7］陶行知. 教学做合一讨论集［M］. 上海：商务印书馆，1930.

［8］罗廷光. 教育科学研究大纲［M］. 上海：中华书局，1932.

［9］孟宪承. 教育概论［M］. 上海：商务印书馆，1933.

［10］桑戴克，盖兹. 教育学原理［M］. 熊子容，译. 上海：世界书局，1933.

［11］亚当斯. 教育哲学史［M］. 余家菊，译. 上海：中华书局，1934.

［12］姜琦. 现代西洋教育史［M］. 上海：商务印书馆，1935.

［13］舒新城. 我和教育：三十五年教育生活史（1893—1928）［M］. 上海：中华书局，1945.

［14］拉格曼. 一门捉摸不定的科学：困扰不断的教育研究的历史［M］. 花海燕，等译. 北京：教育科学出版社，2006.

［15］周采. 美国教育史学：嬗变与超越［M］. 北京：人民教育出版社，2006.

［16］贝尔纳. 历史上的科学［M］. 伍况甫，等译. 北京：科学出版社，1959.

［17］杜威. 人的问题［M］. 傅统先，邱椿，译. 上海：上海人民出版社，1965.

［18］布鲁姆. 美国文化事务与对外关系［M］. 北京编译社，译. 北京：世界知识出版社，1965.

［19］张焕庭. 西方资产阶级教育论著选［M］. 北京：人民教育出版社，1979.

［20］《辞海》编辑委员会. 辞海·教育、心理分册［M］. 上海：上海辞书出版社，1980.

［21］华东师范大学教育系，杭州大学教育系. 现代西方资产阶级教育思想流派论著选［M］. 北京：人民教育出版社，1980.

［22］卡扎米亚斯，马西亚拉斯. 教育的传统与变革［M］. 福建师范大学教育系，等译. 北京：文化教育出版社，1981.

［23］舒尔茨. 现代心理学史［M］. 沈德灿，等译. 北京：人民教育出版社，1981.

［24］赵祥麟，王承绪. 杜威教育论著选［M］. 上海：华东师范大学出版社，1981.

［25］贝尔纳. 科学的社会功能［M］. 陈体芳，译. 北京：商务印书馆，1982.

［26］陈友松. 当代西方教育哲学［M］. 北京：教育科学出版社，1982.

［27］范斯科德，克拉夫特，哈斯. 美国教育基础：社会展望［M］. 北京师范大学外国教育研究所，译. 北京：教育科学出版社，1984.

［28］梅里亚姆. 美国政治思想：1865—1917［M］. 朱曾文，译. 北京：商务印书馆，1984.

［29］梅逊. 西方当代教育理论［M］. 陆有铨，译. 北京：文化教育出版社，1984.

［30］奥恩斯坦. 美国教育学基础［M］. 刘付忱，等译. 北京：人民教育出版社，1984.

［31］博伊德，金. 西方教育史［M］. 任室祥，吴元训，主译. 北京：人民教育出版社，1985.

［32］筑波大学教育学研究会. 现代教育学基础［M］. 钟启泉，译. 上海：上海教育出版社，1986.

［33］华东师范大学教育科学资料中心. 当代国外教育研究［M］. 上

海：华东师范大学出版社，1986.

［34］朱有瓛. 中国近代学制史料：第一辑下册［M］. 上海：华东师范大学出版社，1986.

［35］佛罗斯特. 西方教育的历史和哲学基础［M］. 吴元训，等译. 北京：华夏出版社，1987.

［36］杜威. 杜威传［M］. 单中惠，编译. 合肥：安徽教育出版社，1987.

［37］科南特. 科南特教育论著选［M］. 陈友松，等译. 北京：人民教育出版社，1988.

［38］滕星. 中外教育名人辞典［M］. 北京：中央民族学院出版社，1988.

［39］宋恩荣. 范寿康教育文集［M］. 杭州：浙江教育出版社，1989.

［40］杜威. 民主主义与教育［M］. 王承绪，译. 北京：人民教育出版社，1990.

［41］鲍尔斯，金蒂斯. 美国：经济生活与教育改革［M］. 王佩雄，等译. 上海：上海教育出版社，1990.

［42］许美德. 中外比较教育史［M］. 朱维铮，等译. 上海：上海人民出版社，1990.

［43］康内尔. 二十世纪世界教育史［M］. 张法琨，等译. 北京：人民教育出版社，1990.

［44］胡森，波斯尔韦特. 国际教育百科全书：第三卷［M］. 贵阳：贵州教育出版社，1990.

［45］教育大辞典编撰委员会. 教育大辞典［M］. 上海：上海教育出版社，1990.

［46］瞿葆奎，马骥雄. 美国教育改革［M］. 北京：人民教育出版社，1990.

［47］叶澜. 新编教育学教程［M］. 上海：华东师范大学出版社，1991.

［48］周少南. 斯坦福大学［M］. 长沙：湖南教育出版社，1991.

［49］米亚拉雷，维亚尔. 世界教育史：1945 年至今［M］. 张人杰，等译. 上海：上海译文出版社，1991.

［50］布鲁柏克. 教育问题史［M］. 吴元训，主译. 合肥：安徽教育出版社，1991.

［51］梅休，等. 杜威学校［M］. 王承绪，等译. 上海：华东师范大学出版社，1991.

［52］劳伦斯. 现代教育的起源和发展［M］. 纪晓林，译. 北京：北京语言学院出版社，1992.

［53］凯兴斯泰纳. 凯兴斯泰纳教育论著选［M］. 郑惠卿，译. 北京：人民教育出版社，1993.

［54］瞿葆奎，沈剑平. 教育与教育学［M］. 北京：人民教育出版社，1993.

［55］滕大春. 美国教育史［M］. 北京：人民教育出版社，1994.

［56］布鲁姆. 走向封闭的美国精神［M］. 缪青，等译. 北京：中国社会科学出版社，1994.

［57］国家教育委员会师范教育司组. 教育学学科建设指导性意见［M］. 北京：人民教育出版社，1993.

［58］王坤庆. 现代教育哲学［M］. 武汉：华中师范大学出版社，1996.

［59］联合国教科文组织国际教育发展委员会. 学会生存［M］. 华东师范大学比较教育研究所，译. 北京：教育科学出版社，1996.

［60］华勒斯坦，等. 开放社会科学：重建社会科学报告书［M］. 刘锋，译. 北京：生活·读书·新知三联书店，1997.

［61］陈桂生. 历史的"教育学现象"透视：近代教育学史探索［M］. 北京：人民教育出版社，1998.

［62］教育：财富蕴藏其中［M］. 联合国教科文组织总部中文科，译. 北京：教育科学出版社，1997.

［63］托克维尔. 论美国的民主［M］. 董果良，译. 北京：商务印书馆，1998.

［64］顾明远. 教育大辞典［M］. 增订合编本. 上海：上海教育出版社，1998.

［65］张斌贤. 社会转型与教育变革：美国进步主义运动研究［M］. 长沙：湖南教育出版社，1998.

［66］华勒斯坦，等. 学科·知识·权力［M］. 刘健芝，等编译. 北京：生活·读书·新知三联书店，1999.

［67］叶澜. 教育研究方法论初探［M］. 上海：上海教育出版社，1999.

［68］刘世民. 西方的教育：历史·现状·理论·技巧［M］. 兰州：甘肃文化出版社，1999.

［69］吴式颖. 外国教育史教程［M］. 北京：人民教育出版社，1999.

［70］金林祥. 20世纪中国教育学科的发展与反思［M］. 上海：上海

教育出版社，2000.

　　[71] 蒋梦麟. 西潮·新潮 [M]. 长沙：岳麓书社，2000.

　　[72] 王坤庆. 教育学史论纲 [M]. 武汉：湖北教育出版社，2000.

　　[73] 布列钦卡. 教育科学的基本概念：分析、批判和建议 [M]. 胡劲松，译. 上海：华东师范大学出版社，2001.

　　[74] 萨里莫娃，约翰宁迈耶. 当代教育史研究与教学的主要趋势 [M]. 方晓东，等译. 北京：教育科学出版社，2001.

　　[75] 康德尔. 教育的新时代：比较研究 [M]. 王承绪，等译. 北京：人民教育出版社，2001.

　　[76] 克拉克. 高等教育新论：多学科的研究 [M]. 王承绪，等译. 杭州：浙江教育出版社，2001.

　　[77] 塔利斯. 杜威 [M]. 彭国华，译. 北京：中华书局，2002.

　　[78] 赫钦斯. 美国高等教育 [M]. 汪利兵，译. 杭州：浙江教育出版社，2001.

　　[79] 弗莱克斯纳. 现代大学论：美英德大学研究 [M]. 徐辉，陈晓菲，译. 杭州：浙江教育出版社，2001.

　　[80] 单中惠. 现代教育的探索：杜威与实用主义教育思想 [M]. 北京：人民教育出版社，2001.

　　[81] 王承绪，赵祥麟. 西方现代教育论著选 [M]. 北京：人民教育出版社，2001.

　　[82] 唐莹. 元教育学：西方教育学认识论剪影 [M]. 北京：人民教育出版社，2002.

　　[83] 王坤庆. 20 世纪西方教育学科的发展与反思 [M]. 上海：上海教育出版社，2002.

　　[84] 赫尔巴特. 普通教育学（教育学讲授纲要） [M]. 李其龙，译. 北京：人民教育出版社，2002.

　　[85] 克雷明. 美国教育史：建国初期的历程（1783—1876） [M]. 洪成文，等译. 北京：北京师范大学出版社，2002.

　　[86] 克雷明. 美国教育史：城市化时期的历程（1876—1980） [M]. 朱旭东，等译. 北京：北京师范大学出版社，2002.

　　[87] 里帕. 自由社会中的教育：美国历程 [M]. 於荣，译. 合肥：安徽教育出版社，2010.

　　[88] 林玉体. 美国教育思想史 [M]. 台北：三民书局，2003.

　　[89] 马歇尔，塔克. 教育与国家财富：思考与生存 [M]. 顾建新，赵友华，译. 北京：教育科学出版社，2003.

［90］佐藤学. 课程与教师［M］. 钟启泉，译. 北京：教育科学出版社，2003.

［91］田正平，肖朗，周谷平. 中外教育交流史［M］. 广州：广东教育出版社，2004.

［92］郭志明. 美国教师专业规范历史研究［M］. 北京：中国社会科学出版社，2004.

［93］巴格莱. 教育与新人［M］. 袁桂林，译. 北京：人民教育出版社，2005.

［94］林立树. 美国文化史［M］. 台北：五南图书出版公司，2005.

［95］叶澜. 二十世纪中国社会科学·教育学卷［M］. 上海：上海人民出版社，2005.

［96］拉格曼. 一门捉摸不定的科学：困扰不断的教育与研究的历史［M］. 花海燕，等译. 北京：教育科学出版社，2006.

［97］威斯布鲁克. 杜威与美国民主［M］. 王红欣，译. 北京：北京大学出版社，2010.

［98］林玉体. 西方教育思想史［M］. 北京：九州出版社，2006.

［99］莫顿·凯勒，菲利斯·凯勒. 哈佛走向现代：美国大学的崛起［M］. 史静寰，钟周，赵琳，译. 北京：清华大学出版社，2007.

［100］墨菲，布鲁克纳. 芝加哥大学的理念［M］. 彭阳辉，译. 上海：上海人民出版社，2007.

［101］石中英. 教育学的文化性格［M］. 太原：山西教育出版社，2005.

［102］古特克. 教育学的历史与哲学基础：传记式介绍［M］. 缪莹，译. 长沙：湖南教育出版社，2008.

［103］郑金洲. 教育的意蕴：庆祝瞿葆奎教授八十五寿诞暨从教六十周年［M］. 福州：福建教育出版社，2008.

［104］帕尔默. 教育究竟是什么？100 位思想家论教育［M］. 任钟印，诸惠芳，译. 北京：北京大学出版社，2008.

［105］关松林. 交流与融合：杜威与日本教育［M］. 北京：教育科学出版社，2008.

［106］黄志成. 西方教育思想的轨迹：国际教育思潮纵览［M］. 上海：华东师范大学出版社，2008.

［107］布鲁纳. 布鲁纳教育论著选［M］. 邵瑞珍，等译. 北京：人民教育出版社，1989.

［108］泰勒. 课程与教学的基本原理［M］. 施良方，译. 瞿葆奎，校.

北京：人民教育出版社，1994.

［109］吕达，刘立德，邹海燕. 杜威教育文集：第三卷［M］. 北京：人民教育出版社，2008.

［110］王凤玉. 社会变革与教育机构转型：美国师范教育机构转型研究及启示［M］. 北京：人民出版社，2008.

［111］王英杰，刘保存. 世界一流大学的形成与发展［M］. 太原：山西教育出版社，2008.

［112］布尔斯廷. 美国人：建国的历程［M］. 谢廷光，等译. 上海：上海译文出版社，2009.

［113］厄本，瓦格纳. 美国教育：一部历史档案［M］. 周晟，谢爱磊，译. 北京：中国人民大学出版社，2009.

［114］克雷明. 学校的变革［M］. 单中惠，马晓斌，译. 济南：山东教育出版社，2009.

［115］陈志科. 留美生与中国教育学［M］. 天津：南开大学出版社，2009.

［116］程亮　教育学的"理论—实践"观［M］. 福州；福建教育出版社，2009.

［117］刘静. 20世纪美国教师教育思想的历史分析［M］. 北京：北京师范大学出版社，2009.

［118］洪明. 美国教师质量保障体系历史演进研究［M］. 北京：北京师范大学出版社，2010.

［119］韦布. 美国教育史：一场伟大的美国实验［M］. 陈露茜，李朝阳，译. 合肥：安徽教育出版社，2010.

［120］杜威. 杜威全集·早期著作（1882—1898）：第5卷，1895—1898［M］. 杨小微，等译. 上海：华东师范大学出版社，2010.

［121］科恩. 美国高等教育通史［M］. 李子江，译. 北京：北京大学出版社，2010.

［122］单中惠. 西方教育问题史［M］. 北京：人民教育出版社，2010.

［123］维赛. 美国现代大学的崛起［M］. 栾鸾，译. 北京：北京大学出版社，2011.

［124］杜威. 杜威全集·中期著作（1899—1924）：第2卷，1902—1903［M］. 张留华，译. 周水涛，校. 上海：华东师范大学出版社，2012.

［125］许美德. 美国的学院朝大学的过渡：美国高等教育发展史研究札记［J］. 外国教育资料，1983（3）.

［126］黎洁华. 杜威在华活动年表：上、中、下［J］. 华东师范大学学

报（教育科学版），1985（1－3）.

[127] 钱朴，蓝云. 试析美国教育的钟摆现象 [J]. 外国教育资料，1985（2）.

[128] 刘继武. 论教育学的学科性质及其发展方向 [J]. 山东师范大学学报（社会科学版），1988（6）.

[129] 王长纯. 当代美国教育历史主义论初探 [J]. 外国教育研究，1993（4）.

[130] 袁运开. 美国著名大学的教育学院 [J]. 高等师范教育研究，1995（5）.

[131] 瞿葆奎，范国睿. 当代西方教育学的探索与发展 [J]. 教育研究，1998（4）.

[132] 吴志功. 美国1998—1999年前十名教育学院简析 [J]. 比较教育研究，2000（5）.

[133] 蓝劲松. 芝加哥大学 [J]. 知识就是力量，2000（10）.

[134] 肖朗. 人的两重性和教育的两重性：康德教育哲学思想探析 [J]. 南京大学学报（哲学·人文科学·社会科学），2003（1）.

[135] 肖朗. 康德与西方大学教育学讲座的开设 [J]. 华东师范大学学报（教育科学版），2003（1）.

[136] 洪成文. 美国教育学院认证标准及其特点研究 [J]. 教师教育研究，2004（3）.

[137] 王晨. 赫钦斯自由教育思想研究 [J]. 比较教育研究，2005（4）.

[138] 余三定. 学术史：研究之研究 [J]. 北京大学学报（哲学社会科学版），2005（5）.

[139] 欧阳光华. 开放与包容：对芝加哥大学理念的解读 [J]. 比较教育研究，2005（8）.

[140] 张华. 追求卓越：美国芝加哥大学实验学校研究性学习活动现状考察 [J]. 教育发展研究，2005（9）.

[141] 于述胜，毕苑，娄岙菲，等. 从教育学史到教育学术史 [J]. 教育研究，2005（12）.

[142] 郭法奇. 霍尔与美国的儿童研究运动 [J]. 华中师范大学学报（人文社会科学版），2006（1）.

[143] 周钩. 历史社会学视角中的美国大学教育学院研究：评《教育学院之困境》[J]. 教育学报，2006（2）.

[144] 程晋宽. 影响当代美国教育发展进程的10项著名教育研究 [J].

外国中小学教育，2006（3）.

[145] 沈文钦. 赫钦斯与芝加哥大学的通识教育改革 [J]. 比较教育研究，2006（4）.

[146] 褚艾晶. 美国斯坦福大学博士生培养体系：以教育学院为例 [J]. 世界教育信息，2006（4）.

[147] 郄海霞. 美国大学与城市互动的案例分析：以芝加哥大学与芝加哥市的互动为例 [J]. 清华大学教育研究，2006（5）.

[148] 邵兴江. 透视世界一流教育研究生院：以哥伦比亚大学师范学院为例 [J]. 上海教育，2008（11B）.

[149] 张飞. 中美大学教育学院之比较研究 [J]. 现代教育科学，2007（3）.

[150] 赖志玲. 论斯坦福大学教育学院（SUSE）的教师教育模式 [J]. 长春工业大学学报（高教研究版），2007（2）.

[151] 徐春妹，洪明. 解制取向下的美国教师培养新途径："为美国而教"计划的历程、职能与功过探析 [J]. 外国教育研究，2007（7）.

[152] 张东辉. 从教育学的学科发展看美国一流教育学院的学位与专业设置 [J]. 学位与研究生教育，2008（1）.

[153] 郭法奇，张胜芹，张玲. 杜威与美国的儿童研究运动 [J]. 教育学报，2008（2）.

[154] 李丽丽，王凌皓. 综合性大学教育学专业发展路向探析 [J]. 黑龙江高教研究，2009（1）.

[155] 郭玉贵. 美国大学的教育学院能否培养出适应新的变革的教育理论研究者 [J]. 比较教育研究，2009（2）.

[156] 张济州. 美国"教育博士"培养的实践、问题与挑战 [J]. 高等教育研究，2009（3）.

[157] 曾华. 从芝加哥大学教育系的停办看我国教育学专业的发展 [J]. 陕西教育学院学报，2009（4）.

[158] 祝怀新，许啸. 美国研究型大学教育学院人才培养模式探析 [J]. 高等教育研究，2009（5）.

[159] 陈超. 中美研究型大学教育学科建设的比较研究 [J]. 教师教育研究，2009（6）.

[160] 洪明. 美国教师教育思想的历史传承与当代发展 [J]. 天津师范大学学报（社会科学版），2009（6）.

[161] 王艳玲. 美国的公共教育学课程怎么上：路易斯安那州立大学肖恩·别克瑞斯博士访谈 [J]. 全球教育展望，2009（7）.

［162］丁永为. 论前哥伦比亚大学时期杜威教育思想的社会和哲学基础
［J］. 南通大学学报（教育科学版），2010（1）.

［163］何珊云. 课程史研究的经典范式与学术意义：试析《1893—1953
年的美国课程斗争》［J］. 北京大学教育评论，2010（1）.

［164］李福春. 美国教育学发展考析［J］. 大学教育科学，2010（6）.

［165］张济州，苏景春. 美国大学教育学院：教师教育大学化实践困境
及改革［J］. 教育学报，2010（6）.

［166］王银花. 哥伦比亚大学的学术规范与教育机制［J］. 浙江师范大
学学报（社会科学版），2010（6）.

［167］肖朗，范庭卫. 美国教育心理学在近代中国的传播和应用：中外
学术交流的视角［J］. 学术交流，2010（7）.

［168］冉亚辉，易连云. 美国教育研究的历史教训及其对中国同行的警
示［J］. 外国教育研究，2010（9）.

［169］方明生，靳一波. 从美国大学网络联盟看教育学专业儿童学方向
的拓展［J］. 全球教育展望，2010（9）.

［170］周洪宇，申国昌. 教育活动史：视野下移的学术实践［J］. 教育
研究，2010（10）.

［171］周洪宇，陈竞蓉. 哥伦比亚大学师范学院与现代中国教育［J］.
比较教育与研究，2010（11）.

［172］赵轶峰. 关于学术史的几个问题［J］. 史学月刊，2011（1）.

［173］熊华军，丁艳. 当前美国大学教师专业发展面临的困境［J］. 比
较教育研究，2011（3）.

［174］肖朗，黄国庭. 教育期刊与学术发展的历史考察：中美比较的视
角［J］. 华东师范大学学报（教育科学版），2011（3）.

［175］张济州. 美国"大学本位"教师教育危机及其改革走向［J］.
课程·教材·教法，2011（9）.

［176］肖朗，王少勇. 巴格莱与20世纪美国教师教育课程思想［J］.
天津师范大学学报（社会科学版），2012（3）.

［177］肖朗. 在卢梭与康德之间：裴斯泰洛齐及教育哲学思想初探
［J］. 浙江大学学报（人文社科版），2012（6）.

［178］单中惠. 学校变革与社会变革：基于西方教育历史的诠释［J］.
河北师范大学学报（教育科学版），2013（11）.

［179］单中惠. 大学学术五要：世界一流大学研究之感悟［J］. 湖南师
范大学教育科学学报，2014（1）.

［180］张斌贤，王慧敏. "儿童中心"论在美国的兴起［J］. 北京大学

教育评论，2014（1）.

［181］肖朗，叶志坚. 赫尔巴特实践哲学的教育学意蕴：以赫尔巴特与康德的思想关联为考察中心［J］. 中国教育科学，2014（2）.

［182］单中惠. 教育史是什么？——西方教育史学学家观点述评［J］. 河北师范大学学报（教育科学版），2014（2）.

［183］肖朗，孙岩. 20世纪美国综合性大学教育学科的发展：以哥伦比亚大学和芝加哥大学为考察中心［J］. 现代大学教育，2015（1）.

［184］张斌贤. 西方教育思想史研究的视角与视野［J］. 北京大学教育评论，2015（4）.

［185］张斌贤. 专题：《杜威：当代审视》［J］. 教育学报，2016（1）.

［186］肖朗，孙岩. 杜威与美国大学教育学科的建设和发展：从芝加哥大学到哥伦比亚大学［J］. 高等教育研究，2016（6）.

［187］王凤玉，单中惠. 世界教育学者眼中的《民主主义与教育》［J］. 教育研究，2016（6）.

［188］庞青山. 大学学科结构与学科制度研究［D］. 上海：华东师范大学，2004.

［189］还伟. 美国教育学学科硕士研究生课程设置研究及启示［D］. 苏州：苏州大学，2008.

［190］康健. 赫钦斯在芝加哥大学的改革［D］. 长春：东北师范大学，2010.

［191］李蓉. 论库恩科学哲学的社会学转向［D］. 武汉：武汉大学，2010.

［192］陈德云. 美国优秀教师专业教学标准及其认证：开发、实施及影响［D］. 上海：华东师范大学，2011.

［193］王菲. 芝加哥大学哈珀校长的大学理念与治校实践研究［D］. 沈阳：沈阳师范大学，2011：5.

2. 英文参考文献

［1］PAYNE W H. Outlines of educational doctrine［M］. Ann Arbor：Adrian C. Humphrey，1882.

［2］STRONG J. Our country：its possible future and its present crisis［M］. New York：The Baker and Taylor Company，1885.

［3］PAYNE W H. Contribution to the science of education［M］. New York：American Book Company，1886.

［4］HINSDALE B A. Pedagogical chairs in colleges and universities ［M］. Ann Arbor: University of Michigan Press, 1889.

［5］HUBBELL L G. The development of university departments of education in six states of the middle west ［M］. Washingtion, D. C. : The Catholic University of America Press, 1924.

［6］HINSDALE B A. The training of teachers ［M］. Albany: J. B. Lyon Company, 1899.

［7］HOLMES M J. The relation of theory to practice in education ［M］. Chicago: The University of Chicago Press, 1903.

［8］DEXTER E G. A history of education in the United States ［M］. New York: Macmillan, 1904.

［9］ELLIOTT E C. The education and training of secondary teachers ［M］. Chicago: The University of Chicago Press, 1905.

［10］MATTHEWS B. A history of Columbia University, 1754 - 1904 ［M］. New York: Columbia University Press, 1905.

［11］HINSDALE B A. History of the University of Michigan ［M］. Ann Arbor: University of Michigan Press, 1906.

［12］BURSTALL S A. Impressions of American education in 1908 ［M］. London: Longmans Green, 1909.

［13］SLOSSON E E. Great American universities ［M］. New York: Macmillan, 1910.

［14］HENDERSON E N. A cyclopedia of education (vol. 1) ［M］. New York: Macmillan, 1913.

［15］FACKENTHAL F D. Columbia University and Teachers College: documents and correspondence ［M］. New York: Columbia University Press, 1915.

［16］FINEGAN T E. Teacher training agencies ［M］. New York: The University of The State of New York, 1917.

［17］HALL G S. Youth: its education, regimen, and hygiene ［M］. New York: D. Appleton and Company, 1917.

［18］BOBBITT J F. The curriculum ［M］. Boston: Houghton Mifflin Company, 1918.

［19］CUBBERLEY E P. The history of education: educational practice and progress considered as a phase of the development and spread of western civilization ［M］. Boston: Houghton Mifflin Company, 1920.

[20] CUBBERLEY E P. A brief history of education: a history of the practice and progress and organization of education [M]. Boston: Houghton Mifflin Company, 1922.

[21] CUBBERLEY E P. Public school administration: twenty-five years of American education [M]. New York: Macmillan, 1924.

[22] HUBBELL L G. The development of university departments of education in six states of the middle west [M]. Washington, D. C.: The Catholic University of America Press, 1924.

[23] DEWEY J. The school and society: being three lectures [M]. Chicago: The University of Chicago Press, 1899.

[24] DEWEY J. My pedagogic creed [J]. School journal, 1897 (1).

[25] DEWEY J. Ethical principles underlying education [M]. Chicago: The University of Chicago Press, 1897.

[26] GERALDINE J. The sane positivist: a biography of Edward L. Thorndike [M]. Middletown, Conn.: Wesleyan University Press, 1968.

[27] MONTESSORI M. The Montessori method [M]. New York: Frederick A. Stokes Company, 1912.

[28] NORTON A O. The first state normal school in America [M]. London: Humphrey Milford, Oxford University Press, 1926.

[29] CUBBERLEY E P. Public school administration: a statement of the fundamental principles underlying the organization and administration of public education [M]. New York: Houghton Mifflin Company, 1929.

[30] DEWEY J. The source of a science of education [M]. New York: Horace Liveright, 1929.

[31] MCNELL M. A comparative study of entrance to teacher-training institutions [M]. New York: Bureau of Publications, Teachers College, Columbia University, 1930.

[32] WHITNEY A S. History of the professional training of teachers at the University of Michigan, 1879 – 1929 [M]. Ann Arbor: George Wahr, 1931.

[33] MURCHISON C. A history of psychology in autobiography II [M]. Worcester, Massachusetts: Clark University Press, 1932.

[34] BARRETT C. Contemporary idealism in America [M]. New York: Macmillan, 1932.

[35] KANDEL I L. Comparative education [M]. Boston: Houghton Mufflin Company, 1933.

[36] HANUS P H. Adventuring in education [M]. Cambridge: Harvard University Press, 1937.

[37] MORISON S E. Three centuries of Harvard, 1636－1936 [M]. Cambridge: Harvard University Press, 1937.

[38] O'LEARY T F. An inquiry into the general purposes, functions and organization of selected university schools of education [M]. Washington, D. C. : The Catholic University of America Press, 1941.

[39] MONROE W S. Teaching-learning theory and teacher education, 1890－1950 [M]. Champaign: University of Illinois Press, 1952.

[40] TERMAN L M. The measurement of intelligence: an explanation of and a complete guide for the use of the Stanford revision and extension of the Binet-Simon Intelligence Scale [M]. New York: Houghton Mifflin Company, 1916.

[41] BOBBITT J F. How to make a curriculum [M]. Boston: Houghton Mifflin Company, 1924.

[42] CREMIN L A, SHANNON D A, TOWNSEND M E. A history of Teachers College Columbia University [M]. New York: Columbia University Press, 1954.

[43] EGGERTSEN C. Studies in the history of the School of Education, University of Michigan [M]. Ann Arbor: University of Michigan Press, 1955.

[44] SEARS J B, HENDERSON A D. Cubberley of Stanford and his contribution to American education [M]. Stanford: Stanford University Press, 1957.

[45] RICKOVER H G. Education and freedom [M]. New York: E. P. Dutton & Co. , 1959.

[46] HARRIS C W, LIBA M R. Encyclopedia of educational research [M]. New York: Macmillan, 1960.

[47] HOFSTADTER R, SMITH W. American higher education: a documentary history (vol. 2) [M]. Chicago: The University of Chicago Press, 1961.

[48] BORROWMAN M L. Teacher education in American: a documentary history [M]. New York: Teachers College Press, 1965.

[49] VEYSEY L R. The emergence of the American university [M]. Chicago: The University of Chicago press, 1965.

[50] KRIEGHBAUM H, RAWSON H. An investment in knowledge: the first dozen years of the national science foundation's summer institutes programs to improve secondary school science and mathematics teaching, 1954－1965 [M].

New York: New York University Press, 1969.

[51] FULLE E, PEARSON J B. Education in the States: nationwide development since 1900 [M]. Washington, D. C.: National Education Association, 1969.

[52] GUTEK G L. A historical introduction to American education [M]. New York: Harper and Row, 1970.

[53] BREMNER R H. Children and youth in America: a documentary history (vol. 3) [M]. Cambridge: Harvard University Press, 1971.

[54] HAWKINS H. Between Harvard and American: the educational leadership of Charles W. Eliot [M]. New York: Oxford University Press, 1972.

[55] ROSS D. G. Stanley Hall: the psychologist as prophet [M]. Chicago: The University of Chicago Press, 1972.

[56] KILPATRICK W H. The Educational Frontier [M]. New York: The Century Company, 1933.

[57] BINDER F M. The age of the common school, 1830 – 1965 [M]. New York: John Wiley & Sons, 1974.

[58] JENCKS C, RIESMAN D. The academic revolution [M]. Chicago: The University of Chicago University, 1977.

[59] POWELL A G. The uncertain profession: Harvard and the search for educational authority [M]. Cambridge: Harvard University Press, 1980.

[60] HILLESHEIM J W, MERRILL G D. Theory and practice in the history of American education: a book of readings [M]. Washington, D. C.: University Press of American, 1980.

[61] JAMES W. Talks to teachers on psychology: and to students on some of life's ideals [M]. Cambridge: Harvard University Press, 1983.

[62] O'DONNELL J M. The origins of behaviorism: American psychology, 1870 – 1920 [M]. New York: New York University Press, 1985.

[63] CREMIN L A. American education: the metropolitan experience, 1876 – 1980 [M]. New York: Harp & Row, 1988.

[64] CLIFFORD G J, GUTHRIE J W. ED school: a brief for professional education [M]. Chicago: The University of Chicago Press, 1990.

[65] GOODLAD J. Teachers for our nation's school [M]. San Francisco: Jossey-Bass, 1990.

[66] HERBST J. And sadly teach: teacher education and professionalization in American culture [M]. Madison: University of Wisconsin Press, 1991.

[67] ROTH R A. The role of the university in the preparation of teachers [M]. Philadephia: Taylor & Francis Press, 1999.

[68] GRIFFIN G A. The education of teachers [M]. Chicago: The University of Chicago Press, 1999.

[69] LAGEMAN E C. An elusive science: the troubling history of education research [M]. Chicago: The University of Chicago Press, 2000.

[70] GILMAN D C. The idea of the university [J]. The North American review, 1881 (29).

[71] HALL G S. Experimental psychology [J]. Mind, 1885 (38).

[72] HALL G S. New departures in education [J]. The North American review, 1885 (339).

[73] JOSIAH R. Is there a science of education? [J]. Educational review, 1891 (1).

[74] DEWEY J. Self-realization as the moral ideal [J]. The philosophical review, 1893 (6).

[75] DEWEY J. The influence of the high school upon educational methods [J]. The school review, 1896 (1).

[76] DEWEY J. Psychology of number [J]. Science, new series, 1896 (60).

[77] DEWEY J. Psychology and social practice [J]. Middle works, 1900 (1).

[78] HALL G S. How far is the present high-school and early college training adapted to the nature and needs of adolescents? [J]. The school review, 1901 (10).

[79] DEWEY J. The school as social center [J]. The elementary school teacher, 1902 (2).

[80] MCCAUL R L. Dewey's Chicago [J]. The schod review, 1959 (2).

[81] DEWEY J. Editorial: the University of Chicago school of education [J]. The elementary school teacher, 1902 (3).

[82] DEWEY J. Democracy in education [J]. The elementary school teacher, 1903 (4).

[83] DEWEY J. The philosophical work of Herbert Spencer [J]. The philosophical review, 1904 (2).

[84] DEWEY J. Significance of the school of education [J]. The elementary school teacher, 1904 (7).

[85] HALL G S. Mental science [J]. Science, new series, 1904

(511).

[86] THORNDIKE E L. The quantitative study of education [J]. Forum, 1905 (36).

[87] DEWEY J. Experience and objective idealism [J]. The philosophical review, 1906 (5).

[88] DEWEY J. The experimental theory of knowledge [J]. Mind, new series, 1906 (59).

[89] JUDD C H. The department of education in American universities [J]. The school review, 1909 (9).

[90] JUDD C H. On scientific study of high-school problems [J]. The school review, 1910 (18).

[91] DEWEY J. Science as subject-matter and as method [J]. Science, new series, 1910 (787).

[92] HALL G S. social phases of psychology [J]. American journal of sociology, 1913 (18).

[93] JUDD C H. Standards in American education [J]. The school review, 1914 (7).

[94] KILPATRICK W H. The project method [J]. Teachers College record, 1918 (19).

[95] COURTIS S A, PACKER P C. Educational research [J]. The journal of educational research, 1920 (1).

[96] DEWEY J. Valuation and experimental knowledge [J]. The philosophical review, 1922 (4).

[97] BOBBITT J F. Discovering and formulating the objectives of teacher-training institutions [J]. The journal of educational research, 1924 (3).

[98] BOBBITT J F. What is wrong with education? A social interpretation of education by Joseph Kinmont Hart [J]. The school review, 1929 (10).

[99] BOBBITT J F. The relation between content and method [J]. Journal of educational sociology, 1931 (1).

[100] DEWEY J. George Herbert Mead [J]. The journal of philosophy, 1931 (12).

[101] JUDD C H. The improvement of teaching [J]. The journal of higher education, 1932 (9).

[102] PACKER P C. The college of education and the university [J]. The journal of higher education, 1932 (9).

[103] JUDD C H. The historical development of secondary education in America [J]. The school review, 1935 (3).

[104] JUDD C H. Raising the level of the education of teachers [J]. The school review, 1936 (4).

[105] JUDD C H. Changing conceptions of secondary and higher education in America [J]. The school review, 1937 (2).

[106] DAVIS A. American status systems and the socialization of the child [J]. American sociological review, 1941 (3).

[107] DEWEY J. How is mind to be known? [J]. The journal of philosophy, 1942 (2).

[108] JUDD C H. The future of American education: I [J]. The school review, 1942 (8).

[109] JUDD C H. The future of American education: II [J]. The school review, 1942 (9).

[110] HAVIGHURST R J, DAVIS A. Child socialization and the school [J]. Review of educational research, 1943 (1).

[111] DAVIS A. Racial status and personality development [J]. The scientific monthly, 1943 (4).

[112] HAVIGHURST R J. A definitive yearbook on adolescence [J]. The school review, 1944 (4).

[113] BOBBITT J F. The postwar curriculum: the functional versus the academic plan [J]. The school review, 1945 (2).

[114] HAVIGHURST R J, ROBINSON M Z, DORR M. The development of the ideal self in childhood and adolescence [J]. The journal of educational research, 1946 (4).

[115] BOBBITT J F. Harvard reaffirms the academic tradition [J]. The school review, 1946 (6).

[116] DAVIS A. Poor people have brains, too [J]. The Phi Delta Kappan, 1949 (8).

[117] BARTKY J A. The school of education and the university [J]. The journal of higher education, 1955 (5).

[118] GETZELS J W. A psycho-sociological framework for the study of educational administration [J]. Harvard educational review, 1952 (22).

[119] DAVIS A. Personality and social mobility [J]. The school review, 1957 (2).

［120］ CREMIN L A. John Dewey and the progressive-education movement, 1915 – 1952 ［J］. The school review, 1959 (2).

［121］ GETZELS J W, JACKSON P W. Research on the variable teacher ［J］. The school review, 1960 (4).

［122］ COLEMAN J S. The adolescent subculture and academic achievement ［J］. American journal of sociology, 1960 (4).

［123］ HAVIGHURST R J. The Chicago school survey ［J］. The Phi Delta Kappan, 1964 (4).

［124］ HAVIGHURST R J. Education for contemporary society ［J］. Science, new series, 1964 (3606).

［125］ HAVIGHURST R J. Who are the socially disadvantaged? ［J］. The journal of negro education, 1965 (1).

［126］ GETZELS J W. Education for the inner city: a practical proposal by an impractical theorist ［J］. The school review, 1967 (3).

［127］ HAVIGHURST R J. Urbanization and education in the United States ［J］. International review of education, 1967 (4).

［128］ COLEMAN J S. Equality of educational opportunity: reply to Bowles and Levin ［J］. The journal of human resources, 1968 (2).

［129］ DAVIS A. The educability of the children of the poor ［J］. The Phi Delta Kappan, 1968 (2).

［130］ HAVIGHURST R J. The middle school child in contemporary society ［J］. Theory into practice, the middle school, 1968 (3).

［131］ POWELL A G. The history of the laboratory schools, the University of Chicago, 1896 – 1965 by Ida B. DePencier ［J］. The American historical review, 1968 (4).

［132］ DAVIS A. In memoriam: William Lloyd Warner, 1898 – 1970 ［J］. American journal of sociology, 1971 (4).

［133］ POWELL A G. Speculations on the early impact of schools of education on educational psychology ［J］. History of education quarterly, 1971 (4).

［134］ COLEMAN J S. Inequality, sociology, and moral philosophy ［J］. American journal of sociology, 1974 (3).

［135］ COLEMAN J S. Equal educational opportunity: a definition ［J］. Oxford review of education, equality and education, 1975 (1).

［136］ COLEMAN J S. What is meant by "an equal educational opportunity"? ［J］. Oxford review of education, equality and education, 1975 (1).

［137］COLEMAN J S. Methods and results in the IEA studies of effects of school on learning ［J］. Review of educational research, 1975（3）.

［138］CLIFFORD G J. Saints, sinners, and people: a position paper on the historiography of American education ［J］. History of education quarterly, 1975（3）.

［139］CLIFFORD G J. Home and school in 19th century America: some personal-history reports from the United States ［J］. History of education quarterly, 1978（1）.

［140］RYAN K, NEWMAN K D, JOHNSTON J M, et al. An interview with Lawrence A. Cremin ［J］. The Phi Delta Kappan, 1978（2）.

［141］WECHSLER H S. The primary journal for secondary education, 1893 – 1938: part Ⅰ of a history of School Review ［J］. American journal of education, 1979（1）.

［142］WECHSLER H S. From practice to theory: a history of School Review, part Ⅱ ［J］. American journal of education, 1980（2）.

［143］GONZALEZ G G. Educational reform and the University of Columbia ［J］. Comparative education, 1981（2）.

［144］COLEMAN J S. Quality and equality in American education: public and catholic schools ［J］. The Phi Delta Kappan, 1981（3）.

［145］CLIFFORD G J. Eve: redoomed by education and teaching school ［J］. History of education quarterly, 1981（4）.

［146］CARTER C. Ten years of higher education ［J］. Higher education, 1982（4）.

［147］CREMIN L A. The problematics of education in the 1980s: some reflections on the Oxford workshop ［J］. Oxford review of education, research, practice, institutions, 1983（1）.

［148］CLIFFORD G J. A creative and compelling melding of history and sociology ［J］. Change, 1983（4）.

［149］CREMIN L A. The popularization of American education since World War Ⅱ ［J］. Proceedings of the American philosophical society, 1985（2）.

［150］HAMMOND M F. Teacher education and the research university ［J］. Review of higher education, 1986（2）.

［151］CLIFFORD G J. The formative years of schools of education in America: a five-institution analysis ［J］. American journal of education, 1986（4）.

［152］COLEMAN J S. Social theory, social research, and a theory of

action [J]. American journal of sociology, 1986 (6).

[153] COLEMAN J S. Families and schools [J]. Educational researcher, 1987 (6).

[154] LAGEMANN E C. The plural worlds of educational research [J]. History of education quarterly, 1989 (2).

[155] CHURCH R L, KATZ M B, SILVER H, et al. The metropolitan experience in American education [J]. History of education quarterly, 1989 (3).

[156] HINER N R. History of education for the 1990s and beyond: the case for academic imperialism [J]. History of education quarterly, 1990 (2).

[157] LAWSON H A. Constraints on the professional service of education faculty [J]. Journal of teacher education, 1990 (4).

[158] LAGEMANN E C. And sadly teach: teacher education and professionalization in American culture by Jurgen Herbst [J]. The American historical review, 1991 (1).

[159] COLEMAN J S. What constitutes educational opportunity? [J] Oxford review of education, equality and education revisited, 1991 (2).

[160] LAGEMANN E C. Prophecy or profession? George S. Counts and the social study of education [J]. American journal of education, 1992 (2).

[161] KAESTLE C F. The awful reputation of education research [J]. Educational researcher, 1993 (1).

[162] BARTOLOME L I. Beyond the methods fetish: toward a humanizing pedagogy [J]. Harvard educational review, 1994 (2).

[163] LAGEMANN E C. Experimenting with education: John Dewey and Ella Flagg Young at the University of Chicago [J]. American journal of education, 1996 (3).

[164] MAGNUSSON J L. Higher education research and psychological inquiry [J]. The journal of higher education, 1997 (2).

[165] LAGEMANN E C. Contested terrain: a history of education research in the United States, 1890 – 1990 [J]. Educational researcher, 1997 (9).

[166] CONSTAS M A. Deciphering postmodern educational research [J]. Educational researcher, 1998 (9).

[167] LAGEMANN E C. Does history matter in education research? A brief for the humanities in an age of science [J]. Harvard educational review, 2005 (1).

[168] DEBRA S. Defining education research: continuing the conversation

[J]. Journal of technology and teacher education, 2006 (3).

[169] DAVID G. Some education schools should abandon research doctorates, report says [J]. The chronicle of higher education, 2007 (37).

[170] LAGEMANN E C. Education research as a distributed activity across universities [J]. Educational researcher, 2008 (7).

[171] LEWIS A C. The influence of education research [J]. The education digest, 2008 (73).

[172] WHITE W T. The study of education at the University of Chicago, 1892–1958 [D]. Chicago: The Universit of chicago, 1977.

[173] ECHOLS I P. The rise of the evaluation movement: 1920–1942 [D]. Stanford: Stanford University, 1973.

[174] PANGBURN J M. The evolution of the American teachers colleges [D]. New York: Columbia University, 1932.

后　记

2017年6月，通过博士学位论文答辩；2018年10月，博士学位论文入选"中国高等教育学会学术创新计划——高等教育学博士学位论文文库"；2022年10月，博士学位论文将由广东高等教育出版社出版。在论文出版之际，感谢中国高等教育学会和广东高等教育出版社的编辑，他们对书稿的修订提出宝贵的意见，积极促成了论文的出版。

论文成稿时正值杭州的最美四月天，书稿修订完成时恰逢济南的夏末秋初。一路走来，师长、同事、学友和家人的关爱给我前进的力量，在此，对你们献上真诚的感谢。

感谢导师肖朗教授。入学初导师正在主持国家社科基金课题"中国近代教育学术史研究"，他对我说，中国近代教育学术深受美国教育学术的影响，为此建议我以近现代美国综合性大学教育学科为博士论文的选题方向。在导师的鼓励与引导下，我逐步深入思考论文的选题，逐渐明了论文的研究思路；论文写作中导师的耐心教导，促使我从多个视角来解读史料，愈发体会到做学问的乐趣；论文初稿完成后导师又逐字审阅、反复推敲，严谨的治学态度让我由衷地钦佩。导师平易近人，是一位儒雅的智者，几句话就能让我正视生活中的困惑，找到学业与生活间的平衡点。每次探讨论文，导师都会关心问候我及家人的情况，给我温暖的力量。对导师的感恩之心，无以言表。

感谢浙江大学教育学院的师长。田正平教授、周谷平教授、商丽浩教授、单中惠教授、刘正伟教授、刘力教授、赵卫平教授、孙元涛教授、陈胜副教授、赵康副教授等诸位老师治学严谨、学识渊博，为论文的开题、写作和预审提出许多宝贵的建设性意见，让论文内容更加充实，而且老师们开设的课程也使我受益良多。学院研究生科的甘露老师、施晨辉老师和杨娟老师为我提供了很多帮助，在此向他们表示感谢。

感谢齐鲁师范学院的领导和同事。在论文写作和书稿修订中，学校领导和同事给予我诸多的支持和鼓励，让我可以协调好工作、家庭和学业的关系，有足够的时间和精力完成学业与书稿修订。感谢领导和老师们给我的无私帮助，谢谢。

感谢求学路上相伴的学友。肖菊梅、熊宗武、吴涛、葛福强、薛国瑞、张强、朱鲜峰、袁传明等诸位同门学友的学术见解让我备受启发，他们在资料查询和生活上也给我很多帮助，在此向他们道谢。

感谢我的家人。求学期间，爱人江丽雯既要完成学校繁重的教学任务，还要照管好年幼的大女儿，并及时关心双方日渐年迈的父母，担负着家庭的主要职责；书稿修订期间，她既要适应来济南后新的工作和生活，还要细心照看刚满两周岁的二女儿，其间几多辛苦，难以逐一叙说。感谢爱人的理解和支持，生活是多种色彩的，未来我们共同描绘。论文即将出版，衷心地感谢亲爱的家人。有你们，生活更精彩！

2021 年 8 月 20 日于

济南 · 大明湖畔